天上村前

——中国近代科教之乡（上）

陆阳 著

团结出版社

UNITY PRESS

图书在版编目（CIP）数据

天上村前：中国近代科教之乡 / 陆阳著 . -- 北京：
团结出版社 , 2022.8
ISBN 978-7-5126-9484-2

Ⅰ. ①天… Ⅱ. ①陆… Ⅲ. ①科学家—生平事迹—无
锡—近代②教育家—生平事迹—无锡—近代 Ⅳ.
① K826.1 ② K825.46

中国版本图书馆 CIP 数据核字 (2022) 第 108732 号

天上村前：中国近代科教之乡

出　　版：团结出版社
　　　　　（北京市东城区东皇城根南街 84 号 邮编：100006）
电　　话：（010）65228880　65244790
网　　址：http: //www.tjpress.com
E - mail：zb65244790@vip.163.com
经　　销：全国新华书店
印　　装：北京兴湘印务有限公司

开　　本：170mm×240mm　　1/16
印　　张：36
字　　数：640 千
版　　次：2023 年 1 月第 1 版
印　　次：2023 年 1 月第 1 次印刷

书　　号：978-7-5126-9484-2
定　　价：128.00 元（全 2 册）

东方既白，那些渐行渐远的"提灯人"

陈尧明

早就听说无锡市惠山区堰桥一带，是文化渊薮、人才辈出的地区。特别是有个具有600多年历史的古村——村前村，近百年来先后走出了胡壹修、胡雨人、胡敦复、胡明复、胡刚复、胡彬夏等数十位近现代知名的教育家、科学家、工程技术专家，人才之盛，一时无两。但是对于村前胡氏的渊源、鼎盛期的发展、胡氏家族对中国近代科教事业所作的杰出贡献，我却知之甚少。直到看到学者陆阳拿来的书稿《天上村前：中国近代科教之乡》，我被村前胡氏深深地震撼了！我想，今时之人，一定有很多人没有听说过他们的名字，不知道他们曾经做了些什么，就好像东方既白，我们不记得那些渐行渐远的"提灯人"。

借着陆阳的书稿，我对村前胡氏的文脉传承轨迹有了粗略的了解，也对村前为什么堪称"中国近代科教之乡"，有了充分的认同。在我看来，村前胡氏在近代中国科教界的卓尔不群，概由以下几方面原因：

一、600年家风传承，播下"读书种子"

村前的文脉要追溯到北宋的胡瑗（时人尊称安定先生）。胡瑗是宋学的创始人，移易一代风气的学者。他在书院内设立经义斋、治事斋，创立了分斋教学制度，在中国教学制度发展史上第一次按照实际需要在同一所学校中分科教学，将治民、治兵、治水、算数等实用学科正式纳入官学体系之中，"使好尚经术者，好谈兵法兵战者，好尚节义者，以类群居讲习"。治事斋"人各治一事，又兼摄一事"，学生可选择其中一科为主修，另选一科为副修，开了主修与选修制度的先河。他经常召集学生"谈论其所学"，及时给予指导，"为定其理"，让学生集思广益，明辨是非。他经常"取当时政事"，让学生讨论如何正确处理的办法和方案，以增长他们从政的才干，倡导"讲实学，求实功"。胡瑗的这一教学方法，因其教授于苏州、湖州而史称"苏湖教法"。他还提出了"致天下之治者在人才，成天下之才者在教化，教化之所本者在学校"的观点, 精辟地阐明了实现"天下之治"的关键在于人才, 人才培养的根本在于学校的思想。由于胡瑗在中国教育史上具有很大的影响, 所以后人有"自秦汉以来, 师道之未有过瑗者"的评价。

宋绍圣三年(1096), 胡瑗的孙子胡守权迁居无锡, 此后, 胡氏子孙在无锡繁衍生息, 逐渐人丁兴旺。与此同时, 胡氏一族读书乐道的精神也在子子孙孙中不断传承发扬。数百年间, 多有子弟科举入仕, 为官一方, 或成为教谕, 主管一方官学。比如, 其30世孙胡和梅曾任桃源县(今江苏泗阳)教谕, 非常重视子孙的教育, "诸孙儿日见繁多, 重以教育, 兼重男女"。长子胡壹修同样接受了科举教育, 但他的志向却并不在此, 而是办新学、兴水利、创实业, "急公好义, 乐善不倦, 而自奉至俭, 自视淡然"。次子胡雨人很早就萌发了培育"读书种子"的志向, 1902年从日本弘文学院师范科回国后, 就向父亲胡和梅和胞兄胡壹修建议创办新学。

胡壹修的长子胡敦复幼时"聪慧愈恒", 长女胡彬夏同样出类拔萃。1907年, 兄妹二人同时考上江宁学务公所留学生, 分列男女榜第一, 而主考官就是中国近代史上赫赫有名的维新派思想家严复; 次子明复、三子刚复早年就读上海南洋公学附属小学时, 两人学习成绩之优, 深得当时总办张元济夸赞, 尝抚两人之肩赞为"奇童"; 明复、刚复和雨人长子胡宪生都考取了清末庚子赔款的公费留学生……自19世纪到20世纪中叶, 村前胡氏几代人依然沿袭着教育世家的淳厚家风, 崇文重教的价值观成为编写在一颗颗"读书种子"基因里的遗传密码。

二、东西方教育融合, 谋求"科教兴国"

19世纪末20世纪初, 清王朝走到了穷途末路, 中国社会积贫积弱, 频频受到外侮, 延续了1300多年的科举制度也在此时难以为继。而此时, 新学已经在无锡萌芽, 竢实学堂、三等学堂、承志学堂、养正学堂等如雨后春笋, 纷纷开办起来。1901年, 胡氏义庄也试办了天授乡公学。1899年, 胡雨人考进南洋公学(上海交通大学前身), 后又东渡日本, 学习考察师范教育。1902年, 胡雨人归国后迫切希望一展宏图, 实现自己教育救国的理想。他协助父兄办学, 创办胡氏公学, 分男、女两部, 其中女学部为无锡女学之始, 也在中国妇女教育发展史上留下了先驱者的屐痕。在教学科目上, 胡氏公学开设了英文、算学、国文、地理、历史等诸多现代学科, 丰富了教学内容。

胡雨人是村前胡氏第一个开眼看世界的人。今天, 如果我们去日本考察, 也许不会觉得有多大的差距, 但是放到120年前, 放到世界大历史的背景下, 你就能感受到当他走下远洋轮, 踏上岛国的那一刻, 内心受到了多么大的冲击。18世纪中叶, 美、荷、俄、英、法等国舰队开到日本, 逼迫幕府签定通商条约, 引发日本国内攘夷运动,后发展为倒幕维新运动。1868年，明治天皇废除幕府制度，开启明治维新运动，此后，日本以"富国强兵、殖产兴业、文明开化"为口号，加速走上了资本主义道路。到胡雨人去考察时，日本已经比它曾经虚心学习的东方大国率先走到了世界文明发展的前列。彼时，全球化的浪潮正在汹涌，资本变身为轮船、电报、铁路、印刷术等工业文明的成果，一天天地改变世界。自由贸易的诉求正在全球范围内"攻城掠地"，凡不能打开国门的，就用坚船利炮开路，直到协议签定。

清政府的腐败无能，甲午战争的惨败，让胡雨人"既愤科举制度之锢塞灵智，及以海禁大开，外辱频至，深感我国科学幼稚，实为致弱之由，遂益专攻经世实用之学，更致力于算学及自然科学，并提倡外国文以为研究欧西文化之权舆"。在他看来，科举制度扼杀了国人的聪明智慧，实在贻害无穷。而中华民族衰落受侮的原因在于科技与自然科学的落后。因此，教育要专攻经世实用之学，同时他倡导学习西文，以便国人更好地研究西方文化。

在胡雨人的影响下，其侄子胡敦复、胡明复、胡刚复，侄女胡彬夏，儿子胡宪生等多位胡氏子弟先后留学美国、英国的知名学府，后又为了谋求我国的学术自立、振兴中华科教事业，纷纷回国，逐步成长为各自科教领域的扛鼎之才。胡敦复在《近世初等代数学》序言中说："语曰：眇者不忘视、跛者不忘履。吾国今日之科学，已眇矣，已跛矣；长此以往，国将不国矣。视乎履乎，不佞敢大声而疾呼曰：吾国学者宜谋学术之自立……不如是，则吾国之学术，终为他国之附庸而已。"可以说，字里行间，让人感到强烈的民族意识、爱国情怀和担当精神。

作为从传统教育世家走出来的学子，胡氏子弟虽然出国留洋，接受西方最优秀的现代科学教育，但他们的精神底子早已浸染了儒家子弟浓厚的家国情愫。胡敦复在留美预备学校（即清华学堂，清华大学前身）任教务长时期，深感课程设置等教务处处受制于美方教员，一心想团结有识之士发展中华民族自己的教育事业。他联合朱香晚、华绰言等11名中国教师成立了立达学社。"立达"两字，取义于《论语》中"己欲立而立人，己欲达而达人，近取诸身，远譬诸人"一句。辛亥革命爆发后，清华学堂停办。此前，因谋求教务自立不得而从清华辞职到达上海的胡敦复，带领"立达学社"的年轻人决意创办一所"不附庸于洋人，在学术上独立，真正属于中国人"的学校。他们以《礼记·大同》中"大道之行也，天下为公……是谓大同"之意，给学校取了一个响亮的名字"大同学院"。1912年3月19日，大同学院挂牌时，胡敦复刚好在这一天过自己的26岁生日。

三、乱世中躬身入局，甘做"开路小工"

1914年6月的一天，在美国康奈尔大学，一群来自中国的年轻人相约组织科学社,创办《科学》杂志。面对西方国家发达的科学与经济,想到自己的祖国贫穷落后,他们忧心如焚、摩拳擦掌,立志向国传播科学思想,推动中华之振兴。科学社的成员主要是1910年的第二批庚款留美生,他们中有胡明复、胡适、赵元任、杨杏佛等。1917年夏,胡明复成为第一个在哈佛获得数学博士的中国人。他当时师从美国著名的数学家、曾任美国数学会主席的博歇教授,以及奥古斯德教授。胡明复研究的也是当时数学领域的前沿课题,研究成果得到美国数学界权威的很高评价。1918年10月,《美国数学会会刊》全文发表了他长达40多页的论文《具有边界条件的线性积分——微分方程》,这是中国人在国外发表的第一篇现代数学论文。

1917年底,胡明复回到上海,婉拒了北京大学等名牌大学的邀请,把科学社从美国搬到上海,一心一意发展科学社,编印《科学》杂志,同时与兄长胡敦复一起创办大同学院(后改名大同大学)。他和弟弟胡刚复(1918年从美国回来的中国第一位从事X射线研究的哈佛大学物理学博士)一起,以科学社为阵地,致力于科学研究和科学普及,推进科学体制化,并将科学与教育紧密联系起来,培养了一大批科学后备人才。彼时政局动荡,战乱频仍,既无发展科学的安稳环境,又无充足的经济来源,科学社和大同学院举步维艰,不得不"沿门托钵",创业之艰难,令人感佩动容。

胡明复曾说:"我们不幸生在现在的中国,只可做些提倡和鼓吹科学研究的劳动。现在科学社的职员不过是开路小工,哪里配称科学家。"胡氏兄弟这种"开路小工"的精神,正是当时睡狮方醒、少年中国那些救亡图存的年轻知识分子勇于牺牲、筚路蓝缕的精神写照。

翻开《天上村前:中国近代科教之乡》,你会发现,除了创办科学社、大同学院这样在中国近代科教史上留下浓墨重彩的创举,村前胡氏几代人接续努力,竟然创下了数不胜数的"第一"。随意列举,都是可圈可点。

创办无锡乡区第一校"胡氏公学"。胡雨人看到,当时官办学堂多集中在城镇,而乡村鲜有,普通大众特别是乡村的人接受教育的机会少之又少,长此不改,乡间恐怕"除百一绅富家外,大多数学龄童子皆将不识一丁",乡村"读书种子既绝,而市民、非市民之阶级,由此永分。市民之学堂日益增多,非市民之负担日益增重,市民有权利而无义务,非市民有义务而无权利",其潜在的祸患难以量计。胡雨人从城乡教育不公平看到社会阶级对立和固化的风险,其远见卓识,直到今天仍给人以振聋发聩之感。胡氏公学在家塾的基础上升级改造,是胡雨人"始自家庭,达于州里"的教育实践,不仅招收胡姓子弟,也惠及其他乡里,被称为"开无锡乡区新学先河",也是全国最早创办的新学和女学之一。

创办中国第一座乡村公园"天上市村前公园"和中国第一座乡村图书馆"天上

市图书馆"。"天上"就是民国时期村前所在市镇的名称。1914年，胡壹修、胡雨人兄弟为纪念父亲胡和梅，利用村前东段30多亩荒地，捐资辟建乡村公园。1916年，历时2年建设的图书馆落成。该馆藏书上万册，还有大量外文图书。1928年，著名图书馆专家李小缘在《全国图书馆计划书》中，将"天上市图书馆"与上海东方图书馆、北京图书馆相提并论，多有溢美之词。乡村公园和乡村图书馆的建立，也是胡氏兄弟"以文化人"将学校教育与社会教育融为一体的教育理想的体现。这在100多年前的无锡乡村出现，不得不说是开风气之先、引领时代发展的标志性事件。

发起创立中国妇女运动史上第一个女性爱国社团"共爱会"。1900年，八国联军进犯北京，沙俄乘机侵占我东三省。在东北民众的强烈抗议下，1902年4月沙俄与清政府签订条约，答应18个月分期撤出在东北全境的军队，但实际却并未按约履行，反而又提出条件企图迫使清政府承认东三省和蒙古为其独占的势力范围。消息传出，国内爆发了声势浩大的"拒俄运动"。500余名留日学生集会，决定成立拒俄义勇队。集会上，15岁少女胡彬夏含泪演说，慷慨陈词：拒俄救亡乃"四万万国民人人所当负之责任，当尽之义务"，表示愿"以螳臂之微，为国尽力。愿从义勇队北行。事虽无济，即至捐躯殒命，誓无所惜"。会后，胡彬夏、林宗素和胡敦复聘妻华桂馨等12名留日女生签名加入拒俄义勇队，编成小分队"逐日习练兵操"。为加强对留日女学生的联络，胡彬夏发起成立了共爱会，明确提出共爱会"以拯救二万万之女子，复其固有之特权，使之各具国家之思想，以得自尽女国民之天职为宗旨"。胡彬夏发起的共爱会，放在中国妇女解放的历史长卷上看，其意义不可谓不重大，它标志着近现代以来，中国女性第一次以民间自发的形式组织起来，与男子共同担当民族复兴的伟业。

村前胡氏在中国近代科教史上创造的"第一"和"唯一"不胜枚举。比如，建设了第一个阴雨操场，胡雨人成为当时受聘学校最多的中学校长，村前村成为新中国成立之前出国留学人员最多的村庄，等等。如果我们细心阅读陆阳先生的这部著作，定会常常从内心发出一声声的赞叹，为他们心忧天下、忠孝两全、勇于担当、敢为人先、治学严谨、勤勉务实、智识卓越、甘当人梯的精神深深地打动，也为家乡无锡能产生这么多杰出的乡贤而倍感骄傲。

一个世纪过去了，时代的潮流浩浩荡荡，城市的发展日新月异。如果不是有识之士的奔走呼吁，这个有着600年历史、曾经如此辉煌的古村落早已灰飞烟灭，从地图上消失得无影无踪，取而代之的将是簇新的安居小区和宽敞的城市公路。

把这个古村落从挖掘机下挽救下来的人主要有这样几位：胡氏后裔、民营企业家胡杰和老村长胡耀庭，他们挺身而出，多方奔走，引起上级领导的重视。胡杰还出资出力，出版胡氏文选，修复文化遗存；时任区文化遗产局局长符志刚，以高度的责任感和事业心投入村前古村保护工作，他第一时间带领文物执法大队现场制止乱拆迁行为，还亲自撰文宣传村前文化；时任分管区长计佳萍，召集区相关部门领导召开现场会，并请专家现场评估村前古村的历史文化价值，促使各方对保护和开发利用好这个"中国近代科教之乡"达成了共识。

可喜的是，目前天上村前古村保护修复工程已正式列入大运河文化带国家文化公园项目，正在按照新制定的保护规划紧张地施工之中。预计到2022年底，村前古村将再次揭开她神秘的面纱。

本书作者陆阳先生是一位高产的文史作家。他才思敏捷，学养深厚，潜心学问，孜孜不倦，于同道中素有美誉。他对村前胡氏研究倾注了满腔热情，这几年著述了《胡氏三杰：一个家族与现代中国科技教育》，主编了《胡雨人水利文集》《胡敦复胡明复胡刚复文集》《胡彬夏文集》和《胡敦复胡明复胡刚复纪念文集》，为保护和挖掘村前文化做出了突出的贡献。这本《天上村前：中国近代科教之乡》，是他的又一研究成果。本书的出版，将为村前古村文化研究提供重要的史料支持，也将与古村保护修复工作齐头并进，相得益彰！

陈尧明，文化学者，无锡市江南文化研究会会长，《江南文化》杂志常务副主编，原无锡市委宣传部副部长、市社科联主席。

目录
contents

第一章 村前胡氏："我从哪里来？"

"我是谁？""我从哪里来？""我要到哪里去？"是中国人自古以来一直在追问的"终极三问"。在此，不妨围绕这个"终极三问"对村前胡氏的发展脉络做一梳理。

胡姓源流

胡姓是当今常见姓氏，在《百家姓》中排名第158位。据2020年第七次人口普查资料显示，胡姓在中国人口最多的前100名姓氏中排第十三位，约占全国人口的1.3%。

胡氏，源于妫姓。西周初年，周武王灭商后，访求前代帝王的后裔，找到了舜帝的后裔妫满，把长女大姬嫁给他，封之于陈之株野（今河南柘城胡襄镇），后迁都陈之宛丘（今河南淮阳附近），让他奉守虞舜的宗祀，建有陈国，侯爵，谥号胡公，因此又称胡公满、陈胡公。陈国王族后裔及国人多有以先祖谥号为姓氏者，称胡氏。

司马迁在《史记·陈杞世家》中记载："陈胡公满者，虞帝舜之后也。昔舜为庶人时，尧妻之二女，居于妫汭，其后因为氏姓，姓妫氏。舜已崩，传禹天下，而舜子商均为封国。夏后之时，或失或续。至于周武王克殷纣，乃复求舜后，得妫满，封之于陈，以奉帝舜祀，是为胡公。"唐朝魏徵所撰《胡氏世谱序》中也云："予胡氏之先，出自帝舜有虞氏之裔。帝舜本姬姓，因居妫汭，以妫为氏，子商均封于虞。迨周武王克殷，乃复求舜后，得妫满，封胡公于陈，以奉帝舜祀，子孙以谥为氏。后为楚灭，子孙辄去国。"

到了汉朝前期，据魏徵《胡氏世谱序》记，"至汉有讳黻者，为灵朔孙。景帝时吴王濞反，公统兵拒之，遂擒吴王。景帝初，拜大中大夫，始迁安定之临泾,是为胡氏之始祖也"。此处所提及的安定,系汉代的安定郡,为旧平凉府固原州、泾州之地。先治高平(今甘肃省固原市原州区),后汉时迁治临泾(今甘肃省镇原县东南),晋时又移治安定(今甘肃省泾川县北),后魏及隋因之。唐初称安定为泾州,寻复曰安定郡,后又称泾州。宋代叫泾州安定郡,后废。安定郡下辖安定、临泾、朝那、乌氏、石堂五县。

此后,安定胡氏开始兴盛。胡建、胡广、胡质、胡奋、胡国珍、胡延之等,光彩人物辈出。唐朝林宝《元和姓纂》记载:"安定,汉有胡建始居焉。后汉有太尉胡广。魏胡质,荆州刺史,生威,清州刺史、平春侯,又居淮南。晋左仆射胡奋。石季龙入关,与梁、皇甫、韦、杜、牛、辛,皆以华胄不在戍役之限。奋裔孙国珍,后魏司空;女为宣武帝皇后,生孝明帝。珍兄真,曾孙延,北齐太宰、安平王;女为武成帝皇后,生后主纬,长安,陇东王;长怀、长穆、长洪、长咸、长兴,并封王。……"这中间难免有臆断和失实之处,却大致反映了安定胡氏家族出现和发迹的过程。

胡氏由此名显于世,其子孙也多以安定为自豪,安定也就成为天下胡氏的堂号。堂号即郡望,也就是发祥地。今天,说起胡氏一族的流徙变迁,总会听到这样一句耳熟能详的话:"天下胡氏出安定。"

随着门族的壮大和人丁的兴旺,胡氏子孙开始远离故土,播迁四方。宋时,安定的一支后裔定居在今天的江苏省如皋市,这就是宋代的著名教育家、理学先驱胡瑗的宗族。其家世居安定,先是流寓陵州,再迁泰州。人们尊称胡瑗为安定先生,正是出于溯其源流的缘故。

始祖胡瑗

胡瑗,字翼之,北宋太宗淳化四年(993)生于泰州海陵(今江苏泰州)。其父亲胡讷曾任宁海军节度推官。推官是节度使的属官,主管勘问刑狱。胡讷为官清廉,"家贫无以自给"[①]。胡瑗便是在他父亲任宁海军节度推官时出生的。

胡瑗自幼聪颖好学,"七岁善属文,十三通'五经',即以圣贤自期许"。此后,他北去泰山,与孙明复、石守道一道攻读,"攻苦食淡,终夜不寝,一坐十年不归"[②]。十年间,得到家信,他看到信封上有"平安"二字,连拆也不拆,

---

① 黄宗羲原著、全祖望补修:《宋元学案》卷一,中华书局,1986年,第24页。
② 黄宗羲原著、全祖望补修:《宋元书案》卷一,第24页。

便抛向山涧里，深恐读了家信而受到干扰，不能专心致志地攻读。①他在《论语说》中针对子贡"夫子不可及"的议论，说："孔子因学于人而后为孔子"，认为孔子的成就是从学习中得来的。他自己就恪守这一信念，一生勤学不懈，饱览经史。

由于屡次科举不中，胡瑗遂绝意科场，以经术教授吴中（今江苏苏州），"使诚明者达，昏愚者励，而顽傲者革"②，深得与他同时代的政治家、文学家范仲淹的尊敬。宋仁宗景祐元年（1034），范仲淹任苏州知府，创建"苏学"，聘胡瑗为教授，并让自己的儿子范纯祐、范纯仁等拜他为师。这是胡瑗一生事业的开始。

同样是在景祐元年，宋仁宗赵祯征召精通音律的人进京更定雅乐。范仲淹荐胡瑗应召与翰林学士冯元、礼宾副使邓保信、镇江节度推官阮逸等较定旧钟律。后来，他又与阮逸分别指导监造编钟、磬各一套。当时，他以没有"功名"的平民身份，由皇帝召对崇政殿，事后被破例授予秘书省校书郎一职，负责校勘皇室的藏书，订正讹误。宝元三年（1040），范仲淹出任陕西安抚副使，举荐胡瑗为丹州（今陕西省宜川县）军事推官。

庆历二年（1042），范仲淹好友、湖州知事滕子京建州学，延聘胡瑗以保宁节度推官身份任教。正是在主持湖州州学时，他创立了分斋教学制度，在学

胡瑗像（载《胡氏宗谱（思贻堂版）》）

校内分设经义斋和治事斋：经义斋"选择其心性疏通、有器局者、可任大事者，使之讲明'六经'"，学习儒家经义，旨在"明体达用"；治事斋，"则一人各治一事，又兼摄一事"，"如治民以安其生，讲武以御其寇，堰水以利田，算历以明数是也"。学生可选择其中一科为主修，另选一科为副修。两斋的培养目标不同：经义斋以培养比较高级的统治人才为目标，即所谓"任大事者"；治事斋

---

① 黄宗羲原著、全祖望补修：《宋元学案》卷一，第24页。

② 欧阳修：《文昭公墓表》，《胡氏宗谱（村前版）》，1998年，第220页。

是为了造就在某一方面有专长的技术、管理人才。回溯中国教育史，孔子以德行、言语、政事、文学四科教人；宋朝有设立儒学、玄学、史学、文学四个学馆的记载，但就分科的具体内容来说，均囿于文科；隋唐时期，设立了算学、律学等专科学校，这是一大进步。但是这些学校的地位比儒学低得多，规模也小得多。直至胡瑗创立分斋教学制度，才在中国教学制度发展史上第一次按照实际需要，在同一所学校中分科教学，将治民、治兵、治水、算数等实用学科正式纳入官学体系之中，取得了与儒家经学同校的地位；并且，治事斋"人各治一事，又兼摄一事"，开了主修与选修制度的先河。胡瑗的这一教学方法，史称"苏湖教法"。

分斋教学制度产生之后，"四方之士，云集受业"，纷纷到湖州州学来求学。庆历五年（1045），京师兴建太学，专门派人"下苏、湖州，取其法，著为令于太学"①。胡瑗同时被任命为京师各王宫教授，后又被任命为太子中舍，并升殿中丞。皇祐四年（1052），胡瑗任光禄寺丞，国子监直讲，成为京师太学的主讲教师。嘉祐初年（1056），胡瑗已是63岁的老人，又擢为太子中允、天章阁侍讲，成为皇太子的老师，仍治太学。

在太学任教时，胡瑗继续推行因材施教之法。"亦甄别人物，故好尚经术者，好谈兵事者，好尚节义者，使之以类群居讲习"②。同时，他还经常召集学生，"使论其所学，为远其理"，"或自出一义，使人人以对，为可否知"，"或即当时政事，俾之折衷"③，让学生们集思广益，明辨是非，增长从政才干。据史料记载，他的学生中，朱临、翁促通精于《春秋》，杜如霖精于《易》，顾临精于训诂，欧阳发精于胡乐钟律，范纯仁、钱公辅、江致一长于政事，苗授、卢秉长于军事，滕元发、林晟长于文学，徐积、周颐长于节义，刘彝长于水利等。真可谓因材施教、各展其长。

胡瑗在太学前后执教七年，慕名而来求学的学子多得太学校舍容纳不下，朝廷不得不将太学旁边的官署改为校舍。程颐提起盛况时说："胡太常瑗（讲经），……学者不远千里而至，愿一识其面，一闻其言，以为楷模。……往年胡博士瑗讲《易》，常有外来请听者，多或至千数人。"④至嘉祐四年（1059）正月，胡瑗终因积劳成疾而卧病不起。经多方治疗，病情仍无起色，朝廷赐以太常

① 黄宗羲原著、全祖望补修：《宋元学案》卷一，第24页。
② 黄宗羲原著、全祖望补修：《宋元学案》卷一，第28页。
③ 黄宗羲原著、全祖望补修：《宋元学案》卷一，第28页。
④ 程颐：《回礼部取问状》，《二程集》第2册，中华书局，1981年，第564—568页。

博士荣衔，允准退休，回到在杭州任节度推官的长子胡志康任所养病。

由京师开封起程东归之际，朝廷官员与太学学生一道，都聚集在京都东门外，执弟子礼，依依送别。当时人的记载称："弟子祖帐，百里不绝，时以为荣。"①

嘉祐四年（1059）六月六日，一代宗师在杭州与世长辞，享年66岁。翌年十月初五，由其长子胡志康扶灵，回到他教学的湖州，安葬于乌程县南十四里的何山（亦名金盖山）下。明万历《湖州府志》载："宋有天章阁侍制安定先生胡瑗墓。"同年，由三子胡志正携带胡瑗的衣冠葬于故乡的衣胞之地—江苏如皋胡家庄。衣冠冢就在其父胡讷墓的左前侧，世称"安定坟"。

胡瑗是宋学的创始人，移易一代风气的学者。清人全祖望说："宋世学术之盛，安定、泰山为之先河。"②全祖望所说的"宋世学术"，是指宋代理学。理学也称道学，是宋明儒家的哲学思想。原来汉儒治经（主要是古文经义学派），侧重名物训诂，至宋儒则以阐释义理、兼谈性命为主，所以理学又称宋学。清朝纪昀在《四库全书总目提要·经部总叙》中把宋以后学术上的争论（主要指治经），归纳成"要其归宿，则不过汉学、宋学两家互为胜负"。纪昀短短的论述，充分说明了宋学在中国学术史上的地位。北宋初，胡瑗在南方讲学，称南派，孙明复、石守道在泰山讲学，称北派。胡瑗、孙明复、石守道提倡"以仁义礼乐为学"，历史上把他们并称为"宋初三先生"。他们的学术思想和治学主张的传布，共同奠定了宋学的基础。在他们三人中，欧阳修特别推崇胡瑗对宋代学术的创导之功。他在为胡瑗所撰写《墓表》中对胡瑗的学术成就及对宋代的影响有极高的评价："自（仁宗）景祐、明道以来，学者有师惟先生及泰山孙明复、石守道三人，而先生之徒最盛，其在湖州之学，弟子去来常数百人，各以其经转相传授，其教学之法最备，行之数年，东南之士，莫不以仁义礼乐为学。"③胡瑗博通"五经"，尤精于"易学"，其说《易》以义理为宗，重在解说卦爻辞之义，多以阴阳二气之说解释易理，反对王弼派以虚无解释太极。张南轩称其解《易》"不论互体，于象数扫除尽略"。程颐曾曰："读《易》当先观王弼、胡瑗、王安石三家。"朱熹也称赞胡瑗"易学""分晓正当"。

---

① 黄宗羲原著、全祖望补修：《宋元学案》卷一，第25页。

② 黄宗羲原著、全祖望补修：《宋元学案》卷一，第1页。

③ 欧阳修：《文昭公墓表》，《胡氏宗谱（村前版）》，1998年，第220页。此文又称《胡先生墓表》。

自隋唐以至宋初，"国家累朝取士，不以体用为本，而尚声律浮华之词"[①]，形式主义学风盛行。胡瑗总结了那种只重辞赋的不良学风的经验教训，首倡明体达用的学说。体（本体）和用（作用）是中国哲学的一对范畴，一般认为体是根本的、内在的，用是体的外在表现。胡瑗认为儒家的纲常名教是万世不变的"体"，而儒家的诗书典籍是垂法后世的"文"；把体、文付诸实际，可以"润泽斯民，归于皇极"，达到民安国治的目的，这便是"用"。[②]他的"明体达用之学"，表现了重视经世治用的特点。分斋教学，正是他以"明体达用之学"理念对教学进行改革的实践。他不仅要复兴先秦儒家"内圣外王之学"的精神，更重要的是要紧紧扣住晚唐和五代以来教育、学术的弊端而做创造性发挥。北宋时重文轻武风气盛行，算术、水利等科目被人轻视，从事科艺者身份低下。针对"进士场屋之业"和"释老山林之趣"而造成的不良风气，胡瑗大力倡导"讲实学、求实功"，贬斥时弊颇有建树。蔡襄说，胡瑗"解经至有要义，恳恳为诸生言其所以治己而后治乎人者"。胡瑗批评汉唐学风："汉之上则党同妒道，唐之文天宝之风尚党，贞元之风尚荡，元和之风尚怪，其于教化可知矣。"在胡瑗看来，只有提倡实学力行的精神，才能纠正不正学风，"极天地之渊蕴，尽人事之终始"。胡瑗用他的"易学观"扫除汉代灾异谶纬之说的阴霾，一归于性命道德和治乱兴亡的探究，充满着生命的智慧。更可贵的是，胡瑗认为要成为"学究天人"的儒者，眼光不应只盯在书本上，而应该迈开脚步览山川奇雄之势，涵养豪杰精神。据丁宝书《安定言行录》载，胡瑗在湖州之时曾说："学者只守一乡，则滞于一曲，隘各卑陋。必游四方，尽见人情物态，南北风俗，山川气象，以广其闻见，则为有益于学者矣。"胡瑗的分斋教学制度以"苏湖教法"颁行于太学而流行于世，他对教育的积极肯定和个性教育的学术追求，闪耀着孔子教育思想的光辉，也深深地烙上了胡瑗道德人格的色彩。

胡瑗是名满有宋、惠及后世的教育家。胡瑗一生主要从事教育，"夙夜勤瘁二十余年，专切学校，始于苏湖，终于太学"[③]，对教育与国家治理的关系有相当深刻的认识。他在《松滋县学记》一文中说："致天下之治者在人才，成天下之才者在教化，教化之所本者在学校。"精辟地阐明了实现"天下之治"的关键在于人才，人才培养的根本在于学校的思想。出身清贫的胡瑗，力求凸显先秦儒家之"成德之教"，启发学生磨砺德性，铸造人格，强化自己的道德人格以感化

---

① 黄宗羲原著、全祖望补修：《宋元学案》卷一，第25页。
② 黄宗羲原著、全祖望补修：《宋元学案》卷一，第25页。
③ 黄宗羲原著、全祖望补修：《宋元学案》卷一，第25页。

学生。他与学生之间的关系十分亲善，"视学生如子弟，诸生亦爱敬如父兄"①。同时，他教育学生又非常严格，"过于父兄之训子弟，诸生有善，若己有之，诸生有过，若己蹈之"②。他的弟子多达 1700 多人。"是时礼部所得士，先生弟子十常居四五，随材高下而修饰之，人遇之，虽不识，皆知为先生弟子也"③。他们"及为政，多适于世用，若老于吏事者"④。《宋史》本传云："礼部岁所得士，翼之（胡瑗）弟子常居四五，自河汾（王通）以后能立师道成就人才者，必以翼之为首称焉。"欧阳修记："礼部贡举，每岁所得士，以先生弟子十常居四五。其高第者，知名当时，或取甲科居显仕，其余散在四方，随其人贤愚，皆循循雅饬，其言谈举止，遇之不问可知为先生弟子；其学者相语称先生，不问可知为胡公也。"⑤作为胡瑗学生的程颐也深有感触："凡从安定先生学者，其醇厚和易之气，一望可知。"⑥胡瑗的学生成为学者、名臣的很多。最著名的有程颐、钱藻、孙觉、范纯仁、吕希哲、钱公辅、顾临、徐积、滕甫等，在《宋元学案》立传知名的便有 34 人。许多学生自成一家，发扬其学说，在我国学术史上具有很大的影响，所以后世有"自秦汉以来，师道之未有过瑗者"的评论。

胡瑗在教学中很注意识拔人才，奖掖后进。程颐，是理学发展史上一代大家，与其胞兄程颢共创"洛学"，世称"二程"，与后来的朱熹又合称"程朱"。程颐 18 岁进入太学读书，曾得以亲炙胡瑗。胡瑗以"颜子所好何学"为题问诸生，程颐以《颜子所好何学论》作答，"瑗得其文，大惊异之，即延见，处以学职"。胡瑗是当时享有盛名的学者、年近 60 岁的老人，却破格邀请这个 18 岁的后生，面对面地讨论学术问题。这对程颐后来获得的成就具有很大的影响。

胡瑗的品格、学问、办教育的成就，深得当时人们的敬仰。与胡瑗同时代的杰出政治家王安石说："孔孟去世远矣，信其圣且贤者质诸书焉耳。翼之先生与予并世，非若孔孟之远也，闻荐绅先生所称述，又详于书，不待见而后知其人也。"并且写诗寄赠胡瑗："吾愿圣帝营太平"，"先收先生作梁柱"。⑦王安石把胡瑗与孔孟相提并论，并以"梁柱"相期许，当非谀词，或者正是胡瑗

---

① 黄宗羲原著、全祖望补修：《宋元学案》卷一，第 24 页。

② 黄震：《黄氏日钞》。

③ 黄宗羲原著、全祖望补修：《宋元学案》卷一，第 25 页。

④ 吕祖谦：《吕氏家塾读书记》，《文献通考》卷四六，浙江古籍出版社，2000 年，第 431—432 页。

⑤ 欧阳修：《文昭公墓表》，《胡氏宗谱（村前版）》，第 220 页。

⑥ 黄宗羲原著、全祖望补修：《宋元学案》卷一，第 26 页。

⑦ 王安石：《寄赠胡先生》，《王安石全集》，吉林人民出版社，1996 年，第 129 页。

在当时人们心目中所占地位的反映。胡瑗弟子刘彝更是盛赞其师的功绩，称："今学者，明夫圣人体用以为政教之本，皆臣师之功。"胡瑗逝世以后，宋神宗赵顼给他的画像题了赞。赞词中写："师任而尊，如泰山屹峙于诸峰；法严而信，如四时迭运于无穷。经义治事，以适士用；议礼定乐，以迪朕躬。敦尚本实，还隆古之淳风；倡明正道，开来学之颛蒙。载瞻载仰，谁不思公，诚斯文之模范，为后世之钦崇。"①这是以皇帝兼学生的身份，给予胡瑗的评价。宋朝四大书法家之一的蔡襄为之撰《太常博士致仕胡君墓志》，欧阳修为之撰《文昭公墓表》。宋嘉定十一年（1218），宁宗赵扩追谥胡瑗"文昭"。南宋理宗端平二年（1235），曾拟议增十贤人圣庙"从祀"，其中"以瑗为首"。至明世宗嘉靖九年（1531），胡瑗正式列入圣庙供奉和祭祀，并被尊称为"先儒胡子"。至今在山东曲阜孔庙内，"先儒胡子瑗之神位"仍与唐宋八大家之首韩愈，三国时期一代名相诸葛亮，北宋名臣范仲淹、欧阳修，南宋理学大师朱熹等先贤并列。民间对于胡瑗的尊崇之情同样日盛。南宋洪迈《容斋五笔》载："嘉祐间，富公（弼）为宰相，欧阳公（修）为翰林学士，包公（拯）为御史中丞，胡翼之为侍讲，士大夫谓之'四真'，谓真宰相、真翰林学士、真中丞、真先生也。"

播迁无锡

胡瑗生有三子。长子志康与次子志宁在庆历六年（1046）同登进士。志康"后授承务郎、杭州观察推官"，志宁"授永州知州"②，秩满留家于永州（今属湖南省）。这样，志康、志宁分别成为胡氏杭州、永州派的始祖。三子志正，"授功迪郎，旋改宣议郎"③，居于如皋，以此形成如皋派。

胡志正，又生有两子：守经、守权。胡守权，字达庵，"与毗陵钱公辅、锡山陈公敏厚善，遂往来毗陵、无锡讲道论学。久之，爱锡俗善，因家锡之新塘里，为宋绍圣三年"④。"守权因晋陵钱公辅、无锡陈敏于宋绍圣三年渡江讲学于晋陵无锡间，年四十，见无锡俗厚，遂依陈敏家焉"⑤。"守权与晋陵钱公辅、无锡陈公敏同学于安定先生。绍圣三年，渡江游晋陵无锡间，见锡土俗厚，遂因

① 黄宗羲原著、全祖望补修：《宋元学案》卷一，第29页。
② 嘉靖《重修如皋县志》卷八《人物·科贡·宋》。
③ 《世系表》，《胡氏宗谱（村前版）》，第292页。
④ 胡淳：《处士心竹胡公墓志铭》，《胡氏宗谱（村前版）》，第220—221页。
⑤ 《语录》，《胡氏宗谱（村前版）》，第246页。

陈公敏家焉"[1]。宋绍圣三年，是为公元 1096 年。从这一年起，胡氏迁居无锡。胡守权是为迁锡始祖，但其后裔仍尊胡瑗为一世祖。

陈敏（1038—1118），字伯修，出自名门望族颍川陈氏。据清《江苏毗陵陈氏宗谱》载："（陈敏）年十一而孤，庐于墓所"。族兄陈元敬正在无锡为官，遂将其携至无锡，担负起抚养之职。明王问（仲山）为陈氏家谱所作序言记："至宋天圣（按：应为皇祐）甲午，有讳敏者从无锡知州、族兄元敬，自淮至锡，居天授乡新塘里。"其时，名儒胡瑗正以经术教授吴中，陈敏入得其门。清《毗陵陈氏宗谱》载："安定奇之曰：'此锡之英也！'。"他与同郡袁默、凌浩，姑苏孙载皆为英特，时目为"安定四俊友"。宋熙宁三年（1070），陈敏进士及第。到了宋徽宗崇宁初年（1102），蔡京权倾一时，诬司马光等人为元祐党，下令全国各地立党人碑。元朝王仁辅《无锡县志》记："（陈敏）尝守台州，会朝廷命郡国立元祐党籍碑，敏拒守，以为不可。监司促之急，敏曰：'诬司马公为奸臣，是诬天也。'其倅卒立之。敏碎其石。或咎敏，敏曰：'我死且不辞，何劾之畏？'竟挂冠而去。"退隐故里的陈敏，自号濯缨居士，取"沧浪之水清兮，可以濯我缨；沧浪之水浊兮，可以濯我足"之意。到了徽宗大观年间，朝廷以"孝、友、睦、姻、任、恤、忠、和"八行选才取士，有人举荐了陈敏，但他最终婉拒。元《无锡县志》记："大观中，以八行搜天下士，殿撰李夔，丞相纲之父也，时奉祠居梁溪，以敏行能，荐于上。守令亲为劝驾。敏叹曰：'昔归今往，何出处之戾也？'弗就。"对于此举，"人谓得安定之传，而有所守者"。到了 400 余年后的明成化年间，一支后裔迁居西高山南的阳巷。两地，都在今天的无锡市惠山经开区，相距不远。此后，陈氏后裔尊陈敏为"西高山始祖"。

这里说一下西高山。此山是无锡西北唯一的山岭。元《无锡县志》记："西高山，去州东北二十五里兴宁乡。其山平浅，无深林邃谷，山之南峰顶，上有仙人礼拜石，石上有迹，类人额痕，及两肘膝伏处，相传人俯其上，不论老稚长短，其额与肘膝处皆当其穴，以为异。山中有路可通兴道乡。其中峰曰灵龟山，北峰曰凤凰山，山西世为里姓高氏之居，山由是名。俗呼为西胶山，盖指胶山为东，故误称耳。"另有传说，此山因东汉名士高岱葬于此而得名。陈寿《三国志》本传注引《吴录》记："时有高岱者，隐于余姚，策命出使会稽丞陆昭逆之，策虚已候焉。闻其善《左传》，乃自玩读，欲与论讲。或谓之曰：'高岱以将军但英武而已，无文学之才，若与论《传》而或云不知者，则某言符矣。'又

---

① 胡潜：《胡氏谱略》，《胡氏宗谱（村前版）》，第 9 页。

谓岱曰：'孙将军为人，恶胜已者，若每间，当言不知，乃合意耳。如皆辨义，此必危殆。'岱以为然，及与论《传》，或答不知。策果怒，以为轻己，乃因之。知交及时人皆露坐为请。策登楼，望见数里中填满。策恶其收众心，遂杀之。"另相传孙策之母吴国太在西高山建有崇庆庵，在此诵经礼佛。

西高山北，原为低洼水地，常有水患。从东汉起，民众在此修筑拦水土坝"高鲁堰"，后来废堰为桥（木桥），名高鲁堰桥，久而久之简称堰桥。

胡守权像（载《胡氏宗谱（思贻堂版）》）

胡守权迁居无锡，"初居新塘，耕读自娱，不愿出仕，杜门不出，人称达庵先生"[1]。"初居兴宁乡之新塘里，读书乐道，不干仕进，人称达庵先生"[2]。"（守权）子二，曰祖仁、祖义，祖仁迁居陵，祖义迁本乡西高山南陆家墩，家赀渐起"[3]。"（守权）生子二，曰祖仁、祖义。祖仁转徙晋陵，不知其向。祖义徙本乡西高山南陆家墩，置田四百亩。生子二，曰经、曰纶。家渐富"[4]。其后，"宣和七年（1125），又迁河北东南隅，临水涯住，积百余顷，庄五所，房屋三百余间，即今基屋尚所遗也。经子曰玉，分居西边，呼为西家；纶子曰瑶，分居东边，呼为东家。

基西有南北二桥，北石桥甚大，两涯房廊百余间。建炎二年（1129），修理州城紧急，拆桥石去用，以船为渡。淳祐五年（1245），置木桥，因呼为胡家渡桥，今桥圈大石犹存"[5]。"（祖义）子二，曰经，曰纶。宣和七年，又析居河北，家始富。置庄田四百顷，基屋千间，至今堂奥尚存焉。经子名玉，纶子名瑶，分居西东，族姓渐茂。地有石桥二所。建炎二年，修州城急，折石助工，以船为渡。淳祐五年，又建木桥，称胡家渡桥焉"[6]。胡㳤在所撰《处士心竹胡公墓志铭》中也写道："讳守权，生祖义，自新塘徙胡家渡，为宋宣和七年（1125），

---

① 《语录》，《胡氏宗谱（村前版）》，第246页。

② 胡潜：《胡氏谱略》，《胡氏宗谱（村前版）》，第9页。

③ 胡潜：《胡氏谱略》，《胡氏宗谱（村前版）》，第9页。

④ 《语录》，《胡氏宗谱（村前版）》，第246页。

⑤ 《语录》，《胡氏宗谱（村前版）》，第246页。

⑥ 胡潜：《胡氏谱略》，《胡氏宗谱（村前版）》，第9页。

手建堂屋尚在，族有婚丧咸共之不废。"① 与胡㳠同为安定十九世孙的胡潜云：
"家自渡江始祖守权一人居锡，至今仅十八世，子孙三百余人。居胡家渡，五百
年历遭兵燹，堂构宛然，故邑称旧族焉。"②

此后，胡氏在胡家渡繁衍子孙，人丁日繁。安定十五世孙胡恺（三省公）从
胡家渡迁居邹圻。这一迁居，在家谱所录的《铭》《传》中屡见记载："祖义生
子二，九传至思道，思道次子三省公始居邹圻"③；"又四传而为思道，思道生
五子，其仲恺，析居邹圻"④；"胡氏先世自如皋讲学，转迁至锡，爱是定居，
十五传至恺公析处天上市邹歧村前，遂世为锡之村前人"⑤；"十余传至讳恺，
复自胡家渡析居村前，于是村前胡氏遂望于乡"⑥。

胡恺，字孟雍，号三省，"刚方峻厉，乡族惮焉。当押兑于淮，遇事濒危，
适平公伯陈公督漕淮上，有庄在吾里，因赖以庇公归"⑦，"三省公貌奇伟，好
任侠，以赀雄里中"⑧。给予胡恺庇护的陈公，似为陈瑄，明代的首任漕运总兵，
总督海运与漕运前后达三十余年，死后追封平江伯；家谱中的"平公伯"疑误。

胡恺生卒之年和析居邹圻 [歧] 之年不详。其父思道生于明太祖洪武十一年
（1378），卒于英宗天顺二年（1458），大致可以推断胡恺析居邹圻之时在公元
15 世纪初，距今约 600 余年。

此后，胡氏子弟在邹圻村之前又筑屋定居，"自邹圻衰而村前益盛，比屋云
连，人烟凑集"⑨，这样就有了"村前胡氏"。胡恺生子四人：木、林、森、朴；
后世遂以此分为四房。

民国年间所修宗谱序言对播迁过程记："三世祖守权公自如皋讲学来锡，
始居新塘里，四世祖祖义公迁居陆家墩，复居墩北。六世祖瑶公又析居东偏。至
十四世祖思道公，生子五，恺公其次也，析居邹岐，后又移居邹岐村之前，才有
村前之恺公派世裔。"⑩

①　胡㳠：《处士心竹胡公墓志铭》，《胡氏宗谱（村前版）》，第 220—221 页。

②　胡潜：《胡氏谱略》，《胡氏宗谱（村前版）》，第 9 页。

③　胡㳠：《处士心竹胡公墓志铭》，《胡氏宗谱（村前版）》，第 220—221 页。

④　戴洵：《奉化令胡君墓志铭》，《胡氏宗谱（村前版）》，第 221—222 页。

⑤　秦瑞玠：《胡公致和家传》，《胡氏宗谱（村前版）》，第 142 页。

⑥　薛淇：《云樵公传》，《胡氏宗谱（村前版）》，第 144 页。

⑦　《世系表》，《胡氏宗谱（村前版）》，第 301 页。

⑧　胡㳠：《处士心竹胡公墓志铭》，《胡氏宗谱（村前版）》，第 220—221 页。

⑨　《胡氏宗谱（村前版）》，第 322 页。

⑩　胡元镇：《续修谱序》，《胡氏宗谱（村前版）》，第 18 页。

为民御史

嘉靖甲子（1564）年冬，一叶小舟从村前驶出，从京杭大运河北上。舟中是两位赴京赶考的同门兄弟。兄胡潜，字原昭，号凤石，生于嘉靖壬午（1522），时年已然42岁；弟胡泽，字原荆，号莲渠，生于嘉靖甲午（1534），比从兄小12岁。

小舟行经徐州之时，一场罕见的大雪不期而至，兄弟俩与同样赶考的浙江奉化人戴洵相遇。戴洵后来写下当时的情景："嘉靖甲子冬，余与项雪溪先生同舟北上，过徐州。一夕，冰冻不可动，顾视前后，数十里无人迹，独见无锡胡凤石、莲渠兄弟倚篷立，隔舟遥相语，甚喜也。明日冻解，别去。"[1]

第二年，会试举行，胡泽与戴洵同登进士，而胡潜下第。"明春入都，余与莲渠同举进士。雪溪先生亦待选，得顺昌令，而凤石君独以下第归"[2]。

会试过后，朝廷通常在新晋进士中遴选年轻而才华出众者入翰林院任庶吉士，在翰林院学习后再授各种官职。翰林院修撰、编修和庶吉士，仕途相对比较平顺，是为明内阁辅臣的重要来源之一。胡泽是被推荐人选之一，但他拒绝了，日日与通州籍进士顾养谦沉醉酒中。王世贞在《为民御史传》中写道："会有诏选庶吉士读中秘书，人以谓君。君笑曰：'庶吉士文弗及程，出而给事、御史，令课吏；高等，则入而给事、御史。吾文而出乎，将以吏入乎？'，等耳。令能德于民胜，于是通州进士顾养谦意与合，日且以试笔札费沾酒共醉耳。"[3]范应期《为民御史莲渠胡公墓志铭》也云："当是时，有诏选吉士。故事，年非艾以上者，不得选入，或隐齿干进。君泊通州，顾君养谦年并壮，独不欲……，乃取醉都市中。两君者，交相善也，已而君果得令永丰云。"[4]

不久，胡泽被授永丰（今属江西省）县令。永丰，民风喜好争讼。"永丰俗故啬，即一钱讼可起"[5]。胡泽上任伊始，即与民约法三章，依法治理，很快就收到了效果。范应期《为民御史莲渠胡公墓志铭》云："（胡泽）下车，则与吏民约曰：'今奉天子三尺，非残民，凡以安全之。从今以来，其有舞文巧诋及为左验株讼者，令考局以实，请随坐之，或令食于民。市子各以时取其值，令必

---

① 戴洵：《奉化令胡君墓志铭》，《胡氏宗谱（村前版）》，第222页。
② 戴洵：《奉化令胡君墓志铭》，《胡氏宗谱（村前版）》，第222页。
③ 王世贞：《为民御史传》，《胡氏宗谱（村前版）》，第137页。
④ 范应期：《为民御史莲渠胡公墓志铭》，《胡氏宗谱（村前版）》，第223页。
⑤ 范应期：《为民御史莲渠胡公墓志铭》，《胡氏宗谱（村前版）》，第223页。

不膏脂若等也。'约既具，于是置弥尾、青丽谯，下诸罪，悉以末减，罚锾不苛，迨廉得讼主名，复钳杀之，邑讼为清，而市亦无扰，吏胥不得缘手为奸。然监司行部至者亦案不及，胥吏一切称治。"① 王世贞《为民御史传》也云："君子谒选，得永丰令。初莅令，而吏白廨舍敝当治。君笑谓治费云何，立召工而授之算，率减十九。有拘讼者君按情重丽法而小宽之。顾购得其主文者诮曰：'汝知筮讼之利而不知筮讼之害也。'以三木囊其颈匝月，曰：'尽此曹庭稍空矣。'邑多荐绅大夫，君抑之不使食齐民，而造请酬酢必以礼；当受赋，君必投谒谢，谓令不敢以法加贤者，愿诸公之谓何，诸公人人悦输恐后也。"②

胡漴像（载《胡氏宗谱（思贻堂版）》）

胡漴在永丰仅七个月时间，因母亲去世而回乡丁忧。"君为令七月，而丁母阙忧去官，士民遮拥不得去，立生祠祀之"③，"士民遮道攀号至不得发，特为生祠祀君"④。

丁忧期满，胡漴复任安福（今属江西省）县令。胡漴在安福之时安于清贫，满岁入朝觐见之时，"入不足供具"⑤，向故人借贷方才成行。"满岁入觐，仅数舍而装，竭贷故人得二十金乃成行。所报谢诸公，取成礼而已，人亦无敢望之"⑥。在安福任上，他依然受到百姓的称誉。"君之治安福，其操舍大率治仿永丰，而加以文采。安福缙绅大夫不啻倍屣，至燕中成巷，其交口誉君若一，而君闻不怿曰：'吾得之安福缙绅大夫声，甚不若响者永丰得之者老女孺声也。'"⑦"君遂补安福，治之如永丰，而声名逾永丰时，君顾忽忽不自得曰：'吾治永丰，犹孩之而已。若治安福，则冠而室，稍缘以情即有声，吾心愧之

---

① 范应期：《为民御史莲渠胡公墓志铭》，《胡氏宗谱（村前版）》，第 223 页。

② 王世贞：《为民御史传》，《胡氏宗谱（村前版）》，第 137 页。

③ 王世贞：《为民御史传》，《胡氏宗谱（村前版）》，第 137 页。

④ 范应期：《为民御史莲渠胡公墓志铭》，《胡氏宗谱（村前版）》，第 223 页。

⑤ 范应期：《为民御史莲渠胡公墓志铭》，《胡氏宗谱（村前版）》，第 223 页。

⑥ 王世贞：《为民御史传》，《胡氏宗谱（村前版）》，第 137 页。

⑦ 王世贞：《为民御史传》，《胡氏宗谱（村前版）》，第 137 页。

矣。'"①

隆庆辛未（1571），胡涍被召为御史。②胡涍不畏权贵，秉义直言，那些贵戚称他为"悍御史"。"君试御史治东城，戚畹缇骑家，惴惴相戒，毋犯君琅当。而君所上书，有所侵中贵人，语报闻。君每朝中贵人，辄目摄之曰：'是悍御史耶，小迟去我曹当见鱼肉。'"③"君雅负奇节，不严而栗，巡东城。贵戚敛手避之，戒缇骑毋东，京里翼翼无犯君"④。《胡氏家谱》（思贻堂）就收录了胡涍的四道奏疏：《题为慎任使重名器以励臣工以开圣治事》《题为纠参不恪大臣乞赐罢斥以隆祀典以正人心事》《题为纠仪事本月十六日恭遇皇上御门视事》《题为恳乞圣明矜念久淹宫人亟赐查放以弥灾异以光圣德事》。

胡涍就任御史的第二年，也就是公元1572年，年仅10岁的明神宗即位，张居正出任内阁首辅。在神宗即位的第六天，胡涍上疏，结果引发雷霆之怒，被削职为民。《明史》记载："神宗即位之六日，命冯保代孟冲掌司礼监，召用南京守备张宏。涍请严驭近习，毋惑诒谀，亏损圣德。保大怒，思倾之。其冬，妖星见，慈宁宫后延烧连房。涍乞遍察掖廷中曾蒙先朝宠幸者，体恤优遇，其余无论老少，一概放遣。奏中有'唐高不君，则天为虐'语。帝怒，问辅臣，二语所指为谁。张居正对曰：'涍言虽狂悖，心无他。'帝意未释，严旨谯让。涍惶恐请罪，斥为民。逾年，巡按御史李学诗荐涍。诏自后有荐者，并逮治涍。"

毛宪《毗陵人品记》卷十对此也有记载："胡涍，字原荆，无锡人。嘉靖乙丑进士，为令平恕近民，讼牍稀简，持身清约如寒士。召拜御史，首论太监溶，直声大震。会红星犯垣，复疏，有'高宗不君，则天为虐'等语。上怒，罢为民。居家不修边幅，性好客，纵游山泽间。或劝其斥买田产，为子孙计，则不应。"

胡涍无奈回乡，其情其景，王世贞在《为民御史传》中记："君从户部给出，跨一驴，都门客争劳之曰：'御史也而民，虽然真御史哉。'一中贵人沃之酒，以好罗衫强被君背，曰：'毋谓我曹无人，即从君死不难也。'"⑤范应期也记："卒跨一蹇驴出都门，门者中人某，以白羂衫被君，并佐千缗钱悬驴首，拂君髯曰：'又安所得御史而民乎，君其行也。'"⑥

---

① 范应期：《为民御史莲渠胡公墓志铭》，《胡氏宗谱（村前版）》，第223页。

② 胡涍：《处士心竹胡公墓志铭》，《胡氏宗谱（村前版）》，第220—221页。

③ 王世贞：《为民御史传》，《胡氏宗谱（村前版）》，第137页。

④ 范应期：《为民御史莲渠胡公墓志铭》，《胡氏宗谱（村前版）》，第224页。

⑤ 王世贞：《为民御史传》，《胡氏宗谱（村前版）》，第137页。

⑥ 范应期：《为民御史莲渠胡公墓志铭》，《胡氏宗谱（村前版）》，第224页。

胡泽因直言而罢官，在朋友间引发震动。好友童佩特意致信劝慰："仆比从赵汝迈楚游，归见人传北来事，有御史论时政，放还江南。是时，已心知为足下，然不敢告人者，恐或误之也。有顷，梁思伯以奉使经下里，寻余草堂，谓足下巾车且南，乃信然耳。仆闻之，圣天子即位，诏与天下更始，足下当匡正之职，屡为陈言，极□使□廷内外，有所感动，即夺足下一官，其于祖宗宗庙社稷元元之订，岂小小乎哉？先朝养士之效，所谓一人不为少者，于足下有焉。"①梁辰鱼赋诗《胡原荆侍御言事获谴解官南归寄之》："一纸封章玉陛寒，千秋认遇圣恩宽。明知触槛生非易，总得投荒死不难。忍见乌辞新铩羽，笑驱骢脱旧征鞍。男儿事了拂衣云，且向桐江觅钓竿。"②陈玉叔赋诗《广陵舟中送胡原荆侍御南归》："一疏迢遥出帝畿，西风吹动逐臣衣，临岐多少忧时意，只恐从今谏草稀。"刘光济赋诗《送胡莲渠罢官归里》："一疏批鳞诏免官，朔风吹雪满征鞍。归家暂觉青山好，揽镜应怜白发残。囊里干将锋欲折，袖中封事墨初干。圣恩不遣潮阳去，此别休嗟行路难。"

回乡的胡泽，经常说自己"吾编氓也"，甚至自称"吴氓"。③所谓"编氓"，即编入户籍的平民之意。他寄情于山水，排解心中的郁闷。"君归而于吴越诸名胜，靡所不究。梅时玄墓，菊时娄江，桃华时蟠螭，芙蓉时西湖，术时菁山葛仙井，杨梅时光福，樱桃时北固山，以至大湖月、钱塘潮、虞山拂水、吴淞海、探华阳、善权、张公诸洞，吊泰伯、延陵、春申、伍胥、范蠡、要离、伯鸾遗迹，陟龙池岩，观虎斗金山，呼鼋食及网鲥鱼作鲙，间手采菠荠甲石耳，先羹俎佐饮。若惠山梁溪园，则几席之矣"④。"君素矫轻，饶膂力……。尝与客游匡庐、秦余诸山，客方饮山趾，睥睨间，君已独身取间道，陵巉岩而登箭阙，提冻雪下劳客矣"⑤。万历乙亥（1575）夏，胡泽与湖广布政司右参政永嘉等人雅席于二泉。日后永嘉在所撰《修泉亭记》中记下当时的情景："去夏与胡原荆辈布席亭下，于时天雨新霁，长松敷阴，泉流瀺瀺，与松声相和。因取寺僧所藏王孟端竹炉，煎虎丘、天池、龙湫诸茗斗之，颇为胜绝。原荆时以修亭属余，余诺之。比归，随夺吏冗，忽忽逾岁。顷再过泉上，恍忆前诺，遂命工缮葺，逾月事竣。用纪岁时而并为辨次其品，贻刻山中，以重发斯泉之美，非为山川聚讼

① 童佩：《与胡原荆书》，《〈童子鸣集〉笺注》，浙江工商大学出版社，2019年，第284页。
② 梁辰鱼撰、吴书荫编集校点：《梁辰鱼集》，上海古籍出版社，1998年，第273页。
③ 王世贞：《为民御史传》；《胡氏宗谱（村前版）》，第136页。
④ 王世贞：《为民御史传》，《胡氏宗谱（村前版）》，第138页。
⑤ 王世贞：《为民御史传》，《胡氏宗谱（村前版）》，第138页。

也。"①

在京师期间，胡汝与名士王世贞、王叔承、范伯桢、顾益卿、陈贞甫等相善。王世贞为王叔承所撰《昆仑山人传》中记："于是山人（按：王叔承）益为落魄游。而范太史伯桢、胡侍御原荆、顾宪副益卿，皆宦燕中。陈光州贞甫时尚游太学，与诸君善。"②胡汝削职为民后，与这些有着相似命运的好友经常相约同游。王叔承喜游学，纵游齐、鲁、燕、赵，又入闽赴楚，胡汝屡次与其结伴出游。王世贞《昆仑山人传》对此有记："（王叔承）家居，自原荆而外，范太史三之，王太史一之。"③申时行《王山人子幻墓表》也记："（王叔承）归其家，省母奉终事。而原荆适罢侍御归，相与击楫大江，登金焦，转入荆溪，泛太湖，徘徊武林湖山间，其诗有《吴越游》。"④王叔承曾作金陵之游，游览鸡鸣山、孝陵、牛首山、燕子矶等名胜，作《金陵游记》。"是行也，盖隆庆改元八月，为祖道江浒，壮余行色者，曰周原李、胡原荆……往返计二十六日"。范应期记："万历戊寅秋八月，君与所善客王承父、陆伯玉、顾世叔二三辈一访不佞菁山，会不佞病甚，支离床褥间良苦，而君独采术葛洪，并得斗许，且乘月观钱塘潮也，不佞呼曰：'不佞不能从，君倘赋枚生发，令不佞霍然色起乎？'君默默不答，泣数行下，不佞愀然久矣。其明年己卯春，君再渡马驮沙，访朱光禄桃花下，君酒酣耳热，仰天乌乌而吟，有'我亦五湖倦游客，振衣天外赋招魂'之句。"⑤浙江永嘉名士王叔杲过访无锡，泊舟惠山，胡汝前往相见，约定永嘉之行。王叔杲有感作诗，诗前小序曰："雨后泊舟惠山，胡原荆、王承文、童子鸣来访，相携过泉上，煮虎丘茶，话永嘉山水之胜，赋此订约。"⑥

徜徉优游于湖山之间，与好友诗词唱和往来，好不惬意。"其罢御史以民称者八年，天下既高君之节，则始疑君者，徐察君之秉介，不食私而终信之，日夜冀公复召用。而御史李学诗以疏荐君，危得罪。用是荐者沮止，然君绝不以为意"⑦，"惟日放浪吴越名山水，尝过吴山梅花林"⑧。细绎各人诗集，王穉登有

---

① 朱震峻、沙无垢、赵铭铭编：《无锡园林碑刻选》，古吴轩出版社，2011年，第26页。

② 王世贞：《昆仑山人传》，吴国良编纂：《吴江历史人物碑传集》上，苏州大学出版社，2019年，第334页。

③ 王世贞：《昆仑山人传》，《吴江历史人物碑传集》上，第335页。

④ 申时行：《王山人子幻墓表》，《吴江历史人物碑传集》上，第336页。

⑤ 范应期：《为民御史莲渠胡公墓志铭》，《胡氏宗谱（村前版）》，第225页。

⑥ 王叔杲撰、张宪文校注：《王叔杲集》，上海社会科学院出版社，2005年，第124页。

⑦ 王世贞：《为民御史传》，《胡氏宗谱（村前版）》，第138页。

⑧ 范应期：《为民御史莲渠胡公墓志铭》，《胡氏宗谱（村前版）》，第224页。

《孤山看月怀胡原荆叶茂长二首》，安绍芳有《人日集胡原荆侍御分得题字》，王叔承有《焦山九日集凤台追忆胡原荆同郭次父诸君赋得真字》《绿萝庵同胡原荆晚眺，邀唐医士蔡参军不至，却寄陈济之病中》。同时，从胡漆目前所存诗词看，送别诗、唱和诗也占了很大比重。略加梳理，有《汪生自西宁来访陈贞父诗以送之》《阜民台四首为施使君赋》《赠南海翠崖师》《送观察使王公归东嘉二首》《吴钩行赠金玄郎还吴门》《午日梅上人过邀再饮竹下》《焦山送顾益卿金宪滇南》《看菊娄江王比部出龙潭寺诗索和》《送徐生兄弟应试》《送钱子游燕》《同王承父登君山望海》《答陈贞父宝鸡见寄》《送梁掌教之任阳朔》《莺脰湖寄平湖李明府》《与周大饮拂水石山时二浦生恐甚呼酒不至嘲之》《同王承父夜坐因简顾益卿》《九日穆郡守招饮永庆寺讲台》《山中送黎惟敬秘书归南海》《送王元方应试白下》《陆无从子过采真堂夜集得斋字》《晚泊垂虹桥与二浦生言别》《七夕采真堂尝新酿因怀王承父》《王养和赋得荐冰杨梅索和》《七夕同王承父叶茂长顾世叔饮秦子威宅》《送王承父游衡岳》《巳卯桃花时登靖江朱宅快阁》，等等。

万历己卯（1579），胡漆遽然离世，得年四十有六。范应期记："其四月，君伯母赵卒于胡家渡，君奔丧……。归而君病，不数日死是月十有九日也。计其生甲午十一月，年才四十有六。家故贫也，无以棺。棺者咄嗟办之，里巷哭之，至为罢市。"[1]在他病重期间，王叔承前来探视，"既病剧，而谓其友人曰：'死幸呼我为民御史。'"[2]胡漆死于酒，"公及其伯兄，兄之子皆世酒德而夭"[3]；更死于贫，"君故宦薄，而又喜侠，不能无挫产"[4]，"君以好客故益窘，益贷债，债家不忍迫之，而君亦不忍负。乃别从姻故起责，责端无穷，而产遂大挫。计无所复之，则姑托酒与肉，以至竟死"[5]，"性又喜客，客无虚时，而君妇浦孺人复爱女甚于儿，即米盐琐细尽出孺人。稍稍贷起券，累累常满。里中其义君者，不忍责君，亦不忍负人，时偿时贷不绝。君益贫，而邑屋事冤抑不平者，数趋君解之。或亲故畴亩籍君户者，君复不肯出之就役。有司怪其时时解重狱，且逋税见，以为公不贫，何乃尔？吏进曰：'胡公实贫。'有司曰：'顷解华陆两人命，徒以胡公故，胡公贫邪？'吏曰：'胡公自为其葭莩耳，实不受人一金

① 范应期：《为民御史莲渠胡公墓志铭》，《胡氏宗谱（村前版）》，第225页。
② 王世贞：《为民御史传》，《胡氏宗谱（村前版）》，第136页。
③ 范应期：《为民御史莲渠胡公墓志铭》，《胡氏宗谱（村前版）》，第225页。
④ 王世贞：《为民御史传》，《胡氏宗谱（村前版）》，第137页。
⑤ 王世贞：《为民御史传》，《胡氏宗谱（村前版）》，第138页。

也。'有司始愧叹,以为君不可及。而他人以意蔑君者,率系此矣。君业久已望海内,议者谓且大用"①。

回乡后的胡㵆不改秉性,为百姓仗义执言。"又数数为戚,故释冤滞宽徭役,听者外夺,君勉为解去"②,结果导致官府对其不满。黄印在《锡金识小录》卷九记:"胡莲渠为御史,大醉中听客狂言,草草具疏,放归。性慷慨,破崖岸日治酒饮客,客无贤不肖,填门原荆,无一日不大醉也。客俟其醉,言某有冤狱,原荆拍案大呼,立命纸白之当路,后事解。客受金十九,胡受金十一。酒资不足则仰名豪,名豪阡陌尽附庸于胡,以减徭役而赋亦不输。竟死于酒,酒人闻其死,无不尽哀。惟有司苦其数请见言事,又匿名豪田而令有司役穷民也,闻其死而快之。"③冯可宾在《广百川学海》中也云:"故御史胡君原荆名㵆,梁溪人,疏斥中贵,祸几不测,由此直声震台中,倜傥不群,千载士也。伤哉,虆死以贫故。"

王世贞说:"君(按:胡㵆)读书好涉猎大义,弗肯竟。其为文辞隽朗饶意趣,书法亦遒逸,所著有《采真集》若干卷。"④范应期也说:"君(按:胡㵆)于观游,不独有胜情,且矫矫霞举,兼济胜具,间以抑郁不通之思发为文,若诗类悲壮激烈,语在《采真堂集》。"⑤《采真堂集》已无传本,今天无锡市图书馆藏有《胡莲渠文集》(无卷数),系刘氏寄沤书巢捐赠旧藏精写本。《胡氏宗谱》也收有其所作五言、七言诗多首。除了上述的送别诗、唱和诗外,胡㵆所作诗多为山水诗和风景诗。其间的几首描写乡居生活和咏怀抒情的诗,读来饶有意趣。如,《戏示侍儿》:"青钱尽向酒家销,那得黄金贮阿娇。老狂自有糟糠妇,不用双鬟拭佩刀。"《丙子除夕对雪两儿侍酒》:"倚剑萧斋万事赊,青山为伴艇为家。醉看庭树人如玉,笑拥椒盘雪作花。病得披裘淹旧䐓,儿堪把盏亦生涯。雄心消却余蓬鬓,遮草春耕碧海霞。"丁丑年(1577)元日,正值44岁初度,胡㵆写下《丁丑元日》:"生逢四十四年春,酒熟贫家柏叶新。懒慢一身忘岁月,蹉跎万事任沉沦。芒鞋久已消吾侠,竹笠还期事采真。满欲高眠聊自适,千山晴雪又招人。"这可谓对自己一生的总结,愤懑和闲适之情跃然纸上。

胡㵆去世后,好友王叔承悲痛万分,"原荆、贞甫皆前死,山人(按:王叔

---

① 范应期:《为民御史莲渠胡公墓志铭》,《胡氏宗谱(村前版)》,第224页。
② 王世贞:《为民御史传》,《胡氏宗谱(村前版)》,第137页。
③ [明]《邑志补遗》,转引自钱建忠:《无锡方志辑考》,世界知识出版社,2006年,第65页。
④ 王世贞:《为民御史传》,《胡氏宗谱(村前版)》,第138页。
⑤ 范应期:《为民御史莲渠胡公墓志铭》,《胡氏宗谱(村前版)》,第225页。

承）皆匍匐哭其丧。而以原荆贫而喜为侠，所以经纪之者尤切。至须发为变白，母夏以老寿终"[1]。王叔承对胡泽的儿子给予资助，"而原荆死时，家不具饘粥，山人大恸，为经纪其丧，规致赙赠，仍振业其二子，人以比之原巨先云"[2]。王叔承并为之撰写传略，洋洋万言。王世贞读后，云："王子曰叔承之状，君垂万言，共什八在侠，十二在政。行夫侠者，季剧之流，闾里雄耳，乌足以名胡君？"[3] 王叔承、王稺登请青浦知县屠隆撰写墓志铭。屠隆写道："两君不博求当世之贵人巨公，而属余小子。余小子不佞，顾恒好谈士大夫美行侠节，乃不辞而为之铭。"[4] 墓志铭撰就后，屠隆寄予以王百谷，曰："胡原荆侍御，真磊磊丈夫，死不足哀，贫又何伤？……愧鲰生小才，无能扬其大者。……墓铭、书两通，一致胡氏孤，一致先生案头。别来念先生良切，何以慰我？"[5] 又寄顾养谦，曰："日为胡原荆侍御撰墓碑，知先生胡公金石交，临文含毫，抒写磊块。居然臭味，更思先生。碑文甫成，寄王百谷。……"[6] 顾养谦回函《与屠长卿》："读胡原荆志，真得太史公家法，而铭足以铭原荆不朽。……十月自都下还，将吊原荆于梁溪，遂东游娄江。庶几得走吴淞江上，晤足下，一倾倒，故不复走一力。"[7] 范应期同样也撰下墓志铭，文末感谓："不欲落落如玉，本不欲碌碌如珉，岂原荆其人哉？"[8]

说完胡泽，再来说说曾与他一同赴京考试的从兄胡潜。

胡潜幼时聪颖，"七岁即能诵'五经'，九岁为文章，十二岁即走淞江，上书督学御史。御史惊异，谓其幼，未录也。君于是益愤发，挟所业谒武进薛方山先生。薛时以文名雄海内，大赏叹焉。于是名誉日起，一时英俊，皆与之交"[9]。薛方山，名应旂，武进人。嘉靖乙未（1535）进士，知慈溪县，转南考功，升浙江提学副使。其鉴识甚精，为当时一代大儒。

胡潜聪颖能文，但仕途不顺，"戊午（1558）荐于乡，已三十七岁矣。乃三上春宫，至隆庆辛未（1571），犹不第，念梦竹翁老，欲以禄养，乃就选为仙

① 王世贞：《昆仑山人传》，《吴江历史人物碑传集》上，第335页。

② 申时行：《王山人子幻墓表》，《吴江历史人物碑传集》上，第336页。

③ 王世贞：《为民御史传》，《胡氏宗谱（村前版）》，第138页。

④ 屠隆：《明故御史莲渠胡公墓志铭》，《屠隆集》第三册，浙江古籍出版社，2012年，第557页。

⑤ 屠隆：《与王百谷》，《屠隆集》第三册，第342页。

⑥ 屠隆：《与顾益卿观察》，《屠隆集》第三册，第312页。

⑦ 凌迪知：《国朝名公翰藻》卷四二。

⑧ 范应期：《为民御史莲渠胡公墓志铭》，《胡氏宗谱（村前版）》，第225页。

⑨ 戴洵：《奉化令胡君墓志铭》，《胡氏宗谱（村前版）》，第222页。

胡潜像(载《胡氏宗谱(思贻堂版)》)

居教谕，逾年而徙奉化"①。赵善政当时作有《送胡凤石宰奉化》《饯胡凤石见萤火有作》诗（《肖轩稿略》）。奉化籍名士戴洵回忆起与胡潜的交往："隆庆壬申（1572）夏，余丁内艰，方避暑武林而君忽以书来问，盖自仙居教谕徙令吾邑也。及冬归葬而君来。吊于山中，葬毕还邑居，而君时时来顾，访问谣俗利病"②；"甲戌（1574）冬，余服阕北上，而君出饯于郊外，持觞相对，竟日不忍别"③；"丙子（1576）君解官归无锡，而余出管留都翰林事君，时时以书来约，为栖霞牛首之游，未果。辛巳（1581）余自留都大学谢事归，过无锡，而君拿舟载酒相送百数十里，乃别，时童颜如渥，犹剧谈酣饮达曙不倦也，讵谓逾年而遂长弃斯世哉"④。在戴洵看来，"君性夷旷，恬淡县事，不烦而治。每晨起坐厅事，一时顷署卷毕，即门庭阒然，吏民甚安乐之。念项氏诸故人子幼，常抚恤之。甚有恩，顾不能低眉下心以逢迎上官，于是稍拂监司意"，"在官凡五年而解绶自引归，囊箧萧然，啜菽饮水，晏如也。日闭门以尚书授诸子，或时徜徉山水间，啸咏自得。每客至，辄觞酒共酌，必兴尽乃止。郡县高其节，每造门，谢不肯见"⑤。

万历壬午（1582）十二月，胡潜去世，享年六十有一。

明末岁月

时间，很快又到了崇祯戊辰（1628）。这一年，大明的最后一位皇帝朱由检登基，开科取士，村前的胡之竑榜上有名。

胡之竑（生卒年不详），字仕任（士任），别号翼在，村前胡氏二十一世

① 戴洵：《奉化令胡君墓志铭》，《胡氏宗谱（村前版）》，第222页。
② 戴洵：《奉化令胡君墓志铭》，《胡氏宗谱（村前版）》，第222页。
③ 戴洵：《奉化令胡君墓志铭》，《胡氏宗谱（村前版）》，第222页。
④ 戴洵：《奉化令胡君墓志铭》，《胡氏宗谱（村前版）》，第222页。
⑤ 戴洵：《奉化令胡君墓志铭》，《胡氏宗谱（村前版）》，第222页。

孙，"早慧，声名籍甚"①，"天启丁卯举人，崇祯戊辰进士，授户部云南请吏司主事，督税九江转本部员外郎，中升直隶河间府知府，丁内艰补福建兴化府知府，升东充道山东按察使司按察使"②。对于这段经历，黎元宽《宪副公传》云："授官主政民部，视草场暨九门监法，著有阀阅；已奉敕管九江钞关，厘奸恤旅，远至迩安。尝赢数千金不自取，而代江输逋租。是时手利权者，率上羡金公帑以博廉称，顾难为之，前后翼在可师矣。寻出守河间左冯翊（按：政区名），之望屹然，内艰归。次补闽之兴化，则海懦籍籍多事，无虑皆吞舟之鱼，实赖翼在为砥。定擢分巡兖东道宪副，其治本曹濮也"③。胡之竑"分守东充二府所属地方兼理粮饷，在于寿张县驻扎"④，职责在于"时时巡历各属，训练士马，修浚城池，捍卫藩封，稽防运艘，查考钱粮，问理刑名所属官员。有怠忽旷职及贪纵不法等项应奏清者，申呈抚按衙门。应拿问者，竟自依律问。拟地方兴举利弊，并听从长整理。或有寇盗窃发，即督同府州县印官相机剿捕，毋致滋蔓"⑤。

胡之竑就任之时，是在崇祯十二年（1639）十月。⑥其时，农民起义烽火遍地。胡之竑东奔西走，忙碌于剿捕之事。次年十二月，山东总兵向兵部呈送的公文中，对这一年剿灭农民起义的一次战争做了详细的描述，内中就提及了胡之竑。文曰："东昌监军道王公弼寿张道带、管兖西道胡之竑振旅出师，决谋制胜，复多捐犒多金，鼓励士卒，又差官沿途催督经过州县办给粮料无缺。"⑦不过，明朝统治到此时已然岌岌可危，农民起义此起彼伏，剿不胜剿，胡之竑很快就因对农民起义剿、抚的意见与上司不同而被夺官。"广额儿李三，骁而聚众为乱。翼在议歼之，趑矣。当事以选持抚，大类餐痈。及乎费邑见告，直指窜草间，水衡使者为贼所劫，而操论家苟以深文坐失县，夺翼在官而止"⑧。明末农民起义的爆发，是天灾人祸等诸多因素共同影响的结果，并非单纯的或剿或抚所能解决。山东的农民起义或起或伏，一直持续到明朝灭亡之时。"盖却去十年之后，山泽非矣，龙蛇故在"，"闻山东有黄腰李三，屡成擒就戮，而卒得之狱，

① 黎元宽：《宪副公传》，《胡氏宗谱（村前版）》，第 140 页。

② 《世系表》，《胡氏宗谱（村前版）》，第 382 页。

③ 黎元宽：《宪副公传》，《胡氏宗谱（村前版）》，第 140 页。

④ 《胡氏宗谱（村前版）》，第 95 页。

⑤ 《胡氏宗谱（村前版）》，第 95 页。

⑥ 《胡氏宗谱（村前版）》，第 95 页。

⑦ 《兵科抄出山东总兵杨御蕃题本》，中央研究院：《明清史料乙编》第 10 本，商务印书馆，1936 年，第 904 页。

⑧ 黎元宽：《宪副公传》，《胡氏宗谱（村前版）》，第 140 页。

胡之竑像（载《胡氏宗谱（思贻堂版）》）

及主谳暨诸与因缘者，是其人也"。黎元宽不由感谓："假令异时如翼在言，不为姑息，曷至于此？"[1]

崇祯丁丑（1637），又一位无锡胡氏子弟考中进士。他名叫胡时亨，后改名时忠，字伯昭，号慎三，"崇祯丙子举人，丁丑会魁，授江西南昌府推官，以廉能行取选福建道监察御史，晋阶儒林郎，巡按江南屯田马政，乡饮大宾"。胡时亨生于万历丁酉（1597），考取进士之时已然40岁。胡时亨擅诗，在乡之时与高世泰、祝鸿章等一众名流结成诗社，以诗唱和。

对于胡时亨的生平，清光绪《无锡金匮县志》记："授南昌府推官。释东乡举人艾南英于狱，复万载革除秀才二十三人名。定万年、金溪等县民变。会征土贼李肃十等，时忠任监军，府官遁，代管县事。贼首既诛，时忠收降余党，抚恤灾民，瘗埋枯骨，民建祠祀之。升福建道监察御史。"现代钱海岳《南明史》卷四十三也记："时忠，字伯昭，无锡人。崇祯十年进士。授南昌推官，释艾南英于系。张普薇乱，定策擒斩首从百余人，寇遂解散。悍宗五阎王等肆横，揭院题参，地方以安。时岁饥盗起，数用方略，定万年、金溪民变。十六年，土寇李肃七、肃十造谶僭号，时忠以监军从巡抚林一柱讨之，计歼其渠，布谋用间，以抚为剿，不数月而事平。安民发粟，清还子女，收埋枯骨，三县生为立祠。"[2]

艾南英（1583—1646），字千子，东乡（今江西东乡）人。七岁之时作《竹林七贤论》，长为诸生，好学无所不窥。万历末年，官场腐烂，南英深疾之，与同郡章世纯、罗万藻、陈际泰以兴起斯文为任，乃刻四人所作行之世，世人翕然归之，人称"临川四才子"或"江右四家"。天启四年（1624），艾南英始举于乡，对策有讥刺魏忠贤语，罚停三科。1627年，崇祯皇帝即位，魏忠贤获罪自缢。艾南英被允许参加会试，然屡试不第，文章却日负盛名，为人所称颂。崇祯十七年（1644），清军先后攻占两京（北京、南京），艾南英募兵抗击清军，并

---

① 黎元宽：《宪副公传》，《胡氏宗谱（村前版）》，第140页。

② 钱海岳：《南明史》，中华书局，2006年，第2064—2065页。

以车战获胜于金溪山谷中。后江西全境为清军所克，艾南英赴福建晋见即帝位的唐王，呈《十可忧》疏，被授予兵部主事，不久拜为监察御史。明亡后翌年（1646）八月，艾南英卒，年六十四，嘱不葬清朝土地，悬棺木于树上。

胡时亨在南昌府推官任上，境内民变蜂起。崇祯十五年（1642）八月，南昌府奉新县爆发了李肃十、李肃七领导的农民起义。写下中国古代最杰出的科技著作《天工开物》的宋应星正是奉新人士，其家乡距离农民军的据点干州（今奉新县干州镇）只有10公里，受到了农民军的冲击。崇祯十六年初，宋应星用计刺杀了李肃十，农民军受到沉重打击，但仍继续斗争。都司何其贤带领官兵到奉新镇压，胡时亨为监军。宋应星使用"离间计"，"密令周时珙纵横各寨，阴行间谍"①，农民军被离间分化，自相残杀而失败。同治《奉新县志》卷九记：宋应星"破产募死士与司理胡时亨讨平之。"又据《新吴雅溪宋氏宗谱·长庚公传》载，"公（按：宋应星）复与司李胡时亨同日进剿，贼大败，追入干洲寨，毁杀无算，贼皆弃逝。公与时亨剿抚并用，六月余收拾殆尽……公之功为多，后累官至巡道"。清《安义县志》载："崇祯十五年，奉新枧下李肃十、肃七谋逆。靖安刘丁九捕之，被杀。遂啸聚为红巾贼。安义知县张士亨奉檄措饷练兵，与南昌府推官胡时亨率乡勇杀贼首李东阳等数百人，乃就抚。"清《南康府志》也载："建昌自上年土贼狙獗，白昼焚掠。四乡团砦自保，或移家入城。男妇皇皇，如在沸鼎。……癸未，奉新、靖安、安义三县间，盗首李肃七、肃十啸聚万众，官兵频衂。南昌推官胡时亨办贼，委衿贤（靖安舒春阳、涂调鼎，建昌邹麟）往还贼巢，谕令立功。由是盗党自相携剪，不战而平。"当代《安义县志》记："崇祯十五年，奉新枧下李肃十、李肃七聚众起义，号称红巾军。靖安刘丁九奉令前往镇压，被义军捕杀。安义知县张士亨奉檄措饷练兵，与南昌府推官胡时亨率乡勇合围，义军首领李东阳等数百人遇害。"②当代《宜春市志》也记："明崇祯十五年春，奉新枧下李肃十、李肃七率众起义，号称为'红巾'，扎寨干洲，并攻占靖安县城。四月，监军胡时亨分镇靖安县，调集靖安、奉新、安义三县兵马进剿，焚毁干洲寨。'红巾'头领李东阳等阵亡，李肃十、李肃七被俘，余众就抚。"③

讨剿农民起义军取得全胜，当地民众感恩不已，为胡时亨建立祠堂以示纪念。《江西通志》卷五十九记："胡时亨，字慎三，江南无锡人，崇祯丁丑会

---

① 同治《南昌府志》卷十八《武备》。

② 《安义县志》，南海出版公司，1990年，第166页。

③ 《宜春市志》上，方志出版社，2010年，第972页。

魁，为南昌府推官，文学政事皆卓冠一时。癸未，袁寇聚天井窝，亨亲剿平之，余党皆率众投诚。"当代《奉新县志》记："胡二生祠，在从善乡。本郡司李胡时亨，南直无锡人，崇祯丁丑进士。崇祯十六年，李肃十起义，胡时亨抚剿之。清顺治七年，余盈四复假义啸聚，震惊邻邑，时知县胡以温扑灭之，民藉以生。邑民藉二公以生，合祀之。"①

胡时忠像（载《胡氏宗谱（思贻堂版）》）

1644年，李自成入北京，崇祯帝自缢，明朝灭亡。胡时亨继续效力于南明政权，被授福建道试监察御史。他屡言时政得失，号为"冲锋"。钱海岳《南明史》卷四十三记："弘光时，迁福建道御史，疏言武臣掣文臣之肘。视浦原屯田，首请清言路。曰：'章奏不应旁午杂出，铨除难听镇将勋臣。'又请正纲尝、收人心，曰：'纲尝万古为昭，畔逆一时难混。黄国琦、施凤仪蒙恩拟用，羞朝廷而辱班序，莫此为甚。'又陈军功、清屯、清折，皆关时政得失，号曰'冲锋'。泰兴、靖江沙涨，民争杀不已，出巡立碑，分界乃定，民歌思之。"②他力阻朝廷对降臣黄国琦、施凤仪的任用。清朝徐鼒《小腆纪年》卷八记："（顺治元年）十月壬戌，明刘泽清荐降贼臣黄国琦、施凤仪，御史胡时亨疏纠之，不报。泽清招商船为水营，荐黄国琦监军。时亨疏言：'近来文武升授，皆出勋臣之口，至从逆伪官，蒙面求进。武臣不效命，谓文臣掣其肘；今不又武臣掣文臣之肘乎？'又言：'国琦，则伪吏部掌朱封者；施凤仪，则管仪仗。时语贼不可用亡国之器，愿自赔十金造者。此何人，而辱班行乎？'不报。寻以国琦监王永吉军、凤仪行盐扬州。"

见国运难以挽回，胡时亨不久告老回乡，教授东林，专心著述。因为耻于与降清的光时亨同名，改名时忠。邹钟泉《泾皋渊源录》卷十二记："钱础日传先生云：先生重忠节、崇道义，修孙许二公旌忠祠，议留澹台子祠租，复梅子真祠，皆有关风化。先生究心理学，上溯考亭，下参忠宪。癸巳（1653）秋，常郡

---

① 《奉新县志1986—2004》，方志出版社，2011年，第865页。

② 钱海岳：《南明史》，第2065页。

守宋公之普讲道东林，先生举忠宪教学东林之语以示学者，一时群推正学。"胡时忠为明末著名学者黄道周的徒孙，即所谓"道周为沈延嘉之房师，沈又为舅氏（按：胡时忠）之房师也"（计六奇语），著有《怀古堂文集》《冷香斋集》《孔庭神在录》《圣学源流录》《历代兴废说》《鉴断集要》《洪李乘略》等书。

一日，胡时忠拜谒惠山碧山吟社遗址，感叹良多，写下《碧山吟社遗址》一诗，在凭吊遗址的同时感慨大明的败亡。诗云："百年残碣翠堪扪，吟骨虽寒品地尊。盛世逸民皆自得，空山流水不曾浑。楚亡岂识春申涧，晋末还余谢傅墩。沧海桑田谁后死，有人涕泪赋招魂。"康熙九年（1670）春，胡时忠去世，享年73岁。

到了康熙二十四年（1685）九月，东林后人钱肃润、高菖生、孙绎武等人希望"将理学与气节俱行，前贤赖后儒继起"，拟将周顺昌、左光斗等十人入祠。事载《东林书院志》："公请崇祀道南，以翼道统，以励儒修。事具呈，列举周公顺昌、左公光斗、周公宗建、姚公希孟、李公应昇、杨公廷枢、李公若愚、胡公时忠、赵公玄祉、华公允谊十人。事不果行，今惟周蓼洲、胡慎三两公入祠。"①

关于胡时忠的世系，家谱记为安定二十一世孙。向上推溯，在第十五世时，有胡怡、恺、悌、悦、悸五位兄弟。其中胡恺迁居村前，胡悦同样迁居胡家渡东数里处的高田，建立"高田派"。胡时亨，为胡悦的六世孙。

说到胡时忠，还必须提及他的外甥计六奇。

计六奇，字用宾，号天节子，别号九峰居士。无锡兴道乡人（今无锡前洲、玉祁街道一带），明天启二年（1622）生，卒年不详。计六奇幼时家境十分贫困，早年寄读于别人的家塾中，19岁时随岳父杭济之就读于洛社，21岁时又跟杭济之在其母舅胡时忠家读书。入清后，计六奇曾于顺治六年（1649）至十一年（1654）两次应乡试，都没有中举。从此他无意科举，以教书、著述终其一生。身处朝代更替之际，计六奇数十年间笔耕不辍，专心撰史，以期把这"天崩地裂"时代的风貌记录下来，传之后世。所著《明季北略》24卷、《明季南略》16卷，在史学界广泛流传，成为研究明末农民起义和明清之际民族斗争的重要历史资料。

《明季南略》《明季北略》的材料，来源于书面和口碑两大类。计六奇写

---

① 雍正《东林书院志》卷二一《轶事一·东林轶事》。据同书卷一三《祀典·配位缘起》载，胡时忠（胡慎三）于康熙二十五年被批允从祀，而周顺昌（周蓼洲）则于康熙五十二年才被批允入祀。

作时参考的文献资料见于书中注明的大约有六七十种。计六奇自记："家表弟胡子鸿仪殊解人意，邀坐彩舞榭中，示以秘笈，赠以管城子，遂纵览凝思，目不交睫，手不停披，晨夕无辍，寒暑无间。宾朋出入弗知，家乡米盐弗问，肆力期年，得书千纸。"那些"秘笈"，极有可能就是胡时忠收集的邸报、朝抄和秘籍，成为计六奇撰述的重要参考资料。表弟胡鸿仪，名永禔，康熙十六年（1677）贡生，官霍山教谕。

胡时忠另有一位外甥张夏，同样文名卓卓。光绪《无锡金匮县志》卷二十一"儒林"记载："张夏，字秋绍。诸生。少游马世奇之门。著《孝经衍义》，补《洛闽源流录》。于《易》《书》《诗》《春秋》皆有解义……性强记多识，邑中旧闻轶事、故家谱牒了如指掌，年八十余以遗民终。"民国孙静庵《明遗民录》记："明张夏，字秋绍，邑人。隐居菰川之上，孝友力学。初受业马文肃公世奇之门，已而入东林书院。其为学，先经后史，博览强记，而归本自治。高世泰既殁，推秋绍主讲席。汤斌抚苏时，与秋绍论学，韪之，延至苏州学宫，讲《孝经》《小学》。退而著《孝经解义》《小学渝注》及《洛闽源流录》。年八十余卒。"另据资料，张夏与胡永禔合著有《锡山宦贤考略》三卷。

创建祠堂

胡瑗去世后，湖州、如皋、苏州等地皆建有祠堂，"独梁溪一支，自达庵公至今五百余年，子孙最繁，科名最盛，而祠宇未建"[1]。胡之竑考中功名后，就有了在无锡建设祠堂的想法。"崇梁溪之祠文昭公，则先中宪（讳之竑）与先侍御（讳时忠）兆其谋"[2]。"此先大人自戊辰登第，先叔父侍御慎三公自丁丑登第后，尝相对白，辄以建祠为己任。后各宦游四方，及际鼎革，遂弗遑计及焉"[3]。但由于两人后来宦游四方，未能如愿。胡之竑遗命其子胡瑸筹建祠堂。

胡瑸，又名王宾，字文其，号畏轩，"顺治乙亥恩贡士授北直广平府清和县知县，敕授文林郎"[4]。对于创建祠堂，他投入了极大热情。"然而先大人与先侍御生平之志，瑸则未尝一日敢忘也"[5]。从弟胡世昌在惠山之麓建有别业，日

---

① 胡永亨：《梁溪文昭公祠记》，《胡氏宗谱（村前版）》，第115页。

② 胡简敬：《梁溪始祖文昭公祠记》，《胡氏宗谱（村前版）》，第115页。

③ 胡瑸：《重建文昭公祠记略》，《胡氏宗谱（村前版）》，第120页。

④ 《世系表》，《胡氏宗谱（村前版）》，第387页。

⑤ 胡瑸：《重建文昭公祠记略》，《胡氏宗谱（村前版）》，第120页。

久颓坏。于是，胡瑸与从弟商议，就别业旧地建设祠堂，并与长兄胡琛、二弟永禔商议出资修葺。正如胡瑸所言，"向先伯父迩光公有别业在惠山之麓，即二泉西南一隅。阅岁既久，楼阁台榭，堂阶山池日就颓坏湮废。瑸每过而见之，悯其将沦于虚莽也，因慭焉。念先大人、先侍御思所以祠文昭者，不可就是而志厥志乎。从弟世昌慨然愿捐荒圃，即谋诸伯兄琛暨仲弟永禔，相与经营度量，修葺缮治之，皆瑸等四人之拮据锱铢，不烦通族。不数月而庙貌鼎新，衣冠瞻视，俎豆馨香，俨然文昭之灵始于此式凭焉"①。邑人秦松龄在《安定先生祠记》中对此也有详尽记载："二十二世孙瑸，遵先人中宪公讳之竑遗命，欲于锡山创建文昭公祠，以垂不朽。乃谋之伯兄琛、从弟永禔、世昌，改荒圃为祖祠。四人同志，合力修举，以祀事请邑宰伯成吴公为转请于督学虞公，并行嘉许。乃治榱桷，乃涂丹朱，乃设几筵。"②徐文元《惠山文昭公祠记》记："锡之有公胄，盖自其允中始。允中自绍圣时迁锡，至今凡五百余年，其子孙日繁，诗书之泽日盛。裔孙琛、瑸、永禔、世昌诸君，爰即惠山别业创为祠堂，以永公祀而请记其事于余。"③吴鸣珂《梁溪安定先生祠记》记："创祠之志，始于中宪公，而二十二世孙瑸克成之。相助为理者，则伯兄琛、从弟永禔、世昌也。"④胡简敬《梁溪始祖文昭公祠记》记："而瑸合其昆季曰琛曰永禔曰世昌者，协心鸠力，底于有成。"⑤胡忠正《先祖文昭公祠记》也记："今裔孙瑸凛遵先志，油然兴羹墙杯棬之思，与其昆弟捐土鸠工，构先祖祠堂于锡山之原，附以高曾祖考之位，岁时伏腊，聚族之数千百丁，拜揖于斯堂，噫嘻盛矣。"⑥

在筹建祠堂过程中，胡献徵（安定二十二世孙）在京城户部办事。他上奏朝廷征得同意，自费筹建文昭公祠。胡献徵有文记之："其二十一世孙宪昭辈，承先志请于有司，而专祀之。余官户部时，曾为文以志之，而未尝亲拜于祠下。"⑦胡献徵，字存人，号甘泉，湖南武陵（今常德）人，同样系胡瑗后裔，先世从无锡迁移。"先世宋天章阁学士文昭公为苏源教授，遂家于无锡。自无锡迁当涂，当涂迁武陵，累世科第相承，为湖南名族"⑧。胡献徵后来曾任江南布政使，曾

① 胡瑸：《重建文昭公祠记略》，《胡氏宗谱（村前版）》，第120页。
② 秦松龄：《安定先生祠记》，《胡氏宗谱（村前版）》，第114页。
③ 徐文元：《惠山文昭公祠记》，《胡氏宗谱（村前版）》，第112页。
④ 吴鸣珂：《梁溪安定先生祠记》，《胡氏宗谱（村前版）》，第115页。
⑤ 胡简敬：《梁溪始祖文昭公祠记》，《胡氏宗谱（村前版）》，第115页。
⑥ 胡忠正：《先祖文昭公祠记》，《胡氏宗谱（村前版）》，第119页。
⑦ 胡献徵：《胡文昭公祠堂记》，《胡氏宗谱（村前版）》，第116页。
⑧ 朱彝尊：《皇清诰授通奉大夫江南江宁苏松常镇淮扬七府徐州承宣布政使司加一级显徵胡公墓志铭》，《胡氏宗谱（村前版）》，第233页。

胡瑛像(载《胡氏宗谱(思贻堂版)》)

到无锡拜谒文昭公祠。"官吾吴方伯时，因公过锡邑，尝谒文昭公祠，并集族家握手语曰：'余文昭公二十二世孙也，不幸先世徙沅湘，与吾群从子弟不相识。今宦迹来兹土，葛藟之思，能无惓惓乎？'"胡献徵致仕后，移家无锡，"因得与群从子弟拜谒公祠"①。

康熙十年（1671），祠堂落成，无锡县令吴兴祚参加第一次祀典活动。祠堂"坐落惠麓二泉西南，退字一千一百五十号，办粮陆亩零"②。该地曾是明代名园邹氏"愚公谷"的一部分。祠内有园，旧地曾是花园，因此胡祠也称"胡园"。"以辛亥岁十月朔日，陈牲酌醴，告成事于文昭之灵。邑之人士助祭而观礼者，皆叹贤者宜有后人如是也"③。其时，正值朝廷清理祀典，淘汰一批祠宇，规范祭祀。经县令吴兴祚多方设法，最后以编定"时祭牲品，无关额饷"等，即定好祭祀规模，不用官府钱银，才得到上司的同意，"和其他锡邑先贤一体祭祀"。按规定祠中除"崇祀"（主祭）外，还要有"配祀"（副祭）。④文昭公祠"配祀"选胡统虞，号此庵，系献徵之父。胡此庵是明末最后一科进士，清初归顺，任清内秘书院学士，在读书人中有较高声望。

对于文昭公祠的落成，时人多有赞誉之词。叶方蔼曰："胡君胚前人之先烈，服先畴，食旧德，郁乎有遐思焉。乃奉先人之治命，建数椽于锡山之麓，以祀其始祖。翼之先生祠堂落成之日，庙貌有赫，入之者肃然敛容。是举也，尊祖敬宗，敦本睦族，一事而数焉。虽然是举也，仅一家之事也。然观于翼之先生之教者，则非仅一家之事也。政治之间，失其缓急，而人才之成否，风俗之得失系焉。悬一教人者以为之的，使闻先生之风，蹶然兴起，四方百姓均有赖焉，夫岂浅鲜之泽哉？"⑤秦松龄甚至把文昭公祠堂与东林书院并提，"吾邑东偏，故有

---

① 胡起麟：《献徵公记略》，《胡氏宗谱（村前版）》，第253页。

② 《胡氏宗谱（村前版）》，第128页。

③ 秦松龄：《安定先生祠记》，《胡氏宗谱（村前版）》，第114页。

④ 《胡氏宗谱（村前版）》，第128页。

⑤ 叶方蔼：《胡文昭公祠记》，《胡氏宗谱（村前版）》，第113页。

东林书院，为泾阳顾生讲学之地。天启间，阉祸方炽，畏正论之害已也，矫旨废之，虽未久得复，而堂构已非昔日之盛。今建祠不啻东林之得复也。他日者邑之贤哲，即其廊庑修举苏湖之教法，讲习经义于斯，商确时事者于斯，见钱范之伦，郁乎兴起，济济于熙朝矣"①。

在建设祠堂的同时，胡瑸还编印先贤嘉言懿行。"裔孙瑸绍闻象贤，远述祖德，请以山园为祠堂，使世世子孙入庙而思，油然各有所兴起。且汇其嘉言懿行，与前代大儒褒扬赞美之语，俱著于篇"②。

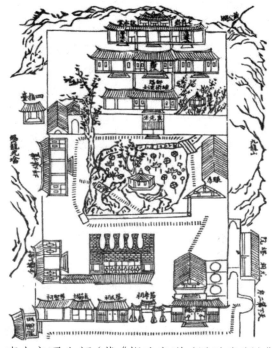

惠山文昭公祠（载《胡氏宗谱（思贻堂版）》）

胡永亨也记："余往来九龙山下，每向弟瑸语曰：'若为公二十二世孙，顾令春秋祀事阙然锡壤耶？'瑸唯唯。岁庚申，瑸谒选来都，与余晨夕把晤，因出宗祠谱牒及诸巨公碑记赞传以示余。"③

康熙四十四年（1705）闰四月，皇帝南巡到惠山，游历文昭公祠，写下"经术造士"的匾额，并召见在无锡休养的胡献徵，"赐之龙章凤藻"④。祠内允用龙凤装饰，并建御书厅，悬挂"经术造士"御匾。胡献徵"会族议请祀典，公力赞之，得邀恩准。文昭公之有官祀，系公始也"⑤。

雍正七年（1729），奉上谕准用库款修葺祠宇，并着地方官保护。⑥这是第一次朝廷拨款修理祠堂，名列官方保护。

乾隆二年（1737），奉旨给帑重修，又于春秋二仲赐牲致祭，颁定编祭银

①　秦松龄：《安定先生祠记》，《胡氏宗谱（村前版）》，第114页。

②　吴兴祚：《重建文昭公祠记》，《胡氏宗谱（村前版）》，第113页。

③　胡永亨：《梁溪文昭公祠记》，《胡氏宗谱（村前版）》，第115页。

④　胡虎臣：《重修始祖文昭公祠记》，《胡氏宗谱（村前版）》，第120页。

⑤　胡起麟：《献徵公记略》，《胡氏宗谱（村前版）》，第253页。

⑥　《胡氏宗谱（村前版）》，第128页。

两。①从此时起，官方按时祭祀，并每年拨一定的祭祀用银两。宗族祭祀活动的经费主要由宗族内部负担，官方仅是"助祭"而已。

乾隆二十七年（1762），为"恭迎圣驾时巡"，县令吴霭堂"先期履勘"，见文昭公祠失修，喟然说："是宋代真先生祠也，奈何荒凉至此？""御书厅及正厅必须立即更新，但由于所需费用较大，北宅力艰难以独任，于是县令遍访胡氏"南北两宅，及其他嫡派共商修理事宜"，族中"莫敢应者"，"幸有（南宅）邦宁公在这次修缮过程中，奋然而起"，"谨立议单"。也就是说各派根据人口、财力分摊，再自愿赞助。南宅胡保和（邦宁公）和北宅胡志道（若士公）"出力尤多"。"若士公，以勤俭起家，馆课之余，旁治生产，家业由是日隆。及身置产，满千亩"②。所谓南宅、北宅，分别指胡家渡和村前。胡虎臣在《重修始祖文昭公祠记》对这次重修有详尽的记载："乾隆二十七年，恭逢圣驾时巡，邑候霭堂吴公先期履勘，谆谆于御书厅及正堂更新为急，虎臣先父竹洲公暨先兄公衮、秩宗，因本支力难独任，即集南北宅通商而共治之。三十年来堂庑依然翼翼者，大约先从叔若士公之外，应推南宅弟保和之力为多。工既峻，方议撰记立碑，补所未逮。适竹洲公赴中州学幕，公衮掌云阳书院，秩宗又应金陵袁公之请，其事遂寝。"③

过了30年，乾隆五十七年（1792）春，北宅胡志道的长孙胡逢源见"后大楼、七真斋、梅花廊等处俱倾圮"，商议修理，"慨然谓区区者无庸谋诸通族，即中宪公近支商之。可遂召匠确估，费须七百余金，于是秉正、虎臣等捐凑未得其半，秉德、起麒、鼎元捐未及五之一，余悉逢源任之。随饬弟稷臣自备要斧，日夕监督。经始于四月初旬，工竣于七月"④。七真斋供奉的是北宅建祠有功人员和本支族德望高的人。南宅见北宅建宇屋，于是也动工建造南大楼和文昭公祠大门。双方协商确定，对已建房屋各归本支维修，其他"祠内修葺之费南北宅各自均修"。

为保证文昭公祠的正常维修和祭祀费用，两宅各置祠田。据南宅嘉庆八年碑文记载，从乾隆四十五年（1780）开始，"南宅五房照田各捐米麦，积贮生息，次年将公项置田六石三斗七升"。再过十三四年，到嘉庆元年（1796）积田至"三十四石"（这里指租米，似乎一亩田的租米为一石），"归祠允为祠产"，

---

① 《胡氏宗谱（村前版）》，第128页。
② 稽绍周：《胡简斋先生传》，《胡氏宗谱（村前版）》，第152页。
③ 胡虎臣：《重修始祖文昭公祠记》，《胡氏宗谱（村前版）》，第120页。
④ 胡虎臣：《重修始祖文昭公祠记》，《胡氏宗谱（村前版）》，第120页。

并规定了祠产的管理办法。嘉庆二十三年（1819），北宅也立碑，置田四十余亩，租四十余石。北宅祭田正是由胡逢源之子胡际昌（云樵公）倡设。薛淇《云樵公传》记："始祖文昭公祠在惠山，年久将圮，安斋公（按：胡逢源）独任修葺，费千余金，工未竣，君力赞成之，并倡捐祭田以垂永久。"①

到咸丰年间，南宅的胡怡轩主祭，见"亭台楼阁将倾"，于是再谋修葺。南宅出钱三百缗，其中南桥支派承担五十缗。南桥支就是青祁高车渡支，在无锡中桥附近，这时已经发迹，财力比较雄厚。北宅同样出资三百缗，胡文值居中出力甚多，"岁戊午（1858）重修始祖文昭公祠，工竣即邀族人议修家乘，议甫定而粤匪下窜"②。经这次修复后，"祠宇顿然改观"，这是文昭公祠最"瑰丽"的时候。

可惜好景不长，1860年，太平军攻占无锡，文昭公祠的大部分毁于战火，仅存御书厅、飨堂三楹及仰山堂六间。1864年，战火平息，南宅召集全族各派商议认捐，筹钱五百缗。按嘉庆碑文的规定，北宅应该同样认捐五百缗，其他支派也要认捐，但无文字记载。经过四年整修，于是"庙宇更新，顾欲如畴昔之瑰丽不可得已"。虽然经过这次整修，但远没有达到咸丰年间的恢宏程度。

此后，胡文昭公祠修葺不断，北宅的胡壹修出力甚多。胡敦复所撰《胡壹修先生行述》记录较为详尽。他记："先严（按：胡壹修）久思倡捐改作，而惮其工程浩大，迨壬寅（1902）三月，始扩充祠基，奄有惠麓天钧堂地。依祠之墙而筑围，围墙之外，照旧立界。船轩石堤，次第兴筑。癸卯（1903），监造宗祠头门。甲辰（1904），又造穿堂墙门。乙巳（1905），修葺御赐厅及其他房屋。于是阖族公祠光复旧物，焕然改观，然卒以经费过巨，不克继续进行。直至宣统辛亥（1911），方再建天钧堂厅楼，及对山精舍、廊亭等处。落成之日，已鼎革之交矣。"③另据张桐瑞《惠瞻胡公传》记，北宅胡孝芳"窃念惠山祖祠七真斋，毁于兵燹，旧观未复，先灵奠安，捐建之愿蓄之已久，惜不克目观厥成"，嗣子焕文在民国年间"捐资建造，以遂父志"④。北宅胡廷佐（怀芳公）参与修葺了文昭公祠围墙。"惠山之麓，祖祠有隙地，在墙外经理者日久遗忘，公考图册围而合之，至今胡园方整无缺，公之力也"⑤。

① 薛淇：《云樵公传》，《胡氏宗谱（村前版）》，第144页。
② 余治莲：《颐轩公传》，《胡氏宗谱（村前版）》，第148页。
③ 胡敦复：《胡壹修先生行述》，《胡氏宗谱（村前版）》，第173页。
④ 张桐瑞：《惠瞻胡公传》，《胡氏宗谱（村前版）》，第152页。
⑤ 陈名经：《胡公怀芳家传》，《胡氏宗谱（村前版）》，第146页。

村前文昭公祠（载《胡氏宗谱（村前版）》）

关于胡文昭公祠，康熙《无锡县志》记："胡安定祠在惠山寺右。胡氏自宋时有徙居邑之胡家渡者。国朝顺治中其后人即山园以为之祠。"《慧山记》续编卷一记："胡文昭公祠在泉亭右，祀宋天章阁侍讲瑗。国朝顺治中，后裔居锡者分此。会武陵胡献徵罢江南布政使事，卜居无锡，益拓其地。乾隆二年给帑重修。"光绪《无锡金匮县志》也记："胡文昭公祠在惠山二泉亭右，祀宋天章阁侍讲瑗。胡氏自宋时有徙居徙之胡家渡者。顺治中裔孙宪昭等奉檄建祠山麓，会武陵胡献徵罢江南布政使事，卜居无锡，益拓其地。乾隆二年奉帑重修。"

胡文昭公祠位于二泉亭右侧，将亭、桥、假山、池沼、花果融为一体，充满江南园林的幽静婉约之美，故而俗称胡园。中有云外天香阁，广仅方丈，耸削四敞。并有天钧楼、仰心堂、对山精舍及莲池、假山。假山中有石公堕履处。园多桂树，秋季花开，金粟弥漫，香气四溢，逸趣可爱。[①]清代有人作诗云："丹桂香中金粟毯，胡园茶室更清幽。半池秋水一轮月，曾照当时十二楼。"另有《题云外天香阁》："天香历乱与云浮，小阁中央花四周。锡慧雨山排翠巘，广寒八月见琼楼。恍登上界游仙外，闲看人间得意秋。赋罢凌虚倚虚幌，忘归都为桂香留。"到了近代，孙颂陀在《与杨楚孙游惠麓真先生祠记》中称："真先生祠在二泉下，得山林之趣，无车马之喧，惠麓名祠也。"[②]

直到近代，散居无锡各地的胡氏子弟每逢吉时仍然到惠山文昭公祠祭祀。写下《实践是检验真理的唯一标准》的胡福明，原籍无锡县长安乡胡巷，也是胡瑗后裔。他在一篇文章中写道："我才十岁，跟着大人前去，三十多人人坐了一夜航船，第二天早晨到了胡氏宗祠，……那天迁锡胡氏各支系（包括胡家渡等地区）胡氏孙子也来祭祖，香火鼎盛，祭品丰盛……大家饮酒畅谈，共叙兄弟之情，十分融洽。祭祀、扫墓是氏族父老兄弟欢聚的最好机会。"

---

① 陈日章编：《京镇苏锡游览指南》，世界与地学社，1932年，第173页。

② 《新无锡》1914年7月13日。

由于惠山文昭公祠离得太远，处理支派内部事务很不方便，南宅于乾隆三十八年（1773）建成家祠"思贻堂"。而北宅家祠"肇庆堂"建立比稍晚，具体建设年代不详，在光绪十五年（1889）另建新祠，共办基粮四分厘二毫。[①]

建立义庄

对于一个家族来说，修建祠堂的目的在于"敦本睦族"，维系血缘关系；而建立义庄，扶弱济困，广行慈善，更能增强家族向心力。

依家谱，村前义庄的建立，始于上文提及的嘉庆年间修葺文昭公祠的胡际昌。

胡际昌，字庆宇，号云樵。在其十九岁的时候，母亲去世了，加之父亲逢源"终鲜兄弟，又早丧偶"，于是"内外家政"，尤其是抚育两个弟弟的责任就落到了他的肩膀上，"抚两弟会昌、寿昌，寝食与俱，教养兼至。后两弟成立，克承君志，不析产者十余年，家日以起"。也因为这个原因，"诸艰备历，智识愈练，心力亦愈殚"。[②]《云樵公传》称其"生平慷慨好施，与赴义若渴……族党中有告急者，无不应，贫乏而孤寡者，月有钱，日有米"[③]。"又尝读范文正公义田记，慨然推己所有，将嗣产田二百四十亩捐作义田，以赡贫族"。胡际昌弟会昌，字卓岭，号翘园，"生而容貌魁硕，吐音洪亮"。他同样热心公益。"甲戌（1814）岁旱，君倡捐助赈，大吏给匾示奖，辞不受；又尝辑族谱，修宗祠，捐祭田，其他好善乐施类如此"。长兄去世后，他对义田善加经营，不断扩充规模。"遗义田二百四十亩，君殚心经理，节费储赢，历年置产不啻倍之，方冀累益以成千亩"。临终之时，他对儿子胡椿说："异日义庄不成，汝父目不瞑矣，勉哉。"[④]胡际昌无子，以弟会昌子椿、寿昌子文植并嗣。

胡椿于道光八年（1828）接管义田，共计六百五十九亩有奇，并于道光十九年（1839）与胡文植一起呈请官府立案，颁给执帖。[⑤]胡文值，字兰卿，号颐轩，热心公益事业。"自是每有地方公事，无不与君商。如灾赈平粜设粥厂捕蝗浚河诸义举，皆不惮劳怨，知无不为，为无不尽。他如革现年筹饷，需办团练，

① 《胡氏宗谱（村前版）》，第128页。

② 薛淇：《云樵公传》，《胡氏宗谱（村前版）》，第144页。

③ 薛淇：《云樵公传》，《胡氏宗谱（村前版）》，第144页。

④ 章简：《卓岭公家传》，《胡氏宗谱（村前版）》，第145页。

⑤ 《胡氏宗谱（村前版）》，第673—679页。

凡地方利赖事，皆力任不辞，乡之人莫不交口颂。君固吾乡大有心人也"[1]。

"乙卯（1855）冬，邑侯吴公以天授横排圩粮田置万，遇水辄溃，知君之有功于界泾圩也，乃倡捐钱二百千文，延君董修，君竭力事。而附近之旺庄等圩，亦皆因以完固、至今赖之"[2]。其时，族中有意建设义塾，胡怀芳、文值叔侄居中出力。"公（按：胡怀芳）之叔父纪勋公，拟建设义塾以训族中子弟，公力赞成

村前义庄义塾图（载《胡氏宗谱（村前版）》）

之，恐资不足，因助以良田百亩。公之从兄□□公议建义庄，公因建议以庄塾合一，并详为规制章程，井然有条理。更捐巨资以创造庄屋，鸠工饬材，亲自监督，不辞劳瘁，阅岁落成"[3]。"叔父怀芳公议建书塾。君（按：胡文值）因义庄未建，乃议庄塾合建。计数十楹，规模焕然"[4]。与此同时，胡文值还与怀芳一起扩建了堰桥同善局。"先所居乡旧有孝廉吴竹洲等所建同善局，仅存田七亩，又银若干两，置市屋采息以裕经费，并劝叔怀芳捐屋一所，为立局办公之地，即于其中添设施衣、舍棺、惜字、掩埋、育婴诸善举，皆君（按：胡文值）力也"[5]；"堰桥同善局即公（按：胡怀芳）与其侄在椒捐资成立，此明征也"[6]。

《义庄规条》共十九条，规定："凡本支居住本图，有鳏寡孤独废疾无靠者，开明房派世次年岁，本身其父夫名氏报庄，俟司事查实，编列号簿，发给支票，大口每月一斗五开，小口半给，闰月照给。若轻弃故乡，路远难稽者不入册"，"凡月米定期每月十五持票到庄支取，如延期下月并给"，"鳏独年满六十，幼孤三岁以上十六岁以下者入册，寡妇不拘年岁"，"本支有无力应试者，院试帖钱二两，乡试帖钱五两，会试帖钱三十两。如力能自供，不愿支

① 余治莲：《颐轩公传》，《胡氏宗谱（村前版）》，第148页。
② 余治莲：《颐轩公传》，《胡氏宗谱（村前版）》，第148页。
③ 陈名经：《胡公怀芳家传》，《胡氏宗谱（村前版）》，第146页。
④ 余治莲：《颐轩公传》，《胡氏宗谱（村前版）》，第148页。
⑤ 余治莲：《颐轩公传》，《胡氏宗谱（村前版）》，第148页。
⑥ 陈名经：《胡公怀芳家传》，《胡氏宗谱（村前版）》，第146页。

取者听"，"凡四茕须安分自守，清白无过犯者，方准入册，若不孝不悌名节有亏及酗酒、赌博、懒惰、游荡、自致困穷，甘入下流，皆不得入册。其出家为僧道或出继外姓或外姓继赘、或再醮嫁出，或不循闺范者，皆不入册"，等等。①

义塾界石

到了清末，家祠改建，胡壹修倡议"以旧祠房屋捐设本图积谷仓"，由于"事关族人公意，越数年始得见实行"。不多年，"集成积谷三百余石"。②在民国初年，胡壹修担任天上市市董时，对原有慈善局加以整理，"民国八年，又为收回报本庵，合同善保节而一之，名曰同善报本总祠"③。

兴修水利

村前地处水网之地，水患频生。从清代中后期起，胡氏子弟在家乡兴修水利，建筑石闸，开凿新河，疏浚旧河，对低洼地加以垦殖，扩大粮田面积。

据家谱所载，村前大规模兴修水利的最早记录在 19 世纪中期。道光二十九年（1849），村前附近的杨家圩大水成灾，大水过后士绅主持兴修堤岸，胡文值参与其间。事成之后，胡文值又倡建界泾圩。"道光己酉（1849），吾乡杨家圩大水溃堤，府县谕董捐资设局修筑，孙君竹筠、华君蓉溪及予董其事。以君（按：胡文值）平日急公好义，热肠任事，相与邀至局中商办。君规划区处，有条有理，归后即如式倡修界泾圩，圩成而大水至，得无害，圩民颂德，益心识之"④。

此后的清末时期，"政府重征赋税而委水利于天命"，胡壹修又主持兴修水利，长达十余年时间。胡敦复在《胡壹修先生行述》中记载："先严于被水大荒之后，办理平粜工赈先后不下十余次，每用疾首痛心，常召集乡人，勉为自救

---

① 《义庄规条》，《胡氏宗谱（村前版）》，第 679—680 页。

② 胡敦复：《胡壹修先生行述》，《胡氏宗谱（村前版）》，第 173 页。

③ 胡敦复：《胡壹修先生行述》，《胡氏宗谱（村前版）》，第 173 页。

④ 余治莲：《颐轩公传》，《胡氏宗谱（村前版）》，第 148 页。

之策。惟以费绌力薄，仅能治标而已"[1]，"其兼及治本之计者，则有光绪乙亥百家圩东南建筑石闸，民国元年姑亭庙之开凿新河，八九年之开浚两脊东西干河，十一二年之开浚庙前胡巷两河，十三年之开浚西漳寺头间东北干河。就中工程巨大者，尤以东西南北两干河为最"[2]。对于开浚胡巷河之事，时人写下《长岗胡巷浚河原委记》："尝读孟子'至大人者，不失其赤子之心者也'，心仪久之，而窃以未遇其人为憾。今观村前胡先生壹修，积十数年之精诚，竟将张塘河南北两岸之干河开浚成功，知古语信而可征也。先生之言曰：'余少承庭训，习闻张塘河于洪杨之后，难民遭劫，船数多至千艘，揆厥原因，以水道但通东西，不通南北，两头堵截，四面包抄，应及落水而死者，不可胜计。'逖听之下悯焉在心。故先生自董吾市以来，除地方兴学外，其最不辞劳瘁者，在市政三河。民国元年，首开姑亭庙新河，按其水道能使江锡界河之水首出张塘河北岸诸口，然恐张塘河水势过急也。又于民国八年，浚通长岗胡巷河田亮脊至大李巷，分江锡界河之水东流折入阚庄荡，以缓其冲。至民国十三年，再疏张塘河南岸，自西荒田迄竹园里，南通落霞桥，流入锡常里塘河。从此七、八里绵长之张塘河，东西已泽大浸，凿通南北两岸干河，即可一苇杭之。凡舟人行过张塘河南北两岸干河者，因盛称绝少风险，便利至极，而挂念先生抱赤子纯一之心，特大人达变志，必先收束张塘河北口，以泄江锡界河之水东流，尤为农田水利上下不能不纪念者。故胡巷胡君九皋，以该居在南处分流之滨，感当时河工同人叶公诵清作古已达两年，今惟先生及凤尤在，幸此引绿水长存，或能略通开竣之原委。昔汉班阵坚称郑白之沃，衣食之源，两公皆凿渠灌田，利及万世。胡巷民众感先生之德，醵资镌碑，嘱凤而为之记。"

　　村前村南面的横排圩一带，三面环水，每遇大水，受水浸淫少则数旬，多则数月，甚至超过半年。胡壹修和胡雨人兄弟着手在此治水兴利。在外围堆筑堤岸以挡洪水，圩堤总长14多公里，并修筑多座涵闸，以通舟楫；在圩中修筑塍岸和大坝予以分隔，开挖鱼池，抬高田面，以减轻涝情；在南北分置两处"要闸"，设立多处固定排水车埭，以排涝渍；并配置堤董、圩长、岸甲等职员对圩闸设施实施管理。与此同时，在圩内的五个地点建有固定的庐舍50余间，对外招募民众迁居，养鱼种稻。胡氏兄弟的"挖池抬田"和"建舍招垦"的措施，是无锡地区建圩史上的创举。横排圩于1917年筑成，当时集水面积2600余亩，尔后又将南片并入，扩大至6000余亩。初时横排圩有40余户近百口，后增至200

---

① 胡敦复：《胡壹修先生行述》，《胡氏宗谱（村前版）》，第174页。

② 胡敦复：《胡壹修先生行述》，《胡氏宗谱（村前版）》，第174页。

余户 1000 余人，遂成村落。①裴廷梁在《胡府君家传》中说："（胡和梅）晚岁用公司法垦横排圩潦地七百余亩，岁殖大增。"②胡敦复在《胡壹修先生行述》中也说："自光宣以迄民国，集同志合股开垦荒田数处。其地类多低荡，遇水即灾。先严筑闸坝围岸，开池植林，招佃垦种。不数年尽成可耕之田，至今养人无算。"③胡雨人之妻周辉曾经赋诗《横排圩》一首，记录横排圩美丽的景色："一叶轻舟打桨迎，微风习习水盈盈。牵衣笑指前途近，联袂欣沿两岸行。茅舍竹篱初建筑，鸡鸣犬吠渐成村。种将瓜果甘尤美，采得萍花色更清。地阔天空新世界，山回水抱旧居氓。二三知己能皆隐，愿结茅庐事偶耕。"

胡氏兄弟的水利义举，为时人所称颂，圩民"题'君子万年'匾祝先严寿，又以'念陇亩庐'堂匾相贻"④。

直面变局

公元 1840 年，第一次鸦片战争爆发，西方列强敲开了清王朝的大门。面对"数千年未有之大变局"，一些积极的因素在村前悄然萌发。

二十九世孙胡再福，字捷三，"少读书，绝敏慧，八岁即通'五经'，习为举子文，下笔辄惊其长老，时有'神童'之称"⑤。"年十三，补学官弟子员，督学使者鲍公亟称之"⑥。关于此次童子试，同学吴涛如此记述："诸兄中有字捷三者，年十三能文，应童子试。典试者疑之，坐之堂试题，截四子书半句，捷三诧曰：'题句不全，如何作文？'典试者喜其率真，为之讲解。（捷三）则应曰：'如此做去可取否？'曰：'可。'曰：'是不难。'乃一挥而就竟获隽。"⑦胡再福"于是益发愤为学，上自经史诸子百家之集，下迨近代制举之文，无所不观记诵之，博超轶侪辈。故其为文，雄伟有奇气，援笔千言立就。年二十一岁，中副贡，未几，举于乡。累试春官不第，先生处之淡然"，"晚年常

---

① 胡琰：《胡壹修先生记略》，《无锡县文史资料》人物专辑 1，编印年份未注，第 63—64 页；沈正奇：《堰桥横排圩的治理》，《无锡县文史资料》第 4 辑，1986 年，第 73—80 页。

② 裴廷梁：《胡府君家传》，《胡氏宗谱（村前版）》，第 167 页。

③ 胡敦复：《胡壹修先生行述》，《胡氏宗谱（村前版）》，第 175 页。

④ 胡敦复：《胡壹修先生行述》，《胡氏宗谱（村前版）》，第 175 页。

⑤ 秦毓鎏：《胡捷三先生传》，《胡氏宗谱（村前版）》，第 154 页。

⑥ 秦毓鎏：《胡捷三先生传》，《胡氏宗谱（村前版）》，第 154 页。

⑦ 吴涛：《同学胡君啸洲传》，《胡氏宗谱（村前版）》，第 155 页。

胡再福像（载《胡氏宗谱（思贻堂版）》）

一至京师预大挑列一等。南归未久，即病城寓，殁后数日，始报授直隶州州同"。胡再福虽则随时代之流一生"累试"以求功名，但他不惜资财，培植子弟，以求新学。"甲午以后，先生见外侮且深，国事日非，知非实学无以自立，无以立国。亟命儿辈弃制举业，学专门学，先后游学东西洋，已亦讲求经世之学，以兴学育才为乡里倡"①。

其弟合坤，原名允龙，字子和，号啸洲，曾与兄同受业于名塾师荣作舟，对时势抱有相同的看法。"当是时国事日非，祸根潜伏，啸洲知旧学之不足恃，命子鸿猷与兄子壮猷等肄业沪上之南洋公学，与余子荣畅又为同学焉。毕业后分派出洋，鸿猷遂得留学美国"②。兄弟俩的子侄壮猷、鸿猷、立猷等学有所成，卓然成家，秦毓鎏赞叹："至今称专门人才之盛，首推胡氏，先生实倡始之。"③吴涛感谓："欧化东渐，学识精进，一般腐儒目为异端邪说而不知变，啸洲弟兄独能改易义方，为其子力图进化，其贻谋之深远，更无以精于此，又安得以粗率目之。"④

荣作舟，名汝楫，既有经商之才，又"文章诗赋兼工古今体，而近体诗词尤擅胜"。曾任宿迁教谕，后回乡教授，"故族子弟至自百里外前后负笈于门下数百人，皆发名成业以去，徒众称盛一时"。而他亦"常依砚田作生活，幸多乐岁，俯仰裕如"，远近皆赞其为名塾师。晚年，他还将授徒选课辑为《半读斋课徒草》行世，还编有《读史备忘》《史事类编》数种，并作骈文、散体诗集。⑤胡氏兄弟受教于荣作舟，同学吴涛有如此描述："及从荣作舟夫子游，捷三先在门下，始得与朝夕见。捷三于八股文似不经意，而于书无不窥，凡小说传奇之佳者，亦能背诵。与人作谐语，随口引用，无不绝倒。未几，奉严命携啸洲来同事

① 秦毓鎏：《胡捷三先生传》，《胡氏宗谱（村前版）》，第154页。
② 吴涛：《同学胡君啸洲传》，《胡氏宗谱（村前版）》，第156页。
③ 秦毓鎏：《胡捷三先生传》，《胡氏宗谱（村前版）》，第154页。
④ 吴涛：《同学胡君啸洲传》，《胡氏宗谱（村前版）》，第156页。
⑤ 荣汝棻：《先兄作舟公行述》，民国无锡《荣氏宗谱》卷28。又见荣善昌：《荣先生传》，《锡山荣氏绳武楼丛刊》附录，民国二十三年（1934）铅印本，第2页。

荣师。啸洲辞气举止，一如捷三，问前所师以捷三对，由是向之乐与捷三交者，无不乐于啸洲交。""荣师居西乡，前有溪，后有山，山间有两大池，最宜为学子游息之所。然空谷足音，至者甚鲜。余偶与二三同志往，恒遇啸洲。""荣师讲席设于荣氏家祠中之三乐堂。其教诸生，不拘拘于经史，时文好谈遗闻轶事及今艺林佳话，诸生之能听者，任其或立或坐或徐步回旋，以作其兴趣，其不能听者，不强之来，而啸洲不与焉。啸洲与人言，意有不然，争之必力，甚至忿然作色，一若非如其意不可。言既尽，乃以一笑终，又似绝不介意。"①

荣作舟的同门兄弟福龄，曾任荣氏宗族族长。荣福龄有一妹，嫁于胡合坤，生有四子嘉猷、鸿猷、立猷、均猷，皆为一时俊彦。

三十世孙胡和梅，在光绪十一年（1885）赴桃源县（今江苏泗阳）任教谕。胡和梅任桃源教谕前后历时20年，直到光绪三十年（1904）始返回故里。在任教谕期间，胡和梅提携后进，为乡人所称颂。"首为其邑书院选购致用图籍，勉诸生以经世之务，俾知所学当令今可施行；其平等教育主义根于性生，振拔单寒不遗余力；扫除攻荒籍、攻冒籍等种种恶习，百折不回"②。后来成为著名地理学家的张相文，就受其资助进入书院就读。据《泗阳张沌谷居士年谱》载："无锡岁贡生胡和梅先生来为泗阳教谕。先生为人和蔼可亲，培植士类，如恐不及。募建王忠节公祠堂，筹拨夫子庙岁修田租，建藏书楼于淮滨书院，购置经史子集数万卷储之，士风由之丕变。邑中诸生，先君（按：张相文）最为垂青，早年多蒙其提携。"③当时朝廷因连年征战，国库亏空，放宽标准增添学籍名额，增收学费，以资补给；而漏洞也随之出现，流弊酿成风气，一时很难扭转。胡和梅革除流弊，触犯了既得利益者，竟导致"食弊者群起交攻，卒以是去职"④。"然至今流风余泽，竟为四乡编户所不能忘。其亲炙之士，游学遍东西洋，已翘然秀出于长淮南北矣"⑤。无锡新学领袖裘廷梁撰写的《胡府君家传》也有记载："诸生喜攻荒籍，使不得为博士弟子。攻愈烈，赂乃愈厚，旧时学官颇因以自肥。君一反所为，卒不能革其弊，则白督学，褫廪生攻者四人。一县大惊，谓二百年来所未有，于是廉正之名大著，而被褫诸生控诉不已，君竟以是去官，时光绪二十八年也。"⑥平等教育主义的思想，日后促成了他回乡之后支持儿子创

① 吴涛：《同学胡君啸洲传》，《胡氏宗谱（村前版）》，第155页。

② 胡壹修、胡雨人、胡敦复：《和梅公行述》，《胡氏家谱（村前版）》，第168页。

③ 张星琅：《泗阳张沌谷居士年谱》，《南园丛稿》，台湾文海出版社，1968年，第2379页。

④ 胡壹修、胡雨人、胡敦复：《和梅公行述》，《胡氏家谱（村前版）》，第168页。

⑤ 胡壹修、胡雨人、胡敦复：《和梅公行述》，《胡氏家谱（村前版）》，第168页。

⑥ 裘廷梁：《胡府君家传》，《胡氏家谱（村前版）》，第167页。

办胡氏公学，催生了胡氏近代科教人才的群起。

胡和梅的妻子高氏，世代居于无锡西漳，20岁时嫁入胡家。因其"于女工操作之暇，略涉书文，书法秀整"，对"孩提之童，即导以识字读书"。胡壹修、胡雨人兄弟的启蒙教育都是在高氏的教导下完成的。胡雨人在回忆时称母亲对"孩提之童，即导以识字读书"，"一意教导己女，勉为代劳"。她对孙子孙女的教育也十分重视，"诸孙儿日见繁多，重以教育，兼重男女"。高氏对儿孙的教育尽心尽责，且对家人及其后代从事公益事业也予以极大的支持。更加难能可贵的是，她紧跟时代潮流，支持胡氏子孙出洋留学，且十分关心他们在国外的学习及生活情况，"诸孙先后远赴美洲求学，每寄信归，必命孙女辈更番朗诵"①。

胡和梅像（载《胡氏宗谱（思贻堂版）》）

正是受父亲胡和梅的影响，胡壹修虽然也接受了科举教育，但他的志向并不在此。"盖自束发受书，即具见义勇为之趋向，虽亦徇俗略习举业，而一生志愿固在彼不在此矣"②。在儿子胡敦复眼中，父亲胡壹修"急公好义，乐善不倦，而自奉至俭，自视淡然"③，"先严以勤俭身为表率，一乡之士从之，而便僻邪侈者敛迹，其有裨于世道人心多矣。至若以恤婺救乏，息讼止争，则例行之事，书不胜书"④，"凡此种种，在当时皆为非常之举，或且震世而骇俗者，述之以见先严之如何为儿辈奠立身行己之始基"⑤。与合坤、再福一样，胡壹修也支持子女接受近代科学的教育。

19世纪80年代后期，随着西学的传播和洋务运动的发展，科举制度日益显现弊端。光绪二十四年（1898），清廷在科举考试中加设经济特科，荐举经时济变之才；同时废八股改试策论，以时务策命题。此后，随着"壬寅学制""癸卯

① 胡雨人：《先姑高太夫人行述》，《胡氏宗谱（村前版）》，第171—172页。
② 胡敦复：《胡壹修先生行述》，《胡氏宗谱（村前版）》，第173页。
③ 胡敦复：《胡壹修先生行述》，《胡氏宗谱（村前版）》，第176页。
④ 胡敦复：《胡壹修先生行述》，《胡氏宗谱（村前版）》，第173页。
⑤ 胡敦复：《胡壹修先生行述》，《胡氏宗谱（村前版）》，第176页。

学制"的相继颁布，新式学堂开始兴起。光绪三十一年（1905），清廷下诏"谕立停科举以广学校"，历时 1300 年之久的中国科举考试制度至此始被废除。一个全新的时代来到了，村前胡氏勇敢地走在了时代的前列。

第二章 胡氏公学：开无锡乡区新学先河

1902 年，胡雨人从日本留学回国。此时，科举考试制度已经走到了末路，新学在无锡已经"萌芽"。1898 年，城区创办了竢实学堂和三等学堂，是为无锡新学之始。两年后，无锡城南又办起了承志学堂和养正学堂。村前所在的天授乡，也在 1901 年正月开办了天授乡公学。"借吾族义庄试办天授乡公学，是为本市学校之始"[①]。

胡雨人急不可待想一展自己的宏图，向父亲胡和梅、胞兄胡壹修阐明自己的观点，得到了父兄的支持。"锐欲以所学尽输之人人。始自家庭，达于州里，痛陈普及教育之不可已。君（按：胡和梅）——从其言"[②]。父子三人即与族人相商，以旧有义塾经费改办公学。

胡雨人很早就萌发了培育"读书种子"的志向。胡雨人在 1889 年考取秀才功名，但不久中国在甲午战争中的惨败，让他"既愤科举制度之锢塞灵智，及以海禁大开，外辱频至，深感我国科学幼稚，实为致弱之由，遂益专攻经世实用之学，更致力于算学及自然科学，并提倡外国文以为研究欧西文化之权舆"[③]。1908 年，胡雨人以一介平民之身上书学部，针对废除科举后的城乡教育状况提出对教育的思考："所谓普及教育者，为本无教育之民。"他认为，公立学堂多在城镇，即使"偶有一二富乡，搜集种种捐款，建设一二学堂，所救者绅族也，富室也"，普通民众接受教育的机会少之又少。如果"长此不改，一二年后城市大乡，贵族学校林立，官可借以报绩，绅且据以自豪"，而乡间恐怕"除百一绅富家外，大多数学龄童子皆将不识一丁"，乡村"读书种子既绝，而市民、非市民之阶级，由此永分。市民之学堂日益增多，非市民之负担日益增重，市民有权

---

① 胡敦复：《胡壹修先生行述》，《胡氏宗谱（村前版）》，1998 年，第 174 页。

② 裘廷梁：《胡府君家传》，《胡氏宗谱（村前版）》，第 167 页。

③ 《胡雨人先生传略》，《人报》1935 年 9 月 29 日。

利而无义务，非市民有义务而无权利"，其潜在的祸患难以量计。[1]

为此，胡雨人十分重视对家中子女的教育。早在1896年，家中就成立了家塾，由其夫人周辉以及岳母王运新负责教学，塾中有男女生十余人。周辉"专任全家女子教育之事"，"为诸子侄自幼订婚之女，均悉力教之"[2]。这个家塾随着胡雨人而几度搬迁。"家塾初设乡间，继为习外国文便利计，迁上海徐家汇，后迁无锡寺后门，盖一近南洋公学，一近三等学堂，可请校中师友临寓教授也"[3]。胡雨人如此追述："至光绪二十七年（1901），一家入学女子，增至七人。时余出就南洋公学教席，已历三载。敦复、宪生先后入校肄业，而明复、刚复两侄及华甥应宣在家，苦无所教可施，乃并此男女十人，悉数移居上海，悉由吾妻主教，吾外姑助之。未几，余去国东游。吾妻率此十人返锡，特就城中三等学堂左近，别租一舍，更添亲友女生数人并施教焉。一切课程，与在沪无殊。"[4]胡敦复也有记述："自先叔母周太夫人主任全家女教，家塾正式成立，学生十数，学科十余，俨然学校之规模矣。"[5]

周辉，原名周修辉，因随夫姓而又称胡周辉。胡雨人原配妻子王氏，于结婚三年后病故。周辉正是王氏的表妹，胡雨人为其才华所吸引。胡雨人丧妻之后三年未续弦，家人催促，他表示有意向娶周辉为妻。家人因考虑到周辉体弱多病而拒绝，胡雨人执意不从，说："吾家女教未昌，孙男幼甚，非得贤母与所生之母有相关者，家祸且不旋踵，虽有健妇，究何益哉？"[6]以此表示与周辉结为夫妻的决心，后终遂愿。周辉贤惠多才，不负众望，嫁到胡家以后，协助胡氏家族正式成立家塾，并肩负起家族女子教育的全部工作。周辉之母王运新，出身名门，博古通今，卜居锡城师古河，"提倡女学，设帐授徒，当时人犹谓女子付必求学"。王运新原名南成，晚年欧化东来，女学闻风而起，乃改"运新"，云："不图吾老竟能见女界吐气之时，自后老当益壮，为社会表率。"

近代思想家严复曾经严厉谴责传统社会对妇女身体禁锢、思想禁锢和道德禁锢，对妇女的身体禁锢首推缠足。王运新在妇女解放上觉醒较早，在执教竞志女校时以教职身份任无锡县天足会会长，该社团成立得到了裴廷梁、胡雨人、鸿鉴

① 胡尔霖：《拟上学部条陈》，朱有瓛主编：《中国近代学制史料》第2辑上，华东师范大学出版社，1987年，第277页。

② 胡雨人：《继配周夫人行略》，《胡氏家谱（村前版）》，第169页。

③ 胡敦复：《胡壹修先生行述》，《胡氏宗谱（村前版）》，第176页。

④ 胡雨人：《继配周夫人行略》，《胡氏家谱（村前版）》，第169页。

⑤ 胡敦复：《胡壹修先生行述》，《胡氏宗谱（村前版）》，第176页。

⑥ 胡雨人：《继配周夫人行略》，《胡氏家谱（村前版）》，第169页。

等士绅的大力赞助。周辉对"天足会"也持支持态度，家中女孩在1895年就一律实行放足。

胡氏家塾的教学方法采用讲授法，与普通学校上课无异。周辉在对胡家子弟施以教育的时候，并不固守课本。在她留下来的《晚香集》中，包括130首诗、16阕词以及20首歌。其中许多诗词歌赋都与教育有关，且通俗易懂、脍炙人口，让学生在诗词中进行探索学习，极大地激发了学生学习的积极性。周辉平时终日静默寡言，但于旧学、新理皆通。一日，胡敦复忽向婶婶"质问所学"，周辉"一一告知"，让侄儿敬佩不已。[①]王运新的教育"先作以示范本，移风易俗之旨，一扫吟风弄月之谈……尝嘱诸姊贴字玩具以寓教"[②]，以直接感知的方式学习，使得学生的多种感官结合，能够更好地感知与理解。另外，考虑到子女身心健康成长，胡氏家塾已经禁用传统私塾所常用的戒尺，采用积分制，"以分数作为赏罚"[③]。

胡敦复兄弟姐妹在家塾中接受了最初的启蒙教育。胡敦复从小"聪颖逾恒"，年仅两岁就识字数百，又是族中长孙，深得家人喜爱。四岁那年，胡敦复开始受启蒙教育，八岁被送进家塾读书。他回忆："敦复幼时，受业于先叔雨人先生。先叔为吾国首倡变法之一人，国学而外，兼授新学。……女子教育，吾家尤开风气之先。彬夏读书亦早，吾母督责甚严。"[④]胡敦复之子新南也说到，叔祖胡雨人"在教育界和马相伯、吴稚晖都是同一时代的人，而且和他们齐名。因此家中的教育工作，所有子侄辈包括媳妇在内，都由雨人公负责带领"[⑤]。胡雨人的好友吴稚晖后来在一篇文章中写道："及至近代开篇，世界更大通，远识之士，悟中国不能尚沿旧习，专为无用之学。故无锡名儒吾友胡先生雨人，首集其亲故群子弟督促之，使研泰西有益人群之智。能成就而能探奥有高名者，都十余人。"[⑥]

与胡壹修以乐善好施、不事奢华的行谊给子侄作出无声表率相表里，胡雨人从严督束子侄求学上进，也就成为在家族中对子侄影响最大的人。

值得注意的是，这个家塾的教学内容已经不再囿于四书五经，而引进了新兴

---

① 胡雨人：《继配周夫人行略》，《胡氏家谱（村前版）》，第169页。

② 胡孙卓如：《晚香诗遗稿序》。

③ 胡彬夏：《亡弟明复的略传》，《科学》第十三卷第六期（1928年6月）。

④ 胡敦复：《胡壹修先生行述》，《胡氏家谱（村前版）》，第175页。

⑤ 胡新南口述、程玉凤访问整理、张美钰记录：《胡新南先生访谈录》，台北"国史馆"，2005年，第6页。

⑥ 吴敬恒：《过探先生墓志铭》，《过探先生纪念文集》，1994年，第4页。

的英语、数学等知识，"塾中除英文、算学外，国文、地理、历史诸课吾母女分任之"①。对于一个人的一生来说，启蒙教育有多么的重要，人生漫长的航程，往往是从这里扬帆启程的。家塾是中国传统教育体制中的一个重要教育场所，旧式家塾教育以死记硬背为主，课程则是传统儒家蒙学。而在胡氏家塾中，胡敦复和他的弟妹们，除阅读和背诵那些蕴含深意的儒家经典以外，对于新学方面也粗有涉猎。熟读旧学，在他们幼小的心里种下了仁义道德的种子；而涉猎新学，又为他们日后进入新式学校，乃至出洋留学打下了最初的基础。

胡氏公学的创办，正是胡雨人"始自家庭，达于州里"的教育实践。经过不到半年时间的筹划，"（1902 年）冬十月，胡氏族议以义庄书塾向有靡费涓滴归公，遵照奏定章程，就原有房屋创办胡氏公立蒙学堂，除将旧屋稍事修改外，复购校西屋基新建三间厅后厨房一所，并于校舍东南隅建钟楼一座。所有一切创造经费先由义庄借债应用，后以照旧给发所余之田租收入分年清偿，是为本校冒险创办之始"②。同月，邑令李超琼莅校，题赠"胡氏公立蒙学堂"匾额③，故而学校简称胡氏公学。胡氏公学首批招生 56 人④，多为胡氏子弟。"凡胡姓子弟入学者一律免费"⑤。

同一年，东林书院改为东林学堂。在无锡农村地区，胡氏公学之前有承志学堂、养正学堂之设，但这两所学堂很快就湮灭无闻，因此在困苦中得以坚持下来的胡氏公学，被后人称为"开无锡分区新学先河"。就全国而言，胡氏公学也是最早创办的新学之一。据统计，当年全国仅有 16 所私立学堂，其中江苏 14 所（苏南占 11 所），浙江、湖南各一所。⑥

也正是在这一年，清廷颁布《钦定学堂章程》，中国历史上第一个系统完备的学制诞生。因这一年为农历壬寅年，故该学制称"壬寅学制"。该学制在初等教育阶段规定学制为蒙学堂四年、寻常小学堂三年、高等小学堂三年。规定小孩从 6 岁起入蒙学堂，宗旨"在培养儿童使有浅近之知识，并调护其身体"；蒙学堂毕业后方可升入小学堂学习。依据"壬寅学制"，胡氏公立蒙学堂定教科为修

① 胡周辉：《先母传略》，《锡山二母遗范录》，1919 年铅印本，第 15 页。

② 《沿革记略》，《无锡胡氏小学校廿周年纪念册》，1922 年铅印本，第 1 页。

③ 《沿革记略》，《无锡胡氏小学校廿周年纪念册》，第 1 页。

④ 胡敦复：《胡壹修先生行述》，《胡氏宗谱（村前版）》，第 174 页。

⑤ 胡琭：《胡雨人先生轶事》，《无锡县文史资料》第 1 辑，1984 年，第 133 页。

⑥ 学部总务司编：《第一次教育统计图表（光绪三十三年）》，沈云龙编：《近代中国史料丛刊三编》第 10 辑，文海出版社，1986 年，第 484 页。

身、国文、读经、历史、地理、体操六科。①

胡氏公学钟楼遗存

1903 年，胡氏公立蒙学堂创办的第二年，学生增长至 82 名，购校舍西北隅桑田一区辟为操场。②这一年春，"分学生为男子女子两部，男子部延顾大奎为堂长，女子部推胡周辉为义务主任"③，"胡氏公学成立，更以家塾扩充为女子部"④。无锡新学领袖裘廷梁写道："胡氏公学，男女无歧视，分室教之而已；不限于宗族，以学费免否示区别而已。"⑤"胡氏公学女子部的教员主要有胡雨人夫人周修辉以及其姐周修田，主持女子部的授课教学，岳母王运新当时已经年近七旬，但也会参与授课"⑥。

胡氏公学创办后，胡壹修、胡雨人兄弟俩"无日不以兴学为职志"⑦。1903 年，为培养师资，他们在堰桥同善局内设师范传习所，胡雨人主讲，被人称为"无锡地区师范教育之始"⑧。同时，在天上市各图增设蒙学，"其开办费悉由各图学董筹垫，常年经费议筹"⑨。"凡此种种，在当时皆为非常之举，或且震世而骇俗者"⑩。

1904 年初，清廷再次公布《奏定学堂章程》。因公布时尚在阴历癸卯年，又称"癸卯学制"。这是中国近代由中央政府颁布并首次得到施行的全国性法定学制系统。"癸卯学制"仿日本学制，规定初等教育阶段包括蒙养院四年、初等小学堂五年和高等小学堂四年。胡氏公立蒙学堂依此易校名为胡氏公立初等小学堂，学制五年，并推广教科，增设理科、图书、手工、唱歌等科目。当年有学生105 名。⑪

不过，"癸卯学制"仍然将女子学校教育排除在学制之外。清政府对女学的

① 《沿革记略》，《无锡胡氏小学校廿周年纪念册》，第 1 页。

② 《沿革记略》，《无锡胡氏小学校廿周年纪念册》，第 1 页。

③ 《沿革记略》，《无锡胡氏小学校廿周年纪念册》，第 1 页。

④ 胡敦复：《胡壹修先生行述》，《胡氏宗谱（村前版）》，第 176 页。

⑤ 裘廷梁：《胡府君家传》，《胡氏家谱（村前版）》，第 167 页。

⑥ 胡琰：《从胡氏公学到堰桥中学》，《无锡县文史资料》第 1 辑，1984 年，第 10 页。

⑦ 胡敦复：《胡壹修先生行述》，《胡氏宗谱（村前版）》，第 174 页。

⑧ 谈汛人：《无锡县志》，上海社会科学院出版社，1994 年，第 804 页。

⑨ 胡敦复：《胡壹修先生行述》，《胡氏宗谱（村前版）》，第 174 页。

⑩ 胡敦复：《胡壹修先生行述》，《胡氏宗谱（村前版）》，第 176 页。

⑪ 《沿革记略》，《无锡胡氏小学校廿周年纪念册》，第 2 页。

态度依然是"所谓教者，教以为女为妇为母之道也"，"中国此时情形，若设女学，其间流弊甚多，断不相宜"，"中国男女之辨甚谨，少年女子断不宜亦令其结队入学，游行街市，且不宜多读西书，误学外国习俗，致开自行择配之渐，长蔑视父母夫婿之风"，但又因"女学原不仅保育幼儿一事，而此一事为尤要，使全国女子无学，则母教必不能善，幼儿身体断不能强，气质习染断不能美"，所以"既不能多设女学。即不能多设幼稚园，惟有酌采外国幼稚园法式"。[①]但"中西礼俗不同，不便设立女学及女师范学堂"[②]，于是将蒙养家教合二而一，"以蒙养院辅助家庭教育，以家庭教育包括女学"[③]。在封建统治者的眼中，女学终究抵不过男女之辨重要，故女学只能包含在家庭教育中，无法获得独立的地位。"癸卯学制"同时对蒙学的设立在距离上作了规定，对地址过近的蒙学实施归并和取缔措施。

而且，其时风气初开，文明与蒙昧杂糅。"有敢倡方兴新学、开民智者，在朝视同谋逆，在野疑为病狂"[④]。胡氏兄弟所办女学和蒙学陷入多舛的困境。蒙学"事为抚署指驳，通饬示禁"，"至年终解散四处，仅存第一第二两蒙学而已"[⑤]。女学更被江苏巡抚"通饬各属严行厉禁"[⑥]。"是时前抚为恩艺棠中丞以疾学堂闻，北乡胡氏以禀办乡学为恩所痛诋"[⑦]。无奈，女学只能仍然托名家塾，三年后始正式并入胡氏公学。[⑧]裘廷梁在《胡府君家传》中记载："是时言兴学者，率在都会，又皆偏于男校，君独以提倡乡学、男女平等施教闻于时。

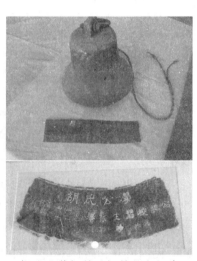

胡氏公学铜钟及铜钟铭文拓片

女学初兴，观听大骇，巡抚恩寿斥为伤风败俗，檄县勒停，幸知县李超琼凤重君，又颇明公理，笑巡抚迂谬，寝其事。其后数年，无锡乡学、女学踵兴矣。"

---

① 舒新城：《中国近代教育史资料》中册，人民教育出版社，1981年，第381、383、384页。

② 《新定学务纲要》，《东方杂志》，1904年，第3期。

③ 舒新城：《中国近代教育史资料》中册，第381页。

④ 胡敦复：《胡壹修先生行述》，《胡氏宗谱（村前版）》，第174页。

⑤ 胡敦复：《胡壹修先生行述》，《胡氏宗谱（村前版）》，第174页。

⑥ 胡敦复：《胡壹修先生行述》，《胡氏宗谱（村前版）》，第176页。

⑦ 《锡金两邑学堂毁劫纪实》，《大公报（天津版）》1904年9月4日。

⑧ 胡敦复：《胡壹修先生行述》，《胡氏宗谱（村前版）》，第176页。

这个女学，虽于后世影响不大，但成为目前可考的无锡、江苏，乃至国内私人开办最早的近代新式女学之一。有人直称此举"为无锡肇起女学之鼻祖，实即江苏肇起女学之鼻祖，亦即我中国肇起女学之鼻祖也"。胡氏公学在创办二十周年之际，也自豪宣称："无锡之有女学，自本校始。"①

胡氏公学发展比较顺利，胡氏家族划拨义田作为办学经费，"较有凭藉，成绩尤著"②，1905年，全校学生增加至122名③，次年又增加到136名④。1906年正月，由义庄书塾提出粮田六百二十亩定为校产。⑤三月，学使唐景崇莅校，奖给"蛾术荄滋"四字匾额。同月，江苏巡抚端方谕无锡知县赵谨琪题奖"宪古师今"四字匾额。⑥1907年底，胡氏公学第一次毕业计胡正祥等16名学生⑦，次年又毕业10名学生⑧。

胡氏公学创办初期，由于办学规模小，加之师资力量薄弱，胡雨人借鉴日本经验在胡氏公学采用单级独教的复式教学方式。这在当时的无锡地区尚属首创。⑨复式教学法是一种特殊的班级授课制的教学组织形式，具体而言就是把两个或两个以上年级的学生编成一班，由一位教师用不同教材在同一节课里对不同年级的学生进行教学。教师对一个年级的学生讲课，同时组织其他年级的学生自学或做作业，并有计划地交替进行。胡氏公学采用此法后注意因材施教，善于合理引导学生自学、练习，加上单位时间轮换的教学质量高，从而有效提高了教学的效率。

1911年，武昌起义，各地响应，胡氏公学仍照常授课。惟年终未能举行毕业。⑩当年夏天，由于受大雨影响，拨入田亩均被淹没，经费难于筹措，胡氏公学无奈于1913年停办一年。⑪

民国成立，政体变更，彻底改订清末学制已势在必行。1912年（阴历壬子年）9月初，教育部正式公布了民国学制系统的结构框架；至1913年（阴历癸

---

① 《沿革记略》，《无锡胡氏小学校廿周年纪念册》，第1页。

② 胡敦复：《胡壹修先生行述》，《胡氏宗谱（村前版）》，第176页。

③ 《沿革记略》，《无锡胡氏小学校廿周年纪念册》，第2页。

④ 《沿革记略》，《无锡胡氏小学校廿周年纪念册》，第3页。

⑤ 《沿革记略》，《无锡胡氏小学校廿周年纪念册》，第3页。

⑥ 《沿革记略》，《无锡胡氏小学校廿周年纪念册》，第3页。

⑦ 《沿革记略》，《无锡胡氏小学校廿周年纪念册》，第3页。

⑧ 《沿革记略》，《无锡胡氏小学校廿周年纪念册》，第4页。

⑨ 胡琰：《胡雨人先生轶事》，《无锡县文史资料》第1辑，1984年，第134页。

⑩ 《沿革记略》，《无锡胡氏小学校廿周年纪念册》，第6页。

⑪ 《沿革记略》，《无锡胡氏小学校廿周年纪念册》，第6、7页。

丑年）8 月，教育部又陆续公布了一系列法令规程，综合起来形成了一个全面完整的学制系统，称为"壬子癸丑学制"。"壬子癸丑学制"规定初等教育分为初等小学校和高等小学校两级共七年，不分设男校女校。其中初等小学校四年，为义务教育，法定入学年龄为六周岁；高等小学校三年；蒙养园仍不计入学段。学堂堂长和监督一律改称校长。

1914 年 9 月，学校重新开学，改建楼房三间，当时有学生 26 名，分七个班。[①] 并依"壬子癸丑学制"易校名为私立胡氏高等小学校，增设三年制高等小学堂，实行初小四年、高小三年共七年的学制，并遵用秋季始业。[②] 按照"壬子癸丑学制"规定，胡氏小学校初等小学开设的课程主要有修身、国文、图画、唱歌、体操，女子加缝纫课。高等小学开设课程主要有修身、国文、算术、中国历史、地理、理科、手工、图画、唱歌、体操、英语或其他外国语，男子加农业课，女子加缝纫课。胡氏小学对英语教学比较重视，这在当时的农村乡学中比较罕见。通过英语课程的设置，以期通过学习使得学生读懂简单的英文书报，写简短的英文书信和短文，并且能运用英语做简单的日常交流。

正是在胡氏公学的带动下，天上市新学蓬勃兴起，学校遍布乡间。1916 年，天上市国民小学扩充至 30 所，1919 年增加到 40 所，并在西漳开办了第一高等小学，第二年又在张村开办第二高等小学。[③] 地方报纸记载："查天上市公私各校共四十处，公立国民学校三十八处，本年推广七处，私立高等国民一处，又国民一处；男生一千五百十三人，女生一百八十八人，统计男女生徒一千七百零一人，较诸上年增加学生六百余人。公立学校之多为十七市乡之冠。学董胡壹修为普及教育计，对于校务积极进行。学务员李榕任事亦不遗余力。故就学生徒日见发达，不满二十人者，仅二十一、三十一及新办之三十五、三十六、三十七等校，尚宜广为开导。……据此查该市学董、学务委员办事切实，且能和衷共济，求之各市乡中殊不多见，深所欣慰。"[④] 弦歌之声村村相闻，堰桥一带成为当时

① 《沿革记略》，《无锡胡氏小学校廿周年纪念册》，第 7 页。
② 《沿革记略》，《无锡胡氏小学校廿周年纪念册》，第 7 页。
③ 胡敦复：《胡壹修先生行述》，《胡氏宗谱（村前版）》，第 174 页。天上市包括八镇二十九乡。八镇：堰桥镇、寺头镇、张村镇、尤家旦镇、陈家桥镇、长安桥镇、泰安镇、陡门桥镇。二十九乡：村前乡、仓桥乡、刘巷乡、六堡里乡、杨巷乡、胡家渡乡、高田上乡、许巷乡、麻祁乡、戴圻乡、毛巷乡、胡巷乡、长岗乡、黄巷乡、新塘里乡、观前头乡、成塘乡、姑里邵巷乡、刘家宕乡、王家宕乡、大胡巷乡、松降里乡、旺庄乡、牌楼下乡、横街上乡、龙塘岸乡、瓦屑坝乡、界泾圩乡、姑里朱巷乡。
④ 《县视学视察天上市学校状况》，《锡报》1919 年 8 月 4 日。

北乡的"文化之区"。① 此时，天上市的平民教育启蒙活动也十分活跃。地方报纸载："天上市宣讲团成立后，该市人民受益匪浅。兹值小春天气，风和日暖，各团员又四出演讲。上星期日，胡宝三、张蔼人、钱作民等先至陡门里演讲，题为《忠恕》《劝学》《求己》，听讲者八九十人。后至青城市王巷，适值该处王氏私立启秀小学及抽水机器开成立会，胡宝三亦登台演说云。"②

到 1917 年 7 月，胡氏小学迎来了新学制下的高等科第一届毕业生，有三名学生毕业③，并添办国民科④。所谓的"国民科"，实际上是"纳国民道德、自然、国语、社会史地诸常识材料于一册国民读本中"，学制一般为一年，目的"绝不是为编辑的省事或购买的省钱，而是要从新建筑起低年级课程的有机性和完整性"。同时，组织校董会，公举校董八人，嗣后校中一切重要事宜，均由校董会议决施行。⑤ 胡壹修出任校董会主席。

可贵的是，胡氏小学还注重学生的体魄健康，在学校组织成立了童子军。⑥ 关于童子军的着装，可以参考同时期荡口鸿模小学童子军的资料。着装统一为黄斜纹布军服，宽边遮阳帽，墨绿色短裤，长筒白线袜，白跑鞋，后来按规定改换过一次式样，衣靛青色，裤橙黄色，帽用普通童子军帽。

胡氏学校童子军合影

1918 年 7 月，学校国民科第一届毕业七名学生，高等科第二届毕业四名学

① 胡琰：《胡雨人先生轶事》，《无锡县文史资料》第 1 辑，1984 年，第 133 页。

② 《锡报》1919 年 7 月 9 日。

③ 《沿革记略》，《无锡胡氏小学校廿周年纪念册》，第 8 页。

④ 《沿革记略》，《无锡胡氏小学校廿周年纪念册》，第 8 页。

⑤ 《沿革记略》，《无锡胡氏小学校廿周年纪念册》，第 8 页。

⑥ 童子军首倡于英国，目的在于养成健全之国民，着重在锻炼身体，训导品德，与军事无关，与政治无关。我国中华童子军，1913 年创始于上海华童公学，无锡仿办童子军，是在 1915 年 4 月，江苏省立第三师范附属小学首建童子军，各校闻风而起者不下十余所。1916 年春，无锡组织联合大会，定名为中华江苏无锡童子军联合会。童子军年龄限制在 12 岁至 18 岁之间。

生。①暑假期间，学校设暑期补习科，由胡雨人讲论语，其他两位老师分别教英文和算术，阅三周而毕。②1920年，随着毕业学生日多，学校又附设一个初中班。

1921年，学校聘请江阴杨孝愉任校长。③

他到任后，注重培育学校的文化氛围，定"诚勤"为校训，亲笔题写并镌刻在胡氏公学内堂西壁上方，作为师生的座右铭。他还创作了校歌："畇畇原隰胶山麓，曾孙居之勤与读。于斯歌兮，于斯聚族，天生蒸民浑然璞。不有大匠伊谁琢，挺生先觉启后觉。"与此

"诚勤"校训

同时，他重视抓好师资队伍的建设，先后聘请孙荆楚、许莼舫、尤子敬等名师前来任教。这些教师都是多面能手，往往一人教授多门课程。以英语教学为例，孙荆楚不仅教授英语，还兼任数学、国文教师。教师与学生相处融洽，孙荆楚授课讲解得当，教英语课时要求用英语会话，写英文作文，并注重对学生的思想教导，勉励学子为国为民争光。教师一致认为"教师与学生之间，上课时，严肃而认真，严格而不马虎，下了课，师生相处，犹如同胞兄弟，相互爱护，相互关心，毫不拘束"④。

杨孝愉，江阴人氏，胡雨人学生，在1917年即已经进入胡氏公学任教员。⑤在他首次担任校长的七年间，胡氏公学的硬件、软件初具规模，在锡西北地区首屈一指。1927年，杨孝愉辞去校长之职，到常州中学任教，八年后的1935年再任胡氏中学校长。1937年，抗日战争爆发，学校被迫停课，杨孝愉离校返家。抗战胜利后1946年暑假，杨孝愉再次出任胡氏中学校长，直至1949年暑假因病离职，同年12月病故，享年56岁。杨孝愉三度出任胡氏中学校长，为教育事业呕心沥血，死而后已，赢得了"学高为人师，行正为人范"的赞誉。杨孝愉曾用自己的束脩在村里修筑的道路，被命名为"孝愉路"。

至1922年，胡氏小学校在校学生313人，其中男生263人，女生50人。⑥

① 《沿革记略》，《无锡胡氏小学校廿周年纪念册》，第9页。

② 《沿革记略》，《无锡胡氏小学校廿周年纪念册》，第9页。

③ 《沿革记略》，《无锡胡氏小学校廿周年纪念册》，第11页。

④ 《百年沧桑——1902—2012无锡市堰桥中学建校110周年（下册）》，无锡市堰桥中学，第138页。

⑤ 《沿革记略》，《无锡胡氏小学校廿周年纪念册》，第8页。

⑥ 《无锡胡氏小学校廿周年纪念册》，第31页。

胡氏公学徽章

回溯走过的二十年历程，胡氏公学办学规模逐年扩大，学生数呈上升趋势。从胡氏公学建立初期的56人，至1922年时统计毕业生已过1500人。这一年，学校举行了二十周年纪念活动，省教育厅、实业厅、无锡县署、兄弟学校以及优秀毕业生纷纷撰写颂词、贺联等，以示敬仰之情。江苏教育厅长蒋维乔的贺词："维家有塾，古制可咨，胡氏之族，厥旨是师；萃其髫稚，教以书诗，如磨如琢，伯壎仲篪；中更水患，亏食断炊，弦歌辍响，州里嗟之；未几复举，艰难支持，孳孳作育，廿载于兹；达材成德，千百有奇，如云起石，霖雨溥施；锡峰峨然，梁川漪而，被乃教泽，亿万年斯。"江苏实业厅长张轶欧的贺词："昔有安定，分斋教授，功在当时，名垂宇宙；家学渊源，世多名宿，在我梁溪，无出其右；西高山麓，我旧游地，后乃设学，益培俊秀；千五百人，俱叨成就，入室升堂，大扣小扣；迄今廿年，成绩日富，学术维新，道德仍旧；择吉良月，纵观文闱，珠玉纷陈，鼓钟合奏；我愿鳣堂，惠山比寿，百世弦歌，千秋俎豆。"①

也就是在这一年，北洋政府效法美国学制，制定颁布了新的学制系统，即"壬戌学制"。"壬戌学制"又称为"六三三制"，在之前学制基础上再次缩短小学年限，设三年制初中和高中，即小学六年、初中和高中各三年。小学阶段又分为两级，初级小学四年为义务教育阶段，高级小学两年。根据新的学制要求，学校在本年度第二学期起实行"四二制"，高等科改称高级小学，国民科改称初级小学。课程设置也有改变，将修身改为公民、国文改为国语、理科改为自然。初级小学取消了手工和女子缝纫，增加了社会（包括卫生和地理、历史）高级小学取消了英语、手工、图画和男子的农业、女子的缝纫，增加了卫生、园艺、工用艺术和形象艺术。在这一次改制中，还增设了三年制初级中学，向江苏省教育厅注册立案，命名为"私立无锡胡氏初级中学校"，简称"胡氏中学"。中学借义庄的"义兼教养"大厅上课。②胡氏中学，是无锡乡区第一所私立初中，并附

---

① 《无锡胡氏小学校廿周年纪念册》，第31页。
② 《沿革记略》，《无锡胡氏小学校廿周年纪念册》，第12页。

设小学。[①]至此，学校形成了从小学到中学比较完整的教育体系，对外仍总称"胡氏公学"。[②]

1926年，《申报》刊登《无锡胡氏公学状况》简讯，称胡氏公学当时"教员十数人，学生四百余"[③]

1928年5月，在蔡元培的领导下，南京国民政府重新制定了《整理中华民国学校系统案》，即"戊辰学制"。这个学制在教育系统方面承袭了1922年"壬戌学制"的规定，对小学依然实行"四二制"。与此同时，南京政府公布《私立学校规程》，要求私立学校遵照手续再次立案。同年6月，私立胡氏初级中学再次由江苏省教育厅批准立案。同时，胡氏中学按照"戊辰学制"中有关"初级中学施行普通教育，但得视地方需要，兼施各种职业科"[④]的规定，在1930年添办蚕科，并附设蚕种制种场，生产"自鸣钟"牌蚕种，让学生掌握一技之长。[⑤]

1933年，教育部颁布《修正私立学校规程》，胡氏初级中学遵循要求开设了公民、体育、卫生、国文、英语、算学、化学、物理、历史等科目，课程设置基本完善成型，各类学科确立了较为合理的课时比重。国文、英语、算学皆为必修课，第一学年每周分别安排五、四、四课时，第二学年、第三学年均调整为六、四、五课时。在教学时数方面，1922年至1932年间实行学分制，每半年上课一小时则计一学分；1933年又改为学时制，一学时即一小时，该时期胡氏初级中学每周总教学时数为三十一小时，其中每日学习时间约八小时（包括约两小时的自习时间）。

同一年，无锡地区根据要求进行私立学校整顿，依据经费能否维持、设备是否充实、办理是否合法三方面对私立中学进行考察，并依据考察结果将学校分为四类。私立胡氏初级中学、私立匡村初级中学和私立无锡中学共三所学校，被列入第一类别。考察报告认为，胡氏中学的校舍虽系旧式房屋，但光线尚好，足够三级学生的使用。"仪器标本，计有化学类119件，物理类88件，博物类500件，亦敷应用。图书以胡氏在堰桥学校附近，建有图书馆一所，现由教育局管理，可以随时应用；设备方面，殊为充实。现有初级中学三级，共100人。国文改本，异常细到。至经济方面，有教育部捐资兴学甲等奖状，列有金数为18万

① 无锡县教育局编：《无锡县教育志》，上海科学技术文献出版社，1992年，第74页。
② 胡琰：《从胡氏公学到堰桥中学》，《无锡县文史资料》第1辑，1984年，第55页。
③ 《申报》1926年7月10日。
④ 顾明远，张东娇：《中国学制百年》，教育科学出版社，2016年，第83页。
⑤ 胡琰：《胡雨人先生轶事》，《无锡县文史资料》第1辑，1984年，第133页。

元，现有田 770 亩，年收 3000 元，据云不动基金每年收支尚能相抵"①。由此可见，私立胡氏学校的办学条件符合国民政府对私立中学的规定，教学环境良好、教学设备充足、办学资金稳定。

胡氏公学的英语教学，是其一大教育特色。胡氏公学创办之初，就设有英语课程。至 1922 年"壬戌学制"颁布后，胡氏公学增设初级中学，取消小学阶段的英语课，并将英语列为初中阶段的必修课程，对英语教学更趋重视。在英语教学中，胡氏公学注重对学生的启发。有学子回忆："在胡氏试读，印象最深属英语王老师，讲安徒生童话，娓娓动听，饶有兴趣。时提问，回答不上，并不罚站；时默写，书写不出，也不挖苦……稍有长进，给予鼓励；引导同学接龙游戏，英文单词，首尾字母相同对接，熟记生词；循循诱导，学有趣味；寓教与谑，颇有启迪。"②可见当时的英语课堂氛围活跃，不只是一味讲解书本知识，也穿插了课外故事和游戏教学。同时，胡氏中学的英语教学亦贴近生活，贴近学生。"在金老师的课堂上，学习'先生''小姐'的时候，她不仅是解释两个单词的意义，而且以一位女同学和男同学的名字为例，在恰当场景中教授单词'先生''小姐'，并重复几次"。这样的教学方法更容易让学生理解、接受，重复教授更加深了学生的记忆，有助于学习效率的提高。对英语教学的重视，还体现在学校施行双语教育的教学形式，用英语讲授其他课程。1927 届学子回忆："数学老师孙荆楚上平面几何课用英语，学生作业也要求用英语做。"③这样的教学模式，在其他的同类学校中较少，这不仅要求教师具有良好的英语水平，而且对于学生来说难度更大。在英语教材选用上，民国初期胡氏小学校主要采用国内印书馆译编的国外教材。至 1922 年新学制以后，自编教材风气兴起。私立胡氏初级中学的英语教材主要选用家族胡宪生的自编教本，如《新学制英文读本文法合编》《初级中学适用英文法》等。

胡氏公学虽然冠以"胡氏"之名，但学校并没有囿于一地一族，而是坚持开放兼容的办学原则。胡氏公学在 1917 年改名"胡氏小学校"后，校董会规定：在教师的选择上，胡姓子弟不能入校为师。至此，从校长到教师没有一位是胡氏家族中人，家族子弟只是校董会成员。有资料表明，革命先烈、玉祁新桥人氏糜

---

① 《整顿无锡私立中学》，《江苏教育》，1933 年第 2 卷第 6 期，第 10—11 页。

② 《百年沧桑——1902—2012 无锡市堰桥中学建校 110 周年（下册）》，无锡市堰桥中学，2012 年第 37 页。

③ 《百年沧桑——1902—2012 无锡市堰桥中学建校 110 周年（下册）》，第 20 页。

文浩在1920年前后曾短暂任教于胡氏小学校。① 就学生来源而言，胡氏公学初创之时，学生以胡姓子弟为主，后来随着办学规模扩大，外姓学生所占比重上升。以1925年3月编印的《胡氏公学同学录》为例，所列的50名初中学生中，只有九位是胡氏子弟，在50名小学寄宿生中，八位是胡氏子弟；这些学生除了来自村前附近的堰桥、西漳、塘头等地外，还有少量学生来自苏州、江阴。此后，外地外姓学生更加增多。1927届学子顾再良回忆：当时的胡氏中学初一到初三只有三个班级，男学生有16位，没有女生，远道学生寄宿在校，在他回忆的学生名单中，胡姓学生只有三位，外姓学生竟占到总人数的81.25%。② 而且"远道""寄宿在校"这两个词汇也表明这些学生家住得比较远，甚至可能不是无锡人士。由此可见，胡氏公学的教育已经不再是传统的家族私塾，而是对外开放的新式私立学校，招生范围不再局限于本族子弟，而是面向社会中的其他学子。1931届学生张葆琛正是江阴人士，15岁时入胡氏公学，半工半读，学成之后又赴南京京陵大学学习，后回到母校胡氏公学任教，此后又为黄埔七届学生，是一位抗日爱国将领。

1934、1936年编印的《无锡乡土教材》对胡氏公学如此描述："胡氏公学在哪里？离堰桥镇西半里路，有一个地方叫村前。胡氏公学就是设在这里。这学校开办得很早，有初中、小学等部，学校很是发达，在无锡私立学校中是很有名的。"

由于胡雨人辗转各地任教，胡氏公学的事务由胡壹修主持。为了学校，胡壹修可谓是呕心沥血，惨淡经营。

对于胡氏公学的发展历程，胡敦复这样总结："回顾三十年间，自光绪二十八年至宣统二年可称为开创时期，难在确定基础；自宣统二年至民国十二年为建校时期，难在继续设备；自民国十二年至今为发展时期，难在充实内容。"③ 三个"难"字，说尽了办学的艰辛。而一切的一切，在于经费和校舍。"一言以蔽之，则一切进取限于财力，而又不甘为财力所限是已"④。公学初创时期，族人或囿于积习，步骤未能一致，胡壹修、胡雨人兄弟力排万难，仅免停顿。"加

① 《廉文浩》，中华人民共和国民政部编：《中华著名烈士》第3卷，中央文献出版社，2000年，第618页。

② 《感恩母校》，《百年沧桑——1902—2012无锡市堰桥中学建校110周年（下册）》，第20页。

③ 胡敦复：《胡壹修先生行述》，《胡氏宗谱（村前版）》，第174页。

④ 胡敦复：《胡壹修先生行述》，《胡氏宗谱（村前版）》，第174页。

以频年大水，无米为炊，学校殆无日不在风雨飘摇中也"。直至1902年，六百余亩之学田得以确定，学校渐入正轨。⑤

胡壹修

胡氏公学初创之时，设于明御史胡莲渠故居和胡氏义庄。起初，族人对此颇有私议，认为胡氏兄弟办学为名为利，"遂取其田，割六百亩供教育，他有所费糜，私财继之。而平时仰义田为生者，则一如其故。族皆知兴学出自至诚，非以为名。始虽阻挠，卒乃大服"⑥。此后，随着办学规模的扩大，校舍问题一直困扰着学校，也困扰着胡壹修。《无锡胡氏小学校廿周年纪念册》清晰地记下了学校校舍的扩张情况：1903年，公立蒙学堂创办的第二年，学生增长至82名，购校舍西北隅桑田一区辟为操场。⑦1918年三月，购校西屋基一所。⑧1919年八月，惇睦堂屋基一所建筑仓廒，将原有仓廒改为寄宿舍。⑨1921年六月，购校舍东南隅民房四间辟为校园。⑩十一月，于西对厅之西改建厕所两区。⑪1922年八月，新建教室六间，走廊两段，并于操场四周以高墙。⑫九月，于西对厅之北建应接室一间。⑬

艰难困苦，玉汝于成。至创办二十周年之际，校内有古式钟楼、膳厅、师生宿舍、公义商店、理发室等完备的附属设施，大操场有沙坑、双杠、滑梯等体育器械，并有篮球场，还仿照日本学校操场样式，建有晴雨操场，雨天体育课不停。校内各处有走廊相连，雨天不用走湿路。其校舍宽敞，设备充实，环境宜人，为当时一般乡校所不及。⑭族人胡琰回忆："小学一、二年级教室在晴雨操场东首，环境安静，课后又有活动场所。三年级教室在原'保滋堂'，四年级教室在原'鸿绪堂'，五、六年级教室在大回廊西首。原'义兼教养'大厅，作为

⑤ 胡敦复：《胡壹修先生行述》，《胡氏宗谱（村前版）》，第175页。
⑥ 裘廷梁：《胡府君家传》，《胡氏宗谱（村前版）》，第167页。
⑦ 《沿革记略》，《无锡胡氏小学校廿周年纪念册》，第1页。
⑧ 《沿革记略》，《无锡胡氏小学校廿周年纪念册》，第9页。
⑨ 《沿革记略》，《无锡胡氏小学校廿周年纪念册》，第10页。
⑩ 《沿革记略》，《无锡胡氏小学校廿周年纪念册》，第11页。
⑪ 《沿革记略》，《无锡胡氏小学校廿周年纪念册》，第11页。
⑫ 《沿革记略》，《无锡胡氏小学校廿周年纪念册》，第12页。
⑬ 《沿革记略》，《无锡胡氏小学校廿周年纪念册》，第12页。
⑭ 《无锡县教育志》，第357页。

大礼堂。西首设有训育处。原'敦惠堂'改作应接室，供接待来宾、来访之用。原'两斋遗范'作师生膳厅。宿舍则设在'义兼教养'大厅后面，远道而来的高小学生就可寄宿在校。"①

晴雨操场的方案，正是由胡雨人从日本引进。他在日本求学之时，发现晴雨操场比较实用，画下图纸带回国内。荣氏家族建于1915年的晴雨操场一直被认为是无锡之最早，占地400平方米，分上下两层，一层为礼堂，二层是操场。与之相比，胡氏公学的晴雨操场不及其美观，只有一层，但占地面积更大，约500平方米。

修复后的胡氏公学晴雨操场

对于胡氏公学校舍的拓展，胡敦复在《胡壹修先生行述》中也有记述："民国以来，时有改进，学科渐臻完善，校舍亦有增加。八年，价置敦睦堂仓房一所，十年，购入御史墙门四间一进，辟校园及方操场。适是秋歉收，几难度岁。十一年，又筑校舍后围操场。十二年，增设初级中学，租赁积谷仓新建仓房为校舍，自后经费益感困难矣。十六年，加拨庄田百五十亩充学校经常费，至是胡氏公学共有学田七百七十亩。十八年，校舍又生问题。添建两教室，仍不敷用，而校内更无隙地。先严不得已，乃以吾家屋宇租让一部于校中，且就余地添造房屋以益之。是年螟虫为灾，经济又大受影响。十九年，中学部添办蚕科，改造敦睦堂老屋为育蚕制种之用。二十年，校舍设备暂告一段落，先严亦以力竭暂停进行。"②到1931年，校舍已经暂敷应用，至此才暂告一个段落。

经过胡氏兄弟呕心沥血的惨淡经营，学校终于建起来了，但胡壹修却已"家不成家"。胡姓子弟入学无须费用，外地学生需要缴纳一定的学费，但这些学费皆用于教师工薪，而学校中的设备购置以及办公用费，统由学校支拨。并且"凡

① 胡琰：《从胡氏公学到堰桥中学》，《无锡县文史资料》第1辑，1984年，第52页。
② 胡敦复：《胡壹修先生行述》，《胡氏宗谱（村前版）》，第175页。

贫苦学生来校读书，可请求免除学费，惟其余名额仍需照章缴纳，免费生额数无定"①。这样一来，义田收入常不敷应用，胡壹修只能用家产抵补。规定胡姓子弟一律入学免费，据胡敦复言，"回忆吾家祖产，本可自给而有余。自先严兴学举债，历年亏累，祖产荡然无存。今所赖者，亦此中昔日不毛之地百数亩耳。田间固有破屋数椽，为守望之用，先严略加修葺，吾母因以居焉"，而以"故居地宅备学校扩充之用"。②胡敦复还说："胡氏公学，较有凭藉，而其缔造经营之难，亦倍蓰于地方教育。"③眼见胡氏公学一步步走过艰难困苦，胡壹修也不由感慨："最近十余年胡氏公学之遭遇，前半隔岁水灾，后半兵匪交祸，租米短收年复一年，余尚为之维持过去。是则此后胡氏公学能否再有进步，仍视后人之如何尽力而已。"④

　　1931 年，胡壹修逝世，享年 67 岁。胡敦复含泪写下《胡壹修先生行述》，历述父亲为公益、办新学的行状。他如此评价父亲行事："先严治事，富有天才，且以可实行者为重，不仅凭尚理想，遇有阻力，则迂回曲折以赴之，故所事虽经辛苦艰难，而成就亦殊不少。""世人第知先叔雨人先生之刚直严正，而不知先严意志之坚强乃无与伦比。"⑤这句话绝非虚誉。柳诒徵读到《胡壹修先生行述》后，称赞胡壹修"一生专力服务于家乡，礼教信义，被于江南。其所为之事，若公学，若积谷仓，若开垦荒地，留心乡邦水利，合民生民德而兼筹之，具见元老明哲为国自重之意"；张其昀也说："无锡素有中国模范县之称，胡先生之言行则不愧为模范县之模范先生。一乡果有一模范先生，即为我中华民国树立真正基础。自古蓄德有文之君子，不显于身，则必生贤豪奇伟非常之士，以大昌于后。观胡氏兄弟在中国科学界之声望，更见胡先生耆年宿德、典型后学之处"，希望"中国有志青年，知必有所闻风而起者矣"。⑥

　　让胡壹修欣慰的是，他一生勤力兴办的胡氏公学，在后继者的努力下仍然得到茁壮发展。就在他逝世后的第二年，正值学校办学三十周年之际，中小学在籍学生 700 多人，号称 800 学子。"此三十年劝学之效，先严用以自慰者也"⑦。

---

① 《公益小学校免费规程（民国二十四年）》，《荣德生与兴学育才》，上海古籍出版社，2003 年，第 38 页。

② 胡敦复：《胡壹修先生行述》，《胡氏宗谱（村前版）》，第 175 页。

③ 胡敦复：《胡壹修先生行述》，《胡氏宗谱（村前版）》，第 176 页。

④ 胡敦复：《胡壹修先生行述》，《胡氏宗谱（村前版）》，第 175 页。

⑤ 胡敦复：《胡壹修先生行述》，《胡氏宗谱（村前版）》，第 173、174 页。

⑥ 《国风》半月刊，1932 年第 2 期。

⑦ 胡敦复：《胡壹修先生行述》，《胡氏宗谱（村前版）》，第 174 页。

1937 年淞沪抗战爆发，无锡沦陷，胡氏公学饱受战火摧残，校舍仪器毁劫殆尽，仅残存宿舍一角和晴雨操场旁六间教室，学校被迫停课一年。村前图书馆更是毁于战火。1939 年初，避难回乡的校董和热心教育的地方人士组成临时校董会，由胡斗南任校长，先后设法恢复小学部和一个初中班，于 2 月复课。胡斗南实行"六不主义"：不向敌伪登记立案，不悬挂敌伪国旗，不设日语课本，不设日语课程，不订阅伪新锡日报，不进行奴化教育。

抗战胜利后的 1946 年夏，临时校董会解散，恢复原校董会，添办两个高中班，学生 60 人，随后成立高中部，至 1949 年 2 月停办。

至此，胡氏公学走过了整整 47 个春秋。从胡氏公学建立初期的 56 人，至 1922 年建校二十周年时在籍者超过 300 人；1928 年，胡氏学校小学毕业生有 40（男）人，初级中学毕业生有 14（男）人。至民国后期，人数明显增多，其中小学高级部学生 114 人（男 93，女 21），初级部 388 人（男 333，女 55）；初级中学学生达到 102 人（男 89，女 13）。[1] 另据统计，1948 年时仅私立胡氏初级中学就有五个班级，学生人数 220 人。[2]

中华人民共和国成立后，胡氏公学进入了一个全新的发展阶段，与其他学校合并成为堰桥中学。目前，堰桥中学又分设为堰桥高级中学和堰桥初级中学。

2022 年，堰桥高级中学和堰桥初级中学将迎来建校 120 周年。站在这个历史时点，回溯过去，必须铭记先辈们曾经为学校发展所付出的努力，必须记住胡壹修、胡雨人的名字。

在勠力创办胡氏公学的同时，胡壹修、胡雨人兄弟还相继设立了村前公园、天上市图书馆，以期构成学校教育、社会教育一体化的完整教育体系。

1914 年，胡氏兄弟利用村前东段大住基后面 30 多亩的荒地，捐资辟建乡村公园，名为"天上市村前公园"，简称"天上市公园"或"村前公园"。关于公园的布置，族人胡琰回忆："在僻北河畔，修建平面房屋四间二进，作为公园管理处和培植花果房，由衡春阳、华蓉舫先生等先后具体负责，年支经费为一百二十元（建园设备等费除外）。房舍旁的左右两间，遍植花卉，由于各类花卉轮植，一年四季都有鲜花盛开，惹人喜爱。其靠东亩许，则是一片丛林，苍松翠柏，四季常青，鸟儿栖息其间，叽叽喳喳，耐人寻味。就在这些常青树西首，

---

① 《第一回无锡年鉴》（1930），陈文源、郭明编：《民国时期无锡年鉴资料选编》，广陵书社，2009 年，第 462—463 页。

② 《无锡县教育志》，第 79 页。

有一亭，四方形，名曰雨人亭。其南为可容千人的大草坪，绿茵如毯，有的学生或堰桥地区举行足球赛，也都借此进行。大草坪西南隅，有一小坡，并有小径通往村落，小坡与小径交会处，建有壹修亭，里六角形，可供过路行人歇脚暂息。壹修亭北首，筑有荷花池，平时萍莲鄈鄈，当荷花含苞放艳，令人感到既清新，又幽雅，池水清澈见底，游鱼可数，在此垂钓，颇富诗意。……在王源吉路和村前路相会处，有公园路，即是公园前门出口处，铁栅门上门额'公园'两个大字，则出自当代著名书法家清道人手笔，而荷花池北首出口处铁栅门上，有地方人士胡习之先生手书'公园后门'四个大字。"①胡壹修、胡雨人兄弟逝世后，时人为纪念他们，在公园内建有"壹修亭"和"雨人亭"。

此后，胡氏兄弟为纪念父亲胡和梅，在公园内增建"天上市村前图书馆"。据胡敦复记载："吾乡之有公园，胚胎于民国元年。先严方从事筹备，而先祖不幸谢世。爰就园中地形，与先仲叔协力捐建天上市图书馆以为纪念。并以旧有家藏图籍及历年先仲叔所增置之新书，悉数赠入。三年九月图书馆落成，五年双十节后行开幕礼。"②另有文章记："于民国三年由前市董胡壹修、教育家胡雨人昆仲遵先君和梅先生遗命捐资创办，勘定天上市公园内中心地带为馆址，从事建筑，是年九月，新馆落成，筹备经年，乃于民国五年十月十五日正式成立，并举行开幕典礼。"③

天上市图书馆的建设经费，主要来源于胡雨人继配夫人周辉在"京师女子师范学校执教时历年薪金"。胡雨人《继配周夫人辉行略》记："乃决然归治田园，尽弃其历年行薪金以充无锡县天上市图书馆建筑费。谓家有祖遗粮田，经之营之足以自给，教育非财之道，吾于学校所取薪金半为老母求一椽之庇，今以所余之半，尽数捐之，纵未见有益于人，亦聊贻清白于后人耳。"④

整个图书馆建楼三幢，费银二万余元，

村前图书馆简图（绘于1924年）

① 胡琰：《村前公园和村前图书馆》，《无锡县文史资料》第4辑，1986年，第148—149页。
② 胡敦复：《胡壹修先生行述》，《胡氏宗谱（村前版）》，第174页。
③ 《县立村前图书馆》，《无锡教育周刊》1934年"社教专刊"。
④ 胡雨人：《继配周夫人辉行略》，《胡氏宗谱（村前版）》，第170页。

每幢都是上下二层的西式楼房，四面圆窗，上层为藏书楼、巡回文书库室，下层为普通阅览室、儿童阅览室、阅报处以及读书会、展览会场所，均备有足够的座椅。[①] "本馆馆舍，计有二所。图书馆是西式建筑之楼屋，计上下九间。第一层分图书阅览室、儿童阅览室、阅报室、流通借书部等；第二层为书库与新闻纸储藏室及办公室等。图书馆北部，另有平屋八间二厢房，是公园出资购置，备为职员宿舍之用"[②]。天上市图书馆在组织系统上设有委员会管理，聘有馆长，下设管理、编目、指导、推广四股。这些组织在"在事业上虽是独立，但在事业的进展上实属关联，所以馆内各股名词，一经表现在事业上完全是整个的"[③]。

胡雨人从土木建筑到图书的征集，无不事事过问。他向图书馆捐献了自己家藏的所有图书，还动员其子侄，把家藏图书也全部捐献出来，如"万有文库""古今图书集成"等，另外还向各方征集，藏书之多，规模之大，在当时无锡县来说是首屈一指的。"本馆图书之来源，是由购置、捐赠、寄存三部分，逐渐增补添加而成，馆中以经学医学文学史地及古今图书集成等为最丰富，日文书籍统由胡雨人氏捐入，为数计400册。堰桥范昱氏于民国二十年间以家藏大批图书计2560册一律寄存馆中，故数量上又增多不少"[④]。据1918年3月的外文图书馆藏调查，南京高师图书馆有汉文书7800册、日文书100册、西文书1300册，金陵大学图书馆汉文书2016册、西文书3141册，松江通俗图书馆汉文书50000册、日文书约100本、西文书约200册，无锡县立普通图书馆藏有汉文书37087册、日文书140册、西文书444册。天上市普通图书馆藏有汉文书13636册、日文书338册、西文书38册。[⑤]可见当时天上市图书馆仅仅开办两年，已经藏有相当数量的外文图书，与大馆相比并不落后。1933年，图书总数计达18954册。[⑥]

图书馆的藏书以总类、文学和史地类最多，古籍有抄本、善本、珍本等。据统计，1933年时全馆拥有总类图书443种6638册，教育学图书922种2708册，文学类图书955种3187册，史地类图书402种2990册。[⑦]钱锺书的父亲钱基博

---

① 胡琰：《村前公园和村前图书馆》，《无锡县文史资料》第4辑，1986年，第150页。

② 《县立村前图书馆》，《无锡教育周刊》1934年"社教专刊"。

③ 《县立村前图书馆》，《无锡教育周刊》1934年"社教专刊"。

④ 《县立村前图书馆》，《无锡教育周刊》1934年"社教专刊"。

⑤ 丁道凡：《中国图书馆界先驱沈祖荣先生文集（1918—1944）》，杭州：杭州大学出版社，1991年，第3—4页。

⑥ 《县立村前图书馆》，《无锡教育周刊》1934年"社教专刊"。

⑦ 《县立村前图书馆》，《无锡教育周刊》1934年"社教专刊"。

担任无锡县立图书馆馆长期间，积极参与地方修志工作。他在《复杨畦韭县长规画（划）修志办法书》中有这样的文字："县立图书馆设修志参考图籍室，修志所需之相关参考文献资料并置于此室。如果是县图书馆没有的资料，由该馆增购。乡贤著述，则写目函知天上市及开元乡大公图书馆主任，请其检各该馆所有而县图无有者，以备查考。"① 可见天上市图书馆的资料是比较丰富的，甚至可补无锡县图书馆之缺。

在图书分类上，"向用四库体例及当时流行之新学分类法二种为标准；而于民国二十一年前皆沿袭此法，嗣因新旧分类，检查时殊感不便，决自民国二十一年起，依据杜定友氏世界图书分类法，积极改编，但其中如文学、教育、史地等类，在杜氏分类法中有许多项目与乡村图书馆不尽适，故兼采王其五氏中外图书统一分类法、徐旭氏民众图书分类法等，而取其最适用于本馆特殊情形者，详细编订，分类以供应用"②。20 世纪上半叶我国编制的综合性分类法、专业性分类法、儿童图书馆分类法约有 90 种，其中就有"江苏天上市图书馆等自编的图书分类法"③，说明他们有段时间还使用过自己的分类法，具体时间不详。

无锡的近代图书馆事业起步比较早，得时代风气之先。无锡县立图书馆创建于 1912 年，1915 年元旦开馆，是中国第一批公共图书馆之一，是全国五大县立图书馆中成立最早的一家，也是当时县立图书馆中最大的一座。无锡大公图书馆 1914 年由荣德生创建，1915 年开工建设，1916 年 10 月建成开馆。大公图书馆几乎与天上市图书馆同时创建、同时开馆，而且两家都是先创办学校然后创建图书馆，充分说明了他们对学校教育和社会教育的重视。图书馆学家马宗荣在 1921 年旅行江南考察图书馆教育境况，对当时无锡县图书馆事业甚表赞赏："无锡县立图书馆及南通的图书馆，均负声誉"，并认为"全国中图书馆事业较为发达的地方当推江苏与山西。江苏的无锡县，对于社会教育，甚为注意，故其图书馆事业极为发达"。④ 著名的图书馆学家李小缘在 1928 年拟定的《全国图书馆计划书》中论及："至于今日，上海之东方图书馆，锡之天上市图书馆，北京之北京图书馆等，已一变而为参考与开放式之图书馆，为多数人之采用便利计者矣。"⑤ 东方图书馆是上海历史上首次对市民开放的藏书规模宏大、设施功能齐

---

① 傅宏星：《钱基博年谱》，华中师范大学出版社，2007 年，第 44 页。

② 《县立村前图书馆》，《无锡教育周刊》1934 年"社教专刊"。

③ 俞君立：《20 世纪上半叶中国文献分类法理论与实践的发展及其历史经验》，《中国图书馆学报》，2002 年第 2 期。

④ 马宗荣：《现代图书馆序说》，商务印书馆，1928 年，第 57 页。

⑤ 马先阵、倪波：《李小缘纪念文集》，南京大学出版社，1988 年，第 15 页。

全的公共图书馆，而北京图书馆地位更不可小觑，实为国家图书馆的前身。李小缘言语间将当时无锡县天上市图书馆与前两者相提并论，颇具盛赞之意。

无锡县立图书馆和天上市图书馆，将图书馆与公园设在一处，是典型的从日本流传而来的做法。1898 年，东京上野公园就设有图书馆，庋藏各种图书典籍，供人入内观览。一来公园可以为图书馆提供一个清幽静雅的环境，二来图书馆也成为文化景观的一部分，给民众带来精神和视觉的双重享受。

1930 年 11 月，无锡县各图书馆为了加强联系，共同探讨图书馆业务，成立了"无锡图书馆协会"，时该馆以"村前图书馆"名义获得团体会员资格，馆长陶衡常并以个人身份加入协会。1928 年，因地方经费不足，天上市图书馆呈县备案，改由县办，更名为无锡县第二学区天上市图书馆，由县教育局支拨部分基息，并年支经费 360 元。除馆长外，又有馆员两人。1931 年 2 月，又更令名为无锡县立村前图书馆。① 至 1934 年，全年经费增加到 1227 元。1936 年村前图书馆被驻军占用，图书馆业务一度中止。1937 年抗日开始，驻军离开，图书馆业务暂委托胡氏公学管理。

天上市图书馆设立之初，"向章只能在馆内阅览，馆外借书之权仅限胡氏公学、地方教育机关以及其他人员为规则所许可者，第五区各学术团体亦皆得自由借书，以为研究之用"②。1932 年冬，图书馆为推广图书事业，提倡民众化，特成立流通部，订定规则，凡年在十六岁以上，无论何人，均可到馆自由借书，在一定期内，得携出馆外阅览，以资流通。自实行

胡氏公学 1941 年学生毕业证

后，阅者称便，一年以来，颇著成效。每月借书者，平均有三十余人。③ 图书馆每逢星期一休息，其余全日开放。据统计，1930—1932 年三年间，全年阅览人数分别达到 5278、5198、7206 人，阅书册数分别为 8476、9145、12752 册。④ 馆内书刊分为"在馆一般阅览"和"来馆查阅资料"以及"外借"几部分。在馆阅览，任何人可在馆中择座阅览。查阅资料，则上藏书楼，备有靠背椅、书桌，供

① 《县立村前图书馆》，《无锡教育周刊》1934 年"社教专刊"。

② 《县立村前图书馆》，《无锡教育周刊》1934 年"社教专刊"。

③ 《县立村前图书馆》，《无锡教育周刊》1934 年"社教专刊"。

④ 《县立村前图书馆》，《无锡教育周刊》1934 年"社教专刊"。

抄录资料时用。外借图书，须事先办妥登记表存查，另发外借图书卡；每次借书，线装书以两种六册为限，平装书三种十册为限；外借期限为两周，到期如仍需用，可办续借手续。不论在馆阅览还是外借，均不取分文。

天上市图书馆为方便民众阅读，设巡回文库（均系通俗图书），分十个区，进行巡回阅览。经费由市教育局拨给。[①]"将原备书箱二座，重行整理，选配民众、党义、史地、常识、儿童用书等，每箱约装书籍250册，巡回第五区各乡镇，任人取阅"[②]。在此基础上，天上市图书馆还计划采取多项改进举措："组织读书会。以本馆附近胡氏公学小学部、堰桥小学各学生为基础，分别组织成人、儿童两种读书会，选择各种适合程度之书籍，供其阅读，而予以详细之指导。增设阅报处。本馆地址较为偏僻，虽在堰桥车站旁，设有露天阅报处一所，但仍觉不敷，最近将添设一所，地点业已勘定堰桥镇之中心鱼行场上，以便民众阅览。筹备民众学校。本馆拟于廿三年度起，联合地方各机关，合办民众学校一所，授以农村必需之技能，如国语、农事、珠算、公民、习字等课程，以收民众之实效。添置新式书架。本馆原有书架，系木制双面玻璃厨，占地甚广，太不经济，且近年来新书日益增加，渐觉不敷，亟应宽筹经费，从事添置适用新式书架四座，以便庋藏新出版图书。"不过，由于资料的缺失，这些举措是否实施，以及实施后的效果如何，目前已不详实情。

天上市图书馆的藏书，虽与荣氏的大公图书馆10余万册藏书比，略显单薄，也没有被称为"无锡县各乡市设图书馆的第一所"的无锡荡口华氏"鸿模藏书楼"那般的名气，然而天上市图书馆与它们培养人才、服务乡里、发展社会教育及保存传统文化的目的是一致的，共同为无锡地区的社会教育及文明开化做出了积极的贡献。邑人咏诗："开吴自昔溯文明，鄨邑居然拥石城；南北后先相对起，遥遥堰里等声名。"[③]

殊为可惜的是，天上市图书馆毁于抗日战争的战火。

在胡壹修去世三年前的1928年，弟弟胡雨人就已经因病去世了。

20世纪初，正是新学在我国蓬勃兴起之时。胡雨人不仅在家乡开启近代教育探索之旅，还屡屡应邀执掌多所名校，亲力亲为，孜孜而求，领导新式教育和新式学堂的发展。

---

① 陶宝庆：《无锡近代图书馆史存》，《无锡文史资料》第7辑，1984年，第107页。

② 《县立村前图书馆》，《无锡教育周刊》1934年"社教专刊"。

③ 陶宝庆：《无锡近代图书馆史存》，《无锡文史资料》第7辑，1984年，第107页。

1904 年，胡雨人来到上海，主持上海中等商业学堂的校务。上海中等商业学堂，地处西门外打铁浜，由上海商学公会会员集捐创办。该学堂分设本科、预科暨高等小学科，学习年限分别为三年、两年、四年，授以商业所必须之知识技能。依据 1903 年颁布的"癸卯学制"，学堂所设科目主要有修身、国文、算学、史地及与商业有关的理论及实用知识、技能。侄子胡明复 1904 年、女婿过探先 1907 年入读该学堂，应是受胡雨人的影响。

胡雨人

1909 年，胡雨人经友人张相文引荐，赴北京应聘担任北京女子师范学堂（北京师范大学前身）教务长。1913 年 3 月又出任北京女子师范学校校长，至次年初离任。当胡雨人在 1909 年来到北京女子师范学堂之时，无锡竞志女校毕业生章绳以、邹佩珊、杨藻中等 16 名女生在此求学已经进入第二个年头。在胡雨人的影响下，这些无锡历史上最早的一批女大学生，广泛接触各种西方学术思潮及民主共和的思想。其中章绳以毕业后，终身以胡雨人为师，从事女子教育，成为妇女解放运动的先驱和健将。当胡雨人在北京女子师范学堂任教务长时，一位名叫曹敏的无锡老乡正在学校担任教习之职。在她看来，胡雨人"任事肫挚，于诸教习无所假借，于敏独推许之"。后来胡雨人出任北京女子师范学校校长之时，聘请已经离校的曹敏为训育主任。曹敏日后回忆："时校名虽易，而实际悉仍其旧。尔霖锐意有为，百图更始，性耿介，疾恶如仇，于政府指摘，苟遇失当，必斤斤抗辩，不少屈。卒以不容于当局，悄然负笈去。而敏既以学行著，继其职，无所更易。"[1]

胡雨人两度赴北京任教，周辉同行。首度北上时，周辉在北京女子师范学堂以斋务长兼教修身，继而专为修身专员，且助夫与各女教员为教务上的种种接治，"实以一身为全校之中枢神经"[2]。二次北上时，周辉任主任学监。是年夏季，周修辉赴日考察全为著名的女子师范学校，归来后与教务主任及各学监研究，一一验证，以明其故，然后把其可师法者逐渐施行，人道正义教育亦开始萌发，但未一年而被上级命令禁止。

辛亥革命兴起，胡雨人返回家乡，无锡光复后被推为无锡县议会第一任议长。民国肇建的 1912 年 3 月，胡雨人和侯鸿鉴、裘廷梁等发起创设了无锡县立

① 辛幹：《无锡艺文志长编》，上海古籍出版社，2015 年，第 263 页。
② 胡雨人：《继配周夫人行略》，《胡氏家谱（村前版）》，第 170 页。

女子师范学校，校舍暂借无锡北门旗杆下杨氏私宅。因经费困难，当时只招一个班级，不足 40 人，读半年预科、四年本科，并且不是每年招生，要等一届毕业后才再招新生。这所学校历经风雨，屡经更名，最终在 1945 年 9 月更名为无锡县立女子中学，发展到今天成为无锡市第一女子中学。

南菁中学

1912 年，胡雨人受聘出任江阴南菁中学校长。南菁中学的前身，正是在江南地区称誉一时的南菁书院，在晚清时期为社会培养了一大批栋梁人才。胡雨人呕心沥血，在规章制度、学制学程、课程设置等方面做了精心的擘画，为学校的长远发展奠定了最初的基础。1914 年，在北上任教一年之后，胡雨人再度应邀出任南菁中学校长，直至 1916 年 2 月因病辞职。胡雨人复任校长后，为提高程度，规定新生须先读预科一年后再转入正科。正科一、二年级学普及课程，三、四年级分设文、理科。外文有英语、日语两种，数、理、化课本采用外文教本。[1]20 世纪 50 年代在台湾地区担任财经决策核心人物的钱昌祚，民国初年曾在南菁中学就读一年。他曾这样回忆当时的校园生活："我们投考南菁中学分级，我考入第六级，同乡五位入第七级。当时该校学生一百余人，校长无锡胡雨人先生。学校分七级，程度间隔不等，第一、二级相差一年，五、六、七级俱算一年级，相差一学期。无锡同学四十余人……。全校无学生会组织，但有若干球会……。课余活动以打乒乓球、打木球、踢足球、看小说为主，星期日则吃馆子游山。"曾任全国政协副主席的钱昌照也是当时在校生。[2]

在长校南菁期间，胡雨人对学生爱护有加，留下了动人的故事。当时的南菁中学学制为四年，学生叶吉廷读完三年后，因家贫无力继续，申请毕业。毕业名册呈报后，却被省方驳回。校长胡雨人据理力争，终于获得批准。叶吉廷从南菁毕业后，考入国立南京高等师范学堂习理化科，因师范可以免去学膳宿费。四年毕业后，留校为化学系助教。五四运动时期，抵制日货活动风起云涌。叶吉廷辞去南高助教，即往上海筹资开设永和实业公司，由同乡资本家协助，制造用于清

---

① 章先朴：《江苏省南菁中学百年简史》，《江阴文史资料集粹》，上海古籍出版社，2004 年，第 533 页。

② 章光朴：《江苏省南菁中学百年简史》，《江阴文史资料集粹》，第 533 页

洁牙齿的牙粉，行销一时。叶吉廷鉴于抵制日货，必先提倡国货，提倡国货，必先有真才实学，锐意研究，方可收到实效，于是自费赴德国留学，得化学博士学位而归，研制开发各种化妆品如雪花膏、牙膏、香水等，以代替舶来品而挽回利权。正是胡雨人对学生的护犊心切，成就了一段民族工商业史上的佳话。[1]孙宝墀在南菁攻读四年，同样深为校长胡雨人及诸师长器重。1914年，他以第一名毕业于南菁，胡雨人邀他留校执教。他婉言辞谢，认为要改变中国的贫困落后面貌，只有振兴实业，从事建设。他考入上海南洋大学，攻读土木工程专业，日后成为一代桥梁专家。[2]

　　1919年，民族实业家荣宗敬、荣德生兄弟在无锡正式创办公益工商中学，以培养自己企业和社会紧缺的中等专门人才，胡雨人欣然受邀出任第一任校长。邑报《新无锡》作了报道，称："有胡先生雨人者，亦振奇人也。前办江阴南菁中学等，颇有名，与先生（按：荣德生）同志，聘为校长。……以实业家办实业教育，方不骛空谈。而今重以胡先生之诚挚，当能相得益彰……"。当年秋季，学校对外招生80名，第二年又招新生100名。公益工商中学与传统的学校大不一样，采用当时从美国引入的"教学做合一"教学法，在教学知识理论的同时，更重视对学生实践能力的锻炼。学校内设有银行和商店，为商科练习所用；又设工场，机械由国外进口，分翻砂、铸工、铁工、木工等部分，为工科实习所用。

这一教学法的采用，正是荣氏兄弟实学主张和胡雨人教学思想共振的产物。1921年11月，倡导实用主义教育的陶行知陪同美国教育家孟禄前来访问，对学校的办学情况及取得的成绩十分赞赏。孟禄在演讲中谈到："工商业和教育的关系，很是密切。那最要紧的有两种：一种是效率，一种是实用。"

公益工商中学校舍

　　在加强实学教育的同时，胡雨人在公益工商中学还特别注重体育教育。对于体育活动，他"颇主积极进行"，上任以后两月余，各种运动器械无一不备。他还在公益工商中学建设了晴雨操场，亲自设计操场草图并监督施工。在荣氏各校联合举办的运动会上，胡雨人还独树一帜地给公益工商中学及附属小学的优胜学

　　① 钱石麟：《永和实业公司创办人叶吉廷》，《江阴文史资料》第1辑，1983年，第101页。

　　② 孙宝新、孙宝融：《致力工程学术，尽瘁铁路建设——回忆桥梁专家孙宝墀》，《江苏省南菁中学百年校庆专刊1882—1982》，1982年，第70—71页。

生发放可购物的奖券，"以示鼓励运动"。发奖的所有款项，竟然"由校长私人所出"。

此后在 1921 至 1922 年间，胡雨人又去往上海，在新成立的上海中法工学院担任中文教授，其子胡宪生从美国留学归来后也在该校担任英文教授。[①]

1924 年，宜兴中学创办，胡雨人虽已年近花甲，仍应聘出任第一任校长。后人如此回忆他在宜兴中学的教学情况："胡校长从一九二四年至二七年这三年任期内，督促教师教学认真，对学生更毫不马虎。每天晨间锻炼（他任期内学生一律寄宿），他总第一个在操场上等待学生来。他见到走路慢些或做操不认真的，操后立刻教育。他的无锡口音'慢慢里，一步一步……'，学生听了面红耳赤。他为了养成学生讲文明、礼貌的美德，除定期大扫除外，每天早操下来他总站在学生去自修室的要道口，接受学生的打招呼。有无视而过的同学，他马上叫去办公室询问理由。他风趣地说：'你喊了我胡校长，我也要含笑点点头，你又不吃亏。但是不招呼这就不对了，这是礼貌嘛！'从此学生每天第一次见了他或其他老师无有不先打招呼的。"[②]

通过组织旅行对青少年进行教育，这在欧美比较流行。胡雨人认为，远足和旅行"既益心知，又增足健"。1926 年 4 月，他率领宜兴中学全体师生数百人举行了一次春季徒步旅行，为时一周，走遍了宜兴南乡的山山水水。在旅行途中，师生们不仅考察地形、岩石矿物、生物、手工业生产和山居生活，还对数千年的古树也进行了细致的观察，甚至记录了岳飞系马古树留下勒痕的传言。全程七日，往返四百里。回校后，他撰写了《荆南旅行记》，指出："全校师生壮者、少者，经此锻炼，当然筋力大增，然而社会士夫习于苟安者以为用力过度，转虑学生身体受伤。敬告诸君，民食恐慌至此，今后坐享太平、不劳而获之福，不可复得。"可以看出，这又是一种寓有人文及科学内涵的旅行，其教育价值也是可以想象得到的。

胡雨人离校后，为纪念他为宜兴中学所作的贡献，校董会特在大操场西北角建五间带有露台的楼房，定名"雨人楼"。校董沙彦楷亲自撰写《胡雨人先生传略》碑文，勒石鸠工竖立在雨人楼墙壁中。史绍熙曾深情回忆："宜中学风蔚然。第一任校长是教育家胡雨人，胡雨人当校长三年分文不取，了不起。宜中有个雨人楼，就是纪念他的。"新中国成立后曾任清华大学校长、教育部部长蒋南

---

① 葛夫平主编：《中法文化教育合作事业研究 1912—1949》，上海书店出版社，2010 年，第 190—191 页。

② 冯凤璋、徐昕昕：《宜兴中学的片断回忆》，《宜兴文史资料》第 2 辑，1982 年，第 84 页。

翔也是当年受他教育的初中学生。

此外，胡雨人还积极参与民国初年的国语统一运动，曾提出了自己的字母注音方案，虽然当时众说纷纭，未被采纳，但是也为后来注音字母的推行贡献了自己的才智。

对于胡雨人一生的办学历程，时人如此总结："初设学校于家，课其子侄……。又与兄壹修创设胡氏公学，以教育同族及其邑人，亦颇著成绩，一邑从风。其所手创之学校，即清季之上海中等商业学堂、北京女子师范学堂（民国升格为女子高等师范、女子师范大学、国立女子大学）皆为空前之举。又如民国时代之江阴南菁学校、宜兴宜兴中学皆有特殊之建设。"[1] "清末民初，曾在江南京沪铁路沿线县市城镇，先后手创中学十余所，学风纯良，誉满全省，家乡父老，每一提及，莫不屈指推崇称道。"[2]

和其他教育家不同的是，胡雨人的教育贡献还在他更多担当了某种"开路人"的角色。他所出任各校校长等职，一般都是在学校开办之初，而一旦二三年后学校走向了正轨，正值蓬勃发展之际，他就会辞任，寻求新的机遇。这一方面是其性格使然，另一方面也是他不计较个人成就、甘为教育事业人梯品质的体现。

胡雨人今天为人所铭记的，除了他孜孜追求教育进步之外，还有他在水利建设上所作的贡献。

江南地区，港汊纵横，湖泊密布，向有水乡泽国之称。然而水利设施一旦失修失建，就会转变成祸害百姓的"水害"。在一生致力推进新学教育的同时，胡雨人始终把关注民生的目光聚焦于水利建设之上，为之鼓与呼。

早在1911年，胡雨人受聘于江淮水利测量局，勘察江淮地区的水文水利情况，"就清江（今淮阴、宿迁一带）附近百里观览访问，为调查之预备"[3]。为了搞好这次调查，他花费半年时间，五次出行，东奔西走，足迹踏遍了今天整个苏中、苏北等大部分县市以及安徽省灵璧等地，对古黄河、淮河、睢河、沂河以及洪泽湖等大小河湖的水流大小、走向、深浅、农作物等，进行实地勘查、走访乡民、目测笔记，同时对各地的经济、社会、民风等也进行大量记载。据此调查资料，他整理形成了《江淮水利调查笔记》（又名《辛亥水利调查笔记》）和

① 《胡雨人先生传略》，《人报》1935年9月29日。

② 任友三：《追念乡贤教育先进胡雨人先生》，《宜兴通讯》1990年第404期。

③ 胡雨人：《江淮水利调查笔记》，《胡雨人水利文集》，线装书局，2014年，第3页。

《沂、泗实测蓝图》，其中前者洋洋洒洒接近五万言，后者勘测图形科学而又准确，为后人留下了十分翔实的第一手资料。

"正前行，偶顾东方，陡见天空墨黑，俄而大风起，已到小卜集渡口，思欲渡河，风狂气噎，耳目尽塞，急走入一人家，见芦草屋盖，飞舞空中，旋见大雨倾盆而下，风雨交加。""路皆淤地，泥泞胶滞，步行推车，均极困难。""一路沙土易行，行十余里，逢淤地黏滞，甚难举步。又有细雨弥濛，几乎进退不得。""一路烂泥水洼相间，两车夫一推一挽，始得前行。""雇船拟沿湖周行，察省旧睢河、汴河等入湖诸口，不意湖中并无一船可雇，又遇大雨，沿湖泥涂，万不得行。""一车夫畏行路多难，诈病累日，本日辞去，行李并装一车，故格外难行。""余穿皮靴行，行至深处，泥入靴中，时陷于淖，则步不能起，行李车不能转动，勉行数里，雇人挽之，始得前行。通行大道，一至于此，此之谓行路难。"[1]从这些胡雨人在调查笔记中留下的文字，可见调查过程的艰难困苦。

更为惊险的是，一路北行，他还遭遇强盗劫掠，甚至连生命都受到危险。"行至距禅堂集半里处，忽闻枪声震耳，则盗劫集东大杨庄所放者也。前面已有数船停而不行，余所乘之船亦随之而停。余谓：'不进则退，断无停滞湖中坐待之理。'舟人云：'退走必至绘堂沟，始可停泊，现距日暮时不过一点钟，相隔十八里，逆风而行，无论如何，日间决不得到。此路夜行，本无不遭劫掠之理，是退亦无可生之路也。'约停半小时，又闻枪声连发，忽见多船扬帆而来，舟人曰：'盗船来矣！'即北向奔命而逃，行二三里，忽见盗船向西顺风而去，至不见帆影，乃复至禅堂集停泊。"[2]

对于家乡无锡的水利建设，胡雨人"尤引为己任"，倾注了更多的时间和精力。1920年11月，正是在胡雨人等人倡议下，无锡县水利研究会成立。第二年春，无锡淫雨成灾，农田淹没达30万亩以上，农产歉收，百业凋零。研究和治理无锡水、旱灾害，显得更加突出和重要。胡雨人东奔西走，勘察地形，测得无锡西北乡的地势高低不一，加以河流较少，因而一遇久雨，宣泄不畅，便有淹没之虞；久旱则太湖水流阻塞，而西北乡农田又首蒙其害。为此，他提出了拓宽西门桥桥洞的建议。

胡雨人认为，无锡全境南北上下游水流宣泄不畅，实由于西门桥的地理形势。西门桥架设在通湖要道梁溪河上游的护城河上，是运河入环城河经梁溪河通

---

① 胡雨人：《江淮水利调查笔记》，《胡雨人水利文集》，第3—61页。

② 胡雨人：《江淮水利调查笔记》，《胡雨人水利文集》，第57页。

向太湖的主要水道。西北乡水位增高，水量可经过运河、梁溪河向太湖排泄；而西北乡水量不足时，太湖湖水可经过梁溪河、运河通向无锡北乡内河，灌溉农田。这样一来，太湖之水可以形成吞吐之势，无论干旱或水灾，西北乡农田就不会受影响。但水量调节，都必须通过西门桥桥洞。当时的西门桥为单孔桥。木架为梁，桥面铺足六砖，可拾级而行。两座金山石砌桥墩，伸入河中，桥洞宽度仅二丈二尺（7.3米）。桥墩旁有邵姓民房，同样突出河中，侵占河道。西门桥桥洞狭小，宛如瓶颈，水流至此常遭梗阻。因此，桥南桥北水位高低悬殊，平时五六尺，高时盈丈。特别是梅雨季节，锡北内河暴涨，水流都汇此向太湖宣泄，受此狭小桥洞阻挡而难以顺畅。胡雨人建议将西门桥桥洞拓宽至与该处河身宽度相同的六丈五尺（20米），保证使南来北往水流畅通。

但是，胡雨人关于拓宽西门桥桥洞的建议，受到南乡部分士绅的反对。反对的主要理由是南乡河埒口一带有鱼池，放宽西门桥桥洞以后，水流过急，会淹没湖滨鱼池。邵姓房主更是对改桥横加阻挠，公然叫嚷要拖住胡雨人一同投河，闹得不可开交。无锡市总董薛南溟也以水利问题与城区无关，桥洞拓宽后水流加速，容易导致北乡旱灾，以及西门桥下有邵姓孤儿寡妇依靠该处房屋为生，不能不顾等"理由"反对胡雨人的建议。水利研究会的十个城区籍士绅也一致起来反对。结果，胡雨人的建议在水利研究会上以两票之差被否决。会上提出了一个折中方案，即在拓宽西门桥桥洞时，改设两个桥洞，一个宽四丈三尺（15米），以通水流；另一个宽二丈二尺（5米），用砖石砌墙堵塞，借以保持邵姓房屋。

对于这种不彻底的解决办法，胡雨人再次进行了据理力争。他先后撰写了《致水利研究会城绅书》和《致全邑父老昆季的公开信》，痛斥这些城绅："向闻人言，城绅收租，并不问田之荒熟，但视佃户之尚有饭吃者，即族使虎狼之差，生敲活剥，必令其完纳而后已。故水、旱之灾，决与城绅无关，岂其然耶？"又说："十先生……，皆于正式审查报告确主六丈五尺，且亲手签印者也。……今何不幸，其见城绅全体一致，决陷乡人死地而不恤也。""本届开会，十先生全到，不缺一人，从来未有之盛举也。以如此盛举，结如此恶果，一旦悔之不及，能无抱痛于心耶？"胡雨人陈述无锡水涝情况时说："（北乡农田）被害于西门桥，荒歉的估计，至少在二十万亩以上，姑以此数计之，桥上下游水位持久地相差三尺以上，所以栏高一寸，灾田一万，放平一寸，救田一万。如果西门桥只许开到四丈三尺，至多放平四分之一，获救者五万亩耳！此外被淹十五万亩之农民依然号哭震天……小镇穷乡，永无安枕之日矣。"胡雨人在批评所谓照顾邵姓孤儿寡妇之说时指出："范文正公不云乎，一家哭何如一路哭也，况有钱给予，一样可以生活耶！若为保此一家而使数十万亩之地旱涝相寻，酿灾不已，孤人之子，寡人之妻，独人父母，永永无极。一邵姓孤寡何其贵，千万亿兆之乡农孤寡何其贱也！"[1]

1934年，即西门桥改建后10年，无锡又遭遇严重旱灾，北乡河道干涸，禾苗枯萎，几濒绝境，急盼太湖水内流济急。当时的市政建设当局调集了几十部戽水机，在运河通向内河处临时筑起大坝，将运河水昼夜戽进内河，太湖水急遽地流进运河。但湖水流经西门桥下时，仅靠西门桥15米跨度的桥洞过水，大感不足。在这紧要时刻，市政建设当局作出决断，凿通原被堵塞的小桥洞。同时作价拆除桥堍旁的邵姓房屋。至此，西北乡数十万亩农田得救。此时，胡雨人已经逝世六年，未竟之志亦终于得以实现。

对长江、太湖水流和无锡农田水利的关系，胡雨人早在《江淮水利调查笔记》中就已指出："吾邑介于大江、太湖之间，水流南北无定，而由江入湖之日较多，盖江微高于湖也。江水暴涨，在湘、鄂上游屡遭巨患，而吾邑无闻，固因江面较广，亦以多数支河，分流入湖也。太湖四周，山岳平原之水，无不归壑。湖水暴涨，而吾邑为患甚鲜者，固因下流畅行入海，亦以多数支流分流入江也。一路询之居民，自光绪三十二年至今，滨湖之田淹没固多，然勤力者加筑高堤以御之，由此保全，亦复不少。以太湖之巨浪滔天，轰涛澎湃而堤岸不患坍倒者，则以芦苇捍御之力甚大，浪过其间，立即静定故也。芦苇秆大且坚韧，其深入水中，可丈四五尺，任何暴涨，必能冒水上升，其生长力之速率，无可伦比，真湖滨天然之保障哉。今年（按：1911年）二、六月中，江水巨涨，湘、鄂、江、皖沿江低地，无处不灾。而吾锡为著名之低乡，乃竟安然无恙，直至七月初四、初五日，四周之水早已涨足，而一夜之倾盆大雨，更无所归，始见水祸；然而圩岸高者，仍无恙也。水道、堤岸之可贵如此。有脑筋、有手足者，奈何不与天行奋战而束手待毙也。"[2]

此后，在登山涉水、实地视察的基础上，胡雨人为无锡水利建设更是殚精竭虑，提出了许多中肯的建议和意见。1919年底，他在《无锡江阴合浚太湖长江间大运河刍议》中提出建议："大浚江阴黄田港，循江阴运河直抵无锡太湖，作沟通江湖之孔道。"[3]1920年，他在致太湖水利局督办王清穆、会办陶葆廉《论

① 华晋吉：《无锡近代教育家、水利专家胡雨人》，《无锡文史资料》第15辑，1986年，第127页。

② 胡雨人：《江淮水利调查笔记》，《胡雨人水利文集》，第7页。

③ 胡雨人：《无锡江阴合浚太湖长江间大运河刍议》，《胡雨人水利文集》，第65—67页。

太湖中游书》中指出："此河既为中游之一大干河，与全湖流域有至重至要之关联。……为此敬请于中央部局派来专门技师会同洋工程顾问察勘洳溇诸要工时，并此黄田港、夏港建闸事宜一体详细察勘，确定稳固计划，俾将来得以根据施行。"①《无锡县志》对开凿锡澄运河之事也有记载："民国九年，邑人水利学家胡雨人提出以锡澄运河为主干，包括通长江的黄田港、夏港及通太湖的梁溪河、曹蠡河等河道，统一规划，拓宽浚深，裁直河道，置以新闸，沟通江湖之水，引排得畅，既解锡、澄、武有关地区的旱涝灾害，又能便利交通，振兴实业，繁荣经济。经江南水利局勘查认可，制订工程计划，省府备加赞许，但因筹款无着而未实施。"②1923年4月，身为无锡县水利研究会调查员的胡雨人，写了《无锡全县救治旱潦之计划书》，提出了治标和治本两种方案。治标方案，先将运河与太湖相通的河港（直湖港、梁溪、大溪、沙墩港四条水系）渐次开通，使内涝之水可急速流入太湖；治本方案，把运河与长江相通的河港（伯渎、兴塘、盛塘河、羊尖河、大河五条水系）渐次拓浚，使白茆河成为水流入江要道。③1926年，胡雨人公开发表《论湖田浚垦兼施之利害书》，建议太湖流域实行"浚垦兼施"，则"既可增旧地之收成，又可得新地之巨，获有百利而无一害"。④

胡雨人不仅仅停留在"说"，更致力于"做"。对于地方当局在水利上的不作为，他往往会拍案而起。1922年，经胡雨人提议，无锡县议会议决带征附税，用作救灾工费，但无锡县知事拖延搁置，并不执行。眼见工期将至，胡雨人心生焦急，直接上书，请求"省长令行无锡县知事速即公布带征冬漕俾今冬得实行救灾工程"。省长公署回函，要求无锡县依法酌核办理。1924年夏天，江南大雨，沿江大小港口因为无节制的垦殖，淤塞十余里，水流不畅，导致无锡、江阴、常熟等地水灾横生，胡雨人建议开凿沿江横套，以求补救，而在江边从事垦殖业务的福利公司自应承担工程经费，但该公司对此不加理睬，耿直的胡雨人再次上书省长。省长公署发出训令，要求有关部门向福利公司催讨工程经费。

1921年，在江南水利史上是一个值得大书特书的年份。因为这一年，发生了一场著名的论争，江南地区几乎所有的水利贤达都名列其间，影响广泛而又深远。而论争正是由胡雨人所发起的，并成为一方观点的"主将"。事因是新成立

①　胡雨人：《论太湖中游书》，《胡雨人水利文集》，第65—67页。

②　谈汗人：《无锡县志》，上海社会科学院出版社，1994年，第259页。

③　胡雨人：《无锡全县救治旱潦之计划书》，《胡雨人水利文集》，第78—90页。

④　胡雨人：《论湖田浚垦兼施之利害书》，《胡雨人水利文集》，第91—92页。

的官方机构太湖水利工程局制订了《太湖上下游水利工程预拟计划大纲》，对民国之初江南水利工程做了规划。根据该大纲，江南水利工程大致分为三个时期：第一期浚泖（泖湖）、浚溇（溇港）、测湖（太湖）、测苕（苕溪），第二期浚湖及续行浚溇，第三期遍行平面测量及再续浚溇。太湖水利工程局致函民间组织江浙水利联合委员会征求意见。该联合委员会立即召集部分民间水利事业领袖及地方士绅代表作为审查员，开展实地勘查。他们对上述计划大纲显然很难认同，提出了许多批评和质疑，认为"浚泖不可行""浚溇宜择要即行""测湖宜缓行""浚湖大计决不可行"。同时，他们提出了疏浚白茆河，使其成为太湖下游排水干流，同时开拓上游的入湖河道，以达到南北两方蓄泄并济的治理效果。该报告由胡雨人主持编撰。

　　见到江浙水利联合委员会的意见书后，时任江南水利局测量所主任兼太湖局秘书的庞树典，两度致书胡雨人，坚持原有的"浚泖计划"，胡雨人撰书予以批驳，声称"分治下游各干河，与浚泖浚湖之梦幻计划，势不两立"，"浚泖分干有利无害，浚泖合流有害无利"。在胡雨人看来，一则"浚泖之害决非仅糜金钱四五十万而止"，根据调查，泖底十分坚硬，"如果坚持浚泖，那这一工程将无可预算，反观两年来的江南水利局施工之难，以后糜金之无尽也可知。无限之金钱，以贾此无穷之大祸耶"；二则"淀泖上游研求鬯宣速泄之方"，最好的措施在于上游来水分归五大干河入江，如果仍使集注淀泖一途，"则壅塞而已，宣泄且无可言，宁论其鬯速也"。

今人编著的《胡雨人水利文集》书影

太湖水利工程局工程计划书由局秘书金天翮负责起草，因而胡雨人与他之间的这个论争更为全面，也更为激烈。两人从江潮的涨落、港闸的设置、工程的宗旨以及建设的缓急，相互予以批驳。胡雨人尖锐地指出："以金君之执迷不悟，在局一日，虚糜金钱一日，糜金愈钜，沉溺愈深，挽救愈穷，是名为太湖水利局，实为太湖水害局矣。"金天翮所拟工程人员编制经费预算，更受胡雨人的讥评："如此巨费挖之，挖金乎？挖土乎？"

　　身为太湖水利工程局督办的王清穆，看了联合委员会的报告书后，也特别提出了他对于黄浦水利问题的意见，肯定了太湖水利工程局的计划。这令胡雨人十分不满。胡雨人给王清穆的回函中，提出了尖锐的批评，反对这么做，更指责王清穆："公督办太湖，全国官衙无有如是之切近者，果自认对此生命田产，有保护之责，则当外对洋人详悉熟商，内对政府切实建议，以求救济之方，若自愿无此权力，不能与争，并不能为政府助力，则更当速将其他下游入江各要港，一一广开，庶几稍有济乎！"如果这样，那么"太湖局尚欲浚泖浚湖以求畅泄，则梦中之梦，更不待言矣"。他警告王清穆，听任别人算弄，小心后人的千秋唾骂。

胡雨人此言，似乎激怒了王清穆，太湖水利工程局印发胡雨人的文章，向更广范围征求意见，"胡君之书，快一时之笔舌而不顾其后"。胡雨人与王清穆两人之间的矛盾与冲突，成为双方的"终极之战"。王清穆多次发出公开信，表明观点，而胡雨人同样连发《复王督办》《再复王督办》《三复王督办》《王督办答客问释误》等文章，坚持己见。

到论争后期，胡雨人又撰写了《关于民国十年水灾后调查报告》，洋洋洒洒两三万言，对整个论争观点进行了总结。①

这场爆发于"官""民"之间的论争，空前激烈，双方来来往往十数回合，论战"檄文"累牍连篇，其中仅胡雨人与对方的论争文章有近30篇之多。在此，对于双方观点的正确与否，今天的人们仍然难以遽下结论，但胡雨人敢于抵制权威、追求科学真理的精神，值得后人钦佩和尊重，而以王清穆为代表的官方组织，对于来自民间人士的不同意见，并没有刻意予以压制，反而努力营造某种讨论的气氛，同样值得赞许。

身处新旧社会交替的阵痛时期，胡雨人的所作所为，无不彰显了中国传统知识分子固有的性格特征，那就是直言不讳、不畏权威。

清末时期，民众尚未开化，赌博现象普遍。胡雨人在街镇茶馆里不断演讲，宣传赌博的危害性，"祁寒暑雨，亦必今晨迄暮，奔走劝诫，不肯少休"，"虽舌疲唇焦，亦不为之稍倦"。如果有赌博之事被他发觉，则"收其赌具，或投之于河，或弃之于火，虽集怨于乡人，不顾也"。经过他这样屡次查究，赌博之事逐渐减少，"茶馆酒肆之间，咸能阒然寂然，不复如曩日之扰攘喧哗矣"。当时就有人"深佩君之卓行"，撰文《记胡雨人禁赌事》以记其事。②

对于官府的苛捐杂税，横征暴敛，胡雨人同样不能容忍。无锡北乡进出水道，必须经过普济桥，桥旁设有厘卡，向过往船只收取厘税，但"司事者每藉以

① 关于这场论争，可参见陆阳、胡杰编《胡雨人水利文集》，第120—220页。
② 范豪：《记胡雨人禁赌事》，《锡秀》1920年第三卷第二号。

留难客商，勒索诈取"，"客商乡民，无如之何，任其而已"。一日，胡雨人夜间乘船返乡，途经普济桥，精彩的一幕上演了："卡所守卒喝令停船。舟子遵令靠岸，而无人上船验货，初以为公务忙碌故也。姑待之，至十一时，犹无消息。先生不能耐，即上岸直入卡所找寻验货人员，焉知此辈公务员正在雀战。先生睹此情形，不禁大怒，申斥曰：'尔辈公务员竟在此赌博，尔知我等已等待一时余乎？如此细微粮船，喝令停船，不询问，不验货，留难羁时，诚岂有此理？'言已雀台为之翻身，卡中上下人员见此布衣乡曲，竟敢在此大闹，遂随传令士警捆缚。"胡雨人随即用电话告知无锡县知事，知事赶到现场，当即赔礼。胡雨人要求县府从此对于"装载少数十石廿石粮食船只之经过厘卡者，请勿处之留难"，县知事立即允应照办。经此胡雨人一"闹"，北乡粮食船只通过关卡时通畅无误。地方报纸为此专门撰文记录此事，称"先生功德固不可没也"。①另据后人的回忆文章，胡雨人还支持农民冲击黄埠墩关卡。有次，胡雨人乘船经过黄埠墩，按例靠岸接受检查。"胡先生在船中想，靠岸受检也是可以的，就动员农民靠船上岸等候检查。不料检查人员上船检查时，把船中东西东翻西丢，翻得个七零八落，而且向农民进行勒索，讨价还价，双方各有争执。先生挺身而出，晓以大义，指出苛捐杂税危害人民利益。那检查人员不认识这位先生，还是要勒索。一起上岸的农民这时光火了，雨人先生也有些生气了，就对同船人说，打掉这个关卡，使路过船只不受苛捐杂税之苦。于是拳打脚踢，打进了关卡大门。先生就对关卡人员说：'有什么事，到北乡来找我，我叫胡雨人。'这样几句话，吓破了关卡人员的胆，他们一听说是胡雨人，马上道歉请罪，连声说'对不起，对不起'以了事。"②

正因为他为人正直，疾恶如仇，好打不平，敢作敢为，加之在兄弟中排行第二，人们称呼他为"戆头二先生"。

即使到了晚年，胡雨人这种但求曲直、不问私情的耿直性格也没有改变。1920年太湖水利工程局成立之时，计划聘请胡雨人为顾问，并邀请他前往苏州参加开幕礼。但胡雨人得知太湖水利工程局职员人浮于事、浪费钱财，不由感叹："均民众之金钱以从事，而可自居于不为人信之地位耶？"他致函水利局，退回聘书，婉拒出席开幕礼。地方报纸对此举评论道："痛陈当时主持水利官

---

① 《胡雨人大闹厘卡》，《人报》1935年9月19日。

② 胡琰：《胡雨人先生轶事》，无锡县政协文史资料研究委员会：《无锡县文史资料》第1辑，第127—128页

员，应予改革各点，字里行间，先
生之精神毅力，活跃纸上。"①1924
年，西门桥改建工程完工。但改建方
案并未完全采纳胡雨人的正确建议，
所以在镌刻纪念碑文时，胡雨人竭力
反对把他的姓名刻上去。

1928 年初，胡雨人因肺病逝世，
终年 61 岁。逝世后，其门生故旧募
资为之竖立铜像。当时对于在何处竖
立铜像，一时有故乡村前和太湖湖滨

2015 年胡雨人铜像迁移故里仪式

两个方案，邑报屡有报道，最终遵从家属意见竖立于村前公园。1935 年，铜像
揭幕。胡雨人铜像，面容和蔼可亲，面戴玳瑁眼镜，右手执大礼帽，左手执所著
水利巨著，两眼注视远方，栩栩如生。同窗好友吴稚晖在《胡先生像石记》中称
赞胡雨人"于古今学术，无不深窥；于中外世变，无所不洞悉；于捍卫乡里栽植
后进之事，无不蹈厉奋进以自任"，"先生固非一方之士，乃天下之士也"。这
尊铜像，与南京孙中山铜像一起，成为当时全省仅有的两座立像。"文革"期
间，铜像不幸被毁。直至 1994 年，胡雨人铜像复立于吴文化公园。为了尊重历
史，2015 年胡雨人铜像重新迁移至故里。

胡雨人，原名尔霖，而以字"雨人"行世。"雨人"兼有教化、润物的含
义，而他一生的主要贡献有两个：兴办教育和治理水利，于是，"雨人"两字恰
好成为他一生的写照。

---

① 胡雨人：《致杨仁山先生论太湖水利》，《锡报》1935 年 9 月 30 日。

第三章　南洋公学的"胡家班"

　　1895 年，是光绪二十一年，是农历甲午年。清政府在中日甲午战争中惨败，被迫签订《马关条约》，割让辽东半岛（后因国际干涉而未能得逞）、台湾岛及其附属岛屿、澎湖列岛，并且赔款白银两万万两。中华民族受到空前震动，"科教兴国"思潮开始涌动兴起。兴学育才、富国强兵，成为有识之士的强烈呼声，"废科举，兴学堂"成为社会潮流。最黑暗的噩梦过后，光明终将来临。

明信片上的南洋公学校门

　　甲午战争的两年后，也就是 1897 年，一所日后在中国教育史上赫赫有名的大学在上海西南徐家汇创办，这就是南洋公学（今天上海交通大学前身）。公学由盛宣怀奏请设立。其时他任督办铁路大臣（驻上海），兼管轮船招商局及电报局。按他的说法，"西国以学堂经费半由商民所捐半由官助者为公学，今上海学堂之设，常费皆招商、电报两局众商所捐，故定名曰南洋公学"。南洋公学所有学生都不纳学膳费，且月有奖金以资鼓励。按照规划，学校分立师范院、外院、中院、上院四院，其中外、中、上院为逐级递进，分别相当于今天的小学教育、中学教育和大学教育。上院毕业，择优异者咨送出洋，就学于各国大学。当年二月，师范院先行设立，举行第一次招生考试。半年多后的秋间，外院接着对外招生。

　　外院首次招生之时，虚龄 12 岁的胡敦复告别故乡无锡来到上海，应试南洋公学，顺利被录取。胡敦复自述："至光绪丁酉，吾年十二，南洋公学开办，即令考入肄业焉。"[①] 首批外院生共有 120 名，年龄都在 8 至 18 岁之间。这批学生

---

　　① 胡敦复：《胡壹修先生行述》，《胡氏家谱（村前版）》，1998 年，第 175 页。

入学后，按中、英文程度分大、中、小三班，每班再分正、次两级，从低到高依次递升，计有六班。胡敦复因成绩名列前茅，被分在次大班。

外院生每日上课六小时，上午三小时为中文课，分为地理、历史、读文，由师范生轮流执教；下午三小时为西文、西学课，分为英文文法、读本及笔算，由师范院教师兼教。此外，还设有绘画等课程。每班配有一名学监，由师范生兼任，对学生上课、自习、用餐、就寝都有严格的管理。公学章程规定："外院生考取进院试业两月，去其不可教者，质性可造者给予外院生肄业据。"所有中西各门课程均于每月月终考试一次，分门出榜，成绩较优者发给奖银。每周一、三、五下午课后，全体学生须更换操衣做体操；二、四、六课后则在操场上自由运动。学生均寄宿校内，作息都有严格规定，衣食住及学杂费（如课本、笔墨纸张、操衣等）均由学校供给，剃头理发、沐浴洗衣亦都依次排定，一律免费。在校时不得出校门一步，节假日须凭家长来信，经学监核准后发给出门证得以外出归家，并于当日午后六时前返校。[1]1898年三月，南洋公学根据学生中西功课月考和平时成绩，对外院各班学生首次排定名次，对名列前茅者给予奖励，并发榜公布。在这个月的评定中，胡敦复在次大班学生中中学（即国学）名列第一，英文名列第三，数学名列第六，共得奖洋一元三角。[2]

胡敦复入学南洋公学的第二年，也就是1898年，时年31岁的叔父胡雨人也进入公学师范院，成为师范院第二届学生。公学师范院的办学规模并不大，前三期共录取学生不到40名，大多是举人和廪、贡、监生。胡雨人就在1889年21岁之时考取秀才功名。这三期学生中，有日后成为国民党元老的吴稚晖、钮永建，辛亥先烈白毓岷，北洋政坛风云人物雷奋、汪作霖、张一鹏，外交人员许士熊、章宗祥，法学家、经济学家章宗元，明史专家孟森，地理学家张相文、近代教育先驱白作霖、汪有龄、沈庆鸿、陆尔奎、吴馨、杨志洵、王植善、陈懋治、侯鸿鉴、潘灏芬，等等，可谓人才济济。

胡雨人

此时，清政府在国内权威日益下降，开始通过变法试图挽救其统治。在课余，胡雨人常与同班同学吴稚晖商议当时清廷所推行的变法，说"变法就是保存

---

① 上海交通大学校史编纂委员会编：《上海交通大学纪事1896—2005》上，上海交通大学出版社，2006年，第8页。

② 上海交通大学校史编纂委员会编：《上海交通大学纪事1896—2005》上，第9页。

这条辫子"。① 吴稚晖是江苏武进人氏，但在无锡度过了自己的少年时光。由于志趣相同，胡雨人与吴稚晖保持了一生的友谊。

比外院高一层次的是中院，相当于中学堂，开设于 1898 年 4 月。至此，南洋公学作为一所由小学、中学、师范组成的新式学堂已经初具规模。中院创办伊始，从外院的大班、次大班中挑选"中文已明顺，西文、算学略涉初阶"的学生 20 名，升入中院。胡敦复名列其中，这样他在外院度过半年时光就升入了中院。②

升入中院后，胡敦复依然是奖励榜上的"名人"。在 1899 年 4 月的首次奖励中，胡敦复成绩名列中院第二名，得奖洋二元。第二个月，胡敦复则名列中院第一名，得奖洋三元。到了 6 月，总理何嗣焜对全校学生进行德行方面的评定，列榜者计 140 人，胡敦复名列中院四班第一名。当然，胡敦复也有"不优秀"的时候：有一次，他在月考中高居榜首，却因顽皮犯错被降为第四名，奖银被减至一元，以示惩罚。还有一次，他又与杨姓和张姓两同学因不满宿监朱教习过于严格管束而有不敬之语，结果三人被记大过。③

其时，中院、外院教习皆由师范生兼充，胡雨人担任外院文课教习，"半日读书，半日教授"。曾任南洋公学译书院主事，并代理公学总理的张元济，日后撰写了《追溯四十九年前今日之交通大学》的回忆文章，胡雨人就在学校"中文教习"之列。胡敦复所在中院四班的文课，由钮永建担当教习。有一次，钮永建因事离校，由吴稚晖暂代。吴稚晖在为学生讲解严复所译《原富》时，见学生手翻目检，颇为麻烦，于是提出"会讲"方法，让学生在教室轮讲，讲者先后继之，听者环而坐之，倘若讲演含糊，尚可质疑，由此集全班智慧，人人开智受益。这种教学方法对当时的中国学校教育是完全崭新的，吴稚晖称之为"群智会"。鉴于四班生中文缺少条理，吴稚晖又发起"辩驳会"。1964 年，中国国民党史史料编纂会在台湾出版《吴敬恒先生传记》，其中就有这样的记载："稚老于戊戌年到南洋公学任学长，月薪四十两。先生提倡群智会，行学生在教堂轮讲制，学生中有章宗祥、胡敦复、曾镕甫、李福基等。"依吴氏自己的回忆，当时四班学生中尚有两位来自村前胡氏的子弟——胡壮猷、胡克猷。他们是村前胡氏第三十世孙，系同一祖父的同门兄弟。在吴稚晖看来，此二生皆为"堪司讲之人"，担任了"两会"的主讲者。"有解说不明一条，杨德森不肯假借寻常解。

---

① 上海交通大学校史编纂委员会编：《上海交通大学纪事 1896—2005》上，第 11 页。

② 上海交通大学校史编纂委员会编：《上海交通大学纪事 1896—2005》上，第 10 页。

③ 上海交通大学校史编纂委员会编：《上海交通大学纪事 1896—2005》上，第 14 页。

胡克猷复发难，邀胡炳解之，不甚帖服"。[1] 胡炳，就是胡敦复。

今天查阅南洋公学校史资料，在胡敦复 1897 年升入中院的外院学生名单之中，并无胡壮猷、胡克猷这一双堂兄弟的名字。在此我们不妨推测，他们可能是在当年投考进入外院的。胡氏一门，三位俊彦同聚公学中院，实属罕见。

1899 年 1 月 2 日，南洋公学首批派师范生章宗祥、雷奋及中院生杨荫杭、富士英、杨廷栋、胡礽泰六人留学日本，即日起程。这是南洋公学派遣留学生的开始。1901 年夏，杨荫杭乘暑假之际回家乡聚集同志，创设励志学会和理化会。理化会是无锡第一所引进自然科学教育的专门学校，胡雨人和钱锺书父叔钱基博、钱基厚、杨荫杭之妹杨荫榆都是该会学员，领当时"教育救国""科学救国"之时代新风尚。到 1902 年 8 月，在早稻田大学学习的雷奋、杨荫杭、杨廷栋三人未及毕业，即应学校之邀回国，在公学译书院内从事翻译日本政治、经济书籍。杨荫杭，是为杨绛之父。

中院早期的学生较少，毕业时间不定。1901 年 7 月，有六名学生毕业，是为南洋公学中院首届毕业生，此后中院逐年举行毕业。其中的胡振平就来自村前胡氏。

胡振平，谱名宝先，名钟英，村前胡氏三十世孙。从校史资料分析，他与壮猷、克猷兄弟一样可能是从外校投考进入中院的。

依照《南洋公学章程》，中院毕业生应"递升上院"，四年学成后，学校再择优资送出洋留学。由于经费浩繁、生源不足，校方请求缓办上院。对于六位中院毕业生的出路，校方称他们是"公学一时之杰出"，"志气远大，不安小成，每以不得出洋游学为憾"，建议选派其中品学兼优者前往英国留学，以解决上院缓办后中院生的求学问题。当时资派学生出洋，耗资不菲，通常每人每年耗银两千余两，如以四年为期，培养一人得需万两白银。南洋公学岁入经费也不过银十万两，然而，公学督办盛宣怀认为，学生必须出洋游历，专门学习，才能窥得西学的精要，用其所长，补我所短。清政府允准分批选派南洋公学及天津头等学堂高等学生出洋留学，其中南洋公学中院毕业生李复几（福基）、胡振平、曾宗鉴、赵兴昌四人留学英国。

---

① 吴稚晖：《群智会纪事》，《吴稚晖全集》卷 13，九州出版社，2013 年，第 143—144 页。

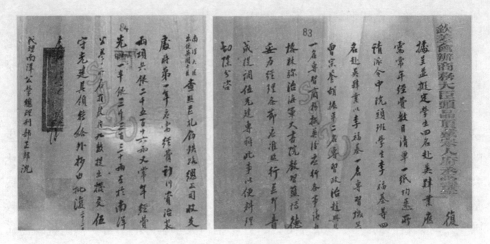

1901年10月4日，南洋公学督办盛宣怀就李复几等四生
赴英留学事宜复南洋公学代总理沈曾植

　　1901年10月12日，这些学生从上海出发，踏上了留学英国的旅程。[①]到达
伦敦后，按照原先的计划，在伦敦国王学院（King's College）学习语言一个月
后，分别进入不同的大学。曾宗鉴入剑桥大学学法律，其余三人在伦敦大学，胡
振平学政治，李复几学机器，赵兴昌学管理银行、铁路及理财。

　　1905年，留学四年期限已至。胡振平在伦敦大学财政科毕业，并随即回国。
而同一年出洋的李复几呈请盛宣怀延期两年继续在德国留学。在波恩大学艺术系
自然科学专业，李复几师从著名物理学家、大气中氦的发现者凯瑟尔从事光谱学
研究，至1907年1月顺利毕业，获得物理学博士学位，论文题目是《关于勒纳
碱金属光谱理论的分光镜实验研究》，白寿彝主编的《中国通史》（12卷本）
认为这篇论文很可能是"我国最早的物理学论文"。这样，李复几就成为目前公
认的中国第一位物理学博士。11年后，胡刚复在美国哈佛大学获得物理学博士
学位，是为中国第三位物理学博士。

　　在英国期间的胡振平，得到了驻英公使张德彝的赏识。毕业后的胡振平，
于同年随张德彝回国，被盛宣怀派往上海通商银行任副总经理，并调往商部佐理
商标事务。1906年10月，清学部与外务部共同颁布《考验游学毕业生章程》，
确定留学生考验每年举行一次，每次考试两场，一为毕业文凭所注明之学科，一
为中文、外文；考卷评阅、复校后，分列最优、优、中三等。最优等给予进士出
身，优、中等给予举人出身，并加某学科字样。此后，考验归国留学生并"给出

---

　　① 章开沅、余子侠主编：《中国人留学史》（上），社会科学出版社，2013年，第138页。

身"遂成定制。1906年10月，25岁的胡振平去往北京参加了清政府组织的游学毕业生考试。结果，胡振平考试得了67分，获中等第五名，赏给法政科举人。[①]

关于那次考试的情形，同场参考的同为留英学生的李方有这样的回忆："考试由学部主持，名目为考验游学各国毕业生。与考的人都会齐了，试题都是分别发给，人各不同。因为留学生所去的国度不同，所学的也不同，试题没法不是这样发给的呢。我是学法律的，第一天的试题就是关于法律的试题。第二天的考题，却是一篇普通论文。在这一回考试里，汉文的文章不一定要做，很通融。考试后发榜了，我去看榜时，却发现我名列在最优等，而且是第六名，我不觉笑了。放榜以后，光绪皇帝曾在颐和园召见我们，我们几个熟朋友，就都高兴着去'见皇帝'。（见过皇帝之后），我们一班人都想留个纪念，合拍一照，可是大家都是没有辫子的了，我们的辫子大都是假装的。此后，各人便被派到各处任事。……"

在上海通商银行，胡振平并没有发挥出自己的才能。1908年初，上海通商银行致电盛宣怀请示数事，其中提及："胡振平在此无甚要事，可否自明正起辞退，候电谕遵。"盛宣怀回电："来电所云胡振平无要事，明正辞退，望即嘱其另行觅事。"[②]此后，胡振平进入外交部任职。1913年，胡振平任中华民国驻墨西哥使馆三等秘书官，1914年4月升任二等秘书官，"代办使事"，到1917年8月卸职。[③]1921年11月12日到1922年2月6日，太平洋会议在华盛顿召开，美、英、法、意、日、葡、比、荷、中九国派出代表与会。会议内容表面上是讨论限制海军军备和远东、太平洋问题，实际上是美、日争霸远东及中国的斗争。北洋政府外交部的一干办事人员大多被外交总长颜惠庆派任职务，胡振平"兼充筹备员"。[④]1921年5月6日，北京政府公布《修正官制草案》，外交部添设条约司，原编译处裁撤，外交总长颜惠庆任命胡振平为条约司帮办。[⑤]

1901年，张元济代理南洋公学总理，与吴稚晖意见不合，爆发矛盾。吴稚晖遂请求学堂补助旅费，东渡日本进入东京高等师范学校求学。胡雨人与吴"同

① 安树芬、彭诗琅主编：《中华教育通史》第6卷，京华出版社，2010年，第1329页。王学珍、张万仓编：《北京高等教育文献资料选编1861—1948》，首都师范大学出版社，2004年，第215页。

② 陈旭麓、顾廷龙、汪熙主编：《盛宣怀档案资料第6卷中国通商银行》，上海人民出版社，2016年，第674页。

③ 徐友春主编：《民国人物大辞典》，河北人民出版社，1991年，第1755页。

④ 章伯锋主编：《北洋军阀1912—1928》第4卷，武汉出版社，1990年，第607页。

⑤ 《中华民国史事纪要（初稿）——中华民国十年正月至六月》，1980年，第433页。

进退"，也离开了南洋公学，进入日本弘文学院就读一年速成师范科。

留学日本后，胡雨人对日本注重女生教学之举甚为推崇，说："吾国非多派女生出洋留学，不足于强国。"在他的提议下，第二年7月，乘着吴稚晖回国后再度赴日之际，胡壹修亲送胡彬夏与华桂馨（胡敦复聘妻）与吴稚晖同轮前往日本。胡敦复回忆："时先叔游学东瀛，观彼邦女教之发达，因有令吾家女子赴东京就学之议。先严遂于壬寅五月，亲送彬夏及吾聘妻华桂馨女士入东京实践女学校肄业。"[①]那一年，华桂馨17岁，胡彬夏14岁。

此次吴稚晖再度去日，随行的有一众江浙的青年学生，其中八位女生颇为"吸人眼球"。除了华桂馨、胡彬夏，其他六位女生是谁呢？《选报》1902年7月5日第21期一则有关吴稚晖赴日的信息附录了完整名单。她们分别是曹汝锦（曹汝霖二妹）、陈彦安（章宗祥夫人）、周佩珍、俞文婉、吴芙和冯元赛。吴芙和冯元赛是吴稚晖的女儿和外甥女。八位女生中，年龄最大的是曹汝锦，时年25岁，与丈夫、幼儿同行；最小的是俞文婉，只有9岁。

日本实践女子学校由日本著名女教育家下田歌子创立。该校专门为中国女留学生开设"清国女子速成班"，并配置专任教师，还在学校内设置了留学生部，以专门管理留学生事务。根据《清国女子速成科规定》，中国女留学生的课程分为本科和特别科两种，而特别科则为师范速成科和工艺速成科。因为没有史料明确记载胡彬夏所入何种班级学习，根据胡当时年龄较小，以及其家族教育世家的特点，推测其为进入速成师范科学习。

留日女生合影（前排左一为胡彬夏，前排中间为下田歌子）

下田歌子为拉近两国距离，在对留学生的授课过程中十分强调中日两国道德之根本，即"忠孝"，从而说明妇德的重要性以及女性的家政责任等等。据胡彬夏回忆，当时她年龄尚小，不懂家政等对女性的意义，每每听到下田歌子老师有

---

① 胡敦复：《胡壹修先生行述》，《胡氏宗谱（村前版）》，第176页。

关"贤母良妻"的字眼时，便"掩耳而走"①。而更多情况下，胡彬夏还是对下田歌子持敬仰态度。下田歌子同时也是一位女性解放的倡导者，强调女性发展的重要性。她认为，"大凡一国之女学优越，其男学也必优越。何也？是谓母之教也。一国之女性身体强健，其男性必身体强健，何也？是谓母之种也"②，反对中国传统的缠足等陋习，并提倡通过创办"女学会、女学报以及女学校"等方式进行宣传"女国民"的国家主义教育。

胡彬夏性格耿直，疾恶如仇，在日本期间已经表露无遗。她曾见闻清朝所派遣的学生监督员姚文敷玷污有夫之妇的劣迹，便撰稿指责该监督员不但不尽职于教导学生，且"自玷品行，使学生引为口实"③，为国人一大耻辱。此时胡彬夏不过十四五岁，小小年纪就表现出极强的责任心，多为对胡氏家族淳朴、正义的家风的传承，并影响了她的一生。

尽管胡彬夏在日本求学不足两年，但在这期间，胡彬夏除了学习更多的新学知识以外，更重要的是她的女性解放意识开始觉醒，并逐步付诸实践，为其日后形成女子教育思想、开展女子教育实践积累了宝贵的经验。

1902 年夏，毕业在即的胡雨人遇到了著名的"成城入学事件"。当时，来自江苏、江西、浙江三省的自费生钮瑗等九人要求进入成城学校学习武备。依据清政府和校方协定，必须由驻日公使保送方准入学。但驻日公使蔡钧峻拒咨送。适逢吴稚晖东渡求学，闻听后出面为这些学生代为向公使请求，胡雨人等也愿担任"保证人"。当时，京师大学堂总教习吴汝纶正在日本考察学务。吴稚晖请吴汝纶代为通融，但蔡钧仍坚不允保送。7 月 19 日（农历六月二十五日），吴稚晖带着欲入成城学校的学生以及胡雨人等一众人物拜访吴汝纶，后又前往使馆与蔡钧交涉，结果双方发生冲突。公使蔡钧要求日本警察入使署驱散众人，并将领首

驻日公使被迫和留学生直接对话图
（载 1902 年日本《文明小史》）

---

① 胡彬夏：《复杨君白民美国女子职业书》，《教育杂志》1909 年第 1 卷第 6 期。

② 实践女子学园八十年史编纂委员会编纂：《实践女子学园八十年史》，1981 年，第 101 页。

③ 《录留学日本胡女士彬记南洋学生监督之劣迹》，《童子世界》1903 年第 11 期。

的吴敬恒和孙揆均两人带至警察署。日本东京警视厅以吴敬恒、孙揆均"妨害治安"为由,命令将两人遣送回国。消息传开,整个留学生界骚动起来了。秦毓鎏、张肇桐、吴荣鬯、胡克猷等联名写了一封长信,上书公使。这封信洋洋洒洒,掷地有声,质问蔡钧的不作为:"为钦使者,当如何竭诚尽忠,以称其职;为学生者,当如何相勉互劝,期各致力,以报其国家。故设钦使漠视学生,以学生为不足恤,知己之可以为力而不为,或为焉而不力,是钦使负学生;负学生,即负国家也……言论自由,文明公理。国步艰难之日,非阿附谄谀之时……"。吴稚晖写下绝命书,在押解途中愤而投水,幸被警察所救。8月6日,吴稚晖被迫登船回国,在日本游历的蔡元培中止行程,赶到船上护送他回国。

这里提到的秦毓鎏,字效鲁,出自无锡望族秦氏。1898年夏进入南洋公学,1901年因在校倡议举行孔子诞生纪念,"见恶"于美籍监院福开森,遂自请退学进入江南水师学堂。第二年,在吴稚晖的劝说下,秦毓鎏约集一帮同学东渡日本,进入早稻田大学政治科。胡克猷与秦氏颇为"相得",共约进退,当时也就读于早稻田大学。

在日本期间的胡克猷倡言革命,行为激进,但并没有放松自己的学业。他在课余还应国内书局之约翻译日本的科技著作,目前存世的有高田早苗的《英国外交政略史》(独译、文明编译局1903年)、横山又次郎的《生物之过去未来》(与秦毓鎏合译,文明书店1904年)。在江南水师学堂读书的周作人,在读到两位学长翻译的《生物之过去未来》后,激发了翻译外国著作的热情。他在日记中写道:"买《生物之过去未来》(日本横山又次郎著,无锡秦毓鎏、胡克猷译。二君本在此间,不合于俗,去而东游,今且译书,以饷国民矣,为之忻羡不已)一本,洋二角。"

1911年,武昌起义,秦毓鎏参加光复上海之役,随后回无锡发动起义,任无锡军政分府司令,但胡克猷却不知何故在历史中"消失"。秦毓鎏与村前胡氏关系密切,曾撰文深情回忆了双方的交往轶事。在文中,他写道:"胡先生(按:胡再福,胡壮猷之父)者与吾父至契。余髫龄时,吾父自远方归,先生来访,吾父命余沦若以进,相与论天下事,意见或合或否,辄怡然以欢。后十余年,余与其二子同学于南洋公学。后一年,吾父命余从先生游,学为文,乃益深悉先生之为人","先生貌清癯,言辞慷爽,不轻许可人,顾独垂青于余。余有所论述,时人以为怪,先生独以为可。犹记一日,余方读《齐物论》,先生适过访,听余讲解,大节击称赏不止"。[1]

---

① 秦毓鎏:《胡捷三先生传》,《胡氏宗谱(村前版)》,第154页。

"成城入学事件"后，胡雨人回到国内，开始了在家乡兴办胡氏公学的历程。

就在胡雨人在"成城入学事件"中振臂高呼的同时，包括胡敦复在内的 10 名学生在 1902 年 7 月从中院第二届毕业。正因为开办上院的条件仍未具备，南洋公学先后开办了特班、政治班和东文学堂。胡敦复升入了政治班。从日本回国的蔡元培担任了特班总教习，并发起成立了中国教育会。

蔡元培，字子民，浙江绍兴人，光绪十八年（1892）进士，授翰林院庶吉士，补翰林院编修。经过在北京几年的观察与体验，目击戊戌变法的失败，蔡元培认识到清廷的政治改革"无可希望"，断然抛弃官职，于 1898 年九月回到家乡，就任绍兴中西学堂监督，推行新式教育。"教员中稍旧者，日与辩论，子民常右新派。旧者恨之，诉诸堂董"[1]。蔡元培愤而辞职来到上海，代理澄衷学堂监督职务，并在南洋公学任教。

胡敦复虽不在特班，但与蔡元培过从甚密，深受其影响。当时的蔡元培，正被西学所强烈吸引。在他看来，求西学必先通其文字，而拉丁文又为欧洲各国语文之根本。来到上海，让他学习拉丁文的夙愿有机会变成现实。这里，就居住着一位熟通拉丁文、法文、希腊文的老人，他名叫马相伯。每日清晨五时，蔡元培都要挤出时间从南洋公学步行来到土山湾马相伯的住所，毕恭毕敬，静候马相伯醒来并做完晨祷。然后，蔡元培跟着马相伯练习拉丁文。此情此景，堪比古代的"程门立雪"。

马相伯对这位弟子大为赞赏，同时希望能够把拉丁文普及到青少年中间。蔡元培便在南洋公学挑选黄炎培、胡敦复等优秀学生 24 人一同学习拉丁文。1935 年，95 岁的马相伯回忆起当时情景，对这些青年学子的求学之举仍赞不绝口："从前笑话我们的外国人，也不能不钦佩我们的青年学生的努力，胡敦复就是其中之一。还有，我教他们，除了拉丁文外，还有法文和数学……"[2] 钱智修在撰《马相伯先生九十八岁年谱》时也如此叙述这段历史："先是，蔡子民先生等以求西学必先通其语言文字，而西人教会学校及国人自办之学校但会童蒙设法，因袭成规，径迂时缓，不合成年人求学之用，乃邀约同志胡敦复炳生、贝季眉寿同

① 黄世晖记：《蔡元培口述传略》（上），蔡建国编：《蔡元培先生纪念集》，中华书局，1984 年，第 251 页。

② 马相伯口述、王瑞霖整理：《一日一谈》（民国丛书第二编 97），上海书店影印复兴书局 1936 年版，第 75—76 页。

诸君，请先生讲拉丁文。"①

在胡敦复从中院毕业之后的一个月，1902 年 8 月两位胞弟明复、刚复同时进入附属小学就读。回溯历史，在 1899 年秋大部分外院学生升入中院后，外院取消，南洋遂于 1901 年 3 月设立附属小学，并对外招生，1902 年 8 月又对外补招六名新生，明复、刚复兄弟同时被录取，在校时的名字分别是达生、文生。兄弟俩年幼之时即接受了新式教育。当年，父亲胡壹修在桃园陪侍和梅之时，就令他们试习日文。胡敦复记述："庚子，先严（按：胡壹修）闻拳匪祸作，北上省亲，遂偕明复、刚复及四叔宝如至淮城，延师课读，且令明复兄弟从日人某试习东文，时四叔甫七龄，明复十而刚复九耳。"②

入校后，明复、刚复兄弟在一个班，同出同进，形影不离。与长兄敦复一样，两人聪明过人，成绩优秀，深得教员欣赏，被誉为奇童。③一年后的 1903 年 7 月，附属小学首届 16 名小学生毕业，升入中院。兄弟俩正值十二三岁光景，稚气未脱，喜欢打闹，升入中院后不久有一次因打架被学校双双开除。由于胡刚复是过继给三叔合如的，在嗣父保护下去震旦学院预科学习。而胡明复则被"贬"往宜兴的亿和成洋货号当学徒，后进入上海中等商业学堂就读。

1902 年，一场突如其来的学潮打断了胡敦复在南洋公学的求学生涯。

这一年 11 月 5 日（农历十月初六），中院五班国文教习郭镇瀛到教室上课，见座位上摆着一个空墨水瓶，认定是学生有意捉弄嘲讽他，即勃然大怒，责骂学生不敬师长，并疾言厉色地追究肇事者。11 月 13 日，学校当局以侮辱师长、不守校规为由，下令开除怀疑涉事的三名学生，引起五班学生一片哗然，即在当晚开会，打算要求学校收回成命。还未散会，学生休息室中又贴出开除五班全体同学的布告。五班学生见已无法挽回，决定翌日全体离校。其他各班同学闻此消息，非常愤慨，劝说五班暂缓此举，商定次日与总办交涉。11 月 15 日，全校 200 余人同往总办处，学生代表恳切陈词，要求挽留五班学生。而总办以"学生私自聚众演说，大干例禁"为由，坚持开除五班全体学生。特班教习蔡元培请学生少安毋躁，当晚即去见公学督办盛宣怀，盛却以别有要事为借口，避而不见。11 月 16 日晨，全体学生在操场上整装列队，等候交涉结果，至 10 时仍无

---

① 方若谷编：《马相伯先生年谱》（民国丛书第二编 97），上海书店影印商务印书局 1939 年版，第 210 页。

② 胡敦复：《胡壹修先生行述》，《胡氏宗谱（村前版）》，第 175 页。

③ 胡彬夏：《亡弟明复的略传》，《科学》第十三卷第六期（1928 年 6 月）。

回音，就三呼"祖国万岁"，按从低到高的班级顺序，排队出校。这就是南洋公学历史上著名的"墨水瓶事件"。

南洋公学退学事件，史称"墨水瓶事件"。因为它是清末废科举、办学校以后的第一次学潮，当时就引起了社会的普遍关注。《苏报》更是率先支持南洋公学学生，增辟了《学界风潮》一栏，专门刊载有关这一事件的文章，称颂学生"解脱羁绊，排斥专制，创立共和，五日之内，焕然成一维新学校。虽华盛顿之抗英、维廉之抗法、巴西之争自由，神效捷速，殆为过之"。

当时，南洋公学退学学生约200人，后经校方和家长的劝诱，返回一部分，但仍有145人坚不返校。这批退学学生的去向，成为亟须解决的问题。这时，蔡元培领导的中国教育会挺身而出，承担起这个重任。11月19日，中国教育会与退学学生集议，决定成立爱国学社，"予以经济及教员之赞助"[①]，以帮助这些学生继续接受教育，完成学业。胡敦复后来撰文记述："爱国学社者，南洋公学退学诸君所创立也。壬寅冬十月十七日，诸君因公愤退学，共谋建设新学校。五日而议决，十日而功成，上海泥城桥西首之福源里，始有所谓爱国学社者矣。"[②]

11月21日，爱国学社正式开学，社址设于中国教育会，蔡元培任学社总理，吴稚晖为学监，黄炎培、蒋智由等为义务教员。不久蒋维乔、章太炎以及在日本倡言革命而被驱逐的邹容、张继皆先后加入。学社分为四个年级，一、二年级为寻常（普通）年级，三、四年级为高等年级。胡敦复等一批高年级学生，在自己受教的同时，还充当低级生的教师。"校董会的年长者，也有做学社的教员的，例如子民之类。也有不做教员的，如宗仰之类。公学生也有自学而兼教员者，例如敦复之类。也有绝对止上上课者，则有大半。他处罢学加入者，或兼教员，或否，皆如公学生"[③]。

"议论时政，放言无忌"[④]，成为爱国学社师生的热衷。而胡敦复正是其中的积极分子，"南洋退学生之力者为贝寿同、穆湘瑶、何靡施、敖梦姜、胡敦复、曹梁厦、俞子夷、计烈公、何震生等"[⑤]。蒋维乔也回忆："爱国学社社员原以南洋公学之五班生沈联、胡炳生、俞子夷等为中坚人物，而推戴特班生贝季眉（寿同）、穆恕斋（湘瑶）为领袖。"[⑥]他们每月到张园演说一次，宣传革命

① 蒋维乔：《中国教育会之回忆》，《东方杂志》第三十三卷第一号（1936年1月）。

② 《爱国学社之主人翁》，《童子世界》第32期（1903年6月6日）。

③ 吴稚晖：《回忆蒋竹庄先生之回忆》，《吴稚晖全集》卷6，九州出版社，2013年，第336页。

④ 冯自由：《中华民国开国前革命史》，广西师范大学出版社，2011年，第90页。

⑤ 冯自由：《中华民国开国前革命史》，第90页。

⑥ 蒋维乔：《中国教育会之回忆》，《东方杂志》第三十三卷第一号（1936年1月）。

和爱国思想。爱国学社"隐然成为东南各省学界之革命大本营"①，"几为国内唯一之革命机关矣"②。1903年，国内爆发了"拒俄运动"。起因是1900年义和团运动期间，沙俄入侵中国东北。此后，沙俄政府允诺分期全部撤走中国东北的沙俄军队，但沙俄军队违约不撤，并提出七项无理要求，从而激起了全国范围的"拒俄运动"。爱国书社群情激愤，百余名学生组织义勇队，计划开赴东北与沙俄侵略军决战。由于中国教育会成员与在日本留学生之间素有信息往来，直接影响到了日本留学生"拒俄运动"的开展。这在后文将有所叙述。

不久，由于理念不同，教育会与学社之间的矛盾开始积累并终于爆发，章太炎与吴稚晖之间更是为此大打出手，蔡元培愤而离开上海。很快，《苏报》案发，巡捕房大肆逮捕骨干人员，章太炎、邹容先后被捕，吴稚晖潜逃香港，不久又去了英国，开始了半工半读的留英生活。7月7日，《苏报》馆和爱国学社被查封。

胡敦复只身去了广州任教。关于胡敦复在广州任教的学校，目前多数资料均载为穗湾（音）学堂。黎照寰的回忆对此段历史可供参阅。他当时正在两广游学预备科馆求学。他回忆："我们见到他（按：陆尔奎）的助理，是两位翻译员：其一名陆露沙，其二名胡敦复。"③陆尔奎，江苏武进人氏，此前在南洋公学任教席，为胡敦复之师。黎照寰在20世纪30年代曾任交通大学校长，正是在其长校期间，胡敦复回到交通大学任数学系主任。

1903年，国内爆发了声势浩大的"拒俄运动"。三年前的1900年，八国联军进犯北京，沙俄乘机侵占我国东北三省。在东北人民英勇反抗下，在英、日等国对沙皇的牵制下，沙俄不得不于1902年4月与清政府签订《交收东北三省条约》，沙俄答应在18个月之内分三期撤出在中国东北全境的军队。但到了1903年4月8日第二批撤军期满时，沙俄不但不遵约撤军，反而派兵重新占领营口等地。4月18日，沙俄又提出在东北享有特殊利益的七项无理要求，作为撤军的先决条件。这些要求，实际上是迫使清政府承认东三省和蒙古成为沙俄的独占势力范围。当这一消息经日本报纸披露后，"拒俄运动"的烈火，很快在中国大地

---

① 上官锦屏：《革命画僧乌目》，上海《中央日报》1948年6月。转引自冯自由《记上海志士与革命运动》，《革命逸史》第二集，中华书局，1981年，第80页。

② 蔡元培：《传略》（上），高平叔编：《蔡元培全集》第三卷，中华书局，1984年，第323页。

③ 黎照寰：《两广游学预备科馆》，党德信总主编：《文史资料存稿选编24 教育》，中国文史出版社，2002年，第818页。

燃起。

　　4月27日，蔡元培等在上海张园召开拒俄大会，揭开了全国人民拒俄斗争的序幕。有江苏、浙江等18省爱国人士参加，许多人都是蔡元培领导的中国教育会和爱国学社的成员。大会一方面决议联电清廷抗争，另一方面决定组织义勇队，准备奔赴前线，抗击沙俄侵略军。两天后的4月29日，由秦毓鎏、叶澜、钮永建等人发起，500余名留日学生在东京神田锦辉馆集会，决定成立拒俄义勇队，当即有黄兴等200余人签名参加。年轻而有血气的中国女留学生"闻学生既有义勇队之举，乃商议协助"，集议响应拒俄。校长下田歌子前来劝阻，这批学生涕泣曰："吾侪且无国，安得其身？复安得有学？"[①]悲愤之情，令人动容。那时的胡彬夏，才十四五岁，但善于演讲，常常"语惊四座"。在当天的集会之上，胡彬夏含泪演说，慷慨陈词：抗俄救亡乃"四万万国民人人所当负之责任，当尽之义务"，号召女学生"以螳臂之微，为国尽力，愿从义勇队北行。事虽无济，即至捐躯殒命，誓无所惜"[②]。据记载，胡彬夏演说完后，"众皆激昂，同声赞成，愿从义勇队行"[③]。会后，胡彬夏、林宗素、钱丰保、华桂馨等12名留日女学生签名加入拒俄义勇队。

　　5月2日，留日学生再度开会，决定改义勇队为学生军，并议定《学生军规则》共12条。次日，学生军成员进行编队。全军编成甲、乙、丙三个区队，每一区队辖四个分队，每个分队共10人，每天进行操练。来自村前的胡克猷与无锡的秦毓鎏编入乙四分队。女学生义勇队同样"逐日习练兵操"[④]。留日学生的爱国之举，遭到了清政府的压制和日本政府的反对。为此，留日学生于5月10日召开大会。由上海赶来的中国教育会成员汪德渊报告上海情形，说："现在教育会亦编有义勇队，爱国学社学生百余人皆入军队，志在主战。故今日无论俄事如何，军队暂不可解散，务望同志竭力维持。"[⑤]对于是否更改学生军名称为军国民教育会，汤槱、叶澜、胡克猷、谢晓石等人往复辩论，相持不下。此后，军国民教育会全体成员继续开展活动。林宗素、胡彬夏等12位女学生还签名准备加入日本《赤十字会》，要求学习医术，以便尽看护伤员的责任，从5月29日

　　① 《共爱会集议拒俄》，杨天石、王学庄编：《拒俄运动1901—1905》，中国社会科学出版社，1979年，第136页。

　　② 《共爱会集议拒俄》，《拒俄运动1901—1905》，第136页。

　　③ 《军国民教育会之成立》，《江苏》第2期，1903年5月27日。转引自中华全国妇女联合会妇女运动历史研究室编：《中国妇女运动历史资料1840—1918》，中国妇女出版社，1991年，第361页。

　　④ 《女学生编成义勇队》，《苏报》1903年5月9日。

　　⑤ 《军国民教育会之成立》，《江苏》第2期。

起参加赤十字会举办的救护练习。[1]

为了加强留日女生之间的联络，胡彬夏在5月4日发起成立了共爱会。[2]共爱会，"以拯救二万万之女子，复其固有之特权，使之各具国家之思想，以得自尽女国民之天职为宗旨"[3]。当时在日本的女留学生有名可考的有17人，她们可能都是共爱会的会员。在日本发行的留日学界期刊《江苏》《浙江潮》都及时报道了共爱会成立的消息，并转载其章程。随后，《江苏》特辟出"女学文丛"和"女学论文"栏目，为共爱会发表言论提供版面。对于共爱会的成立，时人评价曰："吾国女学方霾沉数十层地狱之下，今乃自地心上达，其光炎炎，其势滔滔，要之其有影响于祖国也必矣！敢豫为吾国女学前途贺。"[4]甚至有人还喊出了"共爱会诸同胞万岁"[5]的口号。

对于胡彬夏发起成立的共爱会，今人如此评价："胡彬夏带领的共爱会这一团队，成了妇女解放的领头军。"[6]她们不仅行动上为妇女解放作出了榜样，而且还挥笔作文，宣传妇女解放。胡彬夏就先后在《江苏》上发表《论中国之衰弱女子不得辞其罪》《祝共爱会之前途》等文章。共爱会成员的这些论说，成为中国妇女解放思想的源头，奠定了妇女解放思想的基础。

关于共爱会的创始人，学界众说纷纭，例如有不少著作中提到秋瑾是共爱会的创始人。经考证，秋瑾于1904年赴日留学，而共爱会早在1903年4月已经成立，故秋瑾不可能为共爱会的发起人。1904年初，胡彬夏以及其他共爱会成员陆续回国，共爱会一度无人主持。来到日本以后，与依旧留在日本的共爱会老成员重新组建了新的共爱会，"妹欲结二万万女子团体学问，故继兴共爱会，名之曰实行共爱会，公举陈撷芬为会长，而妹为招待"[7]。由此可见，秋瑾是重组共爱会，胡彬夏才是共爱会的发起创始人。

1902年10月21日的《苏报》公布了一份南洋公学退学学生名单，其中就有三位来自村前胡氏。除了政治班的胡敦复，还有头班的胡壮猷、四班的胡鸿

---

[1] 沈渭滨：《孙中山与辛亥革命》，上海人民出版社，2016年，第170页。

[2] 张莲波：《辛亥革命时期的妇女社团》，河南大学出版社，2016年，第12页。张海鹏：《中国近代通史第1卷，近代中国历史进程概说》，江苏人民出版社，2009年，第282页。

[3] 张莲波：《辛亥革命时期的妇女社团》，第13页。

[4] 《浙江潮》第3期。

[5] 《女学报》第4期。

[6] 张莲波：《辛亥革命时期的妇女社团》，第12页。

[7] 秋瑾：《致湖南女学堂函》，《秋瑾集》，上海古籍出版社，1991年，第32页。

猷。他们父辈的同学吴涛曾写："啸洲知旧学之不足恃，命子鸿猷与兄子壮猷等肄业沪上之南洋公学，与余子荣畅又为同学焉。"[1]

这位胡鸿猷，正是前文所述胡克猷的胞弟，与壮猷为同一祖父的同门兄弟。与胡鸿猷同在四班的还有一位名为朱庭祺的学生。此人日后留学美国，与胡敦复之妹胡彬夏相识相爱，结成伉俪。

从现有资料看，胡壮猷、胡鸿猷在爱国学社解散之后，仍然回到南洋公学，并在那里完成了学业；朱庭祺则转往天津北洋西学学堂学习。

1903 年，胡壮猷从中院毕业。第二年 5 月，盛宣怀拟在公学中选派学生随同李御矿司前赴萍乡勘验铁矿，以资历练。学校方面经过慎重选择，决定派胡壮猷以及其他三位二班学生随同前往勘验铁矿。李御矿师对这些学生进行了面试，"以西语问答"，认为这些学生"有此程度，堪以学习"，"意甚欣然"。经盛宣怀核示，自当月起每月发给学生薪水规银 20 两，又每月另给装费洋 20 元。27日，学生们随同李御矿司及翻译搭乘招商局的江宽轮前往汉口。抵达汉口后，学生们稍作休整，又于 7 月 4 日乘坐小轮赴湘。夏末，勘矿结束，四位学生均得总办及矿师的嘉许。这次赴湘勘矿，是南洋公学历史上最早的学生实习记录。

回到上海，未及数天，胡壮猷又乘上了远渡重洋的轮船。学校选派胡壮猷及五位高等预科（1904 夏起，中院改称高等预科）应届毕业生赴美留学，教员胡诒谷随行同往。胡壮猷，由此成为村前胡氏继胡振平之后第二位公费留学的子弟。

胡壮猷从 1905 年起就读于加州大学学习矿学，在 1909 年获学士学位，随即回国。关于他在美国就读的学校，国内众说纷纭，有耶鲁大学、斯坦福大学、加州大学等不同的说法；另有赴比利时学习矿业一说。[2]据加州大学校史资料证明，胡壮猷在美期间一直就读于加州大学，并未转学他校。

回国后的胡壮猷受到实业家张謇的器重。1912 年，胡壮猷受张謇的指派，参与了江北水利测量局的测量工作。张謇在 1912 年的《江北水利测量局对于詹美生报告之声明书》提及："本年夏初，因詹美生之要求，于原测十班外，加请杨豹灵、颜连庆、胡愚若、金西爱等诸人，另设三班测量，詹美生偕同周历

① 吴涛：《同学胡君啸洲传》，《胡氏宗谱（村前版）》，第 155 页。

② 耶鲁大学说，参见王宗光主编：《上海交通大学史第一卷 1896—1905》，上海交通大学出版社，2016 年，第 203—204 页。斯坦福大学说，参见《无锡名人辞典》，学林出版社，1991 年，第 84 页。赵永良主编：《无锡籍大学校长（书记）名录》，无锡市档案馆，2011 年，第 7 页。加州大学说，参见何云庵主编：《西南交通大学史 1920—1937》第 2 卷，西南交通大学出版社，2016 年，第 91 页。比利时说，参见谢长法编著：《中国留学教育史》，山西教育出版社，2006 年，第 76 页。

而已，本无成功与否之可言。"①到了 1914 年，胡壮猷又被时任北洋政府农商总长张謇推荐担任矿务监督署技正。"查有……胡壮猷、朱煜、袁翼、刘谦等十一人，学有专门，堪以荐任为矿务监督署技正。俟奉准后，由謇酌量各该区事务之繁简，以部令指派各员分区办事"②。"技正"，是当时农矿系统的一个高级职称。

1906 年冬，胡鸿猷从高等预科第三届毕业，升入新开办的商务专科。此时，南洋公学已经改名上海高等实业学堂，由商部接管，后改隶新成立的邮传部，盛宣怀也卸任了公学督办一职，结束了在该校的绝对权力。一年后的 1907 年夏，商务专科停办，全体 13 名学生毕业，学校从中择优六位学生赴美国留学，胡鸿猷就在其中。还有一位学生杨荫樾，是杨荫杭之弟，即杨绛的叔父。

今天的交通大学，将这一批学生视为学校首批高等教育毕业学生，也是第一批选拔出国留学的大学生。"本校高等教育有学生毕业，自此始"，"本校选派大学生出国留学，自此始"。③

胡鸿猷手札

上海高等实业学堂制订了出洋留学生章程，对于派多少留美学生，怎么选，怎么派，钱怎么花，怎么监督，怎么使学生有所学、有所用均出了严格的规定。12 月，这些学生分别签订了《留学生具结》。今天上海校史档案馆就保存了胡鸿猷的《留学生具结》，其内容与样式如下④：

留学生具结

光绪三十年十一月胡鸿猷

学生胡鸿猷为具结事，今蒙监督唐考选电请农工商部资派赴美国学习商业专科。日后学成回国时。当听候农工商部差遣以尽义务，决不私行他就。如未蒙农工商部派差，或由邮传部及本学堂札调也当立即赴差，用报培植之恩，今特具甘

① 张謇：《江北水利测量局对于詹美生报告之声明书》，李明勋、尤世玮主编：《张謇全集》第4卷，上海辞书出版社，2012 年，第 236 页。

② 《政府公报》第 666 号，1914 年 3 月 16 日。

③ 霍有光、顾利民编著：《南洋公学—交通大学年谱》，陕西人民出版社，2002 年，第 30 页。

④ 霍有光、顾利民编著：《南洋公学—交通大学年谱》，第 30 页。

结一纸，呈请备案。须至具结者。

学生胡鸿猷，年二十岁，系江苏省无锡县人，现住无锡。

曾祖国梓，祖荣庭，父允龙。

1908 年，杨荫杭(手持礼帽者)、朱庭祺、赵景简、林则蒸、杨锦森、徐经郭、胡鸿猷、杨荫樾等南洋公学留美学生在美国合影

1907 年 12 月 15 日，胡鸿猷等一众学生乘马汝（Aki Maru）号邮轮从上海启程，去往美国。应该同批赴美的杨荫樾，因病于半年后赴美，在宾夕法尼亚大学获得学士学位后，转入威斯康星大学，获得了经济学硕士学位。

胡鸿猷在美国宾夕法尼亚大学修管理学，1909 年获硕士学位，旋赴德国柏林大学研修，同年回国。1912 年，胡鸿猷任上海工业专门学校（南洋公学改制后校名）教员。刊于《交通大学四十周年纪念刊》的《本校四十年来之重要变迁》一文，在"外国文学系"一节将胡鸿猷列为入"先后曾任英文教员者"名单。[①] 同年，胡鸿猷任南京江苏分银行经理，并任江苏银行无锡分行理事。[②]

1915 年 10 月，胡鸿猷去往北京，在交通部任佥事。

在胡鸿猷从高等预科第三届毕业的同一年，也就是 1906 年，昔日中院的同班同学朱庭祺从天津北洋西学学堂毕业，赴美国哈佛大学留学，1915 年获该校商业管理科硕士学位。朱庭祺，字体仁，1887 年生于江苏川沙（今上海市浦东新区）。在美留学期间，朱庭祺积极创办学生团体。1910 年秋，成立了留美学界的第一个学术社团——中国学会留美支会，并编印出版《留美学生年报》刊

① 《交通大学四十周年纪念刊》，1936 年，第 40 页。

② 《顺天时报》1912 年第 3175 号，《申报》1914 年 4 月 30 日

物。由于留美学生所组织的学会团体叠床架屋，原本各为其政的留美学生组织在1911 年统合成"全美中国留学生联合会"，朱庭祺当选为当年度会长。①

对于留美学生成立学生组织，国内报刊也有报道。如《申报》1912 年 3 月 4 日就有这样的新闻："日前有美国留学生刘景山、徐善祥、施捷三、金猷澍、杨荫杭、胡文甫、郑之蕃、朱葆芬、程克崧、胡壮猷、温应星、王弼、杨心一等发起组织一留美同学会，专以联络交谊为宗旨。兹定于初十日午后二时半假跑马厅对面派克路寰球中国学生会会所开成立大会。"②

1910 年，上海高等实业学堂中学第二届 72 名学生毕业，其中又有一位学生与村前胡氏有着深厚关系，他就是过探先。

过探先，字宪先，1888 年生于无锡县胶山乡八士桥。少孤，育于母氏。性敏慧，刻苦求学，九岁毕"五经"，13 岁为文，已能焕然成章。1907 年，过探先考入上海中等商业学堂，不久改入苏州英文专修馆，专攻英文。约两年后，过探先转入上海高等实业学堂中学，数月后即毕业。③从中学毕业后，过探先马不停蹄前往北京，参加了清政府组织的第二批庚款留学考试。当时应考者多达四百余名，过探先以第 53 名被录取。同年 10 月赴美，先入美国威斯康星大学，后转入康奈尔大学，专攻农业科学。

此时的过探先已经 24 岁，早有婚约在身，未婚妻正是胡雨人之女、胡敦复之堂妹胡竟英。而负责考取第二批庚款生的正是胡敦复。

胡雨人长子胡宪生也在本届庚款留学录取名单之中。他此前也曾在南洋公学求学，后转往北京译书馆读书。

时间很快就到了改天换地的 1911 年，辛亥革命爆发。

这一年，胡正祥从上海高等实业学堂附属小学第八届毕业。④胡正祥，村前胡氏第三十一世孙，1907 年冬从胡氏公学第一届毕业⑤。从小学毕业后，胡正祥升入附属中学就读。

1912 年，中华民国成立，上海高等实业学堂改名上海工业专门学校。翻天

---

① 江勇振：《舍我其谁：胡适（第 1 部）》，新星出版社，2011 年，第 354、569 页。

② 佚名：《留美同学会成立之先声》，《申报》1912 年 3 月 4 日。

③ 谢家声：《过探先传略》，《南大百年实录——南京大学史料选》（下），南京大学出版社，2002 年，第 43 页。

④ 霍有光、顾利民编著：《南洋公学—交通大学年谱》，陕西人民出版社，2002 年，第 43 页。

⑤ 《沿革记略》，《无锡胡氏小学校廿周年纪念册》，第 3 页。

覆地的时局变化，并没有影响胡氏子弟平静、安逸的学习生涯。

这一年，胡鸿勋从附属小学第九届学生毕业。胡鸿勋，字纪常，1898 年生人，村前胡氏第三十一世孙。[①]

1915 年，胡正祥又从中学第七届学生毕业，进入上海中国哈佛医学院学习。其时我国的近代医学刚刚起步。1904 年日俄战争爆发，战火殃及我国东北三省，上海慈善界动议筹集资金，发起成立"东三省红十字普济善会"，继而成立了万国红十字会上海支会（后改名大清红十字会，中国红十字会前身），并着手筹资和规划建设医院和医学堂。1910 年 5 月，红十字会总医院及附设医学堂竣工落成。1913 年，美国在华哈佛医学堂欲在上海办学，但找不到合适的校址，便与红十字会总医院合作办学，签约五年。但到了 1916 年 6 月，哈佛医学堂因故停办。由于合同尚未满期，部分学生由美国罗氏基金社出资，分遣留学，其中八名优等生留学美国波士顿哈佛大学，其中就包括了胡正祥。胡正祥在哈佛大学研修病理学，至 1921 年毕业，获医学博士学位。

同期从中学第七届学生毕业的王允令，后来改名王志莘，娶胡壹修之女、胡敦复之妹六英为妻。

王志莘，原名王允令，1896 年生于江苏川沙（现上海浦东新区）。五岁时父亲因病去世，家道中落。1910 年，王志莘因家贫辍学，由叔父介绍到钱庄当学徒。母亲省吃俭用，又设法送他到南洋公学求学。1915 年，王志莘中学毕业后为补贴家用，没有继续求学，而是先后在定海县中学、上海留云小学执教谋生，后又到新加坡当教员和报馆编辑，还经营过橡胶种植园。

1916 年，胡鸿勋又从中学第八届毕业。[②] 胡鸿勋在校学习期间，文采飞扬。在 1917 年出版的《交通部上海工业专门学校（旧名南洋公学）新国文》（二集）中，胡鸿勋有《贾谊过湘水投书吊屈原论》《八司马论》《有师法者人之大宝也、无师法者人之大殃也说》等五篇文章入选。[③] 同一年，小学第十三届学生毕业，其中又有村前胡氏的胡瑞祥。[④]

1918 年，胡雨人次子胡健生从附属小学第十五届毕业，随即升入中学。[⑤]

1920 年，胡瑞祥从中学第十二届毕业，随即升入电机工程系就读于电力工

---

① 霍有光、顾利民编著：《南洋公学—交通大学年谱》，第 45 页。

② 霍有光、顾利民编著：《南洋公学—交通大学年谱》，第 62 页。

③ 霍有光、顾利民编著：《南洋公学—交通大学年谱》，第 73—80 页。

④ 霍有光、顾利民编著：《南洋公学—交通大学年谱》，第 62 页。

⑤ 霍有光、顾利民编著：《南洋公学—交通大学年谱》，第 86 页。

程门。^①这一年冬，交通总长叶恭绰计划将交通部在上海、北京、唐山的四所部属学校合组为交通大学。"兹为统一学制起见，拟将该四校校制课程，悉心厘定，分别改良，列为大学分科，而以大学总其成，名曰交通大学，上海、北京、唐山四校悉纳入焉。拟此办法，可望有明晰之组织，有一贯之方针，一面补前此之弊偏，一面图将来之发展"^②。次年7月，交通大学完成改组工作，分为北京、上海、唐山三校，上海工业专门学校更名为交通大学上海学校，设电机、机械二科，唐山学校设立土木工程科，统称为"理工部"，北京学校设立"经济部及专门部各科"。^③

大学期间的胡瑞祥非常优秀。刚升入大学，恰逢学生会重新选举，胡瑞祥当选为新职员；1923年又当选为学生会临时副会长。^④1922年，胡瑞祥还当选为学校工程学会干事。^⑤1922年，胡健生从中学毕业，同届毕业的同学中就有大名鼎鼎的无锡同乡陆定一。中学毕业后，胡健生和陆定一一起又升入大学工科就读。^⑥这一年5月，因北洋政府派系纠纷，叶恭绰被迫离职，交通大学存在不足一年即解体，上海、唐山两校分立，分设交通部南洋大学、交通部唐山大学，各设校长。

叶恭绰去职后，学校接二连三地发生学潮。交通部撤销了交通大学董事会，直接委派陆梦熊为校长。陆梦熊到任后，大肆撤换学校原有主管人员，结果引发学生发起"驱陆学潮"，陆氏在一个月后黯然下台。学校分设后，卢炳田接任南洋大学校长，但学生会以董事会问题未获解决，表示拒绝。到了第二年3月，又爆发"驱卢风潮"。胡瑞祥成为这次学潮的积极分子。3月23日，学生会派胡瑞祥、柴志明在"一品香"饭店招待新闻记者，报告学潮实情，以解外界之误会。29日，全体学生举行大会，推举胡瑞祥、陈靖宇、沈昌为代表，赴京交通部请愿，要求"驱卢"并组织校董会。3月31日，卢炳田签发通告，为惩办此次学潮的首要分子，将包括胡瑞祥在内的九名学生一并开除。4月9日，胡瑞祥等三名学生代表赴京向交通部递送呈文，洋洋四千余言，陈述"驱卢"理由。4月14日，全体学生罢课。4月23日，交通部在压力之下免去卢氏的南洋大学校

---

① 霍有光、顾利民编著：《南洋公学—交通大学年谱》，第103页。
② 霍有光、顾利民编著：《南洋公学—交通大学年谱》，第104页。
③ 霍有光、顾利民编著：《南洋公学—交通大学年谱》，第108页。
④ 霍有光、顾利民编著：《南洋公学—交通大学年谱》，第104、132页。
⑤ 霍有光、顾利民编著：《南洋公学—交通大学年谱》，第127页。
⑥ 霍有光、顾利民编著：《南洋公学—交通大学年谱》，第125页。

长之职。①

1924 年，胡瑞祥进入第四学年，毕业在即。这一年 3 月，由于学业成绩在 85 分以上、操行列为甲等，准予胡瑞祥免交该学期学费。②这一年，胡瑞祥发起成立甲子学会，参加者 60—70 人，胡瑞祥等四人被选为理事。③同年，胡瑞祥被菲托菲（Phi Tau Phi，哲学技术与生理学）分会选为学生会员，胡明复、胡敦复在任教交通大学期间也都被选为教师会员。④7 月，此届机电系学生毕业，包括胡瑞祥内的五人获"老山德培奖学金"，每人 30 元。⑤同班毕业的还有日后成为共和国外交部长的钱其琛。⑥毕业后交通部派本年度毕业同学赴各单位司职，其中胡瑞祥被派往上海电话局任工务员。

进入 20 世纪 30 年代，在交通大学，仍然不乏村前胡氏子弟的身影。

胡鸿猷的长子胡汇泉，1930 年进入上海交通大学土木工程学院结构专业学习，1934 年毕业后赴美国密执安大学深造。第二年获得硕士学位后回国，进入上海市公用局工作。二弟胡汉泉，1936 年考入上海交通大学电机系电讯专业学习，获工学士学位。1940 年远渡重洋，进入美国密歇根大学电机系学习。

胡宪生的长子胡旭光，1934 年进入交通大学机械工程学院就读。⑦两年后，小两岁的弟弟胡仲光进入交通大学管理学院公务管理科就读。对于兄弟俩的求学经历和情状，胡仲光在《怀念大哥胡旭光》中有详尽的描述。他写道："在青少年时代，我和他一起在上海泥水木业办的惠通小学，上海大同大学附中和上海交大都是先后同学。我在上初中时考试爱抢交头卷，大哥对我说考完后应该再细看一遍，有遗漏和错误之处可以补充改正，这就代表他的性格，给我极深刻的印象。"由于受到父亲胡宪生的影响，兄弟俩在课余之时都爱网球运动。"他打网球，我也跟进。课余我们还常到建国西路（当时名康悌路）网球场打球，当时这里是上海唯一的公开网球比赛的地方，网球国手林宝华和邱飞海都在这里打球。在大同大学附中时，大哥和堂兄新南搭档多次获得海澜杯网球双打冠军。在交大时，网球校队的主力队员中，他和王元昭是第一双打，接下来是蒯世元、世京两

① 上海交通大学校史编纂委员会编：《上海交通大学纪事 1896—2005》上，第 137 页。
② 霍有光、顾利民编著：《南洋公学—交通大学年谱》，第 139 页。
③ 上海交通大学校史编纂委员会编：《上海交通大学纪事 1896—2005》上，第 142 页。
④ 霍有光、顾利民编著：《南洋公学—交通大学年谱》，第 269 页。
⑤ 上海交通大学校史编纂委员会编：《上海交通大学纪事 1896—2005》上，第 148 页。
⑥ 霍有光、顾利民编著：《南洋公学—交通大学年谱》，第 147 页。
⑦ 霍有光、顾利民编著：《南洋公学—交通大学年谱》，第 376 页。

兄弟和何惠棠及我，单打队员则是李国瑶和凌宏璋，这是交大网球队历史上最强的阵容，在校际比赛中是所向无敌的"[①]。

接着，胡宪生三子法光在 1940 年进入交通大学工学院机械系就读，四子同光 1946 年进入交通大学电机系就读。

到中华人民共和国成立的 1949 年，南洋公学（交通大学）已经走过了 52 个年头。在这 52 年间，据不完全统计，从胡雨人开始，村前胡氏有近三十位子弟在这所学校求学。一个五六百人的江南小村，有如此多的子弟进入同一所学校求学，这在中国教育史上比较罕见。在南洋公学，这些学子如饥似渴，汲取一切来自西方的近代科学知识。但是，他们的学业并没有就此停步，他们又一个个远渡重洋，继续自己的学业，接受"欧风美雨"的洗礼。

---

① 胡仲光：《怀念大哥胡旭光》，《六十年回顾——纪念上海交通大学 1938 级级友入校六十周年》，1994 年，第 359 页。

第四章 "欧风美雨"的洗礼

1907 年 8 月 5 日，上海外滩码头的远洋轮船上，"满洲里"号太平洋邮船汽笛长鸣。数位青年学子踌躇满志，迎着海风，踏上了留学美国的旅程。这其中就有胡敦复、胡彬夏这一对同胞兄妹。

五年前的 1902 年底，"墨水瓶事件"爆发后，为安置退学的学生，马相伯在上海创办了震旦学院。"震旦"为梵文，"中国"之谓（"秦坦"谐音）；又八卦中"震"表东方，"旦"象形为太阳在地平线升起，"震旦"意中华曙光，含"东方日出，前途无量"之意。当年随蔡元培在马相伯处学习拉丁文的胡敦复等 24 名学生，自然成为震旦学院的首批学员。在《震旦校友》中记载："胡敦复，学年癸卯（1903），后为大同大学校长。"[①] 也正是由于胡敦复的关系，胡刚复在南洋公学退学后进入震旦学院学习。

震旦学院以"广延通儒，培养译才"为宗旨，分文学、质学（科学）两类，所定学科为语文、象数、格物、致知四门，学制两年，各科均以外文教授。马相伯始终不顾年迈站在第一线，亲自教授拉丁文、数学、哲学，视学生如家人子弟，共食同游，亲切恳谈，循循诱导。两年之间，震旦学院声名鹊起。学生从最初的 24 人，增至 132 人。

然而，正是"崇尚科学，注重文艺，不谈教理"的办学理念招致了天主教会的猜忌。1905 年春，教会调法籍传教司铎南从周来震旦学院当教务长。他更弦易辙，"尽废旧章，别定规则"，强迫学生接受宗教课程，唱天主教圣歌，早晚祷告和做礼拜；而且订出严厉的校规，不许学生谈论时事，不许结社，不许看"犯禁"书籍。甚至对学生出入校门、会客等个人生活自由，也都要加以严格限制。震旦学院的学生愤怒了，132 名学生中有 130 人签名退学。学生将教具、图书、标本等悉数搬出，就连震旦学院的校牌也被学生们摘走。爱生心切的马相伯

---

① 《震旦校友》1948 年 2 月第 2 期，第 11—18 页。

支持学生的行动，也毅然宣布辞职，退出震旦学院，筹划建立新校。

至于新校的校名，马相伯从《尚书大传·虞夏传》的《卿云歌》"日月光华，旦复旦兮"中，撷"复旦"两字为学校冠名，定名为复旦公学，表示不忘"震旦"之旧，更含恢复中华之意。1905 年中秋节，复旦公学正式开学，马相伯为监督（校长）。远在广州的胡敦复得到这一消息后，毅然北上，继续投入复旦公学完成自己的学业，并兼教低年级学生。

很快，胡敦复又北上，应京师译学馆之聘英语教习。京师译学馆的前身为同文馆，后归并北京大学改为法学院。当时的京师译学馆分设英文、法文、俄文、德文、日文诸科，胡敦复教授一二级英文。半年后的 1906 年 9 月，蔡元培也入馆担任教习，两人"彼此甚相得"。1907 年冬，与章太炎大打"笔仗"的吴稚晖，曾向蔡元培"求证"爱国学社前事，蔡元培复信称："弟自辞别学社后，久已弃置前事，故多不记忆。去年秋冬，在北京与敦复同在译学馆，彼此甚相得，彼此均若不忆旧事者（闻《童子世界》之一文，即敦兄所作）。今因来书叙述当时历史，故略记其大概，以供参考。"①

就在胡敦复担任京师译学馆教习的 1905 年，清政府派出五大臣出洋考察"立宪"。五大臣中之一端方，主要考察美、德、俄、意、奥等国，花了七个多月的时间，对上述国家的政治、经济、文教及军事现状进行了广泛的实地调研。在美国期间，他们"参观美国各种学校，与各校校长周旋款洽"。耶鲁大学、康奈尔大学、威尔斯利女子学院表示愿赠给学额。

出洋考察回国后，端方莅任两江总督兼南洋大臣。一年后，他指示江宁、江苏两学司在江南各学堂"详慎挑选"男女学生，"由各该学司及教育总会咨送投考，分科考试，评定录取"，计划送往美国留学。②此时，历时一千多年之久的科举考试制度宣布废除，对于国内万千学子来说，求学之路已经发生了根本性的变化，"学习新学，争取留学"成了这一代年轻人新的希望。加之这是继容闳选拔幼童留美之后第二次招考官费留美学生，所以消息甫一公布，报名者十分踊跃，有 200 余人之多，其中女生也有 30 人左右。

"凡宁、苏、皖、赣学生，皆可向宁学司署内报名"③。面对如此珍贵的留学机会，胡敦复、胡彬夏兄妹一同报名参加考试。此次选拔采用分科考试、评定

---

① 《复吴稚晖函》，高平叔编：《蔡元培全集》第十卷，浙江教育出版社，1997 年，第 54 页。

② 《东方杂志·教育》，1907 年 7 月。

③ 《江督示期考试送美学生》，《申报》1907 年 6 月 17 日。

录取的方式进行，考试时间为1907年7月3日至5日，考试地点设在南京江宁学司衙门内。所考科目除了语文和英文外，还有数学、历史、地理，以及合为一门的物理和化学。试题的出卷人、主考官均为严复，且阅卷人也由严复逐一安排。尽管初期报名者踊跃，男生有200多人，女生也有30人，但实际赴考的男生70多人，女生仅10人左右。[①]最后，经过考试和"传见"，选定11名男生和4名女生，胡敦复与和彬夏各为男榜、女榜第一。尽管四名女生是经过选拔而出的佼佼者，然而在主考官严复的眼里却是"中文通畅，洋文亦有门径"[②]。端方这次遴选女生留学，被称为"官费女生留学西洋之始"[③]。

1903年秋，胡彬夏从日本归国，继续跟随婶娘周辉学习。1906年，周辉从胡氏公学女子部退职，去往吴江同里丽泽女校任教，次年又转往苏州振华女学。两校"皆当新造之秋"，周辉"助之草创规模"，在教学上"则修身、国文、历史、地理、理科以及诸技能科，但视校中有缺，即为任教"[④]。胡彬夏随婶娘一同前往，故而在这几年间学业一直未有中断。

胡敦复、彬夏兄妹远赴美国求学，婶母周辉代诸兄弟姊妹赋词《送敦复》："壮壮壮／壮兄行色／勉举送行觞／云山遥隔虽惆怅／进取须勇往／志本在四方／困守家园岂久长／愿吾兄弟／愿吾姊妹／努力各争强。行行行／祝兄此去／万里展鹏程／初施绛帐善道引／满座咸自奋／早日赴重瀛／负笈西游事竟成／存我家国／保我种族／他日之经营。"

这批学生于当年8月5日在上海登船，经过近一月的航行之后，于9月3日顺利抵达美国旧金山，在那里再分赴各校。胡敦复进入位于美国东北部的小城绮色佳（Ithaca，现译依萨卡）的康奈尔大学主修数学，同时兼习文理多科；胡彬夏因"程度微有未合"，暂入预备学堂胡桃山女塾补习，"候试验及格再

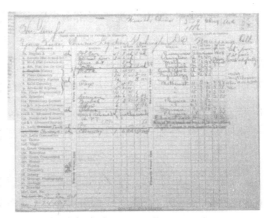

胡敦复在康奈尔大学的个人资料

① 《严复致甥女何纫兰书（光绪三十三年五月某日于南京）》，王栻主编：《严复集》（第三册），中华书局，1986年，第836页。

② 舒新城：《近代中国留学史》，吉林出版股份有限公司，2017年，第99页。

③ 舒新城：《近代中国留学史》，第99页。

④ 胡雨人：《继配周夫人行略》，《胡氏家谱（村前版）》，第170页。

行升入"。女生之一的宋庆林则"另择相当学堂送入"。宋庆林，即后来的孙中山夫人宋庆龄。其妹宋美龄虽不在公派之列，但此次也自费一同赴美学习。

在康奈尔大学的学习，对于胡敦复来说是"胜任愉快"的。由于学习特别刻苦认真，学习方法得当，加上天资聪颖，学业进步特快。仅用两年时间，他就从康奈尔大学毕业，获理学学士学位。由于学习突出，胡敦复在临毕业之时被选为美国大学生联谊会（Phi Beta Kappa）会员。

关于胡敦复在康奈尔大学的学习，长子胡新南在接受访谈时曾提到这样一个情景：1935 年 6 月，胡新南以第三名毕业于大同大学化学系，其中数学在 90 分以上，自己觉得成绩表现还不错。结果，胡敦复对他说："算学就只有对与错，只要有一个不对，就是不及格，所以九十九分就算不及格。"儿子不服气，父亲接着说："我每次都是考一百分，我在康奈尔大学就是这样。"后来，胡新南去美国留学，胡适也对他说："你父亲就是这么会念书。"[①]

1909 年夏，胡敦复从康奈尔大学毕业，未及继续攻读博士学位就告别妹妹乘上了回国的海轮。当胡敦复在归国途中之时，一所在中国教育史上占据重要地位的学校——清华学校正在酝酿诞生。

清华学校的设立，与多年前的"八国联军"侵华有一定的关系。战后清廷被迫与各国签订了《辛丑条约》，赔偿巨款。这笔巨款是为"庚子赔款"。此后，经过有关人士的斡旋，美国将部分赔款逐年按月"退还"给中国，用以每年选拔一定数量的学生赴美留学。1909 年 7 月，专司考选和甄别留美学生的游美学务处挂牌，在交涉退款事宜中"出力"的驻美公使馆参赞周自齐被委任为总办。首批庚款留学生先由各省初选，然后送京复试。1909 年 9 月，复试进行。经过两段共五场考试，最后发榜，正式录取 47 人。这批学生中有后来成为清华大学校长的梅贻琦、金邦正，有化学家张子高、王琎，有生物学家秉志，有中国工程学会会长徐佩璜。胡敦复的三弟胡刚复也榜上有名，名列第 13，当年年仅 17 岁。

1909 年 10 月 12 日，这批留学生从上海出发，横渡太平洋，经过 20 多天的航程，终于抵达旧金山。又从旧金山坐火车横跨西部向东部进发。

---

① 胡新南口述、程玉凤访问整理、张美钰记录：《胡新南先生访谈录》，台北"国史馆"，2005 年，第 26 页。

首批庚款留学生合影

当这批学生踏上美国土地之时，美国各大学早已开学，各项课程均已在六星期以上，不宜追赶，于是他们大多被安排进大学预科学习。据留学生程义藻回忆，"为求英文深造兼事采风俗起见，在第一年中先入中学。计分入五校，每校约十人。此五校之名即劳伦斯、菲利普、科兴、和斯得及威立斯登等中学"，"在华京观光三日后，乃直接乘慢车至波士顿为终点。后即分往各校就学"。①

部分庚款留学生在美时的合影。中排右二为胡刚复，一排左二为竺可桢

---

① 王天骏：《文明梦——记第一批庚款留美生》，清华大学出版社，2012年，第22页。

按照章程要求，在游美学务处考选学生直接赴美留学的同时，"肄业馆"也在筹设中，以便时机成熟时招收学生入馆肄业，毕业后再派赴美国留学。1909年9月，清廷下旨，将内务部所经管的清华园旧址450余亩，拨给游美学务处，作为游美肄业馆的馆址。

在清华园修葺过程中，第二次留美学生选拔考试又按计划展开。1910年4月，游美学务处聘胡敦复为肄业馆教务提调，随后陆续聘本国教员20人。[①]

此前，胡敦复在南京的江南高等实业学堂任教员。一位名叫赵元任的预科学生已经临近毕业，但对外面"精彩的世界"很感兴趣，经常偷偷地跑来听他的课。后来，赵元任对此有过记述："他在南京江南高等学堂本部教书的时候，我在预科，只能偷听他讲课。"[②]

胡敦复被选中担当教务提调，是受到周自齐的举荐。周自齐在美期间，曾担任过游美学生监督，对留美学生的情况比较熟悉，并与胡敦复有所交往。

1910年7月21日至30日，第二次留美学生选拔考试如期举行。这次考选方面的事务，正是由刚到任的胡敦复具体主持。

后来成为新文化运动骨干的赵元任、胡适就在这批考生之中，日后他们对这场考试多有回忆。根据他们的回忆，可以一窥这次选拔考试的情形。

7月21日，是考试的第一天。上午考国文作文，题目是《孟子》中的"不以规矩不能成方圆"，下午考英文作文，试题是"借外债兴建国内铁路之利弊说"。时间都是三个小时。

参加考选时的胡适

考国文时，对"规矩"这一命题，大家都是作了策论，唯独胡适别出心裁，作了考证，下午他感到英文考得也不怎么好，于是心里十分懊恼。殊不知，他歪打正着，主考官是一个考证迷，对于胡适的文章极为赞赏，竟打了100分。其他陪考官有意见，认为国文没有打100分的道理，最多只能打99分。那位主考官却说："100分还打少了，依我意见要打120分！"[③]

胡适回忆："留美考试分两场，第一场考国文、英文，及格者才许考第二场的各种科学。国文试题

---

① 清华大学校史研究室编：《清华大学九十年》，清华大学出版社，2001年，第3页。
② 赵元任：《从家乡到美国——赵元任早年回忆》，学林出版社，1997年，第105页。
③ 石原皋：《闲话胡适》，《艺谭》1981年第2期。

为《不以规矩不能成方圆说》，我想这个题目不容易发挥，又因我平日喜欢看杂书，就做了一篇乱谈考据的短文，开卷就说：'矩之作也，不可考矣。规之作也，其在周之末世乎？'下文我说《周髀算经》作圆之法足证其时尚不知道用规作圆；又孔子说'不逾矩'，而不并举规矩，至墨子、孟子始以规矩并用，足证规之晚出。这完全是一时异想天开的考据，不料那时看卷子的先生也有考据癖，大赏识这篇短文，批了一百分。英文考了六十分，头场平均八十分，取了第十名。"①

国文和英文考过后，休息四天，430名合格者第五天再考代数、平面几何、希腊史、罗马史、德文或法文；第六天考物理、植物、动物、生理、化学、三角函数；最后一天考立体几何、英国史、世界地理、拉丁文。在这些考试中，胡适反觉得比较顺利，代数出了六道题，任选四道，其中有一道难题恰巧上一天夜里老师教做过，自然不在话下，其他几门也感觉尚可。

接下来的7月28日，是最后一天考试，考立体几何、英史美史、地理学、拉丁文，但天公不作美，下起了大雨。考试只能延期到第二天举行。②对于这次复试情形，胡适回忆："第二场考的各种科学，如西洋史，如动物学，如物理学，都是我临时抱佛脚预备起来的，所以考得很不得意。幸亏头场的分数占了大便宜，所以第二场我还考了个第五十五名。取送出洋的共七十名，我很挨近榜尾了。"③

考试全部结束后，没隔几日，游美学务处在8月2日便公布了录取名单。在考中的70人中，胡适的大名正排在第55位。胡宪生、过探先、胡明复分列第43、53、57位。这批学生中还有日后成为著名学者的赵元任、竺可桢、周仁、张彭春、钱崇澍、凌启鸿、过探先等人。过探先其时已经24岁，与出国学生年龄在20岁以下的规定不符，只得改为19岁。④

关于胡适被录取为庚款留学生，胡敦复有着另外的回忆。据汪荣祖的文章记载，在20世纪60年代，汪曾带着李敖的《胡适评传》第一册去西雅图造访胡敦复。"敦复先生看到第二次庚款留学一段，大为兴奋，勾起了他老人家愉快的往事。原来胡敦复曾身与其事。据他说，当初庚款考试本来只拟录取五十名，胡适便不在录取之列，后因敦复先生力争，乃增加名额。胡适知此事后，曾称敦复先

①　胡适：《四十自述》，《胡适全集》第十八卷，安徽教育出版社，2019年，第97页。

②　赵元任：《从家乡到美国——赵元任早年回忆》，第104页。

③　胡适：《四十自述》，《胡适全集》第十八卷，第98页。

④　周邦任：《过探先——我国农学界的先驱》，《无锡文史资料》第29辑，1994年，第188页。

生为恩师。这段学界轶闻，已少为世人所知了（唐德刚撰稿之《胡适自传》，未及此事）。"[1]

　　榜发，胡适赶来看榜，却经历了一个"先惊后喜"的情感历程。据他回忆："宣统二年（1910）七月，我到北京考留美官费。那一天，有人来说，发榜了。我坐了人力车去看榜，到史家胡同时，天已黑了。我拿了车上的灯，从榜尾倒看上去（因为我自信我考得很不好），看完了一张榜，没有我的名字，我很失望。看过头上，才知道那一张是'备取'的榜。我再拿灯照读那'正取'的榜，仍是倒读上去。看到我的名字了！仔细一看，却是'胡达'，不是'胡适'。我再看上去，相隔很近，便是我的姓名了。我抽了一口气，放下灯，仍坐原车回去了，心里却想着，'那个胡达不知是推，几乎害我空高兴一场！'"[2]

　　这个"胡达"便是胡明复。

第二批庚款留学生合影

　　胡明复能考取庚款留学资格，对于他来说非常不容易。胡明复出生时不足七个月，所以"幼时躯体异常弱小"[3]，与弟弟刚复生活起居、读书游戏都在一起，但两人性情迥异。胡明复天性聪颖，心灵手巧，"会弄锁、裹粽子、补衣裳"，

---

　　① 汪荣祖：《怀胡敦复》，《学林漫步》，百花文艺出版社，1998年，第179页。

　　② 胡适：《追想胡明复》，《胡适全集》第三卷，安徽教育出版社，2019年，第862页。原载《科学》第十三卷第六期（1928年6月），题为《回忆明复》。

　　③ 胡彬夏：《亡弟明复的略传》，《科学》第十三卷第六期（1928年6月）。

"会打算，就是在最不用心读书之时，算法是一向好的。"①但记性不如刚复，故读书悟性虽好，成绩则不如弟弟。而胡刚复身伟貌奇，性情耿直，记性尤佳。胡明复幼时在家塾读书，据其姐胡彬夏回忆，"（胡明复）终日除读书衣食外无半语"，"常默坐一隅，漠然无思"②。

1903 年，明复、刚复兄弟遭南洋公学附属中学开除回家，12 岁的胡明复被家里"贬"到宜兴一家洋货铺，名为习商，实为学徒。这对于一个生长在仕儒之家的孩子来说，是一个沉重的打击。但他并不灰心，而是默默发奋，在工余时间认真看书，"平日好阅新书及西文，故店中同事呼之为'洋先生'"③。入店一年半后，他怎么也不肯干了，再三恳求父亲、祖父让他上学读书，母亲也帮着求情。祖父、父亲终于送他入上海中等商业学堂就读。胡明复十分珍惜来之不易的读书机会，"每次考试不是第一，便是第二"。1907 年，兄敦复与姐彬夏同去美国留学，那时正好是胡明复从上海中等商业学堂毕业的时候，在从城里回家乡的小舟上，众人祝贺敦复、彬夏取得的好成绩，母亲自豪地说："三弟这次毕业也名列第一。"大家欢呼："三个第一！三个第一！"④

从上海中等商业学堂毕业后，胡明复又考入南京高等商业学堂，在校三年，成绩在全校名列前茅。但是，仅仅是高等商业学堂的"尖子"，并不能使他有任何满足，因为在家里他依然被认为是"最差"的学生。弟弟胡刚复考取庚款留美生，对他带来了强烈的"刺激"。他当即给大哥写信，表示自己也想考。但胡敦复认为他读的是商科，所学的是财务和会计，而非数理化等基础课程，和其他学堂的学生同台竞争没有优势，便拒绝了。胡明复不死心，写信给父亲求援，经再三函商，胡敦复才勉强同意给他半年的较简单的课程，如果半年内能完成再寄给他下半年的课程。一年间，胡明复常常彻夜攻读，由于用功过度，竟骨瘦如柴。

胡彬夏回忆："我兄妹中四个大的都在二十岁左右先后由政府资送美国留学，内中以三弟之应选为最劳苦。他不但在十三四岁时因入店学习生意曾经停过学一年半，就是后来出来所进的中学及高等学堂，亦皆为商业专门学校，当然注重商业，忽略其他普通学科。他所习的科学，以与商业有关，偏于实用方面者为多，与清华考试所应预备的科目，完全不同。算学一门，尤其为难：商业学校之算学为商业算学，而清华考试所需者为代数、几何、三角等等。他一面在学校里

---

① 胡彬夏：《亡弟明复的略传》，《科学》第十三卷第六期（1928 年 6 月）。

② 胡彬夏：《亡弟明复的略传》，《科学》第十三卷第六期（1928 年 6 月）。

③ 胡彬夏：《亡弟明复的略传》，《科学》第十三卷第六期（1928 年 6 月）。

④ 胡彬夏：《亡弟明复的略传》，《科学》第十三卷第六期（1928 年 6 月）。

照常上课，一面自习代数、几何、三角、理化等科，预备去考清华。商业每天有七点钟的课，最后一年为将毕业的一年，功课尤重，但他从不缺课，每考总是第一。在这情景之下，他能于短时期间将清华考试预备完好，应考中试，即自幼称为神童的大哥，亦不得不惊奇叹服。"[1]

当胡适、胡明复这批学生被送到美国之后，1911 年 1 月，清廷下旨将游美肄业馆定名为"清华学堂"。该馆"学额推广至 500 名"，学程"设高等中等两科"，"两科八年通修功课以学分计"；高等科"以美国大学及专门学堂为标准"，"中等科为高等科之预备"[2]。3 月，清华学堂举行了入学复试，468 名学生全部合格。这就是清华学校最早的一批学生。4 月 29 日，清华学堂正式开学。这一天，后来成了清华大学的校庆日。周自齐继续担任学堂监督，胡敦复受聘为教务长。

到了 6 月，清华学堂举行高等科期末考试，同时进行第三次留美学生选拔考试。有 134 名高等科学生参加，选定 63 人赴美留学，其中有我国现代数学的重要奠基者姜立夫，有生物化学鼻祖吴宪，有首个化工研究所创办者孙学悟，有曾任河海大学校长的杨孝述，还有中国民主建国会发起人之一的章元善，以及领衔"学衡"派的梅光迪等。而留下来继续在清华读书的学生，便是清华学校的首届毕业生，他们中有金岳霖、侯德榜、叶企孙、杨石先、汤用彤、吴宓等一代名家。

姜立夫，原名蒋佐，浙江平阳人，1890 年出生。幼年读私塾，后入杭州师范学堂，同学有徐志摩（章垿）、郁达夫（文）、毛准（子水）等人。1911 年 2 月至北京清华学堂报到，补习英语，6 月参加幼年生英语口试合格，7 月乘"中国号"邮船赴美。[3] 这年姜立夫 21 岁。清华大学校史稿记载："1911 年 6 月（农历）学务处又考选了第三批直接留美生姜立夫、陆懋德、杨光弼、王挺生、吴康等 63 人，于同年 7 月赴美。"[4] 出国前，姜立夫在家乡完婚。数年后，在其尚在美国求学期间夫人在国内病故。

至此，"庚款生"前后考选三批，共录取 180 人。这些学子虽没在清华学堂接受留学前教育，但同属清华留美序列，所以被清华校友称为"史前期"清

---

① 胡彬夏：《亡弟明复的略传》，《科学》第十三卷第六期（1928 年 6 月）。

② 《清华学堂章程》，朱有瓛编：《中国近代学制史料》第三辑（上册），华东师范大学出版社，1983 年，第 552—553 页。

③ 刘绍唐主编：《民国人物小传》第 9 册，上海三联书店，2015 年，第 111—112 页。

④ 《清华大学校史稿》，中华书局，1981 年，第 8 页。

华生。

1910年8月16日下午，阳光灿烂，上海新关码头人头攒动，70位刚刚剪去发辫、换上西装的第二批庚款留学生先后来到码头，还有前来送行的亲友。领队唐孟伦、严智钟、胡敦复提醒大家注意安全，带好随身行李。胡敦复是1909年才从美国康奈尔大学毕业回国的，大家围着他问长问短，都认为他的经验有现实参考价值。下午两时，留学生们怀着恋恋不舍的心情，告别了苦难中的祖国，乘坐转送的驳轮缓缓地驶离了码头。阳光照在船体上，"S.S.CHINA"（中国号）几个字格外分明与亲切。

许多年后，学生王琎回忆起当年出国游学之事时，印象最深的就是胡敦复劝他们剪辫子的故事。在他们在上海候船的时候，胡敦复劝说大家剪掉辫子。王琎和大部分同学犹豫再三，只是禁不住胡敦复一再的鼓励，才下决心剪了辫子。有的同学还为辫子被剪掉痛哭了一场。[1]

在船上，胡适很自然地就认识了差一点让他"空欢喜一场"的胡达。但一开始，两人的兴趣并不相投，后来胡适曾回忆说："明复从不同我们玩，他和赵元任、周仁总是同胡敦复在一块谈天；我们偶然听见他们谈话，知道他们谈的是算学问题，我们或是听不懂，或是感觉没有趣味，只好走开，心里都恭敬这一小群的学者。"[2]不过，胡适与胡宪生倒很投脾气，很快成为牌友。"我是一个爱玩的人，也吸纸烟，也爱喝柠檬水，也爱学打'五百'及'高，低，杰克'等等纸牌。在吸烟室里，我认得了宪生，常同他打Shuffle Board；我又常同严约冲、张彭春、王鸿卓打纸牌。"[3]

"中国号"经日本横滨、夏威夷后，继续穿行于太平洋，最后抵达美国西海岸的旧金山。加州大学四年级学生蒋梦麟带着几位同胞前来迎接。学生们住进斯托克顿东方旅馆稍事休整后，即乘火车到华盛顿留美学生监督处报到，并核定各人所去的学校。火车在美洲新大陆上向东部奔驰，对学生们来说如同乘海轮一样，又是第一次长途跋涉，一切都感到新鲜好奇。到留美学生监督处报到后，大家各奔东西，赵元任、胡适、胡明复等14人去康乃尔大学，竺可桢等被分配在伊利诺大学。

康奈尔大学，位于小城绮色佳。胡明复进了康奈尔大学文理学院，和赵元任

---

① 王天骏：《文明梦——记第一批庚款留美生》，清华大学出版社，2012年，第19页，

② 胡适：《追想胡明复》，《胡适全集》第三卷，第863页。

③ 胡适：《追想胡明复》，《胡适全集》第三卷，第863页。

同班，两人对数学、物理和哲学都有浓厚的兴趣，而且同住一个宿舍。赵元任回忆："后来我迁到卡斯卡迪拉馆（Cascadilla Hall），和我住同房间的是胡达（明复），我和他相互学方言。他是无锡人，在我家乡常州以东三十英里。外人很难分别出这两种口音，因为太近似了。胡家人那时我认识的颇有几位：明复的哥哥胡敦复一九〇九年在康奈尔毕业，是护送我们去美的三位监督之一；他俩的远房堂兄弟胡宪生一九一四年毕业；我们同班的胡适（和上述三胡无亲属关系）。因之颇有一段时期，我们的朋友难以分辨出胡是哪个胡（译者按：原文为 Hu was Hu，与 Who's Who 声音相似）。"[①]

胡明复

此一阶段，胡明复与胡适仍然不熟，直至1912年春胡适从农学院转学入文理学院，两人迅速热络起来。"到了绮色佳（Ithaca）之后，明复与元任所学相同，最亲热；我在农科，同他们见面时很少。到了一九一二年以后，我改入文科，方才和明复、元任同在克雷登（Prof.J.E.Creighton）先生的哲学班上。我们三个人同坐一排，从此我们便很相熟了。"[②]

胡适转学的原因，因为他在学习法、德文时，对英、法、德三国文学发生了兴趣，引起了他复振中国文学的愿望。日后，他回国后因提倡文学革命而成为新文化运动的领袖之一，集学者、诗人于一身。不过，康奈尔大学的农科在美国很有声望，金邦正、秉志、过探先、戴芳澜等人在农科的学业突飞猛进，后来都成为该学科的佼佼者，这也很让胡适羡慕。他在《留学日记》中说："秉志、金邦正和过探先的农学，皆已蜚声留学界。"胡宪生同样在康奈尔大学农科学习，1914年毕业获学士学位，1916年获森林学硕士学位。他在中国科学社创办的《科学》杂志上发表《商业上的造林》的论文。

与胡明复同班的赵元任，同样成了一代文化大师。赵元任，原籍江苏常州，1892年生于天津。他入康奈尔大学原想学习电机工程，但在去美的轮船上胡敦复对他解释过纯科学与实用科学的区别，于是他集中心力主要在数学与物理上。但赵元任这种对学理的兴趣又不局限于某一门具体的学科，尽管他主修的是数学和哲学，但他还是花了大量的时间来学习物理、生物、语言学、心理学、音乐、

① 赵元任：《从家乡到美国——赵元任早年回忆》，第111页。
② 胡适：《追想胡明复》，《胡适全集》第三卷，第863页。

科学史等课程，一度成为康奈尔大学最佳成绩的保持者。"美国史我得了六十八分，是我作学生以来最低的分数。我得的最高分是数学得两个一百分、一个得了九十九分，另外天文学得了一百分"①。

在四年大学学习中，胡明复同样读书用功，成绩优异。章元善回忆："在康校时，元任同清华教务长胡敦复的弟弟明复住在一起。他们的数学特别好，我学解析几何颇感困难，不时请教他们，他们运算能一跳几步，令我十分钦佩。"②胡适也回忆："明复与元任的成绩相差最近，竞争最烈。他们每学期的总平均分都在九十分以上；大概总是元任多着一分或半分，有一年他们相差只有几厘。他们在康南耳四年，每年的总成绩都是全校最高的。"③

那时学校每年都有一次数学比赛，胡明复屡次参加都获第一名，很多年后他的女儿回忆说："爸爸把三块金牌挂在我们子女三个的头上，说爸爸不买金项链给你们，你们三人就带上它留作纪念吧。"④

1913年，胡适和赵元任、胡明复三人同时被推举为负有盛名的美国大学生联谊会会员；1914年毕业前夕，赵元任和胡明复又被推举为美国荣誉科学会会员——要知道，他们是学文科的！

有一段时间，胡明复对政治颇感兴趣。1912年11月胡适与胡明复发起一个政治研究会，研究讨论世界政治，很快就有了10个成员。他们每两周开会一次，每次讨论一个问题，由会员两人轮流预备论文宣读，论文读完会员还进行讨论。第一次开会讨论的是美国议会，后来还讨论过英、法、德的国会制度。在12月的一次会上，胡明复与尤怀皋讲演"租税"。胡适在日记中对他们讲演的评价是："甚有兴味，二君所预备演稿俱极精详，费时当不少，其热心可佩也。"⑤而胡明复的热心何止于此。1914年8月，同时来美的留学生许先甲提议组织"社会改良会"，他也是成员之一。胡适大力提倡使用西式标点符号，他又是支持者，并且提出自己的建议，胡适在那篇《论句读及文字符号》论文中就采纳了胡明复的建议。

---

① 赵元任：《从家乡到美国——赵元任早年回忆》，第112页。

② 章元善：《忆𝑥》，全国政协文史资料研究委员会编：《文化史料（丛刊）》第7辑，文史资料出版社，1983年，第27页。

③ 胡适：《追想胡明复》，《胡适全集》第三卷，第863页。

④ 杨竹亭编著：《一代宗师——胡刚复教授的光辉业绩》，上海浙江大学校友会编印，2006年，第15页。

⑤ 《胡适全集》第二十七卷，第233页。

当赵元任、胡明复、胡适等第二批庚款生踏上美国土地求学的第二年，远在万里之外的祖国爆发了翻天覆地的辛亥革命。选拔他们出国的清华校务一度停顿，直至1912年5月才又开课，并改名为清华学校。

辛亥革命的胜利，还直接催生了中国近代留学教育史上比较特殊的一个群体——稽勋留学生。民国初建，中央政府先后向美、日、西欧各国派出留学生，其成员多为革命党人和对辛亥革命有功人士的子弟。这批留学生一共只派遣了两期，前后不过30余名。

1912年冬，任鸿隽和杨铨这两位稽勋留学生的到来，在康奈尔大学生中燃起了一团熊熊的"新火"，使大家不仅为个人学习，而且还为着某种理想去努力。

任鸿隽，字叔永，祖籍浙江湖州，1886年出生于四川垫江；杨铨，字杏佛，1893年出生于江西玉山。两人皆中途辍学参加革命，出国前在临时总统府秘书处任职，因对袁世凯主政表示不屑，故以"稽勋留学生"身份继续出国深造。在康奈尔大学，任鸿隽就读于文理学院，而杨铨则选读了机械工程专业。

1914年6月10日晚上，康奈尔大学的大考刚过，胡明复、赵元任等毕业在即。留学生们晚餐后聚集在大同俱乐部檐下闲谈。

此时，万里之外的欧洲战云密布，第一次世界大战一触即发。同样在万里之外的祖国，阴霾压城，风雨如晦。虽然"皇帝倒了、辫子剪了"，但专制依然存在。就任中华民国大总统的袁世凯，梦想登上皇帝的宝座。复活帝制的逆流一时甚嚣尘上，"闹得乌烟瘴气"。康奈尔大学却是另外一番风光，没有那种喧嚣和紧张，也没有那种苦难和重负，似乎只是一片安宁，一派恬静和清幽。"恰同学少年，风华正茂"。当时康奈尔大学的这批留学生，杨铨只有21岁，胡明复、周仁、赵元任只稍长一二岁，年纪最大的任鸿隽和秉志也只28岁。这群满怀着爱国主义热忱和科学救国理想的青年学子集合在一起，按捺不住心中的忧国忧民之情，遥望浩瀚星空，不由"引颈东顾，眷然若有怀也"[①]。他们纵论天下大事，希望寻找到一条能为国家和民族振兴贡献个人绵薄之力的实际途径。

话题一打开，大家的意见很快趋向一致，认为中国所缺的莫过于科学，既然如此，何不成立一个组织、刊行一种杂志，向中国的大众介绍科学呢？这个提议立刻得到谈话诸人的赞同。于是，一个在20世纪上半叶曾对中国科学发展产生重大影响的最大的民间科学团体——中国科学社就诞生了。

---

① 任鸿隽：《发刊词》，《科学救国之梦——任鸿隽文存》，上海科学技术出版社，2002年，第18页。

　　两年半以后，任鸿隽于发表在《科学》第三卷第一期上的《外国科学社及本社之历史》一文中讲述了中国科学社的创建过程：我们的中国科学社，发起在 1914 年的夏日，当时在康奈尔的同学，大家无事闲谈，想到以中国之大，竟无一个专讲学术的期刊，实在可愧；又想到我们在外国讲学的，尤以学科学的为多，别的事做不到，若做几篇文章讲讲科学，或者还是可能的事。于是这年六月初十日，大考刚完，我们就约了十来个人，商议此事。[①] 40 余年后，他在《中国科学社社史简述》中又再次谈到，当时，"一旦战事爆发，世界上的头等强国，都把他们多年积蓄的力量拿出来做你死我活的斗争，这在 20 世纪初年是一个震荡人心的大事件。在国外留学的中国学子，不能不触目惊心，想做一点什么，对祖国有些微的贡献，他们看到当时欧、美各国的强大，都是应用科学发明的结果，而且科学思想的重要性，在西方国家的学术、思想、行为方面，都起着指导性的作用。在现今世界里，假如没有科学，几乎无以立国"。他们想到"中国所缺乏的莫过于科学，我们为什么不能刊行一种杂志来向中国介绍科学呢？""因此，他们想把这个东西介绍到中国来，并且设法使它开花结果。这便是当时几个学子发起中国科学社的目的。"[②]

　　章元善和赵元任也曾谈到过科学社的发起过程。章元善在追忆赵元任的一篇文章中写道，"（我们）一道看报，知道些国内革命消息。看社会新闻及报上登的广告，觉得国内科学空气实在太薄，我们觉得惟有科学才能救中国。在一次中国同学的野餐会上，不知怎的，大家把话头集中到科学救国这一点上来了。我们一边吃喝，一边畅抒己见。少年气壮，大家要立即行动起来。我们决定发起组织中国科学社，编写科学文章发行杂志。""元任于科学社的发起起了带头作用。参加发起的还有胡明复、秉志、邹秉文、胡适、金涛、过探先等十来个人。"[③] 赵元任在其《早年回忆》中提到："1914 年 6 月 10 日，我在日记上写道：'晚间去任鸿隽（叔永）房间热烈商讨组织科学社出版月刊事。'"[④]

　　他们同时决定，在成立中国科学社的同时，创办《科学》月刊。任鸿隽回忆，当天晚上的讨论很热烈，"说也奇怪，当晚到会的，皆非常热心，立刻写了一个缘起。拟了一个科学的简章，为凑集资本，发行期刊的预备。当时因见中国发行的期刊大半有始无终，所以我们决议把这事当作一件生意做去，出银十元的

① 任鸿隽：《外国科学社及本社之历史》，《科学救国之梦——任鸿隽文存》，第 103 页。

② 任鸿隽：《中国科学社社史简述》，《科学救国之梦——任鸿隽文存》，第 721—722 页。

③ 章元善：《忆䎃》，《文化史料（丛刊）》第 7 辑，第 28 页。

④ 赵元任：《从家乡到美国——赵元任早年回忆》，第 118 页。

算作一个股东，有许多股东在后，自然就不会半途而废了"。①胡适也回忆："科学社发起的人是赵元任、胡达（明复）、周仁、秉志、过探先、杨铨、任鸿隽、金邦正、章元善。他们有一天聚在世界会（Cosmopolitan Club）的一个房间里——似是过探先所住——商量要办一个月报，名为《科学》，后来他们公推明复与任鸿隽等起草，拟定科学社的招股章程。"②

1914 年科学社社员合影，前排中为竺可桢，左三为任鸿隽，
右三为赵元任，右二为杨铨，第二排中为胡明复

6 月 29 日，胡明复、杨铨、任鸿隽等草拟了《科学月刊缘起》和《科学社招股章程》，寄送给在美国的中国留学生以及一些已经回国的留学生。《科学月刊缘起》明确表示："令试执途人而问以欧、美各邦声名文物之盛何由致？答者不待再思，必曰此实科学之赐也。……同人等负笈此邦，于今世所谓科学者庶几日知所亡，不敢自谓有获。愿尝退而自思，吾人所朝夕育习以为庸常而无奇者，有为吾国学子所未尝习见者乎？其科学发明之效用于寻常事物而影响于国计民生者，有为吾父老昆季所欲闻之者乎？……试不知其力之不副，则相约为科学杂志之作，月刊一册以飨国人。专以阐发科学精义及其效用为主，而一切政治玄谈之作勿得阑入内焉……"③

---

①　任鸿隽《外国科学社及本社之历史》，《科学救国之梦——任鸿隽文存》，第 103 页。
②　胡适：《追想胡明复》，《胡适全集》第三卷，第 864 页。
③　任鸿隽：《中国科学社社史简述》，《科学救国之梦——任鸿隽文存》，第 723 页。

当时在《科学月刊缘起》上签名的有胡达（明复）、赵元任、周仁、秉志、章元善、过探先、金邦正、杨铨、任鸿隽九人。他们作为《科学》月刊的发起人，一般也被认为"实际上正就是科学社的发起人"。①

办刊需要资金，资金从何而来？这帮留学生决定科学社暂时采取一种"合资集股"的方式，入社须交股金，作为出版杂志的资本。他们制订了《科学社招股章程》，规定："本社暂时以美金四百元作资本"，"本社发行股份票四十，每份美金十元，其二十份由发行人

科学社"认股一览表"与"交股一览表"首页

担任，余二十份发售"，"购一股者，限三期交清，以一月为一期；第一期五元，第二期三元，第三期二元。购二股者，限五期交清；第一期六元，第二、三期各四元，第四、五期各三元。每股东以三股为限，购三股者其二股依上述二股例交付，余一股照单购法"。《科学月刊缘起》和《科学社招股章程》付印发出后反响热烈，一时间有 76 人申报入股，募得股金 847 美元，超出预想两倍多。

集到股金之后，由赵元任主持召开社员会议，组建科学社董事会。由任鸿隽、赵元任、胡明复、秉志、周仁等五人组成。第一届董事会中，任鸿隽担任社长，赵元任担任书记，胡明复担任会计。另由杨铨任编辑部部长，过探先任营业部部长，金邦正任推广部部长。

接下来的事就是撰写文稿、编辑杂志。1914 年的整个夏天，编辑部夜以继日地为《科学》忙碌。秋天开学的时候，已经凑集了三期的科学文稿预备发刊。

《科学》创刊号封面及目录

① 任鸿隽：《中国科学社社史简述》，《科学救国之梦——任鸿隽文存》，第 723 页。

1915年10月25日，科学社董事合影，前排左起为赵元任、周仁，
后排左起为秉志、任鸿隽、胡明复

对于编辑《科学》杂志的辛劳，任鸿隽如此回忆："科学社成立后第一件要办的事业，就是发行《科学》杂志。这个杂志的文字，当然系由发起人一力担任。……因为这个原故，我们就想出了一个分组合作的方法，以便互相帮助，于著作的收获上就容易得多。我记得杏佛和元任常常在一组，我和明复常常在一组。因此，我和明复的相知愈加亲切，而交情也愈加浓厚。""我们就一个夏天，朝以继夕，夜以继日的，只是忙《科学》，到了夏天过去，秋天开学的时候，我们的科学社组织成立了，还有了三期的科学文稿预备发刊。我记得明复在夏天过完之后，回顾这几个月的工作，说：'我们这一个夏天，可算不曾虚度。'"①

当时，作为董事之一的胡明复，可谓服务《科学》杂志和操持社务最为尽力者。仅在前三期的《科学》上，他撰写文章就达10篇之多，分别为《万有引力之定律》《算学于科学中之地位》《近世科学宇宙观》《近世纯粹几何学》《美国各大学中之外国学生》《用合金取轻气体》《雪线以上之显花植物》《脑威之地震》《人机之费用》《一表之工作》，内容涉及许多学科。同时，胡明复还担当了文稿的编辑事宜。据胡适回忆："明复在编辑上的功劳最大，他不但自己撰译了不少稿子，还担任整理别人的稿件，统一行款，改换标点，故他最辛苦。"②

在任鸿隽的印象里，胡明复"自来不会说话，少于交际"，但在中国科学社

① 任鸿隽：《悼胡明复》，《科学救国之梦——任鸿隽文存》，第392—393页。
② 胡适：《追想胡明复》，《胡适全集》第三卷，第865页。

的组织上，胡明复从一开始就精心筹划，不遗余力，"明复发表的意见很多，也最得同人的赞许"。当时只是暗中摸索，直到1916年在美国开第一次年会，社长任鸿隽查了英国皇家学会的历史，才发现竟有许多不约而同的地方，大家引以欣慰，"但由此也可以知道明复的见解和识力了"①。

终于，在1915年1月，中国最早的综合性科学杂志《科学》月刊第一卷第一期由上海商务印书馆在国内出版发行，产生了影响。美国著名科学家爱迪生曾致函中国科学社表示支持，在法国的蔡元培、李石曾、吴稚晖也写信以示鼓励。再如黎元洪、唐绍仪、伍廷芳、张謇、范源濂、黄炎培、沈信卿等人，也都曾为《科学》题词。当时正在美国避难的黄兴则为《科学》题写了刊名，《科学》月刊自第三卷第一期始，刊名即采用了黄兴的手书。

爱迪生亲笔签名的肖像照及"爱迪生来信原文"书影

要想把办刊作为一项长期的事业，合理运用资金是个重要的问题。除了入社的每股十美元股金外，并不能维持刊物的运转，社员们仍必须为刊物捐款。以后，任鸿隽就曾提到，当时，"我们除了预备各人担任的文稿外，每人每月还节省出学费三元至五元，作为《科学》的印刷费"②。这些资金说起来不算多，但

---

① 任鸿隽：《悼胡明复》，《科学救国之梦——任鸿隽文存》，第391—392页。
② 任鸿隽：《〈科学〉三十五年回顾》，《科学救国之梦——任鸿隽文存》，第717页。

对入股的留学生来说，还是有些压力的。经同学倡议，这些留学生开始过一段"清苦"的日子。赵元任回忆："因为这个月刊不似《东方杂志》那样大众化的刊物，我们得要用从奖学金中特别节省下来的钱，支持这个刊物。有一段时间，我以汤和苹果饼作午餐，以致得了营养不良症。"①

在这种条件下，没有一个精打细算，认真负责的"管家"，科学社是生存不了多久的。由于学过理财，胡明复被推为会计。任鸿隽说："明复对于科学社还有一个重要的贡献，就是他理财的本领。他自科学社成立，即被举为会计，一直到前年才由过君探先接替。他既是算学家，用钱又非常的谨慎，所以科学社虽自成立以来，同别的学社一样，常常闹经费困难，但从没有受过窘迫，使他的事业受一点停顿或间断的影响。""我曾经留心过，算学家是不作兴算错账的，但是明复若有算错的时候，那吃亏的一定是别人，不是科学社。所以我常常笑说，明复是一个理想的会计。"②

随着事业的发展，留学生们不再满足于仅仅出版一份科学期刊，"诸君晓得我们科学社的宗旨，是要振兴科学，提倡实业，仅仅一个期刊，要想达到这宗旨，岂不是梦想。后来社员中觉得此事的，也日多一日"③。于是，改组科学社为学会性质的计划提上了日程。1915 年 4 月，"即由董事会发信问全体股友的意见"，以后，"得一致赞成"。6 月，由任鸿隽、胡明复、邹秉文三人草拟了《中国科学社总章》，10 月 25 日"由社员全体通过，从此中国科学社通告正式成立"。科学社正式更名为"中国科学社"，这一天也成为中国科学社的成立纪念日。通过的《中国科学社总章》，确立中国科学社以"联络同志，研究学术，以共图中国科学之发达"④为宗旨，"不但是传播新知以促进科学研究，还要发表研究结果以建立学术的威权"⑤。选举任鸿隽为社长，赵元任为书记，胡明复为会计，他们三人和秉志、竺可桢、钱治澜、周仁七人共同组成第一届董事会。中国科学社的成员并不局限于研究自然科学的人，任鸿隽在邀请心仪的才女陈衡哲加入时，陈说我不是学科学的，任鸿隽回答说："没关系，我们需要的，是道义上的支持。"

---

① 赵元任：《从家乡到美国——赵元任早年回忆》，第 118 页。

② 任鸿隽：《悼胡明复》，《科学救国之梦——任鸿隽文存》，第 393 页。

③ 任鸿隽：《外国科学社及本社之历史》，《科学救国之梦——任鸿隽文存》，第 103 页。

④ 任鸿隽：《中国科学社社史简述》，《科学救国之梦——任鸿隽文存》，第 724 页。

⑤ 任鸿隽：《〈科学〉三十五年回顾》，《科学救国之梦——任鸿隽文存》，第 717—718 页。

中国科学社成立后，就吸引了许多志同道合的留学生，包括一些已经回国的留学生源源不断地加入他们的行列。任鸿隽在《中国科学社社史简述》中提到，1914年时，科学社人数为35人。而次年科学社由公司形式改组为学社之前，增加到77人，1915年10月科学社改组之时，人数则为115人，其中在美国的中国留学生有85人，在国内的社员共为26人。除了任鸿隽、杨铨、胡明复、赵元任、王琎和胡适等外，还有张子高、陈衡哲、钱天鹤、钱崇澍、周仁、竺可桢、胡先骕、金邦正、过探先、秉志、孙学悟、戴芳澜、唐钺、姜立夫、邹秉文、吴宪、胡刚复、杨孝述、饶毓泰、侯德榜、何鲁等。这些人，日后都在各自领域里为中国的科学发展作出了自己的贡献。

中国科学社，是怀抱科学救国梦想的一批留学生在美国发起成立的一个纯粹的民间学术团体，也是中国最早的综合性科学团体。从1914年到中华人民共和国成立的1949年，中国科学社在为科学播火、拓荒的道路上，走过了一段奋斗和抗争，也有过辉煌和成功，却更多地充满了辛酸和磨难的经历。也正因为如此，他们才能在中国近代科学的发展史上留下难以磨灭的痕迹，他们为中国科学事业的发展所做出的努力和贡献也才更显可贵。由他们出版的《科学》杂志是我国最早的现代科学期刊，提倡科学、传播新知是他们办刊结社的目的。此后直到1951年停刊，它都是中国最重要的学术期刊之一。在三十多年中，中国科学社从最初的"孤军奋战"，到以后和其他科学团体的广泛联合，从起始时的"纯科学"主张到以后为民主自由而斗争，这无疑是一种转变，而这种转变又正是它始终追随着时代的进步，"为正义为学术的自立而努力"的自然发展。

中国科学社成立的1915年，也正是陈独秀在上海创办《新青年》前身《青年》杂志的年份。此后，陈独秀、胡适等同志们高举"德""赛"两面旗帜，引领着近代中国的科学、民主进程。大洋彼岸，一群学业将成的年轻学生创办的《科学》，无疑是"赛先生"更有力的代表，他们隔洋相望，遥为呼应，在彼此毫不知情的情况下，却走到一块去了。如果说"民主"和"科学"是那个时代追求的中心词，那么《新青年》群体、《科学》群体对于推动中国社会的进步都产生了根本性的影响。

1962年7月，陈衡哲以半昧之目在夫君任鸿隽身后为其撰写的小传中说："那时在美国的中国学生中，有一部分是受过戊戌政变及庚子国难刺激的，故都抱着'实业救国'的志愿。我是1914年秋到美国去读书的。一年之后，对于留学界的情形渐渐地熟悉了，知道那时在留学界中，正激荡着两件文化革新运动。其一，是白话文运动，提倡人是胡适之先生；其二，是科学救国运动，提倡人便是任叔永先生。"[1]

1915 年 10 月出版的《科学》第 1 卷第 10 期所刊《青年杂志》创刊号广告
和《青年杂志》第 1 卷第 2 号所刊《科学》广告

这两大运动，后来皆在国内酿造成汹涌大潮，而究其发端，就在康奈尔大学之内。

1914 年秋天，胡明复与赵元任由康奈尔大学毕业，入哈佛（Harvard）大学研究院。

那一年的康奈尔大学，中国留学生大出风头。在 40 多个中国学生中，以数学为专业的胡明复与黄伯芹（地学）、赵元任（物理）、金邦正（农科）四个人入选美国科学学术联谊会（Sigma Xi）会员。在此前一年，胡明复、胡适、赵元任，这三个同坐一排的好友，一起被选为美国大学生联谊会（Phi Beta Kappa）会员，当时美国报章传载，以为"异举"[2]。

同获两种殊荣使中国留学生大受鼓舞。胡适在 1914 年 5 月 12 日日记里记载道："此两种荣誉，虽在美国学生亦不易同时得之，二君成绩之优，诚足为吾国

① 陈衡哲：《任叔永先生不朽》，《科学救国之梦》，上海科技教育出版社，2002 年，第 746 页。
② 《胡适全集》第二十七卷，第 308 页。又见《胡适留学日记》，第 128 页。

学生界光宠也。"[1]任鸿隽也说，"尤其稀奇的，是明复自来不会说话，少于交际，由此我们晓得这位先生是一个闭户自精的学者了。"[2]

胡明复，就是以这样的荣誉为自己在康奈尔大学的学业画上一个圆满的休止符。

康奈尔大学中国同学会，三排左五为胡明复

在哈佛，胡明复与赵元任仍同居一室。他们先租住在牛津街（Oxford Street）的波尔京斯馆（Perkins Hall）77号，后又搬到85号。[3]不过，学业上两人却各起炉灶。胡明复选了数学，师从美国著名数学家、曾任美国数学会主席的博歇（M.Bocher）教授以及奥斯古德（W.F.Osgood）教授，从事积分方程论的研究，积分方程在当时属于较新的数学研究领域。

在哈佛，胡明复对哲学尤其是当时在欧美也不大引人注目的科学哲学有浓厚的兴趣。1916年他发表了《科学方法论一——科学方法与精神之大概及其实质》及《科学方法论二——科学之律例》[4]。在《科学方法论一——科学方法与精神之大概及其实质》中，胡明复认为科学方法是科学的本质，"且夫科学何以异于他学乎……即在科学之方法"，"科学方法之唯一精神，曰'求真'"，"此种精神，直接影响于人类之思想者，曰非除迷信与妄从"，并认为中国需要的就是这种科学精神。在《科学方法论二——科学之律例》中，胡明复对于当时在西方尚不大引人注目的科学哲学，阐明了自己的观点，他指出：科学律例（理论），其即自然之真理乎？盖大有研究之地。他得到的结论：科学理论只具有或然性，

① 《胡适全集》第二十七卷，第309页。又见《胡适留学日记》，第129页。

② 任鸿隽：《悼胡明复》，《科学救国之梦——任鸿隽文存》，第391页。

③ 赵元任：《从家乡到美国——赵元任早年回忆》，第124页。

④ 《科学方法论——科学方法与精神之大概及其实质》，《科学》第二卷第七期（1916年）；《科学方法论二——科学之律例》，《科学》第二卷第九期（1916年）。

许多科学理论一开始之时是以假设形式出现的，而后经过类比推理而提出来。"夫科学律例，无非为过去事实之通理，其能基过去以预测未来者，纯为假设之理，唯据过去之经验，则机数基大，为何恃耳。夫所贵乎科学之律例者，即此机之所恃也。"同时，胡明复还论及了科学与救国的关系，指出救国只有唯一的道路，那就是科学。"考诸西国科学发达史，盖自科学发展以来，几无日不与旧迷信旧习尚旧宗教旧道德相搏战"，其结果不仅是科学自身的发展，"即风俗道德与宗教亦因之日进纯粹，而愈趋于真境。"这"真"就是科学的精髓，只有"提倡科学，以养'求真'之精神，则事理明，是非彰，而廉耻生……"，而"民智民德发育以后自然之结果"就是所欲达到的富国强兵之效。"科学救国非以物质救国，而在求真，真理既明，实用自随"。

后来，有学者认为他这两篇《科学方法论》，在当时科学风气初开的氛围中，第一个正确地表达了"科学"的概念，只是未被社会所重视。⑤不过，这些理论，为他今后撰写《几率论》《误差论》奠定了最初的思想基础。

胡明复与赵元任去了哈佛，留在康奈尔大学的杨铨担当《科学》编辑任务，常向他们催稿子。1916 年 6 月间，杨铨作了一首白话打油诗寄给胡明复：

> 自从老胡去，这城天气凉。
>
> 新屋有风阁，清福过帝王。
>
> 境闲心不闲，手忙脚更忙。
>
> 为我告"夫子"，《科学》要文章。

赵元任见此诗，也和了一首：

> 自从老胡来，此地暖如汤。
>
> 《科学》稿已去，夫子不敢当。
>
> 才完就要做，忙似阎罗王。
>
> 幸有辟克匿（picnic 译音，野餐），那时波士顿肯白里奇的社友还可大大乐一场。⑥

那时的胡适正热衷于写白话诗，经常同一班朋友讨论文学问题。忽然有一天收到了胡明复从哈佛寄给他的两首打油诗，而且是白话的。第一首是：

> 纽约城里，
>
> 有个胡适，

---

⑤ 林毓生：《民初"科学主义"的兴起与含意——对"科学与玄学"之争的研究》，《中国传统的创造性转化》，生活·读书·新知三联书店，1996 年。

⑥ 胡适：《追想胡明复》，《胡适全集》第三卷，第 866—867 页。

白话连篇，

成啥样式！

第二首还是一首"宝塔诗"：

痴！

适之！

勿读书！

香烟一支！

单做白话诗！

说时快，做时迟。

一做就是三小时！

书信往来中采用打油诗形式，朋友间的感情和为《科学》工作的热情跃然纸上。

1916 年，杨铨暑假后转入哈佛大学商学院。因为赵元任、胡明复和杨铨三人都在哈佛大学，《科学》月刊的编辑部便移到哈佛大学。随着科学社和《科学》杂志迁来哈佛。此时正在哈佛研究院就读的胡刚复也成为积极撰稿者和社务活动的重要成员。当年，胡刚复在哈佛加入了中国科学社，并在《科学》杂志上发表了《大地电象》《电位定名解》等数篇论文。

哈佛大学校园

1917 年，胡明复完成博士论文，获哲学博士学位 [①]，论文题目是《具有边界条件的线性积分—微分方程》（Linear Integral Differential Equation With A Boundary Condition）。这篇博士论文，是对著名数学家伏尔泰拉（Vito Volterra）、希尔伯特（David Hilbert）等人早期工作的推广与深化。他将当时数学家广为关注的第一类、第二类积分方程推广到含有微分的形式。然后，利用伯克霍夫（Birkhoff）建立的积分变换公式，将积分—微分方程转变为第二类积分方程。在给定的边界条件下，他把沃尔泰拉尚不大用的，希尔伯特积极倡导的"极限过程"方法的应用范围扩充了，由此得到了所研

---

① 哲学博士，即 Doctor of Philosophy，英文缩写 Ph.D.，是当时高校内培养研究生的最高一级学位。这里的哲学并非学科之称谓，不被作为名词理解，而是作为形容词（philosophical）或者副词（philosophically）来理解，这也就是说某个人的研究工作甚至日常生活具有某种"哲学的"品质或素养。

究的积分—微分方程的解存在和唯一的充分必要条件，并得到了在边界条件下方程及其解的性质。该论文还利用"极限方法"的和谐理论，讨论了共轭和自共轭性质，格林函数的性质等。

论文答辩通过后，胡明复向美国数学会提交了这篇博士论文。当时主持美国数学会工作的伯克霍夫·穆尔（E.H.Moore）教授对他的工作十分赏识。1918年10月，享有很高声誉的学术刊物《美国数学会会刊》（*Transactions of the American Mathematical Society*）第十九卷第四期全文发表了这篇长达40余页的博士论文。

胡明复的博士论文在中国现代数学史上占有重要的地位。1947年李仲衍在《三十年来中国的算学》一文中指出，胡明复的博士论文"是中国人在美国发表最早的算学论文"[①]。也有人评价，这是中国数学家在国际数学界的第一次发言。[②] 严济慈对此论文予以高度评价，指出"胡明复先生的研究，更可做趋限法的说明，尤足表现算学上的模仿和推广"[③]。在此后的1919年，第三批庚款留学生姜立夫也以数学获得哈佛大学的博士学位。

亲身经历并熟悉20世纪早期中国数学发展情况的数学家陈省身，在谈到1927年左右中国数学界的状况时指出："中国人以数学为主在国外得博士学位的只有胡明复、姜立夫二先生（均在哈佛）。明复先生对组织中国科学社及编印《科学》杂志功劳甚大。可惜他回国不久就去世了，对于发展中国数学，不能有更大的贡献。他的论文和俞大维先生关于数理逻辑的论文，似是中国人在国外主要数学杂志上最早发表的文章。"[④]

当胡明复进入哈佛大学之时，他的弟弟胡刚复在哈佛大学已经第五个年头了。

胡刚复到美国后，先在大学预科就读一年，后进入哈佛大学。当时的他，年仅十七八岁，头两年未确定专业方向，选学了不少数学和化学课程，第三年才专攻他自认为最富于思维训练的物理学。

在大学期间的胡刚复，还是个体育活跃分子，加入了学校足球队。

---

① 张祖贵：《胡明复》，卢嘉锡主编：《中国现代科学家传记》第四集，科学出版社，1993年，第5页。

② 张祖贵：《胡明复》，《中国现代科学家传记》第四集，第5页。

③ 严济慈：《胡明复博士论文的分析》，《科学》第十三卷第六期（1928年6月）。

④ 陈省身：《我的若干数学生涯》，《陈省身文集》，华东师范大学出版社，2002年，第34页。

1913 年胡刚复从哈佛大学毕业，获奖学金入哈佛研究院，在杜安（W.Duane）教授指导下从事镭提纯工作，并在亨廷顿癌症医院（Huntington Cancer Hospital）从事癌症放射性临床治疗。1914 年获硕士学位后，他继续在杜安教授指导下转入当时的物理前沿 X 射线领域进行实验研究。他和杜安教授合作，研究 X 射线 K 线系与化学元素原子序数的关系。

留学美国时的胡刚复

在 20 世纪 20 年代以前的几年里，X 射线的标识谱和吸收谱是实验物理学的热门课题。当时杜安已经与另一位合作者对铈（N=58）和溴（N=35）以及在这两个元素间除了惰性元素和尚未发现的第 43 号元素外的 19 个元素做了 X 射线的吸收谱频率的实验测定。在向原子序数较低的元素继续延伸时，实验遇到了困难。因为这些元素的原子发射出来的 X 射线较软（频率较低），而易被 X 射线管的厚玻璃窗口大量吸收。

为了克服这个困难，胡刚复自行研制了一套新型 X 射线管。在窗口处直接焊上直径为 2.54 厘米的长玻璃管，在管的另一端封上了极薄的玻璃半球作为窗口，其凹面朝外以增强机械强度。此长管一直伸到 X 射线仪的狭缝之前，用作准直管，以避免空气吸收 X 射线的干扰，从而取得了较软的 X 射线的可靠数据。此外他还提高 X 射线管的真空度到压强低至 0.133 帕，并采用了布拉格父子当时发明的晶体反射式 X 射线谱仪来测定波长。这样就把当时已有的 X 射线 K 线系的临界吸收频率数据延伸到从硒（N=34）到锰（N=25）的 10 个元素。

胡刚复以高超的实验技能，用先进的实验方法和精密的仪器设备测定，得出的实验结果证明，当时人们所称的 X 射线临界吸收频率、吸收体内临界电离频率、X 射线管中由激励电子能量确定的临界 X 射线频率和最高特征发射频率都是相等的，从而澄清了其他学者在不够理想的实验条件下所得结果的明显误差。他以精确的实验数据作出 X 射线管中轰击靶面的电子速度与原子序数之间的关系曲线，提高了莫塞莱（Moseley）定律的精度，在以后量子力学理论证明莫塞莱定律只是一种近似规律以前，胡刚复的实验结果是颇受重视的。胡刚复还首次在 X 射线频率范围内测定了光电子在不同方向的速度分布和 X 射线散射的空间分布及其光谱的特性，明确了选择性光电效应和选择性散射的存在，确定了 X 射线光电子的最大发射速度。

胡刚复及其导师在 X 射线研究工作上的一系列成果，对于揭示元素的原子激发和发射机制，理解 X 射线在物质中引起的电离和反光电效应，对于确定 X 射线谱项结构，揭示原子发射 X 射线的机制，从而认识原子内部结构具有重要意义，被看作是发现"康普顿效应"和建立物质波概念的前奏。

根据这些研究成果，1918 年胡刚复以《X 射线的研究》为总题提交了他的博士论文，获得通过。胡刚复论文的主要部分分为三篇，由杜安和胡刚复联名在 1918 年 6 月的美国《物理评论》（*Physical Review*）上发表，1919 年，他们又在该刊发表了两篇补充论文。[①]

胡刚复由此成为继李复几（1907 年，德国波恩大学）、李耀邦（1914 年，美国芝加哥大学）之后，在我国留学史上取得物理学博士学位的第三人。同年，颜任光在芝加哥大学也取得物理学博士学位。[②] 他们先后回国，分别任教于国内大学，一南一北，为我国近代物理学的发展作出了"开启开林"式的贡献。

德国物理学家洪德（F.Hund）在他所著的《量子理论史》一书中论及粒子流与波动过程之间的实验唯象联系时，曾对胡刚复与其导师杜安的研究工作给予高度评价。胡刚复在 X 射线研究中取得的一些学术价值很高的实验数据，也曾被著名的实验物理学者德布罗意（M.de Broglie）引进其专著《X 射线》一书中；1954 年康普顿（A.H.Compton）与艾里森（S.K.Allison）的《X 射线的理论与实验》一书中引用了三处。

中国科学社，目前被普遍认为是中国近代第一家真正意义上的科学社团。其实，回溯在其成立以前的历史，中国留美学生已经有了成立科学社团的努力，居首倡地位，并在其中发挥重要作用的正是朱庭祺、胡彬夏这一对年轻恋人。

朱庭祺，生于 1887 年，比胡彬夏大一岁，在 1906 年入哈佛大学商业管理科深造，并于 1915 年获硕士学位；胡彬夏在 1907 年赴美留学，先入美国胡桃山女塾（大学预备学堂）学习英语等基础课程，1909 年考试合格升入全美最为著名的私立女子大学威尔斯利女子学院，主修文学、辅以哲学和政治，并于 1913 年毕业，获学士学位。两人在中国留学生中皆是活跃分子，积极参与留学生的社团活动。

在胡桃山女塾的两年时间，是胡彬夏思想发生转变的重要阶段。江宁学司每

① 解俊长：《胡刚复》，卢嘉锡主编：《中国现代科学家传记》第二集，科学出版社，1991 年，第 141—151 页。

② 蔡枢、吴铭磊编：《大学物理·当代物理前沿专题部分》，高等教育出版社，1996 年，第 207 页。

年拨款 888 美元[①]，胡彬夏省吃俭用，这些资金除了用于日常开销以外，剩下全部用在学习、读书的投资上。来到美国的第一个圣诞节，学校放假三个星期，胡彬夏也没有借此机会出去赏玩一番，而是"不敢懈怠，拟于此时补习功课"[②]，在学校如同平日里学习了三周。两年里，胡彬夏不仅充实了文化知识，其思想也逐渐发生了变化，看待事物渐渐能由表及里，并改变了之前对下田歌子老师关于女子家政较为排斥的偏激态度，对女子教育也有了更为具体、深远的认识。胡桃山女塾的两位校长别氏、绮氏的治学方法以及为人处世的态度对胡彬夏影响极为深刻，两位校长对待学生十分宽厚，人人平等，胡彬夏时常在课余向老师请教女子教育问题。例如一日，胡彬夏向绮氏表示心中对中国女子教育的困惑："敝国今日之女学，仅有其形式，尚无其精神。"[③]绮氏则悉心告诉她，凡事都是从形式到精神层面，有一个循序渐进的过程，而不必急躁。且两位校长真心实意地为女性发展考虑，当时胡彬夏在预备学校毕业在即，有人推荐她去康奈尔大学（男女同校）读本科，而校长则语重心长地告诉她更应该去威尔斯利女子学院。因为美国当时十分重视体育，而男女同校的学校在体育上标准一致，校长考虑到女子在体能方面天生较男性相对薄弱，因而不宜入康奈尔大学。

不过，生性活泼的胡彬夏此时仍热衷于社会活动。当时，留美中国学生普遍建立了以"学生会"为名的社团组织，比较著名的有美洲中国留学生会（1902年 12 月成立于旧金山，后改组为西美中国学生会）、中美中国学生会（1903年，芝加哥）、绮色佳中国学生会（1904 年，康奈尔大学）、东美中国留学生会（马塞诸塞州）。[④]随着留学生人数的迅速增加，各留美学生会组织感到有成立一个统一的全美中国留学生会之必要。于是，由东美中国留学生会首先倡议，并经中美、西美留学生会之同意，于 1911 年合并成立留美中国学生会（或称留美中国学生总会），当时会员人数已达 800 余名。原东美、中美、西美留学生会，分别改名为东部、中部、西部留学生会，隶属于总会。"留美中国学生会"是我国最早的学生会组织，它的成立、活动及其经验对我国以后的留学生组织和国内学生组织都有影响。[⑤]总会和分会在组织上分行政部（由会长、副会长、中文书记、英文书记及会计五人组成）、立法部（由各大学学生会代表组成）、发

---

① 《本省资遣留学各国学生调查表：美国》，《江苏教育行政月报》，1913 年第 1 期。

② 《加给出洋学生学费南京》，《申报》1908 年 2 月 25 日。

③ 胡彬夏：《美国胡桃山女塾之校长》，《女子杂志》"名著"栏，1915 年第 1 期。

④ 李喜所主编：《中国留学通史晚清卷》，广东教育出版社，2010 年，第 625 页。

⑤ 谢青：《我国最早的学生会——留美中国学生会》，《外国史知识》1985 年第 2 期。

报部（编辑发行中英文年报，分别有主笔、干事各数人）。行政部处理日常事务，立法部制定学生会章程和通过重大事务议案，发报部专门发刊机关刊物。这一组织结构从行政部与立法部的设立可以看出其间有"民主政治"影子，行政部相当于"政府事务部门"，立法部相当于"议会"，重大事务或议案经立法部审议通过后交行政部实施，每个部门成员的不断选举改换更是前所未有的"新鲜事"。[①]朱庭祺当选为总会1911年度会长[②]，胡彬夏为中文书记，并担任中文年报总编辑。[③]从现有资料看，过探先在1915年担任西美学生会中文季报总干事。[④]

1914年留美学生合影。前排左六为胡彬夏，二排左一为胡明复，三排左四为胡适、右二为过探先，五排左二为胡宪生、左六为赵元任

留美中国学生总会的年报是《留美学生年报》（原为《美国留学报告》杂志，1911年6月改为此名）。《留美学生年报》作为一份由中国留美学生会主办的团体性刊物，朱庭祺明确指出创办此刊物的宗旨，乃在于"使国内人略知美国及留学界情形，故一年一报而用中文"[⑤]。1911年，胡彬夏任刊物更名后第一期的总编辑。这期《庚戌年留美学生年报》在首页就刊登了她的照片，并刊登了她的《美国胡桃山女塾之校长》《中国学会留美支会之缘起》以及《杂说五章》等文章。这些文章均与教育、学术紧密相连。其中《美国胡桃山女塾之校长》，详尽介绍了胡桃山女塾校长别氏、绮氏两人的知识素养、道德品质以及治校治人之术，其目的"报告美国女学之内容，以激励国人是也"，"全篇虽无甚道理，

① 朱庭祺：《美国留学界》，《庚戌年留美学生年报（美国留学界情形）》，1911年，第24—26页。
② 江勇振：《舍我其谁：胡适（第1部）》，新星出版社，2011年，第354、569页。
③ 《留学界各团体职员一览表》，《庚戌年留美学生年报》。
④ 《留美学生季报》1915年春季第1号。
⑤ 朱庭祺：《美国留学界》，《庚戌年留美学生年报（美国留学界情形）》，1911年。

因与现今吾国女子教育有关切，故录之以示于世"。①

《留美学生年报》在 1912 年空缺一期，至 1914 年 3 月共出版三期。据统计，这三期一共刊载了 142 篇文章，胡彬夏作为该杂志的总编辑，也是积极撰稿的前五名作者之一。1914 年，同在美国留学的胡适担任该报编辑，将杂志再次更名为《留美学生季报》，每年发行四期。

留美中国学生会成立后，由于东西相距遥远，往返不便，仍按东美、中美、西美三部，每年暑假分别召开年会，开展活动。在东、中、西美三个学生会中影响最大的是东美中国学生会，基本担当了全美中国学生总会

《庚戌年留美学生年报》
刊载的胡彬夏照片

的责任。以全美中国学生总会名义发刊的英文月报、中文季报，都是由东美中国学生会发起创办的。学生会每年开展的活动，主要有运动会、辩论会、中英文演讲会、名人演讲、议事与选举等。

朱庭祺在《庚戌年留美学生年报》发表了《美国留学界》长文，专门介绍美国留学生的求学生活情状，特别对学生会所开展的各式活动大加推崇。他指出："美国学堂及美国社会之最有影响于我国留学生者，是美国人之团结力及美国学生之团结力。即以哈佛大学一校而论……文学有会，运动有会，出报有会，专门有会，演戏有会，宗教有会，以至同省及旧同学等皆有会。有会故有事业，有事业故学堂有精神，学生有生气，有精神有生气，故六千人对学堂有爱校之心，对同学有同学之谊。故爱校之心及同学之谊，真美国学堂之特色，非吾国学堂之学生所能臆想者也。"②运动会各校都派代表参加，"代表之胜负与该校学生会之荣辱有关"；辩论会，两校学生约定一题，争论以决胜负；中西文演讲会，"演说最善者，有金杯银牌之奖赏"；款待会，"各校学生会各尽款待之能，使到会者欢乐"；还有名人演说、议事与选举等，特别是选举时之党争与美国选举总统时的党派之争相似，很能培养留学生的政治素质，"定选之后，党即立散，故全无党派之意见，此最可奇者也"。年会时"校歌之声时闻不绝，快乐相爱之气，竞争党派之事亦为特色。竞争而无意见，党派而无仇雠，此亦美国人之影响。乐

① 参见胡彬夏：《美国胡桃山女塾之校长》，《女子杂志》，1915 年第 1 期，第 1—8 页。此文初刊布于 1911 年《庚戌年留美学生年报（美国留学界情形）》第一期，后被 1915 年创办的《女子杂志》全文转载。

② 景亚南主编：《浦东早期留学人员选录 1872—1949》，上海大学出版社，2016 年，第 11 页。

不过分，爱不失敬，此美国教育之影响"。①

运动会培养公平竞争心理，辩论会培养公开辩论能力，留学生们特别看重各种演讲会和辩论会，"演说辩论，立宪之国极为紧要，议院之中能演说而善辩论者，意可达而事可成；不能演说而不善辩论者，虽有精深之思，非常之见，意不可达事不可成也。……以后中国开会集议等事，一日多一日，演说辩论即一日紧要一日，故此时不可不及早习练也"。而"中国人开会议事，往往流于二弊，非议论纷纷则无人发言，故议成一事，颇有不易"。因此，他们认为通过年会的辩论与演讲，将养成开会的民主习惯，并将影响未来中国。②

夏季年会不仅使留学生们聚集在一起，彼此联系起来，对共同关心的问题进行讨论与辩论，有机会展示自己的才华，而且提升了留学生群体的士气，使他们产生归属感。因此，朱庭祺总结年会的三大益处：一是大会之后，"精神一振作，友谊一坚固，素不相知者亦因大会而相知"；二是各校学生会，"因运动及款待及演说辩论等之竞争，而团体愈益坚固，明年之预备愈益周密"；三是美国对中国人尊敬之心因之而加增。③

对于朱庭祺来说，他的志向并不仅仅在于此。在他看来，对国人的启蒙任务留日学生已经完成，祖国即将或已经进入一个"建设时代"，作为留美学生应该更多贡献"建设时代"所需的知识，创办学术性知识社团显得更为重要，对中国未来社会发展的作用更大。

> 中国似醒未醒初醒之时，人之从新从旧未定，有日本留学生之书报，有日本留学生之詈骂，有日本留学生之电争，而通国之人大醒。……今日中国已醒矣，已从新矣。铁路当实行建筑，矿务当实行开办，财政当实行整理，至机器、化学、造船等事皆非言论所能之事，非学浅者所能举办，又非无实习者所能大成。事为建设之事，时为建设之时，欲于此时而欲有影响于国事者，非有建设之学、建设之能及建设之精神不可。

> 美国一大建设之国也，留学美国者之所学建设之学也。团体之发达，亦所以增建设之能者也。相亲相爱相助之风，活泼进取快乐多望之气，皆建设之精神也。既有此预备，留美学生于此建设时代中自有当尽之义务。④

正是在这"建设时代"的呼唤声中，出现了留美学界的第一个学术性社

---

① 朱庭祺：《美国留学界》，《庚戌年留美学生年报（美国留学界情形）》，1911年，第25页。
② 朱庭祺：《美国留学界》，《庚戌年留美学生年报（美国留学界情形）》，1911年，第28—29页。
③ 朱庭祺：《美国留学界》，《庚戌年留美学生年报（美国留学界情形）》，1911年，第26页。
④ 朱庭祺：《美国留学界》，《庚戌年留美学生年报（美国留学界情形）》，1911年，第40—41页。

团——中国学会留美支会。该会成立于 1909 年秋天。朱庭祺说："前数年之中国，为发达学务时代，今后之中国，为发达学问时代。发达学务，教育家之事也；发达学问，专门家之事也。美国之专门家，皆有学会，哲学家有会，工程家有会，政治家有会，法律家有会，各种专门家各有其会，故虽散处于数千里之外，呼应极灵，研究之事以互相鼓励而愈进，学问之事以互相讨论而愈明。故一学会之成立，为一国之明星。明星所照，夜行者有所依从。"而中国无此种学会的指导照耀，"如在汪洋之中，不知舟之所向，已回国之留学生……无学会为之联络，故四散而势散，事多而学荒"。即使在美的留学生由于没有此种学会联络，"故输进学识之事，不能举办，专门相同之人，不易相知"。因此留美学界发起成立中国学会留美支会，留英学界也成立留英支会，其宗旨一为输进学识于中国，二为研究学问发达学问，三为联络学习专门之人。同时呼吁已回国的留学生建立一个中国总会，"总会既成立于本国，支会设立于各国，则我国学子及各留学界可以联络一气，讨论研究及著作之事可以大盛"。①

东美中国学生第 10 次年会合影。年会于 1914 年 8 月 28 日至 9 月 4 日
在马萨诸塞州的阿默斯特学院（Amherst College）举行

胡彬夏在《中国学会留美支会之缘起》中也说："学问为立国之基础，当今欧美各国，学问日新月异，大有一进千里之势。若吾国不自今日及早讲求学问，恐优胜劣败，终不免天演之淘汰。然诚欲讲求学问，非全国之趋向皆注于此不能有大效。欲全国之趋向皆注于讲求学问，非有一学会合全国为一体不能有

---

① 朱庭祺：《美国留学界》，《庚戌年留美学生年报（美国留学界情形）》，1911 年，第 34—35 页。

甚大之影响。"① 胡彬夏以 1780 年成立于波士顿的美国艺术与科学院（American Academy of Arts and Science）为原型，为中国学会留美支会取英文名为 Chinese Academy of Arts and Science。

建设时代需要建设的知识，建设知识的获取必须发达学问，发达学问不是单独的个体所能完成的，依照先进国家的经验，就是组织专门学会，集合专门人才切磋技艺，学问才能日益发达。这既是受到美国专门家组织专门学会砥砺学问理念的影响，更有发达祖国学术的矢的。他们以天下为己任，要将全国学子集为一体，研究学问发展学术，共图中国学术的发展与祖国的富强，其理想可谓远大，其气势不能不说宏伟。而且他们对这一学会的功用及其前景也充满信心："学会者，诚今日中国不可缺乏之社会也，既以增进学问为其唯一之主义，又因讲求学问，完满学问家之快乐，涵养学问家之道德，其为益于中国也大矣。然此犹为现今之结果也，若其他日之结果，则有不可测量者矣。国之盛衰每视文化为转移，学问者文化之原素也。他日建造新中国时，学会若为其一大势力，谁得而知之耶！学会既以全力注重于学问，凡属于学会者又为非常之学问家，则他日中国如有倍根、如有奈顿……如有梭格拉底，亦谁得而知之耶！新中国既建设矣，新学问又昌明矣，若莘莘学子自五大洲负笈来吾土肄业于吾大小学堂，亦谁得而知之耶！"②

学会不仅能增进学问、砥砺道德，造就中国之培根、牛顿、苏格拉底，还能使中国学术发达，成为世界学术中心，使五大洲学子像他们负笈美国一样来我神州求学"取经"。

留美女学生合影，前排右为胡彬夏

可以说中国学会留美支会的成立，已经深谙学会发展学术的功能。初设有职员部处理相关学会综合性事务，著作部管理著述事务，专门部办理各专科事宜。"学会以联络学习专门之人，专科又以联络同一专门之人。有学会则专门不同之者，可以相知相助，协力同谋；有专科则专门相

---

① 胡彬夏：《中国学会留美支会之缘起》，《庚戌年留美学生年报（美国留学界情形）》，1911 年，第 48—49 页。

② 胡彬夏：《中国学会留美支会之缘起》，《庚戌年留美学生年报（美国留学界情形）》，1911 年，第 52 页。

同者，可以愈加亲密而实事研究。故学会之组织，实兼专门总会及专门分会二者之长"①。

然而，事实的进展，并没有如朱庭祺、胡彬夏所设想的那样顺利和美好。可能因为目标过于宏大，实施起来难见成效，中国学会留美支会发展极不理想。后来有报告说，中国学会留美支会成立三年来主要工作是组织专科及发行学报，组织专科分文实两科，文科已经组成，而实科也亦组织过半，唯应发行之中西学报"则付之阙如，非无编辑及经理各员也，一则司空告匮，二则国事多艰"②。其后更是杳无音讯，他们所倡导的中国学会总会以后也没有人提起，湮没在历史尘土中。有学者研究发现，1913—1914年以后该学会的名字就不再出现于《留美学生月报》，可能以更低调的艺术与科学"组群"（groups）的名称重组了。③

可见，中国学会留美支会作为一个综合性社团，已有按照专业进行分科的组织管理，后来中国科学社也设有分股委员会管理这一事务。中国学会留美支会虽没有最终完善建立起来，但它开留美学界创建学术性社团的先风，它所要创办的事业、它所要达到的目标为后续者所继承。学生会组织无论是创办刊物，还是年会的演讲游戏活动，都对中国科学社的成立及其事业产生了极其重大的影响。中国科学社可以被视作其最主要的后续者。

胡彬夏在美国留学共历时七年，"操行之美、成绩之优，均冠出侪辈"④，是J&D兄弟会中的唯一女会员。⑤此时，正值蒙台梭利教学法在世界各地流行之际，日益成熟、开始面临恋爱成家问题的胡彬夏，也开始关注学前教育。在威尔斯利女子学院第四年，她聆听了一场将蒙台梭利教育法应用于家庭教育的演讲，蒙台梭利提出的将家庭整顿为"宜于儿童心身之健全境地"⑥的观点给胡彬夏留下了深刻的印象。后来，她目睹了美国友人南夫人的育儿场景后更是感慨万分，深感中西方幼儿学前教育的差距。

胡彬夏的才学，给当时的留学生留下了极佳的印象。胡适在1913年10月

① 朱庭祺：《美国留学界》，《庚戌年留美学生年报（美国留学界情形）》，1911年，第36页。

② 留美学生会：《留美学生年报（留学界情形）》，中华书局，1913年，第2—4页。

③ 参阅[美]叶维丽著、周子平译：《为中国寻找现代之路：中国留学生在美国（1900—1927）》，北京大学出版社，2012年，第66—67页。

④ 《朱胡彬夏女士没后荣哀》，《申报》1931年12月16日。

⑤ [美]叶维丽著、周子平译：《为中国寻找现代之路——中国留学生在美国（1900—1927）》，第131页。

⑥ 朱胡彬夏：《二十世纪之新女子》，《妇女杂志》，1916年第1期，第2页。

胡彬夏与明复（右一）、刚复（右二）、宪生在美国合影

12 日的日记中写道："往访胡彬夏女士，小坐。与偕访 Prof. C.S.Northup。归途女士语余，以为生平奢望唯在得良友。余亦以为吾国男女界限之破除，其最良之果，在于一种高洁之友谊。女士聪慧和蔼，读书多所涉猎，议论甚有见地，为新女界不可多得之人物。余前与邓莱、胡宣明诸君谈，恒以吾国学子太无思想为病，相对叹咤，以为今日大患，在于国人之无思想能力也。今日与女士言亦及此。女士谓此亦有故，盖晚近之留学生年齿较幼，思力未成熟，其肤浅鄙隘本无足责。此论殊忠厚，可补吾失。不观乎美国之大学生乎？其真能思想者能有几人耶？念此又足起我乐观之望矣。"[①]

同在美国留学的王琎在 1912 年 7 月 20 日的日记中提到胡彬夏在康奈尔中国学生欢迎会中做演讲，提及"工程学生之宜注意于文艺"。他们那时本身都还是学生，可是他们都在关注中国留学生普遍的思想状况，其胸襟远远超出了普通留学生的水准，他们"指点江山"、以民族兴亡为己任的锐气，已露锋芒了。

不过，在美期间的胡彬夏不得不面临一个巨大的痛苦——她的自主婚姻遭到来自家族封建意识的残酷打击。原来，家里长辈在她小时候已经为她谈好了"娃娃亲"。胡家前辈们尽管历代办学，在读书上不亏待女孩，但是在婚姻上这一"千年壁垒"一直没有触动。胡彬夏在留美之前已在家乡订立婚约，但她与比自己长一岁的朱庭祺相识相恋，"相约为夫妇"。胡彬夏知道此事在胡氏家族中非同小可，"我本大胆者，明知这段姻缘必有阻碍，而于至亲之前未尝一启口，央求谁何的帮助。只与体仁约，他如有意者，须等我九年"[②]。

后来，胡明复、刚复兄弟来到美国留学，当得知姐姐已有男朋友的情况后，也是大惊失色。胡明复当面不便明说，而是给家里写了一封长信，说明此事的利害关系，果然在家里引发了一场"地震"。特别是一直悉心爱护、培养她的叔父胡雨人，对她在外私订终身的行为大动肝火，一度要和她断绝关系。胡明复大概是胡家唯一一个公开站出来为姐姐说情的人，但是无济于事，胡彬夏还是"被家中所黜逐"了。尽管如此，胡彬夏还是非常感谢这位二弟，在纪念他的文章中写

---

① 《胡适留学日记上》，海南出版社，1994 年，第 83 页。

② 胡彬夏：《亡弟明复的略传》，《科学》第十三卷第六期（1928 年 6 月）。

道："若知我家家法的严厉，与我叔叔的'大义灭亲'的气概，或者可以原谅他。若非他居间和缓空气，我非但不过暂时'屏诸远方'而已，或者竟被杀戮也不稀奇。"①

最终，胡彬夏赢得了自己所追求的婚姻，用亲身经历为当时的女性解放树立了一个榜样。20世纪30年代以后，妇女解放的潮流大势所趋，胡家老人也渐渐风雨凋零，胡家小姐们真正解放了。胡彬夏的堂妹胡竞英，嫁给过探先；她的六妹胡六英，嫁给留美学生王志莘；她最小的妹妹胡芷华，也嫁给留美回来的高材生姜立夫。她们自由婚姻都没有问题了。

1913年，胡彬夏在威尔斯利女子学院毕业，获学士学位。但她并没有立即回国，而是奉江苏省教育会之命，在美国东部调查女子教育三个月。此次调查的成果，后来被她写成《美国女子职业新调查》一文。归国后，江苏省教育会负责人黄炎培在上海开谈话会，"请胡女士报告调查概况，女士详述美国妇女社会及女子教育情形"②，在场各位都听得聚精会神，从下午五点一直到晚上十点才结束。1914年4月，世界儿童幸福研究会第三次会议在美国华盛顿召开，胡彬夏受教育部的指派出席了会议。这是目前有据可查的中国第二次派遣代表参加国际教育论坛，胡彬夏也是中国首位登上国际教育论坛的女性人物。③26岁的胡彬夏成为这次会议中最年轻者，并被聘为该研究会职员部职员、驻中国总干事。她在会议上共发表三次演讲。其卓越的演讲才华赢得众人赞赏，"众以彬夏在全会中年最幼，鼓掌欢迎，并谓是夕有二大演说家，即美国首相勃拉恩及中华民国代表是也"④。会后，胡彬夏被推举为万国儿童幸福研究会职员部职员，特派为该会驻扎在中国的总干事员。在此期间，胡彬夏还接受了当地报纸的采访，被誉为"有魅力的女子"，并受邀对康奈尔大学的女生做中国女子情形相关报告。

1914年下半年，朱庭祺、胡彬夏两人归国。⑤

1917年夏，胡明复在哈佛大学获得博士学位后随即回国，与他同居一室的赵元任，迎来了新的"室友"——胡正祥。

前一年的1916年，胡正祥从上海高等实业学堂中学毕业后，考入上海哈佛

---

① 胡彬夏：《亡弟明复的略传》，《科学》第十三卷第六期（1928年6月）。

② 《胡女士报告美国女子教育状况》，《申报》1914年8月6日。

③ 兰军：《国际教育舞台的参演》，山东教育出版社，2010年，第123页。

④ 朱胡彬夏：《赴第三次万国儿童幸福研究会报告书》，《教育公报》1914年第7期，第12页。

⑤ 《留美大学学生表》，《留美学生年报》1913年第2期。

医学堂。结果刚进校一年时间，哈佛医学堂因故停办。部分学生由美国罗氏基金社出资，分遣留学，其中包括胡正祥在内的八名优等生被选送美国深造，入美国哈佛大学医学院学习。

甫到美国，胡正祥与同在哈佛大学研究生院主修哲学的赵元任合租在波士顿都市区剑桥市牛津街（Oxford Street）的柯南特楼（Conant Hall），同住 28 号屋。①

在哈佛大学，胡正祥研修的专业是病理学。所谓病理学（Pathology），包括对疾病的原因、发病机制、病理改变以及疾病的结局或后果等方面的研究，其结果则可为疾病的诊断和防治提供理论和实践依据。直至 19 世纪初，在中国人自己开办的医学院，如广州中山大学医学院、国立上海医学院等，先后开设了病理学课程，尤其 1912 年中华民国教育部在部令第 25 号中公布了《医学专门学校规程令》10 条，规定医学专门学校的课程为 48 门，其中包括有病理学及病理解剖学。即使如此，受困于中国人的传统观念和丧葬礼仪，以尸体解剖为基础的病理学研究难以开展，研究者寥寥。

1918 年，赵元任获哈佛大学哲学博士学位，两年后回国在清华大学教授物理、数学和心理学课程。1921 年，赵元任偕同新婚妻子杨步伟再度赴美，在哈佛大学任哲学和中文讲师并研究语言学。刚到美国的赵元任由于教育部经常拖欠和扣发工资，生活困顿至极。他不得不致电当时在哈佛大学医学院实习的胡正祥。胡正祥带着仅有的 30 美元到车站迎接赵元任夫妇。下火车时，赵元任夫妇身上一共只有几元钱。在胡正祥的安排下，他们没有住旅馆，暂时安顿在学友腾出的一个房间。之后，赵元任分租到一个房间，由于经济困难，房中没有桌椅，甚至连必需的床也没有。后来房东太太发现他们睡在地板上，就借给他们一个厚床垫，至此他们才免于睡地板之苦。而这时杨步伟已经怀孕，更需要钱。赵元任卖掉从中国带来的灰鼠皮衣，并去纽约哥伦比亚唱片公司录制《国语留声片》，拿到了 900 美元酬金。与此同时，杨步伟在胡正祥的帮助下，用分期付款的方式买下一台缝纫机，将从中国带来的丝绸刺绣衣物裁剪缝制成手袋、靠椅坐垫，出售以贴补家用。这样赵元任初到美国所遭遇的经济危机就此度过。②

这样，胡正祥与赵、杨夫妇结下了深厚的友谊。赵、杨夫妇新婚的小家，在哈佛附近的 Sacramento Place 的一所房子里。由于赵元任、杨步伟夫妇热情好客，在剑桥的中国学生都喜欢到他家来。那时常来的学生有李济之、陈岱孙、叶

---

① 赵新那、黄培云编：《赵元任年谱》，商务印书馆，1998 年，第 81 页。

② 赵新那、黄培云编：《赵元任年谱》，第 113—115 页。

企孙、张歆海、钱端升、李旭初、胡正祥等。当时梅光迪也在哈佛大学任教。在他眼中，"胡正祥则简直就像一家人一样。每次杨步伟从中国城买菜回来，他都会在地铁口等，帮她把菜一起拿回家，煮了吃过之后才走"[①]。不过，平时更多的日子，是胡正祥与赵、杨夫妇随意对待几口。杨步伟回忆："我在家时很大岁数都不知烹饪的事，以后因在日本吃食不大好，所以常常做点吃吃，可是也不是正经做菜。以后到美国几年也是元任和胡正祥两个人乱做乱吃。"[②]

此时，是 1921 年，胡正祥在哈佛医学院的留学生涯已经进入第五个年头，这一年他顺利毕业，获医学博士学位。随后，胡正祥在美国波士顿麻省综合医院病理科继续实习，随著名的病理学家麦洛利（Frank.B.Mallory）从事病理研究。

1924 年，胡正祥整装回到国内，去往北京，在北平协和医学院任教。

---

① 书同：《君子儒梅光迪》，福建教育出版社，2019 年，第 109 页。
② 杨步伟：《一个女人的自传》，岳麓书社，1987 年，第 392 页。

第五章　筚路蓝缕创"大同"

　　正当胡明复、刚复兄弟在美国专心致志于学术研究之时，大哥胡敦复却在遥远的故国为信仰和事业而备受折磨。但这种折磨，对于胡敦复来说，却是另外一种风味的享受。

　　1911年4月，清华学堂首次开学。由于中等科和高等科学生的年龄、文化程度的差别都比较大，给教学工作的安排出了难题。身为教务长的胡敦复在国内首次采用了选课制，把全学堂的通修课程分成十大类，按课程的难易程度，确定了八个级别，对应中等科至高等科的八个年级，每个级别再分为上下学期。学堂通过对学生测试，给学生安排相应难度的课程，为每位学生制订一张课程表。从当时清华学生吴宓的《自编年谱》所载内容，就可一览当时的课程设置和教学方式："每一课程并在表中注明某上课教室号码、地点，授课教师姓名，及课本、参考书名称。再经过教师分别对每一学生进行'询问、考察'及鉴定之后，不用分班考试，只是口问。发给每一学生《去某上课时间表》一纸，纵列每下午第一时、第二时……第七时。横列星期一、星期二……星期六、星期日。依格填写明白：每星期，某日，第几时，须上某课。该生即可遵行，毫无困难。亦无繁杂与凌乱之弊。其用意，为力求适合每一学生个人之需要及能力，故全高等科、中等科不分班，不立年级，应毕业时，自有个别指示。"[①]这是一种效率甚高、能兼顾不同层次学生需求的办法，有利于发挥学生的专长，类似现在通行的大学选课之法。吴宓就认为"此制度极好"[②]。

　　作为一所用美国"退还"的庚款建立起来的留美预备学校，清华有着天然的"美国背景"。校内除了中国教师外，还由外务部转托"美国和加拿大大学校

---

　　① 吴宓著、吴学昭整理：《吴宓自编年谱》，生活·读书·新知三联书店，1995年，第100—102页。

　　② 吴宓著、吴学昭整理：《吴宓自编年谱》，第102页。

际间基督教青年会"（YMCA）直接从美国聘来了一批教师。他们的待遇极优，月薪比西学部的中国教员高出一倍左右，比国学部的教员则高出两倍甚至四倍左右；住宅自成一区，被称为"美国地"，与住在工字厅小房间的西学部中国教员，及住在陈旧狭小"古月堂"的国学部老国文教员的生活条件，形成尖锐的对照。

对于胡敦复制订的选课制，这些美籍教员表达了不满意见，以"课程设置不当"为由上诉到刚成立的清政府外务部，美国使馆也出面干涉。据《清华大学校史稿》，美籍教员瓦尔德（Wold）主张多读英文和美国文学、美国史地，少学理科课程，与主张多学理工科课程的胡敦复意见分歧。[①] 不过，在吴宓看来，所谓"课程设置不当"的问题，完全是由于美国教师"学问浅薄"所引发。"本堂所聘之美国教员，学问浅薄。数学稍高深，即不敢教授。而即几何一科，亦嫌艰深，日前请教务长为换课一，言此本我力不能教授。教务长未之允"[②]。

当时的清华学堂生物教师兼校医波特（Bolt）后来写了一篇《北京清华学校》的文章，内中记载："第一任教务长是个年轻人，刚从美国大学毕业不久，他在学生时代，成绩名列前茅，尤善数学。但他缺乏实际工作能力而且在管理学校方面毫无经验。显然，这位没有经验的教务长既不打算与美国教师合作，也没有办法激励教师的信心完成教务工作。他的第一个课程安排，数学内容过重，使其他课程课时不足。事实上，这个课程安排几乎把英语教学挤到第二的位置上了。他还有一个愚蠢的想法，开世界语，他把这所新的教育机构称为'La Kolegiode Juna Hinujo'（世界语：青少年学校）。美国教师曾委婉而礼貌地探寻教务长对学堂发展的一些想法，结果令人失望。"[③] 波特文中所提到的年轻教务长，正是胡敦复。

美籍教员的上诉，直接导致了胡敦复"被逐"。吴宓回忆："遂祈请美国驻中国公使，六月初向中国外务部提出：'胡敦复教务长不能与美国教师合作，应即撤换。'外务部以清华为美国退还之'庚子赔款'所办，敢不听从，立饬令胡敦复'自请辞去清华教务长职'。"[④]

胡敦复性格耿直，办事"专制"，也成为他"被逐"的一大原因。5月12

① 清华大学校史编写组编著：《清华大学校史稿》，中华书局，1981年，第17页。

② 《吴宓日记（1910—1915）》，生活·读书·新知三联书店，1998年，第66页。

③ Bolt：《THE TSINGHUA COLLEGE, PEKING》，原载1914年2月《远东评论》（*The Fareast Review*）。转引自孟凡茂：《关于清华学堂首任教务长胡敦复》，"清华校友网"百年清华"史苑栏"，2013年3月。

④ 吴宓著、吴学昭整理：《吴宓自编年谱》，第102页。

日，总办周自齐召集各室室长开会，通告胡敦复辞教务长事宜。周自齐谈了自己对胡敦复的意见："缘胡先生为人才学极富，且就任以来办事亦极有条理，但诸种举动皆嫌过于专制，自拿主意，不与众商量，所以同那些美国教员很不和睦，而且性气高傲，连我们总办、监督全莫有放在眼中，众职员亦不喜他，而且学生中又有许多谣言。"周自齐还说："因为那些美国教员，时常竭力运动充当职员。非特想当教务长，并且总办、监督之位置，亦谋窃据，居心已久，屡示其意。""假如将来教务长同我们闹决裂了，他们必出来干涉，说中国办不成事，还是给我们办理。他那时硬来要求，我们却无法抵制他。所以我与胡先生商量：与其决裂冲突于后日，何如和平撒手于当时。胡先生也明白这个意思，愿意告辞。"①

在吴宓看来，"（胡敦复）俊秀而和厚，极为学生所爱戴"②。因此，胡敦复辞职之时，吴宓等学生代表前往"恳切挽留"，"胡先生婉词慰谢，然即时治装，移家离校，南归无锡去矣"③。此时，距离他正式担任清华学堂教务长之职只过去短短的一个多月的时间。吴宓将愤懑之情倾注到了当天日记中，写道："乌能当此？况胡教务长学问高深，品行完善，办事周密而妥协，何故任意斥去之？是诚非吾辈学生之福也。""呜呼，胡敦复先生遂以如此之理由而斥去矣。意者，总办为此不必有私愤存焉，盖已受外人之运动，堕外人离间计中，乃反造作种种理由以欺学生。此其实于胡先生何损？特吾辈学生之大不幸耳。……今日之中国，尚可言'办事'二字乎？将来中国之学界、教育界尚可有望乎？是非特学生等之不幸，亦中国前途之不幸也！吾特不解，以我堂堂之中国，而竟无一办理完全、程度高深之学校。""吾实不解其何故而必欲去胡敦复，而其行为又如此费人疑猜也。或则曰美人觊觎教务长而得成功，则亦外务部之惧怯外人所致，本学堂亦莫之能抗。哀哉！"④

胡敦复辞职的表层原因是他与美籍教员在课程选择及难易程度上的分歧，深层的原因是他的办学理想与清廷外务部和学部以及美国使馆的主旨产生了矛盾。胡敦复的理想是"则以此处之高等科直当美大学，欲为中国办一高深完备之学堂"⑤，这从他对外所聘教师的构成可窥一斑。时任清华学堂兼课教员的顾澄回

---

①　"1911 年 5 月 12 日"条日记，《吴宓日记（1910—1915）》，第 67 页。

②　吴宓著、吴学昭整理：《吴宓自编年谱》，第 100 页。

③　吴宓著、吴学昭整理：《吴宓自编年谱》，第 103 页。

④　"1911 年 5 月 11 日、12 日、15 日"条日记，《吴宓日记（1910—1915）》，第 66、68、70 页。

⑤　"1911 年 5 月 11 日、12 日"条日记，《吴宓日记（1910—1915）》，第 66、68 页。

忆说："胡君敦复新自美国学数回，被聘为教务长。辛亥清华成立，所取高级学生均各省学校优秀之士。"吴宓也回忆："胡教务长所聘来之中国教师多位，固不少人是其南洋公学旧同学，但皆擅长数学、理化等科学，教课认真负责，学生甚为欣服。"[①]对清廷以及美国使馆而言，清华学堂是留美预备学校，且当年夏季就有一批学生即将赴美，在学堂只有二至三个月的时间，提高英语程度、熟悉美国文化、准备选拔考试是当务之急，胡敦复为理工类课程安排了过多的课时，且选择教材偏深，与学堂的教学主旨不相符合。这自然遭到了美籍教员以及美国使馆的反对，并最终导致了胡敦复的"被逐"。

接任清华教务长的是创办南开学堂的张伯苓。他到任后，"立即大事更张，废除胡敦复先生之选课制及全部课程设置"，"改用班级制"[②]，"废除从前班次，另分设各年级"[③]。

回到上海的胡敦复，应恩师马相伯之邀，来到新生的复旦公学担任教务长。

复旦公学初创时，经马相伯斡旋暂借旧吴淞提督行辕作为临时校舍。辛亥革命爆发，校舍被占，学校因此无形停顿。12月中旬，监督马相伯、教务长胡敦复率领全校师生离开上海来到无锡，暂借惠山李公祠为课堂，昭忠祠为宿舍。怎奈乱世民生凋敝，贫困交加，且该地"接近花市，箫鼓画船，实不宜建设学校"[④]。马相伯回忆了当时在无锡城中吃茶的情景，饶具风趣："说来也奇怪！无锡那时的茶馆，楼上楼下都是满座，但楼上从楼板缝里看楼下看得逼清；楼上人一行动，楼下的茶桌上便灰尘遍处，然而大家都安之若素，一点也不觉得难过。我那时看了这种情形，便万分不耐，于是感慨万端。幸而我们在无锡住了一个月光景。革命后，我们又把学校搬回上海。"[⑤]一个月后，师生只能又搬回上海，部分学生只得转学到其他学校。胡敦复在主持复旦教务的同时，也到南洋中学等学校兼课。曹仲渊回忆："复旦大学在吴淞镇，因为靠海口，辛亥革命时被迫迁到无锡去。我们同班同学有七个人。联名向马校长请愿，全班转到南洋中学，插进第五年级下学期。南洋中学的功课，注重数理化。……教师们都是头把手的：数学秦汾，化学丁文江，物理胡敦复，国文邵力子，英文在大陆报馆当主

---

① 吴宓著、吴学昭整理：《吴宓自编年谱》，第102页。

② 吴宓著、吴学昭整理：《吴宓自编年谱》，第103页。

③ "1911年8月12日"条日记，《吴宓日记（1910—1915）》，第121页。

④ 《复旦公学始业式志盛》，《民立报》1912年5月11日。

⑤ 马相伯：《关于震旦与复旦种种》，马相伯口述、王瑞霖笔记、王红军校注：《一日一谈》，漓江出版社，2014年，第85页。

笔的李植藩。"①

复旦公学大礼堂（原李公祠享堂）

1912 年，中华民国成立，大局初定，一时各校纷纷筹备复课。在南京临时政府任交通部次长的于右任挺身而出，与邵力子、胡敦复等联名呈文临时大总统孙中山，先行叙述了"复旦公学，开办七载，成绩昭著，海内景从"的事实，然后说明校舍遭"光复军队借作机关部，青年三百，一时星散，官费旋亦中止，遂至停办"的现状，进而提出两点要求：其一是"咨请江苏都督，指拨图书公司或李公祠改作黉舍"，其二是"仰恳大总统酌拨经费若干，以资开办"。孙中山对此非常关注，决定拨款一万元作为复校经费。接着，于右任又与胡敦复等 42 人，以复旦旧学生名义，联名上书临时政府教育部申请立案，教育总长蔡元培当即批示同意，同时划拨徐家汇李文忠公祠为复旦校舍。②于右任、胡敦复、邵力子、叶藻庭等人遂在《民立报》馆二楼设立"复旦筹办事务所"，筹备复校。9 月，复旦公学正式复校。1912 年 8 月，72 岁高龄的马相伯应袁世凯之聘，远赴北京，任总统府高等顾问，还一度代理北京大学校长。一时，教务长胡敦复、庶务长叶藻庭成为学校的实际负责人。当年 9 月 9 日《民立报》有一段关于胡敦复的报道："胡君前主持清华学校教务，力主按科分班，以权限不专，未行其志。至今清华学生犹追思之。现主持复旦教务，必能发挥其特色也。"③

不久，复旦公学又爆发学潮，学校对校务进行整顿。胡敦复离开复旦，专注于刚刚创办的大同学院。

1912 年的 3 月 19 日，正是胡敦复 26 岁的生日。

这一天，在上海南市区肇周路南阳里，一所名为"大同学院"的学校挂出了牌子。

① 曹仲渊：《身世漫谈（节录）》，《玉环县文史资料选辑》，1989 年，第 98—99 页。
② 季英伯：《本校（复旦）立案始末记》，《复旦大学志》第一卷（1905—1949），复旦大学出版社，1995 年，第 61 页。
③ 《复旦公学开学记》，《复旦大学志》第一卷（1905—1949），第 61 页。

大同学院的创办，与一个名叫"立达学社"的团体有着密切的联系。立达学社是胡敦复在清华时期联合朱香晚、华绂言、顾养吾、吴在渊、顾珊臣、周润初、张季源、平海澜、赵师曾、郁少华总共11名中国教师于1911年初夏成立的，其名取义于孔子《论语》中"己欲立而立人，己欲达而达人，近取诸身，远譬诸人"句，"时当清季末叶，

大同学院校门（南阳里）

教育尚未发达，同人之目的，在共同研究学术、而以编译书籍及办理学校为事业"[①]，"共同研究学术，而以编译书籍及兴办学校为职志"[②]。按吴在渊等人的说法，社员们"皆任教燕都，讲学励志，咸抱宏愿，爰结契约，成斯法团，以期厚集群力，为建立事业之储备"[③]。

当年秋，辛亥革命爆发，清华学堂被迫停办。这些年轻老师先后来到上海，聚集到了胡敦复的身边。他们酝酿由立达学社出面，创办一所"不附庸于洋人，在学术上独立，真正属于中国人"的学校。

没有过多的商议，没有过多的犹豫，新的学校就在他们的信心、勇气和毅力中挂牌成立了。他们以《礼记·礼运》中"大道之行也，天下为公……是谓大同"之意，给学校取了一个响亮的名字"大同"。同仁一致推选胡敦复为校长，"资其学广闻多，擘画周密，以遂其素所志（主）张分科崇实之志"。[④]赵元任回忆，胡敦复将大同学院称为"乌托邦大学"（Universitato Utopia）。[⑤]

少年中国，少年大学，少年校长。一所大学的命运，便与一个人、一群知识分子的命运重叠、交融、合一。

大同学院是一所纯粹的私立学校，没有政府的补助，也没有资本家的资助。胡敦复和他的同伴们面临的第一个问题：办学经费从哪里来？"大同经费，向持不募捐款，不取官中津贴之旨，故全恃立达之补助，立达则仰给于社员"[⑥]。吴在渊的一句话，道出了实情——经费只有一个来源，那就是立达学社社员缴纳的

① 《立达学社记》，档号 Q241-1-1-13，上海市档案馆藏。

② 郁少华：《大同大学校史》，王仁中：《爱国办学的范例——立达学社与大同大学》，上海古籍出版社，2002 年，第 169 页。

③ 吴在渊：《大同大学创办记》，《爱国办学的范例》，第 100 页。

④ 吴在渊：《大同大学创办记》，《爱国办学的范例》，第 129 页。

⑤ 赵元任：《从家乡到美国——赵元任早年回忆》，学林出版社，1997 年，第 114 页。

⑥ 吴在渊：《大同大学创办记》，《爱国办学的范例》，第 100 页。

社费（社金）和捐助。开办经费只有区区 228 元，这是立达学社的全部积蓄。吴在渊说：“观原定社章中社费条，可知社中初时取费之轻。社之成立方及半载遽办大同，则通告中之所谓蓄有成数者其数可知。盖其时之成数，实仅二百二十八元余耳（立达第一次社度报告）。”[1] 社员开展“特别捐”，凑足了一千多元，把学院的牌子挂了出去。大同的教室是几间租来的民房，连三角板和酒精灯这样的基础教具都配不齐全，首批学生只有区区的 91 人。

他们约定，人人为大同出力，一年内即冻馁亦不可离，教员不请外人，不取分文报酬，大家的生活费用则靠在外面兼课来维持。不仅如此，他们还自愿按一定比例捐出外面兼课所得报酬，以补贴学院的各种经费开支。选择了这条路，就意味着选择了奉献和困窘。创办大同，捐献薪金，这对八口之家的吴在渊来说，吃饭都成问题，然而艰苦和困难没有吓倒这位坚强的学者。“生活困顿，穷巷陋室、家徒四壁，木箱当桌，食盐代菜，却日则教书，夜则译著，乐此不疲，有重金聘他，亦婉言谢绝”[2]。他整日想的是大同，说的是大同。“如吴君在渊者，其精神与志趣，岂不可敬也哉”[3]。还有，华绾言终其身为大同服务，从未兼任他处职务。外间有人以丰厚的薪金延聘，他婉辞不受，宁愿在大同支微薪。张季源、平海澜也是如此，他俩情谊不啻兄弟。大同开办第二学期，两人迫于家计而又不愿放弃义务，于是由平海澜在大同任课，张季源在外就职，所得薪水除捐助大同外，又量力津贴平海澜，大有古人之风。

胡敦复画像

而作为校长的胡敦复，他更是将几乎全部的时间和精力投入到大同学院。对他来说，“二三知友，夙以精研学术相期许”，“至责以舍己而芸人”[4] 是最大的抱负。1924 年 7 月 9 日，任鸿隽写信给胡适，“昨天我向敦复说，趁我们脚力还健的时候，多游览几处名山，不要将来对山灵而兴叹。敦复说，我们年轻的人不应有这种汲汲顾影的思想”[5]。对于胡敦复来说，游览名山真的是太奢侈了。为了大同，他平时的生活“自奉极俭”，《申报》如此记载：“五月中常穿竹

① 吴在渊：《大同大学创办记》，《爱国办学的范例》，第 99 页。

② 忻福良：《立达学社与上海大同大学》，《建桥报》2011 年 5 月 1 日。

③ 郁少华：《大同大学校史》，《爱国办学的范例》，第 172 页。

④ 胡敦复：《近世初等代数学》序一，上海商务印书馆，1922 年，第 6、12 页。

⑤ 《任鸿隽致胡适》，《胡适来往书信选》（上册），中华书局，1979 年，第 255 页。

布长衫，御十九世纪之番鞋，每遇阴晦之日，则却泼林式之皮鞋上足矣，时届酷暑穿半截长衫，谅系前清所剩物。进校长室，卸去外衣，则又现西装之衬衫。盖二十年前出洋所做之衣衫也。窃谓大学校长中之节俭者莫胡若矣。"[1]胡敦复胞妹胡芷华也回忆说："胡敦复的精力几乎全部倾注于'大同'的建设和发展，而自己节衣缩食，仅靠在上海名牌大中学兼课、兼职的酬报来维生。"

1911 至 1918 年间，胡敦复对大同的贡献最大，捐款超过银圆万元，占总数的四分之一强；其次为吴在渊，捐款达银圆 5500 余元；顾珊臣与平海澜捐款超过银圆 4000 元。

吴在渊在 1925 年撰写的《大同大学创办记》，是目前有关大同大学早期创业历程最早的一份比较齐备的资料。那帮忧国爱民的知识分子缔造大同时的艰难情形，溢于纸表，今天读来仍不禁让人潸然泪下："故创办大同之议初兴，社员戚戚知之者，殆无不自以为狂而交相劝。同人以为苟能毅力有余，即不患度支不足，乃相约定议。同居沪渎之同人皆委其身于本校，一年以内，即冻馁亦不可离校而行。教者不假外求，薪俸全行捐纳。经费即勿庸有所顾虑。同人皆慷慨乐行，而敦复、在渊且愿终身服务本校。于是一切不顾，毅然进行。大同开办第一学

大同学院院址界石
（藏上海大同中学博物馆）

期中，除沈彭年先生来尽义务月余，孙绶青先生月支八元另用外，其余一切职务，全由社员担负，居校者自出零钱，兼事者更捐薪俸。顾时方鼎革，同人皆经颠沛之余，旅况萧条，贫已无锥，饘粥不继，告贷无方。于是一年半载以后，有一人留校服二人之务，又一人别就而量力津贴留校之人者，海澜、季源是也。有哀亲因急成病，不得已暂就别事者，绾言是也。有累辞去他方大学及师范学校等之聘，甘守困苦，致稚子得病，无力求医，束手待其毙者，在渊是也。此外长有兼馆之人，虽不至如是之窘，而奔波终日，心力交瘁，其苦亦非人所能堪，然因所愿克偿，精神愈淬而愈厉。……大同之能有今日，岂偶然哉，岂偶然哉？"[2]

他在文中还记载："第一学期中，各社员在大同应得之劳薪全数捐助……。至第二、第三学期，为体恤社员起见，改定致全力于大同而不兼外事者，得月取

① 《申报》1925 年 9 月 12 日。

② 吴在渊：《大同大学创办记》，《爱国办学的范例》，第 99—100 页。

生活费三十元，兼外事者仍不取。第四、第五学期，大同渐次宽裕，乃改定不兼外事者得支劳薪二成，其余应得劳薪百分之八十，仍捐办大同。第六、第七学期，捐助百分之七十五；第八、第九学期，捐助百分之七十；嗣后捐助之数逐年递减。至第十三学期止，减至捐百分之六十。其兼外事者，在大同应得之劳薪是否照此规定减捐，无从确知。仅闻顾珊臣、绾言、岛哉等，兼事时仍未支薪也。（此项捐费，初名特别捐赠，后曰特纳金，亦曰特纳二。）除捐助应得劳薪外，无论兼外事与否，所谓常纳金仍捐纳，亦以办大同。"[1]十三学期，已经是1918年，大同学院的办学在教育界声名渐起，但那些教师们仍然不忘为自己所钟爱的事业捐款。吴在渊不由得感慨："盖以寥寥十人（且时有出入），作茧自缚，勉力支持至如许之久。……常人兴学，难在毁家，吾侪措大，无家可毁，则以拼命为代价。大同之有今日，实十人拼命之所得也。"[2]

同为大同创始人的平海澜、郁少华也始终不能忘怀当初办学之艰辛。平海澜撰文道："在国内各大学中，没有一所的创立是像大同大学这样辛苦艰难的，既没有大资本家的援助，又没有政府的扶植，仅仅凭着十一个教书先生的信心和勇气，就办起这所大学来。……本校创立之初，困苦万分，既无的款以充经费，校舍亦系租赁而来，全赖几位创办的同志，义务教课，不取薪给……大同经过了辛苦的孕育，惨淡的经营，而日渐壮大。"[3]郁少华也回忆："（大同）所有任教任职，均不支薪，其在他埠服务者，并以所得薪水百分之二十，为立达学社之经费，亦即为大同之经费，另以所得薪水百分之一，为社员应缴之社费，其在大同任职，同时在他处兼职者，所得之薪水亦如之。"[4]

办学经费的捉襟见肘，自然带来学院理化仪器的严重不足，"一时不易措办，同人皆甚感缺憾"[5]。但这难不倒这些勠力教育的知识分子，能借的，就借，不能借的，自己动手。化学应用品方面由曹惠群亲自布置，数年采办，日渐可观。至于物理仪器，早年由顾珊臣到外面假借，"携来供讲时试验之用，故自备者虽少，而学生之学业初未有所影响"[6]。

可以说，这些早期立达学社社员为大同的发展鞠躬尽瘁。如果不是因为大

---

① 吴在渊：《大同大学创办记》，《爱国办学的范例》，第100页。

② 吴在渊：《大同大学创办记》，《爱国办学的范例》，第133页。

③ 平海澜：《大同大学四十周年校庆讲话》（1951年3月19日），载《大同大学年刊》，1951年，档号Q241-1-351，上海市档案馆藏。载《爱国办学的范例》，178页。

④ 郁少华：《大同大学校史》，《爱国办学的范例》，第169页。

⑤ 吴在渊：《大同大学创办记》，《爱国办学的范例》，第134页。

⑥ 吴在渊：《大同大学创办记》，《爱国办学的范例》，第134页。

同，这些知识分子原本可以过上很优越的生活。要知道，在那个年代，400元钱就可以在北京买下一个三进的四合院。而且，他们大都有显赫的留学经历，都是各大高校争相高薪聘用的"抢手货"。而他们却甘于贫厄，一个个节衣缩食，住斗室，穿敝衣，出入挤电车。有的甚至积劳成疾，以致英年早逝。到1935年，大同的首创功臣中已有顾珊臣、华绾言、吴在渊不幸英年早逝，为大同耗尽了心血。特别是吴在渊将毕生精力献给了大同，自大同创建到他去世，长期担任数学系主任，24年间从未离校他往。吴在渊身体魁梧奇伟，又长期坚持练习武术，可谓身强力壮，但自入大同二十余年间，终日伏案，体质渐衰，曾大病几死，不足五旬便已躬腰曲背，老态龙钟，年方51岁之时就咯血逝世。

尽管条件艰辛，但大同在一帮知识分子的悉心呵护下仍然慢慢成长起来了。

大同创办之初，久居沪上的朱香晚、平海澜几经考察，最后租得西门外肇周路南阳桥堍南阳里内一所十余间房屋作为校舍。到了开课之时，由于寄宿生的名额大大超出预期，又在校外南阳里口另租一处宿舍。然而，居一月余，里弄内发现病疫，"流行症多家"[①]。情急之下，朱香晚、华绾言、平海澜三位又花了整整三天时间跑遍整个上海，觅得南市丰记码头陈姓房屋。此前，曾有某所女学在此办学，建筑尚合校舍之用。大同学院师生当即迁入开课。

到了第二学期，大同学院声名渐起，学生增多，原来生源以江浙为主，此时扩大到其他一些省份，"川、广、两湖等省学生负笈来校者甚多"[②]，宿舍不敷应用，于是又在附近增赁校外宿舍十余幢，很快就又"人满为患"。

近取楼

白手起家，集腋成裘。大同学院开办一年后的1913年，大同所收学费和社友捐薪，积蓄了相当数目。于是，自建校舍摆上了议事日程，也成为学校的当务之急。经大家商议，推郁少华出面，奔走经营，"得友人穆君恕斋之协助，在沪杭铁路南车站之北首，购得基地八亩许，即以所购

明德楼

---

① 吴在渊：《大同大学创办记》，《爱国办学的范例》，第133页。
② 吴在渊：《大同大学创办记》，《爱国办学的范例》，第133页。

之地押款自建校舍"①。这位友人就是穆湘瑶，字恕斋（也作杼斋），为著名实业家穆藕初（初名湘玥）的胞兄。他与胡敦复同为南洋公学学生，并在"墨水瓶事件"中退学。

很快，短短的几个月后，新筑的校舍建成。1914 年夏，大同的全体师生迁入新校址，时有学生 126 人。尽管还是那么简陋，但大同毕竟可以结束"漂泊"的生涯，有了属于自己的基地。

在新校舍，教学楼一幢共有七大间，题名"近取"，取立达学社社义之"近取诸身，远譬诸人"句，以铭志学社之耕耘。宿舍楼一幢，共有十一间，取名"自考"，是为表彰校长胡敦复的贡献。其名取之于《易经》"敦复无悔，中以自考"。

1915 年，大同学院再建"自试"宿舍十幢。之所以题名"自试"，是为纪念"大同"创办者之一吴在渊的功劳。其名也取之于《易经》"鱼跃在渊，自试也"。

1917 年，又购入沿马路公地八亩许，校址向东及北扩展。到 1918 年，陆续建造"知止"礼堂及"自反"南首一带宿舍。到了 1920、1921 年，又建"维显"南北两部房屋。此后，大同学院的校址不断扩张。1922 年又建"自反"北首一带及女宿舍。

此时，大同学院规模初具，颇有气象。

与沪上其他私立大学主要发展文、商、法科不一样，大同素以培养"实业"人才为己任，"教育实业两者并重于时"②，形成了鲜明的办学特色和明确的办学方向。

这是大同的"基因"，在大同创办的第一天就已经注定，虽历经万难但不会改变。吴在渊在《大同大学创办记》中有这样的文字：

"本社发起于纪元前一年首夏，其时同调十一人，皆任教燕都，讲学励志，成抱宏愿。爰结契约，成斯法团，以期厚集群力，为建立事业之储备。……社员虽续有延进，集思广益，顾统计十五人中，大抵偏于学术。慕鲁齐治生之训而无乌倮比封之才，则所谓立人达人者其境尤距齐国几千万里，神游而已。此则本社能力之稚弱，我同人所当奋励者也。"

"立达同人创办大同之动机，在慨社会不良，官立学校办事者皆以外粉饰而

---

① 郁少华：《大同大学校史》，《爱国办学的范例》，第 169 页。
② 吴在渊：《大同大学创办记》，《爱国办学的范例》，第 94 页。

以内敷衍为事。偏重智育而置德育于不问，才乃为济恶之端。教授成绩，以学生之能否全行升级为标准。课程中体操、图画、手工、唱歌等项，无九十分以下之分数。学生于重要课目，或成绩虽劣，乃无降级留级之患。所重专在外国语文，而科学、国文退居附庸之列。教育都类机械，而学者天赋之能力无以发展，以为无人出而改良，种族将日就退化。处人篱下，志愿既无以自伸；散处四方，学殖亦日就荒落。"①

"科学救国""教育救国"的理念，始终萦绕在胡敦复这一帮知识分子的心头。

大同的这一办学导向，也与其教师群体的学问背景有直接关系。大同的教师群体，因出自清华这样一所理工为主的学校，故总体上是以理工背景为主。诚如吴在渊在《大同大学创办记》中所言，胡敦复"于学无所不窥，间教数学、心理、论理等"；吴在渊"教授数学，未分丝毫余力于外事"；华绾言"辨析数理，细达毫芒，研究教法，深入无间"；曹惠群"化学至深，与美人窦威廉合著《近世化学》，十九皆出其手，自第二学期后，教授化学，一切草创皆出一手"。②

此后，大同不断海纳理工类各路精英，如数学方面的张镇谦、高扬芝、范会国等，物理、化学与工学方面的顾静徽、叶蕴理、戴岂心、曹简禹、郑昌时等。此外，物理学家吴有训、数学家何鲁、数学家武崇林、无机化学家顾翼东等人都曾在大同执教。

民国初年的高校普遍实行学年制，学生在修业期限内修满规定的全部课程才能毕业。这种学年制，不利于教师因材施教，也不利于学生学有专长。为了让学生能在一个比较短的时限内学有专长，大同从创办之日起，在教学制度上采用了西方所通行的选科制和学分制。对学生所习学程，规定了一部分为必修，一部分为选修。

对于大同的选科制和学分制，1921 年报考大同数理专修科的恽逸群有如此的回忆："大同不分年级，每一学科从浅到深分设若干学程，每一学程一般是每周授课三小时，一年讲授，也有每周四小时或两小时的，也有只讲授一学期的。换句话说，就是一学程为六学分，也有四学分或八学分的。各学科视成绩各自升降（新生以入学考试成绩分，旧生以积分及学期考试成绩决定），不求一律。功课较严，一般授课一小时，需要自修两小时。最多学八个学程，少的只能学四、

---

① 吴在渊：《大同大学创办记》，《爱国办学的范例》，第 93—94、129 页。

② 吴在渊：《大同大学创办记》，《爱国办学的范例》，第 131—133 页。

五个学程，每学年能全部及格的人极少，能有四分之三及格就算优等生。规定修业五年的课程，六、七年读完是常事，甚至有读八年或超过八年的。所以很多学生把它当作补习学校，别的学校考不上，就进大同补读一年两年，再进别的学校。每年暑假，大同要收新生三百多，而旧生不来的有二百左右。"①

校友沈德滋、方季石、王槐昌、董涤尘也有这样的描述："大同大学在创办时就采用选科制，不以年级划分，根据学生不同的文化程度选读不同的课程，在一定范围内可以多选读或少选读几门学程，读满一定的学程即毕业。后来把大学分成两个阶段，大学一、二年级着重基础课，考试合格后才能升级；大学三、四年级着重专业课，一门学科作为一个学程（个别学程亦有两门学科的），读满一定学程可以毕业。为了转学方便起见，又将学程折合为学分制，一门学科每周授课三课时，一个学程折合三个学分，每周授课二课时，一个学程折合两个学分，实验课三课时作两个学分计算，工厂实习二课时，作一个学分计算。一般来说，每年读七个学科，四年读完二十八个学科毕业（其中包括必修课和选修课）。基础好的学生可以多选读，基础差的学生可以少选读，从学生实际知识出发，不强求一律，因而学生既可提前毕业，亦可延迟毕业。这样，既能因材施教，又能保证教育质量。"②

大同学院实行选科制，是有其渊源的，与这批知识分子在北京清华学校的经历有关。当时，"校中学科编制，支配课程，聘请教授，由敦复一手经营。学科由普通科起即划分三系，不相牵掣，一曰国学系，二曰外国文学系，三曰数理系。前同人在北京清华学校时已行试办，后以同人离清华，此制在彼遂废，及办大同，为贯彻宗旨，仍行此制。学者各因天赋之能得分途发展，翕然称便。至民国七八年间，外间始嚣传分科选制之利益，而在本校，则自始即已实行矣"③。

在当时的教育背景下，大同大胆地采用选科制和学分制，给了学生非常大的空间来支配自己的学习与生活，这也在很大程度上是对学生自觉性及自制力的一种考验。大同校友顾宁先回忆："读完 28 个学分即可毕业，你可以三年、三年半、四年都可行。可以今年来读，明年不来读，我有一个同学读了六年，停停读读，但只要修完学分即可毕业，没有限制。暑假有课，算学分，如关实之上的日文。学分制学日本，课桌也学日本，一个桌子有两种坐法，一种坐四人，一种坐

---

① 《自传》，《恽逸群文集》，江苏人民出版社，1986 年，第 418 页。

② 沈德滋、方季石、王槐昌、董涤尘：《回忆大同大学》，上海市政协文史资料工作委员会：《解放前上海的学校》（上海文史资料选辑第 59 辑），上海人民出版社，1988 年，第 140 页。

③ 吴在渊：《大同大学创办记》，《爱国办学的范例》，第 134 页。

六人。但是没有固定座位，流动的，今天可坐这里，明天坐那里。"①抗战期间曾在大同大学就读的胡济民和胡刚复的女儿胡璞都对大同的"自由"感触很深："比较自由，留有学生发展余地。"②

学生是"自由"的，教师也是"自由"的。教师的讲授自主权、授课内容的编辑权、教科书使用的裁量权等，在大同受到尊重和鼓励。20世纪30年代在大同大学就读的于光远（时名郁钟正）回忆当年的学习生活经历时写道："从开设的课程来看，学校注意某个老师对某一门课程特别有研究，就请他去开课。结果这样的课程我觉得听起来特别有趣。""总的说来，我认为大同有一个突出的优点，那就是让学生在学习中有较多的自由，功课考试也不很紧，不会将学生压得喘不过气。因而学生可以比较好地发挥自己的个性。我感受如此，也许同我在学校里不是一个循规蹈矩的'好学生'有关。不过我还是要说，自己从中的确得到了好处。"③

胡敦复就读的康奈尔大学是一所男女合校教育的高等学校。大同在创办之初，一个重要的改革举动就是开"女禁"，倡行男女同校学习。

在传统中国，女子没有受教育的权利，即使到了近代，女子也只能接受小学和中学教育，并且男女不得同校，这一禁忌首先在大同被突破。1916年，胡敦复堂妹胡卓来校肄业；第二年，吴在渊之女吴学敏入学大同；又一年，又有女生来校，风气日开，大同始收女生。兼收女生的消息传出，社会哗然，流言蜚语不堪入耳。"当时社会人士，颇有非笑之者，然同人不因之气馁，而志益坚定"④。

不过，当时风气初开。胡卓因不好意思，还是由校长夫人陪同上课。"女同学坐前面，男同学坐后面"，"女同学有一个休息室，上完课后到休息室去，上课才到教室。以后女同学多了，就可以上完课后不上休息室而留在教室。开研究会时男女同学才有一些接触"。⑤

到1919年，大同在校女生10位，分别来自江苏、广东、湖北、江西四省。⑥

---

① 《大同大学概况、校史、沿革》，档号Q241-1-26，上海市档案馆藏。

② 《上海市大同中学校友会资料（人物卷）开创时期》，上海市大同中学档案室藏。

③ 于光远：《怀念大同二三事》，盛雅萍、马学强主编：《百年大同研究（1912—2012）》，上海辞书出版社，2012年，第7、8页。

④ 郁少华：《大同大学校史》，《爱国办学的范例》，第171页。

⑤ 顾宁先口述、黄婷整理：《回忆大同大学》，《史林》2004年增刊。

⑥ 《鸿印录》，1919年下学期刊印，第27—28页。

胡敦复女儿胡宜南
在学校女生宿舍前骑车

到了 1929 年，大同大学的女生仍是沪上各高校中最多的。[①]

这样，近代中国高等教育的"女禁"终于被打破，男女得以在大学中同校学习，男女平等接受教育思想赢得了胜利，此举推进了教育的民主化。堪称高等教育"翘楚"的北京大学和东南大学，直到 1920 年 2 月才正式招收女生，比起大同学院整整晚了四年。

对于大同冲破"女禁"之举，后来《申报》载文称此为胡敦复"一人力也"，文道："胡氏揣知学子心理，首创男女同校（民六，较北大早），惟尔时女生尚有羞怯畏缩之心，不肯入校，乃以堂妹为之提倡，并令其妻伴之读，藉慰岑寂。不谓数年来女生由六七人而至三四十人，男生则念倍之。大同之得有今日，实胡氏一人力也。"[②]

大同初创，无力延师，故第一学期课程几乎全部由社员教授，社员"虽枵腹从公，而皆竭力尽职"，"前五年计十个学期，校中经济困难，故除国文教授及聘请之职员兼教课项外，殆无一不由社员担任"，"至十学期后，校中基础已固，经济渐裕，乃得延请大师硕学来传心得"[③]。直至 1916 年，全校教职员总共才 21 人。1932 年全校教职员 32 人，教务外仅有一位专职职员，学生 800 余人。[④]

对于学校"精兵简政"之状，学生也有回忆："大同大学创办以来，重视教职员的质量，学校行政人员较少、办事人员不多，在私立大学中，教职员与学生人数的比例是最低的。1947 年度有教员 105 人，职员 38 人，学生 2254 人，教员与学生人数的比例为 1 比 21，职员与学生人数的比例为 1 比 59，学生人数在上海七个私立大学中占第二位，而教职员的比例最少。"[⑤]这充分证明，一所成

① 《大同大学的女生》，《申报》1929 年 5 月 15 日。

② 《大同大学的女生》，《申报》1929 年 5 月 15 日。

③ 吴在渊：《大同大学创办记》，《爱国办学的范例》，第 131 页。

④ 大同大学校友会编：《大同世界》（大同建校八十周年纪念刊），1992 年。

⑤ 沈德滋、方季石、王槐昌、董涤尘：《回忆大同大学》，《解放前上海的学校》（上海文史资料选辑第 59 辑），第 140 页。

功的大学，并不是靠行政人员"管"出来的。

大同大学的最大特色和优势，就在于胡敦复、吴在渊、平海澜这些管理者，都是术有专攻、业有所成的学者，人人都能登讲台授课，真正实现了专家治校、学者治校。

虽然"贵"为校长，胡敦复也一样上课。他博闻强记、精力过人，"故中英文、数学之根基深厚，新旧学无所不通"，是公认的"全能教授"[①]。据说在创办学校的困难时期，"数学""物理""国文""英文""哲学""拉丁文"甚至"声韵学"，哪门课缺教师，他就教哪门课。学生们也很喜欢上他的课，私下称他为"胡夫子"。

他甚至还讲授过莎士比亚的戏剧，并得到学生的好评。据电力电工专家恽震回忆："1917年春，改入大同学院，听胡敦复授莎士比亚，顾珊臣授物理，吴在渊授高等代数，均有得益。"[②]

这才是名副其实的教育家，不但拥有教学领导能力，而且精通多门学问，能够在三尺讲台上游刃有余。

据长子胡新南回忆，胡敦复唯一不懂的是化学，也只有化学系没有他可教授的课程。因此胡新南报考这所大学时，特意选了化学系，以期躲避严父的管教。万万没有料到的是，逻辑作为大一新生的必修课，无可回避，而任课教师正是胡敦复。儿子最终还是未能逃出父亲的"掌心"。[③]

于光远也曾回忆："还有一件事我也记得很清楚。那就是胡敦复——他是大同的创始人之一——是一位自然科学家，我听了他的一门逻辑学。他用的教材不是一般的逻辑教科书，而是穆勒的英文原著。胡敦复虽不是逻辑学家，但是他把逻辑学讲得很清楚。同时因为用的课本是穆勒用英文写的书，他一边讲书中的许多逻辑学道理，一边又教书中的英语。我在大同还学习了世界通史，也是胡敦复教授教的，用的也是英文的一本写得很好的教科书，也是一边学世界史一边学英语。我觉得这也是一种好办法。"[④]

对于胡敦复教授逻辑学有着深刻印象的何止于光远，抗战初期的学生李隆章回忆："我就读一年级时，有缘在逻辑学一门课上，亲听胡老师讲课，他的教学

---

① 杨恺龄：《胡敦复先生行述》，《胡氏宗谱（村前版）》，第178页。

② 《电力电工专家恽震自述》，《中国科技史料》第21卷第3期（2000年），190页。

③ 胡新南口述、程玉凤访问整理、张美钰记录：《胡新南先生访谈录》，台北"国史馆"，2005年，第25页。

④ 于光远：《怀念大同二三事》，《百年大同研究（1912—2012）》，第7—8页。

方法很好，一个较为深奥的问题，几个比喻就能使我们理解。全班同学对胡老师极为仰慕，深受教诲。"[1]

1917年底，胡明复从哈佛研究院毕业回到上海，毅然决然地加入了大同学院的教师队伍。

在美国留学时，他和同学任鸿隽、赵元任等人就商量，将来回国后还要创办一所理想的大学，为此他曾给赵元任写过一封几十页的英文长信，制订了详细的计划。赵元任等大多数人主张重起炉灶，按自己的规划创办一所新的大学，胡明复则主张以大同作为理想大学的根基。

从这一刻起，直至他意外逝世，10年间他没有离开过上海。以他的学问、名望，完全可以到名牌大学去担任重要的职务，北京大学就曾经邀请过他，但是强烈的责任心使他不愿离开。就如胡彬夏所说："他以教育为救国的基本观，亦知大哥为欲兴学的奋劳辛勤，故归国后决然以协助大哥为念。……在当时三弟的心中，大同是这一主义的结晶体，大哥是该主义的表示者。"[2]

来到大同学院后，他和吴在渊一起创办并主持数学系，担任数学系教授。他教学非常认真，对学生循循善诱，用生动、易懂的语言讲述深奥的概念和难以理解的问题。他坚持认为，大学生光啃书本不行，必须学会进行独立的思考和研究。他一到校就倡议成立了"大同大学数理研究会"，作为培养学生能力的重要阵地，他在研究会作的《误差论》等讲演，深受学生们欢迎。

当时，胡敦复受教育部委派北上东南大学、北京女子大学任校长一职，并无端卷入了两场风潮，因而在上海的时间很少，学校的教务、人事等日常工作就落到了曹惠群和胡明复的肩上。做一位好教授并不十分难，但要管理好一所大学谈何容易。为了有更多的时间和精力管理好大学，胡明复从家里搬出来，独自一人住进了九如里一间小屋里，过着苦行僧般的生活。除了教学、人事方面的例行事务，大同大学当时处于初创阶段，基本建设任务相当繁重，有些新开设的系科就等着教室上课。为加快进度，节省资金，胡明复就自己动手设计，至今仍坐落在新闸路、西康路口的大同大学旧址校舍，就是胡明复亲自绘制图纸的。他经常亲临现场监工指挥，处理各种问题，使施工井然有序，显示出在管理组织方面的杰出才干。

大同的经费仍然入不敷出。胡明复学过商业，又善财务管理，但"巧妇难为

---

① 李隆章：《伟大的教育家胡敦复》，《大同大学校友通讯》第24期（1991年）。
② 胡彬夏：《亡弟明复的略传》，《科学》第十三卷第六期（1928年6月）。

无米之炊"。他们这些早期庚款生留学期间，每月生活费就有 80 美元，同学中有人因为善于攒钱甚至成了"小财主"。胡明复则早已将省下的一部分生活费用在了创办《科学》杂志上，现在他又将几乎所有的积蓄投进了学校。有人统计，他 10 年间垫费总数达两万余元，这是他全部的私蓄，真可谓"毁家兴学，劳怨不辞"。

1918 年秋，胡刚复在美国哈佛大学获物理学博士学位。导师杜安教授一再希望他能留下继续合作研究。可是，胡刚复毅然离开哈佛，回到了上海。如同他的二位兄长那样，他也义无反顾地投入我国的近代教育事业，任教于大同学院和南京高等师范学校（即东南大学、中央大学前身）物理系。

1920 年 6 月美国出版的《哈佛大学 1913 级级友会秘书第三次报告书》上刊有胡刚复的一封信。在信中，胡刚复写道："1918 年夏我的研究工作暂告完成。我之所以说是暂告完成，是指科学没有止境。当时正值欧战方酣，我深感循实业科研路线报效祖国之责任。而我师杜安教授也希望我留校帮助他从事物理实验工作。但我终于决定离开我愉快逗留过八年多的美国回到自己的祖国担任教师一职了。我国十分贫困，物资缺乏，生产落后，急需振兴实业。由于经费和物资短缺，致使教育事业也难以有效推动。我未曾学过工程，对此一无所知，如今不免后悔。今后我的一生将面临艰苦的斗争了。"[1]

胡氏三兄弟，一样的从村前走出，到沪上接受最初的新式教育；一样的到美国留学，接受现代科学技术的教育；一样的毅然决然回国，投身近代教育。三兄弟就如三条同向行进的直线，渐行渐近，最终在大同会聚，碰撞出炫目的光彩。

胡氏兄弟以及立达学社的社员，这些爱国知识分子所付出的心血没有白费，在 1922 年终于得到了回报。

大同学院初创时，设有普通科，相当于今天的初中，开国文、数学、物理、化学、英文等课程。1914 年夏天迁入新校址后，大同学院创办大学预科，设文、理科，学程均为二年。随着校舍、校具的日益齐备，大同学院的办学学科编制也日趋完善。1916 年增设英文专修科及数理专修科，1921 年增设大学文科和理科，1922 年春，大同学院增设大学商科和教育科，附设中学部。

1922 年，大同学院创办十周年。"十年磨一剑"，大同的发展翻开了新的一页，正式改制为大同大学。这一年 5 月，大同学院按照私立大学规程，呈请北

---

① 解俊民：《胡刚复》，卢嘉锡主编：《中国现代科学家传记》第二集，科学出版社，1991 年，第 144 页。

洋政府教育部立案，经教育部所派专员视察后，正式准予备案。^①北洋政府教育部令江苏省教育厅曰："查该院前此呈报改名大同大学校，并将理科设备筹议扩充各节，业经批准备案，兹准前因，相应咨请查照等因，准此。查此案前据该校呈请前来，即经转咨，并令行该厅转饬知照在案，兹准前因；合行令仰该厅查照，并即转饬该校知照，此令。"^②

大同学院 1922 年毕业纪念合影。第一排左起：胡明复、华绾言、吴在渊、朱香晚、章太炎、马相伯、沈籁清、曹惠群、杨景修；第二排右三胡汉学、右六胡范若；第三排右一胡宪生

经北洋政府备案后的大同大学，以"研究学术，明体达用"为宗旨，以"在明明德，在新民，在止于至善"为校铭^③，并"参合欧美大学中学各种规程"^④，对大学本科部分进行了扩充，"于是大学预科亦分为文预科、理预科、商预科、教育预科。同时设大学别科，各科不相牵制。俾学者可就志愿资性自择进修之途，且可各按所造程诣，分科进修以求实学"^⑤。在学科设置上，则继承了学院

① 关于大同第一次备案的具体月份仍存在争议，包括 5 月、9 月、1922 年冬等，这里采用的是学校在《申报》上刊登的公告中的说法。

② 《大同大学部准备案》，《申报》1923 年 4 月 27 日。

③ 郁少华：《大同大学校史》，《爱国办学的范例》，第 169 页。

④ 《大同大学章程》（1926 年），《爱国办学的范例》，第 136 页。

⑤ 《大同大学十五周年纪念刊》，档号 Q241-1-21，上海市档案馆藏。

时期的院系结构，"设科：（甲）大学文理、本科预科；（乙）英文专修科、数理专修科；（丙）中学各班及补习科"①。同时，大同还设立大学选科和"暑期讲肄"，其中，选科"俾有志之士限于职业不能依常例受课者，亦得以暇时从事修习"，"暑期讲肄"则"以备暑假中有志学子之修习，兼供中等以下学校教员之研究"。②这样一来，此时的大同大学，兼具大学、中学与专修科这三大功能于一身，可谓"全面开花"。

据 1926 年制订的《大同大学章程》载，文、理、商、教育科本科学制皆为四年，在此之前设预科一至两年。③对于学程，《章程》规定：普通科共 36 学程，其中必修科为 32 学程。英文专修科应修科目 30 学程，其中主课 21 学程；数理专修科应修科目 30 学程，其中主课 16 学程。大学别科由普通专修各科升转，其程度至少以与本校功课 24 学程相当为合格。文科本科应修学程为 24 学程，预科为 14 学程；理科本科应修学程为 24 学程，预科为 14 学程；商科本科应修学程为 28 学程，预科为 7 学程；教育科本科应修学程为 28 学程，预科为 7 学程。④

除了院系设置有所调整，大同大学正式立案之后，最直观的影响便是学生人数的直线上升。1921 年秋，学生人数为 563 人，到正式立案的 1922 年，全校学生超过 1000 人，到了 1923、1924 年都接近 1400 人。在大同大学年刊中也有过相关的表述，"以后由一九二三年至二七年，因为立案后学生人数激增，历年都添建房屋并购置大批仪器及图书"⑤。

大同大学的英文、数理专修科制度在上海甚至全国高校中都非常少见，而且是办得成功的典型案例。专修科面向的人群是"年龄较长"，但"仍有志于在英文及数理方面有所深造者"⑥，修业期为五年，与现在的职业教育有一些相似之处。专修科的设立，曾受到教育部的质疑，勒令其整改。但大同的专修科一直坚持到 1951 年才毕业最后一届学生。大学别科，则"为资格在中等学校毕业以上，有志进习高等普通各学科以奠立身任事之基础者而设"⑦。

蔡元培所领导的中华教育文化基金会在 1926 年 3 月的董事会第一次报告

---

① 《大同大学校通告》、《大同大学（原名大同学院）招考》，《申报》1923 年 1 月 1 日。
② 《大同大学章程》（1926 年），《爱国办学的范例》，第 137 页。
③ 《大同大学章程》（1926 年），《爱国办学的范例》，第 137 页。
④ 《大同大学章程》（1926 年），《爱国办学的范例》，第 137—149 页。
⑤ 《大同大学年刊》，1951 年，档号 Q241—1—351，上海市档案馆藏。
⑥ 《大同大学章程》（1926 年），《爱国办学的范例》，第 136 页。
⑦ 《大同大学章程》（1926 年），《爱国办学的范例》，第 136 页。

中，对大同大学有如下的评价："大同大学，系大同学院改组。十余年来，惨淡经营，成绩渐著。教授管理，素称认真。在南方私立大学中，颇负时誉。惟物理、化学两科之设备，亟待补充。接受本会补助以来，购置渐多，师生称便。历时稍久，研究工作，自可逐渐进行矣。"[①]

民国初年，我国大学和中学的教材特别是自然科学教材，大多取之于国外，即使有中文本，多是早期来华传教士所著译，中国学校教科书面临着"本土化"问题。

胡氏兄弟是新课程、新教材的积极推动者。在与吴在渊合著的《近世初等代数学》的序言中，胡敦复剖明心迹："自立之道奈何？第一宜讲演，第二宜翻译，第三宜编纂，第四宜著述。务使初学科学之人，可尽脱外国文之束缚，而多得参考之材。学者研究既多，自能群趋于发明之一途。不如是，则吾国之学术，终为他国之附庸而已"，"鄙意今尚宜从中学之教科书入手，渐及参考之书，层累而上，以至高深之学。材料不妨浅近而说理务宜精详，结构不必宏大而见地须有独到。务使中学之士，先得观摩之益；至盈科而进，而后引之入百宝之林。此则诸先觉者之天职也。"

大同学院成立后不久，就成立了以胡敦复领衔的"大同学院丛书"编辑部，编辑成员有胡敦复、朱香晚、吴在渊、曹惠群、叶上之等十余人。后来，胡宪生、胡明复、胡刚复先后加入大同大学，也积极参与教材的编写。大同学院所用的教材和参考用书，皆由他们自己编写。为做好示范作用，胡敦复先与夫人华桂馨合编了初中算术教科书，又与吴在渊合编《算术》一册（中华书局1922年版），此后陆续编写出版《近世初等代数学》（吴在渊编著，胡敦复、胡明复校订，商务印书馆1923、1924年版）、《初等代数学》（华桂馨原编，胡敦复辑订，吴在渊、胡明复校阅，商务印书馆1924年版）、《几何学》（胡敦复、吴在渊编，中华书局1923年版）、《初级几何学》（吴在渊编辑，胡敦复、胡明复校订，中华书局1923年版）等等。[②]二三十年代，大同推出了"大同大学丛书"，由商务印书馆出版。胡敦复与荣方舟编著的《平面几何学》《立体几何学》（1936年），以及胡敦复与范会国、顾澄合译美国波瑟尔（M.Bother）的

---

① 知者整理：《中华教育文化基金董事会报告》，《近代史资料》总101号，中国社会科学出版社，2001年，第203—204页。

② 王有朋主编：《中国近代中小学教科书总目》，上海辞书出版社，2010年，第622、636、652页。

《积分方程式之导引》，被商务印书馆列为我国最早的一批"大学丛书"之一。胡敦复独立编写的《新中学几何学》被教育部审定为高级中学用教科书。此外，胡敦复还主持过多部初中英语教科书的编写，《英文宝库》第1—5册被教育部审定为中国初中教科书，由中国科学图书仪器公司在1947年出版。

胡敦复反对当时数学界出现的一种"全盘西化"、数典忘祖的现象。1932年，无锡胡氏中学年仅25岁的数学教师许莼舫在研读《算经十书》、宋元数学书及清代数学家的论著后，编撰出一部《古算法之新研究》。该书用现代数学方法对古算中的百鸡术、求一术、勾股术、重差术、割圆术、垛积术等十多个问题做了通俗的介绍，供中学生在学习数学时参考，以增强他们的学习兴趣。作为胡氏中学校董会主席，胡敦复对此非常支持，决定学校出资，以学校数理研究会的名义出版了许莼舫的书稿，并为之作序，阐述其维护祖国文化独立的观点："一国有一国之文化，即有一国之精神，其关系于国体人心者甚大也。今必一一效法西人，无论拾其糟粕，种瓜而或得豆也；即使穷其究竟，亦不过西人之附庸而已矣。况算学一科，我国昔时畴人，有先西人而发之者；有发西人所未发者，明明有可循之准则，而必舍己之田，芸人之田，不亦惑乎？"最后他告诫国人："人之爱国，谁不如我，苟知本国之书，内容不弱于西文，购置便而索解易，岂必甘为外人之学奴、唾弃先辈之手泽哉？"

胡敦复夫人华桂馨，同样也是一位女学先驱，早年与胡彬夏等跟随胡雨人东渡日本留学。与胡敦复成亲后，夫唱妇随，对夫君的事业给予了莫大的理解和帮助，不仅参与编制教科书，而且还承担教课任务。她在专擅数理的同时，对传统国学也深有研究。20世纪20年代初，她还来到南京，协助胡刚复管理中国科学社图书馆，与东南大学的"学衡派"成员吴宓、柳诒徵、胡先骕等有过交往，曾撰有《论戏曲与社会改良》刊登于1922年4月《学衡》，并被大东书局收入1933年出版的《近世文选》第一集。1923年，华桂馨病逝，依其遗愿，胡敦复以4000银元在大同大学设立"馨德学员奖"，每年奖励四名优秀学生。

胡明复、刚复兄弟也是新课程、新教材的积极推动者和编写者。1924年，商务印书馆编译所所长王云五聘胡明复兼任数学函授社主任。胡明复联络大同大学和国内其他高校的一些数学教师，主持编写了一批普及性数学书籍，如《新学制混合算学教科书》（段育华编纂，胡明复校阅，商务印书馆1923年版）、《近世初等代数学》（吴在渊编著，胡敦复、胡明复校订，商务印书馆1923、1924年版）[①]，为中国的数学教育做了大量基础性工作。1929年，商务印书馆推

---

① 王有朋主编：《中国近代中小学教科书总目》，第616、635页。

出"万有文库"第一集，其中有胡明复著《科学方法》。胡刚复则在30年代与杨孝述、胡悫风合编过初中物理教材。

胡宪生

说起大同大学教材的编订，必须提到一个人：胡宪生。胡宪生1916年获康奈尔大学森林学硕士后回国，在大同学院教授英语。他根据自己的英语教学实践，结合留学时美国推行的直接法教学理论，兼顾当时传播的实用主义思潮，起草了初中英语课程纲要，得到新学制课程标准起草委员会认可，于1923年向教育界公布，命名为《新学制课程纲要初级中学外国语课程纲要（暂以英文为例）》。在此纲要中，胡宪生提出英语教授方法要"注重练习，使能纯熟；多用直接会话，减少翻译；在学生已学的范围内鼓励学生自由应用；耳听口说均须注重；随时提示文法；并随时指导学习的方法"[①]。胡宪生先后参与或独自编订的教材种类多样，有读本类、语法类以及读音类。读本类教材主要有《新学制英文读本文法合编》（1923年初版）、《注音英文读本文法合编》（1925年初版）、《新学制高级中学英文读本》（1930年版）；语法类教材是《初级中学适用英文法》（1926年初版）；读音类教材是《英文留声机片课本》（1926年初版）。这些教材均由商务印书馆印刷发行，多次出版。其中以《新学制英文读本文法合编》最为出名，于1929年经教育部审定作为通行教材。胡宪生还翻译了英文小说《人猿泰山》《野人记》等，出版后深受广大读者的喜爱，成为当时的畅销书。"宪生精通英文，上课不带课本，一支粉笔，边讲边写，英文字体美观流利，文法举例，恰切简明，易学易懂，深受学生欢迎，对提高英语教学，掌握英语基础起了促进作用"，"生活朴素，常穿长衫上课；语言生动，学生提出问题能尽力解答"[②]。

"大同大学丛书"涵盖多个学科，算术、代数、几何、物理、化学、英语、国学等等，有讲义、试题、练习题集，多种多样。凡此种种，立达学社社员及大同大学教授们为民国时期大学和中学的教材建设做了重要贡献。

民国时期，在教科书"本土化"进程中，不可忽视政府的力量。1923年，"壬戌学制"颁布和实施之后的第二年，北洋政府又公布了《新学制课程标准纲

<hr>

① 课程教材研究所：《20世纪中国中小学课程标准·教学大纲汇编外国语卷（英语）》，人民教育出版社，2001年，第11页。

② 《爱国办学的范例》，第38—39页。

要》，对小学、初中、高中的课程设置做了规定。为了适应新学制的教学要求，民间书坊出现编撰出版新学制的教科书热潮，其中最有代表性的为商务印书馆、中华书局、世界书局的教科书。商务印书馆汇集90余人的庞

大同大学丛书书影

大而高水平的作者、编撰与校订队伍，中华书局汇集60余名专家编订适应新学制的"新小（中）学教科书"，推出了系列化、多元化的教科书，胡敦复、明复、刚复和宪生都参与其间。①南京国民政府成立后，统一编制教科书实现文化整编，也成为当务之急。1928年，国民政府教育部门组织了新学制课程标准起草委员会，制订《新学制课程标准纲要》，胡宪生、胡明复、胡刚复分别参加起草、制订初级中学外国语、算学和物理的课程标准纲要。胡宪生还在1932年参与了英语课程和标准的修订。②上引胡氏兄弟所编订的各类教科书，有些就是在这样的背景下产生的。

对于一所大学，图书馆是不可或缺的重要设施。"自有学校以来，即从事搜集图书，为教学参考之用。至民国十年，始粗具规模，今馆管理颇就端绪"。1934年前后，有阅览室，设座位约60人；有藏书室，设木架数十，能容书30000余册。有中文19000余册，西文6800余册，日文600余册，杂志100余种，小册1200余种。③据《图书年鉴1935》载，大同大学图书"馆藏各类中西图书约二万五千册，中西文杂志约百种。书籍来源，半系购置，半系捐助……捐书以郭辅庭所捐最多，内有武英馆聚珍版丛书一部，颇为珍贵"④。俞调梅回忆："我曾到大同大学的图书馆去借过书，馆藏不算多，但管理得井井有条。图书馆长由胡卓教授兼任，她的助手仅一二人。当时给我留下的深刻印象是，大同大学的组织管理是高效率的。"⑤

---

① 石鸥、吴小鸥：《简明中国教科书史》，知识产权出版社，2015年，第74—86页。

② 刘英杰主编：《中国教育大事典1840—1949》，浙江教育出版社，2001年，第193页。

③ 陈祖怡编：《上海各图书馆概览》，世界书局，1934年，第1页。

④ 杨家骆：《图书年鉴1935》第4版，词典馆，1935年，第3：60页。

⑤ 俞调梅：《点滴琐忆》，《大同世界》（大同建校八十周年纪念刊），1992年，第13页。

兼任学校图书馆长的胡卓，是胡雨人之女。1918 年，胡卓从大同大学英语专修科毕业。这一年，清华学校第三次招考留美女生。这次招考特制定了《女学生赴美留学试验规则》，规定招考的女生年龄应在 18—25 岁之间，天足且未订婚，"国学至少须有中学毕业，英文及其他学科，须能直进美国大学校肄业"[①]；至美后必须从教育、幼稚园专科、体育、家政学、医科等学科中任择一科肄业。胡卓报名应考，脱颖而出，成为八名幸运儿之一。[②] 同时入选的杨保康，是杨绛的堂姐。

1918 年 8 月 14 日，载满赴美留学生和其他旅客的"南京"号海轮从上海起锚。此时，我国学生留美潮已经逐步进入高潮。据记载，搭乘本次航班的留美学生人数约为 150 人，有清华学校、考取清华津贴学生、教育部资送教员、河南省资送学生及自费生等。这些留美学生学成归国后大部分都成为各个行业的骄子，其中尤以清华学校学生叶企孙、李济、沈履、汤用彤和河南省资送学生冯景兰最为声名显赫。杨保康、胡卓等是清华考选学生；教育部资送的六名教员中有无锡的杨荫榆，系杨保康的姑母，学成归国后成为北平女子师范大学校长，是我国第一位女性大学校长，在著名的"女师大事件"中受到鲁迅抨击而黯然下台。上述提到的沈履后来与杨保康结为夫妻。同船的自费生中还有大名鼎鼎的徐志摩（时名徐章垿）。[③]

抵达美国后，杨保康与胡卓同入威尔斯利（Wellesley）女子学院，杨保康学教育专业，胡卓学文学专业。1922 年 5 月 2 日，两人又同时加入中国科学社。[④]1922 年，胡卓从威尔斯利女子学院文学士本科毕业，次年在哥伦比亚大学获教育学硕士。[⑤] 归国后的胡卓在大同大学任教，教授英语，后为外国文学系主任和文学院院长，期间还兼任图书馆主任。1930 年 3 月 5 日，上海图书馆协会在民立中学图书馆开执委会。鉴于全国各地图书馆人才匮乏，图书馆专业人才需求量增加，而女管理员尤见缺乏，决定组织"图书馆学函授学校"。"图书馆学函授学校"受到图书馆各界的广泛关注，要求函授者更是络绎不绝。随后，上海图书馆协会又受各地图书馆委托训练管理员而添设函授学社，聘定六名教职人

---

① 清华大学校史研究室编：《清华大学史料选编》第一卷，清华大学出版社，1991 年，第 227 页。

② 谢长法：《中国留学教育史》，山西教育出版社，2006 年，第 132 页。

③ 吴禹星：《"南京"号：1918 年 8 月》，刘海峰：《中国大学校史研究的回顾与前瞻》，厦门大学出版社，2016 年，第 477—485 页。

④ 《董事会 1922 年 5 月 2 日会议记录》，何品、王良镭编：《中国科学社档案资料整理与研究董理事会会议记录》，上海科学技术出版社，2017 年，第 4 页。

⑤ 国立清华大学校长办公处：《清华同学录》，1937 年 4 月，第 93 页。

员，胡卓名列其间。所编制的教材，非常符合当时图书馆的实际情况。男女学员均踊跃参加，培训效果显著。[1]

1927 年 4 月，国民革命军克复南京，国民政府正式成立。国民政府设立大学院，作为全国最高学术及教育行政机关，开始了新时期的教育变革，尤其是对时人称谓的学校教育"学校滥、办学之人滥、师资滥、教材滥、招生滥、升学滥"的"六滥"现象进行清理和整顿；同时，仿效西方教育模式，加大对各类学校的管理。国民政府先后颁布《私立大学及专门学校立案条例》和《私立大学条例》《私立大学校董事会条例》，

1926 年 3 月，大同校庆十五周年纪念，胡适在演讲

要求私立学校重新立案，并更加明确规定了私立学校的办学条件、办学规模、办学目标、办学水平等，以此加强对私立学校的监督和管理。

在这样的大背景下，大同大学着手第二次向国民政府申请立案。

作为立案的前奏，组织学校董事会首先被提上了议事日程。1928 年 2 月 4 日，立达学社在召开例行会议时明确提出了"议决组织大同大学校董会"，并"推叶上之先生、平海澜先生、朱香晚先生草订校董会组织大纲"。[2]

大同大学校董会组织大纲[3]

一、名称：本会定名为大同大学校董会。

二、目的：本会为大同大学设立者立达学社之代表，负经营大同大学之全责。

三、组织：校董会以热心教育及与大同大学有深切关系者组织之。

四、定额：校董定额十七人。

五、推选：除立达学社社长为当然校董外，其余十六人由校董会于大会时推

---

① 秦亚欧、孙旸：《地方图书馆协会对民国图书馆事业的促进及影响研究——以上海图书馆协会为例》，姜维公、王正铎主编：《长春师范学院图书馆学术文集》上，吉林大学出版社，2012 年，第 180 页。

② 《大同大学设立者"立达学社"的开会记录》，档号 Q241-1-2-8，上海市档案馆藏。又见《爱国办学的范例》，第 72 页。

③ 《私立大同大学校董会组织大纲》，档号 Q241-1-2-6，上海市档案馆藏。又见《爱国办学的范例》，第 209—210 页。

出，由立达学社聘任之。校董会设常务校董三人，由校董会于每年各季大会时推定之。

六、补充：校董遇因故不能履行职务时或接连缺席于大会二次，而未有代表者，应另推新校董补充之，其补充之手续同推选条。

七、职权：（甲）审决大同大学之发展计划及辅助其进行；（乙）保管大同大学之校产；（丙）稽察大同大学之财政；（丁）审核大同大学之预算及决算；（戊）任免大同大学校长，委以学校行政之全责；（己）审议其他重要事项。

八、任期：校董除当然校董外，任期四年，于每年冬季大会时改选四分之一（即四人），其第一届校董会之任期用抽签方法分别规定为一年、二年、三年、四年四种。常务校董一年一任。

九、会议：大会每年两次，于学期之终由常务校董召集举行之，开会时出席人数须在八人以上方可开议，遇必要时常务校董得召集临时会议。

十、办事细则：校董会办事细则由校董会自订之。

十一、事务所：本会事务所设于大同大学内。

十二、本大纲之修订：本大纲如有必须修正之处，须由校董大会出席人数三分之二以上通过修正之。

该大纲对于董事会、立达学社和校长的权限以及相互之间的关系，作出了明确的规定。校董会由立达学社负责组织，在大同大学校董会成立后，立达学社的大多数社员同时也是大同大学校董会的成员，其余校董也需"由立达学社聘任之"。校董会为"大同大学设立者立达学社之代表，负经营大同大学之全责"，具有"保管大同大学之校产、稽查大同大学之财政、审核大同大学之预算及决算"的权力，大同大学的校长由校董会选任。学校的人事、财务、教学及其他各项行政事务的权力，基本上由校董会掌握，校长担负更多的是执行其决议的责任。

仅时隔一周后的 2 月 12 日，立达学社再次举行特别会议，一致通过了《大同大学校董会组织大纲》，并决定校董人数由 17 人改为 15 人，拟聘马相伯、吴稚晖、蔡元培、杨铨等 11 人（征求同意后以七人为度）为董事，并推选立达学社八位社员加入校董之列，组成大同大学校董会。校董会公推马相伯为董事长，曹惠群为校长。

郁少华回忆："大同自规模粗具之后，即筹组校董会，并订有专章。校董会之职权，在主持校政方针，任免校长，保管校产及筹划经济。校董之人数，规定为十有五人，立达学社推选社员八人，社外延聘七人组织之，即由十五人中，推选一人任董事长，第一任董事长为马相伯先生，自相伯先生逝世后，即公推吴稚晖先生任董事长，以迄于今。"①

在随后的岁月，直至1952年大同大学建制被撤销，先后担任大同校董的共有35人。仔细分析其构成，一为立达学社社员与胡氏家属成员，如胡敦复、朱香晚、吴在渊、平海澜、曹惠群、郁少华、华绂言、胡宪生、胡刚复、王志莘等；二为胡敦复早年在上海就读时的老师，如马相伯、蔡元培、吴稚晖等；三为胡氏兄弟的好友，如竺可桢、杨铨等；四为经济上的赞助人，如宋汉章、谈荔孙、荣德生、侯德榜、竹森生等，其中竹森生是大同的校友。马相伯、吴稚晖先后担任了大同校董会的董事长，侯德榜和吴在渊之子吴学蔺在上海解放前后也曾短暂担任董事长一职。

新任校长曹惠群，在大同历史中是一位不可或缺的重要人物。曹惠群，别号梁厦，江苏宜兴人，清附生，曾在南洋公学读书，因"墨水瓶事件"而退学，进入震旦、复旦继续学业，未及毕业入英国伯明翰大学，专攻化学，为立达学社社员、大同学院创办人之一。他长期在大同大学及附中任教化学课，并自编教材。后出任校长后，曹惠群办学认真，治校有方，使大同大学及附中得以持续发展。据吴在渊所撰的《大同大学创办记》中记载，立达学社经济困难时，社员们纷纷"借金与社中，由社中出债券，利息常年一分，是曰内债"，"而内债之债主，大约敦复第一，梁厦第二，珊臣第三"②。曹惠群的倾囊相助，足见他对社务及办学的一片热忱。对于曹惠群的个人品质，吴在渊还有这样的评价："为人至忠直，友谊尤厚。困苦不避，任人急难，恒先于己，有古君子之风。"③

立达学社与大同大学有着密不可分的关系，大同创办初期，立达学社的社员都在大同担任一定的职务，"由是任社职者遂与校事息息相关"④。两者的关系，按立达人自己的形象概括：社为"干"，而校为"枝"。⑤后来，随着大同的发展，立达学社的主要事务也集中在办学上，社、校逐渐呈融合之势。1916年7月，胡敦复提议"社校当合一"⑥，他本人就身兼立达学社社长和大同学院院长。

到了这一阶段，"社校合一"却不能适应新的形势，为了避免独裁现象的发

---

① 郁少华：《大同大学校史》，《爱国办学的范例》，第171页。
② 吴在渊：《大同大学创办记》，《爱国办学的范例》，第101页。
③ 吴在渊：《大同大学创办记》，《爱国办学的范例》，第133页。
④ 吴在渊：《大同大学创办记》，《爱国办学的范例》，第129页。
⑤ 吴在渊：《大同大学创办记》，《爱国办学的范例》，第129页。
⑥ 吴在渊：《大同大学创办记》，《爱国办学的范例》，第129页。

生，1928 年 2 月 12 日的第二次特别会议，全体社员在议决成立校董会的同时，还议决"立达学社社长不得并任大同大学校长，大同大学校长不得并任立达学社社长"①。

同年 8 月 5 日，立达学社票举朱香晚为社长。朱香晚，江苏宜兴人，清优贡生，长于诗文，尤精音韵学和训诂学。1928 年，全国推行国语运动，朱香晚应邀前往北京，参加国音研究会研究注音。在吴在渊看来，朱香晚"国学深邃，尤善小学，兼长象教，孜孜研究，老而不倦。自初迄今，独任国文学一科，间亦教授文艺，所教皆心得，大同之柱石也"②。到了 1930 年 4 月 13 日，叶上之经票举为社长，以后连选连任。

随着学校的立案和董事会的成立，社会捐助、政府资助成为重要的款项来源，立达学社社员们不再捐款，大同也日益走上独立的发展道路。郁少华在《大同大学校史》中提到："此缔造艰难之大同，经数十年之经营努力，对于社会，略有贡献。虽由于创办人不辞劳瘁，培养孕育此赤子，然亦有赖于校内教职员之同心一德，及热心赞助本校，如马相伯及吴稚晖先生等指示提携之功，并穆、竹二君协助之力也。"文中提到"穆、竹二君"，指的是穆湘瑶和竹森生。抗战期间大同大学在新闸路新建校舍，"乃得校友竹君森生之协助，在新闸路质得基地五亩许，自建四层楼新校舍，于民国二十八年秋季落成，即于八月间迁入"③。

1928 年 9 月 20 日，大同大学正式在南京国民政府教育部立案，并获得批准。④

第二次立案后，大同大学按大学院的规定，对学校内的院系设置进行了一系列的调整与改革：（一）大学科：将文、理、商三科改称学院，并将教育科缩为一系，并入文学院；大学预科停止招生，办至旧生毕业为止，大学别科也就此停办。至此，全校的大学部共分为三院九系：文学院，设文学、教育、政治三系；理学院，设数学、物理、化学三系；商学院，设经济、会计、商学三系。（二）普通科：由初级到高级的"四二学制"更改为高中、初中二部各三年的学制，始设中学部，以平海澜为主任。文学院院长由胡宪生担任。下设国学系，主任朱香晚；外文系，主任胡卓；社会系，主任叶上之；哲学教育系，主任由胡敦

---

① 《大同大学设立者"立达学社"的开会记录》，档号 Q241-1-2-8，上海市档案馆藏。又见《爱国办学的范例》，第 72—73 页。

② 吴在渊：《大同大学创办记》，《爱国办学的范例》，第 131 页。

③ 郁少华：《大同大学校史》，《爱国办学的范例》，第 170 页。

④ 《教育部成立二年来的工作概况（1930）》，中国第二历史档案馆编：《中华民国史档案资料汇编》第 5 辑第 1 编"教育"（一），江苏古籍出版社，1994 年。

复自兼。理学院院长由胡刚复担任。下设数学系，主任吴在渊；化学系，主任曹惠群；物理系，主任则由胡刚复兼。商学院院长沈鸿来，兼经济系主任，商学系主任贺友梅，会计系主任杨兆熊。这些教授皆一时之英才，大同教授阵容在当时全国高校中洵属首屈一指。"到这一时期，本校的一切组织，都已渐趋健全，各院、系、科的内容也日益充实并迅速发展。同时，本校校舍，经历年的扩建，已占地九十亩，共有大的建筑物十五座，图书、仪器总值约十余万元，学生有八百余人"①。

此后的几年内，大同大学虽然没有再进行大规模的调整与改革，但一些针对社会变化的微调仍然在积极地进行中。1929 年，物理系添设电机工程科目，奠定了日后增设电机工程系的基础；1930 年增设测绘专修科②，这一科虽因学生人数太少，开办两年后就停止招生，但其一切设备，已足够成为后来设土木工程系的条件；1931 年翻造并添建教员宿舍，装置理化应用设备，作为化学实验室及修理仪器工厂之用，同时装置小型煤气机，自发煤气以供给实验上的需要。同时由师生募捐集款近二万元建成 7000 多平方米的体育馆。1932 年，停办大学预科。有资料显示，到 1933 年，大同设有大学部，内分文、理、商；中学部，分高中、初中。大学部学生 330 余人，共有学生 800 余人。③

到了 1932 年，大同大学又一次改制，将第二次立案时始设的中学部"独立"向南京国民政府教育部正式立案，改称（私立）大同大学附属中学。④

附属中学立案后，学制基本沿袭 1928 年第二次立案后中学部的规程，分为初中和高中两部（高中设普通科与商科两类），学程各三年，实行学科制。

但种种迹象表明，这次改制只是一次"名义上的独立"，中学和大学始终处于同一体系下运作，两者有众多的内在联系之处。为了节省开支起见，除教室和宿舍划分区域外，附属中学的行政及经费仍与大学部统一办理，中学"校长由大同大学校长兼任，设中学主任，由校长聘任之"⑤。

大同附中不仅在行政上与大同大学没有分家，连教学体系也是如此，甚至还

①　《大同大学年刊》，1951 年，档号 Q241-1-351，上海市档案馆藏。

②　测绘专修科的成立时间，有 1928 年、1930 年两种说法。根据《大同大学各院科系历届毕业人数统计总表》（上海市档案馆藏档，档号 Q241-1-21）所示，测绘专修科唯一的毕业生于 1932 年毕业，测绘专修科学程为二年（初级）、五年（高级），因此推断测绘专修科在 1930 年成立。

③　陈祖怡编：《上海各图书馆概览》，世界书局，1934 年，第 1 页。

④　关于大同改制、附中立案的年份有 1932 年、1933 年两种说法，此处采用《大同大学年刊》（1951 年）所编校史中的一说。

⑤　《私立大同大学附属中学呈请立案表册》，1931 年，上海市大同中学档案室藏。

20 世纪 20 年代大同大学的毕业证书

有些课程，与大学同时上课。另外，大同附中的教职员几乎由大学的"原班人马"兼任，但这在客观上保证了中学的教育质量，培养出众多优秀的人才。

20 世纪 30 年代，是大同发展最为平稳的一个时期。私立大同大学的行政体系逐步完善，院系和课程设置基本成型，进入繁荣时期。

当时，由于受到几千年科举制度的惯性影响，许多学校的教育偏重于人文学科，在一定程度上脱离社会生产的需要。身为东南大学校长的郭秉文就曾指出，我国"数千年之教育性质，皆偏于文学、哲学与道德方面，而近世所谓实验教育，则百不得一焉。其教育之法，颇似欧洲希腊文学复兴时代以前所盛行者"[1]。

针对这一弊端，大同在课程设置上尽管以理工为主，但仍十分重视学生的综合发展，这突出表现在课程设计中，文理交叉的必修科目甚多。以大同大学 1937 年上学期的课程为例，其时，文学院设置 27 个学科，为国文、英小说、英文、英论文、近世英文选、现代英文选、英文名著、法文、法文选读、法文学、德文、德文选读、德文学、欧洲近世史、政治学、欧美政府、现代国际关系、战时国际公法、政治思想史、经济学、会计学、货币银行学、财政学、统计学、论理学、心理学、军训；理学院设置 32 个学科，为数学分析、微积分学、微分方程、高等微积分学、近世代数学、微分几何学、变分法、力学、物理学概论、电磁学、光学、近世物理学、无线电、化学概论、分析化学、有机化学、物理化学、胶体化学、军用化学、国文、近世英文选、现代英文选、法文、法文选读、法文学、德文、德文选读、德文学、近世欧洲史、论理学、经济学、军训；商学院设置 26 个学科，为经济学、会计学、货币银行学、财政学、统计学、银行会计、近世欧洲史、政治学、商法、战时国际公法、论理学、心理学、国文、英小说、英文、英论文、近世英文选、现代英文选、应用英文、法文、法文选读、法文学、德文、德文选读、德文学、军训；新设立的工学院设置 11 个学科，为书

---

① 郭秉文：《中国教育制度沿革史》，商务印书馆，1922 年，第 147 页。

法、几何学、数学分析、微积分学、力学、物理学概论、化学概论、国文、近世英文选、论理学、军训。[①]

关于大同大学在课程设置上的特点，国民政府教育部在1933年对沪上私立大学进行了视察，对大同大学给予以下评价："该校课程各院必修科目甚多，文学院除本院必修外，尚须必修理学院之高等代数、解析几何、化学概论、生物学及商学院之经济学、银行货币等。理学院必修外，尚须必修文学院之欧洲近世史、政治学、伦理学、心理学等。商学院除本院必修外，亦须必修理学院之化学概论、高等代数、解析几何、生物学及文学院之六艺、诸子、史籍各学程……考试分月考、季考、期考，尚称严格。惟课桌多长条桌，座位密迩，考试时似不相宜。军事训练，据称因教官请假太多，有失学生信仰，以致精神不能贯注，收效极鲜。……男女生服装朴素，学风淳良，尤以教师辅导学生自动研究之精神为最可贵。"[②]

于光远对于大同大学文理兼修对学生培养综合素质有着深刻的感受，他回忆："我在高中学理科。在大学本科由于没有分数理化各个系，我进的也是理科。但是我还选了不少文科的课程。看起来选修像说文解字、逻辑学这样的课程，似乎会妨碍本人专业知识的学习，不过从我自己的经历来说，并非如此，反而使我得益不少。"[③] 胡刚复之女胡珊在回忆大同大学课程的特色时也写道："将来学数理的毕业生能阅读中外文书，文字表达能力亦较强，文理基础都好，能适应将来深造后，既有专业深度，又有广度，知识面广，可以促进学业的深度。"[④]

以理工为主，兼修文学，加之教学严格，使得大同的学科水平相较于国内其他高校，并不逊色。恽逸群有如此的回忆："那时的学制是：初小（国民小学）四年，高等小学三年，中学四年（预科一年收考不上一年级的高小毕业生），大学预科二年，本科三年。大同的学制是中学五年，大学四年（名义上也设大学预科，实际就是中学五年的课程），大学的程度远较一般大学为高。（东吴大学是以理科出名的，东吴大学数学系毕业生学过的课程只相当于大同的第二学年。那时南洋大学的功课是出名高深的，中学四年学的课程包括大学预科二年的在内。

① 参见《大同大学1937—1947年报送简史概况表、设备概况表、科目调查表、教职员表留底》，档号Q241-1-24，上海市档案馆藏。
② 《教育部视察本校报告书》，档号Q241-1-9，上海市档案馆藏。
③ 于光远：《怀念大同二三事》，《百年大同研究（1912—2012）》，第8页。
④ 《上海市大同中学校友会资料（人物卷）开创时期》，上海市大同中学档案室藏。

20 世纪 30 年代大同大学学生留影

南洋也设大学预科，学的就是它附中三、四年级的课程；南洋附小毕业生的程度相等于一般中学的二年级学生。）苏浙两省的中学毕业生，进大同能读中学四年级的课程是极少的，一般读的课程是介于中学三、四年级之间，四川、云贵来的中学毕业生，最高的读中学二年级的课程，一般在一二年级之间。"①

恽逸群原是在东吴大学就读，1921 年考取大同大学数理专修科，这样一来，他的学科水平有的相对较高，有的相对不足，需要通过自修努力赶上。"专修科的课程是介于大、中学之间的，从中学二、三年级到大学二年级止。我读的是中学课程，因为受英文程度的限制，数学是读初等代数和三 S 氏的几何学（原文），相当于中学三年级，英文读三个学程，二个学程读本，伊索寓言和希腊神话，一个学程文法，另外还有一个学程自然科学（包括天文、生物、物理、化学），相当中学二年级；国文是读《史记》，相当于中学四年级，另外还有一门本国史。每周上课二十四小时，除《史记》每周四小时，本国史二小时，其余都是每周三小时。每日上课四小时，自修八小时到九小时。国文和本国史不再自修，甚至利用课堂时间做英文课的作业。数学自修两小时，一小时做作业（有时占两小时），一小时自修高等代数（Fite 的大学代数），其余时间都用在英文上。但学期终了的考试成绩，数学两门都是最优，国文是最优，本国史是优，自然科学是中。每两星期写作文一次，规定时间是两小时，我每次都是四十分钟交卷，同上《史记》的是全校人数最多的一班，约有近八十个人，有一个同学每次都是第一个交卷，比我早五六分钟，我不记得他的姓名，也不知道他写得怎样，我写的作文曾有一次贴在全校的布告牌旁边。一学期全校八百多人只贴出过三篇作文。"②

1933 年清华大学公费留美考试，全国有 32 所大专学校的 183 名学生报考，共录取 25 名，其中大同大学报考者四名，被录取两名（吴学蔺、顾功叙），在高校录取名额排名中，居清华、交通、金陵大学之后排第四位，而且其他大学被

① 《自传》，《恽逸群文集》，江苏人民出版社，1986 年，第 419 页。

② 《自传》，《恽逸群文集》，第 419—420 页。

录取的学生中，亦有两位学生曾在大同大学肄业。"这也说明当时大同大学的教学质量比较好"[1]。

与此同时，由于大同的毕业生工作适应性高，毕业后工作左右逢源，受到社会好评，也带动了大同的名声远播。"大同以历来课程切实有用，校风敦厚俭朴，所有离校之学生，在社会各阶层服务，又能表现实际之能力，故能见信于社会，来学者因之日益增加"[2]。

1933 年，国民政府教育部曾对沪上的复旦、沪江、大同、大夏、光华、暨南六所大学进行了视察。在视察报告中称："（大同大学）全部基地占地百〇三亩，建筑物略嫌久远，但差堪应用。……新近建筑者有体育馆及教职员宿舍。……教员共三十五人，专任二十二人，兼任十三人……在校学生，共计三百三十四人，内女生六十三人。"该报告还总结了大同大学的办学特点：1. 教职员刻苦耐劳，和衷共济，精神颇为贯注；2. 处处经济，决不浪费；3. 理学院设备比较完全，办理颇著成绩；4. 学生朴素好学，教师辅导学生自修精神尤佳；5. 各院学生均须必修数理化科目，理学院学生须必修社会科学数种，使学生于主修科外，对于其他有关系科学知识亦具相当基础。6. 考试严格。同时，该报告指出，此次视察六校，"据视察结果，办学精神极为贯注者，为大同、沪江二校。理学院办理较有成绩者，亦为沪江、大同二校"[3]。

此时，大同大学已成为上海地区声誉日隆的私立完全大学，"规模大具，校誉蒸蒸日上"[4]，其规模和教学质量均可列入国内第一流高等学府。

几乎同时，在北方天津，由严修、张伯苓创立于 1919 年的私立南开大学，经过多年的经营和发展，在办学上也日趋成熟。一南一北，两所私立大学卓然而立。时人把这两所大学并称为"北有南开，南有大同"。

大同学院是一群人创立的，可以说，大同的创始人是一个集体，这从立达学社与大同创建的关系中可得到充分的说明，然而，无论是立达学社的组建还是大同大学的发展，其核心人物无疑都是胡敦复，这从多位立达社员的回忆中得以体现。此正如吴在渊所说的："立达成立时，公推敦复为社长：以贤劳独最，累次

① 沈德滋、方季石、王槐昌、董涤尘：《回忆大同大学》，《解放前上海的学校》（上海文史资料选辑第 59 辑），第 139—140 页。

② 郁少华：《大同大学校史》，《爱国办学的范例》，第 171 页。

③ 《教育部视察上海六大学总评》，档号 Q241-1-9，上海市档案馆藏。又见上海新闻社 1934 年编辑《1933 年之上海教育》；也载《海外月刊》1934 年第 16 期。

④ 杨恺龄：《胡敦复先生行述》，《胡氏宗谱（村前版）》，第 178 页。

连任，后以敦复提议'办事久而后见真善恶'，每岁一公举殊近虚文。愿除此缛节，敦复连任至今。"[1]胡敦复长期兼任立达学社社长和大同校长，其地位可想而知。随着大同的崛起，胡敦复的声誉日隆。"社会中人无不知大同之敦复先生者"[2]，更称"胡敦复为中国第一流教育家"[3]。

在胡敦复的背后，则有胡氏家族在做支撑。胡氏家族与大同的关系，从立达学社的成员构成与演变中也可窥知一二。自立达学社成立以来，虽陆续吸收了一些新社员，但对社员的选择颇严，故入社者甚少。1912年，有王君宜、陈士辛、吴步云、曹惠群四人加入。自1913年有一人加入外，以后十余年并无人加入。直至1927年，追认胡明复为社员，并延请叶上之、胡宪生、胡刚复及胡范若四人为社员。1937年又公议延请胡卓为社员。同年，还延请关实之、陶慰孙为社员。此后，"尚无新社员加入"[4]。40余年间，入社者总计只有24位，其中11位为最早一批社员，后陆续加入的仅13位，其中来自胡敦复家族的有胡明复、胡刚复、胡宪生、胡范若、胡卓五人，连胡敦复在内共六位。换言之，立达学社24位社员中，胡氏家族成员占了四分之一。胡敦复、明复、刚复与宪生等，曾相继留学海外，"俱卓然硕学，蜚声

胡敦复手迹

国际"，而胡家的女儿如胡范若、胡卓等，也"均留学日本、美国，有声于时"[5]。

胡氏家族中的不少成员与子弟，或执教于大同，或就读于大同。1928年大同呈请国民政府立案之时，文学院院长由胡宪生担任，外国文学系主任由胡卓担任，理学院院长为胡刚复，下设数学系，由胡刚复兼主任，哲学教育系（由教育系改称）则由胡敦复自任主任，其他家族成员也各有职务。胡敦复的三妹胡范若在大同大学毕业后留校任教，兼掌教务达26年之久，直至大同大学与他校合并时调任为华东化工学院教务长。[6]胡汉学在胡氏公学毕业后，进入大同学院"半工半读"，直至1929年。胡敦复、胡刚复、胡宪生的子女也大多就读于大同。

---

① 吴在渊：《大同大学创办记》，《爱国办学的范例》，第129页。

② 吴学敏：《我的父亲》，《中等算学月刊》1935年第9、10合期，第79页。

③ 朱一雄主编：《东南大学校史研究》（专刊）第一辑，东南大学出版社，1989年，第239页。

④ 郁少华：《大同大学校史》，《爱国办学的范例》，第171页。

⑤ 杨恺龄：《胡敦复先生行述》，《胡氏宗谱（村前版）》，第177—179页。

⑥ 《中国物理学前辈胡刚复》，凌瑞良主编：《物理学史话与知识专题选讲》，南京师范大学出版社，2010年，第30页。

胡敦复之子胡新南回忆："小学毕业后我就跟父亲回到上海，在上海的大同大学附中念初一。……我在大同高中毕业以后，也想去报考公立大学。记得那时我向继母要钱去报名，她问我要钱做什么用？我说要去报考清华大学，正在这时候，父亲刚好走过来，问说：'他要钱做什么？'母亲说：'他要去考清华。'父亲听了就说：'不要给他钱！'又很严肃地对我说：'我自己办的学校你不念，谁还去念？'被父亲这么一说，我也就没去成清华了，于是进入大同大学化学系就读。"[①] 这从一个方面体现出胡敦复办学的自信。

北京大学学者陈平原在《传统书院的现代转型》一文中评说："民国年间的大学校长，颇有一言九鼎，决定整所大学的风格与走向的，如国立大学的蔡元培、梅贻琦，私立大学的张伯苓，教会大学的司徒雷登等。"大同大学是一所由中国知识分子自己创办的学府。大同大学的创立，有其深厚的社会基础与人文积淀，以胡敦复为首的大同创始者，大多源自江南世家、诗礼之族，潜移默化，传承沿袭，秉承悠久的士大夫办学传统；但同时也彰显了时代的演进，他们中大多数人有出海留洋、就读于欧美名校的经历，颇具世界视野，深得西方办学的精髓。创始者出入中西之间，兼通新旧之学，所以他们创办的大同大学，格局与气象非同一般。

---

① 胡新南口述、程玉凤访问整理、张美钰记录：《胡新南先生访谈录》，第 18、23、24 页。

第六章 甘为科学"小工"

1918 年，随着骨干成员陆续回国，中国科学社总部迁回国内。核心成员回国后就分散于全国各地。任鸿隽和杨铨为实业救国，分别赴四川和武汉工厂任职，金邦正、赵元任、过探先和秉志则分别去了北京、南京任教。只有胡明复坚守上海，主持《科学》杂志的编务和中国科学社的社务。

对于中国科学社回国后的命运，任鸿隽和杨铨等领导成员早就为之担忧。在美国时，杨铨就针对大多回国社员都没有文章寄给编辑部而警告说："恐怕编辑部离开美国时候就是月刊关门时候"。任鸿隽也提请回国社员负起维持社务之责任。在美国召开的第二次年会上，他批评说："若归国者多一人，本社办事者就少一人，至本社全体社员归国之后，即为本社闭门之时。"

任鸿隽和杨铨的担忧很快就得到了应验。由于国内尚不具备进行科学研究的条件，回国的社员也因此失去了向《科学》供稿的热情，加之经费极为困难，《科学》不得已停刊八个月。针对国人大多对科学持冷漠的态度，1919 年在国内召开的第一次年会上，胡明复指出："吾人根本之大病，在看学问太轻，政府社会用人不重学问，实业界亦然；甚至学界近亦有弃学救国之主张，其心可敬，其愚则可悯矣。"[①]

更大的问题在于，中国科学社迁回国内后面临着更为严重的经费短缺问题。任鸿隽、杨铨、周仁、邹秉文与胡明复不得不决定在 1919 年发起"五万元基金"的募集活动。中国科学社的骨干成员四处奔波，沿门托钵，一路化缘，走访名人。作为社长的任鸿隽，从 1918 年 12 月至 1919 年 4 月，先是南北奔走，往返于广州、北京、南通和上海之间，以后又由上海一路往西，经南京、武汉，而到重庆、成都，一路走访、游说社会名流，争取他们的支持，直到 10 月才回到上海，历时将近一年。虽然所募得的款项仅为原计划数的一半左右，但对当时的中国科学社来说在经费上总算不无小补。

---

① 杨铨：《中国科学社第四次年会纪事》，《科学》第五卷第一期（1919 年）。

为了摆脱窘境，胡明复向蔡元培主持的北京大学请求援助。蔡元培是中国科学社特邀社员，北京大学又曾诚邀胡明复前往执教，胡明复在函中坦言："社中经费，迩来异常支绌。美洲原有之特别社员，自欧战爆发后，生种种困难，所认捐款，竟至不能交纳。今年所有赔贴，须由国内社员分任之。现每月约印《科学》一千本，内四百本，分寄各地社员，售出之数，约四五百元，每月亏空约二百余元。若能每年有经常津贴三千元，则社中出入，或可相抵。若蒙大力周全，代为一筹，使社事不至中途废置，则他日有成，《科学》之幸，亦吾国之幸也。"①蔡元培接信后，即于1918年9月25日在校长室召集编译处开会，经讨论商定，由编译处与中国科学社进行学术合作，合作项目：一是请中国科学社调查科学图书，并为代购；二是共同商订科学名词标准译法；三是中国科学社编译之书，可送编译处审定，由编译处出版。每月从学校编译处经费中拨出200元补助中国科学社。②

蔡元培对中国科学社素来爱护有加，称誉其"富有远见"。当初，在科学社四处化缘之际，他亲笔撰写了《科学社征集基金启》，为募捐宣传。1936年3月，身为国立科学最高机构中央研究院院长的蔡元培在《中国的中央研究院与科学研究事业》一文中，对中国科学社"这个促进中国科学发展的最著名的私人学社"的贡献做了很高的评价："这个学社从它创建的那天起，就一直面临着严重的经费困难。它之所以能坚持下来，完全在于它的创建者对事业的坚定信心和高尚的献身精神。"③

北京大学每月提供200元的经费支持，无疑让中国科学社有了比较稳定的资金来源。与北京大学编译处的三项合作，随即由中国科学社的国内董事通过，并经任鸿隽正式答复而确定下来。在这三项事业中，由胡明复、胡刚复牵头主持的科学名词（译名）审定工作随即展开，并取得了不俗的成绩。

以往，在向国内介绍欧美科学时，首先遇到的就是翻译名词的困难，许多科学术语国内没有统一的译法，一个科学名词往往就有几种译法，给介绍和学习带来很大的困难，所以必须要审定出准确而统一的译名，才不会导致概念混乱。这是我国发展现代科学所必需的基础性工作，关系到外文翻译、教材编写、课堂讲授、学术传播等诸多方面。中国科学社在1915年成立之初，就将"审定科学名

① 《编译处开会纪事》，《北京大学日刊》第214期，1918年9月27日。

② 《编译处开会纪事》，《北京大学日刊》第214期，1918年9月27日。

③ 蔡元培：《中国的中央研究院与科学研究事业》，高平叔编：《蔡元培全集》第七卷，中华书局，1989年，第47页。

词"作为宗旨之一。1916 年夏，中国科学社又专门组织了名词讨论会，推举胡刚复、张子高、赵元任和周仁等人协助，将讨论结果随时发表于《科学》杂志。1918 年 7 月，在中国科学社推动下，学术界成立了科学名词审查委员会，以在学术界有组织、有权威地推进这项工作。与北京大学有了这项合作后，"审定名词"便成了科学社回国后推进的第一项重要工作。

孰料，这项工作在开始阶段就遇到了巨大的阻力。当时，各家对西方科技书的翻译，一部分从旧译，其余则往往以己见加以改动。有些专家过分看重自己的译名，欲推行己案，故科学名词审查委员会所定名词，虽经教育部颁布，却得不到普遍推行。此时，最为固执己见的是商务印书馆，其主要原因来自化学翻译家郑贞文。他在该馆日久，该馆一直使用他所定的无机、有机名词系统，如果猝然将书中名词另改他种系统，则此前出版物都将作废，出版社将蒙受巨大损失。

1933 年 4 月，教育部天文数学物理讨论会合影（局部）。前排居中戴墨镜者为胡敦复，三排左一为姜立夫

比较起来，数学名词的审定较为顺利一些。当时，"前期推定中国科学社提出名词草案，由该社委托专家胡明复、姜立夫起草"[1]，审定了初等几何学、平面三角、解析几何学、空间几何、射影几何、代数学、微积分和函数论等数学分支的名词。为做好这项工作，胡明复提出了许多好的建议，如确定数学名词的标准，对中国旧名及日本名词之勉强可用者，一概仍旧，若有名义不切或与统系上有窒碍者，酌改；算学名词，拟另编中西文字典及索引；以及如何做到准确地翻译名词等。1923 年 7 月，数学名词在上海开始第一次审查，姜立夫任主席。起草人在《例言》中说："定数学名词的原则是：词义准确，避歧义，全局有系统，旧有名词符合此原则者仍取用，不符合者定新名词。"他们特别指出，在数学领域内，汉字"虚、实、复、整、分、常、变、全、偏、次、级、序列、级数、连级数、无限、无穷、无尽"等都赋予特定含义，不得乱用。此后，1925 年至 1932 年在《科学》杂志上陆续刊出了数学名词（草案）。

在数学名词的审订之初，胡敦复被邀为数学名词起草工作的"特请专家"，

---

① 江泽涵：《我国数学名词的早期工作》，《数学通报》1980 年第 12 期，第 23 页。

参与数学名词的审查。1932 年夏，国立编译馆成立，胡敦复又受聘担任数学名词审查委员。1933 年 4 月，教育部在南京召开天文数学物理讨论会，这是一次极为重要的历史性会议。胡敦复应邀作为大同大学校长和国立交通大学数学主任教授出席，并参与了数学组分组讨论会。他与冯祖荀、胡文耀、姜立夫、郑桐荪、黄际遇、胡浚济、顾澄、钱宝琮、杨武之、曾昭安、苏步青等各地大学的知名数学教授一起就数学名词审查、大学数学课程确定、标准数学书目等当时数学界最为关心且亟待解决的议题进行研讨。1935 年 9 月，胡敦复在中国科学社明复图书馆美权算学图书室主持了数学名词的最后审定工作，国内 15 位数学名家参加，确定中英数学译名共 3426 条，10 月呈教育部予以公布。担任审查委员的顾澄说："尽八日之力竟将数千条译名，多年悬案，完全解决，告一段落，厥功不可谓不伟。"[①] 这些名词，是中国数学家经过几十年的酝酿、实践、修改的结晶，其中相当多名词一直沿用至今。

对数学名词的确定，姜立夫的贡献可谓最大。胡明复逝世以后，由姜立夫独立完成这一艰巨工作。数学名词术语通过 1924 年至 1925 年的四次审查，终于定稿，然后印成单行本，又在《科学》杂志上连载，征求各方意见。以后的十余年间，数学名词又经多次补充修订，至 1938 年以科学名词审查会的名义正式出版，定名为《算学名词汇编》。这是中国第一部数学名词词典，内容包括普通名词、数学、代数学、代数解析学、微积分、函数论、初等几何学、解析几何学、投影几何学、直线几何学、代数几何学、微分几何学、高等几何学、非欧几何学、多元几何学等，收集、确

《算学名词汇编》

定了 7000 多个词汇，并全部英汉对照，还尽可能把德文、法文和日文中相应的词同时附上对照。曹惠群在为本书所作序言中写道："本篇即脱稿，以胡君明复、姜立夫对于算学名词夙著精勤，惜胡君早逝，未获观成。"[②] 对胡明复早逝的遗憾，溢于字里行间。值得注意的是，在此前的 1936 年，国立编译馆也主持编印《数学名词》一书，由姜立夫、胡敦复、孙光远、陈建功、熊庆来、郑桐荪等 14 位审查委员审定。交稿后，由于日本侵华，直至 1945 年该书才得"问

---

① 顾澄：《译名难》，《科学通讯》第 4 期，1935 年 10 月。

② 曹惠群：《算学名词汇编序》，科学名词审定委员会编，1938 年。

世"。①

在审定科学名词的同时，中国科学社还组织了对境外科学名著的翻译工作。1923 年，胡明复与任鸿隽、杨铨、竺可桢等 21 位专家将汤姆生（J.A.Thomson）的四卷本巨著《The Outline of Science》译为中文《科学大纲》。此书 1922 年在英国出版后，曾轰动一时，被称为"科学界一部空前未有的伟著"，系统阐述了西方的科学理论知识及科学发展的概观，内容包括天文学、生物学、动物学、植物学、矿物学、心理学、生理学、物理学、化学、地质学、气象学、人种学等等，"凡科学范围内应有的知识，无不包罗在内"。汉译本在 1924 年由商务印书馆分四册印行，因"取材之精新、叙述之明了，图画例证之众多而精美"，在 1930 年又列入"万有文库"丛书，分 14 册再版。1949 年 9 月，毛泽东主席陪同商务印书馆董事长张元济游览天坛时曾说到，在延安时读过商务印书馆出版的汤姆生的《科学大纲》，从中得到许多知识。②

胡刚复

胡刚复也是中国科学社名词审查委员会的主要成员，他订出长度单位 1 尺 = 1 / 3 米，质量单位 1 斤 =1 / 2 千克，时间单位 1 秒，使我国度量衡制与国际单位制有了简单的换算关系。同时他是电位、熵等大批物理名词的最早定名者。"熵"，是胡刚复创造的一个汉字。1923 年 5 月 25 日，德国物理学家普朗克来东南大学做《热力学第二定律及熵之观念》的报告，胡刚复担任翻译，首次将"Entropy"译为"熵"。渊源于"Entropy"的概念太复杂，况且这个词为克劳修斯（Clausms）所造，不容易找到一个与此贴切的汉字。有鉴于此，胡刚复干脆舍难从易，想了一个简单的方法，根据公式 $dS = dQ / T$，认为 S 为热量与温度的商数，而且此概念与"火"（象征着热）有关，于是按中文造字的习惯，以偏旁来表达字义，将"商"字加上"火"字旁，就得到"熵"。如今，熵已成为物理学领域的一个重要概念，被广泛接受和使用。

中国科学社的重心刚刚移到国内之时，没有固定的社址，在上海和南京设立

---

① 刘秀芳：《中国现代数学先驱姜立夫》，《近代天津十二大自然科学家》，天津人民出版社，2011 年，第 16 页。

② 龚育之：《毛泽东与自然科学》，《毛泽东的读书生活》，生活·读书·新知三联书店，2005 年，第 81 页。

了两个办事处，南京办事处起初设在南京高等师范学校，上海办事处则设立在大同学院。"科学社移归国内后，分别在上海与南京设立事务所，借用上海的私立大同大学和南京的南京高师农科，实际上都因私人关系而暂作栖托：大同大学是借胡明复、胡敦复兄弟之力，南京农科则因邹秉文、邹树文兄弟与过探先（胡敦复妹夫）正在服职，就借他们的关系而借以为办事通讯的所在了"[①]。

因大多数科学社成员回国后分散各地工作，所以，除了会计之职外，编辑、审核、校对、印刷等一应琐碎繁杂事务，几乎全由时在上海的胡明复一人担当，十年如一日直至去世。

胡彬夏就回忆："我每至其住处时，必见印刷家送稿子来或取稿子去，我常遥见细小的红字散于篇面，此即他的手笔。"[②] 任鸿隽也深情回忆："1917年明复回到上海了。事实上从1917年直到现在，这十年中他不曾离开上海一步……是他的责任心使他不愿意离开上海。我所说的责任心有两件：一是对于科学社的责任，一是对于大同学院的责任。我们晓得科学社自从明复等回到中国之后，就由美国搬到中国，当时一切都没有生根下蒂，这经营缔造的困难，是可想而知的。举一件最显著的例，《科学》杂志印稿的校阅，从明复回国一直到现在，都是他一个人担任。这样十年如一日的苦工，请问有几个人能够做到。"[③]

1919年春，由于张謇、梁启超、赵竹君等社会知名人士的帮助和赞助，经过向当时北京政府财政部的申请，由江苏省政府拨给南京成贤街文德里的一所官房作为中国科学社社所。该处房屋是"一个荒芜院落里的两座破旧的官产洋楼"，"南北两栋"，中国科学社入驻后，"即把南面一栋定为设立研究所博物馆之用，北面一栋定为设立图书馆、编辑部、办事处之用"[④]。从此，中国科学社有了一个固定的社所，科学社董事会执行部和《科学》编辑部都迁入新社所。

1920年10月1日，中国科学社图书馆正式开馆，胡刚复担任了图书馆主任。当时限于经费的匮乏，书籍杂志大半由社员捐置和极少量的购买。"胡刚复与其他若干社友积极建立了图书馆，这个图书馆所收藏的国外科技书刊远远超过

① 张孟闻：《中国科学社略史》，中国人民政治协商会议全国委员会文史资料研究委员会编：《文史资料选辑》第92辑，文史资料出版社，1984年，第74页。

② 胡彬夏：《亡弟明复的略传》，《科学》第十三卷第六期（1928年6月）；也载《胡明复博士纪念刊——明复》，大同大学数理研究会出版，1928年。

③ 任鸿隽：《悼胡明复》，《科学救国之梦——任鸿隽文存》，上海科学技术出版社，2002年，第393页。

④ 任鸿隽：《中国科学社社史简述》，《科学救国之梦——任鸿隽文存》，第726—727页。

了当时国内几所著名的大学"①。那个时期，胡刚复同时在上海、南京的几所大学兼课，每周一直是三天在南京授课，三天在上海授课。当时他的家眷一直居住上海，在南京期间便独自一人住在图书馆内。

在中央研究院成立之前，中国科学社实际上充当了国家级的科学组织的角色。1926年，第三届泛太平洋科学会议由日本举办，却没把中国列入会员国，理由是"中国没有一个代表全国的科学机关"。中国科学界闻讯后，把中国科学社抬了出来，日本始同意中国派代表。中国由此才派遣了历史上第一个参加国际学术会议的科学代表团，成员全是中国科学社社员，代表着不同单位和不同的研究方面。他们是翁文灏（地质调查所，地质）、胡敦复（大同大学，数学）、任鸿隽（中华文化教育基金会，化学）、竺可桢和陈焕镛（东南大学，气象、植物）、沈宗瀚（金陵大学，农学）。

1922年，中国科学社对领导机构做了较大调整，将原有的董事会改为理事会，负责科学社的日常事务；同时另设一董事会，主要由有关权威人士和社会名流组成。1922年8月在江苏南通举行的第七次年会上，选举出马相伯、张謇、蔡元培、汪精卫、熊希龄、梁启超、严修、范源濂、胡敦复九人组成第一届董事会，并由任鸿隽任书记；理事会则由丁文江、竺可桢、胡明复，王琎、任鸿隽、秦汾、杨铨、赵元任、孙洪芬、秉志、胡刚复11人组成；由丁文江任会长，竺可桢任书记，胡明复任会计，王琎任副会计。据任鸿隽在《中国科学社社史简述》中回忆，科学社的基金管理，向来由董事会的基金监察员蔡元培、范源濂、胡敦复三人担任保管和经理任务，以后添加了中国银行总经理宋汉章。②胡敦复、胡明复和胡刚复三兄弟同时进入了中国科学社董事会和理事会的核心领导层面。也在那次科学社年会上，胡敦复主持召开了科学教育讨论会，请美国俄亥俄州立大学教授推士（Twiss）和社员王岫庐分别论述了中、美中小学教育的不同状况，请与会社员对如何改进中国中小学教育献计献策，对1922年的中国学制与课程改革产生了影响。

胡明复对中国科学社的热情，依然没有消减，一如既往地倾注着大量的心血和精力。以他在哈佛大学打下的基础，胡明复本可以在数学研究上有更大的成就，但终日忙碌于大同学院和科学社的事务，忙碌于编稿、校对、会务、理财，他已无暇再撰文宣传科学，也未能在数学等科学研究上更进一步。从《科学》第

---

① 解俊民：《胡刚复先生在世界和中国物理学发展中的贡献》，《物理实验》（纪念胡刚复教授诞辰百周年特辑），1992年。

② 任鸿隽：《中国科学社社史简述》，《科学救国之梦——任鸿隽文存》，第730页。

四卷起，再也看不到胡明复的论文。而在前三卷中，几乎每期都有他的作品，总数达 47 篇。尤其是第一年，他发表的文章在所有作者中是最多的。他几度谢绝北大等校的邀请，只在上海的学校任教。任鸿隽对此颇有惋惜之感，他说："上海教书的生活，我们是知道的，不但没有给教书者一个增长学问的机会，恐怕连对于学问的兴趣，也要渐渐地被这教书的苦工销灭净尽"，"如明复在外国得了高等数学的训练，回国以后，不但不能继续研究，连应用他所学的机会也不曾有过"①。

胡范若

不过，胡明复在另一片新的天地做出了自己的成就。这在当时刚刚开化的中国，具有更重要和更迫切的意义，那就是科学知识的普及和传播。正是在胡明复和他的同事勠力支持下，中国科学社并没有出现杨铨、任鸿隽所担心的"关门"现象，反而取得了不断的发展，入社人数也逐年增加。1914 年，科学社成立之初只有社员 35 人，1915 年增加到 77 人，而到 1916 年猛增至 180 人，以后社员人数稳步增加，到 1930 年达到 1005 人（包括特别社员、永久社员和普通社员）。②更多的村前胡氏子弟也加入中国科学社。查 1933 年《中国科学社社员分股名录》，有八位胡氏子弟是为中国科学社社员，分别是胡敦复、胡刚复、胡正祥、胡卓、胡纪常、胡宪生、胡范若，其时胡明复已经去世。

胡明复终身笃信科学，奉献教育，心无旁骛。1927 年 3 月，北伐大军进入上海后，国民党成立上海政治分会，任命蔡元培、张默君、王世杰、杨铨、胡明复为教育委员会委员。任职两月，胡明复就以"不能尽量展其夙志"而辞去职务，辞呈中有"个人思想落后"及"不愿附和苟同"之语。③

20 世纪 20 年代的中国物理学界，流传着"南胡北颜"的说法。"南胡"，正是主持东南大学物理系的胡刚复。

1918 年胡刚复回国之时，中国的物理学教育才刚刚起步，学校里的物理学教员可谓凤毛麟角。不仅在私立的大同学院，即使是在被誉为东南高校之翘楚的南京高等师范学校（1921 年并入在原址成立的国立东南大学），物理系最初都

① 任鸿隽：《悼胡明复》，《科学救国之梦——任鸿隽文存》，第 394、395 页。
② 中国科学社：《中国科学社概况》，1931 年 1 月，第 4 页。
③ 钱树玉：《胡明复传略》，卞孝萱、唐文权编：《民国人物碑传集》，凤凰出版社，第 493 页。

是由胡刚复一个人在唱"独角戏"。而且，当时的物理教学还与实验脱节，教师在课堂上只是宣读英文讲义，学生照本背诵，大学和中学均无物理实验室。严济慈说过："前清末叶，我国大学及专门学校，即设有高等物理课程，惟其时理科之下，不复细别门系，物理教学亦多偏重书本讲解。"[1]

长于实验的胡刚复，率先改变了这种状况，他在南高师和大同分别创立了近代物理实验室。在大同学院，他通过张謇父子的捐助，在大同创建了我国最早的近代物理实验室，其中有用以测定光波和光的折射率的迈克耳逊干涉仪，有测量电子电荷的密立根油滴仪等，其设备之先进与丰富，在国内私立大学中首屈一指。

几乎与此同时，在北京大学，身为物理系主任的留美博士颜任光，也建立起普通物理实验室、专门物理实验室、光学实验室、电子实验室、X射线室，北大物理系也因此脱颖而出。"南胡北颜"之誉，由此而来。

物理学本是以实验为基础的，从这一层意义来讲，胡刚复和颜任光可谓"真正把物理学引进中国的第一人"。

严济慈在《二十年来中国物理学之进展》一文中如此评价胡刚复和颜任光对中国物理教育的贡献："留学生中有研习物理学者，自本世纪始，最早为李耀邦先生之研究电子，继为胡刚复先生之研究X光与光电子，颜任光先生之研究气体离子。胡、颜两先生于民国七年、九年，先后归国，一任南京高等师范教授，一任北京大学教授，斯时两氏即力谋物理实验之设置，与课程之充实。科学空气，为之一振。当年南高、北大，驰誉国内，实为我国物理学界之垦荒与播种时期。"[2]

那个时期，胡刚复同时在上海、南京的几所大学兼课。人们总会撞见一位行色匆匆的年轻人出入火车站，随身总是携带着一个藤条编成的黄色大箱子。这个老上海寻常百姓的普通家当，他却提放得异常谨慎，因为箱子里面装着的是当时国内绝无仅有的实验器材。

1923年12月12日深夜，东南大学理化楼失火，物理实验仪器全部烧毁。胡刚复心急如焚，当即奔走上海、苏州，从大同大学、东吴大学借得实验仪器和

---

① 严济慈：《二十年来中国物理学之进展》，《严济慈文选》，上海教育出版社，2000年，第187页。

② 严济慈：《二十年来中国物理学之进展》，《严济慈文选》，第186—187页。

教具，赶回南京授课，没有耽误学生的实验。[1]

胡刚复上实验课时，并不是让学生照一本实验讲义依样画葫芦去操作，而是让学生自行设计、制作或校验、修理仪器部件，有目的地训练学生边动脑边动手，将课本理论与实验有机结合，从而有效地提高学生发现问题、提出问题、解决问题的能力。钱临照回忆："有一次胡先生要我测量一根铁丝的磁滞回线，他要我选择一只适当的纸筒，给我一些纱包导线，要我自己计算在那只纸筒上绕多少圈才能得到需要的磁感应强度。又有一次胡先生竟然要我把一只有毛病的墙式电流计修理好了之后再用它来做实验。有时得出的实验结果和书本的答案不一致，胡先生要我们讨论其原因。"[2]朱福炘也回忆："彼时乃中国的现代物理学教学发端之日，首批留学海外的学者已纷纷来归，胡先生率先在国内开创物理实验教学，开设学生自己动手的物理实验课，我们工科学生在校期间除了学习物理课程以外，还做了三十余个普通物理的分组实验……。在刚复先生的教诲下，我们这些同班学友都学得了重视实验、手脑并用的好传统。我记得一次，在刚复先生指导下，做电磁波反射的实验。我们用了极简单的方法，在墙上钉两张铁皮作为反射体。"[3]

在课堂理论教学中，胡刚复也有鲜明的个性特点。在讲述物理学的概念或理论之时，他并不是单纯就概念而讲概念，就理论而讲理论，而是舍得花一定时间向学生介绍这些概念和理论产生的历史线索和科学大师们的创造思路，甚至要穿插一大段相关的物理学史。他采用这种举一反三、旁征博引的教学方式，不仅要向学生传授科学知识，更要教给他们科学研究方法，启发他们的创造性思维。

在讲课过程中，他喜欢在黑板上推导公式，偶尔出错，就另改思路重新推导，显示出一个科学家实事求是的坦荡胸怀。钱临照回忆："20年代我在上海大同大学听胡刚复的课，胡先生一面讲课一面在黑板上推导公式，有时遇到错误，他就另改思路，重新推导，并讲明为什么出现错误，又为什么现在正确了。对学生而言，似乎浪费了一段时间，但让我们明白为什么那样就错，为什么现在就正确，这与照本宣科的教授法相比，学生得益更多。"[4]

在课外，有学生向他提问时，他总是不厌其烦地解答，且往往旁及学习方

　① 朱福炘：《纪念胡刚复先生》，《物理实验》（纪念胡刚复教授诞辰百周年特辑），1992年。又见解俊民：《胡刚复先生在世界和中国物理学发展中的贡献》，《物理实验》（纪念胡刚复教授诞辰百周年特辑），1992年。

　② 钱临照：《怀念胡刚复先生》，《钱临照文集》，安徽教育出版社，2001年，第583页。

　③ 朱福炘：《纪念胡刚复先生》，《物理实验》（纪念胡刚复教授诞辰百周年特辑），1992年。

　④ 钱临照：《怀念胡刚复先生》，《钱临照文集》，第583页。

法、选课方向以及对待学问和生活的态度等等，常历数小时不知疲倦。

或许是推导多了，实验多了，"拖堂"成了他的"家常便饭"，而且一拖就是一两个小时。哪位老师的课安排在他后面便很"倒霉"——必须站在教室外面等候，即便是大冬天。他在南京、上海两地兼课，常常是这里的课一上完，就得赶往火车站，但因为"拖堂"，有时竟误了火车。

在胡刚复的主持下，从南高师到东南大学，该校物理系在国内教育界独树一帜。严济慈回忆："南京高师、东南大学于民国十年左右，物理学系之课程约为：第一年普通物理；第二、第三两年力学，热力学，电磁学，光学；第四年电动力学及近代物理学。每一学程于讲演外，均有学生自做实验，每周一次或二次。其时北京大学课程，较此或稍繁富，尤其属于理论物理者，如相对论等课已为专设之学程矣。当时物理学生，于攻习物理课程外，例须多读他系课程——特别是数学、化学等课程，以补足毕业时应有之学分数。故学生科学基础颇属广博而甚充实；毕业后留学欧美，一二年内即可修完他邦大学之硕士学程，进而从事研究，研究成绩多斐然可观，不居人后。此等人才在我国今日物理学界，泰半已头角峥嵘，有所贡献，此未始，非当年我国高等科学教育，已有稳固基础之表征也。"[1]

任教南高师、东南大学时期，是胡刚复教学生涯的重要阶段。他言传身教，滋兰树蕙，为中国的科学事业培养了一批大有建树的继承者。

1918年夏天，严济慈以浙江省第一的成绩考上了南高师。对这位勤奋好学、聪颖过人的青年学生，胡刚复极为赏识。严济慈在纪念杨铨的一文中说："刚复先生兼任图书馆馆长，他的家眷在上海，图书馆就成为他的工作室和起居室，馆里只有一名普通工作人员。我荣幸地得到刚复先生的信任，经常出入图书馆，帮助整理图书，编目分类，甚至代为《科学》月刊初审稿件。而杨铨、何鲁先生就住在图书馆的附近，他们经常来馆里与刚复先生一起研究社务与教学。所以，在几年时间里，我亲眼见到杨铨、何鲁、胡刚复等先生为中国科学社和南京高等师范做了许多有意义的工作，我也向他们请教了不少知识，学习他们做学问的方法、态度，以及为科学和民主而献身的精神。"[2]

1923年夏，严济慈以第一名毕业于南高师数理化部。由于他已修满规定的大学学分，故同时毕业于东南大学物理系，获理学士学位，并成为东南大学第

---

①　严济慈：《二十年来中国物理学之进展》，《严济慈文选》，第188页。

②　严济慈：《科学先驱，民主勇士》，《严济慈：法兰西情书——爱国·爱家·爱人》，解放军出版社，2002年，第343页。

一名毕业生（该校应到 1925 年才有毕业班，严济慈获该校 1923 年第壹号毕业证书）。同年 8 月，他编著的《初中算术》（上下册）由商务印书馆出版面世，并被教育部审定为教科书；此前，他还向商务印书馆付梓了《几何证题法》一书。鉴于严济慈的这些突出成绩，中国科学社破格接受他为正式社员。之所以说是"破格"，是因为当时社里规定，凡是未出国留学人员加入中国科学社的，只能称"仲社员"。

严济慈是个优秀的科研人才，但家庭贫困，又没能争取到官费留学资格，胡刚复遂与熊庆来、何鲁等慷慨解囊相助，支持他远赴法国深造，并在中国科学社为他饯行，以示鼓励。在去法国留学之前，严济慈与东南大学女学生张宗英订婚。订婚仪式是在秦淮河边一家餐馆举行的，请了两桌客人，介绍人正是胡刚复、何鲁，有 20 多位教授出席。1927 年 11 月 11 日，严济慈从法国学成回到上海，举行结婚典礼，胡刚复和何鲁又担任了男方介绍人。

严济慈在巴黎读书时，仍然得到了胡刚复、何鲁、熊庆来资助。当时的情况很糟，不少留学生因贫困而死在了异国他乡，"且闻四五年间勤工俭学生病死法国者有二百五六十人之多，深足悲矣"[1]。有了恩师的资助，严济慈算是幸运的了。1924 年 5 月，严济慈的生活陷入困顿，收到了国内汇来的十五六金镑。通过友人来信，他才得知，胡刚复身患疟病，在得知消息后告知熊庆来，熊庆来随即汇款法国以救急。严济慈在给国内爱人写信说："惟所谓十五六金镑者想即熊师邮费汇之一千法郎（数近似）也，此当是胡师与熊师言之，乃有此举，不能不深感胡、熊两师者也。款在沪汇，惟汇票上字确非胡师笔，颇似熊师手而不敢必也。"[2]6 月，严济慈又收到胡刚复寄来的一笔钱，数额超出了他的预计。他高兴地写信给爱人说："本月五日接胡刚复师挂号函，寄十五金镑……此十五金镑不识由何来，若由胡师出，则胡师大超过预许，吾日内堂即复函也。"[3]他十分感激恩师的无私资助，在给爱人的一封书信又提及："诸师爱我，一出至真，世事多艰，力与愿违，亦所不免，惟重视与感戴之心，将因之而益深。"[4]除了寄款外，胡刚复还鼓励他立志成才，用书信方式给予叮咛："对于将来弟之所读，兄意吾国人每喜坐谈而不愿作实验，半由体气羸弱使然。弟少年英俊，若能在

① 严济慈：《同学病死法国者二百余人之多》，《严济慈：法兰西情书——爱国·爱家·爱人》，第 118 页。

② 严济慈：《深深感谢胡、熊、何诸师长》，《严济慈：法兰西情书——爱国·爱家·爱人》，第 137 页。

③ 严济慈：《胡师资助大超预许》，《严济慈：法兰西情书——爱国·爱家·爱人》，第 141 页。

④ 严济慈：《诸师爱我，一出至真》，《严济慈：法兰西情书——爱国·爱家·爱人》，第 190 页。

Mathematical Physics 方面用功，而同时注意实验物理，较之专攻纯粹数学为佳。默察国人体气及趋向，纯粹数学或尚肯读，实验科学而不涉，工业几无人问津。弟其留意于此，再明年入大年后最好能兼攻德文，夏季中到英、德去一游，可增长见识不少。"严济慈在回信中说："此固是尔我的希望，举算学物理集于一身，足迹遍英、法、德，天假时日，总期做到几分也。"①

除严济慈外，胡刚复与吴有训的师生情谊同样历久不渝。吴有训在 1916 年考取南高师理化部，三年级时适逢胡刚复来校任教。在胡刚复的谆谆引导下，吴有训同样选择了以 X 射线为研究的专业方向。吴有训回忆："1918 年吾在刚从美国哈佛大学留学归来、任教于南京高等师范学校的青年学者胡刚复教授的指导下，对 X 射线研究产生浓厚兴趣。"②1921 年，在胡刚复的建议下，从南高师毕业一年的吴有训参加了江西官费赴美留学考试，并在同年底进入芝加哥大学物理系深造，师从美国物理学家康普顿教授，研究 X 射线散射问题。他以精湛的实验技术和卓越的理论分析验证了"康普顿效应"。康普顿教授对吴有训的工作给予很高的评价，把吴有训的发现作为他证实"康普顿效应"的重要理论依据，所以国内外的一些物理学教科书中将这一效应，称作"康普顿—吴有训效应"。

1926 年底，吴有训从美国回国，参与筹建江西大学，但政局动荡，让他壮志难酬。在失望之际，他来到南京，回到阔别多年的母校。当年的南高师此时易名第四中山大学。担任自然科学院院长的胡刚复，对吴有训的归来表示热烈欢迎，当即通过校方聘他为物理系的副教授兼系主任。1928 年，吴有训被清华大学聘为物理系系主任兼理学院院长，成为物理学界新一代的领军人物。

不仅是严济慈、吴有训，叶企孙也曾受到胡刚复的奖掖。1924 年 3 月，在哈佛大学取得博士学位的叶企孙，被东南大学聘为物理学副教授，这一年他 26 岁。叶企孙在东南大学物理系教了三个学期的课。身为系主任的胡刚复对叶企孙的教学给予很好的支持。叶企孙先后讲授了力学、电子论和近代物理等课程。叶企孙天生异赋，在语言能力上却有口吃的缺陷，虽不太严重，但对一个以语言为基础工具进行传道授业的教育者来说，毕竟是个不小的障碍。正是在胡刚复的支持下，加之叶企孙学问扎实，备课充分，竟然了无痕迹地越过了这个障碍。叶企孙晚年回忆起这段"教之初"时深有体会地说："对所开课程，我尽力讲透。同

---

① 严济慈：《自望集数学物理于一身》，《严济慈：法兰西情书——爱国·爱家·爱人》，第126 页。

② 《中国物理学前辈——胡刚复》，凌瑞良主编：《物理学史话与知识专题选讲》，南京师范大学出版社，2010 年，第 40 页。

时，也使自己获益良多。短短的三个学期，虽只有教育工作的初次尝试，但却给我留下了愉快的回忆。"① 后来叶企孙去了清华大学，担任物理系系主任和理学院院长，并参与创建了中国物理学会。他与潘光旦、陈寅恪、梅贻琦合称清华百年历史上"四大哲人"。

胡刚复在南高、东大任教六年，日后成为中国分子光谱研究奠基人的吴学周，著名制药化学家恽子强，核物理研究的开拓者、核事业先驱赵忠尧，分子光谱研究的先驱者、盐湖化学奠基人柳大纲，近代磁学奠基者和开拓者施汝为，物理教育家朱正元，金属物理学家余瑞璜，晶体物理学研究的开拓者陆学善，首次提出"抽速系数"的概念、被学界称为"何氏系数"的何增禄，雷达事业奠基人葛正权，无线电教育先驱倪尚达，长期在高校担任物理教学的张绍忠、郑衍芬、沙玉彦、朱应铣等，都曾受业于胡刚复，或为学生，或为助手，无不沐浴着他的春晖。

正是在胡刚复的支持下，南高、东大物理系名师荟萃，所培养的学生成为国内物理教育界的中坚力量。严济慈在《南高、东大物理系之贡献》一文中高度评价胡刚复主持下的物理系，认为："胡师刚复于民七入主南高物理课务，增立学程，添置设备，筹办工场，制配仪器，经营惨淡，不遗余力；课程与实验并进，一切规范，俱极严整。当时科学教师，徒作书本解释之弊习，为之洗革无余，而科学重实验之风，于焉树立。唯时美国洛氏基金团来校参观，称我校物理系堪为全国各大学之理科冠，当即慨然解囊，捐助我科学馆建筑费之半数，计银十万元。我南高、东大物理系毕业同学，总计不下百余人，大率从事中等教育与建设工作，善教善为，时誉至隆。间有留学异邦，继续研讨者，成绩亦多斐然。学成归国、致力高等教育者，现有张绍忠、倪尚达、郑衍芬、吴有训、方光圻、葛正权、严济慈、章昭煌、何增禄、赵忠尧、施汝为、张宗蠡、王恒宇、霍秉权等十余人。"② 他还说："南高、东大时代，攻习物理之同学，于物理课程外，例多选读化学、数学之基本功课。当时执教者，化学有张准、王琎、孙洛诸师，数学有何鲁、熊庆来、段子燮诸师，饱学丰知，诱掖有方，曾列门墙者，类能道之。故我物理系同学于数理化诸科克获坚实之根底；其卒业出校也，类多腹笥充盈，鲜病浅陋，以视今日一般大学生之徒具一二奇装艳服，满口新名词者，似有别矣。……顾其物理系之精锐，曾多越江北上，立业旧京。盖其教授叶企孙先生

---

① 邢军纪：《最后的大师（节选）——记中国当代物理科学宗师叶企孙》，《21世纪年度报告文学选2008》，人民文学出版社，2009年，第403页。

② 严济慈：《南高、东大物理系之贡献》，《严济慈文选》，第183—184页。

曾于十三年夏，离宁北来，主持清华理科；其毕业生吴有训先生，亦于十七年辞去母校教职，讲学清华；嗣后接踵而至者，更有郑衍芬、施汝为、赵忠尧、沙玉彦、何增禄、朱应铣、陆学善、余瑞璜诸同学；当时清华物理系之教职员，几全属我南高、东大之师友。我母校旧日家风，遂尔移被清华，清华物理系之得有今日，未始非我南高、东大师友之力也。溯往证今，我南高、东大对于吾国之科学界，实将有不可泯灭者在焉。"[1]

1925 年起，胡刚复又受聘于交通大学物理系。而此时，恰好胡明复也在交大兼课，兄弟俩的课同样受到学生的崇拜。[2]曾有学生回忆说："那个时候，大学部的老师好到什么程度，我实在不知道。据我的哥哥说，像胡明复、胡刚复那样的天才博士，在外国都是很少的。"[3]

不过，相较于当年在美国读书时所取得的科研成果，胡氏兄弟此刻已经鲜有研究成果面世。其间的原因，固然是两人长期矢志大学教育和从事大学管理工作，没有精力再次投入前沿科研。但从宏观环境看，那个时代，虽然地质学、生物学等科学在中国已开始发展起来，但像数学、物理、化学这样的纯粹科学还处于起步阶段。当时国内还没有进行科研的合适环境与条件，正如任鸿隽曾说过，"一入国门，除随身所带的几本书以外，要翻阅参考书，可就难了"[4]。因此他们的首要任务是创造条件，科学教育是最为重要的工具。只有培养出一大批新的人才，共同致力于学术发展，逐渐形成科研风气与科学共同体，真正的科学研究才可能进行。

严济慈就曾高度评价胡刚复放弃自身研究，而对南高、东大物理系所做的"开启山林"式的贡献，他说："胡师刚复为我国物理学之先进，二十年前，师在美国研究 X 光与光电子，研讨所得，在近代物理学上至为重要。X 光与光电子，时正轫始，师若继续探讨，其为该学上之权威，当不在英之白勒克（Bragg）、法之德布罗意（M.deBroglie）、德之谢克办（Siegbahn）与美之康普顿（A.H.Compton）等氏下，乃胡师不急于个人之成就，而视造成国内物理学之完善基础，俾后生有求学处所，为当务之急，高诣卓识，令人可敬。故当师之设帐白门也，充实课程，改善设备，自批习题，亲阅报告，教诲之勤与负责之诚，

① 严济慈：《南高、东大物理系之贡献》，《严济慈文选》，第 185 页。

② 霍有光、顾利民编著：《南洋公学—交通大学年谱》，陕西人民出版社，2002 年，第110 页。

③ 黎东方：《有意思的四个年头》，《学府纪闻：国立交通大学》，台北南京出版有限公司，1981 年，第 88 页。

④ 任鸿隽：《外国科学社及本社之历史》，《科学救国之梦——任鸿隽文存》，第 104 页。

良非粉笔一抛即挟书以去者所可并论。"[1]

一生从未与胡刚复有过交集的物理学家吴大猷，对胡刚复于中国现代物理学所作的贡献也极为敬仰。他在《早期中国物理发展之回忆》一书中对胡刚复有浓墨重笔的描写："还有一个很重要的人，他就是胡刚复先生。胡刚复三兄弟都是民国初年很出名的人，一个叫胡明复，他是数学家，在美国念数学。还有一个叫胡敦复，在抗战结束之后，我在美国，胡敦复退休后就留在西雅图，我曾经见过他。胡刚复在中国物理的发展上，是一个重要的人，他也过世了。"[2]

20世纪20年代初的那几年，是胡明复最为忙碌的一个时期。除了主持中国科学社社务，他还在大同学院、交通大学、上海商科大学（即东南大学商科，设址于上海）任教。

在任教交通大学期间，胡明复根据当时国内高等工程教育的实际情况，与裘维裕、周铭等教授借鉴西方办学经验，提出从提高基础课教学质量入手，抓好数、理、化等课程，搞好高等工程教育。学校采纳这一建议，遂于三十年代初开始对基础课教学进行改革。首先是增加基础课学时，充实内容。当时一般工科大学，数、理、化只安排在一年级，而交大则安排两年数学（一年级"微积分"，二年级"高等微积分"及"微分方程"）、两年物理（"理论物理"与实验课程分开设立，各四学期）、两年化学（一年级"普通化学"，二年级"分析化学"），这在当时工科大学是绝无仅有的。

交通大学的学生赵宪初就听过胡明复的课，许多年以后，他对胡明复的上课情形依然记忆犹新："我于1924年夏在南洋大学（即现在的上海交通大学）附属中学毕业，升入大学部。……我们三个班的数学课，都是由胡明复老师教授的。记得第一个学期的内容是解析几何。因为当时的学制，中学不分初高中，学制为四年，所以中学里没有学过解析几何。课本是英文本，作者是斯密施与盖尔两人。胡老师上课，经常穿的是不很新的西装，讲的是略带无锡乡音的普通话。声音不很响，但语言清楚简洁。教学态度，非常认真，从不缺席。因为要在半年的时间教完解析几何，所以进度比较快，一堂课要讲很多内容，课后作业是书本上的全部习题，数量也很多。由于胡老师讲授清楚，同学们听课也都非常认真。胡老师有时也会说几句幽默的话，因此听课又很有趣味。大家都以得到这样有名望有学问的老师来教导而感到十分荣幸。我在中学直升的同学中，算是佼佼者。

---

① 严济慈：《南高、东大物理系之贡献》，《严济慈文选》，第184页。

② 吴大猷：《早期中国物理发展之回忆》，上海科学技术出版社，2006年，第53页。

但与外校考进来的学生相比，则差距是比较大的。我听课很用心，但做作业不很用功。因为作业甚多，所以我常常对一些比较容易的题目，只做一半，即选1、3、5、7、9而略去2、4、6、8、10。又想在以后空余的时间补做，所以练习本上常常是做一页空一页的。但以后也终于没有补做。而我那些用心又用功的同学，则是一个题目也不肯漏掉的。"①

尽管异乎寻常地忙和累，他上课却非常认真，凡学生练习和考卷，随到随阅，从不耽搁，对学生要求也一点不放松。为准确把握尺度，掌握学生情况，他评分设 A 到 E 五个等级，考试出题也非常难，不下真功夫很难及格。赵宪初回忆："胡老师的考试题目，是并不很简单的。特别在最后一道题目，往往难度较高。所以要在胡老师手下考满分是很难的。我自己的成绩，一般在七八十分左右。但经过胡老师的严格教学，我们的数学基础都是打得比较坚实的。半年之后，第二学期开始，就读微积分了。共读一年半。所以在整整二年的大一大二数学课，都是由胡老师教我们的。"②

还有一次月考，题目是"计算圆环的惯性矩"，这是考查学生掌握积分在物理学中的应用，结果一半学生不及格，大家要求重考，胡明复一口应允。到了考试那天，题目发下来，学生大为意外，原来是旧题重出。尽管是重做一遍，还是有许多人考得一塌糊涂。这件事让学生们一生难忘，他们从此懂得，在追求科学的道路上必须一步一个脚印。还有一次"微积分"大考，一名学生 58 分不及格。补考 59 分，还是不及格。这名学生很郁闷地去找胡明复，胡明复长叹说："我看你一知半解，糊里糊涂，还是重温一遍的好。"③

正是由于方法得当，加之教学严格，交通大学的学生们都能从中学到"真功夫"。赵宪初说："一到大学三四年级的时候，许多工程方面的课程，都要不时用到微积分这个数学工具。因为胡老师的教学得法，我们的基础比较扎实，所以用到时一般都没有困难。"④另有一位当年的学生回忆："我之所以能在胡教授从 A 到 E 的严格评分下幸获 A++，并免大考，实在是因为受到恩师言教身教的感动，不得不发愤努力。"⑤

①　赵宪初：《缅怀我的老师胡明复博士》，《上海文史资料选辑》第 74 辑，1993 年，第 146—147 页。

②　赵宪初：《缅怀我的老师胡明复博士》，《上海文史资料选辑》第 74 辑，第 147 页。

③　俞可：《追寻海上那片教育乌托邦》，《海上教育家》，文汇出版社，2010 年，第 160 页。又见蔡西玲：《数理界的"胡氏三杰"》，王宗光主编：《老交大名师》，上海交通大学出版社，2008 年，第 70 页。

④　赵宪初：《缅怀我的老师胡明复博士》，《上海文史资料选辑》第 74 辑，第 147 页。

⑤　[美]钱谦：《1920 年代的交大》，朱隆泉主编：《思源湖：上海交通大学故事撷英》，上海交通大学出版社，2006 年，第 60 页。

尽管是兼课，但他在交通大学的课完全是"一个满荷负的专任教授的工作量"①，且从不缺席。1927年6月胡明复在家乡不幸溺亡后，在上海的学生们，"方讶其第一次之缺课也"②。

当时，在交通大学，讲授物理课的周铭、讲授数学课的胡明复、讲授化学课的徐名材，三人都以讲课精彩、要求严格而出名，因三人名字中都有一个Ming音，时称"三民主义"教授。而在"三民主义"教授中，赵宪初对胡明复更是钦佩不已。他说："当时南洋大学的各科教师，都是学识渊博、教学认真的教授。特别是数理化三门课程，是工程系的最重要的基础课，教师都是为学生所钦仰的老师，而其中尤以胡明复老师资格最老，尤为同学们所钦佩。"③

为了大同大学，也为了中国科学社，胡明复从回国的那一天起就日夜工作，没有任何娱乐，过着"苦行僧"般的生活，然而在精神上，胡明复又是个浪漫主义者。他曾说"一死于清流而为天下之乐"，未料一语成真。

1927年6月8日，仲叔胡雨人继配陈氏夫人去世。胡明复和胡宪生从上海赶回无锡奔丧。6月12日出殡那天，天气闷热，下午六点，心情抑郁的胡明复与他人到村前小河游泳，终因身体虚弱，无力攀援，竟然溺水身亡。年仅36岁。

对于胡明复的不幸溺亡，胡敦复长子胡新南晚年接受访谈时，曾说"他的去世，说来有点冥冥中的巧合"。他回忆："雨人叔公退休后在乡下垦荒，把别人不要的土地加以开垦。大约民国十六年六月初，他从老家发电报给我们说他病重，我们大伙儿急着赶回老家时，结果却发现他没事端坐在大厅里，大家都愣住了，而不是他自己。探完病我们正准备回去时，婶婆就因心脏病发去世。就在等办丧事期间，六月十三日（按：应为12日）这天，因为天气很热，明复叔和堂兄宪生等人相约去附近的小河游泳，不料他小腿抽筋，呼救不及，竟而回天乏术。……办完丧事之后我们又回到上海，不料没过几个月，叔公也去世了，我们只好再次回乡下奔丧。"④

这位被近代数学史家们视为"中国现代数学的真正开始"⑤标志的时代急先

① 赵宪初：《缅怀我的老师胡明复博士》，《上海文史资料选辑》第74辑，第147页。

② 钱树玉：《胡明复传略》，《民国人物碑传集》，第493页。

③ 赵宪初：《缅怀我的老师胡明复博士》，《上海文史资料选辑》第74辑，第147页。

④ 胡新南口述、程玉凤访问整理、张美钰记录：《胡新南先生访谈录》，台北"国史馆"，2005年，第13页。

⑤ 张奠宙：《中国现代数学百年史话》，《数学教育经纬——张奠宙自选集》，江苏教育出版社，2003年，第23页。

锋，把"叶落归根"的传统演绎得十分彻底。他不仅重回祖国的怀抱，扎根故乡上海，而且魂归祖地无锡村前。

噩耗传来，教育界、科学界为之震动，中国科学社同人无不感到悲恸，不少人失声痛哭。

1927年9月，中国科学社在上海总商会举行第十二次年会。这一届年会因胡明复的逝世而显得戚戚然。年会专门举办了胡明复的追悼会。在追悼会上，任鸿隽把胡明复与200年前去世的牛顿、100年前去世的法国算学家拉勃拉斯相提并论，称他们"都是尽瘁科学、至死不倦的一个人"①。

在任鸿隽眼中，胡明复"有沉潜精细的美德，但精神上仍然是极活泼。他辩论事理，极有独到的见解，但同时又能服从他人的意见。因为这样，所以认识的朋友都爱敬他"②。胡明复之死对中国科学界、对中国科学社都是一大损失，凭他在数学上的造诣，如果坚持下去，一定是有贡献的，可惜回国后教书和其他事情把他研究数学的时间占用了。"这样，一个科学社，一个大同学院，竟把明复钉住在上海整整的十年"③，"胡明复君以天才绝学，以科学事业故，宁固守沪上，效死而勿去"④。

除了为学术惜，任鸿隽更是为社会惜，"我们晓得在现在的社会中，要找飞扬浮躁的人才，可算是车载斗量，但是要找实心任事，不务虚名的人，却好似凤毛麟角。如明复这样的人，多有几个，不但社会的事业有了希望，还可以潜移默化，收一点移风易俗的效果，也未可知"⑤。

这一讲话以《悼胡明复》为题发表在1928年6月的《科学》第十三卷第六期上，这一期是胡明复的"纪念专号"，同时发表了胡适、马相伯、严济慈、李俨等人的文字，还有胡明复的遗稿《有周界条件之一次积微分方程式》。

同样痛惜明复之才的，还有马相伯，他说："国中之有科学社会科学社刊，博士实始之。至其校对社刊中各家著作，自始至终如一日，窃谓其难甚于自撰，则其精神贯注，精力之坚强，殊堪惊异，为国而不用科学则已，如用之，舍斯人之徒将谁与？"⑥

---

① 任鸿隽：《悼胡明复》，《科学救国之梦——任鸿隽文存》，第389页。

② 任鸿隽：《悼胡明复》，《科学救国之梦——任鸿隽文存》，第394页。

③ 任鸿隽：《悼胡明复》，《科学救国之梦——任鸿隽文存》，第394页。

④ 任鸿隽：《中国科学社二十年之回顾》，《科学救国之梦——任鸿隽文存》，第537页。

⑤ 任鸿隽：《悼胡明复》，《科学救国之梦——任鸿隽文存》，第394页。

⑥ 马相伯：《哀明复》，《科学》第十三卷第六期（1928年6月）。

《科学》杂志"胡明复博士纪念号"专刊及刊载的胡明复遗像

杨铨在纪念文章中称："（胡明复）研究科学至二十年之久，有始有终，迄不为龌龊社会所移异，且致力提倡科学，不爱虚荣，此种毅力决心，奋斗精神，试问今日中国能有几人？……中国科学社种种无名利可图的工作，累了他整整一生，服务科学社的热心毅力十年如一日，唯有意料之外的死，才使他中道脱卸仔肩，诸葛武侯说：'鞠躬尽瘁，死而后已'，明复对科学社，足可当此八个字。"[①] 杨铨还为胡明复因为受文字校对之累而牺牲了研究而惋惜："做文字在杂志上发表，在许多人看来，总算是一件出风头的事，而替人家标点、校对文字也总算是一件最麻烦、最无名的事。《科学》杂志办了十几年，明复至死始终担任一切文字的标点校对，忙得连自己提笔做文章的时间都没有。……把一个富有创造天才的数学博士的时间精力牺牲在寻常杂文标点校对上，这是中国科学社社员——尤其是我们与明复相知最久在社中负责最重的几个人的罪过。明复却从来不说一句怨语，似乎并未考量这种工作是否值得他的努力。这种忘我无名的精神，实是人类最高的道德。"[②]

对于胡明复之死，最悲伤的莫过于他的兄弟姐妹。堂妹胡卓说："明复学问上之造就，虽未必如耶方斯之宏深，然其肥沃之思想，独到之见解，特出之精神，沉着之毅力，所有遗著，吉光片羽，未能传其万一。"[③]

胡明复英年早凋，除了《科学》杂志，还有他亲手参与创办的大同大学理数

① 杨铨：《我所认识的明复》，《科学》第十三卷第六期（1928年6月）。

② 杨铨：《我所认识的明复》，《科学》第十三卷第六期（1928年6月）。

③ 胡卓：《中国胡明复与英国耶方斯》，《科学》第十三卷第六期（1928年6月）。

研究会也出版了纪念专册，以表达对他的怀念和崇敬，很多生前友好深情追忆往事，肯定他短暂而有意义的一生。

吴稚晖向刚刚诞生的国民政府大学院提请为胡明复立碑，大学院在复函中对胡明复也做了高度评价，称："近二十年中国人之发起科学社会者，如中国科学社之类已三四次，均未及年余即归失败。而中国科学社独能支持至今，皆君牺牲一切，尽瘁社事之结果也。"[1] 南京国民政府也发出褒扬令："该故博士胡明复，尽粹科学，志行卓绝，提倡科学，十年不倦……勒碑礼堂，永留纪念，以示政府提倡科学、爱惜人才之至意。"[2]

胡明复一生清廉，敝衣粗食，做事按时有节，爱好音乐，喜游山川，最大的愿望就是去人迹罕至的地方漫游，但他生前始终诸事缠身，最终未能如偿心愿。

1929年明复图书馆奠基仪式，前排右三为胡刚复，右五为蔡元培，右六为孙科，左二为杨铨

1929年，胡明复去世两年后，中国科学社同人在他生前热爱的杭州西湖畔，南高峰下烟霞洞旁，为他选择了墓址，这是西湖早年名胜之一，晋代就有僧人在此结庵，其时以"素肴清洁"闻名湖上[3]。7月21日，中国科学社为胡明复举行隆重的公葬仪式，灵柩上覆盖着社旗，祭坛设于烟霞洞大厅，杨铨、竺可桢、吴有训等社友纷纷从北京、南京、上海等地赶来，有70多人参加了葬礼。蔡元

① 《函吴委员稚晖，为请撰胡明复博士碑文由》（大学院笺函第33号），《大学院公报》第三期（1928年3月1日）。

② 中华民国国民政府令第0421号（中华民国十六年七月九日），转引自张祖贵：《中国第一位现代数学博士胡明复》，《中国科技史料》第12卷第3期（1991年）。

③ "1947年8月10日"条日记，《竺可桢全集》第10卷，上海科技教育出版社，2006年，第504页。

培亲笔题写墓碑："中华民国十八年七月二十一日中国科学社葬胡明复先生于此"。杨铨撰写了墓志铭："知无涯兮生有涯，愿焚身以创造人类之光明，世方沉醉于富贵毁誉兮，先生独致力于无名，力尽兮心安，死生成败何足论，江流不尽兮山色长青，千秋万岁兮护佳城。"[1] 赵元任随之谱曲，当年8月在北京召开的中国科学社第十四次年会上戚戚传唱。

回溯十年前的1919年，中国科学社在西湖边举行第四次年会，也是回国后的第一次年会。很少有人见过胡明复高兴的样子，不过，在这次年会上，人们见到了一个讲台上兴高采烈的胡明复。胡明复在讲话中盛赞西湖之美。他说："研究科学的人最爱自然，故在美丽的杭州西湖举行科学年会极为相宜。古代诗人来游西湖，歌咏名篇甚多，科学家虽不同于诗人，然科学会在科学史上实最重要，未始不可为西湖增色也。"那一刻，当他沉醉于西湖的湖光山色之中，憧憬着他所献身的科学事业时，他决不会想到，他身后将会永与西湖为伴，美丽的西湖竟是他的埋骨之所。

在胡明复埋骨西湖湖畔的两年后，1931年元旦，在上海亚尔培路533号的中国科学社新图书馆举行开幕典礼。为纪念胡明复，新图书馆被命名为明复图书馆。蔡元培深情致辞："此馆纪念胡明复先生，因为他是本社重要发起人。他为本社牺牲极大，直至于逝世日，尚勤于社务。故本社第一伟大建筑物即以纪念明复先生。"[2]

1931年中国科学社明复图书馆开幕典礼

中国科学社的同人忘不了在烟霞洞长与碧水青山为伴的胡明复，他们经常想起当年筚路蓝缕、参与开创了现代科学事业的这位老社友。

1937年3月21日，在杭州举行中国科学社社友会，有22人参加。会后，竺可桢、胡敦复、胡刚复等16人到胡明复墓祭扫，并合影留念。车开到四眼井，

① 杨铨作词、赵元任作曲：《胡明复墓铭》，赵如兰编：《赵元任音乐作品全集》，上海音乐出版社，1987年，第173页。

② 高平叔撰著：《蔡元培年谱长编》（下一），人民教育出版社，1998年，第493页。

他们只能徒步上山。到烟霞洞附近，一个九岁的小女孩领他们到屋后的胡明复墓，"初尚有阶梯可寻，继则荒烟蔓草堵塞途径。由女孩之指导，始得至其墓。墓系民十八年七月十二日立，碑系蔡先生笔。碑字虽剥落，犹可辨认。墓郭水门汀亦完好"①。

到了 1947 年 8 月 10 日，竺可桢带着家人和胡刚复再次到了烟霞洞。他想起许多往事，感慨地说，"至民国十八年，中国科学社公葬胡明复于此，时杏佛在世，余亦来此参与葬事。至民廿五六年，尚偕刚复来此。……明复墓上有屋三楹，窗板均拿下放寺中，以防偷窃云云。"②

胡氏三兄弟性情各异，杨铨曾评价：胡敦复人谈则谈，胡刚复逢人则谈，而胡明复则是择人而谈。胡明复平素不擅言谈，也极少表露自己，但却多次与杨铨谈到："我们不幸生在现在的中国，只可做点提倡和鼓吹科学研究的劳动。现在科学社的职员社员不过是开路的小工，哪配称科学家。中国的科学将来能与西方并驾齐驱、造福人类，便是今日努力科学社的一班无名小工的报酬。"③

他这么说了，也这么做了，为中国科学事业的发展，奉献了自己，牺牲了自己。

胡明复的精神，长期勉励着后来的人。1947 年 8 月 31 日，身为名誉社长的竺可桢在上海与科学时代社同仁谈话。科学时代社成立三年，所办《科学时代》刊物屡次因经济匮乏而濒于停刊。竺可桢在谈话中以当年胡明复勉力维持《科学》月刊的故事勉励同仁。他在当天的日记中写道："述科学社创办时之困难，胡明复先生之如何一人苦干，虽中途崩殂，卒能维持《科学》至今日。"④

胡明复去世后，亲朋好友纷纷撰写悼念文章，其中胞姐胡彬夏的《亡弟明复的略传》最为至情至性。在姐姐眼中，"明复是个关心痛痒的弟弟"，"是个敢作为，负责任，仁厚的君子"。当年，在美国期间，胡彬夏与朱庭祺自由恋爱，受到家庭的反对，只有弟弟明复"极端赞成，并愿在家长方面为我申辩"。因此，胡彬夏"无意中得了一个大援助，当然感激"⑤。

1914 年，胡彬夏回国，并与留美同学朱庭祺结为夫妇。夫妻俩双双进入浦

---

① 《竺可桢全集》第 10 卷，第 504 页。

② 《竺可桢全集》第 10 卷，第 504 页。

③ 杨铨：《我所认识的明复》，《科学》第十三卷第六期（1928 年 6 月）。

④ 《竺可桢全集》第 10 卷，上海科技教育出版社，2006 年，第 521 页。

⑤ 胡彬夏：《亡弟明复的略传》，《科学》第十三卷第六期（1928 年 6 月）；也载《胡明复博士纪念刊——明复》，大同大学数理研究会出版，1928 年。

东中学教授英文，朱庭祺还担任了英文主任一职。[①]
不过，浦东中学还曾特地打出聘请胡彬夏为英文主
任的旗号来扩大生源。1915 年 2 月 17 日《申报》刊
登的浦东中学招生广告："本校采欧美专门预备办
法，注重实科，兹又添聘留美威尔斯利大学文学士
胡彬夏先生为英文主任。"[②]钱昌照在回忆录中也有
所提及，朱庭祺在浦东中学教英文一科，胡彬夏有
时来代课。[③]

胡彬夏

浦东中学作为当时现代化程度比较高的一所
中学，对英语课程的教学要求比较高，在初中二、
三年级就使用英语程度较深的教材，如 Robinson
Crusoe、Vicar Wakefield、Tales from Shakespeare 等。据钱昌照回忆，朱庭祺、胡
彬夏教书很严格，同学们很敬畏，上课时课堂里一点声音都没有。[④]

1916 年，胡彬夏离开学校，正式担任《妇女杂志》主编。《妇女杂志》
1915 年最后一期首页和《申报》等各大报刊对此广而告之，称其"学问经验、
两臻其胜"[⑤]。《妇女杂志》由商务印书馆于
1915 年创刊，每月一期，早期定位为中产阶级
知识女性的休闲读物，发刊第一年便收到了广
大好评。章锡琛（《妇女杂志》第三任主编）
曾说："杂志创办初期销量在 3000 份左右"[⑥]，
由此可见该杂志的受青睐程度。在接手杂志之
后，胡彬夏对杂志进行了改良，更加注重女子
教育方面的内容。她指出："本杂志亦援斯义，
虽欲注重卫生家政等门，而拟于学艺门中，渐
添置天文、地质、森林、矿物、铁路、财政、

《妇女杂志》封面

政治、法律、教育、心理、哲学、文学等科，又新设中外大事记一门，以广见

---

① 《商务印书馆创刊英文杂志》，《申报》1914 年 12 月 15 日。

② 《浦东中学招生》，《申报》1915 年 2 月 17 日。

③ 钱昌照：《钱昌照回忆录》，中国文史出版社，1998 年，第 8 页。

④ 钱昌照：《钱昌照回忆录》，第 8 页。

⑤ 《妇女杂志大改良广告》，《申报》1915 年 12 月 3 日。

⑥ 章锡琛：《从办学到进入商务编译所》，《商务印书馆九十五年——我和商务印书馆》，商务
印书馆，1992 年，第 102 页。

闻，增学识，以为吾国二十世纪新女子之先导也。"[①]

在担任该杂志主编的一年间，胡彬夏总共发表了 12 篇文章，此外还有一封与笔者之间的答疑通信，其内容均与女性生活与教育紧密相连。胡彬夏在第一期就发表《二十世纪之新女子》文章，以梅夫人、南夫人和孟夫人三位美国女性友人为例，从女子教育、女性家庭生活以及社会工作三个方面阐述其心中的理想女性，并指出中国当时女性发展的不足之处，明确了"二十世纪之新女子"的女子教育目标。[②]

回溯胡彬夏的求学生涯，对中国女子的解放有着深刻的理解。早在 1903 年，胡彬夏在日本留学期间，就发起成立了我国第一个妇女爱国组织"共爱会"，以"振兴女学，恢复女权，尽国民之天职"[③]作为宗旨，较早地提出了通过女子教育培养"女国民"的教育主张。胡彬夏认为，要改变中国内忧外患的国难局面，"必其国民人人有爱国之思想、自养之能力，然后国籍以立"[④]，而兴办教育恰是使国民具备爱国思想和独立能力的有效路径。而在众数国民中，胡彬夏不禁嗟叹，"夫以二万万女子，居国民全数之半数，殆残废无用，愚陋无知，焉能尽国民之责任，尽国家之义务乎"[⑤]，占有我国国民半数的女性无知愚昧而不能承担起国民责任、履行保家卫国的义务，究其原因，即"女学不兴，日就萎靡，积成自弃自暴之习，有以致此也"[⑥]。故胡彬夏主张"兴女学、复女权"，大力发展女子教育，让女性具备国民基本素养，从而同男性一起肩负起强国保种的重任，就此将"女国民"作为女子教育的培养目标。回国后的 1922 年 10 月，胡彬夏与其他人组织成立上海女权运动同盟会，并担任该会评议长。该会在向国会提交的请愿书中坚决要求修正商人条例中第六条关于"限制妻之经商能力"的规定，并主张女子参政。随着学识不断加深，阅历不断丰富，作为女子教育的倡导者，胡彬夏对女子教育有了更深层次的认识，将女子教育的目标定位为"二十世纪之新女子"。她在《妇女杂志》上发表的第一篇文章即为《二十世纪之新女子》。在她看来，"二十世纪之新女子"主要包括以下几点内容："一曰学问高深，自居谦逊；二曰圆通广达，无所不能；三曰展发智能，益世助人。"[⑦]与"女国民"

---

① 朱胡彬夏：《二十世纪之新女子》，《妇女杂志》1916 年第 2 卷第 1 期。

② 朱胡彬夏：《二十世纪之新女子》，《妇女杂志》1916 年第 2 卷第 1 期。

③ 《共爱会改订章程》，《女学报》1904 年第 4 期。

④ 胡彬夏：《论中国之衰弱女子不得辞其罪》，《江苏》1903 年第 3 期。

⑤ 胡彬夏：《论中国之衰弱女子不得辞其罪》，《江苏》1903 年第 3 期。

⑥ 胡彬夏：《论中国之衰弱女子不得辞其罪》，《江苏》1903 年第 3 期。

⑦ 朱胡彬夏：《二十世纪之新女子》，《妇女杂志》1916 年第 2 卷第 1 期。

不同的是，胡彬夏所提出的"二十世纪之新女子"尤为强调女性的家庭责任，并将改良家庭作为推动社会进步的基础。而且，这些不是一蹴而就的，而是需要经过长期、系统的教育才能实现这一目标的，也是女子教育的重中之重。

胡彬夏将"二十世纪之新女子"作为女子教育的培养目标，学问、家庭以及社交三者能够同时兼顾。她认为，"盖学问为立身之基础，有学问而后心思灵巧，五官敏锐，感觉真确，道德坚厚，如玉之已琢、金之已炼者也"[①]，具备了一定的知识储备，不仅能提高女性自身素养，在日后处理家庭事务、社交关系上也能游刃有余。胡彬夏还指出"学问高深"与"二十世纪之新女子"的关系，"二十世纪之新女子，其教育必先博后专，夫而后，其学问愈高深而愈能自谦逊，愈求圆通广达，无所不能，愈欲益世助人，操练其智能"[②]，因此"学问高深"是成为"二十世纪之新女子"最重要的前提条件，而高等教育恰是实现"学问高深"的重要路径。她不再满足于国人对女子初等教育的追求，而是开始倡导国人要将女子教育向纵深方向发展，把高等教育纳入女子教育的学制系统中。胡彬夏认为，"教育须先博后专，愈波则所专愈高，则愈切实有用，故博学先之，专修次之，实习末之"[③]。女子教育整个过程是由博学到专科教育，并结合实践组成的。其中"博学"即接受全面基础的通识教育。胡彬夏还指出，"自小学中学以至大学，历年十有余载，皆为博学时期"[④]，大学教育乃"博学"阶段的重要组成部分，只有完成了大学教育，才能达到基本的知识储备要求，之后方可进入下一步进行专项学习，最后达成"二十世纪之新女子"的教育目标。她的《二十世纪之新女子》再三强调了女子高等教育对女性发展的重要性与深远意义。当时中国还未出现国人自主创办的女子大学，胡彬夏的女子高等教育主张在当时无疑是先进的，颇有划时代意义的，引领了女子教育发展的新风尚。

除了高等教育，职业教育也是胡彬夏尤为强调的女子教育的一大部分。1908年，正值国内女子职业教育起步发展之际，上海城东女学"为女子自立之基础"[⑤]，在课程中设置工艺一科。该校校长杨白民经人介绍结识正于美国留学的胡彬夏，通过通信向胡彬夏请教美国女子职业教育状况，并加以学习和借鉴。胡彬夏十分热心此事，在平日的所见所闻以及走访调查之后，结合中国国情提出了

---

① 朱胡彬夏：《二十世纪之新女子》，《妇女杂志》1916年第2卷第1期。

② 朱胡彬夏：《二十世纪之新女子》，《妇女杂志》1916年第2卷第1期。

③ 朱胡彬夏：《二十世纪之新女子》，《妇女杂志》1916年第2卷第1期。

④ 朱胡彬夏：《二十世纪之新女子》，《妇女杂志》1916年第2卷第1期。

⑤ 胡彬夏：《美国女子职业新调查》，《女学生杂志》1910年第1期。

她对女子职业教育的见解，撰成《复杨君白民论美国女子职业书》，刊登在《女学生杂志》《教育杂志》等各大期刊。在她看来，发展女子职业教育，一方面可以补给家庭生计，另一方面也为女性经济独立、发挥女性特长提供了空间。"我（国）以国贫民苦，欲使素来无业之女子，知所以自立自养之道"[①]。同时基于中美两国国情不同，胡彬夏指出，我国女子职业教育的发展也应根据国情和人才需求进行计划和执行，"美国所重之工艺，未必有益于吾国，则欲以美国工艺学堂之教授方法，以告吾国之热心于工艺者"[②]。针对女子职业课程设置，胡彬夏认为，"欲助女子之自立，则不独工艺一端当重，他事可助女子自立者，亦当重也"[③]。她认为，女子职业教育的教育主张不仅仅局限于工艺方面，只要能帮助女性获得经济独立，取得人格独立的教育内容均可纳入职业教育体系，诸如美术、家政等都可作为女子职业教育的一部分。她还特别指出，普通的中小学应当重视普通工艺，工艺学堂强调专业化强的特点，注重精细工艺，而美术学堂则是我国工艺教育发展的新方向。

胡彬夏年少时期主张女性应当和男性一样在战场上抛头颅、洒热血，而不应顾及那些家庭琐事。后来她也曾反思，"其时年幼，无实见，所感觉者大都系事物之表式"[④]。留学美国之后，身心的成熟以及恋爱成家的经历，开始认可女性的家庭角色，对妻职、母职也有了全新的认识。在胡彬夏看来，若普及教育、振兴教育、扩充军备，"数千年来相习以为男子之事"，惟改良家庭事业，"其全权操诸于妇女手中"[⑤]。进而，胡彬夏提出"家庭即主妇，主妇即家庭"的命题。一方面，家庭为主妇发展学识智能之区域，主妇当"视其家庭之污秽，如其自身之污秽；视其家庭之整洁，如其自身之整洁"。另一方面，主妇既为"家庭之公仆"，家庭又为主妇"自身之转化"[⑥]。她援引孙中山先生通过地方"自治"，带动国家发展的观点，延伸至女子，"以彬夏一女子之目力，瞩建国之妙计，以为基础之下尚有其基础，地方自治为建国之基础，而其基础之基础，非地方自治而为家庭"[⑦]，"中国约有四万万人，今假定合十人成一家，可有四千万

---

① 胡彬夏：《复杨君白民论美国女子职业书》，《教育杂志》1909 年第 1 卷第 6 期。

② 胡彬夏：《复杨君白民论美国女子职业书》，《教育杂志》1909 年第 1 卷第 6 期。

③ 胡彬夏：《复杨君白民论美国女子职业书》，《教育杂志》1909 年第 1 卷第 6 期。

④ 胡彬夏：《美国胡桃山女塾之校长》，《女子杂志》"名著"栏，1915 年第 1 卷第 1 期。

⑤ 彬夏：《何者为吾妇女今后五十年内之职务》，《妇女杂志》1916 年第 2 卷第 6 期。

⑥ 彬夏：《美国家庭》，《妇女杂志》1916 年第 2 卷第 2 期。

⑦ 胡彬夏：《基础之基础》，《妇女杂志》1916 年第 2 卷第 8 期。

家。彼三千地方自治机关为民国之基础，此四千万家庭乃其基础之基础也"[1]。中国传统家庭在近代更是弊病百出，亟需整顿改良，继而提出了"改良家庭，即整顿社会"[2]的观点。整体来看，即"地方自治为建国之基础，家庭乃其基础之基础。欲整顿社会，须改良家庭"[3]；而且家庭一事，"其全权操诸于妇女手中，甚烦难复杂，舍妇女莫知所措置"[4]。正是看到女性在家庭方面的天然优势，胡彬夏将家庭改良的重任托付于女性身上。此外，胡彬夏还看到女性与儿童之间的天然联系，强调女性在儿童教育中举足轻重的地位，指出：家政之道，应以清洁家庭为始；育儿之道，使家庭为女子健全之地。家庭与学校应注重沟通，"必须家庭与学校息息相关，而父母与教师循循善诱，彼此商量，庶乎其可"[5]。

为了促进女子教育的宣传，胡彬夏在《妇女杂志》设置"国文范作"一栏，收录了大量女学生的优秀作文。其中，吴江同里丽泽女校的文章居多，这与她曾在丽泽女校任教有很大的关系。胡彬夏担任《妇女杂志》期间，钱基博在丽泽女校担任国文老师，他把女学生的作文进行润色修改，然后才寄到胡彬夏那里进行发表。[6]据统计，胡彬夏主编期间，该杂志共收录女学生作文 160 余篇，除丽泽女校外，还有来自各地学校的投稿，如河南省立女师范学校、广州立本女学学校、湖南浏阳含章女学高等学校、甘肃女子师范学校、江苏苏州女学学校、扬州古学函授社等。

胡彬夏从女性视角出发，在妇女解放运动的不同阶段，对女子教育目标却有着不同的定位。但从总体来看，总之，不论是早期"兴女学、复女权"的主张，还是后期"二十世纪之新女子"教育目标的倡想，胡彬夏的思想实质就是教育女性如何做"人"，如何做"女人"以及如何做新时期的"女人"。她的家庭教育思想中"家庭改良"主张，普遍得到了社会的认可。名叫李平的青年才俊在《新青年》上发表文章，援引胡彬夏在《基础之基础》的观点，还直接称呼"吾师彬夏女士"[7]。1919 年，蔡元培在北京女子师范学校演说，就女学生毕业组建家庭后不能兼顾家务、校务问题，便曾引用胡彬夏的观点："然胡彬夏女士不云乎

① 胡彬夏：《基础之基础》，《妇女杂志》1916 年第 2 卷第 8 期。
② 胡彬夏：《何者为吾妇女今后五十年内之职务》，《妇女杂志》1916 年第 2 卷第 6 期。
③ 胡彬夏：《基础之基础》，《妇女杂志》1916 年第 2 卷第 8 期。
④ 胡彬夏：《何者为吾妇女今后五十年内之职务》，《妇女杂志》1916 年第 2 卷第 6 期。
⑤ 寒蕾：《江苏省教育会幼稚教育研究会参观记》，《妇女杂志》1916 年第 2 卷第 9 期。
⑥ 傅宏星编纂：《钱基博年谱》，华中师范大学出版社，2007 年，第 171 页。
⑦ 李平：《新青年之家庭》，《新青年》1916 年第 2 卷。

'女子尽力社会之暇，能整理家事，斯为可贵'，是在善于调度已。"①

胡彬夏主持笔政，在当时知识界引起反响。邹韬奋在其自述性文章中称："在我年幼的时候，知道担任商务印书馆出版的《妇女杂志》笔政的朱胡彬夏，在当时算是有革命性的'前进的'女子了"。②后来，在回顾晚清、民国时期女子办报历史时，著名报人戈公振在《中国报学史》中就称："女子之服务于报界，我国以裘毓芳为最早，次之，则为陈撷芬和胡彬夏。"③

胡彬夏不仅"坐而言"，更有"起而行"。除主编《妇女杂志》外，她还加入了江苏省教育会，参与发起成立了中华职业教育社。

江苏省教育会成立于 1906 年 10 月，设会所于上海。这一组织对地方教育的影响很大，甚至可视为中国"新教育"的策源机关，在试验新教法、改行新学制

胡彬夏四位公子合照
（陈衡哲摄于 1927 年）

等方面，均发挥过举足轻重的作用。1916 年 8 月，江苏省教育会在原蒙台梭利会的基础上成立了幼稚教育研究会，这是全国首个专门从事学前教育研究的组织，胡彬夏因其声望和学识而被推举为主席。8 月 26 日的成立大会，到会者 400 余人，胡彬夏致开会辞，并主持了下午的演讲会。④胡彬夏于每年秋季定期召集会员商讨学前教育问题，历时 1—2 天，有报告、自由讨论、演讲等环节。胡彬夏在主持会议之时，通常根据该组织的近期研究成果及学前教育发展实际上提出议题，与会员共同商榷，并确定下一步的研究方向。如 1918 年大会，胡彬夏提议"筹设幼稚园教师养成科"⑤等，以解决当时幼稚园师资匮乏等问题。胡彬夏还举行临时职员会议 10 余次，讨论近期研究成果。如 1916 年大会结束后，胡彬夏于 12 月就幼稚教育重要问题召开职员会，会员纷纷提出自己研究的问题供大家讨论。胡彬夏提出的"幼稚园应否读书？功课全日、半日，何者为宜？"⑥等问题引起与会者的激烈讨论。为促进研究会更好地发展，胡彬夏还定期举办学前教育演讲会，将学前教育研究的最新资讯传达给大家。四年间她曾举办演讲会

① 蔡元培：《我们的政治主张》，光明日报出版社，2013 年，第 143 页。

② 邹韬奋：《韬奋自述》，上海学林出版社，2000 年，第 8 页。

③ 戈公振：《中国报学史》，中国和平出版社，2014 年，第 138 页。

④ 寒蕾：《江苏省教育会幼稚教育研究会参观记》，《妇女杂志》1916 年第 2 卷第 9 号。

⑤ 《本会附设各分会分日开会纪要》，《江苏省教育会月报》1918 年第 8 期。

⑥ 《幼稚教育研究会开会纪事》，《申报》1916 年 12 月 5 日。

10 余次，演讲嘉宾来自教育、医学等各个领域，大大拓展了该会学前教育研究视野。例如胡彬夏紧跟学前教育发展的步伐，邀请朱友渔博士演讲生育进化论，"神同人得闻所未闻"①。胡彬夏将幼稚教育研究目的分为"实际研究及学术研究"②。相对于学术研究，幼稚教育研究会所开展的实际研究并不多，最典型的则是幼稚园表演会。1917 年起，胡彬夏曾组织三次上海幼稚园联合表演，一方面检验幼稚园实际教学成果，另一方面促进学前教育的宣传。在首次表演会中，就有博文、城西等七所幼稚园（当时上海仅有幼稚园 12 所）踊跃参加参与，来宾百余人。幼稚生的表演内容更是丰富多彩，英文类节目彰显国际化的特点之余，国歌等节目展现了幼稚园注重培养幼儿的爱国情怀、关爱幼儿成长之心切。首次联合表演会的成功举办让幼稚园办学热情积极高涨，在此后的两次表演会中，不仅参与的幼稚园数量增加，幼儿表演也是日益精彩。研究会通过组织联合表演会不仅可以总结幼稚园整体运作和发展情况，打破了幼稚园"各自为战"的局面，促进各园之间的交流与学习。到 1920 年，由于部分骨干人员先后离沪，此会遂无形消失。这样，江苏省教育会幼稚教育研究会历时近四年，在中国近代幼教社团的生命史中属相对较长者。

1917 年 5 月 6 日，黄炎培以浦东同乡会和江苏省教育会两个组织为基础，联络了蔡元培、蒋梦麟等人，宣告成立中华职业教育社，并自任理事长。该社以倡导、研究和推行职业教育，改革脱离生产劳动、脱离社会生活的传统教育为职志。建社初期，即提出以"使无业者有业，有业者乐业"为宗旨，并提出职业教育的目的是"谋个性之发展；为个人谋生之准备；为个人服务社会之准备；为国家及世界增进生产力之准备"。③胡彬夏作为江苏省教育会的重要干事成员，加之对职业教育尤其是女子职业教育的热情，自然而然地成了中华职业教育社的重要参与发起人之一，也是 48 位发起人中鲜有的女性。④

此外，她从美国留学回国后，就在上海基督教女青年会担任着部门主任等职务⑤，负责承办当时女子劳工夜校、学生救济以及妇女社会福利等工作；同时兼任上海妇女会会长；1921 年，她又任中华基督教女青年会全国协会的会长，是在这个职位上的第一个中国人。胡彬夏还经常受邀约而赴各地演讲，如去城

① 《演讲生育进化之要旨》，《申报》1917 年 11 月 27 日。
② 《幼稚教育研究会开会纪事》，《江苏省教育会月报》1919 年第 9 期。
③ 黄炎培：《中华职业教育社宣言》（1934 年 3 月），《职业教育论》，商务印书馆，2019 年，第 177 页。
④ 《中华职业教育社通信选举议事员报告》，《申报》1917 年 7 月 21 日。
⑤ 《基督教救国成立大会》，《申报》1920 年 1 月 1 日。

东女学和"寰球学生会""日新会""节制会"等团体进行演说。1920 年 5 月 31 日，美国著名的实用主义教育家杜威在访华的两年间，其夫人曾受江苏省教育会邀约演讲"男女同学问题"，就是由胡彬夏担任的现场翻译。格蕾丝·汤普逊·西顿（Grace Thompson Seton）曾在上海遇见了胡彬夏，这位记者对胡的印象是像个"行政主管"和"驰骋商界的美国女商人"①。

1917 年，中华职业教育社成立后，创办《教育与职业》为社刊，宣传职业教育思想。此时有一位正在南洋各地闯荡生活的年轻人积极投稿，1919 年至 1920 年间在《教育与职业》上发表《补习学校设施时注意之点》《何为职业指导》《职业补习学校实施问题》等文，对萌芽期的职业教育理论进行了初步探讨。他正是王志莘。

1921 年 1 月至 5 月，黄炎培率队赴南洋诸地倡导职业教育，足迹遍及泰国、马来西亚、新加坡等地，为时长达三个多月。王志莘追随左右，协助募款一万余元，深受黄炎培赏识。

黄炎培南洋考察时的合影

南洋考察结束后，王志莘即进入中华职业教育社担任编辑。在随后的几年间，他又撰写了《职业界需用人才之标准》、《商业教育的商学合作制》（译）、《商业教育之种种研究》（译）、《青年择业二十七问》、《小学校职业训练》、《美国家事教育》、《中国职业补习教育之经过及现况》等文章。特别是 1922 年 4 月刊于《教育与职业》第 35 期上的《中国职业补习教育之经过及

---

① ［美］叶维丽著、周子平译：《为中国寻找现代之路——中国留学生在美国（1900—1927）》，北京大学出版社，2012 年，第 134 页。

现况》一文，是我国全面总结职业补习教育历史发展的第一篇文献。王志莘，可谓是中华职教社成立后职业补习教育最初的积极倡导者。

在担任编辑的同时，王志莘考进上海商科大学（东南大学分校）继续读书。1923年，经黄炎培介绍，他得到菲律宾华侨李昭北资助，到美国哥伦比亚大学攻读银行学。是年，他参考美国哈立斯的《青年与职业》下篇，编纂了《青年与职业》一书。这一得到黄炎培指导、由沈恩孚作弁言的著作，于1924年2月作为职教社"职业修养丛书"之一出版。

两年后，王志莘在美国获得硕士学位后归国，继续在中华职教社任职，同时在母校上海商科大学和中华职业学校（中华职教社所办）任教。顾准当时就读于中华职业学校学习会计，毕业后因家境清贫无力继续求学。王志莘非常怜惜这位学习成绩优异的孩子，便把他介绍给自己的哥伦比亚大学同学潘序伦。于是，12岁的顾准就到潘创办的上海立信会计事务所当练习生。很快，顾准脱颖而出，19岁之时就出版了国内第一本银行会计学著作《银行会计》，被各大学采用，他因此也被誉为"奇特的少年天才"。顾准后来参加革命，新中国成立后研究商品货币和价值规律在社会主义经济中的地位问题，最早提出并论证了计划体制根本不可能完全消灭商品货币关系和价值规律，并写成《试论社会主义制度下商品生产和价值规律》，成为我国提出社会主义条件下市场经济理论的第一人。

《生活》周刊创刊号

由于《教育与职业》"多讨论职业教育问题，性质较专"，中华职业教育社决定创办"以改进一生活为宗旨"的《生活》周刊。[①]王志莘担任了《生活》周刊的主编之责。后来担任主编的邹韬奋回忆："第一位的主笔公推新由美国学银行学回国的王志莘先生担任。主笔的每月薪水只是四十元，在王先生当时也不过是一种兼职，他原是职教社的一位老同事，初回国后时间略闲，所以来帮帮忙。"《生活》周刊创刊于1925年10月11日[②]，初办之时为一张四开小报，印数只有2800册，主要赠送中华职教社社员和有关教育机关，境状并不宽裕。邹韬奋回忆："本刊第一任的编者是王志莘先生，前几天在友人宴会席上遇着他，他还笑眯眯地谈起本刊初办时没有人看，由报贩来一捆一捆称斤两买去，

① 《敬告同社诸君子》，《教育与职业》1926年11月第80期。

② 邹韬奋：《现实的教训》，邹韬奋：《经历》，生活·读书·新知三联书店，2018年，第106页。

有一次雇人在天文台路的运动场前广发赠送！他的这几句不无含着幽默的话虽似乎简单，其实很足以描写本刊呱呱坠地时的凄凉状况。"[1]一年后，王志莘离开中华职教社去往银行任职，邹韬奋接过了主编的担子。邹韬奋与王志莘是南洋公学1915年中学毕业的同届同学。"王志莘先生在美国学的是银行学，所以他主编了一年，就脱离去做银行家去了。我掮的是编辑股主任的名义，所以他走了之后，这副担子就抛在我的肩上"[2]。当邹韬奋接办的时候，《生活》周刊的每期印数并不算多。"我接办之后，变换内容，注重短小精悍的评论和'有趣味、有价值'的材料，并在信箱一栏讨论读者所提出的种种问题"[3]。在邹韬奋的主持下，《生活》周刊发行量最高时曾达到15万份。由于《生活》周刊对国民党的不抵抗政策多有抨击，于1932年12月16日被查封。

后来，王志莘离开中华职教社而进入银行业，但他仍然长期担任中华职业教育社理事，负责为该社筹措经费。抗战期间，他曾对当时资金困难的生活书店一次给予贷款10万元。国民党特务造谣说生活书店接受共产党津贴，予以查封，王志莘也受到特务注意。[4]"生活书店是《生活》周刊的延伸，由新华银行担任信用后勤"[5]。他与黄炎培二人交往不断，从师生发展为亦师亦友的关系。黄炎培1930年3月16日日记中记："午，志莘与胡六英女士订婚，会餐于杏花楼。"[6]1953年11月30日日记中记："讯王志莘、胡六英。附1953年同来往信三件，述亲听到胡刚复诬我在厦门大学吞没公款十三万元的完全捏造新闻。昨胡刚复来看我，没有见。他和六英是兄妹，故录此来去信件，托给他看。"[7]到了1955年3月，胡六英去世，在当月16日日记中黄又记："到王志莘家见其子女，唁胡六英（志莘夫人）之丧。"[8]后来，王志莘去世，黄炎培又为他们夫妇题写了墓碑。他在1959年9月8日日记中记："为王志莘、胡六英夫妇题墓碑。

① 邹韬奋：《以往和现在》，《萍踪寄语初集、二集》，生活·读书·新知三联书店，2018年，第19页。

② 邹韬奋：《空手起家的〈生活〉周刊》，聂震宁编：《生活与我》，上海交通大学出版社，2017年，第203页。

③ 邹韬奋：《聚精会神的工作》，《经历》，第115页。

④ 吾新民：《王志莘、孙瑞璜与新华信托储蓄银行》，寿充一等编：《近代中国工商人物志》第2册，中国文史出版社，1995年，第217页。

⑤ 周有光：《怀念邹韬奋先生》，《我与三联：生活·读书·新知三联书店成立六十周年纪念集·1948—2008》，生活·读书·新知三联书店，2008年，第4页。

⑥ 黄炎培：《黄炎培日记》第3卷（1927.8—1931.5），华文出版社，2008年，第218页。

⑦ 黄炎培：《黄炎培日记》第12卷（1952.6—1954.6），华文出版社，2012年，第205页。

⑧ 黄炎培：《黄炎培日记》第13卷（1954.10—1957.3），华文出版社，2012年，第60页。

1896—1957，1902—1955。"①

就在胡明复不幸溺水身故的两年后，胡氏又一位青年才俊因病逝世。他就是过探先。

1915 年，过探先在康奈尔大学毕业，获学士学位，又以研究育种有成绩而获得硕士学位。是年秋，过探先学成回国，与未婚妻胡竞英完婚。"胡女士苏州景海学堂毕业，非常贤惠和勤奋"②，"夫妇皆以硕学闻当世"③。不久，过探先受江苏省政府委托调查江苏农业教育。当时江苏南京已有金陵大学农科，中等农校有南京、苏州、淮阴三所省立农校，过探先一一加以调查访问，写出报告，提出改进意见。省政府有关方面认为这些意见十分中肯，立即委任过探先为南京江苏省立第一农校校长。为了全心全力办好学校，过探先将母亲和妻子接到南京三牌楼校舍定居。

过探先上任后大刀阔斧地对学校种种弊端进行整顿。当时的学生、后来成为南京林学院教授的陈植回忆说，过校长履新后"遇事悉秉大公，力求整顿，善于团结师生，尊重民主，尊重人才，既无官僚习气，又无宗派意识，纪律严明，公私分明，故学风、校风迅速纳入轨道……。"④"对于校务改革整顿，不遗余力，故内而诸生奋发有加，外而校誉日益隆起，一时外省负笈来学者，踵相接"⑤。1919 年，学校经当时教育部视学考核结果，列为全国模范农业学校。该校培养出郑万钧（后任南京林学院院长、中国林业科学院院长）、吴福桢（著名昆虫学家）等一批杰出的农林学家。⑥

过探先聘请曾任浙江省甲种农业学校校长的陈嵘（宗一）出任林科主任。他与陈嵘一致认为，林科师生为进行科研实习的需要，应有大面积的林场。他不辞辛苦，风尘仆仆，对南京周围无林荒山进行调查研究，终于在江浦境内觅得较为理想之地。陈植回忆当年的情景说："那时，过先生带我们上汤山考察，我走在他后面，看见他裤子上有血，就问先生，先生告诉我是他痔疮发作了。这一件事现今记忆犹新。"为了解决经费困难，他与江苏省教育科商量，从全省教育经

① 黄炎培：《黄炎培日记》第 14 卷（1957.4—1959.9），华文出版社，2012 年，第 306 页。

② 周邦任：《过探先——我国农学界的先驱》，《无锡文史资料》第 29 辑，1994 年，第 189 页。

③ 吴稚晖：《过探先墓志铭》，《吴稚晖全集》卷 13，九州出版社，2013 年，第 236—237 页。

④ 周邦任：《过探先——我国农学界的先驱》，《无锡文史资料》第 29 辑，1994 年，第 189 页。

⑤ 谢家声：《过探先传略》，《南大百年实录（中卷）·金陵大学史料选》，南京大学出版社，2002 年，第 44 页。

⑥ 周邦任：《过探先——我国农学界的先驱》，《无锡文史资料》第 29 辑，1994 年，第 191 页。

费中抽出百分之一，作为合办林场经费。1916 年，"江苏省教育团公有林"终于诞生了，当年先设三区，后因工作需要，又增设一区，共为四区，每区面积约五万亩，设技术员一人，工人 20 余人。[①]"中国之有大规模造林，盖自兹始"[②]。汤山地区的秃秃童山能有今日郁郁葱葱茂密森林，过探先之筹划、开拓是功不可没的。不久，他又提出江苏省林业发展的具体方案，建议在南京紫金山设立江苏省第一林场，在徐州云龙山设第二林场。[③]今天的南京中山陵园，就是当时江苏省第一林场的一个区域。

1918 年 1 月，过探先联合王舜臣、陈嵘等人共同发起组织成立中华农学会，创办《中华农学会报》。[④]1919 年他在年会上被推选为五名干事之一、11 名学艺委员之一，并分工担任财务会计工作，1921 年至 1923 年三度被推选为总干事。1927 年他积极支持学会在上海金神父路设立农学研究所，在真如暨南村设农事试验场，他被选为研究所筹备员和所长候选人（后由他人任所长）。[⑤]

1919 年春，过探先辞去农校校长职务，应上海华商纱厂联合会的聘请，主持该会的棉花育种工作。其时，我国的民族纺织事业得到发展，急需优良的棉花品种。面对农校师生的诚心挽留，他说："欲改良中国之农业，非实在去做是不能收到效果的，我现在决定去做了，你们何必又留我呢？久住在这物质（条件）优美的环境下，恐将使我一无所为了。"[⑥]

过探先在南京洪武门（今光华门）外选地建立棉场，引进美国八个早熟、大铃、细绒的优良棉种试植，并与美国植棉专家柯克（O.F.Cook）共同进行"全国美棉品种试验"。1920 年 9 月，他率队到山东、河北、河南、山西四省考察北方植棉状况；又会同邹秉文、原颂周、中国银行总裁张公权到南通、泰州一带视察棉花生长和棉业贷款使用情况，发现棉虫危害甚烈，一起商议决定在东南大学成立江苏昆虫局。经过三年努力，终于得出了美棉品种在我国驯化的结果报告，对我国棉业生产有重要指导价值。在 1921 年，他又主持选出了江阴白籽棉、湖北孝感光子长绒棉、改良小白花棉三个新品种。[⑦]过探先主持的棉作改良推广委

① 《过探先：耕耘在希望的田野上》，陶玉德主编：《中国粮油人物志》，河南大学出版社，2011 年，第 104 页。

② 谢家声：《过探先传略》，《南大百年实录（中卷）·金陵大学史料选》，第 44 页。

③ 周邦任：《过探先——我国农学界的先驱》，《无锡文史资料》第 29 辑，1994 年，第 193 页。

④ 《过探先：耕耘在希望的田野上》，《中国粮油人物志》，第 105 页。

⑤ 周邦任：《过探先——我国农学界的先驱》，《无锡文史资料》第 29 辑，第 194 页。

⑥ 周邦任：《过探先——我国农学界的先驱》，《无锡文史资料》第 29 辑，第 192 页。

⑦ 周邦任：《过探先——我国农学界的先驱》，《无锡文史资料》第 29 辑，第 192 页。

员会又仿造美国棉作农具，制成五齿中耕器、中棉播种机和美棉播种机。[1] "今日各省植棉事业之发达，先生与有力焉"[2]。

1921 年，东南大学农科成立，过探先被聘为该科教授，仍主持棉作事宜，继又兼农艺系主任。此后，过探先复兼任农科副主任，又再兼推广部主任。主持东南大学农科工作期间，他协助邹秉文按照先进的教学、科学研究、农业推广三者相辅相成的体制，将三年制大专性质的农科学校建成四年制的本科农业大学。他接受上海华商纱厂联合会的委托，将在江苏、河南、湖北等四省七处棉场辟为东南大学农科的试验场，培育适合当地的棉花新品种并加以推广。他主持东南大学举办的植棉专修科，培养各棉场技术人员。他亲自为本科学生讲授种子品评学、作物育种学，开设"棉作育种研究"讲座。东南大学农科教学质量大为提高，许多优秀毕业生脱颖而出，如小麦专家金善宝、棉花专家冯泽芳、水稻专家周拾禄、昆虫专家邹钟琳等等，均成为我国农业科学的各个学科的重要奠基人。"东大农科之发展，有赖于先生者实匪浅鲜"[3]。

1925 年，东南大学发生"易长风潮"。堂姐夫胡敦复被任命为校长，因风潮而未能真正到任。过探先在风潮后辞职，应金陵大学聘请担任农林科中方科长，与美方科长芮思娄（J.H.Reisner）的地位平等。[4]1927 年，北伐军进入南京，外籍教授纷纷返国，学校陷入混乱，过探先被公推为校务委员会主席，他"奔走应付，千方筹措，始入于磐石之安"[5]。不久，新任校长到位，过探先专任农科主任。他聘任一批年轻有为的学者担任教授，如戴芳澜任植物病理学教授、沈宗瀚任作物育种学教授、张巨伯任昆虫学教授、赵连芳任水稻学教授，使原先由美国教授主讲的课程逐步由中国年轻学者担任。到 1928 年，金陵大学农科已设置农艺、园艺、森林、蚕桑、农林生物、植物病虫害、乡村教育、农业经济、农业推广和农业专修科 10 个科系，规模较齐全，教师阵容坚强，成为国内私立农科大学之首。"金陵农科之进展一日千里，而负盛誉于海内者，皆先生之赐也"[6]。

1927 年起，过探先"转行"进入银行业，担任新成立的江苏省农民银行总经理。1924 年 1 月召开的中国国民党第一次全国代表大会，在宣言中对农民运动提出："农民之缺乏资本，至于高利贷以负债终身者，国家为之筹设调剂机

① 沈福伟：《中西文化交流史》，上海人民出版社，2017 年，第 540 页。

② 谢家声：《过探先传略》，《南大百年实录（中卷）·金陵大学史料选》，第 44 页。

③ 谢家声：《过探先传略》，《南大百年实录（中卷）·金陵大学史料选》，第 44 页。

④ 周邦任：《过探先——我国农学界的先驱》，《无锡文史资料》第 29 辑，第 190 页。

⑤ 谢家声：《过探先传略》，《南大百年实录（中卷）·金陵大学史料选》，第 44 页。

⑥ 谢家声：《过探先传略》，《南大百年实录（中卷）·金陵大学史料选》，第 44 页。

关，如农民银行等，供其匮乏，然后农民得享人生有之乐"，农民银行应"以解除农民经济压迫，扶助农民经济发展为宗旨"。①江苏省农民银行，正是为迎合以上要求而设立的。1927年国民革命军鼎定江南，江苏省政府决议设立江苏省农民银行筹备处，又设立筹备委员会，由省政府聘定委员，其中过探先为常务委员之一。1928年3月，又成立监理委员会，包括过探先在内的七人为委员。监理委员会"是苏农行之直接监督机关，负责一切章则制度之审定，资金之保管，总、副经理之推选等"。该委员会随即推选过探先为总经理，王志莘为副总经理，呈请省政府任命。同年7月16日，江苏省农民银行总行在南京户部街1号开业。②时人对过探先为人行事有如此回忆："彼虽身任总经理，对于下级职员，即地位低下之练习生，向渠接洽事宜，即有错误，亦用疑问口气，如'内容恐怕不如是简单罢？'，或'恐怕不是如此罢？'，等等，以促该员之反省，从无疾言厉色或盛气凌人，使有难受过不去之处，全出以诚恳真挚之态度。"③

"溯先生自留美回国以来，十余年间，节节为农界努力，善能以时势以创造，尤能明宿弊而革新。特是一己之精力，亦因之耗烁而不自觉者多矣"④。年未及40岁，过探先发已斑白。1929年3月9日，过探先忽患腹泻，医药无效，于当月23日溘然长逝，年仅43岁。逝世前一个月，他参加中大农学院、金大农林科召开的南京改良棉花会议，决定组织"宁镇地区棉作改良推广会"，亲自撰写科普小册子和文章多篇。⑤正如陈植所说，"先师实为多才多艺、勇于负责、善于人同、知人善任的不可多得的领导人物，惜以操劳过度，故行年不惑，发已苍苍，天不假年，遽而长逝，诚我国农林界无法弥补之大不幸也……"⑥。

过探先先生遗像

过探先的不幸病逝，引起社会各方面人士的震惊和沉痛哀悼。1929年3月26日，《农林新报》发出讣告，称其为"我国农林界的栋梁"，并由金陵大学、中央大学、江苏省农民银行、中华农学会、中华林学会、中国科学社、

① 许涤新：《三民主义读本》，生活·读书·新知三联书店，2012年，第123页。

② 南京金融志编纂委员会、中国人民银行南京分行编：《民国时期南京官办银行》（南京金融志资料专辑1），1992年，第319—321页。

③ 毛邦汉：《过探先先生》，《生活》周刊1932年第3卷。

④ 谢家声：《过探先传略》，《南大百年实录（中卷）·金陵大学史料选》，第44页。

⑤ 周邦任：《过探先——我国农学界的先驱》，《无锡文史资料》第29辑，第193页。

⑥ 周邦任：《过探先——我国农学界的先驱》，《无锡文史资料》第29辑，第194页。

上海华商纱厂联合会、江苏农矿厅、江苏昆虫局等 12 个单位联合组成治丧委员会。蔡元培亲笔为遗像写了赞词："每每原田，以农立国。画而不进，遂荒其殖。先生念之，奋起致力。造林植棉，科学组织。远近闻风，从者如鲫。一身病歼，鹏搏折翼。威仪俨然，披图太息。"悼词中满是敬赏、痛惜之情。吴稚晖撰文、书写墓志铭并篆额。墓志铭中说："先生治农学，初成业于美利坚之惠斯康辛及康奈尔两大学。归国教授于东南大学，及主任金陵大学之农科。一时公私所有农林事业争倚恃。先生擘画指导，得全国唯一之信仰者，亘十余年。而其他科学界亦共推先生主持重要组织。先生不惟学术为一时领袖，而性行尤超乎群伦。"吴稚晖还联想到早一年去世的胡明复，称"不幸前年女士仲兄胡博士明复中年遇险猝殒。昨年先生又以疾逝，年仅逾四十。两人设竟其研讨之所得，皆足为学术界加增新发明。故两人之早谢，其损失关系世界全人类，非独中国而已。"①

1929 年 5 月，江苏教育林委员会拨汤山林场山地三亩作为先生安葬地。5 月 4 日，在鼓楼金陵大学礼堂举行追悼大会。5 月 7 日，灵柩安葬。6 月，上海华商纱厂联合会荣宗敬、穆藕初等决定在他生前创办的光华门棉场中辟地 56 亩建立"探先小学"。金陵大学农学院《农林汇刊》登载了他的部分遗著和遗照等以志纪念。②

① 《过探先墓志铭》，《吴稚晖全集》卷 13，第 236—237 页。

② 周邦任：《过探先——我国农学界的先驱》，《无锡文史资料》第 29 辑，第 195 页。

第七章 苦难的磨砺

当胡明复在家乡不幸溺亡之时，他的兄长敦复和弟弟刚复正卷入一场风波之中而不能自拔。

两年前的 1925 年初，在第二次直奉战争中上台的段祺瑞临时执政府，新一轮的"走马楼台类转篷"的大戏上演。1 月 6 日，教育部颁发了这一年的第一号训令："前派东南大学校长郭秉文应即解职，另候任用。现经改聘胡敦复为国立东南大学校长，除函聘外，仰即遵照。此令。"①

此时的东南大学，是东南地区的第一学府，与北方的北京大学在学术文化上形成一种"双峰对峙，二水分流"的格局，"同为中国高等教育的两大支柱"②。孟禄考察了中国各主要大学之后，称赞东南大学"是中国最有希望之大学"，"将来该校之发达，可与英牛津、剑桥两大学相颉颃"③。东南大学名师荟萃，俊彦云集。文理科的刘伯明、柳诒徵、王伯沆、梅光迪、吴宓、吴梅、顾实、王易、蒋维乔、汤用彤、陈中凡、罗家伦、梁实秋、陈衡哲、任鸿隽、竺可桢、王琎、何鲁、熊庆来、叶企孙、赛珍珠（Pearl Buck，诺贝尔文学奖获得者）、曾昭抡、吴学周、钱宝琮、胡刚复等，教育科的陶行知、陈鹤琴、吕凤子、李叔同、郑晓沧、孟宪承、陆志韦、廖世承等，农科的邹秉文、秉志、胡先骕、过探先等，工科的茅以升、涂羽卿、沈祖玮等，商科的杨铨、马寅初、潘序伦、胡明复等，体育系的卢颂恩、张信孚等，"皆一时英秀"④。被委任东南大学校长一职，说明了胡敦复执掌大同大学的成绩得到了执政者的肯定，他的教学生涯前景

---

① 《教育部解除郭秉文校长职务的训令》，《南大百年实录（上卷）·中央大学史料选》，南京大学出版社，2002 年，第 181 页。

② 王德滋主编：《南京大学百年史》，南京大学出版社，2002 年，第 73 页。

③ 朱斐主编：《东南大学史（1902—1949）》（第一卷）（第 2 版），东南大学出版社，2012 年，第 104 页。

④ 《南京大学百年史》，第 95 页。

似乎一片"光明"。

为胡敦复所始料不及的是，这一任命将无辜的他卷入了一场风潮。

听闻郭秉文被免职的消息，东南大学一时群情哗然。1月8日，东南大学全体学生发表宣言，宣布："教育代总长马叙伦乃突然提议罢免吾校校长，事出无端，理无所据，若非受人利用，当

东南大学教学楼"一字房"

系别有阴谋。教育尊严于以破坏，同人学业供其牺牲，较之曹汝霖 × 之 ××，其罪相差无几，同人恨未身处北京，饱以老拳。"[1]东大行政委员会则立即致电黄炎培、沈恩孚、蒋梦麟等校董，请求他们出面维持。一时函电交驰，要求教育部取消成议。江苏省政府也对郭秉文表示了支持。

在强大的舆论压力下，胡敦复只能表示不就东大之职。1月9日，他在"致教部电"中云："敝校方事扩充，任务殷繁，万难应命兼顾，千乞另聘贤能，以孚众望。"对郭秉文复电曰："弟承乏大同，自惭绵薄，更从事扩充，愈觉力有未逮。"1月11日他在《复东大教职员函》中则说："鄙人任事大同，无意与闻外务。此次教部及各方面函电交驰，鄙人非所素习，颇以为苦。"[2]

对于这种局面的出现，教育部也是有所思想准备的。在教育代总长马叙伦下达东南大学校长的任免令的同时，深知东南大学校董和江苏省教育会的影响力，当即给东南大学校董之一的江苏省教育会副会长黄炎培发去专电，请其从中协助新旧权力的交替，电文中称："东大校长别有借重，聘敦复先生继任，公与敦复素有挚谊，东大亦素赖维护，敬祈就近敦促，至有感荷。"[3]可见马叙伦对黄炎培等江苏省教育会还是抱有相当大的希望，但黄炎培回电中却并不领情，反而对教育部的任免提出质疑。

面对东南大学校内外的激烈反对，教育部并未做任何退让的表示，相反采取更强力的姿态来弹压，决定从取消东南大学校董会入手，着实整顿东南大学。马叙伦在3月7日一天之内连续向东南大学下达两道训令。其一是令东大成立评议会，"由该校教授等自行互选评议员，克日成立评议会"。其二是勒令东大校董会停止行使职权，训令中称："该校校董会近年以来，常有侵越权限情事，势将

---

[1] 《东大全体学生宣言》，《申报》1925年1月14日。

[2] 昌荣：《至平至善鸿声东南——东南大学校长郭秉文》，山东教育出版社，2004年，第258页。

[3] 《教育部致黄任之电》，上海《民国日报》1925年1月10日。

益滋纠纷，应即暂行停止行使职务。"①

　　值得注意的是，北京政府教育部何以在东南大学如日中天之时急不可耐地免去郭秉文的校长之职？在随后的学潮中，教育部一再坚持成命与东南社会的激烈反对说明了什么问题？其实，郭秉文的突然被免职，直接原因在于政局的剧变。东南大学之所以定名东南，主要由东南四省江苏、浙江、安徽和江西共同出资，但后三者均以财政困难为由加以拒绝，因此东南大学的经费势必依赖江苏，接受直系军阀的资助。而郭秉文也充分表现了他的政治手腕，得到了直系军阀的支持。胡先骕评论说："郭校长为事业家，以成功为目的，对于学术政治无一定之主张，此固其大缺点。然在军阀统治之下，欲求学校经济之发展，对于军阀政客与所谓之名人，势不得不与之周旋。"②直系军阀在第二次直奉战争中下台，被视作直系"学阀"的郭秉文下台理所当然。与此同时，国民党人在中间也起到了推波助澜的作用。身为国民党元老的吴稚晖就认为，"与其叫政客式的郭秉文做东南大学校长，不如叫学者式的胡敦复去做，在东南人民心理中更满意"，"郭秉文专心做校长，固然甚好。他现显然投入政治漩涡，改做党人尤好。夫失败是党人的常事"。另一方面还直言不讳地承认："我曾送江苏许多人揭布郭秉文的罪状的说帖到教育部，并且诘问教育部何以不早罢斥他？"③在回复郭秉文的责问时，吴稚晖更是直言："此次望免先生之职，得敦复先生代之，乃请党人离教育界，使教育事业归于纯粹之学者，以免学校'党化'。"④

　　随着郭秉文被免职的原因一步步在媒体披露后，东南大学师生的分化进一步加剧，形成拥郭的"校务维持"派与倒郭的"校务改进"派两大阵营。前者为多数派，反对政治势力进入大学；后者为少数派，胡刚复即为主要人物之一，认同国民党的政治纲领。两大阵营连续发表宣言、通电，陈述本方立场，指责对方。

　　2月22日，东南大学教授萧纯锦自北京致函胡刚复、柳诒徵，所言其在北京活动取消董事会的细节，云："嘱呈部恢复评议会，业已遵命照办，并进一步请部取消董事会。想此事已得精卫、稚晖诸人合作。弟今午后晤夷初（按：马叙伦），亦允考虑，且声明恢复评议会为当然之事，大约不久即可发表。惟取消董事会一层，则取审慎态度。至电促敦复就职，则允即刻照办。此间已电敦复，如

① 《克日成立评议会及取消董事会之二部令》，《申报》1925年3月12日。

② 胡先骕：《东南大学与政党》，《胡先骕文存》上卷，江西高校出版社，1995年，第305页。

③ 吴稚晖：《答王希曾书为郭秉文先生的东大校长》，《吴稚晖先生全集》卷二"文教"，台湾"中央"文物供应社，1969年，第126—127页。

④ 吴稚晖：《复郭秉文函——免去校长事》，《吴稚晖先生全集》卷二"文教"，第128页。

部电到，复电即以教授治校（既恢复评议会）、经济公开两层为就职条件，如部电允可，则到校后一切设施更可不费气力矣。至电促校内当局交卸一层，别俟第二次部电（即允许各条件之电）促敦复时再行发表。经济由部拨助一层，夷初允一律担承。据此，似部方已无问题，现在惟视在宁诸人之团结及疏通各教授效果如何，以定将来之阻力大小耳。至就职后经济援助，前函已报告，精卫允为尽力，至所侧重人物，如李赞侯、梁鸿志等亦不难去函地方长官示意援助，似此亦未必全无把握。总之，据弟各方面接洽之结果，觉郭免职后推翻董事会一层已为各方所共认，而铲除江苏省教育会把持之局，尤为执政府及国民党两方殊途同归之目标。……弟俟诸事略有头绪，敦复先生就事，即将遄归，届时杏佛（按：杨铨）亦当约其南下。"①

上海的报纸披露了这封信函的内容，拥郭拒胡的教授们始明白倒郭之源本在校内，且已早有活动，十分愤慨。34 名教授将此信加上《萧纯锦致胡刚复、柳翼谋之亲笔函——勾引汪精卫、吴稚晖、马叙伦破坏东南最高学府之口供》的正、副标题，在全国范围内广泛散发，揭出免郭内幕。参与倒郭的教授也不再忌避，公开亮相，积极开展活动。双方相互指责，揭短披私，往昔同事一时竟成冤家对头，一度辉煌鼎盛的东南大学从此再无宁日。

为了尽快将东大纳入所设想的轨道，北京执政府教育部在向东大下达两条训令的同时，电促胡敦复尽快上任。3 月 7 日，胡敦复在从上海赴南京准备接任校长一职，而校中行政职员听到消息后，第二天均未到校办事，进行抵制。同时文理科、教育科和农科三科教授代表在东大附近成贤街的中国科学社社所与胡敦复、刚复兄弟协商，要胡敦复声明不就东大校长职，胡氏兄弟都表同意。但胡敦复没有遵守诺言，于 3 月 9 日晨在胡刚复陪同下乘马车进入东大，径到校长室，令文牍员交出学校印章，在预先准备好的"视事通告"和"就职宣言"上盖章后即刻贴出。当时因学生上课，并未引起注意，但到学生下课见到布告之时，群情大哗。愤怒之下，有的学生对胡氏兄弟以拳相加，且唾其面，又逼令胡敦复自写"为尊重公意，永不就东大校长职"的声明书，并以手印示信，同时拍下照片，复燃放鞭炮，着其从边门离去，以示"驱鬼"。教授竺可桢上前劝阻，却遭学生呵斥。竺可桢愤懑不已，写下辞职书。此即"三九事件"。② 个中详情，可以从

① 《穆藕初致蒋梦麟、胡适函》附录《萧纯锦致胡刚复、柳翼谋之亲笔函》，《胡适来往书信选》（上册），中华书局，1979 年，第 316—317 页。

② 朱斐主编：《东南大学史（1902—1949）》（第一卷）（第 2 版），东南大学出版社，2012 年，第 126 页。

胡敦复被拒后的电诉公开声辩中略见一斑，称："教育科教授陆志韦撕去布告，号召学生喊打。教育科主任徐则陵，在图书馆月台演说，口出秽语，反对部令。遂有数十学生，雇用流氓，吹口哨，把校门，断电话，哄围校长办公室，掷石打伤敦复及物理教授胡刚复头部。任主任无法制止。巡警被阻校外，学生遂破门入室，勒索校印，胁迫敦复声明不为东大校长。"①

"三九事件"后，校内的教授分化成两派的情形更为严重，一批支持胡敦复的教授如汤用彤、叶企孙、段子燮、顾实、过探先、熊正理六人，向报界公开揭露当时真相，对带头的徐则陵、陆志韦教授表示不耻，称"以大学教授而指挥暴徒，莘莘学子，变为乱民，校风如此，良可痛心"②。稍后以汤用彤为首的拥胡派16名教授公开反对拥郭派以全体教授会的名义发表宣言："凡教职员会议，悉少数专制，并无合法会议，纯系盗用全体名义……嗣后如有发表只字一文，同人概不示认。"③

不仅教授分化严重，学生也分成两派，一派为支持驱胡运动的拥郭派，当"三九事件"发生后，学生召开全体大会，到会者达545人，决议第二天照常上课，并请胡刚复、柳诒徵、萧纯锦三教授自动辞职。而另有60名学生联名宣言，却完全站在同情胡敦复一边，对驱胡的行为进行指责：事件的发生"乃少数患得患失之教授，竟利用群众心理，反指使少数盲目冲动之学生……以众暴寡，是谓不武，以强凌弱，是谓不仁。"④

胡敦复受辱后，一面致函杨铨，托就京商决办法，一面向宁检事厅提出刑事起诉，表示"既奉部托，不能以私党威逼，遽尔辞职"⑤。4月18日，北京政府国务会议议决仍由胡敦复为东大简任校长。4月20日，司法总长兼教育总长章士钊以强硬态度表示坚持聘胡。于是，东大风潮再起。48名教授罢课，学生则上街游行，高呼"拒胡""倒章""驱杨""打倒教育界之帝国主义"。江苏省教育会再次致电执政府："水本清而扰之使浊，人本静而激之不平。中央措施失宜，殆无过于处置该大学之事者矣？此事结果，胡毁其名，东大毁其实，执政府亦大失人心。"⑥

5月3日，胡敦复到省公署谒见省长，并要求派卫队保护，省长韩国钧未应

① 《胡氏被拒后之电诉》，《教育杂志》第十七卷第四号（1925年4月）。

② 《汤锡予等六教授电》，《教育杂志》第十七卷第四号（1925年4月）。

③ 《东大教授汤用彤之快邮代电》，《申报》1925年3月15日。

④ 《学生态度之互异》，《教育杂志》第十七卷第四号（1925年4月）。

⑤ 《东南大学史（1902—1949）》（第一卷）（第2版），第126页。

⑥ 《东南大学史（1902—1949）》（第一卷）（第2版），第127页。

允。学生闻讯则紧闭校门。5月4日，章士钊复电江苏方面："东大久拥虚名，无甚实际。教授把持校务，抗拒名硕，声言停职，横肆要求，此风断不可长，有切实整顿之必要。"①5月5日，陈逸凡等48名教授声明，坚决拒胡。随后，胡敦复以东大校长名义在报端数次发布通告，表示要接管东大；而东大校务委员会则针锋相对，亦刊登广告，否认胡为东大校长。

东南大学与教育部的冲突，再到东大师生的分裂，引发了差不多一年的风潮，对于东南大学以后历史走向影响颇深，这一事件当时即称为"东南大学易长风潮"。风潮爆发后，任鸿隽、陆志韦、秉志、熊庆来、王琎、竺可桢、汤用彤、叶企孙、胡刚复、过探先等著名教授都离校而去；而校长人选虽几经更换，却又一直未能真正到任，东南大学的实力遭到了严重的削弱。杨铨原本与胡敦复、明复、刚复三兄弟私交甚笃，在"东南大学易长风潮"后与胡敦复、刚复的关系趋于疏远，但与明复依然保持了友谊。柳诒徵就记："以东南大学事与敦复、刚复浸疏，独心折明复。"②半个世纪后，陈鉴在《忆二十年代中期东南大学易长风潮》一文中，回忆了自己在这场学潮中的亲身经历："东南大学易长风潮，实属不幸事件，为全校师生所痛惜！症结所在：校内有两派之争，而当时的北京政府教育部偏听一面之词，不深入了解，贸然将十年锐意经营、大有功于建校与学校扩建之校长郭秉文先生免职，另派原上海大同大学校长胡敦复前来接任，来时还利用军队护送，激起拥郭派（包括大多数师生）之义愤，拒胡挽郭，掀起轩然大波。然而拒胡派中少数人漫骂动武（我亲眼见到胡刚复面有伤痕），和幼稚无知行为，如将胡氏兄弟从学校校门赶出还燃鞭炮以示驱鬼，待授人以口实。此后双方文电交驰，腾于报章，迁延经年，终因苏省官绅调解，调江苏省教育厅厅长蒋维乔暂代校长职务告一段落。"③

胡氏兄弟在"易长风潮"中的所作所为，一时颇受人非议。对于胡敦复，时人评曰："权盖学术，势蒙理智，实充当一傀偏，不足为法。"对于胡刚复的行为，则指责为"非学者所宜"④。但这一事件，何尝不是胡敦复个人的悲剧？在风潮过程中，北京政府教育部出于党派利益考量而对大学人事横加干涉，直接给胡敦复造成了"伤害"，并直接影响到了他日后的人生历程、教学生涯的走向。

---

① 《南京大学史（1902—1992）》，第266页。

② 柳诒徵：《记杨铨》，《柳诒徵自述》，安徽文艺出版社，2013年，第61页。

③ 胡宗刚：《胡先骕先生年谱长编》，江西教育出版社，2008年，第109页。

④ 高恒文：《东南大学与"学衡派"》，广西师范大学出版社，2002年，第238页。

由于学潮，胡敦复最终没能进入东南大学。8 月 29 日，教育部改派胡敦复为国立北京女子大学校长。当他来到北京就任国立女子大学校长之时，另一场学潮却又在等待着他。

国立北京女子师范大学校门

几乎与东南大学"易长风潮"同时，在北京的国立女子师范大学也掀起了一场驱逐校长的学潮。

国立北京女子师范大学，原为北京女子高等师范学校。自 1919 年 4 月以来，该校的发展十分艰难，多次更改校长和学校所属关系。在不到五年的时间里，该校校长先后六易其人。1924 年 2 月由杨荫榆出任校长，并更名为国立北京女子师范大学。

"女师大事件"本身其实并不复杂，但由于校内外政治势力的参与，简单的事件就变得异常复杂了。再加上鲁迅、周作人以及陈西滢等众多文化名人的介入，使得这场学潮更具有了不一般的意义。

事情要从杨荫榆接任校长说起。杨荫榆，出生于江苏无锡的一个书香门第，兄长杨荫杭与胡敦复系南洋公学同学。1907 年，两江总督端方考选官费留美学生，她和胡敦复、彬夏同被录取，不过，她没有去美国留学，而是作为备取生去了日本，先入青山女子学院，后在东京女子高等师范学校理化博物科学习。六年后的 1913 年，杨荫榆从日本毕业归国，开始了她的教师生涯。她先被聘为江苏省第二女子师范教务主任，教生物学课程；同年又到北京，任国立女子高等师范学校（简称"女高师"）的学监兼讲习科主任。当时，她的侄女杨绛就在女高师附小读一年级。在这一段教学经历中，她在校内有很高的威信，也得到同学们的拥戴。后来的学潮领袖许广平评价："关于她的德政，零碎听来，就是办事认真、朴实，至于学识方面，并未听到过分的推许或攻击，论资格，总算够当校长的了。"[1]

1918 年，教育部首次甄选教授赴欧美留学，杨荫榆应选赴美，入哥伦比亚大学攻读教育专业。1922 年，杨荫榆获得硕士学位，成为国内为数不多的喝过"洋墨水"的女学究。两年后，她荣任北京女子师范大学校长，成为中国近代教育史上第一位女大学校长。

---

①　许广平：《校潮参与中我的经历》，《许广平文集》（第一卷），江苏文艺出版社，1998 年，第 101 页。

作为大学校长的杨荫榆，强调秩序、学风，强调学校犹如家庭，需要一个稳定的局面。她认为，"教育为国民之母，本校则是国民之母之母"，她要求学生只管读书，不要参加过问政治活动，反对学生动辄上街游行。在校务方面，她管理较为严格，这样引起了一些学生的公愤。那年暑假过后，有三名预科班学生因直奉战争缺课两个月。杨荫榆严肃校纪，直接开除了这三名学生。三名学生当然不服，去学生会寻求帮助。学生会决议请校长恢复三名同学的学籍。杨荫榆反而指责学生会"借故闹事"，予以驳回。学生会与校方的矛盾由此迅速激化，这成为"女师大事件"的导火索。

1925 年 1 月 13 日，女师大学生自治会向杨荫榆递交了要她去职的"反杨宣言"，并派代表前去教育部申诉，请求撤换校长。代理部务的次长马叙伦表示可以撤换杨荫榆。4 月，章士钊以司法总长兼任教育总长后，强调"整顿学风"，支持杨荫榆。5 月 7 日，杨荫榆以"二十一条""国耻纪念日"的名义举行演讲会，并作为主席登台，却被全场学生的嘘声所赶走。5 月 9 日，女师大校评议会开除刘和珍、许广平等六名学生自治会成员，举校哗然。27 日，鲁迅、钱玄同等七名教授联名在《京报》上发表《对于北京女子师范大学风潮宣言》，表示坚决支持学生。

8 月 1 日，杨荫榆强行解散预科甲、乙两部的四个班级，学生抗议。杨荫榆招来军警驱赶，学校一时交通阻断，伙食停止，电话不通。8 月 6 日，教育部下令解散女子师范大学，另成立国立女子大学。而女师大不予理睬，成立了校务维持会，由鲁迅、许寿裳、马幼渔等人具体负责，在幕后负责决策和筹款的则是李石曾、吴稚晖、易培基、沈尹默等国民党人。8 月 22 日中午过后，教育部司长刘百昭带领数百名军警包围学校，并雇用一批被学生称为"流氓老妈子"的人物，将坚守女师大的学生骨干刘和珍、许广平等 13 人强行拖拉出校。女师大学生和杨荫榆及章士钊等人的斗争，到这时可以说发展到了"惨烈"的程度。9 月 1 日，反对杨荫榆的 20 多名学生迁往离鲁迅住宅不远处的阜成门内南小街宗帽胡同，租赁房屋作为临时校舍，并于 9 月 21 日开学，鲁迅及部分教师前往义务授课，以此支持学生。其余 180 名学生则入国立女子大学上学。

正是在这种混乱和动荡之中，胡敦复来到北京，履新国立女子大学校长一职。而杨荫榆则在鲁迅的打击下身败名裂，羞愤出京，回苏州赋闲。1927 年，杨荫榆重出江湖，赴苏州女子师范学校任教，并在东吴大学兼授外语。抗战期间，为保护学生而被日军残杀。

11 月 28 日，北京市民学生数万人举行大规模示威运动，要求收回关税自主权，先奔段祺瑞住宅示威，之后又捣毁焚烧章士钊等人的住宅，致使章士钊等人避居天津。11 月 30 日，女师大学生趁校长胡敦复离校的机会，在马幼渔、鲁迅、许寿裳等人率领下，回到石驸马大街旧校址，重新挂上北京女子师范大学的校牌，宣布复校。时在女子大学音乐系就读的曹安和对那一天的情景有着清晰的回忆："就在此时，原女师大部分人员搞起复校运动，在某一个晚上，他们打着大旗，排着队开进学校，将教室及琴房尽行封闭，且声言要将女大的学生赶出去。但是女大的住校学生，在北京无家者，始终住在校内，并未被赶出来。"①

当胡敦复赶回学校之时，女师大的学生对他采取了一种近乎"暴力"的方式。当时的《申报》就报道过一则简讯，说是 12 月 2 日晚上 8 时，"胡敦复在寓被学生挟上汽车、不知下落"②。

面对女师大已经复校的既成事实，段祺瑞执政府于 12 月 24 日明令恢复女师大，并于 12 月 31 日改组国务院，教育总长章士钊改任国务院秘书长，教育总长一职则由女师大教育维持会主席易培基接任。

1926 年 1 月 13 日，教育总长易培基到女师大兼任校长之职。这一天恰好是女师大学生于 1925 年 1 月 13 日发表"反杨宣言"的周年纪念日，持续一周年的女师大风潮至此告一段落。

女师大迁回原址后，女子大学只能一方面向教育部请愿拨给新校舍，一方面因陋就简利用教育部东边的院子，占据职员的办公室及大礼堂坚持上课。曹安和回忆："在那里，没有课桌，就将吃饭用的方桌列成一排，围坐听课。只要有黑板、桌凳就是教室。大礼堂的用处很多，周围放上办公桌及橱柜等，即是办公室，中间作风雨操场，凡打球、体操、舞蹈等课都在此处。全校教学都已就绪了，只有音乐科学生上课没有钢琴。怎么办？我们同学分批分组轮流去教育部，找总长、次长们软磨、坐索。经过一段时间，终于要到了几架钢琴。就这样，我们住校学生每天从女师大宿舍去教育部上课，早出晚归，如是约一年多。"③

即使是在如此困顿的情况下，胡敦复仍然在努力履行着自己的职责，尽管这种努力已经无补于大局。《申报》载："（国立女子大学）自胡敦复氏接办后，锐意改进，认真教授，颇得社会信仰，故远道求学者有三百五十余人。"1926年暑假期间，胡敦复安排学校高师部国文系一班十二名毕业生到上海参观、游

---

① 中国艺术研究院音乐研究所编：《曹安和先生音乐生涯》，山东文艺出版社，2005 年，第 261 页。

② 《申报》1925 年 12 月 3 日。

③ 《曹安和先生音乐生涯》，第 261 页。

览。①

"女师大事件"，当时及事后一直广受关注，主要是其间还"纠缠"着鲁迅、周作人兄弟与陈西滢那场著名的"闲话"之争。1925年5月27日出版的《京报》发表了由鲁迅拟稿，周作人、马裕藻、沈尹默、沈兼士和钱玄同等六名教授签名的《对于北京女子师范大学风潮宣言》，公开表示支持女师大学生运动。三天后，陈西滢在《现代评论》上，发表《闲话》一文，批评学生罢课闹事，破坏了正常的学校秩序。此后，双方论战升级，闹得不可开交，一时震动文坛。"闲话"之争，说到底是"五四"后文学价值取向之争。周作人、鲁迅、钱玄同、孙福熙、江绍原等作家以《语丝》为阵地，继承"五四"传统，展开积极的社会批评和文化批评。而以胡适、徐志摩、陈西滢为代表的自由主义知识分子，倡导个人自由观、法治观、渐进改良观、精英政治观等，在政治价值、文学取向上与"语丝派"素来不同，而"闲话"之争，抛却"女师大事件"这一直接原因外，是当时文坛不同流派、不同价值取向的矛盾激化到一定程度的"总爆发"，是当时不同的文化流派关于中国现代性的不同想象导致的必然结果。

鲁迅的一生，对于论敌以及"对立面"始终抱着"一个不宽恕"的态度。女师大复校后，胡适、陈西滢、王世杰、燕树棠、李四光和胡敦复等人一道于12月14日发起"教育界公理维持会"，次日又改名为"国立女子大学后援会"，以维护"公理"和多数学生利益为名，公开反对女师大复校，声称对于"该校附和暴徒，自堕人格之教职员，即不能投畀豺虎，亦宜屏诸席外，勿与为伍"。对此，鲁迅撰文《"公理"的把戏》和《这回是"多数"的把戏》做了针锋相对的回击。在文中，鲁迅如此写道："自从去年春间，北京女子师范大学有了反对校长杨荫榆事件以来，于是而有该校长在太平湖饭店请客之后，任意将学生自治会员六人除名的事；有引警察及打手蜂拥入校的事；迨教育总长章士钊复出，遂有非法解散学校的事；有司长刘百昭雇用流氓女丐殴曳学生出校，禁之补习所空屋中的事；有手忙脚乱，急挂女子大学招牌以掩天下耳目的事；有胡敦复之趁火打劫，攫取女大校长饭碗，助章士钊欺罔世人的事。……但是，从章氏逃走，女师大复校以后，所谓'公理'等件，我却忽而间接地从女子大学在撷英馆宴请'北京教育界名流及女大学生家长'的席上找到了。"

周作人与其兄鲁迅此时已经失和，但面对共同的对手时，两人还是表现出内在的默契。在东大"易长风潮"中，周作人是一位坚定的"倒郭派"，但此时他又站在了胡敦复的对立面。周作人在致他人的信中，如此评论胡敦复和他的大同

① 《北京女大参观团抵沪》，《申报》1926年6月12日。

大学："大同大学之为复古反动的学校已经闻名，不必再等——证明。""胡敦复是怎么一个人，他不是章士钊的党羽么？胡敦复所办的北京'国立女子大学'是怎么一件东西，它的校歌不是就恶塞不通的么？即此我们可以想见大同大学的情形了。"[①]

不过，倒是陈西滢在他的文章中一语道出了胡敦复此时的窘境："胡敦复先生也可以算是不幸的人了。他好好的在上海办他的大同学院，政府忽然要他去办东南大学，结果让他挨了一顿打。政府还不死心，又要他去办女子大学，现在他又变成了一个只有教职员和学生而无学校的校长了。然而他的不幸还不止这一点。在他被任命为东南大学校长的时候，江苏的学阀虽然骂他是党人，是卑鄙无耻的政客，北京的学界——学阀是江苏专利的，北京自然是没有学阀的——都说胡先生是与世无争、实心办学的教育家，做大学校长是最好不过的了。现在呢，北京的学界——北京是没有学阀的呵——都不承认胡先生是与世无争、实心办学的教育家了。他办的学校被夺了还不算，因为他还想维持那无校可归的三百多学生的学业，北京学生总会又'议决'给他'警告'了（十二月十四日《京报》）。同样的一个不问外事、专心办学的胡敦复先生，在几个月之中，从百尺竿头直跌到百尺渊底，也可以窥见舆论是怎样的一种东西了。可是究竟胡敦复犯了什么了不得的大罪呢？难道真的因为他是章士钊所恭维的人，而'凡……为他所恭维的一切都是不行'的原故吗？"[②]

"女师大事件"以杨荫榆辞职回乡、章士钊离任下野、学生全面胜利而结束。然而物极必反，女师大潮结束后的学生并未安心学业，而是各种学潮愈演愈烈，导致北洋军人难以容忍，酿成了著名的"三·一八惨案"，包括刘和珍、杨德群在内的47名年轻学子失去了生命，而李大钊被控"宣传赤化，啸聚群众"遭到通缉，被迫逃入苏联使馆，一年后被捕遭杀害。而鲁迅在写完《纪念刘和珍君》后几个月，与许广平悄然南下，把老母和原配夫人朱安留在了北京。

那么，被"赶"出石驸马大街校址的国立女子大学的命运又如何呢？1926年4月20日，段祺瑞被迫下野。8月28日，北京临时执政府国务会议通过决议："兹拟将该两校合组为国立北京女子学院，分设大学及师范两部；设院长一人，总辖一切。两部各设学长一人，分任校务。"由新任教育总长任可澄兼任院长，胡敦复任大学部学长。对此任命，性格倔强的胡敦复自然难以接受，只能"挂冠"而去。

---

① 周作人：《致陈但一》，《语丝》第87期（1926年7月12日）。

② 西滢：《闲话》，《现代评论》第3卷第54期（1925年12月19日）。

对于其间内幕，时人如此记录："女学统问题，有'女师大''女大''女子学院'之三统，女师大乃由女子高等师范改为女子大学，远溯前清，乃统之最老者，文虎章（按：章士钊）长教时，谓该校改制后，多悖礼教，行同娼妓，呈请取消，另设女子大学，是为统之另创者。文虎既去，女师大重张旗鼓，回据原址；女大则流离栖止，假教部官舍为新校，分道扬镳。女师大固自命老统，女大亦自命为教部创立之正统，任可澄执两用中，因之便利，改组女子学院，于中设大学部以安置'女大'，仍以章任所派胡敦复为长，师范部以安置女师大，则以吴佩孚秘书林素园司其事，俾兼收并蓄于自创新统之下，而自为院长，可谓心裁独妙，万善俱归。（闻是胡汝麟之好八卦。）然老校址为女师大所据，派员接收，屡被老营中男女豪杰所拒，至林某声言将请卫戍部派队强制，该老营豪杰始吓而让步。前日接收点查时，仅职教员徐某周某等，勉强说了几句硬话，并无若何抵抗。津报有谓卫戍兵到，双方用武，大演惨剧，乃传疑揣测之过。不但未用武交兵，即文虎章时代之老妈队活剧，亦未重演。盖老统中之大学阀新人物，在今日亦顿能识势见机，不似国字号在京时之有恃无恐矣。女大一方面，胡敦复由堂堂大学之校长，降为学院一部分之学长，心有不甘，坚辞不就。胡之系统的教职员，昨又上公呈，请（一）勿变更组织（不甘与女师大偕亡），（二）勿令胡敦复卸职。然任氏取消两旧统、归并一新统之主张甚坚。胡本章士钊的人，给以一部分学长，还算留面子，若坚不干，则派新人，胡不能与任之新统争也。"①

此后，命运"多舛"的女子大学的校址一再变迁，与女师大时分时合。汪懋祖曾评论："女师大变为女大，女大变为女师大；今女师大又将改组为女大矣。其间变化之经过情形，乃教育上一段伤心痛史。近年来教育在政潮中打滚，实为教育之致命伤。"②

当然，这已经与胡敦复没有任何关系了。1926 年 8 月他从女子大学辞职，带着"满身伤痕"愤懑地回到上海。

此时的胡敦复，已经成了国民党的"弃儿"。尽管他还是女师大的校长，但由于他的入主是因为章士钊的支持，随着段祺瑞政府的倒台，他自然被学生视为压制学生的"学阀"。1926 年初，国共两党领导的中国学生联合会刊物《中国学生》发表《郭秉文与胡敦复》一文，将胡敦复和郭秉文归为一类，"都是混蛋，都是亡国的妖孽，都是大美帝国主义者所收获的文化侵略之果"，"两者所

① 徐彬彬：《北洋军阀之幕景》，曹聚仁编：《现代中国报告文学·甲编》，香港三育图书有限公司出版，1979 年。

② 汪懋祖：《师范教育问题再论》，《新教育评论》第一卷第二期（1925 年 12 月 11 日）。

由之路不同，共为亡国教育则一"①。

一年前，胡敦复还是受国民党支持去接替郭秉文，并受拥郭势力的打击，而一年后两人竟被视为同类，让人感叹世事变化无常的同时，不得不有所深思。

"五四运动"后，政治势力逐渐渗入教育界。无论是"东大易长风潮"，还是"女师大事件"，归根到底都是20世纪20年代中期中国内部政治发展过程中军阀政治与政党政治斗争的产物，在很大程度上是中国内部政权更迭的结果。这一时期，政局多变，政出多门；地方割据，各自为政；教育当局朝令夕改，一任总长一个令。据统计，1924至1925年，短短两年时间，教育总长先后换了八个人选。教育难以"自主"，学术未能"独立"，校长人选成了政治斗争和政治交易的筹码。无论是郭秉文，还是胡敦复，无疑都成了政治力量角逐的"牺牲品"，不得不走上各自的"流亡"之路。

这是他们在那个时代的"宿命"，无关乎才情，也无关乎能力，只关乎政治。

胡彬夏

在胡敦复被任命为国立女子大学校长的同时，胞妹胡彬夏被任命为副校长。

早在七八年前的1917年2月8日，北洋政府教育部颁布委任令："兹派朱胡彬夏为北京女子师范学校校长此令"②，指派大力倡导女子高等教育的胡彬夏为北京女子师范学校校长。然而，胡彬夏因其事业重心在上海，并已经在上海结婚生子，加上她那一年身体状况欠佳就电请辞职。

"女师大事件"过后，教育部"拟就张昭汉、胡彬夏、陈衡哲三女士中择一充任"③，最后于8月敲定胡敦复为校长，胡彬夏则为副校长。④

胡彬夏赴任以后，着手与长兄胡敦复一起收拾残局。她和小组委员会提出了整顿女师大的七项议案，包括女子大学组织大纲及规程、学科编制以及管理学生规则等，并被推举为学生管理规则的起草员之一。胡彬夏还在女师大召开的教员

---

① 子贞：《郭秉文与胡敦复》，《中国学生》第16期，1926年1月23日，第39页。
② 《教育部委任令（二月八日）》，《江苏教育行政月报》1917年第2期。
③ 《京女师大校长之选任》，《申报》1925年5月7日。
④ 《申报》1925年9月14日。

会议上，明确表示"教育之主旨：一、为使人有谋生之力；二、为使人知作人之道"①。

正是由于时局的演变，胡彬夏未能在国立女子大学一施身手。

自此，胡彬夏的工作重心逐渐北上。不安于清闲的她，在北京又开辟了一番事业。1926年，胡彬夏担任北京中国大学研究科主任。她为丙寅年的毕业同学录作序，告诫学生大学毕业并不意味着结束，而是生活的一个新的起点，并激励即将步入社会的毕业生："与其偷乐安逸，不如辛苦勤务。与其沉湎于酒色烟赌，求世俗之功名利禄，不如超然保其天真，尽力于可以尽力之处。"②

1928年，清华大学成立九人董事会，胡彬夏是唯一女成员。同年夏初，胡彬夏还担任北平妇女会筹备期首任会长。

1931年12月12日，胡彬夏因病与世长辞，年仅43岁。就在逝世前夕，她被列入《当代中国名人录》。③她病逝后，其友人为了纪念她，以北平国际文艺谈话会的名义，发起设立了"朱胡彬夏文学奖金"，每年奖励一名优秀长、短篇小说及戏剧作品的作者，设300元奖金。④这个奖项在1936年进行了第一次评选颁奖。可惜第二年抗战全面爆发，这个奖项未能延续下去。

1927年初春的上海，树梢已经吐出了新芽，但吹过的微风中仍透着丝丝寒意。

3月21日，浩浩荡荡的北伐大军开进了上海。北伐战争是由国民党发动的，旨在以武力统一全中国。自上一年7月4日正式发动以来，仅仅半年时间，国民革命军就控制了南方大部分省区。5月4日，在国民党控制下的上海，20余万人在南市公共体育场举行纪念"五四"大会，大会通过一项议案："请国民政府通缉学阀，并指定章太炎、张君劢、黄炎培、沈信卿、胡敦复、蒋维乔、郭任远、朱炎、殷芝龄、刘海粟、阮尚介、凌鸿勋、张东荪、袁希涛。"⑤到了6月16日，国民党上海特别市党部临时执行委员会又向国民党中央呈文："迩来该学阀等不仅不知敛迹，且活动甚力，显系意图乘机反动，殊属藐视法纪，理合备

① 《教育消息》，《申报》1925年9月1日。

② 朱胡彬夏：《北京中国大学丙寅毕业同学录序》，《北京中国大学丙寅毕业同学录》，1926年第6期。

③ 《当代中国名人录》，《申报》1931年9月18日。

④ 《国际文艺谈话会朱胡彬夏文学奖金章程》，《艺风》1935年第3卷第8期。

⑤ 《五四学生运动纪念大会纪》，《申报》1927年5月5日。

文呈请钧会，迅予实行通缉，俾儆反动而申党纪，实为党便。"[1]7月1日，上海政治分会再次议决，谓"江苏著名学阀黄炎培、郭秉文、袁希涛、沈恩孚、蒋维乔，历年依附军阀及帝国主义者，把持全国教育及文化事业，操纵江苏政治，现闻仍在活动。应请中央政治会议明令剥夺公权，并令教育及其他机关永远不许沿用"[2]。胡敦复之子胡新南对此也有回忆，当北伐军进入上海时，就有"地下人员突然点名说我父亲跟中法工学院校长朱炎（字炎之）是学阀"。[3]

这就是所谓"学阀"案，是国民党收复江苏后的第一案。列入"学阀"名单的胡敦复并无政治背景，更与各党各派无关，为何被国民党作为"学阀"而大张旗鼓地"通缉"呢？

这自然是政治因素使然。"五四运动"后，政治势力逐渐渗入教育界，国内高校的学生参与政治的热情高涨。1925年前后，时值北伐战争前夕，国内政治形势日趋紧张，各种政治斗争不可避免波及教育界，并与教育界原有的各种派系因素掺杂在一起，又因迎拒校长而引发的学潮不断，导致这其间的原因更加复杂化。除了派系之争外，政党因素更不可忽视。无论是"东大易长学潮"，还是"女师大事件"，追根探源，都是在政党关系与教育界中原有的各种派系因素综合作用下所引发的。国民党为配合北伐战争的开展，借助学生的力量，对与北洋军阀有着直接、间接渊源关系的学校行政力量和原有的教育力量给予冲击。北伐战争胜利后，国民党便迫不及待地利用"清党"之机对原有教育界力量进行"清算"。

这些被列入"学阀"名单的人士，如郭秉文、胡敦复、朱炎在分别长校东大、大同和中法工学院时期，都曾严厉禁止学生参加政治运动，反对党派力量进入课堂。这次，自然成为"清算"的对象。

胡敦复以及创办大同的那帮知识分子，"主学术救国之论"。在他们看来，在校学生爱国救国，"尤应刻苦求学，蔚成良才，以为根本建设之计"，"惟少年血气，往往激入歧趋"[4]，"学生处于身体发育与求知阶段，很容易被人利用，在校安心学习才是学生之本职"[5]。

因此，在大同，"是绝对不让学生过问政治的"[6]。从恽逸群的有关回忆

---

① 《市党部呈请通缉学阀》，《申报》1927年6月17日。

② 上海《民国日报》，1927年7月2日。

③ 《胡新南先生访谈录》，第18页。

④ 《章士钊全集》第五卷，文汇出版社，2000年，第162页。

⑤ 顾宁先口述、黄婷整理：《回忆大同大学》，《史林》2004年增刊。

⑥ 《自传》，《恽逸群文集》，江苏人民出版社，1986年，第420页。

中，可见大同对学生运动的严禁程度。恽逸群回忆："五四运动时曾将全体学生的学籍一律注销，愿来者重新举行入学考试和分级试验，作为新生。在章程内特别有一条，大意是：本校宗旨以努力求学为学生唯一救国之道，倘宗旨不同，请勿来校。"[1]

到了1925年，由于党派势力逐步渗透学校，学生运动风起云涌，一贯反对学生运动的胡敦复，随着"五卅运动"的爆发被推上了风口浪尖。

"五卅运动"的导火线是1925年5月15日，上海日商内外棉第七厂厂方借口存纱不敷，故意关闭工厂，停发工人工资。工人顾正红带领群众冲进厂内，与资本家交涉，日本资本家非但不允，而且向工人开枪射击，打死顾正红，打伤工人10余人。惨案发生后的第二天，中共中央就发出通知，指示各地党员和团员号召各界，援助上海工人的罢工。5月30日上午，上海工人、学生2000多人，分组在公共租界各马路散发反帝传单，进行讲演。租界当局大肆拘捕学生，当天下午，仅南京路的老闸捕房就拘捕了100多人。万余名愤怒的群众聚集在老闸捕房门口，高呼"上海是中国人的上海""打倒帝国主义""收回外国租界"等口号，要求立即释放被捕学生。英国捕头竟下令开枪，打死13人，重伤数十人，逮捕150余人。其中捕去学生40余人，射杀学生四名，击伤学生六名，路人受伤17名，死亡三名。6月1日又枪毙三人，伤18人，制造了震惊中外的"五卅惨案"。

在"五卅运动"中，大同大学成立了学生会，邀请工运领袖恽代英在校内演讲罢工问题，几日之内还邀请国民党左派徐谦、杨铨以及戴季陶到校演讲五卅惨案与民族独立问题。[2] 还邀请孙中山夫人宋庆龄讲"近年之外交史"。[3]

到了8月底，由于西方国家的让步，运动的高潮基本结束。但在大同校园内，学生的政治热情却并未因此消退，学生会和校方之间的分歧和矛盾则逐渐显现出来，最终酿成了轰动一时的大同大学"停办风波"。

1925年8月初，尚在暑假期间，大同校方在报章上刊登招考通告，招收本科、预科、专修科和中学各班学生，末了还有一则以校长胡敦复名义发布的"附告"，称："本校以研究学术为根本救国之方，学者苟自审宗旨不同，不能专

① 《自传》，《恽逸群文集》，第420页。

② 《大同大学请恽代英等演讲》，上海社会科学院历史研究所编：《"五卅运动"史料》第二卷，上海人民出版社，1986年，第155页。

③ 《宋庆龄到大同大学演讲》，《"五卅运动"史料》第二卷，第310页。

心向学，不能屏学业以外一切事务或赞成罢课以救国者，概请毋庸投考。"①同时，校方还发布另一则通告，确切表明对"学术救国"的态度——"许以奋学救国，决不许以废学出位救国"，"人各有志，学校亦有自主政令，有不能遵守此约者，未来者不必来，既来者不必复来"。②这两则通告，当时的明眼人都能看出，校方明确反对学生参与政治活动。

大同大学校门

章士钊主编的《甲寅》转发了胡敦复的"附告"，并在《编者按》中大加称赞，说"不许学生废学出位救国，此语不图于今日闻之。愚尝谓敦复之大同学院，成绩为公私诸校冠，即此一语，亦更无余校有力言之，呜呼伤已！"③

半个月后的8月24日，校方在报上突然发布"暂行停办"的通告。通告称校舍被少数学生所借住而长期不迁出，经过再三劝告无效，而且这些学生挟持学生会的名义，欲"指挥学校"，使学校降伏于学生权力之下。此时学校如果迁就开学，就会造成学生"薰莸杂处，势必使良好学生遍沾恶习"。因此，为了教育前途，学校不得不暂时停办。校方还宣传，学校停办后，所有尚未离校的学生需转学。④

此后，校方和学生会都频发启事、宣言，或举行记者招待会，从各自角度说明学校停办的缘由。大致情况是，该校学生会成立后，在放暑假前，学生会请求校方让部分同学在假期借住学校宿舍一段时间，校方同意，规定以8月20日为留校的期限，当时留校学生共83人，放假几天后，学生运动领袖蔡鸿幹（他是通校生）要求住校，遭校方拒绝。但蔡仍进校入住。代理校长曹惠群令学生会负责人胡越和蔡鸿幹转学。8月16日，留校学生以学生会名义要求继续住校，校方不允。此后，校方和学生会有过一些交涉，但双方谈不拢，造成一方留校不走而另一方坚决不同意的僵局。最终酿成了大同"停办风波"。

后来，在大多数学生要求复学的压力下，少数学生最终迁出学校，校方宣布9月21日重新开学，并宣布此后的办学方针，不允许学生从事政治运动，不允

① 《大同大学招考》，《申报》1925年8月2日。
② 《大同大学通告》，《申报》1925年8月7日。
③ 《甲寅》1915年1卷5号。转引自《章士钊全集》第五卷，文汇出版社，2000年，第161页。
④ 《大同大学通告暂行停办》，《申报》1925年8月24日。

许组织学生会。①

"五卅惨案"的爆发，大大激发了学生的爱国热情。对于在学生时代就积极投身于学潮的胡敦复来说，对学生会的一系列行动采取了宽容、体谅甚至是默许的态度。但学生参与政治热情的高涨，也打破了校园的平静。当越来越多的学生被社会风气或浪潮所左右之时，当付出全部精力和心血创建的大同大学变得"校将不校"之时，他日夜痛心于此。特别是因少数学生"强占"校舍而影响到更多学生的求学时，性格耿直的他怒不可遏。尽管当时仍身处"东大易长风潮"的旋涡之中，但他仍毅然决然地采取"停办"的非常措施，迫使少数学生迁出学校。

爱国的方式可以有许多种。舍生忘死、投身学运，是爱国；同样，崇尚科学、保全学校，也是爱国。

大同"停办风波"在强压下最终得到了解决，但学生们对校方的"怨气"似乎并没有得到消解。1927年3月，北伐军接连克复上海和南京后，国民党为消除北洋军阀的势力，对教育界的最大动作就是"打倒东南学阀"。这时，学生们的那股"怨气"终于有了宣泄之口。

5月4日，就在上海各团体纪念"五四"大会通过提议通缉"学阀"议案的同一天，大同大学学生会召开紧急会议，决议驱逐"学阀"校长胡敦复，理由如下："一、阳假学术救国之名，阴行侵略爱国运动之实，五四五卅，昭昭在目；二、逼填卖身契约式的约章；三、勾结章士钊，在京摧残教育；四、压迫五卅暑期留校同学；五、不宣布理由，任意开除同学。"此外，会议还决议请南京国民政府来接收学校，在未接收前组织"校务维持委员会"主持一切，该会由六名学生会成员和五名立达学社成员组成。② 这虽是学生会的决议，但显然对校方造成了重大影响。

之后，立达学社向国民党上海政治分会教育委员会提出对大同拨款，并接收学校，但未获准，当局的答复是"缓议"。③

大同学生此次举动，在沪上教育界并非个案。虽然"分共"以后的南京国民政府的政策越来越右倾和保守，但"革命"在很长一段时间内仍然是国民党的"神主牌"，特别是基层党组织和学生界表现出很强的革命倾向。当时，除了大同大学，还有许多学校的学生都有彻底改组学校的提议或行动，但由于时局的

---

① 《大同大学宣布重行开办》，《申报》1925年9月14日。

② 《大同学生会紧急大会记》，《申报》1927年5月7日。

③ 《上海教育委员会之会议》，《申报》1927年5月10日。

变化，新当局并不支持，而是主张各校维持现状。① 十几天后，大同校内再显波澜，学生分化成两派。有部分学生发出启事，声称学生会被少数人把持，重要决议没有经过表决，不能代表大多数同学的意见。为此，校内成立"复课促进会"，该会不同意"驱胡"。② 由此，两派学生在报章上大打口水仗。再看教职员的态度。在学生会宣布驱逐校长后，全体教职员罢教，表示支持胡敦复，待学校恢复原状和胡复职后复教。③

尽管如此，驱胡派学生以国民党组织的名义反对拥胡派，并以上海特别市党部为后盾，政治上占据主动。④ 而且，国民党上海市党部青年部还派员到大同校内，改组大同学生会，清除那些拥护胡敦复的学生干部。⑤

就在校内外驱胡运动气势如虹之际，事态正悄悄发生着变化。吴稚晖出面致函上海市党部常委兼宣传部部长陈德徵，替胡敦复澄清，称："大同大学胡敦复君，以办学过认真，致与近日学潮不合，事诚有之，然其每年招生广告，板起了面孔，说明不投合者不必入校，弟与精卫、子民等皆赞同之，因其学课实良好也。若以胡敦复为学阀，与黄任之合传通缉，非但全学界不服，即弟亦不服，彼欲于滔滔横流之日，运动读书，多见其不知量，且所读者亦洋八股耳，而且不择手段，且欲倚章士钊，因女大抵制女师大，尤为不知量。然节取其诚意，正欲为读书运动，初无别意，所以胡敦复仍不失为书生之胡敦复。弟等所以不左袒之者，因今日国中之所谓学校，皆可关门，即或学课良好，亦不过制造科员科长，或制造革命健者、赤化分子，如是而已。"⑥ 同时，吴稚晖还指责在此次"驱胡事件"中大同的学生国民党员过于"左倾"，居然还在开会时高呼反对蒋介石的口号，"惟近日大同之学潮，全合报复，恐不免有 CY（按：共青团）分子在内"。⑦

这点显然具有杀伤力，上海党部方面受到很大的政治压力。随后，驻守上海的东路军政治部主任陈群也表态，大同风潮在未经上海政治分会解决之前，任何

---

① 《政治分会布告维持各校现状》，《申报》1927 年 5 月 12 日。

② 《大同大学学生启事》，《申报》1927 年 5 月 18 日。《大同复课促进会之宣言》，《申报》1927 年 5 月 18 日。

③ 《大同大学教职员之宣言》，《申报》1927 年 5 月 20 日。

④ 《大同复课促进会宣言之反响》，《申报》1927 年 5 月 19 日。

⑤ 《市党学联派员改组大同学生会》，《申报》1927 年 5 月 25 日。

⑥ 《致陈德徵书为大同学潮事》，少候编：《吴稚晖书信集》，启智印书公司，1947 年，第 40 页。

⑦ 《吴稚晖为胡敦复辩护，致函陈德徵申述大同学潮》，《申报》1927 年 5 月 25 日。又见《吴稚晖再致陈德徵书》，《申报》1927 年 5 月 29 日。

教职员不得轻举妄动，他显然不支持驱胡之举。[1]另一方面，教职员决议于6月6日复课。当天，拥胡派学生派代表至南京向中央教育行政委员会和江苏省教育厅陈述，教委会和教育厅都支持复课，并严禁有学生再次"捣乱"。[2]其实，国民党态度的转变，更深刻的背景是南京国民政府成立后，其学运政策出现重大转折，由支持转向抑制，力图将学生团体和学生运动纳入国民党的体制范围内，以遏制学生的政治化倾向。终于，沸腾一时的大同大学"驱胡"事件结束，学校复归平静。

日后成为翻译家、文艺评论家的傅雷在少年时十分顽劣，在大同附中读书就参与了这场运动。他自述："十二岁至上海考入南洋附小四年级（时称交通部上海工业专门学校附小），一年后以顽劣被开除；转徐汇公学读至中学（旧制）一年级，以反宗教被开除。时为十六岁，反对迷信及一切宗教，言论激烈；在家曾因反对做道场祭祖先，与母亲大起冲突。江浙战争后考入大同大学附中，参加'五卅运动'，在街头演讲游行。北伐那年，参与驱逐学阀胡敦复运动，写大字报与护校派对抗。后闻吴稚晖（大同校董之一）说我是共产党，要抓我，母亲又从乡间赶来抓回。秋后考入持志大学一年级，觉学风不好，即于是年（一九二七）冬季自费赴法。"[3]

在这一事件后，大同大学的学生的确很少参与政治运动。看来，胡敦复抵制学生运动的举措取得了实效。许多年后，当有人问及大同创办人顾珊臣之子顾宁先："当时学生从事政治运动多吗？"他回答："少，大同向以不问政事标榜。"[4]

事实上，大同的教学模式，也限制了大同学生参与学生运动的空间。据恽逸群回忆："学生上课按各课程在不同教室，同班学习的同学每种课程各有不同，同学间彼此不熟悉，除同一宿舍和少数同乡外绝无往来，更说不上有什么学生团体。"[5]

与胡敦复同时被列入"学阀"通缉名单的，还有一类人物，如黄炎培、沈恩孚、袁希涛、阮尚介、蒋维乔等，则是地方教育势力的代表，特别是江苏省教育会的骨干人员。

---

① 《陈群对大同风潮之表示》，《申报》1927年6月4日。

② 《高级教育机关对大同学潮批示》，《申报》1927年6月12日。

③ 傅雷：《自述》，《傅雷文集·文艺卷》，当代世界出版社，2006年9月，第6页。

④ 顾宁先口述、黄婷整理：《回忆大同大学》，《史林》2004年增刊。

⑤ 《自传》，《恽逸群文集》，第420页。

江苏省教育会是由晚清状元、江南立宪派领袖、实业家张謇创立的，既是管理全省教育的机构，又是当时立宪派的活动中心。后黄炎培成为会长，成为在江苏政、教两界皆有影响力的人物。民国建立后，江苏省都督几易其人，但江苏省教育会却岿然不动。黄炎培还利用所兼任教育厅厅长职，将岁额 2400 万元的教育经费全由竹木、屠宰、牙行等几种省税充当，并单列为专项资金，这样确保了包括上海、南京在内的全省各公立学校的经费充足。在黄炎培的主持下，江苏的教育蒸蒸日上，特别是东南大学俨然成为中国东南的最高学府。此外，黄炎培还在上海发起成立了全国最大的教育团体——中华教育改进社，进一步提升了教育界势力在地方事务中的地位与名望。

鉴于江苏省教育会在全国教育界的轴心作用，国民党"瞄"上了黄炎培。1924 年，汪精卫曾找黄炎培，"准备将所设平民学校归入教育会，以作掩护"，但遭到拒绝。这是江苏教育会与国民党的"过节"之始。①

1925 年前后，在江苏省教育会的支持下，部分学校采用开除闹事学生或要求学生写悔过书、誓约书的做法阻止学生参与政治活动，这样造成了校方与学生的对立加剧，也成为国民党攻击江苏省教育会的主要证据。在"东大易长风潮"中，江苏省教育会又强烈反对罢免与直系军阀素有关系的郭秉文，与国民党的矛盾进一步激化。所以，北伐军到达上海的第二天，上海市党部就筹组了新的江苏省教育协会，先成立临时执行委员会，以取代江苏省教育会。随后，由上海特别市中小学校教职员联合会接收江苏省教育会在上海西门林荫路的会址。6 月 24日，江苏省教育协会正式接收江苏省教育会，江苏省教育会宣告结束。中华职业教育社同时被查封。

这些被通缉的"学阀"，几乎都与蔡元培有着深厚的感情。蔡元培与黄炎培不光是师生，还是被查封的中华职教社的董事长；与郭秉文也非泛泛之交，他们曾联合请杜威和孟禄来华讲学，并应邀担任东大校董；胡敦复是其早年的弟子，胡氏三兄弟皆被他视为后起之秀，并尽力给他们以帮助；而刘海粟创办私立上海美术专科学校，也得益于他的扶植，不光自己担任该校董事会董事长，还让黄炎培也担任董事，从而使学校成为上海美术教育的基地；至于蒋维乔、袁希涛和沈恩孚，更是早年故旧，也是他执掌教育部时的得力职属。这些人的活动中，几乎无一没有蔡元培的身影。

在"通缉名单"见于报端后，胡敦复、蒋维乔、郭秉文等人，先后求见蔡元培。在蔡元培安排下，蒋维乔离开上海，而胡敦复、郭秉文则去了美国暂避。

---

① 许纪霖、倪华强著：《黄炎培方圆人生》，上海教育出版社，1999 年，第 55 页。

南京政府成立后，蔡元培担任教育行政首脑，成为大学院院长。尽管大学院从一开始就处于风雨飘摇之中，但蔡元培还是不遗余力为这些"学阀"解禁奔走。特别是对江苏最大"学阀"黄炎培的解禁，他还拉上邵力子进行斡旋。后来，国民党解除了对这些人物的通缉。1929 年初，黄炎培得以解禁回沪，深居简出，不过，因有蔡元培庇护，此时的黄炎培"半日著述，半日服务之兴趣乃反加浓，精神上大堪告慰"。[①] 郭秉文也于 1928 年 6 月自美返沪，再次访晤蔡元培。这时，国民政府急需与各国领馆打交道的外交官，蔡元培便介绍其北上，协助接收机关处理外事。后来，郭秉文不再受追究，出任国民政府国际贸易局局长，又得以施展才干。

在"学阀"案发后，胡敦复去了美国，据说被一所大学授予名誉博士学位。[②] 一年后，胡敦复回到国内，终于得以"重出江湖"，应茅以升之邀到天津的北平大学第二工学院任教。

北平大学第二工学院，与胡敦复早年就读的南洋公学一样，也是由盛宣怀创办的。光绪二十一年（1895），经盛宣怀上奏，"天津北洋西学学堂"成立，盛宣怀出任学堂首任督办。第二年，北洋西学学堂正式更名为北洋大学堂。民国成立后，北洋大学堂改名为北洋大学。1917 年，国民政府教育部对北洋大学与北京大学进行科系调整，北洋大学从此进入专办工科时代。1928 年，北平大学区成立，改北洋大学为北平大学第二工学院，茅以升出任院长。在茅以升的邀请下，胡敦复来到学校教授物理学。

对于延请胡敦复之举，许多年以后，茅以升在回忆文章中仍有几分"得意"："我在沪宁接洽'中比庚款'时，乘便延揽新教授，果然请得科学界老前辈胡敦复先生主讲物理学，卢恩绪先生担任土木工程学。胡先生是清华学校（后来发展为清华大学）创办人之一，在我国科学界负有重望。卢先生是辞谢清华大学工学院院长职不就而来北洋的（后来仍去清华任院长）。得到两位名师，院内师生兴高采烈。"[③]

不过，胡敦复在北平大学第二工学院的任教时间很短，1930 年春，茅以升

———————————

① 《致刘海粟函》，《黄炎培教育文集》第四卷，中国文史出版社，1995 年，第 225 页。

② 胡敦复被授予名誉博士学位，未见当年记载。1993 年，胡的胞妹胡芷华曾向海内外的有关亲友做过广泛调查，因为当事人均已去世，在世者知道有这回事，但说不清楚确切的时间、地点。另据余郁《我国早期攻读数学的留学生》（载《中学数学教学参考》1994 年第 10—11 期）载，胡敦复是受母校康奈尔大学之聘为名誉博士。

③ 茅以升：《回忆北洋大学》，全国政协文史资料委员会编：《旧中国的文化教育》，安徽人民出版社，2000 年，第 634 页。

因学潮辞去院长一职，胡敦复随之辞职南下，回到了上海。

自从 1925 年下半年起，胡敦复的教学生活一直处于因学潮而起的动荡之中，似无根的浮萍，一直在漂泊。只有上海，才是他的"家"，只有大同大学，才是他的"根"，从此之后，直到 1949 年，他再也没有离开过上海。

当胡敦复"漂泊"于北京、天津之时，他的弟弟胡刚复同样在"漂泊"。

离开东大的胡刚复，在 1926 年南下福建，受聘为厦门大学物理学教授，不久兼任物理系主任和理科部主任（该校当时尚无理学院，理学院到 1930 年才正式成立）。

厦门大学与胡敦复有着较深的渊源。厦门大学由著名华侨陈嘉庚于 1921 年创办，是中国近代教育史上第一所华侨创办的大学。在创办前夕，陈嘉庚在上海聘任十位教育界名流为筹备员，而胡敦复正是这十人之一。[①]

胡刚复到任后，先后聘请张子高、秉志等一流学者主持理科部各系工作，使理科部很快步入正轨。胡刚复慧眼识英才，当听说东大学生朱福炘失业在家，即聘他去厦门大学任助教，指导普通物理实验及电磁学实验，并讲授"量度精密论"。朱福炘回忆："在旧中国，大学毕业往往毕业即失业，故而刚复先生都尽自己的一切可能安排好每一个毕业学生的职业，他推荐一些学生去清华大学任教，有些则给联系出国留学。……厦门大学重新开学，是时刚复先生任厦门大学理学院院长兼物理系主任，先生立即电召我赴厦门……先生教育我胆要大，心要细，安排好我的工作。"[②]朱福炘知恩图报，后来追随胡刚复去了浙江大学，与张绍忠一起创办了物理系。

有趣的是，同年 9 月，离开北京的鲁迅也受聘为厦门大学文学院国文系教授兼国学院研究教授。不过，鲁迅没待上几个月，于次年 1 月去了广州，与许广平会合，10 个月后两人又一同来到上海，公开同居。

鲁迅离开三四个月后，胡刚复也离开了厦大，回到了他所任教的东南大学。当时，由于北伐战争爆发、政局动荡，东南大学被迫停课，师生四散。新成立的南京国民政府教育行政委员会聘请胡刚复、蔡无忌、何绍平和刘藻彬四人为东南大学接收员。

南京国民政府成立后，设大学院为全国最高学术教育机构，管理全国学术及教育行政事宜，由蔡元培任院长。实行大学区制，以国立大学为教育行政机关，

---

① 《筹备厦门大学近讯》，《申报》1920 年 10 月 6 日。

② 朱福炘：《纪念胡刚复先生》，《物理实验》（纪念胡刚复教授诞辰百周年特辑），1992 年。

初期由浙江、江苏二省先行试办。国立东南大学和江苏省境内其他八所公立学校合并成立国立第四中山大学。

国立第四中山大学成立后，胡刚复担任教授、理学院院长，并担任"教育行政院"教育行政高等教育处处长。

1927年6月，国民政府在设立大学院的同时，着手设立中央研究院。随后，蔡元培聘请学术界人士王季同、胡刚复、王琎、王世杰、周鲠生等数十人为中央研究院筹备委员。一年后的1928年6月，中央研究院正式宣告成立，为中华民国最高学术研究机关，由蔡元培任院长，杨铨兼任秘书长（后改称总干事）。

中央研究院在成立之初期，设天文、气象、物理、化学、工程、地质、心理、历史语言、社会科学九个研究所。物理研究所所址设在上海霞飞路889号，由北京大学物理系主任丁西林任所长。1928年6月，丁西林向胡刚复发出了邀请。于是，胡刚复辞去中央大学的教职，到物理研究所担任专职研究员，并把自己的高足严济慈也请到了物理研究所。

胡刚复、严济慈到物理研究所后，即开展了电学和光学方面的研究，两人合作开展了"石英晶体颤动之研究"，胡刚复还独立开展"短波受信及发信器之制造及试验"。[①]1929年，丁西林又聘请吴有训、饶毓泰等五人为特约研究员，其中吴有训是胡刚复在南高、东大时的学生。对于物理研究所的研究课题，丁西林给予了大力支持，想方设法从国外购置了两批仪器，其中以电学、光学方面的为多。

1929年，严济慈获得资助再次赴法进修，在居里夫人的实验室里工作。1931年严济慈回国后，接受北平研究院邀请，担任该院物理研究所所长。不久，该所又与中法大学合作创办了镭学研究所，严济慈兼任所长，进行放射性和X射线学研究。严济慈又把恩师胡刚复聘为特约研究员，以X射线研究物质结构和晶体结构。

接下来的1932年，是中国现代物理史上重要的一年，也是胡刚复一生值得记住的一年。这一年的8月23至24日，在清华大学科学馆召开了中国物理学会成立大会暨第一次年会。会上选出李书华、叶企孙为会

1934年胡刚复（前排左一）
率同事参观物理研究所

① 蔡元培：《中央研究院过去工作之回顾与今后努力之标准》，高平叔编：《蔡元培全集》第五卷，中华书局，1988年，第368页。

长、副会长，而胡刚复与严济慈、丁西林等九人组成了评议会。评议会系议事机构，以"议决重大事项"为职能，具有一定的决策功能。后来胡刚复连任评议员，直至抗战爆发前。

1942年，中国物理学会第十次年会分别在六个地区举行，选举12人的理事会，胡刚复又当选为理事。中华人民共和国成立后，胡刚复和丁西林、颜任光、饶毓泰当选为新的中国物理学会名誉理事。

1930年，胡敦复回到了上海。这一年，交通大学向他递来了"橄榄枝"。

这一年9月，交通大学设立科学学院（1937年9月9日改称理学院），"想在这个工程气味十足的学府里，造成一批切合实用的科学人才"[①]。科学学院下设数学、物理、化学三个系，由裘维裕任院长兼物理系主任，并聘徐名材为化学系主任，胡敦复为数学系主任。

胡敦复教的课程涉及多个门类，但主要是"微积分"。"微积分"是一二年级学生的重要基础课，胡敦复在教课中特别强调基本概念，推理严密但明白易懂。他讲课常用引进几何概念和物理概念的方法来简化某些过于繁复的数学推导过程，从而使学生由抽象的微积分能很快联系到几何问题和物理问题，所以他的课深受学生欢迎。

1935年交通大学科学学院合影，前排左六为胡敦复

1936年8月，吴文俊进入南洋大学数学系学习。日后他在回忆当年学习时说，"是好老师的引导"，激发了他对数学的巨大热情与创造力。一年级主要的数学课是微积分，由胡敦复讲授。普通物理也是主要课程，由理学院院长裘维裕自编讲义讲授。胡敦复和裘维裕都特别强调学生的独立研究能力。吴文俊说："我在一年级的时候上他（胡敦复）的'微积分'，他讲得很清楚，我的数学底子就是在那时候打好的。"到了三年级时，武崇林讲授的高等代数与实变函数论，"不仅追究本质，且重于解答疑难，

---

① 《交通大学校史（1896—1949）》，上海教育出版社，1986年，第233页。

精彩极了"，一下子就使他对数学的兴趣"产生了几何级数的跳跃"。[①]1940 年 7 月吴文俊从上海交通大学毕业。1947 年赴法国留学。当时正是法国布尔巴基（Bourbaki）学派的鼎盛时期，吴文俊在这样的环境下钻研代数拓扑学，在留学期间就提出了后来以他的名字命名的"吴示性类"和"吴公式"，有力地推动了示性类理论与代数拓扑学的发展。1951 年，吴文俊回国，不久又在示嵌类理论方面作出重要贡献，他发展的一套示嵌类理论，包容了 20 世纪 30 年代以来国外诸家的学说。吴文俊后来的重要贡献还涉及代数几何、博弈论及数学机械化等许多领域。

除了吴文俊，还有许多学生对胡敦复的教学留下了深刻印象。原上海市市长汪道涵也是胡敦复当年的学生。汪道涵说："我曾听过胡敦复教授讲'微积分'，胡先生学识丰赡，讲课清晰。"[②]1934 年交大毕业的张光斗，回忆在交大的学习生活时说，交大"对我印象很深，尤其是一、二年级。学校有很多很严格的教师。……数学教师胡敦复，要求也严格。物理、化学实验报告要求用英文书写，写得整齐，结果正确。如果做得不好须退回来重做。这种科学精神、工作作风锻炼了我"。[③]1947 届学生陈警众则回忆说，胡敦复讲"微积分"有三个严，一个不严。"三严"即严谨、严密、严格。严谨——逻辑性非常强，层次分明，因果清晰；严密——讲任何内容都是先前提，再边界条件，再适用范围；严格——所有表达都非常规范，包括手书"X"，必先左后右，像印出来的一样。一个"不严"，是不严厉，他非常尊重学生，但并不是放任不管。陈警众认为老师有三种：最好的是在前面引着你走，中间的是搀着你走，最次一等的是在后面推着你走，而胡敦复就是在前面以魅力和学识引领你走的名师。[④]

板书，是教师的"小道"。但胡敦复对此也从不放松，严肃对待，不仅给陈警众留下了深刻印象，也成为其他许多学生钦佩的内容。曾有学生说："胡师敦复，教大一'微积分'，讲课认真，内容精彩。黑板字迹，一丝不苟。边讲边写，有如碑帖，颜柳再生，不过如此。"[⑤]

②　上海交通大学志编纂委员会编：《上海交通大学志》，上海交通大学出版社，1996 年，第 925 页。

②　廉翔：《大同大学培育人才——欣访汪道涵顾问》，大同大学校友会编：《大同世界》（大同建校八十周年纪念刊），1992 年。

③　潘敏、李建强主编：《思源致远百年神韵——上海交通大学文化研究》，高等教育出版社，2011 年，第 115 页。

④　蔡西玲：《数理界的"胡氏三杰"》，王宗光主编：《老交大名师》，上海交通大学出版社，2008 年，第 71—72 页。

⑤　蔡西玲：《数理界的"胡氏三杰"》，《老交大名师》，第 72 页。

胡敦复对待教学工作的认真态度，由此可见一斑。交通大学数学系学生李立柔、黄正中，回忆他当年的教学情景时说：胡敦复在上海交通大学，每届开两个班的微积分课，这门课他教了多年，已经"熟透了"，但是，每次上课前仍然认真备课，从不马虎上阵，学生们都愿意听他讲课。[1]

为了让学生能迅速理解深奥的数学概念，胡敦复经常会用一些通俗的比喻。在交大，凡上过胡敦复课的学生差不多都知道"切豆腐"的故事。在讲"微积分"时，胡敦复就用了"切豆腐"的比喻：将一块豆腐先切 1 / 2，然后再切 1 / 2，再 1 / 2，再 1 / 2……通过这个例子，学生明白了什么是极限，以及从极限到绝对零、趋近零再到积分等等，抽丝剥茧，环环相扣，层层推进。[2]

1941 年毕业于上海交通大学电机系的杨嘉墀，对胡敦复的教诲之恩终身难忘，印象较深的是"Y 是 X 的函数，当 X 有△X 的变化时，Y 必然有△Y 的变化，△Y / △X 之比，当△X 趋向于无穷小时，△Y / △X 之极限就是 dy / dx"这一段，胡敦复反复讲了几十遍，当每个同学都能倒背如流以后，胡敦复的授课进度才一泻千里，不用费多少劲，学生就能一通百通，融会贯通。[3] 后来，杨嘉墀留美获哈佛博士，在美国研制成功生物医学用快速模拟计算机、快速自动记录吸收光谱仪等，命名为"杨氏仪器"。他成为我国自动化学科的创建人，科学探索和技术实验"实践"系列卫星的总设计师，成功发射"一箭三星"的第一功臣，国家"863"计划的主要建议人之一。有学生回忆，胡敦复为一年级学生教授"微积分"，延续着他原有的教学方式。其中微分部分的极限问题，他反反复复、不厌其烦地讲，半学期过去了，竟还没讲完。这时下面的学生担心起来，甚至私下里说："这个老糊涂，这学期怎么能教完微分部分呢？"谁知他把极限和无穷小这两个基本点讲清后，各种函数的微分问题便只是普通技巧问题。因此在最后两周的几堂课里，便很快讲完全部内容，且极轻松透彻。这让学生佩服得五体投地：原来胡先生一点不糊涂。相反，他们为自己不知天高地厚的狂妄感到惭愧。[4] 傅浙生不仅对胡敦复的教学，而且对他生活习惯都有着深刻印象。据他回忆，"（胡敦复）戴墨镜上课，黑板字整齐清晰，讲课推理性强。头发长而一直不理，原来过年时请理发员到家来，理发工具全部消毒后方可使用"[5]。

① 蔡西玲：《数理界的"胡氏三杰"》，《老交大名师》，第 72 页。

② 蔡西玲：《数理界的"胡氏三杰"》，《老交大名师》，第 72 页。

③ 杨照德、熊延岭：《杨嘉墀》，贵州人民出版社，2005 年，第 26 页。

④ 蔡西玲：《数理界的"胡氏三杰"》，《老交大名师》，第 72 页。

⑤ 傅浙生：《名师轶事》，上海交大校史编委会编：《百年交大故事撷英》，上海交大出版社，2021 年，第 65 页。

　　胡敦复在主持交通大学数学的同时，还十分关注国际数学界的动态。1932年，第九届国际数学家大会在瑞士苏黎世举行，主办方邀请中国数理学会派代表与会，时任清华大学数学教授熊庆来代表中国数理学会赴会。胡敦复得知后，立即申报交大校方也派代表列席大会，并通知交大正在德国留学的许国保前往苏黎世。这是中国第一次参与这种国际性大会，备受西方数学界的关注。许国保回忆说："我国代表虽无知名人士，然以远道而来，亦颇受人注意。"

　　交通大学的专业教学，素有"基础厚"的美誉，与著名教授为大学低年级学生讲授基础课程不无关系。交大当年的学子们曾用生动形象的语言概括了二三十年代的名教授："那'五权宪法'，英文唐、国文陈、微积胡、物理裘、化学徐，与年前的'三民主义'，值半斤而八两吧"。数学系胡明复、物理系周铭、化学系徐名材，三人名字中都有个"Ming"字，被学生称呼为"三民主义"；而"五权宪法"则是讲授基础课程的五大教授：英文的唐庆诒、国文的陈柱、数学的胡敦复、物理的裘维裕、化学的徐名材。

　　数学系初创之时，不是很有名气，1933年入学的一年级新生只有两人，其中一名学生在第一年期末考试中有一门功课没有及格，补考后也没有通过，按照学校规定留级，这名学生只能选择了退学。这样数学系就剩下徐桂芳一个人。但胡敦复与徐名材、裘维裕等并没有放松对徐桂芳的教育。徐桂芳回忆："由于就我一个人，老师就把我叫到办公室去上课。"[①]到了徐桂芳毕业之时，胡敦复又积极为他谋取教职。"我毕业的时候想留在学校数学系，可是没有名额；数学系主任胡敦复把我推荐给他的弟弟胡明复（按：原文如此，应为胡刚复），胡明复在交大教过我的物理课，当时任浙江大学理学院院长。他把我介绍给数学系主任苏步青。问有没有助教名额。苏步青说只有半个名额，拿一半的薪水，只有25元。我考虑到家里比较困难，就没有去浙大任教。数学系的老师还把我介绍到上海医学院当物理教授，我在学校学了比较扎实的物理，可以胜任教学。由于战争开始，我就回到家乡浙江，和上海就断了联系"[②]。

　　长期执教于浙江大学的苏步青，对于这位前辈兼同行充满敬意，1993年5月在谈到胡敦复时说："待人也非常和气，当时我们议论，数学家中英语最好的就是胡敦复先生，他的文学也非常之好。""胡敦复先生是很好的教育家，因为他不写什么论文，所以当时不那么出名。我们当时刚回国，30岁左右，年少气

　　① 徐桂芳：《往事随想》，朱隆泉主编：《思源湖：上海交通大学故事撷英》，上海交通大学出版社，2006年，第220页。

　　② 徐桂芳：《往事随想》，《思源湖：上海交通大学故事撷英》，第221—222页。

盛，不可一世，看不起人。表面上不说什么，心里头在想：你们连论文都不写，怎么行呢？现在知道这种看法是不对的。那些论文，现在讲讲，有多少价值？没有什么了不起，不过是'物以稀为贵'而已。回想起来，这些老前辈之间很团结，对我们非常爱护、提拔和帮助，难能可贵。"①

　　的确，由于胡敦复一生致力于办学，行政事务繁忙，和两个弟弟相比，他在学术上的贡献略显逊色，但这已经足够。1941年，重庆国民政府教育部在全国评选部聘教授，以奖励在大学任教10年以上，且教学确有成绩、声誉卓著，对学科发展具有特殊贡献者。经过反复酝酿，第一批部聘教授在24个学科中遴选30人。在这30人中，还包括了当时在敌占区暂不正式公布姓名的两人。胡敦复既是数学科两名教授之一（另一位为苏步青），也是敌占区的两名教授之一（另

交通大学的教授们
（戴墨镜者为胡敦复）

一位为秉志）。② 虽然当年胡敦复曾被国民政府视为"学阀""通缉"，但他终以自己对教育事业的忠诚，以出色的教学实践，证明了自己的价值。

　　当时社会上有一股轻视数学教育的倾向，理化生物等专业皆能得到政府及私人团体的提倡及资助，唯独数学专业没人重视。胡敦复忧心忡忡："数学原为抽象推理之学，学习之难既远非他科可比，而政府社会及复加以蔑视，近年某某等大学且因数学系学生日少，主张裁撤而附之于物理系者……学校学生以此科为各方轻视，有志者亦为之气沮，更无从发生兴趣，教师虽良亦莫如之何也？"胡敦复把执教交大数学系作为振兴数学的重要载体。1930年胡敦复到校时，交大数学系首创，并首招数学专业本科生。当时，虽仅有他一名教授，三名讲师，但仍然开出一系列专业课程。到1936年，发展到教授五人，讲师两人，数学系专业课程体系基本成形。从该系1936年的课程表可以看出，数学系学生在四年内共需学习40余门课程。其中，本系开设的专业课程21门，计有微积分学三

---

① 《苏步青教授访谈录》，张奠宙：《中国近现代数学的发展》，河北科学技术出版社，2000年，第458页。原文以《数学老人话沧桑》载于《科学》第45卷第5期（1993年）。

② 第一批部聘教授共有30人入选，但最终公布名单的只有28人，人数之所以有出入，是因为有两名入选者当时还在沦陷区，未便公布名字，以策安全。那么，那两位部聘教授到底是谁？经查台北"国史馆"所藏教育部档案《教育部部聘教授名单》《核定及指派部聘教授》（档号196/293-7）可知，秉志在列，但胡敦复的名字却并未出现在上述档案之中。到了1947年7月25日，教育部对第一批部聘教授29人一律续聘，仍未有胡敦复。其中详情待考。

门，解析数学五门，代数学四门，几何学三门，研究课程二门，科学思想史、数学问题四门。数学系学生须修物理、化学、工程和管理课程近80学分，约占全部课程的40%。此外，还为其他院系开设数学课七门。在二年级开设"科学思想史"课程，其目的是使学生了解科学思想源流及各种重要科学的发展，其中重点介绍数学及数学关系密切学科的思想史。"数学问题"在二至四年级开设，是一门不给学分的必修课，其目的是引导学生对数学上的重要问题或新的领域进行研究，其内容：二年级着重研究空间几何及微分方程式问题，三年级着重研究近世代数、近世几何、复函数论及实函数论问题，四年级研究近代解析和微分几何、数论及群论问题。这些课程的开设，培养了学生独立进行研究的能力，帮助学生打开了学术视野。

教学质量的保证，在于教师学术水平的提高。在胡敦复的带领下，"数学系教师的学术研究，多在微积分、级数、函数和近代数学等领域内进行，且注重于基本理论的研究与普及"[①]。抗日战争之前，数学系教师在各种刊物上发表的论文、作品就有110余篇，是科学学院所属各系成果最丰的系。

此时的胡敦复，恢复了以前曾有的活力。1931年夏，顾澄应聘到东北大学任教。胡敦复、刚复兄弟也应邀前往沈阳，通过两个月的深入考察，对东北大学理学院及工学院发展大计提出了自己的规划设想。可惜，不久"九·一八事变"爆发，日军占领东北，一切计划均成了梦想。[②]

1928年8月，中国科学社理事会"议决先办数学研究所，推定周美权、秦景阳、姜立夫、严济慈、钱琢如、高均、曹惠群为数学研究所筹备委员，由曹惠群召集开会"。但因条件尚不具备，未能正式成立。胡敦复为此耿耿于怀。

随着高等教育的发展，到20世纪30年代国内已有二三十所高等学校设立了数学系，数学界的队伍日渐扩大，中国物理学会已于1932年正式成立，组织全国性的数学会提到了议事日程。为鼓励、促进科学研究，中国科学社设立了高女士纪念奖金。1933年11月，中国科学社在上海召开理事会，议决该年度高女士纪念奖征文科目为算学，公推胡敦复、姜立夫、钱宝琮三人组成审查委员会，胡敦复为主任委员。科学社共收到征文18篇。经过胡敦复等评委的认真评审，武汉大学理学院学生李森林的论文《双曲线之特性》获得1933年度"算学"高女

---

① 《交通大学校史（1896—1949）》，第300页。

② 宁恩承：《东北大学话沧桑》，《"九·一八"前学校忆顾》（辽宁文史资料选辑总第33辑），辽宁人民出版社，1991年，第43—44页。

士纪念奖。这位年仅 23 岁学生研读数学的积极性得到了极大鼓舞，几年后以武汉大学数学系全年级最优的成绩毕业。1986 年，在李森林从事数学教育 50 年之际，中国数学会授予了他荣誉奖状。

1934 年秋冬，交通大学的胡敦复、范会国、顾澄，与上海光华大学的朱公谨等，联络北京大学的冯祖荀和江泽涵，清华大学的熊庆来，重庆大学的何鲁，浙江大学的钱宝琮、陈建功和苏步青，南开大学的姜立夫，北高师的傅种孙等知名数学家，积极筹备成立中国数学会。1935 年 7 月 25 日至 27 日，借暑假之际，在上海交通大学图书馆召开了中国数学会正式成立大会。这是中国数学发展史上具有里程碑意义的大事件。与会的 33 位代表一致推举胡敦复为成立大会暨第一次数学学术年会的主席。他主持成立大会、论文宣读会，通过"以谋数学之进步及其普及为宗旨"的《中国数学会章程》，选举产生出第一届董事会、理事会、评议会。胡敦复当选为中国数学会首任董事会主席。

明复图书馆

早在 1916 年，当时身在美国的胡明复在参加完中国科学社第一届年会，就顺道前去参加在哈佛大学举办的美国数学会年会。胡明复参加年会后，写了一篇报道，对美国数学会所取得的成果赞赏有加，感慨国内"无图书馆及实验室，亦不能有所著述"，"所深望者"，不久之将来国内学界也能像西方一样有个数学会的组织，"能为独立高深之研究"。[①] 在他逝世八年以后，梦寐以求的夙愿在大哥这里得到了实现。而且会址就设在以他名字命名的"明复图书馆"内的"美权算学图书室"，二者相依相伴，足可告慰他的在天之灵。

如同中国科学社办有《科学》一样，中国数学会也办有两种数学杂志：一为《中国数学会学报》（*Journal of the Chinese Mathematical Society*），专登有创造性的数学论文，"备与各国著名杂志相交换，为吾国数学界在国际谋地位"；二为《数学杂志》，为普及性的数学刊物，"备国内研究数学者之参考，以促进吾国数学之进步"。经过一年的准备，中国数学会的《学报》和《杂志》两刊均赶在中国数学会第二次年会召开前夕出版。《科学》对两份刊物给予了高度的评价。对《中国数学会学报》评论说："此新刊物标准甚高，执笔者多国际数学界知名之士，且论文十之八九为我国数学界权威者作品，故可信本学报即方之

---

① 《科学》第三卷第一期（1917 年 1 月）。

外国斯学杂志实不多让。"并希望每文作一个中文提要，"俾好学之士，藉得窥探一二，而增其新知"。对《数学杂志》则评论说："宗旨重在介绍数学新知及促进吾国数学教育，与《学报》求高深之贡献，并行不蔽，两俱重要"，此外，每期尚有附录纪事及消息等，"编辑方法亦佳，大可供有志研究数学者之助"。"总之，数学会所出版之上述两种刊物，种种方面均可认为满意，大有后来居上之雅。吾人更希望以吾国数学界人才济济，诚能群策群力，将此两种呱呱坠地之刊物，善加抚育，发扬光大，前途未可限量，而于吾国未来之数学研究与数学教育，其有重大之影响，可预卜也"①。

1936 年 8 月，胡敦复在北平主持召开了中国数学会第二次年会及董事、理事、评议联席会议。中国数学教育与研究由此步入健康发展轨道。面对着这一可喜现象，胡敦复满心欢喜，但并不满足。1937 年，在《十年来的中国科学界》一文中，胡敦复提出了中国数学的发展三大趋势：

现在吾国数学界之趋势，有可得而举者三，分述如次。

一、注重个人研究，谋有创作。——此言欲学问之独立，必须先有创作。其取径在专心于一门之研究。熊君迪之、陈君建功、苏君步青等实其代表。此类著作，如中国数学会所出学报其例也。虽所得结果尚未离于枝节问题，然作始简而将毕巨，异日必能有伟大之贡献，可在国际独树一帜，无疑也。

二、注重引导后进，为国培才。——此言欲求学问之独立与伟大之贡献，必先导学者于周密严谨之途，力矫以往粗疏浮夸之习，方能有真确无误之杰作。且处此国步艰难，必注意应用与理论之并重，藉理论以救应用之失当，藉应用以促理论之孟晋。夫而后数学一科始能为全国所重视，学者日多，水到渠成，自能一鸣惊人，见重于世界。故其工作不专事一门之研究，而着意于中外著作之批评与夫应用错误之矫正，以及各种数学基础之讨论。顾君养吾、朱君公谨实为其代表。此类著作，如《交大季刊》之"谈言"及中国数学会杂志中两君之作品，其例也。若欧洲十八世纪之数学，全赖十九世纪之匡正。吾国以往之数学亦正需此。惟阳春白雪，恐和者较寡耳。

三、注重中等数学教育之改进。——此言物有本末，事有先后，欲求大学教育之发展，必先谋中学教育之切实。倘中等数学教学失当，纵大学教授尽力于个人之研究，终不能提高数学之程度，使国家得其实益。武汉大学刘君正经等所编中等数学杂志，即其一例。交大《科学通讯》顾君养吾之"谈

---

① 《科学》第二十一卷第一期（1937 年 1 月）。

言"，皆由浅入深，间以中等数学之讨论，亦意在兼为中学教师说法，且谓"……吾国一线生机在于中学……"之语，不惟痛切言之，抑且垂涕而道矣。近北平诸大学教授作中等数学教材之讨论，中国科学社与中国数学会谋合出中等数学教育刊物，皆此类之主张。夫为学之道，最忌揠苗助长，本末倒置则利少害多，此种趋势必大有益于将来，可断言也。

此三大趋势，形似容有不同，要在谋数学之进步，皆能卓然有以自立。且就吾国现状论之，三者正宜并行而不悖，所谓一致百虑殊途同归者也。他日吾国数学，理论与应用并能发扬光大，内植强国之基，外能独树一帜，其将以此为嚆矢矣。数学如此，他科亦然。文化立国之道其庶几乎。

中国数学会，积极筹备着 1937 年夏季在杭州浙江大学举行第三次年会。然而，"卢沟桥事变"爆发后，许多高校被迫西迁，大批知识分子流离失所，中国数学会的活动被迫中断。《数学杂志》总编辑顾澄倒向汪精卫政权，当了汉奸。留在敌占区上海的胡敦复、朱公谨联络一些当时可以联系上的董事、理事和著名数学家，组成临时编委会，于 1939 年 11 月坚持出了第二卷第一期，后实难继续维持，被迫停刊；《中国数学会学报》于 1940 年出完第二卷后也夭折了。

尽管中国数学会"生不逢时"，其早期的工作受到日本侵华战争的严重破坏，但它毕竟已经将分散在中国各地的数学工作者首次组织起来，集中力量挑起了在中国开展数学研究、发展现代数学的重任。中国数学会的诞生和它主办的刊物的出版，标志着中国数学发展的一个新时期的开始。

第八章 杏坛身影

今天交通大学的校名，始于1921年2月，命名人是当时的交通总长叶恭绰。

叶恭绰，字裕甫，又字誉虎，广东番禺人，生于1881年，民国成立就以而立之年担任了交通部次长、总长兼交通银行经理这样的要职，其后政坛变幻，载浮载沉，几度出任总长，又几番去职。1920年8月，叶恭绰重任交通部总长。当时交通部共辖有四所学校，除了由南洋公学演变而来的上海工业专门学校，还有唐山工业专门学校、北京邮电学校、北京铁路管理学校。这四所学校程度不一，专业设置不同，规模有别。12月14日，叶恭绰呈文大总统徐世昌，称："拟将四校校制课程悉心厘定，分别改良，列为大学分科，而以大学总其成，名曰交通大学。"1921年2月，叶恭绰主持制定的《交通大学大纲》颁布，规定"本大学定名为交通大学"，"就原有之校址及设备，暂将经济部各科设于北京，理工部各科设于上海及唐山"；同时为了减少政治势力对学校的干扰，还规定交通大学成立董事会，决定学校发展大政议会，校长由董事会选举产生。3月，交通大学第一届董事会成立，选举叶恭绰为交通大学校长。5月，叶恭绰就交通大学校长职。

叶恭绰是这样来实现他的办学意愿的：交通大学总办事处设在北京，他以总长身份兼校长，在京办公，调度一切。上海学校由张铸、凌鸿勋分别任正副主任；唐山学校由罗忠忱、茅以升分别任正副主任；北京的两所学校合一，由胡鸿猷、钟锷负责，而此两人恰好也都是南洋公学出身。上述人员也由学校董事会聘任，与叶恭绰同时正式就任。9月10日，京、沪、唐三校同日开学，叶恭绰亲临北京学校并发表讲话。交通大学正式登上了历史舞台。

1921年7月16日，《密勒氏西报》刊文《中国青年受专门教育之机会》，对交通大学作了详尽的介绍。该文写道："最近组织之交通大学，系上海之南洋公学及唐山、北京各专门学校合并而成。其目的为应国家之需要，予中国青年以较高之专门教育，乃前交通总长叶恭绰所定之计划也"，"三校各有主任及副主任。京校主任为本薛文亚毕业之胡君，副主任为威斯康新毕业之钟君。唐校主任为可奈尔毕业罗君，副主任为毛君，亦可奈尔毕业者。沪校之主任、副主任则为张君、凌君，皆曾在英美留学有年"①。胡君就是胡鸿猷。

交通大学各校校门（从左至右依次为上海学校、北京学校、唐山学校）

胡鸿猷执掌的交大北京学校的最早前身是成立于 1909 年的邮传部铁路管理传习所，第二年改名交通传习所，到了 1917 年初又分设为铁路管理学校和邮电学校两所学校。这两所学校地处北京，且为交通部所办，一时间交通部要员大多前来兼职任教。"该院的教授，多系交通界的人，以前都在北方时，一般教授都是交通部的重要职员。过去的交通界要人差不多都在该院教过书，如陆梦熊、关赓麟、刘景山、胡鸿猷、颜德庆、韦作民、史译宣、张竞立、张慰慈、顾宗林等，都和该院学生发生过师生关系"②。《密勒氏西报》报道也写道："京校为铁路管理及邮电两校合并，俱于一九一七年成立。前路政司司工黄赞熙、东省铁路会办刘景山、路政司营业科科长胡鸿猷等皆为该校教授。"

1918 年至 1920 年，郑振铎就读于北京铁路管理学校。在《交通部铁路管理学校高等科乙班毕业纪念册》，收有郑振铎的《庚申级小史》，记录了该班学习生活的总体面貌，其中对胡鸿猷有所着墨。1918 年 1 月 14 日，郑振铎在这所学校的学习生涯正式开始。在诸多教员中，"胡徵若授会计学和商品学"；下半年第二学期，"胡徵若授会计学"。第二年初，寒假期满开学，"胡徵若授会计

① 《密勒氏西报论交通大学》，王学珍、张万仓编：《北京高等教育文献资料选编 1861—1948》，首都师范大学出版社，2004 年，第 489—490 页。

② 《交通大学北平铁道学院》，李景文、马小泉主编：《民国教育史料丛刊 899》，大象出版社，2015 年，第 377 页。

法"。在这里，郑振铎对胡鸿猷这位老师的叙述简练而平淡，但接下来的笔调就充满了感情。原来，6月，胡鸿猷因公事离校而去，学生们因未能及时送别而引发了愧疚之心。

郑写道："六月中旬，部派本班会计教授胡徵若赴法出席万国预算赔偿委员会，行期仓卒，未及欢送。惟胡君在校教授勤恳，同级诸人对之亦甚谨敬，故师生感情极为融洽，然以离京仓卒，未能送别，同人思之愧疚无已。"①

胡鸿猷

为了顺利合组交通大学，1921年5月，胡鸿猷被叶恭绰委任为这两所学校的代理校长。交通大学北京学校成立后，胡鸿猷被聘为主任。对于北京学校的前景，胡鸿猷给予了极大的期望。5月26日，他在铁路协会欢迎会上宣布学校的办学方案时说："体育、德育、智育三者皆当提倡。"②12月15日至22日，实际教育调查社邀集北京各校及10多个省区代表73人，在北京美术学校集会，请孟禄就调查所得发表意见，并就各种问题展开讨论。胡鸿猷作为交通大学的代表参加了这次会议。③

然而，时局的突变，让叶恭绰的办学计划都化为了泡影。1922年4月底，直奉军阀混战爆发，直系取胜，叶恭绰被迫流亡国外。5月，直系军阀掌控的交通部，撤销了交通大学董事会，直接委派陆梦熊为交通大学校长。陆梦熊到任后，大肆撤换学校原有主管人员，"任用私人，撤胡（鸿猷）、凌（鸿勋）、钟（锷）各主任"。结果，引发学生发起"驱陆学潮"。学潮首先在京校发起，继而扩大到唐山、上海两校。随着事态的演变，三校全体学生罢课，并派代表赴交通部请愿。在强大的社会舆论压力下，陆梦熊于6月13日黯然下台，此时他担任校长仅一个月时间。

在"驱陆学潮"中，胡敦复的身影时有出现。深受学生运动之"苦"的胡敦复，此时似乎"温和"了许多。身为南洋同学会董事的胡敦复与黄炎培、穆湘瑶一起，更多地担当了调解、折中之责。6月19日，沪校学生召开全体大会，胡敦复等一众"老学长"到场吁请"师弟"们终止罢课，恢复上课。会上，学生一致议决"明日一律复课"。④至此，"驱陆学潮"结束。

① 郑尔康：《郑振铎》，北京交通大学出版社，2008年，第38—39页。

② 李士群主编：《永恒的信念——写给志愿献身中华民族伟大复兴的交大人》，北方交通大学出版社，2001年，第112页。

③ 王文岭：《中华教育改进社成立背景与组织发展概况》，郭戈编：《教育史研究》，人民教育出版社，2019年，第62页。

④ 霍有光、顾利民编著：《南洋公学—交通大学年谱》，陕西人民出版社，2002年，第125页。

"驱陆学潮"导致了交通大学体制的再一次变更。1922 年 7 月,交通大学校名停止使用,沪校命名为南洋大学,唐校命名为唐山大学,京校则成为沪校的分校。稍后经多方争取,京校命名为北京交通大学。

胡鸿猷执掌北京学校的时间虽短,但是确立了这所学校今后的发展方向,奠定了今后发展的基础。时人如此评论:"(南洋公学)首批之中六名留学生中,胡鸿猷氏于归国后,初致力于铁道事业,继返其母校交通大学担任铁道管理学院院长。并扩大之而为管理学院,包括实业管理(Business Administration)及公务管理(Public Administration)两部门之各学系,开我国商学及管理教育之先河。其后交大管理学院毕业生相继来宾大华通学院深造,为我国铁道及其他交通事业系统奠定管理之规模。"[1]

离开学校的胡鸿猷,继续回到交通部任职,先后担任路政司计核科科长、营业科科长、业务科科长之职。1927 年 1 月 12 日,胡鸿猷暂行兼代路政司司长。[2]翻检史料,有几件事可记之——

1921 年 8 月,交通部筹备召开太平洋会议,成立筹备委员会,包括胡鸿猷在内的下属各司局长皆为委员。

1922 年 6 月,胡鸿猷因"办理军事运输有功"而晋给三等文虎章。[3]

1923 年 3 月,上海银行具呈北洋政府交通部,正式提请附设旅行部,专门代售铁路车票,办理旅行业务。当时正值全国铁路联运会议召开,该提案一经交议,立刻遭到沪宁、京奉、京汉等铁路洋员(各铁路均有外国借款,故重要职员都由外人担任)的反对。他们认为,中国境内英、日、美、法等国均设有旅行机构,绝无再设的必要。不过,这种无视中国主权的议论立刻遭到当时与会的中方人士的驳斥。交通总长叶恭绰、路政司司长刘景山、业务科科长胡鸿猷等以及各路华员,都竭力支持这个提案。[4]经过激烈辩论之后,5 月,交通部以批字第 200号批准了上海银行的申请。1923 年 8 月 1 日,上海银行旅行部在总行国外部正式对外宣告成立。这就是今天中国旅行社的前身。

1924 年 11 月,交通部任命阚铎、朱庭祺为胶济铁路局正、副局长。他们到任后,随即罢免了 106 名职员,其中多数为占据要职的山东籍人。由此,山东派

---

① 段开龄:《美国费城中国学生早期史略》,《二十世纪中国保险之发展》,新华出版社,1997年,第 87 页。

② 《交通部令》第一号,1927 年 1 月 12 日。

③ 《大总统令:大总统指令第 1149 号(中华民国十一年六月八日)》,《政府公报》1922 年第2251 期。

④ 赵云声、刘明涛:《中国大资本家传·江南富豪卷》,时代文艺出版社,1994 年,第 468 页。

"反阙怒潮"陡然暴发。1925年2月7日晚，阙铎在压力之下将后事委托朱庭祺后潜回北京。第二天子夜，"胶济全路停车，人货一律停止"，史无前例的胶济铁路大罢工、大罢运正式拉开序幕。青岛发出的第一列车抵达胶州站后，强行停车，用两个多小时将旅客全部移至一车，勉强开抵济南。其他列车，或从中途折回，或发车不得，于是全线陷于瘫痪。2月12日，束手无策的交通部"加委李钟岳代理胶路局长，并以明命免胶路副局长朱庭祺职，另委交部营业科长胡鸿猷继朱遗缺"①。胡鸿猷于14日乘车南下任职，不过山东方面对他的到来不持欢迎态度。"胶路员司曾提出条件，要求将阙朱撤换，另委山东人接替"。李钟岳系山东人氏，但"此次交部所委之副局长胡鸿猷，仍为江浙系之人物"。"消息传之济南后，该路员司即纷纷酝酿反对"。结果，"胡受任刚到济南，众人将其堵拥[阻]于车站，举行反对示威，胡不得已徒劳北归"。②最后，在满足了山东方面的大部分条件后，胶济铁路自2月21日夜起全线恢复通车。

据《中共党史人物传》记载，中共青岛市委书记邓恩铭合理利用派系斗争领导了工人罢工。中共青岛市委的领导，是罢工得以顺利开展的原因。不过，时人多认为，这场罢工的发生，是各方军阀为争夺铁路控制权而引发的，"其原因完全归于内讧"。胶济铁路员工分为浙江、山东两派，倾轧暗斗，由来已久。以交通部为后台的浙江派与以地方势力为后援的山东派，各自扩张势力，长年纷争不止。日资背景的《北京导报》在2月21日的报道就指出："支那（中国）军阀为取得国有铁路控制权，这次出人意料而又不露声色地在胶济线采取行动。由于最近的同盟罢工，该铁路从业人员在山东省军阀默许下，取得了对铁路当局的压倒性胜利。"国内报纸也多有分析："上述铁路同盟的主谋等，在企图攫取铁路收入的军阀的唆使下，反对新任副局长胡鸿猷，并以暴力阻止其上任"③，"乃以胡副局长非山东人，恐与彼等以胶路为私产之计划有所不利，公然以籍贯为借口，日言反对"④。对于此种情状，上海胶济铁路维持会、外交后援会、工会联合会及青岛三江会馆等团体不免忧心忡忡，认为："铁路经国人数年奔走呼号之力，始获收回。今少数路员因权力之争从中捣乱，发生罢工风潮，铁路商人均蒙巨大损失。长此以往，将有前功尽弃之惧。"⑤

---

① 《交通部令》第一三三号，1925年2月13日。

② 《中国青岛报》1925年4月7日。

③ 青岛市总工会、青岛市档案馆编：《青岛工运史料1921—1927》，1985年，第93页。

④ 《晨报》1925年3月4日。中共青岛市委党史资料征委会办公室、青岛市总工会工运史办公室编：《青岛党史资料》第2辑，1985年，第124页。

⑤ 《晨报》1925年3月4日。

1929年1月4日，南京国民政府设立整理内外债委员会，专门审议债务问题。除王正廷、宋子文、王伯群、孔祥熙、孙科等军政要员为委员外，还聘定了专门委员、评议委员和顾问人选。10余名专门委员由外交部、财政部、实业部、交通部等推荐，胡鸿猷为其中之一。整理内外债委员会组成人员包括了当时主管经济工作的官员和富有财政经济管理经验的学者，可谓最广泛地罗致了财经精英，如时人谓，"国民政府自成立以来，历次设立关于财政之委员会，以谋整理财政，并监督国库收入，但其委员人选均属在职人员。此次设置本会，罗致全国工商、金融、教育各界人士加入，以期国家财政得与全国金融及经济、教育各项事业互相维系，并收集思广效"①。

也正是从这一年起，胡鸿猷又担任了平汉铁路局副局长之职。当年，国民政府在南京为孙中山举行"奉安大典"。"其时，平汉铁路副局长谢宗周商同工务局拨用汽辗翻修西车站之广场，其费由平汉路局担任。嗣以灵榇改由北宁路转津浦路南行，迎榇大道之终点为北宁路之东车站，该路副局长胡鸿猷商同工务局拨用汽辗翻修东站之广场，约计四千四百余平方公尺，其费由北宁路局担任，五月十五日工竣"②。

此后，胡鸿猷进入财政部工作，在抗战前夕任盐务总局会计室主任。不过，另有资料表明，1929年行政院从各部委调派一些司长局长到院任职，胡鸿猷就在调派人选之列。③在民国政府财政部档案中，有一份1936年12月5日的《关于整理上海求新厂案审查会议记录》。会议在行政院会议厅举行，行政院、海军部、实业部、财政部、交通部、军政部派代表与会，胡鸿猷是为行政院的代表。

胡鸿猷的夫人名为孙卓如，是明代状元孙继皋后裔。无锡竞志女校1905年创办，她就进校接受新式教育。学校设立自治会，会中共分三部：一演说练习，一运动练习，一唱歌练习，孙卓如被推为会长。④她也是一位女权运动的先进分子。1904年12月，美国协迫清政府签订的排斥和虐待华工的禁约期满，旅美华侨10余万人联名上书清政府，要求废约。美国政府蛮横坚持续约，激起全国人民的反抗，妇女界积极投入了抵制美货运动。在无锡，妇女界于1905年8月5日在竞志女校开会，发起抵制美货。到会者110多人，会上有侯冰兰、孙卓如

① 财政科学研究所、中国第二历史档案馆编：《民国外债档案史料》第2卷，档案出版社，1991年，第11页。

② 总理奉安专刊编纂委员会编：《总理奉安实录》，南京出版社，2009年，第13页。

③ 《行政院公报》第78号，1929年8月31日。

④ 《女子世界》第2年第2期。

等六七位女士发表演说，号召大家抵制美货。[①]孙卓如毕业后在无锡等地女校任教。吴涛写道："鸿猷娶孙氏，余在无锡竞志女校教国文时之优等生也，已毕业出任本邑及外县各女校教务有名。"[②]而且，孙卓如是位才女，"精绘事，擅文翰，所作花卉，清丽异常"[③]。

在"驱阚事件"中被免职的朱庭祺，继续回到交通部任职，被任命为铁路联运事务处副处长。[④]1928 年，朱庭祺调任陇海铁路管理局副局长之职，未及到任又被任命为交通部工程监督局局长。[⑤]

也就是在这一年，朱庭祺迎来了人生的"转向"，进入财政部任会计司司长之职。其时，宋子文出任南京国民政府财政部部长。他上任后，对财政、税务、金融体制进行了资本主义式的改革，整顿与改革混乱的盐务行政被提上议事日程。我国的盐政当时仍然沿用自明清以来的所谓"引岸制度"。特许盐商凭借引票，运有定岸，不能擅改，否则以私盐治罪。这种制度，为奸商垄断居奇、投机操纵提供了空间，也造成了国家税收的流失。针对这一情况，宋子文首先在财政部恢复重组了盐务稽核所，1929 年 7 月朱庭祺被任命为该所总办。[⑥]按照《盐务稽核总所章程》，稽核总所主管盐税征收、发给放盐准单、汇编盐税报告表册及清偿盐务外债；稽核总所在遇有和财政部其他盐务机关矛盾时，由稽核所会同办理。不过，各地的盐运使公署、运副公署、榷运局等机构，同样有主管征榷、运销、缉私、征收等职权，与盐务稽核所有重叠之处。1932 年 8 月，宋子文终于认识到"各地盐务行政与稽核方面对立情形较为复杂"，于是生出将两机构加以合并的想法，任命盐务稽核总所所长朱庭祺兼任盐务署署长。各地盐运使公署、运副公署、榷运局的分支机关一律取消。这样一来，盐务稽核所在合并其他盐务机关后，实际上已经成为仅次于海关的第二大税务机构。据统计，20 世纪30 年代初，盐务稽核总所下属大小机关达 1870 处，服务人员 41815 人，经费达1689.2 万元。在规模扩大的同时，盐务稽核所的职权也大为扩大，所有盐的产、运、销、税、缉五大要政，悉归其掌握，计有发给引票、编制报告、征存盐税、

① 江苏省妇女联合会编：《江苏妇女运动史》，中国妇女出版社，1995 年，第 32 页。

② 吴涛：《同学胡君啸洲传》，《胡氏宗谱（村前版）》，第 155 页。

③ 乔晓军编著：《中国美术家人名辞典补遗》，三秦出版社，2007 年，第 120 页。

④ 《政府公报》1925 年第 3191 号。

⑤ 《交通公报》1928 年第 1 卷第 5 期；《交通公报》，1928 年第 1 卷第 16 期。

⑥ 付志宇：《中国近代税制流变初探民国税收问题研究》，中国财政经济出版社，2007 年，第311—312 页。

管理盐警、运销等 13 项权力，其中尤以征税、缉私、考核及拨付外债为最重要的权力。

1931 年 5 月，国民会议通过了立法院制定的新盐法，但国民政府却迟迟没有公布新盐法实施的日期。1935 年 11 月，国民党第五次全国代表大会通过了促请国民政府实行新盐法案，限期在 1936 年 12 年全面实行新盐法。财政部为筹备实行新盐法，设立盐务研究会，朱庭祺任副主席。为实行新盐法，国民政府对盐务机构进行了改革，于 1936 年 7 月公布了《盐务总局组织法》。该组织法规定将盐务署与稽核总所及其所属各机关一律取消，于财政部内设盐政司与盐务总局。盐政司由盐务署衍化而来，专司指导与审查事宜；盐务总局由盐务稽核总所衍化而来，为全国盐务主管执行机关，办理全国盐税征收及其他一切盐务，并兼管硝磺事务。盐务总局成立后，于产盐区设立盐务局，于销盐重要区域设立盐务办事处。盐务总局并在产盐区设立盐务管理局，在重点销盐处设立盐务办事处。朱庭祺改任盐务总局总办，一直延续到抗战期间的 1940 年。《盐务总局组织法》的规定，改变了过去盐务行政管理上的双轨制，对于实现盐政的统一有指导意义。它是南京国民政府近十年来盐务整理与改革经验的总结。

交通大学成立之时，胡壮猷也在京校任教。[①]

在此前的 1913 年，胡壮猷担任浙江高等学校校长。这所学校的前身是创办于 1897 年的求是书院。书院设址于杭州市蒲场巷曾慈寺，是中国人最早创办的新式高等学堂之一。此后，几经演变，从浙江省求是大学堂、浙江大学堂、浙江高等学堂，至 1912 年初改名浙江高等学校。因为大学区制改革，这所学校在 1912 年按部令暂停招生，至 1914 年 6 月在最后一班学生毕业后学校停办。所以，胡壮猷成为这所学校的最后一任校长。[②]

浙江高等学校虽停办了，但文脉并未因此断裂。1927 年 7 月，国民政府在杭州设立第三中山大学，校址就在浙江高等学校旧址蒲场巷。到了 1928 年 4 月，这所学校改称浙江大学。

在浙江高等学校任上之时，农商总长张謇呈请任命顾琅、胡壮猷等 11 人为矿务监督署技正。1914 年 3 月 12 日，大总统令"应照准"。这样，胡壮猷独身迁往北京居住。

刚到北京的那段日子，胡壮猷与时任教育部视学的张宗祥一起寄宿于邵裴子

---

① 《交通史总务编》第 3 章 "教育"，1936 年，第 231 页。

② 范今朝编著：《国庠浙江，理学之光》，浙江大学出版社，2019 年，第 23 页。

寓中。邵裴子在胡壮猷之前，曾任浙江高等学校校长一职。胡壮猷的戏谑言行，引起了东家的注意。邵裴子为此特作律诗云："愚若先生怪相多，笑声浑似老鹦哥。揭开马桶将尿撒，睏上眠床把戏哦。滚罢铜钱头便痛，写完家信涕偏拖。二荤吃罢浑无事，乘兴还将茶室过。"①张宗祥特意记下了这首《咏人诗》。

"驱陆学潮"后，交通大学体制再次变更，胡壮猷离开了北京学校，先后在北京师范大学化学系和北京盐务学校任教。云南籍的杨春洲1921年辗转至北京师范学校学习，1923年毕业后考入北京师范大学化学系学习，直至1926年10月辍学投笔从戎，南下广州投身革命。晚年的他在回忆录中写道："在北师教过我的黎锦熙先生、董鲁安先生、胡壮猷先生，他们都是大学教授，都使我受到可贵的教益，我永远怀念他们。"②北京盐务学校由财政部所办，于1920年成立，以造就盐务专门人才为目的。1929年8月新晨报出版了《北平各大学的状况》，其中"北平盐务专门学校"一节曰："现任校长为徐宝璜君，校中所聘教授亦皆国内著名学者，如胡己任、徐崇钦、郭世绾、胡壮猷等等。各项科学，悉以原义教授。"

1929年，胡壮猷进入北京大学化学系任教③，在第二年担任系主任。1930年4月的《北大日刊》刊登了《化学会启事：兹定于本月十七日（星期四）晚七时半在二院宴会厅开欢迎本系新主任胡壮猷先生》《化学会通告：欢迎胡壮猷先生就本系主任大会》两条简讯。作为系主任，胡壮猷兼任学校教务会议议员（由各系及预科主任兼任），并担任了学校庶务委员会委员长。

1930年冬，蒋梦麟继任北京大学校长，按照美国大学模式改革北大。1931年，曾昭抡接任化学系主任，胡壮猷仍在化学系任教。20世纪30年代被视为北京大学化学系的"中兴时期"。当时，化学系重视基础，不强调专门化，严格考试制度，规定毕业论文必修，教材多用英文教科书，德文必修，研究工作开始起步。到1933年，北大化学系已经形成了较强的师资梯队，四个教授、六个讲师和10个助教。虽然师资规模与过去大致相当，但师资质量有了很大提高。在四位教授中，除胡壮猷本科毕业外，曾昭抡和刘树杞均具有博士学位，赵学海具有硕士学位。

在胡壮猷任职北大化学系期间，大地测量与地球物理学家、中国科学院院士方俊曾得到了他的帮助。方俊在 1923 年考入唐山交通大学预科，与同班同学罗河关系亲密。方俊回忆："他喜欢数学，我也如此。我们两人经常一起讨论一些数学难题。他不十分用功，但是，能保证每门功课都 60 分及格，而我则有时会不及格，而需要补考。我离校后，他仍在校中继续学习，毕业后曾到英国学天文。"[①] 罗河后来成为胡壮猷的女婿。1930 年，方俊进入由著名地质学家丁文江、翁文灏主持的北平实业部地质调查所，协助进行申报馆地图集的编纂工作。同一年，方俊在北京成婚。"我在 1930 年与杨明士结婚之后，曾一度租了北京大学物理系胡壮猷（愚若）教授的南房居住了两三年。胡教授及其夫人都是无锡人，为人十分和蔼，又是学术界的人，所以，与我们很谈得来。我们与他们的子女也亲如一家人，他们的长女胡芬后来就是罗河的夫人。因此我离校后很少与罗河见面，但时常有他的消息。"[②]

胡筠

正如方俊所言，他与胡氏一家人结下了深厚的友谊。1941 年，受聘于重庆中央地质调查所的方俊，一天接到了胡壮猷之子胡筠的来信。方俊回忆："正在此时，我接到朋友胡筠先生的信（他就是我在北京时曾经住在一起的胡愚若老教授的长子，与我一直很要好），来信说中央大学改组，前校长罗家伦已去职，由顾孟余先生接替。他已受聘为电机系教授，问我是否愿意到中大去教书。我接信迟疑不决，主要是对地质调查所的留恋。"[③]

查北京大学校史资料，在 1934 年度教授名单之中并无胡壮猷的姓名[④]，看来在这一年他离开了北京大学。那他又去往哪里了？在苏润之所撰写的文史资料《我国最早的高等农业学校——河北农业大学》中可见端倪。河北农业大学的前身系直隶农务学堂，创办于 1902 年，地处河北保定。1912 年，中华民国建立后，改制为直隶省立农业专门学校。1921 年，直隶省立农业专门学校与医学专门学校合并，增设文、法两科，改为河北大学。十年后的 1931 年 9 月，河北大学停办，改农科为河北省立农学院。苏润之在写学校师资力量时这样写道："1931 年改为河北省立农学院以后，则有法国巴黎国立农学院研究科毕业生徐

① 方俊：《从练习生到院士——方俊自述》，湖南教育出版社，2012 年，第 59 页。

② 方俊：《从练习生到院士——方俊自述》，第 59 页。

③ 方俊：《从练习生到院士——方俊自述》，第 157 页。

④ 陈媛：《中国大学教授研究——近代教授、大学与社会的互动史》，山西教育出版社，2012年，第 268—270 页。

季丹教授……，加里福尼亚大学毕业生胡壮猷教授……也先后在此任教。"[1]

1936年，胡壮猷来到交通大学唐山工程学院任教化学。[2] 同时兼任交通大学唐山研究所研究员，出任化学组主任。[3]《1868—2010中国铁路教育志稿》记载："地处冀东工业城市的唐山工学院地理位置不占优势，但在各个历史时期也聘请了吴稚晖、刘仙洲、朱物华、胡壮猷、何杰、张资平、魏寿昆等著名学者来校任教，还曾邀请胡适等名人来校讲演。"[4]

唐山工程学院的前身是1896年北洋铁路局创办的山海关北洋铁路官学堂。1900年起停办，1905年在唐山复校，改称唐山路矿学堂，1912年又改为唐山工业专门学校。1921年，交通大学正式成立，该校成为交通大学唐山学校；1922年称唐山大学。1928年9月，平、沪、唐三校再次合并组成交通大学，改隶属于新成立的铁道部。交通大学校长驻上海本部，对唐、平两院行管理职责。不久，学校继称第二交通大学，1931年又称交通大学唐山工程学院。与之相对应的是，在这一阶段，北京学校在交通大学首次解体后，校名也依次有北京交通大学、交通部第三交通大学、交通大学北平交通管理学院、交通大学北平铁道管理学院之演变。

同时期，胡壮猷的女婿罗河也在唐山工程学院任教。罗河，字润九，1904年生于江苏涟水县，1918年考入江苏省立第九中学，1922年夏考取北洋大学与唐山大学两所大学。他在北洋大学就读月余后，转入唐山大学学习土木工程，曾因病休学两年，直到1930年才大学毕业。

在大学时期，他对德国数学家高斯的测量理论产生了浓厚的兴趣。1796年，高斯19岁时就证明了此前从未有人得出过的理论：正17边形能用圆规和直尺作出，并证明正257边形理论上可用圆规

20世纪30年代罗河带学生实习

① 苏润之：《我国最早的高等农业学校——河北农业大学》，《河北文史集粹·教育卷》，河北人民出版社，1992年，第59页。

② 何云庵主编：《西南交通大学史1920—1937》第2卷，西南交通大学出版社，2016年，第86页。

③ 何云庵主编：《西南交通大学史1920—1937》第2卷，第239页。

④ 许守祜编：《1868—2010中国铁路教育志稿》，西南交通大学出版社，2013年，第90页。

和直尺画出。然而，高斯当时是运用数论和方程式理论中的定理才得出上述结论的，其证明过程一般只学过初等数学的人是看不懂的。罗河认为，用初等数学方法应该也能得出高斯的上述结果。他下苦功夫钻研这个问题，尝试不用一次联立方程式的解算，改用规矩作图来完成。这是个前人未研究过的空白点。他下功夫钻研并很快得出两种图解法，分别用两种初等数学方法证明正 17 边形和正 257边形理论上能由规矩作图得出。这些成果分别在 1927 年的《科学》和《学艺杂志》上发表，当时他只有 24 岁，还未大学毕业。[①]

罗河毕业后在京沪（南京至上海）铁路工务处任实习生和工务员四年，于1934 年回母校唐山工程学院，讲授平面测量、大地测量、天文测量等课程。他是学校第一位专职测量教师，也是我国最早从事航测解析法和图算研究的学者。他在航空测量解析法、图算、初等数学等方面，造诣很深，卓有成就，尤其对航空测量解析法的研究，首开我国此领域研究之先河。[②] 在唐山工程学院，年轻而又富有才华的他，与其他三位年轻老师合称为"唐院四少"。[③]

在 20 世纪三四十年代，我国已经开始应用航空摄影测量测绘地形图。当时

1930 年，交通大学北平铁道管理学院毕业生合影

采用的方法是模拟法，所用的设备是价值十分昂贵的精密光学仪器。以当时的国力，想要推广这种先进的测绘地形图的方法十分困难。如需推广，则必须寻求摆脱精密光学仪器的方法，解决这个难题的最有效途径首推图算。鉴于这一认识，罗河将学术研究由数学理论延伸到解决实际生产问题之中，将大量实验数据用图解方法简捷快速处理，由此开始了图算研究。[④]

图算方法就是将复杂的函数关系通过准确的共线图表达出来，若能如此，就可以很方便地根据已知数据在图上求得未知数的解答。罗河通过研究，比较简捷地根据已知数据在图上求得未知数的解答，从而解决了一些复杂算式的图算解答。在当时电子计算机还没有问世的年代，这一成果为工程计算提供了极大的方便。[⑤]

①　《罗河：师者风范传千古》，侯西岭等主编：《寻访交大之星》，西南交通大学出版社，2016年，第 229 页。

②　《罗河：师者风范传千古》，《寻访交大之星》，第 231 页。

③　《许元启：交大情结唐山缘》，《寻访交大之星》，第 209 页。

④　《罗河：师者风范传千古》，《寻访交大之星》，第 230 页。

⑤　《罗河：师者风范传千古》，《寻访交大之星》，第 230 页。

在发表《有法多边形之三角的解法》《三角形几何学之一问题》《一次联立方程图解法》等论文后，商务印书馆在 1936 年专门出版了他的"一次联立方程的几何、数学小丛书"。[①]

翁婿同在一校任教，也算一段佳话。

20 世纪 20 年代后期，胡壮猷在北京盐务学校任教。据查资料，同一时期，其同门兄弟胡立猷也在该校，任簿记兼会计教员。[②]

胡立猷留学美国密歇根大学，获得经济学硕士学位。"美国会计学权威 Backer 是他的导师。Backer 著有一本《会计学原理》是当时的权威著作"[③]。

大致在 1932 年，胡立猷进入北京大学经济系，任讲师，主讲会计学。[④]胡立猷在一年级开设簿记学课程，在二年级开设会计学课程，在三年级开设高级会计学、审计学课程。[⑤]

由于莘莘学子负笈来学的日渐增多，北京大学附近日渐繁华。饭摊酒肆如雨后春笋，相继设立。"有位弄兰花的曹老爹，平常喜欢喝两杯。他做的卤雏鸽、罐焖鸽子，味醇质烂，香酥适口，不但南来学子趋之若鹜，就是国学大师林损、会计名家胡立猷，都是他的座上客"[⑥]。学生邵子芬回忆："我在解放初期 20 世纪 50 年代供职于铁道部运输总局时，曾组织去参观沙滩北京大学红楼李大钊、毛泽东工作纪念室。在展品中见有北京大学教职员花名册一本，上有胡立猷教授的名字，除学衔外，下注月薪 300 元，可见当时他已见重于学校当局。"[⑦]

1933 年，胡立猷受聘为交通大学北平铁道管理学院（以下简称平院）首席教授，享受月薪 400 元的最高待遇。[⑧]《1868—2010 中国铁路教育志稿》记：

---

① 《罗河：师者风范传千古》，《寻访交大之星》，第 229 页。

② 财政部盐务署：《盐务年鉴（民国十八年）》，第 134—136 页。

③ 邵子芬：《忆胡立猷教授》，张其坤、高学民主编：《我与交大》，北京交通大学出版社，2006 年，第 237 页。

④ 陈媛：《中国大学教授研究——近代教授、大学与社会的互动史》，山西教育出版社，2012 年，第 269 页。

⑤ 新晨报：《北平各大学的状况》，1929 年，第 32 页。

⑥ 唐鲁孙：《举筷不忍吃鸽子》，《唐鲁孙作品集 7 酸甜苦辣咸》，广西师范大学出版社，2017 年，第 109 页。

⑦ 邵子芬：《忆胡立猷教授》，张其坤、高学民主编：《我与交大》，北京交通大学出版社，2006 年，第 235 页。

⑧ 中国教育报刊社组编：《北京交通大学》，重庆大学出版社，2008 年，第 27 页。

"1936年，学校专任教师中有胡立猷、钟相青、麦健曾、许靖四位知名教授。"①
学生邵子芬回忆："1933年他受聘为北平交大铁道管理学院首席教授，享受月
薪400元的最高待遇。同时他还在其他大学兼课。他的学术水平在当时的北京是
很负盛名的。而上海的会计权威潘序伦、徐永作等的成名均在胡教授之后。"②

与此同时，胡立猷还在北平大学和清华大学兼教。1934年出版的《国立北
平大学法学第六届毕业同学录》，捐款鸣谢名单中有胡立猷大
名。胡立猷还兼任北平大学研究室指导委员会委员。③《清华
大学1936年度教职员一览表》也有胡立猷的大名，任讲师。④

胡立猷

在此，有必要厘清北京大学与北平大学的关系。北京大
学和北平大学不是一回事，相反二者还有着一段并不广为人知
的分合往事。20世纪20年代的北京有"国立八校"之说，指
的是北大、师大、女师大、工科、农科、医科、法政、女子大
学八校，后来又加上艺专，统称"国立九校"。第二次直奉战
争以后，直系主力全军覆没退出北京，奉系张作霖实际上控制了北京政权。1927
年8月6日，北京军政府大元帅令：将国立九校合并组建国立京师大学校。1928
年6月6日，北伐军进入北京，奉军全线崩溃，合并不到一年的京师大学校解
体，各校纷起要求复校。6月20日，南京国民政府宣布改"北京"为"北平"，
设立北平特别市，由行政院直辖。当时，蔡元培、李石曾提议效仿法国教育制
度，以大学院为全国最高学术和教育行政机构，以大学区为地方教育行政单位，
经国民党中央执行委员会政治会议批准，任命蔡元培为大学院院长，颁布《大学
区组织条例》，于1927年夏季先在江苏、浙江试行。大学院大学委员会将京师
大学改名为"中华大学"，由李石曾任校长。1928年9月再设立北平大学区，
甫命名两个月的中华大学又改为"国立北平大学"，仍以李石曾主其事。这一举
措招致普遍反对，其中以北大学生反抗最为激烈。经过折冲调停，教育部做出让
步，同意北大原有三院组织并不拆散，名称改为"国立北平大学北大学院"。
1928年11月1日，国民政府下令取消大学院，改为教育部。1929年6月，国民
党二中全会遂决议正式废止大学区制。8月6日，国民政府正式决定将北大学院

---

① 许守祜编：《1868—2010中国铁路教育志稿》，第90页。

② 邵子芬：《忆胡立猷教授》，《我与交大》，第235页。

③ 国立北平大学法商学院编：《国立北平大学法商学院一览（民国廿三年度）》，第224页。

④ 清华大学校史研究室编：《清华大学史料选编（1911—1937）》第二卷上，清华大学出版社，
1991年，第285—292页。《吾校庄严（之二）：清华大学1936年度教职员一览表》，刘昀：《孤帆远
影——陈岱孙与清华大学》，商务印书馆，2017年，第180页。

脱离北平大学独立设置，恢复为国立北京大学。这样在历经两年的动荡之后，北大的复校独立运动取得完全成功，并成为此后 20 年间北平城内唯一冠名"北京"的学术机关。

继北大独立以后，北平大学第一师范学院独立，改称"国立北平师范大学"；北平大学第二工学院独立，改称"国立北洋工学院"。其他各校虽继续谋求独立，但均遭否决，继续留在北平大学内。1931 年 2 月，教育部令女子师范学院与国立北平师范大学合并，校名仍为"国立北平师范大学"；女子学院改称"女子文理学院"。1934 年，艺术学院改为"国立北平艺术专科学校"，单独设置。也是这一年，北平大学设女子文理、法商、医、农、工五个学院 18 个系和两个专修科，建制才告稳定。这五个学院的校址分散在城里各处，名义上虽然统一，实则仍然各行其是，各院均有相当独立性，俨然一个松散的联盟。

在北京期间，胡立猷还参与成立了中国经济学社。1923 年，北京一地留美回国的经济学者，普遍感到没有团体可以交换知识、切磋学问的不便，因此有了成立相关团体的动议。时在北洋政府任职的留美学生刘大钧发函邀请国内经济学界同仁陈长蘅、卫挺生、胡立猷等十二人共同发起中国经济学社。[①] 其宗旨为：（1）研究中国经济问题；（2）输入外国经济学说；（3）刊印经济书籍及论文；（4）社员间交换经济知识。[②] 同年 11 月，中国经济学社宣告正式成立，刘大钧被推举为社长。胡立猷被推行为五名理事之一，并担任出版经理。[③] 关于学社筹备及成立经过，学社创始人刘大钧曾做过较详细的记述："戴君（按：戴乐仁，J.B.Taylor）等因与刘君大钧议商进行，由刘君柬邀陈君长蘅，卫君挺生、赵君文锐、胡君立猷、陈君达、林君襟宇、吴君泽湘、杨君培昌、李君炳华及西人戴君贝君（Blaisdell）等十余人，在南池子刘宅连开餐会数次讨论之。……社章既定，遂于十一月推举刘君大钧为社长，戴君乐仁为副社长，林君襟宇为书记，卫君挺生为会计，陈君长蘅为出版主任，陈君达为副主任，胡君立猷为出版经理，于是本社遂成立。"[④] 中国经济学社的成立，由此揭开了经济学学术团体在中国发展的序幕。中国经济学社成立后，召开年会，交流论文，编印《经济学季刊》。第二年，中国经济学社换届改选，第一届职员连选连任。直至 1925 年选举第三届

---

① 刘大钧：《中国经济学社略史》，中国经济学社编：《中国经济问题》，商务印书馆，1929年，第 353 页。

② 刘大钧：《中国经济学社略史》，《中国经济问题》，第 353 页。

③ 《总分社历届职员》，中国经济学社编：《中国经济学社一览》，1935 年。

④ 刘大钧《中国经济学社略史》，《中国经济问题》，第 353 页。

理事，胡立猷不再担任职员。①

此外，胡立猷还参加了中国会计学社。该社成立于1934年，以"集合全国会计专门人才，从事于会计学术研究，会计技术之改进"为宗旨。参加该社的社员绝大部分为会计名家，或政府机关高级会计审计官员等。②

在中国近代大学发展历程中，有两所私立大学一南一北，卓然而立，时人把这两所大学并称为"南大同，北南开"。上海大同大学，与胡氏家族有着极深的渊源；而天津南开大学的发展，也离不开一位胡氏女婿的贡献。他就是姜立夫。

南开大学由张伯苓和严修创办，肇始于清末时期的严氏家馆。严修，字范孙，是清末赞成变法维新的天津名士，虽曾任清朝翰林院编修、贵州学政、学部左侍郎等职，但他并不留恋官场，反而更热心于教育，曾以奏请光绪帝开设"经济特科"借以改革科举制度而传名于世。张伯苓，早年于天津北洋水师学堂毕业后被派往北洋水师舰队实习，亲历了北洋水师的覆没，1898年在严氏家馆任教师。1904年8月，严修、张伯苓在家馆的基础上正式成立中学，三年后学校迁入城西南"南开洼"校舍。学校因所在地名改称"南开中学堂"，后改称"私立南开学校"。1919年，张伯苓和严修在中学的基础正式创办"私立南开大学"。1923年，学校迁入位于天津城南八里台的新校址，9月25日举行开学典礼，初设文、理、商三科，招收学生96人，周恩来为文科第一期学生（学号62号）。

1923年9月25日南开大学开学纪念合影（第二排右九为严修，
右七为张伯苓，最后排左一为周恩来）

---

① 孙大权：《中国经济学的成长——中国经济学社研究1923—1953》，上海三联书店，2006年，第38页。

② 赵友良：《中国近代会计审计史》，上海财经大学出版社，1996年，第289页。

1911 年 9 月，姜立夫到加利福尼亚州旧金山湾区东侧的加州大学伯克利分校，专攻数学，1915 年获理学士学位。同年，他到哈佛大学数学系当研究生。1918 年，姜立夫应奥斯古德（W.F.Osgood）教授之聘兼任助教。第二年 5 月，他在导师库利治（J.L.Coolidge）的指导下完成博士论文 The geometry of non-Euclidean line-spheretrans formation（《非欧几里得空间直线球面变换法》），用代数与微分几何的方法讨论射影空间直线和非欧空间球面间一一对应关系，并据此获得博士（哲学）学位。他是我国继胡明复之后的第二位数学博士。

姜立夫原本可以在哈佛大学数学教学岗位干下去，但兄长患胃溃疡去世的消息从国内传来。为报答兄嫂养育之恩，他立即束装回国。

离国九年，初返家乡，不坐轿子，自己拎行李，一点也没有"洋博士"的架子；同时他又倡议以姜氏族产充作"学田"，创办爱敬小学。处理好家务事之后，他带上侄子侄女前往天津，在南开大学任教授。这时的南开大学，刚成立半年。他与相继到校的物理学家饶树人、化学家邱宗岳，分别创办数、理、化三系。从这一刻起，他在南开一直任教至1946 年。他所创办的算学系，是中国大学中建立的第二个算学系（北京大学在 1912 年成立第一个算学系）。这一年，他30 岁，取"三十而立"之意为自己改名为"立夫"。

姜立夫

南开大学成立后的最初几年，是最艰难的一个时期。1919 年学校开学时，只有一所二层楼校舍，楼上办公上课，楼下吃饭。师资方面，原本就为数不多的教师，有几名又被国立大学高薪聘走。经费方面，更觉支绌，老师报酬很低。据记载，1931 年，国立大学教师的月薪平均 165.6 元，省立大学 217.5 元，而私立大学仅为 124.3 元。为什么姜立夫选择进南开呢？他深情地说："我是用美国退还的一部分庚子款去留学的，那当然不是美国的钱，也不是清政府的钱，那是全国人民辛勤劳动积累起来的钱，我应当为全国人民做一点好事，我的决心是把西洋数学一起搬回来。数学是一切自然科学的基础，中国最需要的是科学，所以也需要数学，我愿把一生献给数学。"[①]

算学系创办头四年，既无讲师，也无助教，只有他一位教授兼系主任，几乎

---

① 刘秀芳：《中国现代数学先驱姜立夫》，《近代天津十二大自然科学家》，天津人民出版社，2011 年，第 5 页。又见《姜立夫——甘为人梯的数学巨匠》，张衡主编：《民国科教精英百人传》，南京出版社，2013 年，第 219 页。

所有课程都由他一人讲授；除了为本系学生开课外，还要为理、商学院有关学系开设选修课程。其辛苦程度可想而知。但姜立夫乐在其中，可谓一个人撑起了一个系。学生吴大任回忆："数学系只有一位教授，有时有两位，个别时有三位，助教只有一位，姜先生是唯一的台柱，他逐年根据学生情况轮流开设各门主要课程。"[①]1927年到1930年三年期间，吴大任就选修了他八门课：高等微积分、立体解析几何、投影几何（即射影几何）、复变函数论、高等代数、n维空间几何、微分几何、非欧几何。从1932年至1933年，吴大任在南开大学任助教，姜立夫又开设了高等几何。[②]学生江泽涵也回忆："姜老夫子教过我的课程计有初等微积分、立体解析几何（包括多维几何）、微分几何。"[③]学生陈省身、吴大任都曾说那时的南开大学数学系是"一人系（One man department）"。[④]每当人们称赞他学问渊博时，姜立夫总是谦虚地说："数学这门学问如同一棵大树，我所学得的知识，只不过是一张叶子而已。"[⑤]

虽然教学繁忙，但姜立夫并没有放松对教学质量的追求。学生吴大任、江泽涵晚年在回忆文章中对老师的教学多有详细的叙述。

1923年南开大学教职员合影（前排右三为姜立夫，后排右三为张伯苓）

陈省身回忆起恩师："南开数学系那时以脚踏实地见长，姜先生教书是极认真的，每课必留习题，每题必须评阅"，"他态度严正，循循善诱，使人感觉到读数学有无限的兴趣与前途。"[⑥]吴大任回忆："在授课细节上，姜先生也有很多值得学习的特点，而这些细节都有助于提高教学效果，培养学生一丝不苟的科学态度，因而是他讲课质量很高的重要因素。例如他采用的数学符号，系统性很强，便于'顾名思义'，显然是经过全面而周详的考虑的。他写黑板，计划性也很强，除了公式和绘图外，一般

① 吴大任：《怀念姜立夫先生》，《中国科技史料》第3辑，科学普及出版社，1981年，第77页。

② 吴大任：《怀念姜立夫先生》，《中国科技史料》第3辑，第77页。

③ 江泽涵：《回忆姜立夫老夫子》，党德信总主编：《文史资料存稿选编24 教育》，中国文史出版社，2002年，第985页。

④ 吴大任：《怀念姜立夫先生》，《中国科技史料》第3辑，第78页。

⑤ 《姜立夫——甘为人梯的数学巨匠》，《民国科教精英百人传》，第219页。

⑥ 刘秀芳：《中国现代数学先驱姜立夫》，《近代天津十二大自然科学家》，第8页。

只写少数几个数学名词，节约黑板面积，就可以在它上面保留尽可能多的公式和图，以备后面讲解时参考。他善于使用颜色粉笔绘图，如用什么颜色代表什么，也有系统性。他在黑板上书写时，总是边写边念，绘图时也是边画边讲，从不哑场。光线是从课室左侧窗户射入的，姜先生总是站在课室左前方讲解，这样既面对学生，又便于学生看黑板，讲的人注意力高度集中，听的人注意力也高度集中，使听的人的思路紧紧跟着讲的人的思路。"①吴大任还说："接触过姜先生的人都知道他不是一个喜欢发表长篇议论的人，但他讲课总是声音洪亮，字句清楚，快慢适中，要言不烦，滔滔不绝。他不写讲稿，有些课不用课本，往往只带着一页日历，上面写着提纲，讲起来却层次分明，论证谨严，分析周密，说理透彻。对讲授内容的充分信心和浓厚兴趣以及他严格的逻辑推理，都深深感染着学生。讲课中他时常提出一些问题，启发学生思考，但并不因此而占用了课堂时间。他就像熟悉地理的向导，引导着学生寻幽探胜，使你有时似在峰回路转之中，有时又感到豁然开朗，柳暗花明，不感到攀登的疲劳。听姜先生讲课是一种少有的享受。我认为只有站在相当的高度，又吃透了课程内容，才能做到。"②

由于学生的水平有一定的差异，姜立夫在教学中注重因材施教，采用多样化的教学方法，或组织学生阅读有关文献，轮流做报告，或讲课后让学生按章整理笔记，定期进行审阅。吴大任回忆："姜先生讲授方法不拘一格。例如他讲授非欧几何时，就组织学生阅读有关文献。在他指导下，轮流做报告，这有助于培养学生的阅读能力和组织，表达数学内容的能力。又如讲授微分几何时，每讲完一章，他就让学生把笔记加以整理，定期交进，由他亲自审阅，这有助于培养学生写作能力。他考核成绩的方式也多样化。高等代数的学期考试就用写短文代替，由他分别指定参考文献，非欧几何的学期考试则用写心得代替，内容和题目自选。他注重因材施教，在指定参阅文献时，他总是根据不同学生的条件和特点，区别对待。可以看出，姜先生在授课中，曾经用了多少时间，费了多少心血。"③吴大任在南开中学学过德文，到大学三年级又拾起德文。"姜先生鼓励我看德文小册子，为我讲解了第一段课文，使我感到并不难懂，姜先生指引我看德文书，对我后来的学习起了很大的作用"④。江泽涵也有类似的回忆："这些他都根据课外作业等的情况有准确的了解。他有他的因人施教的一套办法。他教的每一门

---

① 吴大任：《怀念姜立夫先生》，《中国科技史料》第 3 辑，第 78 页。

② 吴大任：《怀念姜立夫先生》，《中国科技史料》第 3 辑，第 78 页。

③ 吴大任：《怀念姜立夫先生》，《中国科技史料》第 3 辑，第 79 页。

④ 吴大任：《怀念姜立夫先生》，《中国科技史料》第 3 辑，第 79 页。

课，都要求学生满足最低要求，而对于水平稍高的学生，他就指导他们读课外参考书。……在提高方面，姜老夫子总鼓励我们合作；而在做练习题方面，他要我们独立思考，也就是鼓励我们竞争。"①

对于课外作业，姜立夫的要求十分严格。吴大任回忆："学生的练习一律用方格纸书写，画图和做数值计算（把数字填在格内）都较方便。每次布置的习题，下次上课前都要交在讲桌上，再下一次上课时发还。……练习批改后用五级记分。一个助教不可能把各课程的练习都包下来，有些练习他就亲自批改或由高年级同学批改。从记分的笔迹看，即使是别人批改的练习，遇到有创见的答案时，姜先生也亲自审阅评分。"②江泽涵也回忆："姜老夫子备课十分认真；讲课由直观到严密，由浅入深，引人入胜；对课外做练习题要求严格，我做学生时也有此种感受。现只补充那时所亲自经历的一些具体事例。姜老夫子要求我们做习题时，一律用16开的单篇的（非装订成本子的）方格纸写，只写一面。这种方格纸的拍纸本，学校的商店保证供给。我一年级时做的初等微积分习题是由高年级同学刘晋年批改的，因为那时数学系还没有助教，可已有了勤工俭学制度。批改后姜老夫子亲自过目，登记分数，在特殊处加上评语。其他课的习题姜老夫子都亲自批改。他不仅要求答案对，而且要求缮写清晰，条理分明，证法自然简捷。甚至于标点符号的错误他都改正。每次发还完批改过的习题，他总用几分钟评论一下这次习题的情况，使得学生一方面减少重复一些错误的机会，另一方面知道有些什么不同的做法。他之所以如此做，固然是因为学生人数少，但也可见他如何热诚地培养学生的创造性思维和一丝不苟的习惯。"③

姜立夫十分重视数学文献的搜集和保管。在他主持下，南开大学的数学图书的质量在全国首屈一指，世界范围的数学家的论文集也十分齐全，甚至收藏了不少珍贵的绝版书。吴大任回忆："1932年，德国汉堡大学的E.Sperner，经W.Blaschke介绍来中国，在北京大学讲课，应邀到南开大学访问。当他看到这批珍贵的数学藏书时，翻阅一本又一本，惊叹不止，欣羡备至。"④江泽涵也回忆："北京图书馆早期设立过购置图书的一个顾问委员会，姜立夫是数学方面的委员。他曾建议北京图书馆重点购置全套的各国综合性科学期刊，例如伦敦皇家学会数理科学会报等，获得采纳实施。这种会刊以一系之力是难以购置的，他的

---

① 江泽涵：《回忆姜立夫老夫子》，《文史资料存稿选编24教育》，第986页。
② 吴大任：《怀念姜立夫先生》，《中国科技史料》第3辑，第78页。
③ 江泽涵：《回忆姜立夫老夫子》，《文史资料存稿选编24教育》，第986页。
④ 吴大任：《怀念姜立夫先生》，《中国科技史料》第3辑，第79页。

这个建议深得各高等学校赞许。"①

在繁重的教学任务之余，姜立夫还经常在科学馆举办各种讲演。据史料记载，1926年5月，姜立夫曾做《非由格里底几何学》的专题报告。到会者踊跃，连礼堂的走廊上都站满了学生。姜立夫对于"由格里底"及"非由格里底"几何学，均有特别研究，讲解清楚，故能令听者入胜。②

至于奖掖后辈，姜立夫极为热情，不遗余力。1926年，厦门大学广聘国内名师。应聘的文科教授有鲁迅、林语堂、顾颉刚、罗莘田等先生，理科教授有姜立夫、胡刚复、秉志等先生。③姜立夫带上刚毕业的江泽涵一同前往，让他当自己的助教。"这一年他住在教授楼的一个宿舍单元里，有两间睡房、一间小客厅和一间小厨房。他分一间睡房给我住。我们在一家山东小饭铺包伙。他另雇了一位男孩子，住在厨房里，专管打扫卫生和去饭铺取包饭回来吃。在天气晴朗的星期日（厦门天气时常是晴朗的），我们常攀登厦门最高顶峰，直到看到这个半岛周围的海水为止。"④在厦门期间，姜立夫还鼓励和督促江泽涵应1927年暑假清华留美专科生的考试。⑤

1956年南开大学理科创始人合影（从左至右依次为姜立夫、邱宗岳、饶毓泰）

一年后的1927年，姜立夫重回南开大学，而江泽涵顺利通过留美考试，在哈佛大学数学系攻读博士学位。在哈佛大学，江泽涵对拓扑学产生了浓厚兴趣，并最终成为一代拓扑学大师。在江泽涵赴美的前后，他的师兄弟刘晋年、申又枨也都在哈佛当研究生。"我们三人都去哈佛的原因很简单，就是姜老夫子在哈佛获得博士学位"⑥。江泽涵1930年获得哈佛大学博士学位，随后到普林斯顿大学数学系，担任莱夫谢茨（Lefschetz）的研究助教。1931年，北京大学理学院经姜立夫推荐，邀请江泽涵到北京大学任教。当时，莱夫谢茨劝他留下来继续做研究助教，但他决定学习姜立夫学成回国的榜样，婉言谢绝了莱夫谢茨的挽留。当年夏天他回国，到北京大学任数学系教授。当时，"北大数学系对学生的要求松

①　江泽涵：《回忆姜立夫老夫子》，《文史资料存稿选编24 教育》，第988页。

②　刘秀芳：《中国现代数学先驱姜立夫》，《近代天津十二大自然科学家》，第9页。

③　江泽涵：《回忆姜立夫老夫子》，《文史资料存稿选编24 教育》，第986页。

④　江泽涵：《回忆姜立夫老夫子》，《文史资料存稿选编24 教育》，第987页。

⑤　江泽涵：《回忆姜立夫老夫子》，《文史资料存稿选编24 教育》，第987页。

⑥　江泽涵：《回忆姜立夫老夫子》，《文史资料存稿选编24 教育》，第987页。

弛，课外做练习题和考试都等于虚设"①。江泽涵回忆："他（按：姜立夫）劝我千万不要在沙滩上筑大厦，劝我教课从教数学系一年级开始，随班前进"。江泽涵就是这样遵照老师的嘱托去做的，坚持了二三年，取得了良好效果，扭转了不良学风。江泽涵对老师的教益始终念念不忘。"我至今牢记在心，而且使我终生受益的是姜老夫子在我独立教学时的第一个教诲"②。1935 年，申又枨留美归来，姜立夫又推荐他到北京大学数学系任教，协助已经担任系主任的江泽涵把北大数学系的教学和科研水平提上去。江泽涵后来说："姜老夫子不仅在南开大学创办了数学系，他还有力地帮助完成了北大数学系的教学改革。"③

姜立夫没有门阀观念。20 世纪 20 年代末，苏步青在日本留学时，一连发表了几篇英文数学论文，引起了姜立夫的注意。当他得知这些论文的作者是中国留学生时，立即写信向浙江大学、北京大学、厦门大学和清华大学推荐，请他们聘请苏步青到校任教，而这时姜立夫并不认识苏步青。1931 年，浙江大学给姜立夫和苏步青都发了聘书。当姜立夫得知浙大亦已给苏步青发了聘书，立即婉拒了浙大的聘请，而让苏步青到浙大发挥更大的作用。姜立夫比苏步青大 12 岁。此时苏步青刚回国，而姜立夫已是国内大名鼎鼎的数学系主任了。还有，为使中国数学能与国际交流，姜立夫想方设法支持青年学者出国进修或访问，正是他的努力促成华罗庚出访苏联、美国。1944 年，华罗庚计划赴当时解析数论研究中心的苏联考察，但经费无着。为此，时为中央研究院数学研究所筹备处主任的姜立夫多次致函院长朱家骅，希望给华罗庚出洋的机会。在信函中他写道："华君天才卓越，成绩斐然……近年由堆垒数论，一转而入自守函数，再转而入方阵几何，湛思积悟，创获更多，无如战时交通梗阻，国内工具缺乏，深以闭门造车、事倍功半为苦。……鄙意拟请先生特别设法，派遣华君赴苏考察一年，庶使华君研究工作得以顺利进行，本处（指数学研究所筹备处）筹备设施亦得多所取法。（如准），是华君个人之幸，亦即国家学术之幸。"在姜立夫的大力促进下，华罗庚终于在 1946 年前往苏联考察，后又转到美国进修。

在任教南开大学期间，姜立夫以渊博的学识，精彩的讲授，引导一代又一代青年学子步入数学的神圣殿堂。学生如刘晋年、江泽涵、申又枨、吴大任、孙本旺，都成为卓有成就的数学家。刘晋年是南开大学算学系第一个毕业生，获哈佛大学博士学位后回国执教于南开大学算学系，一生工作在南开，生活在南开，

---

① 江泽涵：《回忆姜立夫老夫子》，《文史资料存稿选编 24 教育》，第 987 页。

② 江泽涵：《回忆姜立夫老夫子》，《文史资料存稿选编 24 教育》，第 987 页。

③ 刘秀芳：《中国现代数学先驱姜立夫》，《近代天津十二大自然科学家》，第 8—9 页。

是自姜立夫之后为南开数学系作出很大贡献的人；江泽涵是第一位把拓扑学移植到中国来的学者；陈省身则是蜚声国际的微分几何巨匠。《数学大师陈省身》一文中称："数学系主任姜立夫，对陈省身影响很大。数学系1926级学生只有五名，陈省身和吴大任是全班最优秀的……姜立夫为拥有两名如此出色的弟子而高兴。"陈省身说："我的基本数学训练，都是姜先生教的"，"我从事几何，大都亏了我的大学老师姜立夫博士"。1947年，中央研究院选举院士时，陈省身在所填"提名表"中对老师做如下评价："提携后进，不遗余力，国内知名畴人多出其门。"在中国数学界，向有"南熊北姜"（南熊指熊庆来，北姜指姜立夫）之说，吴大任称老师"是现代数学最早的富有成效的播种人之一"①。

姜立夫回国之后，担负起了抚养侄子侄女的责任。兄长去世时，侄子12岁，侄女九岁。他把子侄数人先后都带到南开中学就读。侄女姜淑雁回忆："叔父与我兄妹住进南开大学教职员宿舍，仍吃厨房包饭，有时我烧一两样可口菜佐餐。夏秋傍晚，常和叔父泛舟去黑龙潭。冬季在秀山堂前滑冰场滑冰，过着快乐的学习生活。"②侄子、侄女不仅得到抚养，而且受到良好的教育，日后个个成才。1934年，姜淑雁毕业于南开大学，同时考取了哈佛大学的女校拉德克利夫学院（Radcliffe College）奖学金名额。姜立夫大喜，亲自护送侄女到该校报到。"他请南大同学王端驯女士陪我置备了多件中式旗袍新装，决定送我去美。路经日本，同游东京、大阪。在美国西岸西雅图登陆，游华盛顿大学校园，坐火车到他母校白克来加州大学参观。经芝加哥时游世界博览会场，到终站波士顿，坐地下车到剑桥，伴游哈佛大学校园。拜识了哈佛西洋文学教授梅光迪先生及夫人李今英女士。待我注册迁进拉迪克来夫研究生宿舍，才与我分手回国"。侄女不由感谓："他替我安排得那样周密，日常慈爱家训

姜立夫（右二）与陈省身（左一）等人在欧洲合影

① 吴大任：《怀念姜立夫先生》，《中国科技史料》第3辑，第77页。
② 姜淑雁：《回忆慈爱的先叔父姜立夫教授》，《天津文史资料选辑》第28辑，天津人民出版社，1984年，第55页。

之情，比我亲生父母远过而无不及。"①

1936 年，姜淑雁硕士毕业。在校期间，她与哈佛大学博士叶楷相识相爱。叶楷 1933 年留学美国，1936 年获哈佛大学电机工程专业博士学位。姜立夫此时正在德国汉堡大学和哥廷根大学进修。姜淑雁为此决定取道欧洲回国，到德国与叔父会聚。姜淑雁与叶楷在汉堡中国领事馆结婚，姜立夫主持了婚礼。当时在欧洲留学的陈省身、吴大任等也都赶来参加了婚礼。子侄们都已成婚，这一年已经 46 岁的姜立夫，却还是单身。早先在 1911 年，他在出国留学之前曾在家乡娶亲成婚，但未及他回国，夫人在家乡病故。此后二十多年间，姜立夫未曾续弦。此次在欧洲期间，吴大任的妻子不由问他为什么不续娶，他说："你们不知道，你们姜先生还有个老情人呢。"学生们大为惊奇，不免想寻根究底。他立刻变得严肃起来，说："我已经说得太多了。"②

不久，姜立夫与新婚的侄女夫妻从意大利一同乘轮回国。回国后，姜立夫与二十几年前就结识的胡芷华结婚，这时的他已经 46 岁。1936 年 8 月 4 日，竺可桢在日记中记："十二点偕曾炯之至太和园，约刚复四妹、七妹（胡芷华）、叶楷及其夫人小膳，席间由余宣布姜立夫与胡芷华订婚事。"③同年 10 月 15 日，蔡元培在日记中记："午后六时，数学家（南开大学教授）姜立夫与胡芷华结婚于新亚酒楼，我为证婚。芷华为敦复之妹，毕业于大同大学之文学院，自明复处习新式会计，明复故后，即继任大同会计。"④这才揭开了学生们心中的谜底，"原来姜先生不但对儿女的感情是深厚的，爱情更是专一的"⑤。

姜立夫继续任教于南开大学，侄女婿叶楷则进入北洋工学院，同居天津一城。姜淑雁回忆："暑假后我们住进天津北洋工学院教员住宅，叔父、婶母住八里台南开大学教职员宿舍。周末我们去拜谒聆教。"⑥

1937 年春，胡芷华怀孕，暑假回上海，9 月诞下伯驹。同年初夏，叶楷接受了清华大学的聘书，预备暑假回杭州省亲，秋季迁移至北京清华园。想不到车经南京时，"卢沟桥事变"爆发。

从 1935 年底到 1936 年初，时在杭州的国立浙江大学发生了一件"动地惊

---

① 姜淑雁：《回忆慈爱的先叔父姜立夫教授》，《天津文史资料选辑》第 28 辑，第 56 页。
② 吴大任：《怀念姜立夫先生》，《中国科技史料》第 3 辑，第 80 页。
③ 《竺可桢全集》第 6 卷，上海科技教育出版社，2005 年，第 123 页。
④ 高平叔撰著：《蔡元培年谱长编》第 4 卷，人民教育出版社，1999 年，第 344 页。
⑤ 吴大任：《怀念姜立夫先生》，《中国科技史料》第 3 辑，第 80 页。
⑥ 姜淑雁：《回忆慈爱的先叔父姜立夫教授》，《天津文史资料选辑第 28 辑》，第 57 页。

天"的事情。说是"动地",是因为这件事在全中国尤其是在高等学校中产生很大的影响;说是"惊天",则是因为此事惊动了当时的最高当局国民政府,直至蒋介石本人。这就是轰动全国的"驱郭运动"。

处在"驱郭运动"漩涡中心的是当时浙江大学的校长郭任远。1935年12月9日,北平学生6000多人举行游行示威,拉开席卷全国的抗日救亡怒潮的序幕,这就是著名的"一二·九"运动。应声而起的浙大学生于12月11日冒雪上街游行示威,并准备于21日赴南京请愿。20日晚,杭州军警包围了浙江大学校园,逮捕学生会代

浙江大学校门(1934年)

表12人,引起学生公愤。12月21日,学生仍然蜂拥至火车站,在省当局接受了学生提出的四项严正要求,并且当即释放了被捕的学生代表后,学生们才有秩序地撤离车站。然而,浙大学生返回学校后,校长郭任远竟然贴出了布告,开除两名学生运动的领袖。学生们再一次被激怒了,于是爆发了"驱郭运动"。

其实,郭任远遭到学生驱逐,"一二·九"运动仅仅是导火线,他在浙大的所作所为早已为这一结果埋下了伏笔。郭任远在1933年4月担任浙大校长后,大权独揽,在学校强化"党化教育",并随意处分学生。三年中先后受到开除、勒令退学和其他处分的学生竟达近百人之多,而当时全校学生总数也仅有几百人。

浙江大学学生的"驱郭运动"发展迅猛,很快得到大部分教职员工的同情和支持。但国民政府教育部认为"此风不可长",不同意更换校长人选。1936年1月22日,蒋介石亲自来到浙江大学,分别召集教师、学生代表训话。但学生们并没有理会,坚持"驱郭"斗争,最终迫使国民政府不久后免去郭任远的浙江大学校长职务。

"驱郭运动"胜利之后,浙江大学面临的最大问题出现了就是:谁来接任校长?国民党要人陈布雷作为浙江大学的校友,受命推荐校长人选。陈布雷向蒋介石推荐了两个人选:一是时任燕京大学校长的吴雷川,另一位是时任中央研究院气象研究所所长的竺可桢。蒋介石属意于竺可桢,并于2月21日单独召见了竺可桢。

竺可桢,1910年以第二批庚款生留美,入伊利诺伊大学农学院学习。1913年夏毕业后转入哈佛大学研究院地理系专攻气象,1918年以题为《远东台风的

新分类》的论文获得博士学位。1920 年秋应聘任教南京高等师范学校，在国内大学间首创地学系。1925 年夏因"易长风潮"辞职到了上海商务印书馆当《国际百科全书》的主持人。1926 年夏，北上南开大学任教。1928 年，应蔡元培之邀任中央研究院气象研究所所长。

竺可桢和胡刚复是哈佛大学的同学，都是中国科学社的早期社员，在南京高等师范和中央研究院又共事多年，志趣相投，彼此了解也很深。而且两人私交颇深，胡刚复回国与华昭复结婚时，男女傧相就是竺可桢与女友张侠魂。

不过，竺可桢对于出任浙大校长，却意兴阑珊。2 月 22 日，受蒋介石单独召见后的第二天，竺可桢就由南京赶赴上海，与蔡元培、胡刚复商量。此时的胡刚复，因为得了伤寒重症，住在上海红十字会医院特护病房，他对竺可桢出任浙江大学校长，表示了极大的支持。当日，竺可桢在 2 月 23 日的日记中记："浙大自程天放长校以后，党部中人即挤入浙校"，"郭（任远）之失败乃党部之失败"，"故此时余若不为浙大谋，明哲保身主义，则浙大又必陷于党部之手"，"此事刚复及蔡先生均赞同"。①

3 月上旬，经过诸多政要和学人的力荐与相劝，竺可桢终于同意出任校长，并向陈布雷提出了三项条件：一是财政须源源接济；二是用人校长有全权，不受政党之干涉；三是时间以半年为限。陈布雷表示，除第三点外均可接受。

竺可桢担任浙江大学校长，胡刚复的一生也由此翻开了新的一页。

竺可桢同意出长浙大之后，立即函约胡刚复见面。此后，竺可桢两度赴上海，与胡刚复详谈，请胡刚复任文理学院院长。对于老友的一再敦请，胡刚复自是难以拒绝。

4 月 21 日，竺可桢、胡刚复以及郑晓沧去杭州接管浙大。"除新教室以外（六万元造），其余房屋如物理室、图书室等均破烂不堪，天雨即漏。图书室共存书只五万余册。化学室在校外，亦租人家破旧房子，生物室系新建平房。……由此出至工学院及华家池农学院一转。农学院屋费十六万元，外观尚佳，内容并不充实。最大缺点既无水汀设备，又乏烟囱，因之墙面上已有雨水冲洗之煤灰痕迹"②。可见当时浙大不仅人心涣散，校舍都不完整了。

竺可桢认为，一所大学，拥有多少图书和仪器是重要的，校舍宽敞完好也是必须的，但大学的灵魂仍在于是否拥有一流的教授。他在初到浙大所作的题为《大学教育之主要方针》的就职演讲中，就明确指出："教授是大学的灵魂。一

---

① 《竺可桢全集》第 6 卷，上海科技教育出版社，2005 年，第 29 页。

② 《竺可桢全集》第 6 卷，第 62 页。

个大学学风的优劣，全视教授人选为转移。假使大学里有许多教授，以研究学问为毕生事业，以教育后进为无上职责，自然会养成良好的学风，不断地培育出博学敦行的学者。"[1]

浙江大学文理学院教室（1937年）

动身来浙大的那天，竺可桢专门去了交通大学，为的是向教务长裘维裕借人。裘维裕答应把胡刚复借给浙大两个月。结果呢，胡刚复到浙大一干就是整整13年。

在"驱郭运动"，一流学者、教授纷纷辞职离开浙大。胡刚复就任浙大理学院院长后，在校长竺可桢的大力支持下，广招贤才，大大加强了理学院的教师阵容，首先聘回了浙大物理系的创办人张绍忠，仍由他主持物理系工作，同时把离去的物理系教师连同技工、管理员都一一招聘回来。何增禄从山东大学返回浙大，而且还把刚从德国取得博士学位的王淦昌从山东大学拉到了浙大。

在美国摩尔根实验室取得博士学位的谈家桢，也来到了浙大。对于这段经历，日后谈家桢是如此回忆的："1937年秋，我决定回国了。当时，我的母校东吴大学要我返校任教，我不想去，我嫌那里'洋人'味道太重了。我希望能够到一所我们国家自己办的大学里去，扎扎实实地搞一些科学教育和研究工作。那时在旧社会里，派系林立，壁垒森严，一个教会学校出身的大学生，想进国立大学任教，确是一件很不容易的事啊！事有凑巧，我的一位留美同学，他是在东南大学毕业的，知道我的情况后，就替我写信给他的老师胡刚复先生。由于胡先生的推荐，不久，竺可桢校长代表浙江大学给我寄来了聘书，聘我为浙大生物系正教授，每月薪金300元。"[2]谈家桢在《忆胡刚复先生》中写道："正在我无路之时，有一位刚复先生的学生告诉我，他的老师在浙江大学担任文理学院的院长，可以为我联系，不久刚复先生寄来了竺可桢校长的聘书，要我立刻回国去任教，我喜出望外……所以我毅然回国了，由此得受知于刚复先生。……我与刚复先生在浙大共事，前后达九年之久。那时正值最艰苦的战争时期。"[3]

① 竺可桢：《大学教育之主要方针》，《竺可桢全集》第2卷，上海科技教育出版社，2004年，第334页。

② 谈家桢：《一位有巨大凝聚力的大学校长——我与竺可桢先生的一些交往》，《谈家桢文选》，浙江科学技术出版社，1992年，第350页。

③ 谈家桢：《忆胡刚复先生》，《物理实验》（纪念胡刚复教授诞辰百周年特辑），1992年。

谈家桢到浙江大学时，还是一个年方 28 岁的年轻人。可竺可桢批给他的待遇是二级教授，每月工资 300 元。这在当时对一个初出茅庐的年轻人来说，真算是破格重金聘请了。那些从东南大学或中央大学毕业，而且也是从美国或德国获博士学位回来的只给副教授待遇；而对浙江大学本校毕业，也是从国外获博士学位回国的则一律先从一级讲师起用，到一年后如果工作成绩好才提升副教授。

浙江大学重新拾回了曾经的声誉。1936 年报考浙大的新生有 2320 人，为 1935 年的三倍多。8 月 8 日，在南京考完中央大学的考生 800 人坐专车赶到上海报考浙大，情况盛极一时。1937 年中大、武大和浙大三校联合招生，报考学生更增加到 8600 人，其中南京、上海、杭州三地就有 5500 人之多。

在竺可桢看来，一年级学生应该着重打好宽厚结实的基础，不宜过早分系，应由有学问、有经验的教师，教好一年级的基础课。为此，他指定组成了公共科目课程分配委员会，以加强基础课。胡刚复正是五人委员中的一位。

可是，当浙江大学复兴的曙光初现之时，日本侵华战争的隆隆炮声却已经清晰可闻了。

1927 年 4 月南京国民政府成立时，李石曾在国民党中央执行委员会政治会议上提出设立"中央研究院案"。会议决定由李石曾、蔡元培、张静负责起草《组织法》。蔡元培早年游学欧洲，对国外研究机构有所了解，在学术界拥有较高地位，被任命为国民政府教育行政委员会委员。1928 年 4 月 20 日，国民政府委员会有关会议任命蔡元培为中央研究院院长；6 月 9 日，中央研究院召开第一次院务会议，这一天即为中央研究院成立纪念日。中央研究院是民国时期最主要的学术研究机构，是全国最高的学术研究机关，它的建立标志着中国现代有系统的科学研究事业的开端。《国立中央研究院组织法》规定：该院"直隶于国民政府，为中华民国最高学术研究机关"，实行科学研究与指导、联络、奖励学术研究的方针。至 1937 年全面抗战爆发前，中央研究院下辖物理、化学、工程、地质、天文、气象、历史语言、心理、社会科学以及动植物十个研究所，分设于南京、上海两地。

中央研究院成立后，广聘贤才。据 1929 年 12 月 24 日统计，全院研究

上海商学院校门

人员共有 193 人，其中专任研究员、技师、编辑员、常务委员等有 52 人。[①] 胡纪常（鸿勋）进院担任秘书，并在社会科学研究所担任研究员。社会科学研究所下设有民族、社会、经济和法制四个组，同时任研究员的还有大名鼎鼎的杨铨、陈翰笙、王云五等。在高平叔编著的《蔡元培年谱长编》中，曾详细列举了社会科学研究所所务会议情况。1930 年 2 月 18 日，社会科学研究所在上海该所图书室举行第九次所务会议，其中议决为已编成的《六十年来中国国际贸易统计》一书组织审查委员会，推定盛灼山、凌纯声、胡纪常为委员等案。[②] 此后，直至 1931 年 3 月的第十五次所务会议，胡纪常几乎全部参加。[③] 同时，胡纪常还出席中央研究院的院务会议，今人编著的《李四光年谱》对此有所记载。1930 年 4 月 18 日和 11 月 14 日，中央研究院分别召开第十次、第十一次院务会议，胡纪常都参加。出席院务会议的都是当时学界名流，有蔡元培、杨铨、竺可桢、丁燮林、李四光、胡刚复等。[④]1933 年 4 月 8 日蔡元培复傅斯年函称："孟真吾兄大鉴：接读两函，请以胡纪常先生负南京方面事务责任；董作宾先生负上海方面事务责任；徐中舒先生负北平方面事务责任；又请以李济先生代行史语所长职务；各节均可照办。"[⑤]

在中央研究院期间，胡纪常主要从事外贸和商会组织的研究。1927 年，他翻译了 Henri.See《法国近世资本主义发展史》，由新月书店出版。1930 年 10 月，胡纪常加入中国科学社。[⑥]1933 年，胡纪常的《国际商会论》由商务印书馆印行。这本著作直至今天仍是研究我国民国时期商会的主要参考材料。他和樊明茂合著的《国际贸易统计上之货物名目及分类》，作为中央研究院社会科学研究所丛刊第三种，在 1935 年由商务印书馆发行。在这部著作中，他们对当时海关报告货物分类存在的分类标准不确定、分类内容芜杂、货物归类欠准确、货物分类中数量比

胡纪常手迹

---

① 高平叔撰著：《蔡元培年谱长编》（三），人民教育出版社，1998 年，第 397 页。

② 高平叔撰著：《蔡元培年谱长编》（下一），人民教育出版社，1998 年，第 409—410 页。

③ 高平叔撰著：《蔡元培年谱长编》（下一），第 419、432、441、445、470、498、513 页。

④ 马胜云、马兰编著：《李四光年谱》，地质出版社，1999 年，第 100—101 页。

⑤ 高平叔撰著：《蔡元培年谱长编》（下二），人民教育出版社，1998 年，第 33—34 页。

⑥ 何品、王良镭编：《中国科学社档案资料整理与研究董理事会会议记录》，上海科学技术出版社，2017 年，第 148 页。

例亦轩轾悬殊等问题提出了批评，并提出了建议，得到了海关的采纳。到了抗战胜利后的 1946 年，他还翻译出版了法国纪德的《合作主义国际贸易论》，由商务印书馆印行。

1933 年 8 月，胡纪常离开中央研究院，进入国立上海商学院任教，任教务主任兼国际贸易系主任。[①]

国立上海商学院是中国第一所现代大学商学院，也是第一所独立的国立商学院，历史可追溯到 1917 年南京高等师范学校创办的商科。1921 年，南京高等师范学校组建国立东南大学，商科由南京迁至上海，扩充为商学院，定名为国立东南大学附设上海商科大学。这一阶段，胡明复曾入校任教。1927 年以后，随东南大学更名，商学院先后易名为国立第四中山大学商学院、国立江苏大学商学院。1928 年，东南大学定名为国立中央大学，商学院更名为国立中央大学商学院。1932 年，国立中央大学商学院独立，取名为国立上海商学院。

1933 年 8 月，裴复恒接任国立上海商学院院长。裴复恒早年留学法国巴黎大学，获法学博士，与胡纪常系同学。裴复恒出任院长后，将"灌输高深商业技术知识，养成企业精神及提倡研究学术风气"作为办学方针，延聘了一批留学欧美归国学者，胡纪常正是在他的再三邀请之下来校任教的。学校平时学习基本采用英语教材和英语教学，科目试题采用英语出题，对学生的能力水平有较高的要求。不过，"负责经济学和经济地理两门课程的胡纪常教授所出题目都是五六道主观题，设计不免过于简单，学生容易押题，而教师也比较方便划重点"[②]。

与此同时，胡纪常还应聘在交通大学任教。1934 年 12 月，《国立交通大学上海同学录》出版发行。其所载在校教职工名单中，除了科学学院胡敦复、胡刚复外，胡纪常也赫然在列。他的概况简介："胡纪常，江苏无锡人。法国巴黎大学经济博士。曾任中央研究院研究员兼秘书，上海商学院教务主任兼国际贸易系主任，现任管理学院讲师。"[③]

此外，胡纪常还在沪江大学城中区商学院兼课。此校与上海《时事新报》合作开设了新闻专修科，专为培养采写商业新闻的人才，"凡新闻学科学生，照章得选修商学院各种课程，商学院学生，亦得选修新闻学科课程，俾资从学者便

---

①　上海财经大学校志编审委员会编：《上海财经大学 90 年 1917—2007》，上海财经大学出版社，2007 年，第 245 页。

②　周洪宇总主编：《中国教育活动通史》第 7 卷，山东教育出版社，2017 年，第 142 页。

③　霍有光、顾利民编著：《南洋公学—交通大学年谱》，第 370 页。

利"。"即以《时事新报》之办公室为讲学研习之所，以《时事新报》同人为基本教师"，并对外招聘名师教学。胡纪常、黄天鹏、潘公弼等前往施教，一时名师云集，声誉大振。[①]

今天的暨南大学，已经走过116年的岁月。回溯历史，"钟山起凤，黄浦翻翔，武夷播迁，珠水复兴"，是这所大学办学历史的总结。"宏教泽而系侨情"是晚清政府推行的华侨教育政策，暨南学堂的创设即是这一政策的重要体现。暨南大学的前身暨南学堂于南京设立，创办于1906年，这是我国历史上由国家创办的第一所华侨子弟学校。

暨南大学校门

1918年，19岁的胡鸿翥（字翼轩）从江阴南菁中学毕业[②]，进入南京暨南学堂就读。当时有部分学生分在各部门工作，胡鸿翥担任了教务处的助理。"胡鸿翥、蔡安全两先生分别为教务处、训导处的助理，还有许多练习生分在各部门工作"[③]。1923年，暨南学堂主体迁往上海徐家汇真如新校址，到了1927年升格为综合性的华侨大学，称国立暨南大学。国立暨南大学内分大学部、中学部和南洋文化教育事业三部分。从暨南大学毕业的胡鸿翥，在中学担任教务工作。1929年《暨南校刊》第8期、第9期分别刊登他的《中学部消息：中学部第一次教务会议（十八年九月十八日）》《中学部第二次教务会议录（十八年九月廿四日在莲韬馆接待室）》，1930年《暨南校刊》第44期、第48期、第53期分别刊登他的《中学部第一次教务会议记事（十九年春季）》《高中普通科第二次教务会议录（十二月廿七日）》《第四次中学部教务会议录（三月廿六日）》。

1930年后，胡鸿翥回到家乡，在社桥的江苏省立教育学院任注册股主任。[④]此后，他应姐夫葛敬中之招至镇江明明蚕种场任事务员。

成语"惨淡经营"，出自唐代杜甫的《丹青引赠曹将军霸》："诏谓将军拂

① 王立诚：《美国文化渗透与近代中国教育：沪江大学的历史》，复旦大学出版社，2001年，第231页。

② 江阴市南菁中学：《南菁校友录（1982—2002）》，2002年，第44页。

③ 蔡经济：《国立暨南大学的发源地——南京暨南学校》，金向明主编：《暨南百年四海情——庆祝暨南大学百年校庆重庆暨大校友会成立二十周年纪念专刊》，重庆暨南大学校友会，第39页。

④ 《江苏省立教育学院一览》，无锡协成印书局，1934年，第109页。

绢素，意匠惨淡经营中。"意思指在困难的境况中艰苦地从事某种事业。胡通祥的办学生涯完全可以用这个成语来形容。

胡通祥，1896 年生人，1911 年在胡氏小学高小毕业，欲再深造，遭到家庭反对，认为女孩子小学毕业，无继续升学必要。胡通祥执意求学，得到胡敦复的鼓励与支持，投考无锡县立女子师范学校。1916 年，胡通祥从女师首届毕业，由女师校长介绍，至无锡张泾怀上市第十四分校任教。到学期结束，校长调动工作，她也随之离职。1916 年 8 月，由同学王佩莘介绍，到无锡北门外私立振秀女校教书，于学期终了时自动辞职。1917 年 2 月，胡通祥至上海青浦朱家角崇正女校任教，由于往返路途遥远，一年后又辞职返锡。①

1918 年 2 月，胡通祥经人介绍至无锡西乡河埒口荣德生创办的竞化第二女校任校长，这一年她才 22 岁。竞化第二女校是一所单级小学，一个教室，四个年级合并上课，有学生 34 人。1922 年，竞化第二女校学生增加，添一教室。胡校长聘请同属女师毕业同学孙汝舟、王佩莘来校执教，后又聘她族侄女胡秀霞来校工作。她们四人和衷共济，以校为家，兢兢业业教育学生。1927 年荣氏决定停办他所创办的中、小学，竞化第二女校亦属解散之列。后由校友捐款 500 元，暂时维持原状。以后校友们又陆续捐款，筹集 4500 元作为学校基金，才得以继续维持下去。学生再三挽留，胡通祥亦深为学生的诚意所感动，回绝杭州聘请，仍留校任原职。自此，学校更名为化新小学。

当时学校经费仍拮据，日常开支极困难。胡通祥即与老师孙汝舟率先变卖金银首饰，悉数捐献学校；继而动员全体教师不拿或少拿薪金，支持学校。学生也纷纷上山砍柴，作为教师伙食燃料。师生同心协力，共渡难关。

在胡通祥等老师的悉心努力下，学校虽屡经困难，但仍然得到了一定的发展。到 1930 年，化新女子小学校有教职员四人，三个教室，三个年级，学生114 人。②

---

① 强锡昌：《毕生从事教育工作的胡通祥》，《无锡文史资料》第 21 辑，1989 年，第 25 页。
② 顾倬：《江苏无锡县农村经济调查第一集：第四区》，江苏省农民银行总行，1931 年。

天上村前

——中国近代科教之乡（下）

陆阳　著

团结出版社

图书在版编目（CIP）数据

天上村前：中国近代科教之乡 / 陆阳著 . -- 北京：
团结出版社，2022.8
ISBN 978-7-5126-9484-2

Ⅰ.①天… Ⅱ.①陆… Ⅲ.①科学家—生平事迹—无
锡—近代②教育家—生平事迹—无锡—近代 Ⅳ.
① K826.1 ② K825.46

中国版本图书馆 CIP 数据核字 (2022) 第 108732 号

天上村前：中国近代科教之乡

出　　版：团结出版社
　　　　　　（北京市东城区东皇城根南街 84 号 邮编：100006）
电　　话：（010）65228880　65244790
网　　址：http：//www.tjpress.com
E－mail：zb65244790@vip.163.com
经　　销：全国新华书店
印　　装：北京兴湘印务有限公司

开　　本：170mm×240mm　1/16
印　　张：36
字　　数：640 千
版　　次：2023 年 1 月第 1 版
印　　次：2023 年 1 月第 1 次印刷

书　　号：978-7-5126-9484-2
定　　价：128.00 元（全 2 册）

目录
contents

第九章　屐痕浅深

生活是多元的，所从事的事业也是多元的。除了科技教育，在蚕桑改良、银行金融、病理研究、近代旅游等领域，胡氏子弟因使命因责任一路前行，留下了深浅不一的创业屐痕。

我国江南地区的蚕桑业和丝织业历史悠久。大量考古发掘证实，在4700年前太湖流域已有被誉为"世界上原始农业时期最伟大创造"的养蚕、取丝、织红。北宋时，江南置有湖、常、润（镇江）、杭四所织局。南宋时，苏州诞生了天下名锦——"宋锦"；由此拉开了苏州"丝绸之府"后来居上的序幕。明朝后期，海上丝

江苏省立女子蚕业学校校门

绸贸易昌盛，日本和美洲的白银为了购买生丝和绸缎滚滚流入中国，形成了利润巨大的银丝贸易。进入近代，随着日本等新兴工业国家的崛起，我国传统的蚕桑业和丝织业日渐衰微。加快技术革新，重振昔日辉煌，成为我国业界所必须解决的课题。

1903年，报业巨子史量才在上海西门外高昌庙租赁房屋，创办了私立上海女子蚕业学堂。1911年，清朝江苏巡抚衙门批准该校改为公立，并在苏州浒墅关镇选址筹建新校舍。1912年春新校舍落成，该校即按原计划迁址浒墅关，并改校名为江苏省立女子蚕业学校（以下简称女蚕校），是年秋开始招生。初期仅设养蚕科，修业期四年（预科一年，本科三年），属初级职业学校性质。第二

年，时年 16 岁的胡咏絮入学，四年后顺利毕业，在安徽省立女子蚕业学校、山东省立女子蚕业学校任教员。1923 年秋，女蚕校成立推广部，专门负责面向广大农村蚕农推广科学育蚕和土丝改良新技术。胡咏絮应校长郑辟疆之邀，回到母校担任了推广部主任。当时，推广部总共只有四位女职员，担任副主任的是日后成为蚕桑专家的费达生。

女蚕校推广部

推广部成立后，第一项任务就是向农民宣传桑蚕改良的优点和必要，于是"特先筹办一宣传大运动，予以启发"。经过三个月的时间，蚕桑、丝茧、蚕种、蚕室、蚕具、丝车等标本、模型、实物及有关图表、浅说等，经过胡咏絮、费达生等四人的精心准备，已经就绪。"春节前，布置了两条大木船，由郑校长带领，向吴江震泽进发。每到一地，利用寺庙、学校或茶馆举办展览。先由郑校长演讲，然后参观展览，听我们几人讲解。在双阳宣传完毕，我和另一位同事在船上用改良丝车作缫丝表演，两岸群众围观，像看赛龙船一般热闹。这次宣传活动，历时半个多月"[1]。当地的蚕农，对此表示极大兴趣，"均欢欣倾听、参观，都称应该学习"[2]。"宣传队"返还震泽后，又与当地士绅讨论，由女蚕校和震泽地方各出一半经费，于次年春到开弦弓村进行蚕种改良的试验。

当时学校对此次活动也有总结："此次宣传运动的筹备，由胡咏絮、费达生、许皋、张兆珍四位先生负责。一九二二年秋着手，经三月之久，所有蚕桑、丝茧、蚕种、蚕室、蚕具、丝车等标本模型、实物、图表、浅说等均已就绪。入冬盛行，雇有两大舟由郑校长偕行携带展览品而向震泽前进。抵震后，由震绅沈秩安先生邀同震泽绅商开会，议决向双阳、开弦弓、八都、严墓、吴溇、大庙港等处进行。各处均以庙宇之大殿或小校之课堂供展览之所，利用戏台或板门架台作讲台，由校长演讲。并由四位先生招待参观展览品，蚕农均欢欣倾听参观，都称应该学习。在双阳宣传毕，复以改良丝车置船上作实际缫丝技术的示范，且行

---

① 费达生：《解放前从事蚕丝业改革的回忆》，全国政协文史资料委员会编：《中华文史资料文库》第 14 卷，中国文史出版社，1996 年，第 971 页。

② 林刚：《长江三角洲近代大工业与小农经济》，安徽教育出版社，2000 年，第 121 页。

且缫，博得两岸蚕农热烈欢迎赞扬。此次宣传运动每处两天，共计两周。及返震泽，复与士绅们开会讨论，汇报经过情况及地方经济现象，并指出开弦弓农人贫富相差不多。领袖人是小学校长陈杏荪，条件较好。建议事属创举，其成功与否，于地方条件，大有关系，开弦弓村似可落子，在座者均以为然，遂议定一九二四年开弦弓指导，经费一千二百元，由镇与女蚕各半分担，于是胜利返校，慎重计划实施步骤，要来春打一必胜之仗，以奠定蚕农指导的基础。"①

1924 年春天，胡咏絮、费达生等四人来到开弦弓村，开始在开弦弓村育蚕改进实践。他们带来了改进蚕种及育蚕科学技术，向蚕户宣传"蚕病可以毁家，消毒可以丰收"。她们在开弦弓村设立了养蚕改进社，"有蚕农 21 户入社学习，每家来一妇女，由我们传授科学养蚕方法。所用改良蚕种由女蚕校赠送，使用的蚕具由蚕农自备，桑叶由各户送来"②。蚕事之前，要求凡试养改良蚕种的一律不得再养土种蚕，以免蚕病传染，女蚕校的师生对蚕室、蚕具进行消毒，在育蚕工程中采取共同催青、稚蚕共育等方式改进育蚕。③ "农民开始对改良蚕种还不相信，来参观的人络绎不绝，当年改进社的春蚕丰收，各户收入成倍增加，深得农民赞许，于是推开了农村养蚕改革的大门"④。参加改进社的蚕农当年都得到了好收成，其"茧质之佳，茧量之丰为历年所未有"，新种新法由此开始被广大蚕农所接受，推广部也开始在农村扎根。

对于家乡的蚕桑改进事业，胡咏絮更是不惜余力。1924 年，由合众蚕桑改良会委托江苏省立女子蚕业学校开办育蚕指导所，1925 年于天上市堰桥镇首先设立，后又在另外地方添设三所。1928 年，胡咏絮在洛社建立了育蚕指导机构，设立蚕业改进社，推广改良蚕种，并改良养蚕技术。蚕户一经指导，普遍丰收，蚕农纷纷自愿要求参加养蚕合作社。⑤ 胡咏絮还动员兄弟胡鸿勋、胡鸿焘、胡鸿均在村前创办了安定蚕种制造场，生产双喜牌蚕种，"设备完全，成绩优良，历年销路推广产额日增"。1937 年 11 月 26 日，该场北部房屋两幢计三开间一拱

① 《关于江苏省女子蚕业学校推广部派员赴震泽向农民宣传改良蚕业并招待参观展览品的资料》（1923 年），吴根荣、徐友春主编：《吴江蚕丝业档案资料汇编》，河海大学出版社，1989 年，第 23—24 页。

② 费达生：《解放前从事蚕丝业改革的回忆》，全国政协文史资料委员会编：《中华文史资料文库》第 14 卷，中国文史出版社，1996 年，第 971 页。

③ 胡明：《民国苏南蚕业生产改进研究（1912—1937）》，河南人民出版社，2016 年，第 175 页。

④ 费达生：《解放前从事蚕丝业改革的回忆》，《中华文史资料文库》第 14 卷，第 971 页。

⑤ 黄慧芳：《无锡蚕桑发展简史（一）》，《无锡县文史资料》第 6 辑，1988 年，第 74 页。

假三层楼房及有栏干房一幢全部被焚毁，所有器具、仪器、衣饰、图书、字画等均付之一炬，荡然无存。当年价值法币 61531 元。[①]

开弦弓合作社旧照

第二年，胡咏絮离开了蚕校，推广部主任由费达生接任，继续在开弦弓村的改良事业。费达生回忆："第二年，胡咏絮主任调动工作，由我接任推广部主任，带领部分同学，仍到开弦弓村去，蚕农闻讯，争相上门来购买新蚕种，推广部在农村成立指导所，组织五个稚蚕共育组，实地巡回指导，成绩显著。"[②]

回溯这段历史，胡咏絮和她的女性团队，是中国最早送蚕桑技术下乡的先行者。胡咏絮虽则离开了蚕校，但她的一生从来没有离开她所钟爱的蚕桑事业。在以后的数十年间，她全心全意协助丈夫葛敬中致力于复兴和发展我国的蚕丝事业。

葛敬中

葛敬中，字运城，1892 年 1 月生于浙江省嘉兴县。他从杭州安定中学毕业后，考入京师大学堂并于 1913 年毕业，旋即赴法国都鲁斯（也译都露士）大学攻读园艺学和养蚕学，1916 年回国后担任北京农业专门学校教授。1919 年，时年 27 岁的葛敬中，因出色的蚕桑学识，被北洋政府任命为中国合众蚕桑改良会监理，后兼任中方总技师。同年，葛敬中受聘于南京高等师范学校，任园艺学教授、系主任。1924 年，东南大学农科成立蚕桑系，葛敬中任教授、系主任。

在此，有必要介绍一下中国合众蚕桑改良会这个组织。由于清朝长时间闭关锁国，各个领域的技术进步严重滞后，原来具有优势的蚕丝产业，其地位也已经不保。与日本相比，日本在明治维新之后蚕丝业开始起步时的 1890 年，其生丝出口不过中国出口的七分之一，过了 33 年的 1903 年，开始超过中国（另一

---

① 江苏省档案馆藏档案：《无锡县抗战期内财产损失的调查》，全宗号 1009，目录号乙，案卷号 1116。调查时间为 1946 年 2 月。

② 费达生：《解放前从事蚕丝业改革的回忆》，《中华文史资料文库》第 14 卷，第 971 页。

说法为 1909 年，是年国际生丝贸易量日本以 83720 公担首超中国）；到了 1916 年，日本生丝出口量已高出中国一倍；进入 30 年代，日本出口生丝不但独霸美国市场，而且囊括了世界生丝市场的四分之三。为制约日本生丝垄断的威胁，法国、意大利等国驻上海的生丝出口洋行意识到有必要推动中国蚕种的改良，以提高中国生丝质量，于是会同设在上海的苏、浙、皖丝茧总公所，共同邀请英美驻沪商会和外国丝业团体参加，发起筹组蚕桑事业改良机构。经过近两年的磋商和准备之后，于 1918 年 2 月在上海正式成立了中国合众蚕桑改良会。中国合众蚕桑改良会，由法、英、美三国驻沪商会和上海洋商丝公会各派代表两人，苏、浙、皖丝茧总公所派出代表六人，再加日本驻沪商会代表一人共 15 人组成董事会，选出法商代表为会长和常务董事数人组成执行部，会同董事会聘请的总技师法国人费咸尔处理日常工作。北洋政府农商部派一名监理驻会监督会务，实际大权则全操在法国人手中。1919 年，北洋政府派往改良会的驻会监理就是葛敬中。

中国合众蚕桑改良会成立后，先后在上海、常州、绍兴、苏州、无锡等地设立蚕种场，制造和推广改良蚕种。不过，改良会前期工作成绩不大。据《上海丝绸志》记载，1923 至 1925 年间改良会所属好几个场蚕病发生严重，部分场病蛾率高达 60% 以上，不得已只好进口蚕种，从法国、意大利的进口种占 59.80%；而进口的蚕种农民又不欢迎，只好廉价或免费发放，剩余的则只好烧毁。"改良会前期工作很少成绩，徒然浪费金钱，可鉴一斑，1926 年法国总技师费咸尔离职回国，依靠进口为主的办法也告停止"。

1927 年，中国合众蚕桑改良会改组，国民政府选派李石曾、叶楚伦、钱天雄、葛敬中等八人参加董事会，改变了外人操纵局面，不久停办横林、嘉兴、诸暨种场，集中力量经营南京和镇江蚕种制造场。葛敬中被董事会聘为镇江蚕种制造场场长。1926 年，他在镇江士绅冷御秋的协助下，觅得距镇江火车站西约三公里的四摆渡沿铁道线南丘陵山地为场址，着手在 17.3 公顷（另一说为 350 亩）的荒地上规划设计、动土施工建设蚕种场。该地大部是满目荆藤、荒坟累累的土阜，葛敬中常驻四摆渡，亲自筹划，垦荒植桑，终使桑苗肥芽怒放，发育繁茂。年底，由中国合众蚕桑改良会董事会投资 1.8 万元，购置蒸汽、催青设备，并托金陵大学土木工部绘图监造，兴建蚕室、附属室和宿舍等，至 1927 年 3 月全部竣工。在建设期间，葛敬中偕夫人胡咏絮（时任镇江蚕种场场务帮办）前往日本参观考察，回国后订购机械，大兴土木，至同年 5 月建成了国内第一座供冷藏蚕种用的氨冷藏库。冷库的建成，为推广秋季养蚕创造了必需的条件。

1927 年春，葛敬中新聘了一批技术人员，并购进日本品质甚佳的原种新白和正白。春期饲育蚁蚕 312 克，制成正白、新白一代杂交蚕种 1.1 万余张，全部入库冷藏，秋期发往无锡蚕农饲养，殊受欢迎。

1928 年，中国合众蚕桑改良会又投资续购荒地 67 公顷，再筑蚕室、贮桑室、检种室，加聘技术员，增加饲养蚁蚕量。当年制成蚕种达两万余张，成绩更为优良。

1929 年，由于镇江蚕种制造场创办伊始即成绩显著，在四摆渡及其邻近区域出现了投资热，是年在四摆渡和附近地区新建了裕民、瑞昌、三益三个蚕种场，由此引起原种需要量激增，而当时国内供给不足。虽然可向日本求购，但不经济，且日本原蚕种也并非尽善尽美。镇江蚕种制造场借着人才和设备，成立了普种部和原种部，并增加原种饲养量。是年春期饲育原种 230 蛾，制成原蚕种 1700 余张；秋蚕期又制成原蚕种 2100 余张。同

镇江蚕种制造场

年 10 月，中国合众蚕桑改良会女子蚕业讲习所从无锡迁至镇江蚕种制造场内，改名"中国蚕桑改良会镇江女子蚕业学校"。该女子蚕业讲习所于 1927 年在无锡正式创办，葛敬中正是筹备人之一。迁至镇江后，参照上海中华职业教育社的办学方式，实行课堂学习与蚕桑生产实习并重的方针，学制三年。历时十多年，该校先后培养出中级蚕桑技术人才 426 名。1933 年，胡咏絮之弟胡鸿均刚从日本专攻蚕种科学毕业回国，就进入该校任教。

1930 年，鉴于当时各地蚕种庞杂，茧丝质量差，微粒子病危害猖獗，严重影响茧丝生产，镇江蚕种制造场着手对家蚕品种进行改良。在品种改良进程中，千方百计通过日本友人从该国引进体质强、丝量多、丝质优的新原种，经过试繁，选择适合我国环境和条件的优良品种。镇江蚕种制造场在原种部、普种部的基础又增设试验场，专门进行家蚕品种杂交试验，先后选育出华五、华六、西巧、西洽、化桂、洽桂等优良品种。其中华五的解舒、丝量和丝质的质量都较高，深受苏浙等地蚕农欢迎。

1932 年，由于新品种选育进展顺利，采用新的原蚕品种华六、西巧、化桂、瀛真等，几乎是一年一变。浙江吴兴、德清、嘉兴一带的蚕农在选购蚕种时，几乎达到非化桂不养的程度。至这一年，以四摆渡为中心、沿镇宁丘陵一线已先后创办了裕民、瑞昌、三益、均益、明明、永安、益民七个民营蚕种场。葛敬中对

于正在兴办的蚕种场尽力给予协助和扶持，从垦荒植桑、供应原种、小蚕共育、代检母蛾、代为冷藏和浸酸、代销蚕种等方面提供技术指导和服务，以支持民营蚕种场的发展。1929年起，胡咏絮担任明明蚕种场经理兼技术总管。

1933年，随着土种的淘汰，改良蚕种的需要量激增，出现供不应求的局面，尤其是浙江缺种情况严重。为此，葛敬中经浙江省建设厅允准在吴兴县创办了嘉兴蚕种制造分场，并亲自兼任场长。在南浔选定饲育原蚕农户，将采下种茧运送嘉兴，经检定合格制成蚕种，从而大量繁育出改良蚕种，解决了浙江养蚕需种之急。这一首创与蚕农合作制种方式，就是后来浙江蚕种场实行的原蚕饲育区的雏形。

1935年，为了迅速繁育比华六、化桂更加优良的新品种，镇江蚕种制造场特派技师胡鸿均赴日本，搜罗到洽桂、华七等新品种原种。胡鸿均回国后立即着手繁育，于晚秋即制成一代杂交种洽桂×华七，连同附近几个蚕种场共繁育了四万余张，供次年春蚕推广饲育。与此同时，推出广寒、广麻和华六的一代杂交种，取代了农村原有的土种。

到1935年时，镇江地区共有裕民等私立制种场16家，均由合众蚕种场提供技术指导服务，并逐渐发展成合作蚕种场。1931—1935年，合众蚕种场共代销蚕种233.93万张，主要销往浙江的杭州、嘉兴、湖州和江苏的无锡、常州等地。第二年，以镇江蚕种制造场为核心的合作蚕种场，其范围已扩至宁、镇两地，组成单位从几个增加到10余个，桑园从133公顷扩大到266.7公顷，蚕种冷藏库从一个增加到四个，投资从五万元增加到100万元，春秋两期蚕种产量从三万张提高到120万张，蚕种销售范围从苏、浙两省扩大到山东、四川、安徽、湖北、山西、广东，直至远销国外。

由于在蚕种改良上所做的贡献，葛敬中在蚕桑业地位日隆。1928年，第三中山大学（后改为浙江大学）农学院创办蚕桑系，聘葛敬中为教授兼系主任。在此之前，葛敬中还曾担任东南大学蚕桑系教授、系主任。当时，东

镇江蚕种场内的建筑

南大学和第三中山大学是我国较早设立蚕桑系的高等学府，葛敬中先后出任两校的蚕桑系主任，为振兴中国的蚕桑事业、培养蚕桑高级技术人才奠定了基础。1934 年，葛敬中又兼任全国经济委员会蚕丝改良委员会常委和技术室主任，负责指导全国蚕桑茧丝各业。他就任后先后在江苏省金坛县和浙江萧山、杭县设立了三个蚕桑模范区；在安徽全椒，山东临朐，湖北天门，四川潼南、巴县、江北、璧山等地设立蚕桑指导所。在南京小行镇设立蚕丝研究所，并委托江苏省女子蚕业学校创办二年制制丝专修科和蚕业指导人员养成所，共招生 200 余人。在金坛、无锡、嘉兴、杭县、临朐等地改进缫丝设备，装置新式烘茧机，同时改进收茧力法。此外，还设立苏浙蚕种业指导委员会，指导各蚕种场提高蚕种品质。

　　说起 20 世纪 30 年代的我国蚕桑改良运动，除了葛敬中、胡咏絮夫妇之外，还有一对夫妻同样与村前有着密切的关系，他们是常宗会和夫人胡蕴华。而且葛敬中、常宗会的妻子是亲姐妹，因而他们之间是连襟关系。

　　常宗会，原名常万元，1898 年出生于安徽省全椒县，1915 年考入安徽安庆龙门师范学校。1919 年，常宗会面临毕业之际，适逢北平爆发了"五四"学生运动。安庆，是安徽省的省会所在地。学生们积极响应，声援北平学生运动。常宗会作为龙门师范选出的代表，在参与和商量成立安庆学生联合会时被选为负责人之一。5 月 9 日上午八时，省会安庆各学校学生集合，整队出发，汇成一股不可阻挡的洪流，旗帜飘扬，标语满墙，口号声此起彼落，震天动地。常宗会领头高呼"外争国权，内惩国贼""抵制日货、提倡国货""誓死不做亡国奴"等口号。北平学联电邀各省学联各推举两名代表到上海组织全国学联总会，常宗会和汤志先两人被安徽学联推为代表赴沪。各省代表云集上海，有北京大学的许德珩、黄日葵、段锡明、陈宝锷，清华大学的罗隆基等百余人。

　　正是在上海期间，常宗会见到了民主革命先驱孙中山先生。日后他在回忆文章中写道："当时，中山先生在上海，很关心学生运动，派秘书经常和各省的学生代表联系，听取大家的意见和要求。有一天，他的秘书来到我们住处，谈话中，我表示想见见孙先生。当时我只是说说而已。因为像孙中山这样的伟人，日理万机。哪有时间来接见我这样一个普通学生呢！""但出乎我的意料，两三天后，秘书却通知我去见孙先生。"那天上午九时，孙中山身穿一套深灰色中山服，面带笑容，在客厅里接见了常宗会。孙中山在问过常的情况以后，说："中国的未来，中国的命运，都落在你们这一代青年的身上了。你们要学科学、要爱国。"接着，孙中山问常宗会找他有什么事。常宗会说："我想到国外去勤工俭学。孙中山立刻说："好。你想到哪个国家去？"并且说："你要是想去美国读书，我可以给你写介绍信；你想到法国去勤工俭学，我在上海帮助你办手续。"常宗会激动地说："想到法国去。"①另有资料这样记录当时的情景：孙中山先生一见面就对常说："中国的未来，中国的命运，这些重大的责任完全落在你们这一代青年的身上，你们要学科学，要爱国。不学科学，你们虽有爱国之心，但力量不够，作用也就不大。"②随后在全国学联总会闭幕时，常宗会在上海先施公司屋顶花园又见到孙中山先生。孙上台第一句话就是："今天到会的各界代表，代表各界人民。我是哪界代表？我是革命党的代表！"全场掌声雷动。会后大家还同孙中山合了影。③与孙中山的两次见面，成了常宗会一生最为难忘的记忆。就这样，常宗会在孙中山的关怀下，于当年12月在上海乘坐"保勒加"号邮船去了法国。

常宗会到法国后，先在募兰中学中国学生补习班补习法文。1921年考入蒙白利尔（Monpelier）高等农业专科学校蚕桑科，毕业后即入南锡（Nancy）大学农学院，初获农业工程师学位，后攻读研究生学位，他的论文题目是《昆虫肠部吸收之研究》，获理学博士学位。④常宗会学习农业科学着重联系国内实情，他想到中国农民大都从事单一的大田农作物，如稻、麦之类，即使有人从事蚕桑之类的经济作物生产，在选用良种及田间管理上也不科学。常宗会认为要使中国农民增加收入，逐步富起来，除打破传统的单一耕作制度外，必须因时、因地制宜地发展有前途的蚕桑事业。鉴于此，常宗会1922年在法国学习期间还撰写了《改良中国蚕桑计划》的论文。1924年10月，他还与李石曾、谭熙鸿等在巴黎成立新中国农会，刊行《农名词纪刊》《新农通讯》。⑤对于留法学习的那段经历，1979年81岁高龄的常宗会在《五四运动时我在安庆亲身经历的回忆》一文中写道："我在法国（1919—1925）本着'科学救国'四字不放松，学有一技之长，

① 谈家桢：《忆胡刚复先生》，《物理实验》（纪念胡刚复教授诞辰百周年特辑），壹玖贰 年。

② 常宗会：《中山先生关怀青年一代》，民革中央宣传部编：《回忆与怀念——纪念孙中山先生文章选辑》，华夏出版社，1986年，第274页。

③ 盛乃健、靳军：《铭记中山先生教诲，毕生爱国兴农桑——记农牧科学家常宗会教授》，安徽省滁州市政协文史资料委员会编：《皖东文史》第11辑，2011年，第197页。

④ 盛乃健、靳军：《铭记中山先生教诲，毕生爱国兴农桑——记农牧科学家常宗会教授》，《皖东文史》第11辑，第199页。《东南大学史1902—1949》第1卷（东南大学出版社2012年版）第99页称其为法国里昂大学农学博士。

⑤ 中国科协发展研究中心课题组编：《近代中国科技社团》，中国科学技术出版社，2014年，第233页。

取得博士学位。"①

1925 年，常宗会学成回国后，任东南大学农科系蚕桑教授，后又担任南京蚕桑试验场场长。该场地处南京太平门外，由中国合众蚕桑改良会与东南大学农科合办，直接接受中国合众蚕桑改良会的领导，东南大学以该场作为学生的实习基地。南京蚕桑试验场经过数年发展，规模不断扩大，年产改良蚕种春蚕约三万张、秋蚕近两万张，使得南京的蚕种生产一时与苏州、镇江形成鼎立之势。同时，南京蚕桑试验场还办了蚕桑训练班，招收学员，学习期限定为两年。学生入学期间食、宿由班内免费供给，学成毕业后派往各蚕桑指导所任技术员。数年间训练班毕业者逾 200 人之多，且为东南大学农科及芜湖第二农业学校代培实习生数百人之多。而且，南京蚕桑试验场在设立蚕桑指导所推动农民科学养蚕方面的成就则更大。首先创办的是南京晓庄蚕桑指导所，这是试验场最大的一个指导所。冯玉祥将军看到晓庄附近农民络绎去往试验场，询问其故，农民告之领蚕纸饲养改良蚕。冯玉祥得知养改良蚕比养土种蚕每担蚕茧多获利十元，且蚕纸无价供给，还有人指导饲养方法，对此颇感兴趣，邀请常宗会晤谈。

常宗会是安徽全椒人氏，一心想在家乡发展改良蚕桑事业。他回忆："我与该会法国总工程师维埃尔素有交往，因此在总会会议上我提出：江苏、浙江两省推广良种很有成绩，安徽也应推广。这一提议得到总会同意，并委托我全权办理。"② 这样，安徽省全椒、当涂、青阳、贵池等地蚕桑指导所相继开设。③ 对于创办全椒县蚕桑指导所的无创办与运作，常宗会在晚年之时有专门的回忆文章。据他回忆，全椒县蚕桑指导所技术人员由南京蚕桑试验场选派，经费也由该场负担。蚕桑指导所对广大农民进行宣传，使农民懂得改良蚕种的好处；并向农民赠送桑苗、蚕种，估计桑叶产量，按桑支种；在育种上采取"共同催青、稚蚕共育"的科学方法；介绍外商到县设立烘茧灶，收买改良茧；收茧价格由指导人员与农民、厂方三方面共同议定，保护农民利益；改良茧价每斤比土茧价高 5 至 10 银元。指导所成立后，"我亲自在大会上讲了改良蚕种的意义以及养好良种蚕的方法，结合放映冯玉祥将军参观晓庄指导所的影片，农民非常欢迎"，"我又与无锡丝厂联系，劝他们将每线一元的改良蚕种免费送给全椒农民。每张蚕种

---

① 盛乃健、靳军：《铭记中山先生教诲，毕生爱国兴农桑——记农牧科学家常宗会教授》，《皖东文史》第 11 辑，第 202 页。

② 常宗会：《回忆全椒县桑蚕指导所》，《安徽省文史资料全书·滁州卷》，第 379 页。

③ 盛乃健、靳军：《铭记中山先生教诲，毕生爱国兴农桑——记农牧科学家常宗会教授》，《皖东文史》第 11 辑，第 200 页。

有 28 圈，可以出 25—30 斤鲜茧，每百斤收购价 35—40 元（银元），而土种只有 30 元，产量还低"，"指导所对改良蚕种养得好的农户进行奖励，曾有一户农民得奖一头大牡牛（约值 300—400 银元）"[①]。全椒蚕桑指导所给农民带来的利益是实实在在的。"全椒蚕桑指导所从一年只发出几张纸（蚕纸）发展到发出 1000 张纸，有的农户达到户产茧 250 斤以上，农民收入大大增加"[②]。有的农户鲜茧产量达 250 斤之多，收入高的可达万元左右。[③]

日后成为经济学家的汪尧田家中就养起了改良蚕。在他的印象中，收茧的那一天是全家一年之中最美好的日子。"鸡啼三更后，孩子们随着母亲蹑手蹑脚地走进蚕房，以往黑乎乎的蚕房成了白亮亮的世界！到处飘逸悬挂着雪白透明的蚕丝，洁白饱满的蚕茧像丰收的果子挂满枝桠，两个多月辛辛苦苦的日日夜夜，到了这时终于充分报偿了。收获最好的一年，蚕茧卖了 80 多块银元，这足足抵得上乡下二三个壮劳力一年的收入，家人的温饱基本可赖以维持"。"这不仅靠母亲养蚕的本领，也是因为当年全椒县出了一位名叫常宗会的博士，是当时著名昆虫学家，学成返乡，在全椒农村推广农业新技术，免费向蚕农提供优良的蚕种。由于他传授的技术和供给的优良蚕种，新品种的蚕茧长普通品种一倍以上，缫出的丝品质量也特别好，南京为此还特别设立了一家收购点，专门收购这种优质蚕茧来织造特别优质的丝绸。常博士每年春上成百张地向蚕农分发蚕卵，进行养蚕培训，接受新技术的蚕农普遍深受其益。"[④]常宗会，在少年汪尧田的心中树起了一个实实在在的英雄榜样，青年时期很长一段时期的理想就是做这样一个农学家，造福乡里、经济济世，以自己的一技之长为家家换来温饱和祥和。

正是在此期间，常宗会与胡蕴华相识、相恋。两人在 1929 年 2 月进入婚姻殿堂，蔡元培应邀为一对佳人证婚。证婚词为"社会组织，托始夫妇。互尊人格，互尽义务。互谅所短，互认

常宗会（右 4）与胡蕴华结婚照

①　常宗会：《回忆全椒县桑蚕指导所》，《安徽省文史资料全书·滁州卷》，第 379 页。

②　常宗会：《回忆全椒县桑蚕指导所》，《安徽省文史资料全书·滁州卷》，2007 年，第 379 页。

③　盛乃健、靳军：《铭记中山先生教诲，毕生爱国兴农桑——记农牧科学家常宗会教授》，《皖东文史》第 11 辑，第 200 页。

④　WTO 上海研究中心编：《中国入世研究先行者：汪尧田教授生平与思想》，上海三联书店，2007，第 10—11 页。

所长。亲爱不渝，幸福无疆。"①1930 年，常宗会在南京自办太平蚕种场，由其夫人胡蕴华任场长，职工 20 余人，桑园仅 20 余亩，即使人少地少，但具有技术雄厚的优势，其年产量竟达万余张之多，为各场之冠。除此之外，常宗会后来还协助华侨办了中央蚕种制造场。②有资料表明，1931 年，常宗会亲任场长的南京制种场年产蚕种 2.5 万张，胡蕴华任场长的太平蚕种场出产 1.1 万张。③

20 世纪 20 年代，中国的商业银行形成了一些民族资本的金融集团，其中最著名的是"北四行"和"南四行"。"北四行"是北方的金融集团，即盐业、金城、大陆、中南四家银行的合称；"南四行"是南方的金融集团，即浙江实业银行、浙江兴业银行、新华信托储蓄银行和上海商业银行四家银行的合称。④主持新华信托储蓄银行的，正是王志莘。

上海新华商业储蓄银行大楼

1925 年，王志莘从哥伦比亚大学毕业离美，绕道欧洲考察各国银行业务。回国后，他在上海商科大学和中华职业学校任教，并任中华职教社创办的《生活周刊》主笔。1926 年，王志莘投身银行业，进入薛仙舟主持的工商银行，任储蓄部主任。他提倡用合作货调剂工商资金，因此工商银行被称为"平民银行"。薛仙舟设立"中国合作学社"，王志莘任常务理事和"合作函授研究班"主任。

1927 年，江苏省政府筹设江苏省农民银行筹备处，聘薛仙舟为筹备处主任。"薛为中国倡办合作社之第一人，且为孙中山先生挚友，惜未及就职，因病身故"⑤。1928 年，江苏省农民银行成立，王志莘被聘为副经理，连襟过探先为总经理。不久，过氏病逝，王志莘接任总经理

①　蔡元培 1929 年 2 月 13 日日记有"为常宗会、胡蕴华写证婚词"的记录，见《蔡元培全集》十六卷，浙江教育出版社，1998 年，第 300 页。证婚词见蔡元培：《我的人生观》，中国工人出版社，2013 年，第 227 页。

②　盛乃健、靳军：《铭记中山先生教诲，毕生爱国兴农桑——记农牧科学家常宗会教授》，安徽省滁州市政协文史资料委员会编：《皖东文史》第 11 辑，2011 年，第 200 页。

③　南京市地方志编纂委员会，农林志编纂委员会：《农林志》1994 年，第 340 页。

④　另有浙江兴业、浙江实业、上海商业储蓄三家银行合称的"南三行"之说。

⑤　南京金融志编纂委员会、中国人民银行南京分行编：《民国时期南京官办银行》（南京金融志资料专辑 1），1992 年，第 319 页。

之职。江苏省农民银行总行先设址于南京，1931年4月随省政府一起迁镇江，先在镇江商会旧址广肇公所营业，后自购中山路中山桥旁房屋迁入办公。在此任上，王志莘大力发展农村信用合作社，当时江苏省农村合作社数量居全国的首位。[①] 常熟、吴江、高淳、松江等分行均在1928年9月至1929年6月这段时间陆续成立。至1931年，已有上海、武进、无锡、苏州、嘉定、盐城等20处分行，遍布江苏各地，并在溧阳、太仓、宝应、沭阳、震泽设立营业处。[②]

王志莘在银行界逐渐崭露头角，引起了中国银行张公权、交通银行钱新之的重视。到1933年10月，王志莘辞去总经理之职。

真正让王志莘闻名金融界的，是他让新华商业储

江苏省农民银行发行的钞票

蓄银行（简称新华银行）"起死回生"的业绩。新华银行于1914年由中国、交通两银行拨款设立，是我国最早的储蓄银行之一，总行设在北京，1919年设立上海分行。初期经营还算顺利，历届年终决算均有较多的盈余，实收股本从开始

王志莘

的15万元增加到1925年的200万元。但以后陷入经营不善，放款大量呆滞，内部又多次发生窃款卷逃事件，致使负债累累，无法维持，乃由中国、交通两家银行出面进行彻底改组。中国银行总经理张公权推荐王志莘主持新华银行，担任总经理。经过清产核资，新华商业储蓄银行于1931年改组为新华信托储蓄银行，总行由北京迁至上海。

王志莘到任伊始，即着手整顿人事，推荐同在美国哥伦比亚大学攻读银行学的同学孙瑞璜担任该行副经理，并聘请一批留学欧美、拥有先进知识和进取意识的专家担任重要职位，在银行内部形成了一个具有学者理论素养的高级领导层。拟订的《改组宣言》宣称新华银行的使命"在以社会为对象，从事于其经济力与信仰心之集中，进而运用之于社会，为社会造

① 黄忆：《王志莘》，孔令仁、李德征主编：《中国近代企业的开拓者》上，山东人民出版社，1991年，第62页。

② 中央银行经济研究处：《中国农业金融概要》，商务印书馆，1936年，第15页。

福", "所谓以社会为对象而集中其经济力，是不当单着眼于大量的经济，尤当着眼于群众一锱一铢的所在，设种种方便法门以吸集之。一锱一铢，最易耗散，聚之勿失，一利也。额小无所利，聚成巨款，乃生效用，二利也。散之为一锱一铢，聚之便得恒河沙数。若不加注意，不知不觉中社会实蒙莫大之损失，是宜用简当便利的手续，使之不费时不费力，集中而生效"。

王志莘将其在美国学到的银行业管理原则和方法运用到新华银行，确定银行的业务方针为"以安定人民生活为起点，以促进社会福利为终的，广设分行，接近客户，使银行大众化；推展储蓄，使人民生老病死得安全的保障；扶助有关民生的生产事业、运销事业、交通运输事业以及社会团体，以合谋社会大众的福利"。在这一方针的指导下，王志莘大力开设多种储蓄以集聚零星资金，有活期的生活储金、每月存入家用节余款项的俭约储金、定活两便储金、零存整取储金、整存整取储金、存本取息储金、整存零取储金、子女教育储金、人寿储金、礼券储金等等。新华银行的储蓄业务种类繁多，人们日常的多种多样的经济活动相适合的；而且存储办法和处理手续力求简单方便，服务态度热情周到，深受客户欢迎。该行的储蓄业务很快兴旺起来，新华银行由此"活"了过来。到1936年底，存款总额增达1436万元，比改组以前1930年底的478万元增加两倍以上，各项投资达1165万元，银行资力日益雄厚，历届决算均有较多盈余，信用日隆。为了扩大对社会的服务面，新华银行不嫌业务烦琐，先后举办了代收大中小学学费、公用事业费、牛奶费等项业务。这些业务看起来数目零星，手续琐碎，但却吸收了一批沉淀资金，开辟了存款来源，而且扩大了与居民、学生的联系，为银行发展了一批潜在的客户。

王志莘强调银行必须为社会各界服务，是以必须坚持银行信用为出发点。只有以银行信用取信于社会各界，才能接受社会各界的委托服务。为此，新华银行专门设立服务部，举办各种信托服务项目：（1）信托存款，代理客户委托投资；（2）代客设计建筑房屋，代办房地产登记、买卖、出租、过户、缴纳税款以及契据保管；（3）代理有价证券的登记、买卖、保管、过户和领取股息红利；（4）代办公司的创立登记、发行股票和改组清理；（5）代理发行公司债券；（6）代理工商企业对其资金运用进行设计；（7）代客设计会计制度，接受客户委托检查账目财务；（8）为工商企业或社会团体编制预算决算；（9）办理信用保证；（10）代理执行遗嘱，管理遗产；（11）代客拟订消费或信用合作社章程及组织办法；（12）为工厂、商店、机关、团体设计职工储蓄金办法；（13）为学校设计学生到银行实习办法；（14）出租保管箱；（15）办理经济报道，代办信用调查等。上述信托业务的开办，有些在当时银行界尚属创举，引起社会各界人士的关注。该行曾代中国化学工业社组织农村合作社向农民推广种植除虫菊，与杨树浦一带的工人群众团体沪东公社联合举办职工福利事业，协助大同大学等校组织学生到银行实习等，深受各界人士的称赞。此外，该行还营建了新华一村、新华园、新华别墅、新华公寓等房屋，其中新华一村采取分宅出售办法，当时亦属创举。

王志莘早在中华职业教育社供职时，就心怀"实业救国"的思想，与国货工厂有相当的联系。这些工厂大都是在第一次世界大战时由我国有志于实业救国的民族资本家创办的，在上海被称为"国货帮"。他们的资力比较薄弱，不为大银行所重视。王志莘主持新华银行后，立即与他们建立了广泛联系，以他们为主要的业务对象。其中与其往来最为密切的是中国化学工业社、天厨味精厂、中国丝业公司、美亚织绸厂、中国棉麻公司、鸿兴织造厂、萃众织造厂、康元制罐厂、科学化工厂、中国科学图书仪器公司、中国国货公司、博士金笔厂、中国国货联营公司等。王志莘和孙瑞璜也往往兼任这些企业的董事或董事长。据该行1948年决算表分析，各项放款中工矿企业占34%，主要日用品运销事业占36%，公用交通事业占12%，其他占18%，由此可见支持国货产销，在新华银行放款中占有重要地位。费达生的制丝推广事业就曾得到王志莘的支持和帮助。20世纪20年代中期以后，随着养蚕科学技术的推广，女蚕校开始关注制丝改革。1929年，蚕丝推广部主任费达生在吴江县开弦弓村组织蚕农入股，创建了生丝精制运销合作社。开弦弓村生丝精制运销合作社，是中国农民最早经营的制丝工业企业。王志莘的夫人胡六英，是费达生在江苏省女子蚕桑学校的同学，"费达生一次在火车上碰上了王志莘，见他身边坐着自己的同学胡六英，才知道他们是一对夫妻。从此彼此关系更亲密了一些"[1]。王志莘到开弦弓村参观考察，对费的业绩甚为钦佩，帮助解决了银行贷款。[2]1929年2月，震丰丝厂在吴江县震泽镇建成，拥有丝车416台，工人950人，当时已属相当现代化之机械制丝厂。建厂伊始，适逢萧条，加以经营不善，原料茧子缺乏，生产时断时续，至1934年被迫停办。费达生在设厂之初即兼任技术工作，情况熟悉，乃代表女蚕校与厂主孙荣昌进行谈判，拟租借该厂，孙未予同意。费达生退而在平望筹设小型丝厂。此时，王志莘再次伸出援手，贷给七万元作为建厂基金。孙荣昌风闻此事乃让步，于1936年同意租给女蚕校10年，遂更名震泽制丝所，改弦易辙，经营农村蚕丝

---

① 余广彤：《蚕魂——费达生传》，苏州大学出版社，2002年，第70页。

② 余广彤：《蚕魂——费达生传》，第69—70页。

合作社委托的代缫代烘业务。[①] 除了对工商业放款外，新华银行还以公教人员为对象，举办小额低利信用贷款；以粮食、棉花为担保品，在农村发放农仓贷款；以捕捞业为对象，发放渔业贷款；以文教事业为对象，举办建屋贷款，如大同大学新校舍和金城电影院的建造，都得到新华银行贷款支持。

如果说开办多种多样的储蓄业务、积极举办内容广泛的信托业务和贷款支持中小企业，是从银行业务内容上体现了"以平民为目标"的思想；那么，广设分支机构，则是从银行的机构设置上体现了这一思想。新华银行改组前，只有北平、天津、上海三个分行机构；改组后，为了实现王志莘提出的"接近客户""机构要接近社会"的口号，在扩展银行业务的基础上，先后在南京、汉口、厦门、广州、重庆、昆明、长沙、无锡、苏州、香港等地设立分行，分支机构遍布全国各地。仅在上海市区，新华银行就先后在静安寺、八仙桥、南京西路、淮海中路、复兴中路、延安中路、新闸桥、小东门、老西门、四川北路等地设立 10 个办事处；还在上海郊区的吴淞、闵行、北桥、罗店和无锡的洛社、荡口设立乡村办事处，方便农村集镇的客户。新华银行设置分支机构的数量之多和分布之广，在全国商业银行中名列第一。

新华银行的起死回生，也是同王志莘重视企业精神的铸造分不开的。他在新华银行改组之初提出："以新精神赓续旧生命。"这就是要用一种新的企业精神使新华银行的旧生命焕发出新的活力。这种新的精神是要把新华银行"逐渐转移成为一个同仁集体共有的机构，亦即同仁共治的集体"。这一管理指导思想体现在具体措施上，就是想方设法培养职工爱行如家、愿为其终生献力的观念。新华银行建立了比较完善的行员福利制度和奖励制度。设有年终双薪、全勤者增发一个月工资的考勤奖金、福利贷款金、子女教育补助金、业余进修补助金、行医免费门诊、行员储蓄金、养老金、残废给养金、死亡抚恤金、人寿互助金等；对满 20 年工龄的职工赠送名牌"欧米茄"金表一块，以奖励他们对该行的贡献。这些制度培养了行员把银行看作自己的家，愿终生为银行服务的思想。新华银行在征得董事会同意的前提下，在几次增资时将一部分增资新股以分红方式赠送给银行职员，称为"同仁股"。它是按行员的职务高低、工作的年限长短和工资的多少而分发。此"同仁股"不得对外买卖，只能在银行内部人员之间转让，以永久归属本行行员所有。到 1949 年初，这一"同仁股"已增到 33110 股，约占银行资本总额的三分之一，这使行员的利益与银行的利益休戚相关，部分地实现了同仁共有，同仁共治。王志莘在新华银行经营管理上的又一个重要业绩，就是重

---

① 周德华：《费达生与土丝改良运动》，《吴县文史资料》第 7 辑，1988 年，第 131 页。

视行员队伍的建设和良好行风的树立。新华银行坚持以贤、才为录用行员的要则，王志莘要求录用行员不仅尽可能吸收大中学校毕业生，而且还须经过严格的考试或考查。据 1948 年的统计，该行受过高等教育的行员占 48.1%，受过中等教育的行员占 50.4%，两者合计占 98.5%，行员的平均年龄不到 30 岁。①这支年轻化、知识化的队伍形成了新华银行发展的基本力量。王志莘平时关注行员的生活。邹韬奋就专门撰文说起王志莘兼任月下老人的故事，称"王先生平日只讲储蓄银行怎样办法，平民合作事业怎样办法，口口声声不谈男女问题，偶尔一谈，倒也谈得不错，确有做月下老人的资格"②。

在王志莘的苦心经营下，仅仅几年时间，新华银行业务蒸蒸日上，成为当时上海银行业中比较有朝气的一家新型银行。到抗战前夕，存款总额比改组前增加了近七倍；各项放款比改组前增加了两倍；各项投资也达到 1165 万元。日见殷实的资力和日臻完善的管理措施，使该行在社会上的信誉、银行界的地位日益提高。抗战胜利后，它被列为南方金融集团"南四行"（其他三家银行是上海商业储蓄银行、浙江兴业银行、浙江实业银行）之一，是上海银行业公会 200 多个会员中处于领导地位的十家大银行之一。③20 世纪 40 年代，专门记载上海经济界人物的《上海时人志》对王志莘作出了这样的评价："先生精攻经济，熟谙商情，事业心极重，绝鲜浮嚣飞气，待人端谨大方，处事公道细密。"

王志莘长期担任中国银行学会理事长，对金融理论素有研究。他经常在《银行周报》上发表文章，并做有关金融问题的学术演讲。1934 年，国民政府准备正式制定颁布《储蓄银行法》，王志莘发表《关于储蓄银行法的机关问题》一文，就存款的吸收，资金的运用，股东、董事、监察人员的责任规定等问题，阐述了独到的见解，并分析了原草案实行的利弊得失，受到当时同行们的重视。王志莘"素有整理中国储蓄银行史实之志，平日针对储蓄史料，一鳞一爪每好收集"，在纪念新华银行成立 20 周年之际出版了《中国之储蓄银行史》。他还与人合作著有《合作金融》等。这些论著对于阐明金融理论、开拓银行职能，起到了重要指导作用。④

1931 年 9 月 18 日夜，日本关东军蓄意发动"九·一八事变"，开始侵占东

① 黄忆：《王志莘》，孔令仁、李德征主编：《中国近代企业的开拓者》（上），山东人民出版社，1991 年，第 60 页。

② 《王志莘先生兼任月下老人》，《韬奋全集》（增补本 2），上海人民出版社，2015 年，第 115 页。

③ 黄忆：《王志莘》，《中国近代企业的开拓者》（上），第 62 页。

④ 黄忆：《王志莘》，《中国近代企业的开拓者》（上），第 62 页。

北三省。到第二年 2 月，东北全境沦陷。东北的爱国官兵、各民族各阶层的民众群起抗日，在各地自发地组织起义勇军，以武装斗争与日寇殊死搏斗。东北义勇军得到了全国人民的支持。在上海，王志莘和戈公振、李公朴、潘序伦、邹韬奋等发动捐款。《生活》周刊曾刊登《关于援助东北义勇军捐款之声明》，内云：

"关于援助东北义勇军捐款，自一月十四日起至三月十七日止，共收壹万柒千零叁拾贰圆玖角贰分，汇出壹万陆千伍百圆，结存尚待续汇者伍百叁拾贰圆玖角贰分。此事系由可靠友人直接查明接济，惟尚未到全部公布时期，所可奉告者，支付之款均有相当之收据，经公振等七人审阅保存，以备将来查考之用。以后每隔若干时，仍当将此事近况在本刊上公布，直至全部结束之时为止。"①邹韬奋回忆："当时在'九一八'不抵抗而沦亡东四省之后，全国愤慨，东北义勇军纷起血战抗日，义声远震，国人对于义军属望殷切，朱子桥、汪慕慈诸先生以《生活》周刊信用卓著，来商联合几位朋友起来号召捐款接济正在浴血抗战中的义勇军，汪先生且毅然秘密由津冒险亲往东北接洽，我便和戈公振、王志莘、李公朴、陈彬龢、毕新生、潘序伦诸先生登报发起，当时以秘密接济，交与何人以及如何交付等等均不便公布，仅将收据凭证等保留，以备查考。最近整个抗战业已展开，亟欲即将此事告一结束，特把徐永祚会计师的查账证明书制版在本期本刊公布。"②王志莘夫人胡六英参与成立尚义团，"原为慰助东北义勇军，现战事正当紧急之时，议定即日开始工作，分道募款"③。

南京国民政府成立后，通过统一编制教科书实现文化整编，成为当务之急。1930 年 11 月，国民党召开三届四中全会，朱家骅、陈立夫等人提议设立编译处，总管编译一事。1931 年 5 月，又有国民会议代表提议从速设立国立编译馆，编译中小学教科书及学术专著。1932 年 4 月，教育部部长朱家骅奉国民政府令裁撤教育部编审处，设立国立编译馆。教育部原编审处人员拨归该馆，又先后聘请专任编审员及编审员 30 余人，办公地点设在教育部编审处原址。1933 年 4 月，立法院修订通过该馆组织规程，正式定名为国立编译馆。

在国立编译馆的编审员中，来自村前胡氏的胡颜立是业务骨干。胡颜立，1900 年出生于村前，小时在胡氏公学读书。1918 年，胡颜立考入中央大学教

---

① 《关于援助东北义勇军捐款之声明》，《生活》周刊第 7 卷第 12 期，1932 年 3 月 26 日。

② 邹韬奋：《旧事重提》，《韬奋全集》（增补本 7），上海人民出版社，2015 年，第 617 页。

③ 《十九路军抗日战史》，郑宝照编：《淞沪抗战史料丛书续编3》第 6 辑，上海科学技术文献出版社，2018 年，第 137 页。

育学院，1922年毕业后即进入中央大学实验小学部任教。1923年的夏天，六岁的陈梦熊进入南京中央大学实验学校的幼稚院。从此学校就成了他的家，陈梦熊在那里一直读到1930年小学毕业。陈梦熊日后成为水文地质学家、工程地质学家，1991年当选为中国科学院院士。晚年的他，在口述回忆这一段童年时

国立编译馆旧址

光时说："高年级的老师几乎都是男教师，如龚启昌、胡颜立、常任侠、陈行素、过瑶圭、徐滋东等。这样强大的教师阵容，到今天恐怕也是不多见的。"①

　　1928年，国民政府教育部设立编审处，胡颜立于第二年应招成为编审处编审。1932年6月，编审处改制成为国立编译馆，胡颜立自然被聘为编审员并备案。无论是教育部编审处，还是国立编译馆，在教科书工作的主要职责在于审定出版业或社会人士根据有关规定自由编写的教材，并以官方之职主持编译、编选，出版教材和教学参考资料。国立编译馆以"发展文化、促进学术暨审查中等以下学校用书"为宗旨②，"承教育部之命，得审查关于学校用之图书标本、仪器暨其他教育用品"③。国立编译馆所编印的教科书，即为统（部）编教科书。胡敦复、明复、刚复和宪生兄弟就参与了教科书的编订。

　　胡颜立主持和参与了多部教科书的编订，著名的有以下几种：（1）《短期小学课本》。该课本共四册，每册70课。1932年9月由国立编译馆与教育部合编，由胡颜立、王晋鑫担任编译。内容包含国民道德、历史、地理、自然、卫生、农业等材料。各册教科书配有10幅以上课文插图，文字通俗，内容简洁。如第一册第二课《我们都是中国人》中写道："我是中国人，你是中国人，我们都是中国人。"第68课《学兵操》写道："小朋友，年纪小，大家同来学兵操。你背枪，我拿刀，一二三四，往前跑。今天操，明天操，大家操得身体好。"第69课《好国民》写道："我愿做个好国民，读书用功，做事认真。我愿做个好国民，爱国爱群，爱己爱人。"第四册第一课《中华民族》写道："我们中华民

　　① 陈梦熊口述、张九辰访问整理：《我的水文地质之路——陈梦熊口述自传》，湖南教育出版社，2013年，第30页。

　　② 国立编译馆：《国立编译馆一览》，国立编译馆，1934年，第4页。

　　③ 国立编译馆：《国立编译馆一览》，国立编译馆，1934年，第3页。

《短期小学课本》（第一册）

族，在上古时，是从西北高原，沿着黄河，渐渐的向东繁殖的。后来，又向长江粤江一带繁殖，并且移植到海外南洋等地去。我们的民族，本来是最文明、最强大、最统一的，最近一百多年以来，在世界上的地位，却渐渐地低下去，我们应当赶快同心合力，复兴我们的民族。"这是中国近现代教科书史上唯一的一套短期小学教科书，由教育部付印，先后颁行各省市短期学校采用。出版后不断订正，如第一册1935年8月订正初版，一个月之后已经订正45版，到1937年6月订正319版。这套教科书后来又进行了改订。仅第二册的改订本一版时间为1938年9月，一个月之后改订本就有27版了，足见这套教科书的发行量是巨大的。1937年商务印书馆出版的吴守谦和皇甫钧编纂的《短期小学的行政和教学》说，这套教科书"每学期用二册，学生每人均须由学校赠送一份。各地商务印书馆、中华书局、世界书局及正中书局均有出售"，并且说明："这套课本供教学国语科之用。其内容包括常识及音乐教材，短期小学学生除应用这套课本之外，可以不另备他书。"（2）《乡村用三民主义千字课》。该教材由国民党中央党部委托教育部编审处编辑，完成甲、乙两种；国立编译馆成立后，由编译胡颜立、王晋鑫继续编成丙种，供乡村民众学校用。该教材内容包含三民主义、国民道德、历史、地理、自然、卫生、农业等材料，共四册，每册25课，于1932年8月完成，1933年3月由教育部付印出版。在1931年6月初版，教育部编审处编辑，中国国民党中央执行委员会训练部审查，京华印书馆仿印的教科书的版权页上印有"蒋中正"签署的教育部批（字第三八○号）。（3）《小学特种国文读本》。该教材由国民党中央党部函教育部委托国立编译馆编辑，每册40课，由编译赵瑞生、王晋鑫、胡颜立合编，1934年完成，呈送教育部转送国民党中央颁用。（4）《汉蒙合璧小学国语教科书》。该教材系先由教育部蒙藏司有关人员采用新学制国语教科书用蒙文翻译，后由国立编译馆专任编译戴清廉及编译胡颜立、王晋鑫加以修订，计八册，内容除普通国语教材外，加蒙古地方特殊材料，由教育部出版，分发蒙古各小学采用。

另据资料，胡颜立还参与编订了《新生活教科书·自然》（初级小学用）共八册，在1933年至1934年间出版，一再加印。据查，其中第六册到1933年8月已有45版，第七册到1934年1月已有71版。胡颜立等编订的《高等小学自然课本》（全4册），在抗战胜利后有修订本，上海大东书局、春明书店、商务印书馆、世界书局都有翻印，第二册到1948年1月再版35版，第一册到1948年4月再版38版。此外，胡颜立还编有《小学自然科教学法》（万有文库本，师范小丛书，上海商务印书馆1930年出版）、《少年自然用书》第一、二册（上海永年书局1939年出版）、《小学自然科教材与教法》（小学师范丛书，与徐允昭合编，长沙商务印书馆1939年出版）等等。

胡颜立还负责召集相关专家编订《小学初级暂用字汇》，由教育部于1935年颁行。据编辑例言中说："本字汇根据最近出版小学初级国语教科书十部，算术教科书五部，常识教科书五部，分级统计其所用生字，取其总次数较多字，更与王文新君所编《小学分级字汇》，陈鹤琴、敖弘德君所编《语体文应用字汇》，平民教育促进会所编《基本通用字汇》，庄泽宣君所编《基本字汇》，杜佐周、蒋成堃君所编《儿童与成人常用字汇》参照斟酌选定之。并依据二十部教科书各年级所用生字统计表选取被用次数较多者，并参考王文新君《分级字汇》各字应列年级，及陈鹤琴君《语体文应用字汇》各字次第，分别排列适用之年级。"此字汇所收容各字，计一年级566字，二年级644字，三年级737字，四年级764字，共计2711字。

胡颜立还主持编订了诸多的地方性教材和儿童读物。1933年，商务印书馆"为着供给识字儿童精神上的适当食物"，编印了《小学生文库》，第一集共五百册。这些作品邀约国内名家编写，图文并茂，通俗易懂。目前可查的，这套《小学生文库》中就有胡颜立编著的《蚊和蝇》《云和雨》《蝶和蛾》《铁和钢》等。这些作品从生活细节入手，用生动的话语描写了基础的科学知识，加上十分精美和到位的图画，完全"一册在手，一读即懂"。

国立编译馆是民国时期存在时间最长的官方编审教科书的学术机构。从成立开始，国立编译馆的工作就跟教科书有了不解之缘。国立编译馆广聘人才，编辑审定各类教科书，继承与传播中西文明，积极引导和促进了民国教育的发展，被誉为"民国教科书的摇篮"。其中，自然少不了胡颜立的一份贡献。

1. 一天早晨，太阳光很好，明明跟了妈妈，到场上去晒衣服。

《云和雨》内页（重印简体本）

1932年9月，胡颜立离开国立编译馆，南下广西，到新办的广西省立师范专科学校任教。

广西省立师范专科学校设址于风景优美的桂林，筹建人是广西灌阳人氏唐现之。唐现之原在中山大学任教，应李宗仁之邀回到家乡筹建广西师专。筹建伊始，唐现之想把广西师专办成一所类似陶行知所办晓庄学院那样的师范院校。他从各地引进一批教育名家充任教职，胡颜立就是其中一位，教授"教材教法"。仅过了一个学期，到第二年春，唐现之与校长杨东莼在办学理念上发生分歧。唐现之被调回省教育厅任职，胡颜立也随之离开了广西师专。① 顺便提一句，杨东莼新聘请了几位教师，其中农村经济一课由薛暮桥担任。薛暮桥，无锡礼社人氏，日后成为一代经济学泰斗。

很快，时间就到了1935年。这一年，胡颜立又一次打点行囊，踏上了西行的旅程。他这一次的目的地是四川成都，新成立的四川省立成都实验小学在等着他。

四川省立成都实验小学的创立，缘自国民政府教育部的一次视察。1935年春，教育部派参事郭有守博士赴四川视察教育。经过视察，郭有守认为当时的四川省小学教育实在差强人意，要建设新的四川，势非先从教育方面求改进不可，须"举办一个设施完善、能从事实验研究的小学"，"一方面辅导川省改进小学教育，一方面埋头赶上世界潮流，创造四川教育的新径"。四川省教育厅采纳了他的建议，呈请教育部将四川大学附属小学49亩校地及全部校舍、设备划拨给四川省教育厅，用以创办四川省立成都实验小学，并请物色人选来川主持校务。

时年35岁的胡颜立，受命来川负责创办事宜并任校长。9月，胡颜立率有志之士十余人来到成都。当时的新闻媒体也作了专访和报道。1935年9月9日《华西日报》报道："兹悉附小且已更名为四川省立成都市实验小学，仍就原附小校地（皇城后子门内）借用，新有该校校长一职令委胡颜立充任，并由省府指派教育厅督学黄纲会同胡校长于本日午前十钟到校接收云。"9月10日，《华西日报》继续发表后续报道："本报专访省政府教育厅，令委胡颜立接收川大附小，并充任四川省立成都实验小学校校长，已誌作报。兹悉，昨午前十时，胡校长会同督学黄纲及前任川大附小主任陈君前往后子门，接收交卷器具等项。十一时后，即已交待清楚。至四川大学方面，由孟寿椿秘书长派干事李珍，参加收交

---

① 董咸熙：《回顾广西师专初办时期》，《广西文史资料选辑》第27辑，1989年，第13—21页。

事务。川大对于附小关系，即此终了。此后交涉事项，纯由教厅负责，委令胡颜立校长办理。"这篇报道对胡颜立作这样的介绍："胡氏籍隶江苏无锡，前在北平国立师范大学毕业，曾任编译委员会编纂六年，对小学教育，学识经验俱极宏富。此次来川担任实验小学校长职务，系教育部推荐，由四川省政府教

胡颜立与成都实验小学师生们在一起

厅令委云。"9月13日，《新新新闻》也作了相关报道："川大附小，经教厅派员接收后，改为省立实验小学，呈请省府委胡颜立接办，消息曾志本报，兹闻胡氏已着手草拟办理计划并发出广告招生云。"

　　成都实验小学从创办之日就被授予"实验研究，辅导地方"的使命，并因此确定四点实施方针：（1）用科学方法办理学校行政，经济绝对公开，聘请教职员完全采取人才主义，以专任及住校为原则，并须具有研究的兴趣和合作的精神。（2）教学方面施行适合儿童学习能力及教育环境之学级编制，采用自学辅导的教学法，使儿童于各学科学习上有合理的发展，有自动计划、研究、创造等能力，并注重科学教育、生产教育、抗战教育，使儿童具有科学的头脑、生产抗战的智能。（3）训练方面注重儿童整个生活的指导，尤以锻炼强健的体格，陶冶互助合作、坚韧奋斗、爱群爱国的精神和养成整洁、纪律、简朴、劳动等好习惯为要旨。（4）成人教育与社会教育，以注意战时公民训练、唤醒民族意识、坚强抗战意志、教导抗战常识、增进生产能力、提高文化水准为要旨。

　　根据上述方针，胡颜立先后制定了三个"三年规划"：（1）1935—1938年，整理、改建校舍，充实教学设备；调查川省小学教育实况，为实验研究之依据；试制小学标准设备；地方性教材的编辑及试点。（2）1938—1941年，研究抗战建国教育及编定抗敌教育刊物；办理社会教育的实施研究；复式教学实验研究；扩充工场，增加出品量，供地方中心学校采用；继续编辑四川地方性教材及国民教育辅导刊物；继续开放学习及办理小学教育通讯研究。（3）1941—1945年，国民教育辅导工作之实施研究；中心学校及国民学校设备标准之拟定及教育用具全套及制造；试制各省市儿童教育馆、科学馆、实验室设备；编印国民教育辅导刊物；新课程标准的实施研究；各项学习速度的实验研究。

　　经过调查研究，胡颜立认定四川省地方小学严重而又普遍的缺陷在于五端：设备空虚、乏地方教材、教学方法大多注入式、忽视学生自治训练、不注意健康

教育。为此，成都实验小学的教学实验研究正是针对这些弊端而展开，继又随时代需求增添抗敌教育、国民教育等实验项目。学校分别在学校管理、课内外学习、学生训导以及教师进修等方面进行了探索。

改革教学管理。（1）推行新学级制，学生自由发展。建校伊始，胡颜立即推行新学级制。初小仍用单式编制，但在某些学科又按学生能力、程度分为两至三组教学；语、算两科则允许程度过差的到相应年级上课。高小则取消学级，按学生各科能力分别到该科甲、乙、丙、丁四组上课。（2）收集编撰地方教材，补充课本不足。教材除语、算外，都不用现成课本，而按"适合抗战建国需要的，适合学生需要的，适合课程标准的，适合地方性的"原则收集材料，自行编辑。

改革课内外教学。（1）改革注入式教学为学生自动学习。为改革普遍存在的注入式教学法，各科教学注重指导学生自动学习，使学生对于各科学习有合理的发展，有自动计划、研究、创造等能力。如初小常识，高小社会、自然等科，尽量设法使学生自己提出研究的问题，自行搜集及参考解答资料，进行有计划、有组织的观察、实验、调查、思考、讨论、制作、整理等步骤。十年探索中，胡颜立先后有《国语科教材教法》《自然科教材教法》《中心学校、国民学校各科教材教法》专著问世。（2）中心单元教学整合知能。胡颜立大力推行"中心单元教学"，十年中共举行如"我们的四川""开展西南""太平洋研究""康乐生活""航空与国防"等43题。他认为，中心单元教学可达三个目的：适应时季环境的需要，使儿童注意生活方面的实际问题，认识时季环境的变化，具有应付环境、改造生活的智能；联络或统一各科教学，集中于一个共同问题的研究，使儿童获得适应生活的整体知识，并加强其对该项特殊问题的印象；将用脑用手的学科打成一片，使儿童从做上学、教师从做上教，儿童所得知识非常切实，并得到应用的机会，对学习有浓厚兴趣。（3）坚持时事学习，关注社会。为养成儿童关心时事的习惯，学校每天编出"时事摘要"供儿童阅览，并留出一些空白，让儿童填空、填图或作漫画。各级每周有"时事报告"一次，由学生轮流担任。中高年级每周各有一节"时事研究"课。为增强四年级以上儿童的思考、判断能力，各级每学期举行一次"时事讨论会"，题目自定，主席在发言后，个人发表意见或质疑，最后由评判教师评议指导。（4）注重课外作业竞赛拓展学习。胡颜立认为："班级制度的缺点，影响个性发展，补救的方法在于注重课外作业的指导及学艺竞赛的举行。"学校按时举行有计划的校外教学，如远足、参观等，为儿童提供写作、图画、采集的机会，归后从事研究、整理、举办成绩展览。学校利用课余，组织写生班、歌咏班、剧团、标本制作、国乐班、国术班、球队等，随学生兴趣自由参加。每届假期，由级任导师综合各科作业要项，指导学生按时完成，开学后则将学生的游记、书记、日记、算术、笔记、书法、图画、模型及收集的标本、种子、照片、邮票等展出观摩。学艺竞赛，一为每期按计划举行阅读、速算、写字、作文、讲演、图画、劳作、时事讨论、时事测验及音乐、体育竞赛；一为各级轮流编辑新闻、美术、科学三种半月刊，鼓励学生踊跃投稿，期终评比。在成绩考查方面，学校每学期有以考查教学效率为主要目的的期初测验（按高、中、低级段命题）、以考查教学效率为目的的期中测验（各年级分别命题），以确定儿童下期学级升调为主要标准的期末测验。

改革学生训导。学校采用级任与训导混合制，各级设级任导师，科任则担任住校生寝室指导任务，各教师轮流为分区值日导师。胡颜立确定训导方针八点：训教合一，重视学生整个的生活指导；注重人格感化，教师以身作则，与学生共同生活；指导自治组织，注意团体训练，陶冶民主精神；多用积极的训练，避免消极的处罚；注意个性调查，实施个别特殊训练；提供服务机会，增加学生的公众服务的兴趣；布置抗战建国环境，培养民族意识，激发抗战建国热忱；切实联络家庭，增进训育效率。学校引导成立儿童自治组织。在低年级为小朋友会，下分小图书馆、卫生局、幼童团、讲故事会、学级园、小周报社、级务部七部，设会长一人，各调干事数名，均民主推举产生；中、高年级为儿童会，下设图书馆、演讲部、新闻部、体育部、卫生部、学级园部、纠察部、合作社、级各部、舍务部、科学馆、俱乐部、社教部 13 个工作机构，设会长一人，各部均有活动目的及职责大要，须定期考核或在周会上报告工作。学校训导构建由公民训练、儿童自治、集团活动、健康教育、课外活动及寄宿生保育组成。

改革教师进修。胡颜立要求实验小学的教师"必须具有健康的身体、乐业的精神、研究的兴趣，除担任教学、训导等工作外，还要从事实验研究，创造新的教育方法，辅导地方小学，以求全省乃至全国国民教育之改进"。学校组织了研究会、读书会和教学参观活动。研究会每周五举行例会，研讨教学、训导中的实际问题及特殊实验工作；读书会由各教师自选书刊、自定课题，定期作口头报告或写成书面报告相互传观；教学参观每期一次，排定次序后组织有关教师互相参观，集体评议；校外参观则每年派一人去省外，其余老师每期按预定日程集队去市内著名学校参观。[1]

---

① 陆枋等：《小学校，大雅堂》，教育科学出版社，2012 年，第 3—7 页。

　　成都实验小学创办初期规模不大，仅有七个班，180多个学生，20多位教师。1935年，学校创办第一年，一位名叫李远苋的学生入校就读。教导主任杨佩芳负责学生报名注册，"在众多的学生中，一中年男子带着一个六七岁的小男孩来报名，因这个孩子的名字李远苋中的'苋'字很少见，加之家庭情况一栏填着'因公死亡'，给杨老师留下较深印象"。"放学后，杨老师向胡颜立校长汇报了这个情况。胡校长问，孩子长得咋样，杨老师说很可爱，白白胖胖的，眼睛圆圆的。胡校长说要多关心这个学生，杨老师便将李远苋安排在自己班上就读"。这样，李远苋在学校读了四年。抗战期间，日寇飞机轰炸成都时，学生疏散到温江。"到1939年下半学期，有人来接走李远苋。后来听说，那是邓颖超派来的人"。后来，直至20世纪80年代，人们才知道昔日的小男孩李远苋就是李鹏同志。1985年，应学校之邀，李鹏同志为实验小学题写校名。1987年4月26日，李鹏回母校成都实验小学看望师生。李鹏同志说，他过去是这个学校的学生，胡校长教育了他，杨老师帮助了他。[①]

《李鹏回忆录（1928—1983）》封面及内页

　　后来，李鹏同志在《李鹏回忆录（1928—1983）》中用深情的笔触回忆了师生之间的真挚感悟。他写道："我于1935年的秋季开始上小学。我的母校是四川省立实验小学（省立实小），前身是四川大学附属小学，位于成都旧皇城的后门，离二舅家不远。校长胡颜立，是一位具有进步思想的人士，同时也是一位思想比较开明的教育工作者。他采取的是一套比较新的教学思想和教学方法。他不主张学生死背硬记，禁止体罚学生，他鼓励学生开展一些文体活动，比如说音乐、美术、踢球、双杠、单杠；还经常组织学生演一些小型的儿童剧。所以这所小学在成都有些名气，要想进这所学校是不大容易的。我能到这所小学学习，还要感谢王季甫同志。"[②]

　　由于受到传统观念的影响，以尸体解剖为主要形式的现代病理学在我国起步

　　① 廖宏斌：《杨佩芳与李鹏的师生情》，四川省政协文史资料和学习委员会编，《多党合作在四川·民进卷》，四川人民出版社，2013年，第24页。

　　② 李鹏：《李鹏回忆录1928—1983》，中国电力出版社，2014，第26页。

较晚。直至 20 世纪 20 年代，才有少数医学工作者开始从事这一方面的研究。胡正祥正是其中一位。

1924 年，回到国内的胡正祥赴北平协和医学院任教。北平协和医学院于 1920 年即已建立了病理学系，病理学系下设病理学、微生物学及寄生虫学三科。胡正祥进院以后担任了助教一职。

北平协和医学院，地处北京东城的东单师府胡同东口，建筑颇有宫殿气派，绿色琉璃瓦的屋顶富有民族特色，但办学的却是美国人，大多数教师来自欧美。要想在这里脱颖而出，并非易事。第二年，也就是 1925 年，胡正祥凭借出色的业务能力升任讲师。这一年 3 月 12 日，我国伟大的革

20 世纪 20 年代初期的北平协和医学院

命先行者孙中山因患肝癌在北京协和医院逝世，终年 59 岁。"病理由当时的高年资讲师、后来的第三任病理科主任胡正祥完成"[1]。1925 年孙中山抱病北上，1 月 26 日入住协和医院，由医师为其手术探查。据医师事后追忆："切开腹壁后，看到整个肝脏表面、大网膜和大小肠面上，长满大小不等的黄白色结节。主任医师要我伸手去摸一下肝脏，我发现结节发硬，整个腹膜腔内的脏器已粘连在一起。"[2] 手术探查耗时 25 分钟，取出了肝组织检查病理，后经胡正祥诊断为肝癌。1925 年 3 月 12 日上午 9 时 30 分，孙中山逝世。

北平协和医学院病理系主任由美国人担任。后来，第二任主任卡什回国，"病理系主任由微生物学家林宗扬代理，实际上病理科则由胡正祥负责主持了，故 1928 年后，胡正祥就成为病理科的第三位主任"[3]。病理科人员虽不多，但不仅担负协和医院的尸体解剖（尸检），也担负其他科送检的病理标本检查（外检），同时进行科研与对医学生、进修生、护士生等的病理科教学工作。[4] 1930 年，胡正祥任副教授，1937 年升任教授。

此时的胡正祥正值四十出头，功底扎实，年富力强，已经在病理学界颇有

① 常青：《协和医事》，北京联合出版公司，2017 年，第 240 页。

② 矗之编著：《协和医脉》，中国协和医科大学出版社，2014 年，第 168 页。

③ 胡琰：《著名病理学家胡正祥》，无锡县政协文史资料委员会编：《无锡县文史资料》第 9 辑，1991 年，第 41 页。

④ 杨兴海：《古今医学史话》，中医古籍出版社，2009 年，第 23 页。

建树。在 20 世纪 30 年代的医理学界有"南梁北胡","南梁"指的是在广州中山大学医学院任教授兼病理学研究所主任的梁伯强,"北胡"指的正是胡正祥。

协和医学院的外籍教师

"南梁北胡",奠定了我国现代病理学的基石。胡正祥主持的协和病理科是中国学术水平最高、资料最丰富的病理学中心。清华教授吴宓的日记中也有记载,1937 年 9 月 12 日,"陈福田夫人现住协和医院胡正祥医士家"[①]。20 世纪 30 年代,他对黑热病做了大量研究,对这种疾病的传染媒介、途径、病情以及对人体的损害等方面提出了正确的见解并有新的发现;发现严重贫血可在颅骨内板形成局灶性的髓外骨髓增生。他对钩虫感染动物的网织内皮系统,淋巴细胞与浆细胞的形态变化进行了细致的观察和分型,应用超活体染色鉴别大单核细胞和吞噬细胞;观察了朗罕氏巨细胞和异物巨细胞的形态表现、形成过程和来源,并发现了由大单核细胞形成的单核细胞瘤。[②]在这一阶段,他在病理学研究方面取得的成果主要有:证实了白蛉是利什曼病的传播媒介;发现了严重贫血可在颅骨内板形成局灶性髓外骨髓增生;证明了一种主要由大单核细胞形成的单核细胞肿瘤;提出了病毒性肝炎的病理诊断标准以及恶性淋巴瘤的形态学与预后的关系等。[③]1929 年,胡正祥和谷镜济在中华医学会第七次大会上分别做了"心的先天性畸形一例"和"中国人动脉硬化之病理的研究"的论文报告。1932 年 10 月于上海举行的中华医学会与博医会合并后的第一次会议上,首先出现病理学分组会议。在这一分组会议上,由胡正祥、秦光煜所写的《北平协和医学院病理解剖实验室中 4200 例肿瘤之分析》做了交流。[④]

由于死者生前所患的都是各种各样的疑难病、罕见病,所以临床专家的临床诊断意见,也有许多不完善、不准确甚至错误之处;而病理专家的病理诊断意见,是经过对死者尸体做了病理检验以后才提出来的,是准确、可靠的。所以,为了促进病理与临床相结合,北平协和医学院首创了"临床病理讨论会"的教学

① 《吴宓日记第 6 册 1936—1938》,生活·读书·新知三联书店,1998 年,第 213 页。

② 矗之编著:《协和医脉》,第 168 页。

③ 《胡正祥——自尊自强的病理学大师》,林庆龙主编:《尘封史册——你的足迹依然清晰》,东南大学出版社,2015 年,第 139 页。

④ 矗之编著:《协和医脉》,第 168 页。

方法。每次讨论一个已经死亡并有尸体的病例，从临床和病理两个方面探讨死者究竟死于什么疾病。胡正祥在讨论会上，往往秉承科学的精神，不顾情面，追求科学真谛。"一次临床病理讨论会上讨论一名维生素 B_1 缺乏引起的心脏病死亡病例，这是一种近年很少遇到的病，拿出来讨论的本意是希望与会者能考验自己对心脏病的分析能力，并不期待从临床表现即能诊断本病。而有一位主治医师却能头头是道地排除其他可能，直达本病，原因是他在讨论前知道了尸检结果。病理科的胡正祥教授当场不客气地戳穿这位医生的真相，因为这种讨论会是要考验临床医生的真实分析能力，以便吸取教训，提高思维，利于今后工作，而那位医生是先知道了病理结果再编造事前的分析，是一种伪造和欺骗。因此虽然他分析的结论正确，然而是不诚实的表现，所以受到了严厉的批评，以后这名医生被调离协和。"[1]

对于年轻的医学生，胡正祥总是悉心指导，助力他们迅速成长。胡正祥长子胡启民回忆，小时候父亲经常在周末请学生到家里来。每当有学生来的时候，母亲就要为他们准备点心。父亲请学生来家里，一方面要给他们改善生活，更重要的是回答他们在学习中遇到的问题。有时学生不提问题，父亲就问学生问题。父亲就是用这样的方法检查自己的教学工作。[2]

1924 年，李漪从北京医学专门学校毕业，来到北京协和医学院。"比她年长一岁的胡正祥先生自美国哈佛大学医学院学成归来，也应聘于协和"。"胡先生年纪轻轻治学严谨，从事病理学的教学与科研，李漪尊胡先生为学长。在胡先生带领下，他们做了将结核菌接种到实验动物小白鼠体内，探索单细胞的反应形成取得成功，这也就是她后来做实验动物研究的一个起点"[3]。1930 年，无锡籍的秦光煜从北平协和医学院毕业，获医学博士学位。从这一年到 1942 年，秦光煜在北京协和医学院病理科任助教、讲师、副教授。在胡正祥麾下，秦光煜迅速成长。他读遍了所有病理学的相关专著，尤其擅长将病理形态学与临床表现结合研究，承担了国内许多疑难病理标本的诊断任务，成为我国病理学解剖诊断方面的权威。[4]1940 年，在胡正祥的推荐下，秦光煜赴美国哈佛大学、耶鲁大学、纽约蒙桑纳医院进修脑肿瘤病理。1942 年，秦光煜回国，在北京大学医学院任病

① 张之南：《治学与从业——一名协和老医生的体会》，中国协和医科大学出版社，2007 年，第 109 页。

② 矗之编著：《协和医脉》，第 171 页。

③ 李华：《中国医学界的女强人李漪教授》，《天津文史资料选辑》第 53 辑，天津人民出版社，1991 年，第 5 页。

④ 陈小卡等编著：《大医宗师——中山医八大教授》，中山大学出版社，2018 年，第 134 页。

理学教授兼病理科主任，而此时北平协和医学院因为太平洋战争的爆发而停办，胡正祥也转入北京大学医学院任教。这样算来，有近二十年的时间，秦光煜一直是胡正祥的学生、助手和同事，深受胡正祥的教益。上海医科大学附属中山医院教授吴珏说："前辈师长们如李宗恩、胡正祥、孟继懋、张孝骞等教授的品德修养，足资后人钦佩。"①

族人胡琰在《著名病理学家胡正祥》中详细回忆了他提携后进的故事。"一位同志所作的尸检是结核性腹膜炎，有广泛的纤维性粘连，即两个或几个组织由于发炎，产生了腔原纤维，把组织粘连到一起了，如胸膜纤维性粘连、肠与腹膜的粘连等。结果只找到一个肾脏，而自己并未发觉。等到尸检讨论会上时，胡主任发现了，风趣地说：'嘿嘿，你这个尸检很有意思，怎么只长了一个肾脏？'说着自己动手从一个大粘连包块中，分离出来了另一个肾脏。总之，这样严格认真、严肃、有分寸地进行尸检、外检给病理科提供了培养人才的大量资料。在讨论疑难外检时，主要来自常规外检，少数来自会诊标本，重点讨论诊断。人人可以发言，发言要有根据，这种讨论会相当民主，胡主任很欢迎年轻人提出与他不同的意见，他还要询问不同意见的根据是什么。有一次讨论一位中年妇女的子宫内膜切片，胡主任认为是早期癌瘤，有的年轻人则认为可能是高度增生，建议临床治疗一个时期后，再采一次标本看看，因为如果直接诊断为癌瘤，临床上就要进行子宫切除。这时胡主任说：'把这个切片留给我再看看，查查文献。'不久，胡主任同意了年轻人的意见。"② "一次，医务人员当主动做脉弹性的测定时，没有现成的方法和仪器，医务人员就叫该院工厂做了一个L字形木板和一把切主动脉的特殊形状的刀，还在木板上装了钢尺，用普通秤上的砝码作称重，它很容易测定主动脉的弹性。当时胡主任看到后，大加赞许，并提出一些改进意见。"③

胡正祥治学严谨，检查标本结合临床病史和化验室的结果，从不孤立地做出病理诊断。他从不忽视对标本的肉眼观察，往往先根据大体标本做出预诊，再根据切片的显微镜检查来提高诊断的正确率；检查切片总是先浏览病变的全貌，再观察组织和细胞的细微改变，找出其主要的和次要的病因以及使人致死的原因。由于他观察仔细，推理逻辑性强，所以误诊率很低。刘彤华被老师工作之严谨、

---

① 吴珏：《缅怀与敬仰尊敬的恩师沈克非教授》，石美鑫等主编：《沈克非教授百年诞辰纪念文集》，上海医科大学出版社，1997年，第63页。

② 胡琰：《著名病理学家胡正祥》，《无锡县文史资料》第9辑，1991年，第42—43页。

③ 胡琰：《著名病理学家胡正祥》，《无锡县文史资料》第9辑，第44页。

诊断之细致所感动："胡教授看（病理）片子非常仔细，他首先要用最低倍镜浏览一遍，然后再用高倍镜看，这样做的好处是不会漏掉病变组织，看得全面。"此外，胡正祥的引导式教学也让刘彤华受益匪浅："胡教授采用的教学方式是引导性的，如给同学一张片子让同学自己看并自己思考这可能是一种什么病，然后胡教授提问。同学可以有不同的意见，但是这个过程非常重要，只要认真思考了，就会从中收获很多。"老师的言传身教对刘彤华产生了深远的影响，她也一直秉承着老师严谨的工作作风和负责任的态度，并为病理学界培养了大批优秀的人才。胡正祥曾对她说："对某种病变或疾病能总结相同的 100 例，你就掌握了它。"刘彤华牢记恩师的教诲，数十年来不断对病理诊断经验进行积累、总结，编纂和出版了多部专著。[①]胡琰也有类似的回忆："有一次胡主任发现一位助教对所作的一例尸检的大标本观察不仔细，胡主任就要这位助教于次日（正是春节大年初一）早晨八点钟到科里，和他一起重新检查，态度十分严厉。又一次，有一张切片，由于马虎做得质量不佳，胡主任大怒，并对技术人员进行了申斥。"[②]

对于年轻人无意造成的失误，胡正祥总是抱有包容的态度。胡琰回忆："在某个星期六的下午，手术室进去一个外科切下来的一段食管的标本，那时星期六下午是不上班的，因而医务人员对这个标本制作也较草率，到下个星期一上班时，把它切开后，发现食管上有两个不同类型的癌瘤，这才知道这是一个极为珍贵的标本。但它早已用固定液固定，已不能制成长期保留的标本，于是医务人员只好硬着头皮向胡主任如实地做了报告，承认了错误。胡主任未加责备，只是说'今后要注意'，并找老协和照相室主任画了一张按正规处理后应有的形态图，略为弥补了由于疏忽造成的损失，这以后就养成了病理工作者的良好习惯，即一个标本什么时候来，马上就要按规定方法处理，这对病理工作者来说是十分重要的。"[③]解放初期的学生刘彦仿回忆："胡正祥教授虽然素以严厉著称，但当时在同学们的眼中，却是亲切和蔼的。他从来不让称他教授，只让大家叫他大夫。他不仅仅学问大，病理水平高，学术贡献突出，而且非常热爱和关心学生。我当年的师资班同学。后来的同事臧建申教授多年后一直记得，毕业离开北京时，胡正祥教授亲自到火车站送他的情景，终生难忘。"

① 肖飞主编：《生命的守护者医学大家》第 1 册，复旦大学出版社，2013 年，第 196 页。

② 胡琰：《著名病理学家胡正祥》，《无锡县文史资料》第 9 辑，第 42 页。

③ 胡琰：《著名病理学家胡正祥》，《无锡县文史资料》第 9 辑，第 44 页。

1924 年 7 月，20 岁的胡时渊从天津秋轮中学商科毕业，来到上海滩。前一年，上海储蓄银行成立了附设的旅行部。胡时渊经叔父胡鸿猷的介绍，来到这里当上了一名小职员。胡时渊资质聪慧，办事颇有能力，加上自身的努力，很快就得到了总经理陈光甫的赏识。1927 年，旅行部改为中国旅行社，这是国人自办的第一家旅行社。此后，中国旅行社业务与年俱增，声誉日隆，胡时渊也成了其中的一名高级职员，直到总社襄理。在中国旅行社任上，胡时渊有两件事可供一记。

1933 年初，日军占领山海关，北宁铁路（北平至沈阳的铁路）因关外段落入日人手中而停止通行。此后，日方提出恢复长城内外贸易、交通、通邮等问题，但解决这些问题可能意味着承认伪满洲国，因此中方拒绝讨论。在日本方面的一再逼迫下，国民政府采取折中办法，找到陈光甫，希望由中国旅行社这一商业机构出面来办理通车问题。于是，中国旅行社与日本方面决定成立东方旅行社办理北宁路通车事宜。"中国旅行社拟派周思忠、胡时渊等办理其事"，"为免铁路办理之嫌疑，不用铁路人员，为免本社色彩太浓，除初办时调用胡时渊君外，不复调用他人"。1934 年 7 月，东方旅行社成立并试办平沈铁路通车，试办期限半年。不过，中国旅行社此举在社会上引起很大的非议。在一片反对声中，中国旅行社逐渐淡出，"阅半年中国旅行社即退出该社，该社改由北宁铁路局直接管辖"[①]。

《西北导游》书影

20 世纪 30 年代的中国铁路餐车质量低劣，次序混乱，影响了出游旅客的情绪。1934 年，在津浦路局的再三请求下，中国旅行社同意承办津浦路上多次列车的餐车业务。负责此事的中国旅行社襄理胡时渊制定新的奖惩规则，采用成本会计制度，餐车业绩不久就得到改变，不仅收入比以前增加一倍多，车内秩序也转向良好，受到社会的高度好评。此后，中国旅行社又相继承办过湘桂、平（北平）沈、京（南京）粤各线的列车餐车。[②]

在中国旅行社任上，胡时渊还编辑了《西北

---

① 黄江华：《爱国银行家陈光甫之研究》，中国言实出版社，2013 年，第 179—181 页。又见薛念文：《上海商业储蓄银行研究 1915—1937》，中国文史出版社，2005 年，第 207—213 页。

② 郑焱、蒋慧：《陈光甫传稿》，湖南师范大学出版社，2009 年，第 87 页。

导游》，1935 年由中国旅行社印行。该书装帧精美，图文并茂，是当前了解民国时期西北风光、风情的重要参考书籍。

第十章 沦陷区的峥嵘岁月

1937 年 7 月 7 日，日军进袭卢沟桥，蓄谋已久的全面侵华战争爆发，中国人民由此展开了长达八年的艰苦卓绝的抗战。8 月 13 日，日军又挑起"八·一三事变"，将战火烧到上海，中国军民保卫大上海的"淞沪会战"同时打响。这场战役是中国抗日战争中的第一场重要战役，也是整个抗日战争中进行的规模最大、战斗最惨烈的一场战役。战争历时三个月，到 11 月中旬，上海沦陷。

在"八·一三事变"爆发前的几个月，上海的形势已经十分严峻，"黑云压城城欲摧"。大同大学校董会的成员四散，难以真正履行职责，有鉴于此，1937 年 6 月 11 日，立达学社召开会议，决议设立大同校政会议，代行学校最高行政决策权力。《简章》规定其职权："大同大学由立达学社设立，以社员治校，故本会议为校政最高会议，由在沪之立达社员组成之"；"审查及修订校章；审查预算决算；提议及决定教职员进退；校务除照章实施之例行诸事外，由本会议议决之；本会议议决事项请校长执行之；凡本会议议决事项遇执行上发生困难，由校长提出本会议解决之"[①]。胡敦复"重归"大同，担任校政会议主席。

此时的大同大学，经过多年的苦心孤诣、惨淡经营，硬件设施逐步齐备，教学质量在学校林立的沪上教育界已经极具规模。老师郁少华回忆："大同之图书仪器，已敷应用，全校基地，有一百余亩，学校建筑物，除教室宿舍之外，有办公室、图书馆、礼堂及体育馆等。"[②]学生也有回忆："南车站路的校址面积已发展到 110 余亩，建有教室、实验室、体育馆、图书馆、宿舍、饭厅等房屋十七座，并决定募款六万元，新建一大规模的图书馆，因八·一三淞沪战争爆发而未

---

① 《私立大同大学设立者立达学社大同校政会议简章》，档号 Q241-1-2-34，上海市档案馆藏。又见王仁中：《爱国办学的范例——立达学社与大同大学》，上海古籍出版社，2002 年，第 76 页。

② 郁少华：《大同大学校史》，《爱国办学的范例》，第 169 页。

建成。"①

　　然而，日军轰炸使校舍面目全非。据上海市社会局统计，"八·一三事变"期间，上海教育和文化机构遭受日军轰炸或强占的损失总计1094万余元。②8月28日，日机轰炸高昌庙江边码头一带，又炸毁南火车站，大同部分校舍被炸。1938年4月《文汇报》刊载"大同大学调查"材料，估计校舍战时财产损失达30万元。③"后日军侵入南市，校舍被占，约有十分之七的建筑物被陆续拆毁，仪器、图书大量流失"④，大同校舍"抗战时期毁去泰半，胜利之后，仅存五座，且均破旧不堪，非经修理，不能应用"⑤。

　　处在战区之内的大同大学，被推至生死存亡的紧要关头。为应付危局保存学校，大同师生体验时艰，处惊不乱，于硝烟弥漫中将政府补助购买的重要仪器设备和图书抢出，将损失降低到最低程度。不过，大部分自置的设备、图书和校具不能兼顾，损失惨重。大同大学创办以来的全部档案也毁于一旦。胡敦复在立达学社的会议上就称："学校中重要仪器均先后搬出，大部分书籍亦设法搬出，惟校具损失十之七八。"⑥

　　战事之初，复旦、大夏、大同和光华四所私立大学准备合并为联合大学，赴江西和贵州两省觅新校址，该计划于9月15日上呈教育部。9月22日，教育部下达训令，批准四校呈请，希望于10月正式开学，并答应出资补助。⑦但是，迁校工作路遥费贵，加之大同以理工立校，仪器和设备搬迁不易，校方考虑再三，决定仍然在上海办学，以观时局变化。

　　11月12日，中国军队撤离上海，因为日军尚未与英、美、法等国"宣战"，苏州河南的法租界和英租界（英美公共租界）暂时得以保全。这两个地方就像一个孤岛，独立于日本占领区，直至1941年珍珠港事变。在那之前，上海之内，租界内外成了两个世界。《劫后的上海》一书中这样形容道："一线之

　　①　沈德滋、方季石、王槐昌、董涤尘：《回忆大同大学》，上海市政协文史资料工作委员会：《解放前上海的学校》（《上海文史资料选辑》第59辑），上海人民出版社，1988年，第141页。

　　②　《"八一三"后上海教育文化机关遭受日军破坏情形调查统计表（1937年10月21日）》，《中华民国史档案资料汇编》第5辑第2编"教育"（一），第363页。

　　③　王槐昌：《大同学院、大同大学附中、附中一院大事记（1912年3月—1949年10月）》，《爱国办学的范例》，第196页。

　　④　沈德滋、方季石、王槐昌、董涤尘：《回忆大同大学》，《解放前上海的学校》（《上海文史资料选辑》第59辑），第142页。

　　⑤　郁少华：《大同大学校史》，《爱国办学的范例》，第169页。

　　⑥　王仁中选编：《立达学社会议记录选登（1928—1951年）》，《爱国办学的范例》，第77页。

　　⑦　《教育部指令（廿六年发高壹26第17090号）》，档号Q241-1-9-73，上海市档案馆藏。

隔，一边是天堂，一边是地狱。地狱里面的人饥寒交迫，天天幻想着天堂。"[1]
于是，上海的很多没来得及迁往内地的高校都迁入了租界，外省市也有不少学校
迁入租界。一时间，"孤岛"聚集了各级学校共 300 多所。

在这股"洪流"之中，就有失去了依靠的大同大学。10 月 1 日，大同大学
及附中借用法租界爱多亚路（今延安东路）无线电工程学校为临时校舍。10 月
11 日迁至拉多路（今襄阳南路）位育小学上课。第二年 3 月，又借用辣斐德路
（今复兴中路）比德小学。8 月，再迁辣斐德路律师公会大厦。

当时，日军虽未正式进入租界，但俨然已是大上海的"主人"。法租界当局
苟安一时，步步退让，不允许在法租界内开办大学。无奈之下，大同大学只能将
新学期刚开始两个星期的大学部迁往公共租界，借用光厦中学校舍上课，附中则
继续留在律师公会大厦。

胡敦复

战火纷飞，"孤岛"危悬。此时的大同支
离破碎，除了大学部和附中，实验室在位育小
学和无线电工程学校，三处工场在槟榔路和戈
登路，饱受寄人篱下、分散流离之苦，给教学
的开展带来了诸多不便。有鉴于此，1939 年 4
月，胡敦复代表校方向立达学社报告，计划购
地造房，使学校有一个新的稳定的校址。校方
看中了新闸路西摩路口的五亩空地，当时估价
20 万余元，建筑费预算 10 万余元。经过立达
学社会议商讨，同意购地。[2] 最终，新校舍地
价、建筑费及设备费等共 55 万元，除学校部
分结余款外，不足之数向银行透支，其中浙江
兴业银行透支额 20.3 万元，新华银行透支额 15.2 万元。[3]

1939 年 9 月，新闸路新校舍正式落成，并新设中学部，称大同大学附中二
院，律师公会校址称附中一院。据统计，当时中学 944 人，大学 729 人，共计
1673 人，已大大超过战前水平。[4]

---

① 王芸生等：《劫后的上海》，上海战时出版社，1938 年。

② 《大同大学设立者"立达学社"的开会记录》，档号 Q241-1-2-8，上海市档案馆藏。

③ 王仁中选编：《立达学社会议记录选登（1928—1951 年）》，《爱国办学的范例》，第 78 页。

④ 王槐昌：《大同学院、大同大学附中、附中一院大事记（1912 年 3 月—1949 年 10 月）》，《爱
国办学的范例》，第 197 页。

新闸路的新校舍，是"四层立体化的洋房，外加一个大大的平台"，"这平台正立在四楼的上面，而且，还有四五十间大教室，分散在这座美丽的洋房里，而且，更有特制的学生座位"[①]。由于入学学生日多，不久又在四层之上添建一层。抗战胜利后曾在大同大学兼课的俞调梅说："大同大学原来校址在上海南市，抗战爆发后，被日本侵略者炸毁了。曾听说，当时上海还是孤岛时期，也就是日本侵略者尚未进入租界之前，校长胡敦复先生向银行借了巨款，修建了新闸路的新校舍。这与当年迁到租界里的大学（如交通大学、东吴大学等）相比，校舍条件还算是优越的了。"[②]

据郁少华所撰的《大同大学校史》，抗战时期大同大学的迁校历程和所经历的磨难清晰得以展现："二十六年十月，借旧法租界位育小学上课。次年三月，又借旧法租界比德小学上课。至是年八月，始迁入旧法租界律师公会大厦。是处房屋较宽，足敷应用，学校方面，以为可以暂告安定矣。不意开课两星期之后，因前法租界当局不准开办大学，不得已，将大学部分另行觅地上课，屡次迁移，颇感寄人篱下之苦，乃得校友竹君森生之协助，在新闸路置得基地五亩许，自建四层楼校舍，于民国二十八年秋季落成，即于八月间迁入。前向律师公会所租之校舍，改称大同附中一院，而于新闸路大学校舍之内，附设大同附中二院。迨民国三十五年秋间，南市毁余校舍修理竣工后，始将附中一院，由律师公会迁至南市。至新闸路之新校舍，于落成不久之后，又感不敷应用，乃于民国三十一年七月间，在四层上添建一层，完成五层大厦。至民国三十七年暑假中，复在大厦前面沿新闸路添建二层楼房十数幢，作为附中二院之校舍。"[③]

据 1939 级高中毕业生回忆："念六年秋，为本级第二学期。时届开学，适值八一三之役……斯时，大部级友皆为战事所阻，未能来校上课，笔者亦因转入他校……翌年，战事西移……时本级同学方自各方负笈来归，笔者亦于是学期回校……今岁暑假，吾等行将毕业矣。全级同学虽间有出入，以今岁毕业者与最初入校者相较，其在校三年不渝者，仅十分之四耳。"[④]

另有学生回忆："1938 年夏天，我进入大同大学商学院。……'八一三'事件，校舍遭兵燹，迁入公共租界，在律师公会大厦继续上课。次年，即在英租

① 《各校动态》，《学生生活》第一卷第三期（1940 年）。

② 俞调梅：《点滴琐忆》，《大同世界》（大同建校八十周年纪念刊），1992 年，第 13 页。

③ 郁少华：《大同大学校史》，《爱国办学的范例》，第 170 页。

④ 荣裕：《念八级级史》，《大同大学高中部民念八级毕业纪念刊》，档号 Q241-1-607，上海市档案馆藏。

大同大学校园中的时行钟楼及纪念塔

界新闸路小沙陀路购地五亩多，由于战时条件有限，学生上课没有本班固定的教室，今天与明天的不同，甚至上下午也会换教室。所以上完课，家近的同学可以回家，远的则各自想办法。当时我住法租界内，只好就近到静安寺公墓找一个地方休息，或准备功课。同学们只有在上课时才见面，课后星散，没有机会建立友情。……大同大学的功课，每学期七个课目，如经济学、经济史、政治学、逻辑学等，用的都是英文课本。只有大一时，语文这一门上的是韩愈的古文。老师上课只讲重点，也是用英语讲。我听课时随即把重点做上标记，课后温习，往往手不离字典，所有像我这样从内地来的学生，都感到功课的压力不小，一天都不能放松。"①

不过，虽然地处"孤岛"，但大同大学仍然保持了较高的教学水平。1939年春季考入大同大学商学院商学系的邹德蓁回忆："大一学年，师生们常要躲避战火而疲于奔命，上课地点无法固定，但学校的教学质量并不低下，因为授课老师都是胡敦复校长外面高薪聘的知名教授，同学们的学习劲头当然十足。胡校长本人亲授商学院的微积分课程。""他上课从不照本宣科，虽然带有无锡乡音，但生动有趣，深入浅出，能把枯燥抽象的数学概念讲得十分透彻。同学们都很敬佩他。"②俞调梅也说："（大同大学）当时给我的印象是校舍很挤，课堂上学生很多，有八九十人，甚至百人以上。我在别的大学任教，课堂上仅二三十人，至多也不超过四十人。不过，大同大学的学生学习很认真，尽管人多，但课堂秩序是好的。"③

1941年12月7日，日本偷袭美国珍珠港军事基地，太平洋战争爆发。第二天，日军进占上海公共租界，"孤岛"沦亡，至此上海全部沦陷。1943年1月，日本与汪精卫伪政府签约，宣布上海公共租界由汪政府"收回"，2月又收回法租界，而上海租界的实际控制权牢牢掌握在日军手中。租界内到处可见荷枪实弹的日兵和听到笃笃的马队声音，戒严、宵禁、封锁、搜查、逮捕，屡见不鲜。在

① 陈亚先著：《此生此家——大时代中的小叙事》，商务印书馆，2010年，第89—90页。

② 钱永红：《追寻数学强国之梦——纪念中国数学会首任主席胡敦复》，《中国数学会通讯》2016年第4期

③ 俞调梅：《点滴琐忆》，《大同世界》（大同建校八十周年纪念刊），1992年，第13页。

日军炮火下的大同大学，究竟该何去何从？

抗战爆发后，国民政府教育部为适应战时的特殊情况，把内迁部分高校合并成立联合大学。如大夏、复旦合并为联合大学西迁办学，北平师范大学、北平大学和北洋工学院等合并为西北联合大学，最著名的莫过于由北大、清华、南开组成的西南联合大学。到了此时，教育部又着手成立国立东南联合大学，计划接纳从上海内迁的各所高校。由于从上海进入浙江比较方便，所以指定校址建在浙江境内。以暨南大学校长何炳松为主任委员，胡敦复等上海高校校长都列名筹备委员。①

但是，此时的形势已是千钧一发，内迁之路十分凶险，大同大学最终还是退出了东南联合大学。

内迁之路既断，大同大学是否续办？这引发了校方的争论。1942 年 1 月 4 日，大同大学校务会议决议"下学期预备继续开办，维持到无法续办为止"。②1 月 8 日，立达学社召开紧急会议，校长曹惠群提出辞职；关于下学期学校是否续办，讨论良久而没有定案，决定下次会议续讨论。③直至 1 月 26 日，立达学社再次召开紧急会议，决议学校下学期续办；曹惠群辞职，胡敦复继任校长。④

胡敦复是大同的重要创始人，又是首任校长，在学界和政界有丰沛的人脉关系。抗战爆发后，在学校命运多舛之际，对整个学校来说，胡敦复的个人作用更加凸显。太平洋战争爆发前，"孤岛"内的大同在政治上承认重庆国民政府，接受重庆教育部的领导和经费补助。1940 年 3 月 30 日，汪精卫傀儡政权在南京粉墨登场，宣告"还都南京"，成立"国民政府"。当天，上海"孤岛"的大中小学学生发起总"怠课"，坚决拥护重庆国民政府，不承认南京汪伪政权。4 月 3 日，大同与暨南、复旦、沪江、光华、东吴和大夏等校纷纷向重庆政府发电报，表示拥护之意。⑤

国难当头，民生凋敝，已经没有一片国土能够放得下一张安静的书桌。上海租界沦陷后，大同面临着越来越严峻的形势。关于沦陷区内的大学教育，日本方面的意思是合并上海的"国立"大学，停办英美系大学，整理合并各私立大学，

① 何炳松：《暨南大学与东南联合大学》，政协金华市委员会文史资料委员会编：《何炳松与故乡图文集》，2006 年，第 165 页。

② 《大同大学校务会议记录》，1942 年 1 月 4 日，档号 Q241-1-12，上海市档案馆藏。

③ 《大同大学设立者"立达学社"的开会记录》，档号 Q241-1-2-8，上海市档案馆藏。

④ 王仁中选编：《立达学社会议记录选登（1928—1951 年）》，《爱国办学的范例》，第 84 页。

⑤ 《本市学生爱国表现，昨日实行罢课一天》，《申报》1940 年 3 月 31 日；《沪市各大学院中学等重申拥护抗建国策，电呈中央服从总裁室中勿渝》，《申报》1940 年 4 月 3 日。

但大同大学可得到保留。汪伪方面自当予以照办。①无奈之下，大同大学不得不改隶汪伪政府。

事实上，直至日本战败投降，汪伪对上海的学校一直未能实现真正的"控制"，就连最基础的调查、立案工作都没有全部完成。在日军尚未侵入租界之前的1939年7月，上海特别市教育局就颁发了《私立学校规程》，规定上海"办理不善、或违背法令，撤销其立案或饬其停办并撤销其校董会之立案"，"呈请立案应于开办一年后行之，呈请时须开具相关文书送呈查核"②。

为了完成统计任务，上海特别市教育局甚至"请求"特务机关帮助查实，但不少学校故意拖延，不予合作或坚决不立案，学校的统计工作最终没有能够完成。③

一直到1944年3月，汪伪政府教育部的学校立案登记工作仍然步履艰难。相关档案显示，上海租界内的私立大专院校向其登记立案的有"震旦大学等十三校，未填报者尚有十一校"④。即使到了距离汪伪政府覆灭只有短短一个月时间的1945年7月，仍有六所学校没有立案登记。⑤

大同大学连同其他滞留上海的学校，之所以不得不改隶汪伪政府管理，大多是事出无奈，为形势所迫。从某种程度而言，这种局面是由国民政府混乱的战时教育管理政策所造成的。抗战爆发前后，国民政府和教育部对战争的长期性估计不足，缺乏对战时全国教育的统筹规划，未能对地处战区的学校做出合理的安排，这给学校或迁或留造成了很大的困扰。

胡敦复任教的交通大学，就因为教育部的"举棋不定"而陷入了困境。1937年9月6日，淞沪会战战事刚开，交大教授会议决定，三四年级先设法在法租界租屋上课，一二年级暂迁内地上课，首次提出部分内迁的想法。但是，当时南京政府教育部对上海的学校的应对之策是"凡可在租界内开班者，仍应设法开

①《教育部与市府等关于答复日使馆提出整理上海高等教育计划往来文件（1942年9月）》，《日伪上海市政府》，上海市档案馆编，档案出版社，1986年，第936—939页。

②《上海特别市教育局〈私立学校规程〉》，档号R48-1-2-47，上海市档案馆藏。

③《上海特别市教育局为填报租界内大学及专科学校及其他学校现实情况呈教育部》，1942年2月21日，档号R48-1-847-1，上海市档案馆藏。

④《上海特别市教育局为签其私立专科以上学校填报概况调查表办理经过情形》，1944年3月7日，档号R48-1-844，上海市档案馆藏。

⑤《上海特别市教育局为私立东南医学院等学校调查表事函教育统计室》，1945年7月18日，档号R48-1-447-12，上海市档案馆藏。

学"①。所以，学校的这个想法，自然得不到教育部的同意。学校在情况危急之中，多次召开教授会议和教务会议，制定内迁方案，议定在西南内地择地筹备正式校址。但是上报教育部后又遭到断然否决，教育部要求交大"应在原址及上海租界内其他地方设法疏散，使各年级一律上课"。待时而举的内迁计划仍然无法实施。11月初上海沦陷前，学校以教授会名义推选钟伟成、丁嗣贤两位教授赴南京，陈述准允立即内迁，但教育、铁道两部仍不同意交大内迁。钟、丁两教授无功而返，在回沪途中闻知上海已经失陷，辗转折回南京再次请求内迁，两部仍以"维持上课、不必内迁"相告。

11月底，日本宪兵队侵占交通大学徐家汇校舍，交大所遗设备、家具、图书、仪器等校产悉数被占用。交大只得陆续迁入法租界内，继续设法上课，开始了交大有史以来最为艰难的办学历程。由于教室、图书、仪器、试验场所等教学设施散居十余处，成为一所"无校区的大学"。师生们穿插其间，往来奔波，茶饭无常，弄得疲惫不堪。

然而，被日伪势力团团包围的"孤岛"并非安全之地，学校处境愈见险恶。1938年初，学校再次提出内迁广西的建议，遭到教育部、交通部否决后，无奈之下转而立足租界，谋求内部组织不做更动的情况下，名义上改为私立。校长黎照寰致函教育部，建议名义上与震旦大学合并，震旦对外称交大为该校一部分，对内一切仍完全独立，仍未能得到教育部、交通部的同意。

1940年10月，国民政府教育部终于同意交大在必要时对外改为私立大学。经多次与教育部密商后，学校于1941年9月成立董事会，正式对外改名私立南洋大学。这样，无校区的大学连校名"交通大学"的牌子也挂不出来了。

1942年8月初，在重庆的国民政府教育部下令："交通大学即行由沪迁渝，该分校并入办理，迁渝后设

胡敦复与交通大学工学院部分教授合影

土木、电机、机械、航空、管理五系，改为交通大学本部。"不能迁渝的师生仍以南洋大学名义继续招生开课，对内称交大上海分校。国民政府此举，事实上让

① 《战事发生前后教育部对各级学校之措置总说明（1937年9月29日）》，《中华民国史档案资料汇编》第5辑第2编"教育"（一），凤凰出版社，2015年，第8页。

租界内的交通大学陷入了"自生自灭"的困境。为保东南工科学府之命脉，董事会一致同意决定商请工学院院长张廷金代行校长职务，并以获取经费为原则与汪伪政权进行消极周旋，保存交大校产，维持基本教学。

无奈之下，张廷金在胡敦复、范会国两教授的陪同下到南京洽谈，提出只要不派人，不改变教学制度，肯给经费，愿意接受"管辖"。洽谈后，交大接受登记，由汪伪教育部拨给经费，改私立南洋大学为"国立交通大学"，于9月又开学上课。

在随后的三年中，尽管交通大学保留了学校发展的生生血脉，但战争的创伤让交大不复战前的风采。胡敦复所担任系主任的数学系，在1938年至1940年期间一共只有五名毕业生。胡纪常兼教的管理学院同样大大萎缩。抗战时期，学院最初有教师40余人，1938年8月骤减为18人。1942年8月，汪伪教育部接管学校，原任教师辞职离校者甚多，以致成本会计、铁道会计等课程拖延数周。[①]

大同的情况呢？

虽然经历初期的流离和太平洋战争之初的危机，但大同总体上却呈发展态势，迎来了继立案之后的第二次发展高潮，办学规模不断扩大。抗战爆发前的1937年4月，大同有大中学生近1000人，从1939年起，大同大学的全体学生数开始突破两千，并逐年飙升。到1945年5月，大中学生共计3825人，其中大学部1381人，附中一院1124人，附中二院1320人。教师153人。[②]

当然，抗战时期大同能迅速发展，除了自身的努力，与大环境有极为密切的关系。在上海沦陷后，多数高校选择了内迁，留下许多失学青年；而沦陷区又有大量青年来到上海，这就给了选择坚守在上海的大同发展的契机。于是，大同"趁机广收学生，增添科系"。[③]

在学生人数大幅攀升的同时，身处抗战烽火之中的大同，还迎来了建校以来又一个新的重要的变革——工学院的成立。工学院的成立，所代表的不仅仅是单纯的院系改革，而是对大同办学特色中很重要的"理工特色"教育的传承与发扬。

1937年8月，根据国民政府教育部所颁布的指令，大同大学正式成立工学

---

① 余明阳：《百年安泰：上海交通大学安泰经济与管理学院1918—2018》，上海交通大学出版社，2018年，第54页。

② 王槐昌：《大同学院、大同大学附中、附中一院大事记（1912年3月—1949年11月）》，《爱国办学的范例》，第195、201页。

③ 《私立大同大学历史事实考证书》，档号Q241-1-1，上海市档案馆藏。

院，由电机工程及化学工程两系组成。第二年，增办土木工程系。到了1948年，又增设了机械工程系，至此，工学院的组织结构才真正完善。其中土木工程系全套应用西方原版教材，在"解放前除大一国文外，全部用英文教材"①。

令人啧啧称奇的是，在百年大同的历史上，创办最晚、时间最短的工学院，却是培养出毕业生最多的院系，从1941年7月至1952年8月间，共培养了2228名毕业生，其中男生2089名，女生139名。②

平海澜曾自豪地说过："本校造就的人才，服务于国家建设部门者为数颇多，尤其是电机、化工、土木各系的校友，在东北各地发生很大的作用；其次上海各种中学有名的数理教员，很多是本校校友，物理造诣较深的几位校友，则参加了中国科学院的研究工作。"③

工学院的成功与大同大学一直所坚持的"理科特色"密不可分。从大同建校以来，理科教学一直是学校的最大特色。所谓"理工本是一家"，工科的大多数科目都是建立在理科学习的基础上，因此大同大学在理科教学上的扎实基础与优良传统，在很大程度上为工学院的成立做了充分的前期准备和铺垫。

实验室和实习工场为理工科大学教学上的必要设施，一贯以理工著称的大同大学，更视其为最重要的校产，始终高度重视。抗战期间，"化学实验借中法药科专门学校实验室举行，物理实验假福州路理化实验所进行。（1938年）八月租到律师公会大厦为临时校舍，遂将比德小学辟为化学实验室……在抗战八年中，除复课后第一学期无法实验外，从未因仪器药品缺少而致实验停顿。"④ "民廿七、廿八年逐渐恢复物理部、化学部仪器设备（此项仪器仅搬出较精细者，普通仪器未运出），廿九、三十两年，充足电机系、化工系、土木系仪器设备，以后年有增加。理工学院实验室于最艰难时亦未停顿。"⑤ "1943至1945年抗战胜利时为止，本校都集中资力扩充理工学院设备，本校今日理工方面实验仪器还

① 《上海私立大同大学课程改革总结报告》，1951年4月呈报，档号Q241-1-116，上海市档案馆藏。

② 《大同大学各院科系历届毕业学生人数统计表》（1954年11月），档号Q241-1-280，上海市档案馆藏。

③ 平海澜：《大同大学四十周年校庆讲话》（1951年3月19日），《大同大学年刊》，1951年，上海市档案馆藏，档号Q241-1-351。

④ 《大同大学年刊》，1951年，上海市档案馆藏，档号Q241-1-351。

⑤ 《大同大学十五周年纪念刊、学校沿革、历年学生学号起迄对照表等》，上海市档案馆藏，档号Q241—1—21。

能相当充实，都是那时打下来的基础。"[①]

这种坚持实属不易。到 1947 年时大同大学有物理实验室五个，化学实验室四个，电机、机器实习室四个，还有两个实习工厂；学校图书馆藏有中文书、外文书、中外杂志三万余册。[②] 郁少华回忆说："在民国三十八年之前，不但抗战所损失者均已恢复，且又陆续酌量增添。"[③]

1940 年 2 月，一个星月无光的夜晚，沪西中山路附近的荒郊旷地，一辆囚车悄无声息地从黑暗中驶来。接着，一声清脆的枪声响过，一位妙龄少女倒在血泊之中。

惨遭枪杀的少女名叫郑苹如，是国民党地下工作人员，时年 22 岁。她祖籍浙江兰溪，1918 年出生于日本名古屋。父亲郑钺，又名英伯，早年留学日本法政大学，追随孙中山先生奔走革命，加入了同盟会。母亲是郑英伯在东京时结识的日本名门闺秀木村花子（后改名郑华君）。郑苹如在家排行老二，从小就聪明过人，中学时代就读于上海市北中学、大同大学附中及民光中学。学生时期的郑苹如不仅人长得漂亮、举止大方、善解人意，而且特别聪慧，读书好、兴趣广、会绘画、懂书法，是学校的文艺积极分子，被大家公认为才女和"校花"。

正是在就读大同中学期间，郑苹如与胡敦复的小女儿胡福南是同学。胡福南住在万宜坊 13 号，与郑苹如又是邻居。同学兼邻居，加上两人的父亲又彼此十分敬重，让两人成为形影不离、无话不谈的闺蜜。

毕业后的郑苹如，很快成为上海名媛，1937 年 7 月登上当时上海最具影响力的《良友》画报的封面。举凡美貌活跃的女孩，都不乏追求者。在众多的追求者中，一位空军军官有幸成为这位上海滩美女的"白马王子"，他的名字叫王汉勋。

王汉勋，江苏宜兴人，1912 年 2 月生。他们的相识，正是缘于胡新南、福南兄妹的介绍。王汉勋是胡敦复长子胡新南的同学与好朋友，都是大同大学附中的毕业生。1933 年，王汉勋进了中央航空学校，是该校第二期的高才生。毕业后，王汉勋被派赴意大利进修，归国后先任试飞员、训练教官，为我国空军仅有的两个攻击中队之一的中队长。在大同大学附中校友的一次聚会上，由新南、福

---

① 《大同大学年刊》，1951 年，上海市档案馆藏，档号 Q241-1-351。

② 沈德滋、方季石、王槐昌、董涤尘：《回忆大同大学》，《解放前上海的学校》（上海文史资料选辑第 59 辑），第 137 页。

③ 郁少华：《大同大学校史》，《爱国办学的范例》，第 170 页。

南兄妹介绍，王汉勋与郑苹如相识了，很快陷入热恋。[①]

不过，战争让王汉勋与郑苹如这对恋人天各一方，只能靠"鱼雁传书"。1939年春，王汉勋两次来信，让郑苹如赴香港结婚。但他不知道的是，她肩负着秘密的使命。原来，在上海沦陷后，只有19岁的郑苹如加入了中统，利用她优越的条件刺探情报。当时，以丁默邨、李士群为首的汉奸在上海极司菲尔路成立76号特务组织，血腥镇压抗日救亡活动。中统决定利用丁默邨好色的弱点，派郑苹如色诱丁默邨，施展"美人计"锄奸。1939年12月21日，郑苹如与其他特工组成锄奸行动小组，事先埋伏，准备刺杀丁默邨。郑苹如以购买皮大衣为由，将丁默邨诱至上海西伯利亚皮草店。丁默邨进店后发觉情况有异，即弃车而逃。暗杀行动失败，郑苹如随即被捕。

1940年2月，郑苹如被76号特务秘密处决。临刑之际，她说："唯勿枪击我面，坏我容貌。"《情报典范人物》一书高度评价郑苹如："为顺利执行情搜任务，镇日周旋于日寇高官之间，委身寇雠，曲意求欢，牺牲个人美色换取国家情资，不仅毫无名利，也因与日寇汉奸往来，致家庭遭乡里唾弃轻视，家族蒙羞，门楣无光，惟郑苹如无所悔恨，漠视蜚短流长，此等情操，绝非世俗人所能做到。"郑振铎曾称颂她："比死在战场还要壮烈！"

张爱玲曾听其夫胡兰成讲述过郑苹如的故事，于是以此为蓝本写成了小说《色·戒》。2007年，著名导演李安将其改编为同名电影《色·戒》，从女性的角度对故事主人公之间扑朔迷离的感情加以渲染。

国立上海商学院，同样进入了多事之秋。

"八·一三事变"爆发之初，地处江湾的上海商学院、同济大学、复旦大学、上海法学院等，均遭炮火摧毁，无一幸免。商学院建成两年不到的新院舍再次变成一片瓦砾。9月20日，学校发布开学通告，院址定于法租界西爱咸斯路386号中国中学；23日，学院再发通告，租用上海愚园路40号为临时院舍，以维持教学。上海商学院的师生们在这幢三层小楼中度过了八年艰难岁月，一直到抗战胜利。1938至1945年

胡纪常

---

① 徐洪新：《一个女间谍：电影〈色·戒〉女主角原型档案揭秘》，上海辞书出版社，2009年，第99—100页。

八年间，国立上海商学院共计毕业学生220人。[①]据1938年10月14日《申报》刊登《江湾翔殷路上各校被毁惨状》，"八·一三事变"中，"爱国女校、商学院牺牲最大"。又据当年12月21日《申报》刊登《本市大学损失总数》，在"八·一三事变"中"国立上海商学院全部毁去计20.1万元"。[②]

由于愚园路当时在公共租界范围内，因此1941年12月太平洋战争爆发前的四年内，商学院一直处于日军占领区包围的"孤岛"之中，坚持教学活动。这时，因为一部分内地学生无法来沪，另一部分师生则流亡大后方，所以学生数量骤减，人数最少的班级仅有五个学生。但胡纪常、程绍德、安绍芸、张毓珊、蔡正雅等教授依然坚持在教学第一线，从而保证了较高的教学质量。

上海商学院办公室和教学大楼

"孤岛"沦陷之后，沪上各高校都被迫暂时停课，上海商学院也不例外。学院向学生发放了成绩报告单和肄业证明书，以备日后转学之用。1942年2月20日，寒假过后，上海商学院又开学了，但学校由国立改为了"私立"。当时，一些国立大专院校改为"私立"，其中有教育部的意图。因为由于内迁困难重重，为能在敌占区生存下去，免遭敌寇觊觎，教育部授意一些国立大专院校以"私立"名义继续维持。

在院长裴复恒1942年3月6日就关于学校改为"私立"名义致教育部的公函中，可见其中的缘由和情势："查上海各校院自去年12月8日之后，除交通大学仍照常上课外，其他各校，均即暂行停课；旋因两租界情势虽异，而对于沪上各公私立学校，迄无干涉情事，故交通大学上课至今，并无变故；现在多数私立大学，亦相继开学。本院学生，以赴内地求学，交通艰困，被阻折回者已不乏人，所以均望设法维持；本院同人有鉴于此，为救济学子失学计，亦均愿遵照部令改私立名义，继续维持，苦撑到底；乃召集教务主任胡纪常及各系主任等，开会讨论，当经议决暂以私立上海商学院名义继续开学，并即以教务主任、总务主任及各系主任，组织校务委员会，公推胡纪常先生为主任委员，驻校团代会，藉

---

① 上海财经大学校志编审委员会编：《上海财经大学90年1917—2007》，上海财经大学出版社，2007年，第247—248页。

② 上海财经大学校志编审委员会编：《上海财经大学90年1917—2007》，第247页。

资维持。……"①

"私立"上海商学院的校务，由教务主任、总务主任及各系主任，组成校务委员会维持，教务主任胡纪常为主任委员，驻校办公主持校务。②裴复恒暂时回避。但仅过了半年时间，到1942年8月，"私立"上海商学院为汪伪政权所接收，学校又改为"国立"上海商学院。③到了1944年11月，裴复恒出任汪伪政府江苏省财政厅长，校务由教务主任胡纪常代理。④转过年来的1945年1月，汪伪教育部任命陈恩普为院长。陈氏到学院任职仅半年，抗日战争就取得了全面胜利。"国立"上海商学院随即关闭。

在北平，北平协和医学院在珍珠港事件后也没能逃过被日军占领的命运，全体教职员工被迫撤出，胡正祥等一批医师转入中央医院。

刚在协和医学院获医学博士学位的吴阶平，迫切希望得到一个住院医生那样的培养机会。不久，吴阶平被原来的老师招到中央医院。据他回忆，"不久胡正祥也成了特约医师，所有病理检查都由他负责"。学生刘彦仿回忆："当时北平大学医学院的林振纲教授邀请胡正祥教授去北医工作，并将研究经费的三分之一分给他。"直到1946年，吴阶平一直在中央医院，从住院医生到住院总医生再到主治医生，"我的外科基本训练就是在这里得到的"⑤。同年，燕京大学被迫停办，郑春元转到北京大学医学院就读。他回忆："由于协和医学院老师们也大量进入了北大医学院，所以绝大部分课程都是由协和的名师讲授。如病理学是胡正祥教授……"⑥。

1943年，张嘉庆考取了北京大学医学院，1949年毕业。他回忆："我的本科实习是在协和医院完成的。当年很荣幸，师从中国病理学的鼻祖　胡正祥教授。胡教授是国内病理学的泰斗，他当年只选了两个人，我是其中之一。胡教授教学非常严格，他不仅教你怎么读书，还要求你时时汇报念了什么书，有何心得。同时我们要做详细的文献卡片，卡片样式很小，按内容排了次序。"在掌握

---

① 上海财经大学校史研究室编：《国立上海商学院史料选辑》，上海财经大学出版社，2012年，第428页。

② 上海财经大学校史研究室编：《国立上海商学院史料选辑》，第426页。

③ 上海财经大学校志编审委员会编：《上海财经大学90年1917—2007》，第248页。

④ 上海财经大学校志编审委员会编：《上海财经大学90年1917—2007》，第248页。

⑤ 吴阶平：《回忆在中央医院的4年》，《吴阶平文集》下，山东科学技术出版社，1999年，第1884页。

⑥ 董耀会主编：《北大人2》，华夏出版社，1994年，第779页。

了病理学知识后，张嘉庆计划再学外科。胡正祥尊重他的个人意愿，说："你聪明，有前途，我愿意推荐你。"拿着胡正祥写的推荐信，张嘉庆来到中央医院开始了作为外科医生的生涯，并成为一名著名的外科肿瘤学家。他说："跟胡正祥教授学习虽然只有短短一年的时间，我却一直认为一辈子最受益的就是这起始的一年。"⑦

胡时渊

1938 年，胡时渊离开了任职 14 年的中国旅行社，应好友徐学禹之约去往福建省。此时，主政福建的是陈仪。他招来同乡徐学禹，让其担任省政府委员兼建设厅厅长。徐学禹到任后，成立了福建省贸易、企业、运输三大公司，自兼董事长，并从江浙一带引来一干人员安插其间。熟悉运输业务的胡时渊就是此时应招前来担任了福建省运输公司总经理一职。1938 年，福建省运输公司正式成立，设总公司于南平，"总公司内分总务、业务、机务、会计各部门。业务分公路、水路、人力运输。陆路为段、站组织，相应配有修理厂、炼油厂等；水路有船舶管理处，分轮船、民船两部分。此外还有个中南旅运社，是当时全省最大的高级旅社，其分社遍布全省各市县，给社会上层人士和公务人员出差或旅行以很大的便利。省运输公司高级人员所住的中南新村，似乎也是中南旅运社的一部分"⑧。

此时正值抗战期间，福建与重庆之间的直达交通几乎停顿。胡时渊到任后，经过相当时间的筹备，首创长途连跨数省的运输，办起闽渝（南平—重庆）直达客车。"开车那天，鞭炮齐鸣，轰动山城，为历史上所未有"。继闽渝直达车之后，又开辟由南平经闽西、赣南到广东韶关的直达车。⑨这两条路线，后来由于战事的激烈而不得不停办，福建省运输公司的业务限制在省内运输。"当时，海口沿线公路已破坏，所剩的主要是闽中、闽西北的内地公路，沿线丛岭崎岖，山路逶迤。当时最主要的延永公路，由南平经沙县至永安，于山间一路蜿蜒盘旋，

⑦ 江泽飞主编：《"乳"此绽放》，中国医药科技出版社，2013 年，第 183 页。

⑧ 萧佛：《我所知道的福建省运输公司和胡时渊先生》，《福建文史资料》第 20 辑，1988 年，第 16 页。

⑨ 周尚文：《解放前南平交通》，福建省南平县政协文史组编：《南平文史资料》第 2 辑，1982 年，第 26 页。

大有'青泥何盘盘，百步九折萦岩峦'之势；加以汽车多系陈旧老牌，延永间150多公里，约需五六个小时或大半天始能驶完，有时还半路抛锚。所幸司机技术高超，在全民抗战热情鼓舞下，不避艰难困苦坚持行车，使运输业务得以维持六年不辍。自然，这与胡、戴诸君谋划经营的辛劳也是分不开的"[1]。

在总公司文书股长萧佛眼中，"胡是个大胖子，胖脸上架着金边眼镜，人极和蔼，口音带着浓厚的浙江土腔，称呼下属为'密司脱某'，有着开朗豪爽的大企业家风度"。不过，胡时渊深厚的方言，让他闹出了笑话。"在总公司任职期间，胡时渊先生经常要我代他撰拟文稿，他口授，我记录，整理好后再给他判行，一般能合意。不过他的土腔太重，有一次说'水运'，把'水'字念成'史'音，我听不懂，他只好改用英语说'Water、Water'，弄得两个人都笑起来"[2]。

萧佛在胡时渊手下工作时间不长，但胡的为人给他留下了深刻的印象。萧佛回忆："胡是实业家，不搞政治，我不能判定他的政治信仰，但有一事：他在省运输公司总经理任内，省方（永安）曾指名运输公司青年职工某某，说有'共党嫌疑'，电令逮捕。胡接电后，先将此人唤来，告以内情，给以资斧，遣其速离，待电令发表时，此人已脱险境矣。此青年是我乒乓球友，虽不十分亲密，因久不见面，经探询方得此情。胡为此颇得进步青年职工的爱戴。""我青年时期是业余戏剧爱好者，曾努力以戏剧活动宣传抗日救亡。……在运输公司时，我联络部分热血青年利用业余时间自力筹备，借公司礼堂演出三个宣传抗日的独幕剧，邀请公司领导及同人观看。我和家姐瑞林、舍弟玉柯合演《放下你的鞭子》。时福州沦陷，流亡延永者甚多，此剧以情景逼真，令观者下泪，效果甚好。翌日胡时渊特举行招待演职员晚会，当面向我提出，希望能做经常性的抗日宣传演出，需用物资经费，公司大力支持。我们即继续排演了多幕剧《麒麟寨》，由胡时渊的侄儿胡继祖饰邓九爷，玉柯饰胡二爷，我饰萧子青，瑞林饰邓秀姑，陈梦鲤饰汉奸，在南平剧院公开演出，亦获良好效果。"[3]

在福建期间，胡时渊还有一事值得一记。当时受到战事的影响，油料短缺，福建协和大学化学系利用当地丰富的松根、松脂资源，用干馏方法蒸出粗松焦油，再经分馏精炼，轻的可做松节油，重的可做柴油，油渣可做沥青，一物多用。胡时渊拨款五万元作为扩大试验的经费，筹建了动力燃料试验所。为全省汽

---

① 萧佛：《我所知道的福建省运输公司和胡时渊先生》，《福建文史资料》第20辑，第15—16页。

② 萧佛：《我所知道的福建省运输公司和胡时渊先生》，《福建文史资料》第20辑，第15页。

③ 萧佛：《我所知道的福建省运输公司和胡时渊先生》，《福建文史资料》第20辑，第16—17页。

车、轮船运输解决了用油困难。①

把胡时渊招致福建的徐学禹，生于 1903 年，浙江绍兴人氏，是辛亥先烈徐锡麟侄儿，毕业于德国柏林工业大学电机科，曾任德国西门子电机厂工程师。回国后历任交通部简任技正兼上海电话局局长、浙江省公路局局长。胡时渊和徐学禹的命运，从此时起紧紧地结合在一起。

1941 年 8 月，福建省政府主席陈仪因华商陈嘉庚的指控而遭撤职返回重庆，徐学禹随之去职，不久胡时渊也从福建省运输公司离职，担任省贸易、企业、运输三公司董监联合办事处副主任。

不过，很快，胡时渊与徐学禹在重庆又"再续前缘"。抗日战争爆发后，原在上海的招商局总部迁往香港，在沪的全部局产如仓库、码头、船厂、房地产以及撤不走的船只、趸船等等在战火中损失极大。1943 年 4 月，国民政府在重庆重组招商局总局，徐学禹经陈仪推荐出任总经理。徐学禹又想到了胡时渊。听闻徐氏的相招，胡时渊随即辗转来到重庆担任了招商局业务部主任之职。

在无锡，胡通祥与她的化新小学迎来了最为困苦的一段时间。

1937 年 11 月，日军侵占无锡，学校被迫停课。1938 年 5 月上旬，时势稍趋稳定，胡通祥同孙汝舟、王佩莘、胡秀霞诸老师回到化新小学筹备复课。可是教学设备破坏殆尽，胡通祥、孙汝舟、王佩莘再次变卖饰物，为学校置办课桌等设备。1938 年秋季，学校在十分艰苦的条件下复课。入学学生 40 余人，分两个教室上课。物价飞涨，学生的家长无力交纳学费，胡通祥与其他教师不领薪水，坚持义务教学。

为了不使学生受奴化教育毒害，不用日伪教科书，她设法搜集和购买抗战前旧课本作教材；学校不挂伪国旗，校中举行集会，将毕业证书上的孙中山先生小像剪下，装在小镜框中使用。这些爱国行动，被当地汉奸侦悉，匿名恐吓信接踵而来，胡通祥大义凛然，仍我行我素。②

日伪统治时期，无锡百业凋零，教育事业更备受摧残。整个河埒地区仅有小学两所，学生毕业后，无业可就，无学可升。一些学生家长迫切希望能有一所中学，以免子女遭受失学之苦，因而与胡通祥商量，希望她能支持其事。胡通祥慨然允诺，着手筹办中学。其时环境恶劣，要创办一所中学确非易事，经费、校

---

① 徐志耀：《建瓯抗日救亡史事杂记》，福建省政协文史和学习委员会编：《福建抗日战争纪事》，福建人民出版社，2015 年，第 289 页。

② 强锡昌：《毕生从事教育工作的胡通祥》，《无锡文史资料》第 21 辑，1989 年，第 27 页。

舍、师资都成问题。胡通祥四处奔走，寻求支持。1944 年 8 月，终于在化新小学的基础上，以补习班形式办起一个初中一年级班。校舍借用小学教室，聘请胞弟胡正霞和薛宝润为专职教员，分担文、理主课；美工、音乐、体育等课由小学老师兼任，总务工作；小学总务由王佩莘兼管。开学时，招收学生 20 名，校名为化新中学，成了河埒地区第一所中学。①

胡通祥亲自为化新中学撰写了校歌，歌词是："人生何事最要紧，教育为前提。潮我化新女（学）校，创办非容易。但愿同学（兄弟）姐妹，不负栽培意。努力向前功课好，致力自根基。"②

为勉励学生，在老教室中厅上挂有一块三米长一米宽的大匾额。上书一尺二寸见方的"勤俭"两个大字，旁边书写小楷校训："自给自足，毋需仰面求人，勤之效之……"。胡通祥言传身教，身体力行。她经常和师生一起劳动，勤俭办校，即使一张纸片、一枚图钉之微，从不随便丢弃。③

"东进，东进，我们是铁的新四军！"雄壮的《新四军军歌》，是这支有着"铁军"之称的人民军队在华中敌后战场奋勇抗击日本侵略者的真实写照。

在这支"铁军"之中，有一位来自村前的女战士——胡瑞瑛。

1936 年，胡瑞瑛从苏州振华女子学校初中毕业。振华女中创办于 1905 年，以学风朴实务实、学生学业一流而闻名。

初中毕业后的胡瑞瑛，又转往南通大学学习。早在 1902 年，张謇在家乡办起国内第一所师范学校通州师范，后又陆续办了十余所职业学校，其中以纺织、农业和医科为有名，到 1920 年合并为南通大学。抗战爆发后，南通大学迁往上海租界，改名为南通学院继续办学。

在南通大学期间，生性活泼的胡瑞瑛开始接触先进思想。"当时传阅的进步书刊有《西行漫记》《钢铁是怎样炼成的》《腐蚀》《静静的顿河》《大众哲学》《农村经济调查》《新民主主义》等。党支部集中了一批书，藏在胡瑞瑛家，轮流提供给各读书小组"④。

1941 年，新四军政委胡服（刘少奇）在苏北参议会上讲话，明确提出要在

---

① 强锡昌：《毕生从事教育工作的胡通祥》，《无锡文史资料》第 21 辑，第 27 页。
② 强锡昌：《毕生从事教育工作的胡通祥》，《无锡文史资料》第 21 辑，第 28 页。
③ 强锡昌：《毕生从事教育工作的胡通祥》，《无锡文史资料》第 21 辑，第 28 页。
④ 南通学院党史资料征集小组：《抗战时期南通学院学生运动回顾》，项伯龙主编：《青春的步伐——解放前上海大中学校学生运动史专辑》，同济大学出版社，1999 年，第 115 页。

根据地发展文化教育事业，创办大学，为革命事业培养和输送人才。不久，江苏省委十分重视，计划通过文委梅益和上海文教界上层搭线，动员组织上海的几所大学的师生去根据地创办大学。一所是以之江大学为主，一所是南通大学。

太平洋战争爆发后，沪上大学有的停办，有的迁校。中共江苏省委经过研究，并与新四军军部联系，决定在华中抗日根据地创办综合性大学。由上海的之江、东吴、大同、大夏、沪江、约大、苏州工专等大专学校的党支部，动员各自学校要求进步的师生参加，建立江淮大学。同时，还决定动员在上海的南通学院迁入淮南根据地。

此时的南通学院，处境十分危难。日军责令各大专院校限期登记备案，而远在重庆的教育部却计划将学校迁往浙江金华，参与筹建东南联大，学校董事会则想把主持院务的郑瑜赶下台，另派院长。面对这三方面的压力，郑瑜瞻前顾后，既不愿向汪伪教育部登记而蒙受投敌恶名，又怕搬到金华会导致大权旁落，而其中最难对付的是背后有汪伪势力撑腰又掌握着学校经济大权的学校董事会。因此他思想矛盾，心情苦闷。①

正在上海的地下党员梅益，受命负责动员沪上院校内迁根据地事宜。梅益，广东海阳人氏，1929 年考入上海中国公学，1931 年到北平从事报刊编译工作，1935 年参加左翼作家联盟，1937 年加入中国共产党，全国抗日战争爆发后任中共上海市文化工作委员会书记，主持中共地下组织领导的《译报》（后更名《每日译报》），并主编《华美周刊》《求知文丛》。梅益是中国广大读者所熟知的《钢铁是怎样炼成的》一书的中文译者。由于工作异常繁重，他忙中偷闲，用了五年时间始将全书译毕付印。中译本出版后，果然如预期的那样产生巨大影响，并且连续影响了几代人。在翻译《钢铁是怎样炼成的》之前，梅益还参与了美国记者斯诺《西行漫记》的翻译工作，是 12 个译者之一。后来，他又参与翻译了斯诺夫人韦尔斯所写的《续西行漫记》。

"地下党学委决定南通学院党支部划归梅益同志联系，以便上下配合，动员师生到根据地去"。舒忻回忆：1942 年"五六月间，梅益和我（当时为该校党支部书记，公开身份是学生）及支委胡瑞瑛接上关系。我们听到根据地要办大学，感到十分兴奋，决心以最大的努力来完成迁校任务。首先我们把支部力量分成两部分，一部分坚持在校读书和开展日常工作，另一部分则全力以赴投入迁校

---

① 舒忻：《淮南抗日根据地办大学》，中国人民政治协商会议上海市委员会文史资料工作委员会：《文史资料选辑》第 5 辑（总第 34 辑），上海人民出版社，1980 年，第 43 页。

活动。接着把迁校的意图明确向积极分子交底，取得统一认识。"①同时，梅益（化名杨先生）为新四军代表，与郑瑜进行了直接的接触。"当郑瑜表示要郑重考虑才能作出决断时，校内党支部发动党员、积极分子对他进行访问、谈心，支持和鼓励他去新四军驻地办学，并且透露了同学们不愿去浙江雁荡山的意向。同时，还发动积极分子去农、纺科教授家做工作，欢迎教授们支持郑瑜去抗日民主根据地办学"，"六月，正当郑瑜还在犹豫不决的时刻，在党支部领导下成立了迁校筹备委员会，由舒鸿泉、胡瑞瑛、陈义鑫、鲁绮霞（以上四人是党员）、王侯、程新棋、杜福利、顾克兰、程秋芳、徐爱云、袁玲如等11人组成。并组织夏令团，推田鸣德为团长。该团开展参观工厂、农场、家庭访问，集体乘自行车游览等各种群众活动，为迁校做了准备工作"②。通过这些活动，摸清了每个同学的家庭和本人的思想情况，并帮助他们提高对共产党、新四军的认识，尽可能争取更多的同学去根据地。③

7月，郑瑜和三名学生代表先到淮南根据地了解情况。在淮南根据地，郑瑜亲自感受到根据地军民抗日救亡的爱国热情，亲眼看到他们艰苦奋斗的革命风貌，思想境界有所提高，从而坚定了到根据地办学的决心。④华中局负责人同他们进行了商谈，确定行政自主等办校原则，并将校址选定在天长县铜城镇。郑瑜等人回上海后，由党组织协助，动员教授、学生迁往根据地，共有62名师生报名。⑤

接着，在地下党交通员的安排下，全部师生62人相继通过敌伪封锁线，经过艰苦曲折的跋涉，于10月安全地到达了学校所在地铜城镇。

铜城镇是淮南根据地最大的一个集镇，水陆交通便利，与敌占区贸易来往兴旺。镇上有五千多人口，民房鳞次栉比，有饭馆、茶馆、照相馆等。镇南二十里的沂杨区，驻有新四军第二师的一支部队，以防天长县城敌伪骚扰，西北面是巩固的根据地。这是办校比较理想的地方。

11月1日，南通学院在铜城开始正式上课。学院设纺织和农业两系，共七

---

① 舒忻：《淮南抗日根据地办大学》，《文史资料选辑》第5辑（总第34辑），第42页。

② 南通学院党史资料征集小组：《抗战时期南通学院学生运动回顾》，《青春的步伐——解放前上海大中学校学生运动史专辑》，第119页。

③ 南通学院党史资料征集小组：《抗战时期南通学院学生运动回顾》，《青春的步伐——解放前上海大中学校学生运动史专辑》，第119页。

④ 舒忻：《淮南抗日根据地办大学》，《文史资料选辑》第5辑（总第34辑），第43页。

⑤ 中共上海市委党史资料征集委员会主编：《抗日战争时期上海学生运动史》，上海翻译出版公司，1991年，第102页。

个班，都是正规教学，上专业知识课。除了上专业课外，传阅过整风文件，参加过群众大会，去抗大八分校参观等活动。学院成立了党支部，由胡瑞瑛、尹敏任支部书记和副书记。11月底，敌军集结边区，新四军为了保证师生们的安全，将全校师生转移到洪泽湖南黎城区植家湾继续上课。这样，南通学院在十分艰苦、危险的环境中坚持办学。①

1942年底，日伪加大了对根据地的"扫荡"力度。为了师生们的安全，新四军决定将学校撤回上海。1943年元旦前夕，全体师生又集中到高邮湖旁紧靠黎城镇的植家湾大地主庄院里，新四军军部和淮南行政公署为了让大家欢度元旦，送来了大量猪、羊、鸡、鸭等食品。军部宣传部长钱俊瑞和梅益代表军部和华中局来慰问，并向全校师生作了形势紧迫动员回沪的报告。②回沪后，郑瑜以新四军拨给的经费，复学复课，帮助自根据地撤回上海的学生完成了学业。

师生们在根据地虽只生活了四五个月时间，但对党的各项政策有了亲身体会，对党的干部艰苦奋斗的精神十分钦佩，很多同学提高了政治觉悟，消除了原来的疑虑，希望留在根据地参加革命。③胡瑞瑛就是其中的一位。她化名林琴，直接参加新四军，走上了革命的道路。

新四军将领合影。前排左起：周子昆、袁国平、叶挺、陈毅、粟裕、叶钦和

胡瑞瑛后来与新四军战士叶钦和结成夫妻。叶钦和，新四军军长叶挺之侄。1941年1月4日，奉命北移的新四军军部及其所属皖南部队9000余人，从云岭驻地出发往长江以北，6日在安徽泾县茂林地区突遭国民党军队七个师八万余人的包围袭击。新四军部队英勇奋战七昼夜，终因寡不敌众，弹尽粮绝，除约2000余人突出重围外，一部被打散，大部壮烈牺牲和被俘。军长叶挺在同国民党谈判时被扣，时任副官处代处长兼三科科长叶钦和同时被扣。叶挺被关在湖北恩施时，曾对来访的新华日报负责人陆诒说："（饶漱石）叫我去下山谈判，这是我所反对的，明知不会

---

① 中共上海市委党史资料征集委员会主编：《抗日战争时期上海学生运动史》，第102页。

② 南通学院党史资料征集小组：《抗战时期南通学院学生运动回顾》，《青春的步伐——解放前上海大中学校学生运动史专辑》，第121页。

③ 舒忻：《淮南抗日根据地办大学》，《文史资料选辑》第5辑（总第34辑），第47页。

有好结果，但为了服从党的命令，顾全大局，我就带了我身边几个侄子叶育青、叶一舟和叶钦和等几人找国民党部队谈判。不出所料，即被他们扣留"①。

后来，叶钦和被关押在上饶集中营。这些新四军战士在敌人包围严密、警卫森严的情况下，以坚强的决心和周密的计划及机敏的配合，在 1942 年五六月间组织了著名的茅家岭暴动和赤石暴动，冲出了牢笼。这些志士大多历尽千辛万苦、辗转周折，重返了革命队伍新四军。叶钦和后来写下《回到新四军来》记述了暴动以后，经过三年的辗转跋涉、颠沛流离回到了自己向往的军部。

1945 年春节过后，中共淮南区委员会机关报《淮南日报》派遣秦秋谷到铜城市去采访天高农具合作工厂。后来，秦秋谷在《回忆一次采访活动》记下了这次采访。其中，就有对叶钦和、林琴夫妻的描写：

> 铜城市市长名叫林琴，也是上海女学生出身，大眼睛，鹅蛋脸，短头发，她见到我很高兴，好像看到久别的老朋友，对我非常热情。我就住在她屋里，这房子是砖瓦结构，墙壁雪白，比起《淮南日报》的竹编草舍来，亮堂多了。林琴落落大方，侃侃而谈，向我介绍铜城市的经济发展情况，天高农具合作工厂的创办经过和合作起来后的优越性。我十分钦佩林琴的才干。从她口里知道她领导着这个近万人口的大集镇。铜城是淮南根据地农工商经济主要中心，又是进出口贸易要道，公家开有一个利华贸易公司，把根据地的土特产和粮食，从这儿运往敌占区、国统区，把药品、五金电讯器材、布匹、纸张……运进根据地来。林琴的工作十分繁忙，要做好工商界人士的统战工作，又要动员职工群众发挥主人翁的监督作用，还要做好居民群众的缉私、防特等工作。她一天到晚没有空闲，半夜里都有人敲门向她报告重要情况。

> 我走在铜城街上，店铺里生意兴隆，市面十分热闹。这里有公家办的军械厂、服装厂，还有一家飞马烟草公司，生产著名的飞马牌香烟（解放后，这飞马牌香烟牌子，一直被杭州烟厂沿用至今）。

> 飞马烟草公司，坐落在铜城市的边缘，利用地主大宅院为厂房，房屋高大宽敞。林琴介绍我去拜访飞马烟草公司经理叶钦和同志，他是叶挺将军的侄儿，皖南事变中被国民党抓去关在上饶集中营，在日寇进攻浙赣线，集中营撤至闽北途中，参加著名的赤石暴动。作为幸存者之一，他的事迹引起了我的兴趣。我主动帮助叶钦和同志用自述的口吻，写他在赤石暴动之后，如何经过艰难曲折的历程，千方百计寻找党，回到根据地的事迹，整理成一篇

---

① 汤应武主编：《中国共产党重大史实考证》，中国档案出版社，2001 年，第 1234 页。

《流浪散记》的散文。这是我这次采访活动的一件副产品。后来我把它带到华中局，在范长江同志主编的一个刊物上发表（解放后这篇文章收集在《上饶集中营》一书中）。

我所采访的天高农具合作工厂就在飞马烟草公司近旁，那是由20多个打农具的铁匠师傅，在党的领导下组织起来，合作办的一个农具工厂。……

着手写稿的时候，我到附近的飞马烟草公司办公室去写，那里生着一只很大的木炭火盆，使我的手不至于冻僵。叶钦和热情接待，为我冲茶倒水，中饭就在烟草公司吃，那时经理有权批条子要伙房开客菜，一盘荠菜炒肉丝或者韭菜炒鸡蛋，这在我们根据地是请上宾了。铜城市政府里的大伙房，却与我们《淮南日报》社一样，只有大锅菜——煮得发黄的青菜和小麦粉掺玉米粉的馒头。有时林琴也一起到这里来"揩油"。因为烟草公司赚钱，对客人有一笔微小的招待费，我们这些"馋鬼"就去"揩油"了。叶钦和看我们吃得津津有味，总在一旁高兴地呵呵笑着。

我在铜城住了个把星期，大约有10来天，写好两篇稿子，欢欢喜喜回到报社。这次可没有走错路，在夕阳下山之前，就赶回报社了。[①]

"垒起七星灶，铜壶煮三江，摆开八仙桌，招待十六方""要学那泰山顶上一青松，挺然屹立傲苍穹"……这些耳熟能详的唱腔，从现代京剧《沙家浜》诞生至今，已在华夏大地上回响了半个多世纪。时至今日，从剧场到荧屏，"郭建光""阿庆嫂""沙奶奶"们的身影依然活跃在各类空间和各种场景里。可以说，《沙家浜》塑造的这些英雄形象，连同一段段经典唱腔，已凝结为中华民族的集体记忆，融汇到百年以来的红色血脉之中。

苏州境内湖荡密布，尤以东部阳澄湖地区为多。阳澄湖跨吴中、昆山两地，北面毗邻常熟，沙家浜就坐落在这里。在抗战最为艰苦的年代，党所领导的游击队伍就利用阳澄湖中繁复浩茫的青青芦荡，与敌人周旋。现代京剧《沙家浜》所反映的就是他们抗日、抗匪的传奇故事。

在这些传奇人物中间，就一位来自堰桥的青年——沈鲁钊。

沈鲁钊1919年生于堰桥尤泾头，1937年毕业于胡氏中学，1938年9月又进入上海国际第一难民收容所的难童中学学习。在这里，他担任了少年先锋团团长，参加了党的外围组织"难民自救会"。1939年3月，沈鲁钊参加了中国共

---

① 秦秋谷：《回忆一次采访活动》，《淮南日报》史料集编纂委员会编：《淮南抗日根据地党的喉舌》，中共党史出版社，1992年，第71—75页。

产党，8 月带领 12 位同志到了苏常太游击区。[①]

当沈鲁钏来到苏常太游击区之时，我党领导的抗日队伍"江南抗日义勇军"（简称"江抗"）已经发展到 5000 余人，成为苏南地区一支不可忽视的抗敌力量。有一支原本依附于国民党的胡肇汉所领导的队伍，经过争取改编为"江抗"独立第一大队一支队。

"江抗"力量的壮大，引起了国民党的注意。命令一道接着一道，要求"江抗"立刻离开苏南。为了维护抗日统一战线的大局，新四军还是奉命向苏北地区转移——在《沙家浜》的开头，大部队转移的原因正在于此。胡肇汉部开赴扬中整训，但他不甘心离开自己的大本营，装病回到阳澄湖，再次拉起四五十人的队伍。经日、伪的拉拢，胡肇汉在 1940 年 7 月公然接受国民党军统旗下"忠义救国军"的改编，彻底倒向了国民党一边。在接受改编后，胡肇汉又与驻扎在苏州一带的汪伪第 10 师勾勾搭搭。

"到底姓蒋还是姓汪？"这个问题，在当时的胡肇汉身上还真说不清楚。然而，不管胡肇汉到底投奔了谁，他与人民作对的立场却是已经确定了。在那些年里，阳澄湖一带甚至流传起了这样的口头禅："不怕胡肇汉跳，就怕胡肇汉笑"，只要他一笑，就非得见血不可。晚年的沈鲁钏在回忆文章中就写到了胡肇汉残害我党同志的事例：沈菊英在肖泾镇上开设一家茶馆，摆个鱼摊，作为掩护，接待来往同志，递送情报，发动妇女做军鞋送给新四军，还送儿子参加革命工作。一天，胡肇汉带了队伍闯进茶馆，凶残地把沈菊英杀害了。此外，他还杀害了相城区青年协会主席、中共党员张晨曦，相城区我党联络员张天爵（甲），相城区民运工作者马尼等同志。[②]

为了打击胡肇汉的气焰，1940 年 12 月谭震林带领"江抗"部队潜入阳澄湖地区，宿营于相城东、西张家浜。结果，消息走漏。13 日下午，日军 80 余人分乘三艘汽艇，向"江抗"二纵队驻地西张家浜发起突然袭击，二纵队顽强抗击。同时，苏州、常熟之敌赶来增援。为避免腹背夹击，二纵队在一纵队和人民群众支援下，于黄昏前撤至东张家浜。张家浜战斗，毙伤日军数十人，19 名"江抗"战士英勇牺牲。沈鲁钏回忆："我带领随军工作队的同志，到西张家浜打扫战

---

① 沈鲁钏：《回忆沙家浜的战斗》，政协无锡市南长区委员会文史资料委员会编：《南长文史资料》第 5 辑，1997 年，第 20 页。

② 沈鲁钏：《回忆沙家浜的战斗》，《南长文史资料》第 5 辑，第 21—22 页。又见沈鲁钏：《阳澄湖畔的战斗》，《南长文史资料》第 3 辑，1995 年，第 35—37 页。

场，收殓牺牲的十九位同志，埋葬于常熟东塘市。"①

1941年2月，中共阳澄县委成立，沈鲁钊任组织委员。同时以肖陆区的区队为武装力量，并从部队抽调短枪队员约三四十人，采取党政军结合的武工队形式进行活动。②此时，胡肇汉盘踞在阳澄湖，而我党要收复阳澄湖，因此阳澄湖成为我党与敌伪顽激烈争夺的地区。武工队在党的领导下，灵活与日伪周旋。先是开辟了任石新区，打通了南进通道，又打响了毛家浜、八士桥两场战斗，有力地打击了日伪的气焰。③

1941年7月，日伪为了巩固其在华中占领区的统治，实行残酷的"清乡"运动，沈鲁钊奉命撤离。④就这样，沈鲁钊在阳澄湖地区坚持战斗了两年多时间。据他记载，《沙家浜》中胡传魁就是以胡肇汉为原型创作的，阿庆嫂也揉合了沈菊英的事迹，而新四军干部郭建光则集中了当时太仓县长郭曦晨、常熟县委书记李建模和新四军第五路军参谋长夏光的事迹，"郭建光"这个名字，就是在三个人的名字中各取一字而组成的。⑤

撤离阳澄湖的沈鲁钊，回到家乡堰桥，先后在张村公峰小学、麻歧小学当起了老师。1942年5月，中共澄锡虞中心县委书记钱敏命令他尽快与潜伏在澄东、锡北的徐子敏、何殿楣、江革接上关系，着手恢复中共地下组织反"清乡"的抗日活动。在据点密布、保甲森严、汉奸密探众多的严峻环境中，沈鲁钊以王祺华为化名成功地与三位同志接上了头，传达了上级党组织的指示，部署了工作。

同年8月，沈鲁钊被澄锡虞中心县委任命为澄东县特派员，领导澄东地区转入地下的12个秘密支部的恢复工作。"首要任务是联系'清乡'以后转入地下的几个党支部，把这些支部全部恢复起来"⑥。沈鲁钊接受任务后，立即通过关系从堰桥转到江阴马镇竹溪小学任校长，以教师的合法身份立足下来。他平时教课，一到星期天就出外四处联络。沈鲁钊回忆："那时我在马镇竹溪小学，天天要上课，只能利用星期天进行活动。一到星期天，天还没有大亮，我就出去了，

①　沈鲁钊：《阳澄湖畔的战斗》，《南长文史资料》第3辑，第37页

②　沈鲁钊：《阳澄湖畔的战斗》，《南长文史资料》第3辑，第37页。

③　沈鲁钊：《回忆沙家浜的战斗》，《南长文史资料》第5辑，第22—29页。又见沈鲁钊：《阳澄湖畔的战斗》，《南长文史资料》第3辑，1995年，第37—39页。

④　沈鲁钊：《回忆沙家浜的战斗》，《南长文史资料》第5辑，第20页。

⑤　沈鲁钊：《回忆沙家浜的战斗》，《南长文史资料》第5辑，第30页。

⑥　沈鲁钊：《"清乡"后恢复澄东和解放前夕坚持沙洲的斗争》，中共江阴县委党史资料征集办公室编：《江阴人民革命史资料》第1辑，1984年，第145页。

按照钱敏同志交给我的支部联络员的姓名、地点、暗号，整天在外面联系，直到晚上才回来。"[1]

从 1942 年秋冬至 1943 年春，经过奔波，沈鲁钊同七个党支部联络员接上关系，可是与其他五个党支部联络员的联系没有成功：有的牺牲了，有的被捕了，有的经受不住考验甩手不干了。[2] 沈鲁钊回忆："经过一段时间的努力，我完成了澄东县地下党的恢复工作。那时，我按规定，每隔三个月向钱敏汇报一次，除汇报恢复工作的情况外，还要汇报群众工作的开展、日伪在澄东县的活动等内容。"[3]

江阴马镇竹溪小学是由乡间"郎中"邢鹏中出资创办。邢鹏中早年就读于上海大同中学附中，因家贫而辍学回乡学医谋生。他的女儿邢西滢对沈鲁钊颇有印象，晚年之时回忆："父亲等人开办江阴县私立竹溪小学时，父亲他们聘请了三名教师，其中被聘为校长的名叫沈继平，其余教师中有沈继平的夫人，还有一位是族里侄女邢学敏。……新中国成立后才知道，那位沈继平校长真名叫沈鲁钊，时任中共锡北县特派员，他与其夫人以教员为掩护从事地下革命工作。"[4]

沈鲁钊的妻子名叫胡慕淑，早年与丈夫一同就读于胡氏中学，两人在 1937 年同届毕业。这次她跟随丈夫一同来到江阴马镇竹溪小学，担任教师。沈鲁钊回忆："我把妻子胡慕淑也带去了。这样，既可以当教员，又可以掩护我开展'清乡'区的恢复工作，一举两得。"[5] 为了发展革命队伍，夫妻俩逐步物色可靠对象，秘密发展党员。沈鲁钊先发展了一位雇农为中共党员，以后又发展马镇小学教师吴少照入了党。沈鲁钊回忆："一天傍晚，我约吴少照到竹溪小学附近的一片桑田中的荒坟堆里，启发他提出入党要求。我们坐在坟地上小声说着话，磷火在坟地里一闪一闪的。我给他谈了共产党的性质、纲领、共产党员的条件，并发

① 沈鲁钊：《"清乡"后恢复澄东和解放前夕坚持沙洲的斗争》，中共江阴县委党史资料征集办公室编：《江阴人民革命史资料》第 1 辑，1984 年，第 145 页。

② 江阴市政协学习文史委员会编：《新四军在江阴》，上海人民出版社，2015 年，第 318—319 页。又见沈鲁钊：《"清乡"后恢复澄东和解放前夕坚持沙洲的斗争》，《江阴人民革命史资料》第 1 辑，第 144—147 页。

③ 沈鲁钊：《"清乡"后恢复澄东和解放前夕坚持沙洲的斗争》，《江阴人民革命史资料》第 1 辑，第 147 页。

④ 邢西滢：《心雨杏林一甲子》，邢鹏江：《邢鹏江临床实验录》，安徽科学技术出版社，2018 年，第 325 页。

⑤ 沈鲁钊：《"清乡"后恢复澄东和解放前夕坚持沙洲的斗争》，《江阴人民革命史资料》第 1 辑，第 145—146 页

展他参加了共产党。……后来，胡慕淑也发展了几个党员。"①地方党史资料也记载："一天夜里，沈鲁钊在一座长着茂密古柏青松的荒坟里召集金庄乡党支部10名党员开会，一口黑漆棺材浮厝在坟地的一边。他背着月光，蹲在棺材后面，以棺材作为自己的屏障，他能看到党员们，党员们却不能看清他的面貌，这样即使个别意志不坚定者被捕或叛变，他也不会遭到不测。他特地向党员们说明这样做的原因：在日伪严密控制的'清乡'伪化区，行动稍有不慎就有暴露的危险，但我们讲秘密并不是不干工作、不搞斗争，否则就成了棺材里的秘密。接着，他讲了江北抗日斗争形势，讲了目前如何搜集敌人情报和开展地下斗争等等。"②

从事地下工作，危险时时刻刻伴随着他们。邢西滢回忆："一天，父亲出诊后晚上回到家里，听说学校两名女教师被设在门村的国民党宪兵队抓去了。他二话没说，把家用钱都带上，怕还不够，又向村上人家借了一点，在俞齐兴乡邻的陪同下，不顾安危摸黑去门村救人。一路上父亲塞钱打点，闯过三关，总算到了宪兵队，说尽好话，散尽钱财，才救赎回她们。"后来沈鲁钊对她说："当时幸亏严老名誉校长给了我这个竹溪小学校长的位子，这对掩护我们开展锡北地下革命工作起到很大作用，邢老又救护了我夫人。"③

1949 年冬，沈鲁钊、胡慕淑夫妻合影

① 沈鲁钊：《"清乡"后恢复澄东和解放前夕坚持沙洲的斗争》，《江阴人民革命史资料》第 1 辑，第 147 页。

② 江阴市政协学习文史委员会编：《新四军在江阴》，上海人民出版社，2015 年，第 320 页。

③ 邢西滢：《心雨杏林一甲子》，邢鹏江：《邢鹏江临床实验录》，第 325 页。

第十一章 在后方：弦歌不辍

1937 年 8 月 14 日，"八·一三事变"爆发的第二天，日本空军首炸杭州。敌机肆虐，战争空气弥漫东南各省，许多大中学校疏散、停办或向内地搬迁。但浙大在日机轰炸中仍然坚持了三个月的学业。直至 11 月，日军在浙江、江苏二省间的金山卫全公亭登陆，此处距杭州只有 120 余公里，浙大这才开始踏上搬迁之路。

在随后的八年间，浙江大学演绎了一段"四次迁徙、弦歌不辍"的悲壮史诗。

当敌机肆虐南京、上海、杭州沿线之际，为了使一年级新生能避开敌机袭扰，安心学习，校长竺可桢亲赴临安租借西天目山禅源寺余屋，作为新生的教学和生活用房。9 月，一年级新生开始迁往深山丛林中的天目山上课。11 月 5 日，浙大本部的 700 余名教师学生分三批出发，迁往建德。同时，在天目山的一年级师生步行到建德，与校本部师生汇集。一时，街巷拥挤，师生满目，古城一下成为大学城。

建德古称严州，在杭州西南约 120 公里处。浙大在建德两个月，虽然生活和学业都处于非常艰苦的状况，授课却未尝稍辍，大致结束了一学期的课程。12 月 24 日，杭州沦陷，建德城内警报日多，浙大喘息稍苏，被迫再次迁徙，向江西吉安进发。

吉安，是江西中部的交通和文化中心，这里是宋代著名文学家欧阳修和文天祥的故乡。浙大从建德到吉安，行程 752 公里。由于战时紧张，难民如潮，铁路停运，师生只得在风雨饥饿中集结，指望攀登难民车或兵车西行，大多数学生则沿铁路步行，极尽颠沛流离。这次迁徙过程历时 25 天，平均每日只移动 30 公里。

浙大到达吉安后，借用白鹭洲的中学校舍，在此安排期终复习和考试。浙大师生仅在吉安度过一个寒假的时间，于 1938 年 3 月继续南迁到泰和县城。

浙江大学在泰和的校舍（1938 年）

泰和，又名白下，千里赣江自南往北穿越而去。浙江大学临时校址就设在泰和县城以西 2.5 公里的上田村，借用当地原有的书院、藏书楼和地方士绅的祠堂、祖屋办学。为了补足搬迁期间所受到的影响，课程和实验都比以前有所增多。无论师生工友，一律自觉延长工作时间。大局势纷乱急迫，这里的小环境却有条不紊。当时教育部派人到全国各地巡视，认为浙大是所有流亡迁徙大学中教学秩序和教学质量坚持得最好的学校之一。

赣江主流经上田村，泥沙淤积，每年端午节前后，这里洪水泛滥，百姓叫苦不迭。当地有句俗话，"三年不遭水灾，母鸡也戴金耳环"。浙大与江西省水利局及泰和县政府商议，由地方出资，浙大负责技术工作，推定竺可桢为堤工委员会主任，由胡刚复具体组织实施。胡刚复和其他教授一起，测量设计，又沿堤巡视，检查质量，一刻也没有放松。终于，两个月后，东起泰和县城，西至梁家村的 7.5 公里长堤竣工。当地百姓为纪念浙大和胡刚复的功绩，将这条长堤称为"浙大防洪堤""刚堤"。这个名称一直延续到今天。

解俊民记载："1938 年浙大暂留江西泰和上田村期间，曾为当地防洪筑堤 7.5 公里，不少浙大师生帮助民工完成测量和挖土填土正作。胡刚复每天到工地审视，检查进度和质量，使工程按时完成。次年赣江泛滥，上田村得保无恙。村民称颂此堤为'浙大防洪堤'，有人还称之为'刚堤'。……在浙大驻

泰和的"浙大码头"（1938 年）

湄潭期间，胡刚复一直想筑坝蓄水，开凿河渠，利用湄江的水发电和灌溉。他携带其子南琦先生一同爬上城侧的山头，上山下山让南琦走在前面，利用其身高作为测量的标杆，目测山高，当时的财力，未能实现筑坝计划。"①凌德洪也有记载："胡老师在江西曾与当地民众共建赣江防洪堤，为了纪念他把此堤称为'刚堤'。学校西迁湄潭后，动力非常缺乏，师生均以桐油灯照明。湄江绕山城而

① 解俊民：《胡刚复先生在世界和中国物理学发展中的贡献》，《物理实验》（纪念胡刚复教授诞辰百年特辑），1992 年。

过，有较大落差，当地群众梯级开发逐段设坝，引水用自动风车灌田。胡老师亲自率总务人员，跋山涉水，测量了落差与流量，提出了凿山穿洞，引水发电的宏伟计划，后因资金无着未能实现。胡老师的重实际、讲效用的思想亦正为后人垂训。"[1]

在泰和的岁月，是竺可桢一生中最为灰暗的一段时光。当时按国民政府教育部旨意，浙大"遇必要时可迁贵州安顺"。但经实地勘察，交通运输需费时半年以上，决定先迁广西宜山，再看情势决定行止。正当竺可桢为勘定校址而仆仆风尘于湘桂道上时，夫人张侠魂和次子竺衡相继得了痢疾。因缺乏药物，没能及时治疗，等到竺可桢闻电驰归，次子已死。过了几天，张侠魂也去世了。这对竺可桢是一个很大的打击，当时的情况至为凄惨。

1938年初夏，日军侵陷九江，溯江而上进攻武汉，并分兵南下进窥南昌，赣中、赣北震动。情势危急，浙江大学不得不第三次迁徙。这次的目的地正是由竺可桢早先实地考察过的位于广西北部的宜山。此次行程1200多公里，路遥费贵，车船紧张，直至10月底，全体师生员工才全部安抵。新学期在11月1日才开课。

宜山，现称宜州，风景秀丽，物产丰富，民风淳朴，但这里历来是"蛮烟瘴雨"之地。浙江大学师生到达宜山之后，

浙江大学师生在宜山逃避敌机轰炸的情景（1938年1月）

首先遇到的是疟疾的威胁，三分之一学生患过此病，几乎每个家庭、每个班级都有过病人，去世的学生、教职工家属为数不少。曾在浙江大学讲学的国学大师马一浮，作有《将去宜州，留别诸讲友》诗，里面就有对此情景的描绘："故国经年半草莱，瘴乡千里历崔嵬。地因有碍成高下，云自无心任去来。丈室能容师子坐，褒斜力遣五丁开。苞桑若系安危计，绵蕞应培稷材！"[2]

同时，由于长沙、常德等相继失守，桂林成为国民政府的军事指挥中心，日

机频频轰炸。1939 年 2 月 5 日，浙大到达宜山后三个月，日军出动 18 架飞机，对浙大校舍进行狂轰滥炸，学校房舍及部分学生的衣物行李遭到重大损失。胡刚复的寓所也被炸毁一部分。

在宜山办学期间，文理学院分立，文学院院长由梅光迪担任，理学院院长则为胡刚复，文学院设国文、外文、教育、史地等系，理学院设数学、物理、化学、生物等系。不久增设文科研究所史地学部，理科研究所数学部，另设史地教育研究室。

浙大在宜山办学三个学期，历时一年有余。1939 年底，广西南宁失陷，桂南形势紧张，宜山天天在警报声中，浙大又被迫做第四次大迁徙。

为了选择迁校目的地，竺可桢派出多路人马四出考察，最终决定以贵州遵义为浙大新的落脚点。

遵义，位于贵州北部，遵义县城为行署所在地。遵义又地处黔北交道枢纽，北通重庆，有娄山屏障，南接贵阳，有乌江天险，名山胜水，雄踞要冲，湘江穿城而过。遵义地区雨量丰沛，冬暖夏凉，有"黔北粮仓"之称，加以民风淳朴、无日机骚扰、无警报之忧，在抗日战争时期真是一个读书做学问的绝佳地方。夕阳西下时，漫步江边，此情此景，似入世外桃源。

浙江大学湄潭分校（1940 年）

这次搬迁正值隆冬季节，到处雪凇冰凌，桂黔之间，山峦重叠，又缺车辆，运输极为困难。浙大师生一路顶风冒雨，经过艰苦的努力，学校顺利迁到黔北。

1940 年 2 月，迁校工作胜利完成，选择三处安置校舍：校本部办公机构、文学院、工学院和师范学院的文科系设在遵义；理学院、农学院和师范学院的理科系设在湄潭；一年级先设在贵阳以南数十里的青岩镇，后迁至永兴。湄潭为遵义所辖的一个县，县城在遵义以东约 75 公里。而永兴是湄潭县的一个集镇，也称永兴场，距湄潭县城 15 公里。至此，竺可桢坐镇遵义总部，而湄潭、永兴场两地的建设工作，则全权委托胡刚复负责。

在黔北山区，浙江大学赢得了相对安静的近七年时间，直到抗战胜利的那一刻。

从 1937 年 9 月至 1940 年 2 月的两年半时间里，浙江大学经历过四次大规模的举校搬迁，从杭州到建德，以及天目山到建德是第一次；从建德到江西的吉安、泰和是第二次；从吉安、泰和到广西宜山是第三次；最后一次就是从宜山迁到贵州的遵义、湄潭。整个迁移过程途经六省，行程 5000 余里。在抗战期间，浙江大学迁校次数是全国大学中最多的。

五年前的 1935 年 1 月，中国工农红军长征到达这里，召开了遵义会议，从此确立了毛泽东在中国共产党内的领导地位，成为中国革命历史的伟大转折点。五年后，浙江大学这支文化教育队伍，历尽千辛万苦，也长途跋涉来到这里，这真是历史的因缘际会。而浙江大学自井冈山下的

浙江大学永兴分校（1940 年）

吉安、泰和，经湘、粤、桂三省到达遵义的迁徙路线，恰好和当年中央红军从江西、福建出发西进，攻占遵义的行军路线相近。后来，彭真在考察浙大时，把这次西迁称为"一支文军的长征"。

身历迁校历程的德籍教员米歇尔（F.Michael）在《前进中之浙江大学》一文

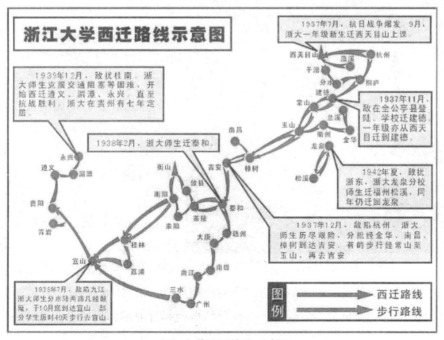

浙江大学西迁路线示意图

中这样深情地写道："此行使本校离开一个有名商埠，而回到中国怀抱中"，"回到中国自己的昔日文化中，以求自中国历史和文化里面，获得复兴的必要力量。"

他还写道："所有这些工作，给予大学教职员以新的经验和新的观念。当然对于学生们，也同为一种经验。他们有许多是来自大都市中，于他们未来此目击之前，他们对此曾无所知。长征使他们比较成熟了。他们于经行之中，得见乡郊之美，得知乡民困难和问题所自，他们得观感于战事经历中之惨痛，他们且曾置身于艰危之中。由此，遂增长同舟共济的精神，以至曩昔原有的男女同学之间的关系，亦与前异。共同的灾难的经历，使大学变成一个大的家庭。校中经费艰窘，教职员薪俸大打折扣，然皆视为抗战必有的结果，乐于接受，曾无怨怼。"①

举校搬迁是一个十分艰难庞大的工程，也是一个非常复杂细致的过程。迁往何处？何时动迁？用什么交通工具？分几批出发？仪器设备如何运输？由谁随同押运？战火纷乱，随时可能遇到敌机的轰炸和交通的堵塞乃至瘫痪，沿途如何接应才能保证全校师生安全抵达？

浙江大学遭敌机轰炸后的校舍（1939年2月）

这一切都需要有人周密考虑，统一部署和指挥。浙江大学的西迁，校长竺可桢是当然的总指挥，他也为此呕心沥血，甚至付出了血的代价。不过，迁校这样的系统工程，单凭一人之力，纵有三头六臂也无法做好。在学校搬迁中，不少教授、学者于危难之时挺身而出，分担了竺可桢肩上的重担，其中为竺可桢东奔西走，出谋划策，内外张罗的正是胡刚复。

学校西迁之初，浙江大学成立了特种教育委员会，后改名非常时期教育委员会，负责学校西迁的具体事务，胡刚复正是这个委员会的常委之一，从此他承担起打前站、找房子、探前路、定

① 《峥嵘岁月，流风遗泽——抗战时期竺可桢主持浙江大学在遵义艰苦办学记实》，《浙江大学在遵义》，浙江大学出版社，1990年，第16页。

舟车、冒险抢运物件的重任，为浙大千余师生家属和几千箱图书仪器安全西迁而日夜操劳。

西迁最紧张、最繁重的时期，为杭州一迁建德，再迁吉安、泰和的两个半月。上海、苏州、南京等大城市相继陷落，人心混乱，难民拥塞，原先同意调给学校的火车车皮以及汽车、船舶到时不能兑现，因此从建德到吉安花了整整一个月，师生却仍未全部到齐。当得悉尚有 400 箱仪器图书滞留杭州未能运出，竺可桢和胡刚复率抢运人员回到危城杭州，全力抢运。又赶赴西天目山，告诫一年级新生安心学习。接着又往屯溪、祁门寻新校址，再连夜赶往建德，与师生会合。马不停蹄，一刻未歇，其间的艰辛可想而知。

其后，浙江大学迁址泰和，但喘息不久，又被迫西迁。胡刚复又陪竺可桢去广西勘测校址，结果到桂林后竺可桢因妻儿重病，赶回泰和。于是，广西宜山的标营和文庙作为浙大新址，均由胡刚复等选定。

1938 年 11 月，浙江大学在宜山复课，但仍有大量仪器滞留泰和。又是胡刚复临危受命，从宜山经桂林，沿湘桂路东进衡阳，穿越粤汉路，设法抢运。当竺可桢接到胡刚复从南昌发出的电报，告知留泰和物件将装运上火车，感到"可慰之至"。[①]

后来，遵义作为浙江大学的办学地点，也花费了胡刚复很大的心血。当时，浙大派出多路人员往贵州勘察，初步确定安顺西之镇宁乌当，也曾考虑安顺、定番等地，后又调查瓮安和湄潭。1939 年 6 月，胡刚复和张孟闻陪同竺可桢坐滑竿由遵义去湄潭踏勘，看了 270 间房舍后，才确定湄潭、遵义为浙大迁黔后的校址。

1939 年 11 月，日军在广西北海登陆，防城、钦州、南宁相继陷落。鉴于日军入侵很快，浙江大学一面派人至独山、都匀、瓮安找暂避处；一面派"刚复至长安、三江等地，探运行李之路线"[②]。12 月 7 日决定"水运自宜山经柳城、长安、三江、榕江、三合登陆至都匀"，水路相较于陆路，运费"相差三四倍之谱"[③]。

胡刚复在外勘测校址、联系水运，整整花去了两个月，直到次年 1 月方才回到学校。甫回到学校，又投入到新一次的学校迁徙中。

1940 年初，浙大内迁湄潭。湄潭县府和士绅专门成立浙大迁湄校舍协助委

---

① 《竺可桢全集》第 6 卷，上海科技教育出版社，2005 年，第 622 页。

② 《竺可桢全集》第 7 卷，上海科技教育出版社，2005 年，第 211 页。

③ 《竺可桢全集》第 7 卷，第 216 页。

员会，县党部让出文庙，常备队迁出贺家祠堂，县初中、男小、女小都让房舍或与浙大合办，贺氏宗祠还捐献大量木材以供建造校舍之用。但永兴分校的建立却受到永兴国民党区党部书记长叶道明的阻挠。他不愿将区党部所在处南华宫让给浙大永兴分校，食言反悔，强行将学校的课桌椅等抛置于天井。还散发快邮代电，捏造事实，诬告胡刚复和永兴分校主任储润科派人冲入党部，撕毁党旗、国旗等。

与此同时，国民党省党部也向国民党中央呈文，混淆是非，称："此次浙江大学迁移湄潭寻觅地址，异党分子以为有机可乘，遂相互勾结……利用协助浙大迁湄委员会名义，一面擅将湄潭县党部原有地址创办浙大校舍，并凭借驻军力量，威逼该部迁移于破败的城隍庙，以遂阴谋；一面勾结浙大同党，大肆活动，气焰阴谋嚣张。瞻顾前途，危险堪虞。"[1]

抗战时胡刚复（右）与夫人华昭复、子胡南琦在广西宜山家中阳台上合影

当浙大在湄潭双修寺建物理楼时，已经升任县党部书记长的叶道明又施阴谋，组织一批人持刀阻碍。胡刚复毫不示弱，一面派人保护施工现场，一面用照相机将持刀威胁施工的场面拍下，公开展览，并向法院起诉，迫使叶道明认错服输。1941 年湄潭和永兴分部相继设立。

每次举迁，胡刚复带领的先遣队和后勤筹划小组都要提前两个月上路，进行实地调查；一旦校址选定，还要赶赴当地，修缮房屋，安排教室、宿舍等，保证大队师生一到，很快就能开展教学和科研工作。在兵荒马乱之中，常常是要车没有车，要船没有船，突发事件随时发生，而浙江大学图书资料、仪器设备，都能安全运抵，遇到险情，也都能转危为安，物理系连一沓稿纸都没有丢失，这不能不说是奇迹。这一切，是与胡刚复的缜密安排分不开的。

胡刚复有一"绝招"，他先量过自己两臂伸展后的长度，在考察迁校地址时，就凭这根"天然直尺"，他很快就能量出一间房屋长多少、宽多少、面积多少，然后估算出某地可供现成利用的房屋有多少，修缮后可以使用的有多少，什么地方可以做集会场所，什么地方可以做图书馆，能不能保证浙大的教学和住

---

① 《浙大与国民党湄潭县党部房屋纠纷案呈文》，《竺可桢全集》第 2 卷，上海科技教育出版社，2004 年，第 523—525 页。

宿。当地的物价情况、物资来源，粮油和木材的年供应量，他都调查清楚，并且列出具体数据。周善生对此就有难忘的回忆，在湄潭勘察新校址时，"胡刚复在现场。步步量距离，伸手度尺寸，周详查勘，身体力行。1940年底，他在永兴和教职工、校工同宿四壁透风的房间里，直到完成修缮方案后，才回遵义"[①]。

学校搬迁这样重大的事务，都由校务会议讨论决定。一开会，总会有争议，尤其是一些文科教师，常常会按照自己的诗情画意，或者从古诗上获得的灵感，表示坚决主张迁到某地。这时候，胡刚复总是成竹在胸，一口气报出一连串数字，让在座的教授不得不信服，从而避免了许多不必要的争论，也使学校总能找到比较安定的办学场所。因为操劳过度，在由泰和迁往广西宜山，经由茶陵时，胡刚复累得"虚脱"，连一只小碗都端不稳，吃饭时手不住地抖动，竟然病倒了。

胡刚复为人谦和亲切，平易近人，从来不端教授、院长的架子，在西迁过程中与那些运输工人、司机结成了朋友，这为浙大西迁带来了诸多便利。有文章记载：在从宜山迁往遵义的途中，一群结伴而行的女生，到了贵阳之后钱都用完了。抗战时期，难民如潮，交通运输非常困难，乘长途汽车要到车站预先登记。这些女生别说没有钱，就是有钱，哪天才能买到票只有天知道。她们在贵阳急得团团转，真的是走投无路。这时有人提出来：去找胡院长去，他准有办法！恰好胡院长正在贵阳，他叫她们在第二天清晨拿了行李到车站等他，他负责把她们送到遵义。胡院长真有那么大的神通吗？第二天一早，女生们带着行李，将信将疑地来到车站，不一会儿胡院长也到了。就看见一辆运送货物的汽车开来，胡院长上前直呼司机姓名，寒暄几句，拍拍司机的肩膀，然后就把几个女同学送上汽车；再一辆运货车过来，又送上两人。几辆运货车一过，一群女生都上车走了，个个都是免费直送遵义。那时候，不买车票搭乘运货车的乘客，都叫"黄鱼"。因为胡院长屡屡为师生联系"黄鱼"车，他就得到一个美号："黄鱼院长"。[②]

胡刚复不仅要管学校的搬迁，作为理学院院长，他还要安排好学院的各项事宜。他认为物理、化学、生物三个学科都是以实验为基础的，没有好设备和必需的药品，就请不到好教授。每次迁徙，对那些仪器，他少不了要操心劳神，装车卸货，必须仔细清点仪器设备。尤其是物理系的那只铅匣，一定要亲自过问，看着大家搬上车，并且再三叮嘱押运人员，才稍稍放下心来。要知道，那里面可装

---

① 解俊民、杨竹亭、周志成：《物理界耆宿胡刚复教授和浙江大学》，《浙江大学在遵义》，第431页。

② 李曙白、李燕南等编著：《西迁浙大》，浙江大学出版社，2007年，第74—75页。

着比他的手心肉还要"宝贝"的东西——仅仅只有一克的镭。

特别值得一提的是，1941 年浙江大学在贵州安定后不久，教育部拨给各大学一笔外汇，指定购置化学系的药品、仪器。胡刚复获悉后立即向美国化学药品器材公司订购，并要求优先托运。接着又给越南海防及云南、贵州沿途的熟人打招呼，要求尽快运出。正因为他超前一步筹划，这批药品和仪器顺利运抵浙江大学，不久日军就占领了海防，其他大学药品和仪器的运输，必须从印度周转，不仅多费了资金，而且多耗去了时日。

正因为胡刚复的精心擘画，理学院各系的图书设备比较齐备。数学系教授蒋硕民对竺可桢说："浙大物理设备、数学图书甚佳，国内无出其右者。"[1] 当时王葆仁教授辞去同济大学理学院院长来浙大当化学系主任，就是因为浙江大学化学系的研究条件好。

许多年以后，谈家桢用"好参谋""大有功于浙大的好人"这些词语，恰如其分地概括了胡刚复在浙大西迁中的贡献。他说："有些人对胡刚复先生有意见，认为他是'才大气粗'，但我认为他是竺先生的总参谋，他对浙大的西迁，从考察迁徙地点到搬迁定居，和对理学院的发展有着不可磨灭的功绩。竺先生为'元帅'，饶有帅才，但是也有不足之处；胡先生是个好参谋，为之拾遗补阙。胡先生缺少竺先生当元帅的领导能力，所以有人不服，唤他为'胡刚愎'，可他是一个大有功于浙大的好人。"[2]

一片静静的山野，一脉贫穷的土地，在湄潭西郊的双修寺正是浙江大学物理系的所在地。破旧的庙门上贴着一副对联，上联是"科学至上"，下联是"物理第一"。

这是浙江大学物理系，更是整个浙江大学迁黔七年的办学风格的集中体现。

原清华大学校长、西南联合大学三常委之一梅贻琦，在西南联大时曾经过《大学一议》的演讲。他称："所谓大学者，非谓有大楼之谓也，有大师之谓也。"无独有偶，与梅贻琦同为第一批庚款留美学生的胡刚复，始终把聘任第一流学者列为办好大学的头等大事。在湄潭，原有教授都安心教学，还增聘了数学蒋硕民、徐瑞云，物理卢鹤绂、丁绪宝，化学王葆仁、张其楷，生物罗宗洛、仲崇信、江希明等，阵容之强，不亚于当年内迁昆明的西南联大。

---

① 王筱雯：《王国松先生在遵义》，《浙江大学在遵义》，第 532 页。
② 谈家桢：《一位有巨大凝聚力的大学校长——我与竺可桢先生的一些交往》，《谈家桢文选》，浙江科学技术出版社，1992 年，第 350 页。

当时的浙江大学，各系二年级以上的学生必修课不多，学生可自由选修合适的课程。学生选课时，胡刚复要求学生必须直接到他那里去签字。他会查阅每个学生以前所读各科及其成绩，并通过谈话了解本人志趣特长，或引导同学改选或加选一些学科，确定最佳的选课方案，以提高学习效果或做跨学科领域的学习。这种对理学院每个学生所进行的查成绩选课的面谈，往往每人半个小时以上，甚至长达半天。有时甚至还和学生辩论起来，但谈话内容使有关同学获益不少。学生梅镇安的化学学得特别好，王淦昌教授建议她多选生物系的课，向生物物理方向发展，认为这是大有前途的新学科，这得到胡刚复的全力支持。她毕业后考入清华大学农业研究所，后去美国进修生物物理，成为国内从物理学转向生物学领域的第一人。

胡刚复一贯强调工科师生要有坚实的理科根底和实践经验。浙大西迁后，尽管条件艰苦，但因陋就简，仍然办起了金工、吹玻璃、磨玻璃和无线电电子工场，请高级技师和青年助教参与工场实习和实验技术教育。

在胡刚复的主持下，理学院不但教学工作出色，科研工作也蓬勃开展，各系每周均有科学报告会。如物理系就干脆为大学四年级同学开设"物理讨论课"，该课程分甲、乙两种。"物理讨论甲"是由全系教授、副教授、讲师、助教和四年级同学轮流做学术报告，内容是自己的研究工作，新的想法或文献综述等；"物理讨论乙"主要由教授们就物理学的前沿做系统的报告，两者每周都举行一次。

这类讲演，规定每次一个小时。但轮到胡刚复讲演时，他往

浙江大学物理系在双修寺

1939 年 5 月，胡刚复（右）在湄潭大成殿前

往不受这个时限的"约束"。学生吴寿松记得，"胡先生善言谈，往往滔滔不绝，有如梁启超所谓下笔不能自休，所以会场上师生都窃窃私语说今天恐怕吃不上午饭了。果然，胡先生上台讲了五十多分钟才说完了开场白，竺校长就告诉他只剩下五分钟了，胡先生仍侃侃而谈，到正好一小时，竺校长请他停止，胡先生则向我们招手说：请大家等一下，但此时竺校长已采取断然措施，面向会场宣布：散会，以后再找时间请胡先生讲。于是大会一哄而散。"①

许多浙江大学的师生日后在回忆时，几乎都会提到胡刚复特别会"侃"。凌德洪回忆："1936秋我进入浙江大学物理系时，胡老任文理学院院长。当时实

竺可桢、胡刚复合影于广西桂林中学
物理实验室（1940年1月）

行学分选修制，选课单须经系主任、院长签字。我选的都是数学、物理的课，找他签字时，足足谈了半小时，他详细询问了我的家庭情况、中学学习情况，并提出要全面发展，学物理对文史哲亦不可偏废，并根据开设的课程，建议我作一些调整，其实他差不多对每个学生都是这样对待。尽管当时物理系人数不多，签字从上午开始要一直持续到下午一时。"②张羽生回忆："余与胡院长因隔院而向无交往，但在宜山有一次因事去拜访。时胡方由泰和返回宜山，问了我许多事，还与我讨论写论文之事，从农民银行放款谈到信用合作社问题，进而谈到德国土地抵押银行、中国的土地法。在我印象中，他不仅是个物理专家，简直似农经系的导师一般。告辞时走到楼梯口，还拉住我说长道短，我却一直找不到插嘴机会。胡氏随竺校长来校前，余久已耳闻胡氏三兄弟（另二为胡明复、胡敦复），这仅有之一次谒见，完全没有陌生的感觉。"③许良英也回忆："那是我二年级第一学期开始，拿着选课单到院长办公室请胡刚复先生签字，顺便问他一句：'听说又要准备迁校了，是否事实？'他一连不停地同我讲了三个多小时，从下午四五点一直

① 《胡氏三兄弟的科学报国梦——兼论"中国科学社"》，傅国涌：《从龚自珍到司徒雷登》，凤凰出版传媒集团、江苏文艺出版社，2010年，第212页。

② 凌德洪：《缅怀胡刚复老师》，《物理实验》（纪念胡刚复教授诞辰百周年特辑），1992年。

③ 张羽生：《〈天涯赤子情〉读后怀旧》，浙江大学校友总会编：《浙江大学校友通讯》，1988年6月。

讲到八点左右，吃晚饭时间都被耽误了，我肚子饿得发慌，也只好耐心听着。天黑了，办公室里没有灯，他依然娓娓而谈。像我这样一个没有活动能力而又幼稚的低年级生，随便问他一个问题，竟得到了如此详尽的回答。不久，在校门口我看见他同一个校工站在路上长谈。这种真挚平等的人与人的关系，和浙大传统的'求是'校风，陶冶着我们这些青年学生。这一事例足以说明胡刚复待人接物丝毫没有什么'大家''老师'的味道。他治学严谨但又真诚朴实，平易近人，与他相处，如沐春风，同他交谈，如话家常。他以自己的言行为我们树立了治学、为人的榜样，不愧为物理教育科研的一代宗师。"[1] 胡南琦也说："他要求学生选课时到他那里签字，用这种方式指导学生按个人志趣、特长和优缺点作了最佳选择，以提高学习效果或作跨学科领域的学习。这种对理学院每个学生所进行的查成绩选课的面谈，往往每人都在半个小时以上，有的甚至长达半天。"[2]

胡刚复不仅能"侃"，而且记忆力惊人也是全校闻名。浙大在遵、湄时有无锡同乡会，胡刚复很重乡谊，同乡会集会每请必到。学校运动会在湄潭召开，在湄潭的无锡同乡，欢迎来自遵义、永兴的无锡同乡。大家虽都在浙大，因分散各处，平时也难得一聚。湄潭无锡同乡会会长过兴先，看见胡刚复来了，便说："久闻胡老师记忆力超群，我今天不介绍各位同乡，请胡老师把认识的同学一一指出来。"胡刚复只要是见过一面的，都能说出姓名，稍有模糊者，他会说："慢一慢，让我想几分钟，"结果还都说准了。

胡刚复特别喜爱出类拔萃的学生，当时，浙大理学院就有四个姓李的学生，凑巧在同一班听课，都不怕艰难，都聪明好学，都刻苦钻研，都有独到的创见。这"四李"是李政道、李天庆、李文铸、李寿楠，日后都卓然成家。

特别是李政道，因抗战爆发未及中学毕业，1943年以同等学力考入迁至贵州的浙江大学物理系，由此走上物理学之路。1945年他转入昆明的西南联合大学就读二年级。1946年，李政道经教授吴大猷推荐赴美进入芝加哥大学，师从诺贝尔物理学奖获得者、物理学大师费米（Enrico Fermi）教授。1950年，他获得博士学位，继续从事流体力学的湍流、统计物理的相变以及凝聚态物理的极化子的研究。1953年，他任哥伦比亚大学助理教授，主要从事粒子物理和场论领域的研究。1957年，31岁的李政道与杨振宁一起，因发现弱作用中宇称不守恒而获得诺贝尔物理学奖。他们的这项发现，由吴健雄的实验证实。20世纪60年

---

[1] 许良英：《恩师王淦昌先生对我的启迪和爱护》，杜祥琬主编：《纪念核物理学家王淦昌文集》，2010年，第44页。

[2] 胡南琦：《先父小传》，《物理实验》（纪念胡刚复教授诞辰百周年特辑），1992年。

代后期，李政道提出了场代数理论，70 年代初期研究 CP 自发破缺的问题，发现和研究了非拓扑性孤立子，并建立强子结构的孤立子袋模型理论。

在遵义期间，胡刚复先后组织举办中国物理学会贵州地区分会第十届到第十三届共四次年会。1942 年 1 月 11 日，浙江大学举办"伽利略逝世三百周年纪念大会"，竺可桢、胡刚复等做了报告，其中胡刚复的《伽利略的生平及其对于物理学的贡献》报告，长近两小时。1944 年 10 月 25 日，中国物理学会贵州地区分会第十二届年会与中国科学社年会联合在湄潭文庙大成殿举行。英国著名学者李约瑟（Joseph Needham）及其夫人等一行五人到会。浙大除数学系外，理、农学院各系均参加年会，会上共收到论文 80 篇，宣读论文 30 余篇。

李约瑟原定年会结束的第二天即回遵义，但他被浙江大学醇厚的学术和人文氛围深深吸引，继续留在湄潭，参观理学院各系，并与中国教授座谈，直至 28 日才回遵义。

回到英国后，意犹未尽的李约瑟在《自然》周刊刊文深情赞道："在重庆与贵阳之间叫遵义的小城里，可以找到浙江大学，它是中国最好的四所大学之一。""在湄潭可以看到科学研究活动的一派繁忙紧张的情景。"[1]并将浙大与他的母校剑桥大学相提并论，把浙大称誉为"Cambridge of the East"（东方剑桥）。据同年 12 月 18 日的竺可桢日记："见十二月十六日《贵州日报》载，李约瑟回英国后，在中国大学委员会讲演，赞扬我国科学家，并谓联大、浙大可与牛津、剑桥和哈佛媲美云云。"[2]

李约瑟不知道的是，当时的浙江大学，科研环境远不如剑桥，实验条件和教学设备较之更差。浙大的师生们在陋室中、在破庙里，苦苦追寻着科学的真谛，没有电灯照明，没有电炉加温，只能用"皮老虎"鼓风，用废旧汽车引擎发电，用酒精或木炭代替汽油。无钱也无处购买新的放射源，只有一克镭。没有什么探测器，

李约瑟考察浙江大学物理实验室时的情景

---

① 转引自《竺可桢的教育思想与办学经验提纲》（浙江大学校庆八十五周年纪念专册），浙江大学教育研究室，1982 年，第 33 页。

② "1944 年 12 月 18 日"条日记，《竺可桢全集》第 9 卷，上海科学教育出版社，2006 年第 245 页。

只有一台自制的小云雾室，这便是物理系师生的整个世界了。

遵义的物质匮乏莫过于缺少照明，师生们上自习课则是汽灯、油灯照明。贵州虽然盛产桐油，但在战时油价也很贵，学生们看书时，灯盏里往往只放一根灯芯，久而久之，视力大受损害。教政治学的费巩教授深为焦虑。这位曾留学于英国牛津大学的教授从爱护学生出发，用铁香烟盒自制一盏灯，在下端凿许多小孔，上端装上灯罩，由于空气对流通畅，氧气足，灯光很亮。后来，费巩教授做了许多这样的灯盏送给用功的学生，学生称之为"费巩灯"。

尽管条件艰苦，但学生们求学的热情并没有稍减一分。李政道回忆："我在浙大学习时的条件十分艰苦。物理实验是在破庙里做的。教室和宿舍就在两个会馆里。白天到茶馆看书作习题，泡一杯茶，目的是买个座位，看一天书，茶馆里再闹也不管。"[①] 当王淦昌在化学系开设物理化学时，不仅三年级，甚至连二年级的学生也都挤进来听课，教室坐不下，就站在窗外听。后来担任华东化工学院院长的朱正华回忆："当年几乎就是站在窗外听完了物理化学课的。"[②]

峥嵘岁月，流风遗泽。正是在竺可桢、胡刚复的率先垂范下，几年间，浙江大学的师生们压抑着亡国灭种的悲愤，埋首书本，发奋用功，毫无怨言地承担着苦难，用辛酸和血泪共同谱写着浙大历史上最艰难的篇章。李政道回忆："条件差些，实验设备简陋一些，同样能培养出人才来。"[③] 苏步青也说："师生们住古庙破祠，吃红薯干，点桐油灯，百结鹑衣。但为爱国而教，为救国而学，弦歌不绝，其精神、气节，远远超过'贤者回也'！古人云：'多难兴邦'。多难不仅兴邦，多难也兴学育才。"[④]

战事纷乱，浙江大学数度辗转播迁，跋涉长征而弦歌不辍，非但没有解体、削弱，反而在极端艰难困苦中实现了崛起。浙江大学从杭州撤离时，仅有文理、工、农三个学院16个学系，到复员返杭时，已有文、理、工、农、师范、法、医七个学院，27个学系，一个研究院，四个研究所，五个学部，一个研究室，一所龙泉分校，两个选修班及一所附属中学。教授也由1936年时的70人，增加到1946年复员时的教授、副教授201人。学生人数也有大幅度增长，1937年10月统计，浙大有学生633人，部分学生因战乱离开学校，随校西迁的学生有460

① 浙江大学校史编辑室编著：《竺可桢传》，1982年，第196页。

② 郭兆甄、苏方学：《点燃心中的圣火》，《神剑》2001年第3期。

③ 《希望同学们早日成才——李政道教授同中国科大少年班师生的谈话》，《人民教育》1980年第1期。

④ 苏步青：《数与诗的交融》，百花文艺出版社，2000年，第121—122页。

人。到 1946 年复员返杭时，在校学生已增至 2171 人。

这其间当然少不了胡刚复的一份心血，一份贡献。胡南琦对其父亲在浙江大学内迁时期的功绩作了这样的评价："抗战爆发浙大辗转内迁，即便在抗日战争极端困难的局面之下，仍能迅速发展而进入其兴盛时期，其中胡刚复担任院长的理学院发展尤快。由于他的努力，事必躬亲而严格认真，把理学院办得很有特色。当时各系不但教学工作出色，科研工作亦蓬勃开展，各系每周均有科学报告会。为了提倡认真读书和科学家献身科学的求是精神，他还亲自向全校师生作报告，讲述伽利略、牛顿、法拉第、麦克斯韦等科学家的科学思想和贡献、探索自然规律的求是精神和伟大的人格，并谆谆教诲学生学习他们不畏强暴、坚持科学真理的伟大精神。他认为一个大学有义务向周围社区传播科学文化，遂向当地群众播下科学种子和普及科学知识，鼓励各系推广科研成果，要求各系必须于校庆时向民众开放实验室，安排各种科学实验，以丰富直观的自然现象和认真的讲解，使群众了解科学和运用科学。至今遵义、湄潭人民还津津乐道当年浙大在科学教育方面的普及工作，而当时播下的种子，如今都已生根、开花、结果。胡刚复还特意为理科各系学生开设了一门'高等物理学'，以加深本系和外系学生对物理学的认识，培养学生对边缘科学的兴趣。"[①]

正值浙江大学在遵义古城艰苦办学、弦歌不辍之际，距此 200 多公里的山区小城平越，同样飘荡着一片琅琅读书声。

平越，即今天的贵州省福泉市，是湘黔、黔桂两条公路干线的交叉点，交叉点的站名为马场坪。平越县城距马场坪以北 18 里。民国时期的平越县城很小，南北长仅一公里，东西不过半公里。有东、西、南、北四门，南北向直街一条，短的横街也不过三四条，居民不过四五千人。

1939 年 1 月底，这里忽然之间涌入了五六百名师生员工，小城一下热闹了许多。这些师生来自唐山工程学院和北平铁道管理学院。

平越，已经是这批学生近两年来颠沛流离、播迁办学的第三处迁移地了。

1937 年"卢沟桥事变"后，华北危急。地处河北唐山的交通大学唐山工程学院（以下简称唐院）内一片混乱，院长孙鸿哲因病在北平住院，不久去世。师生们纷纷南下，奔走相告，分别在上海、南昌、武汉等地集中，并以民选的形式公推茅以升为院长。茅以升是我国著名的桥梁专家，早年毕业于唐山工程学院，在美国加利福尼亚工学院获博士学位，回国后任唐院教授、系主任，这次被学生

---

① 胡南琦：《先父小传》，《物理实验》（纪念胡刚复教授诞辰百周年特辑），1992 年。

们民选为院长，可谓受命于危难之时。上海失守，南昌告急，师生们又撤退到湖南湘潭。1937年12月15日，唐院在湘潭以钱家巷福音堂和尚未投入使用的湘潭车站票房作为临时课堂，在简陋条件下举行了开学典礼，下设土木、矿冶两系。

"卢沟桥事变"爆发之初，地处北平的交通大学北平铁道管理学院（以下简称平院）同样一片惊惶。原任兼职院长抽身远遁，专任英语教师王芳荃带着部分学生搭乘海轮南下到上海，借读于上海交通大学。未几，上海沦陷，国民政府西迁武汉，部分学生齐集汉口，致电上海，敦请王芳荃前往主持复院开课事宜。王芳荃将家眷留在上海，继续带着抵沪学生溯江西上，抵达汉口。在汉口，王芳荃慨然长叹："院长、教授，走的走了，散的散了。我一个英文教

学生在杨家滩校门合影

师，人微言轻，何能担此复校重任？"然而，正是由于这位教授的努力奔走，为学校请命，教育部于1938年1月批准平院暂行改为铁道管理系，到湖南湘潭与唐院合并上课。王芳荃被院长茅以升委任为管理系主任，主持系内一切事务。

此时，两院师生合计300人，钱家巷校舍无法容纳。学校于5月23日迁往距钱家巷数十公里外的湘乡杨家滩。杨家滩位于湘中，是一个环境幽静的小镇，当地居民仅100余户。学校租用刘姓祠堂连同其家宅共四座大院作为临时校舍。

兵荒马乱之时，学校生计维艰，王芳荃尽全力支撑数月，熬过了那段最为困苦的日子。在杨家滩安顿下来后，他当即函请胡立猷来湘，并向其交卸了系主任之职。王芳荃回忆："5月中旬师生迁杨家滩，我连寄数函催促胡立猷教授来杨，他抵杨后我又将系主任之职让给他，幸而他接受了。"①

在杨家滩上课仅半年，日军在10月25日占领武汉，11月初又进攻长沙。学校无奈再次内迁。师生们于11月17日开始从杨家滩出发南下，历时三天到达湘桂铁路洪桥车站（今祁东车站）。师生搭乘火车于11月27日到达广西桂林。12月2日，日寇飞机轰炸桂林，师生住处被炸起火，很多同学的行李、书籍被炸焚毁，损失惨重。为了躲避日机的再次轰炸，师生们急忙离开桂林，到离市区约15公里的两江镇暂住。12月9日，师生们分批从两江镇出发，继续徒步西

---

① 王芳荃：《我亲历北方交大发展过程中的几件事》，李士群主编：《永恒的信念——写给志愿献身中华民族伟大复兴的交大人》，北方交通大学出版社，2001年，第99页。

行，途经永福、黄冕、鹿寨、雒容，晓行夜宿，向柳州前进。白天穿行于崎岖难行、杂草丛生的山间小路，晚上在草棚或客店过夜，其困苦难以言表。12月15日，师生们到达柳州。茅以升率人赴贵阳、重庆等地调查比较，决定学校迁址贵州平越，并得到教育部批准。

1939年1月13日，学校师生离开柳州，徒步行军经三都、大塘、欧峒到达宜山。这时，浙江大学已迁到宜山，校长竺可桢是唐院校友。1月18日，浙江大学派汽车送学校师生到河池，又从河池徒步经八步、南丹抵黔桂交界的六寨。在寒气袭人的冬雨中，师生们就地休息数日，1月27日继续租乘贵州省公路局汽车，于次日抵达平越附近的汽车站马场坪，再步行18里，终于在春节到达平越。平越县城沿街张贴欢迎交大师生的标语，街道站满了欢迎的人群，场面甚为热烈感人。

从1938年11月17日离开杨家滩，至1939年1月28日到达平越，历时70多天，途经湘、桂、黔三省，行程两千余里。师生们翻山越岭，忍饥挨饿，终于到达了目的地。平越在群山包围之中，交通不便，与外界甚少联系，是一个相当安定的读书之地。1939年2月20日，师生们开始复课。1941年8月，奉教育部令，改称国立交通大学唐山工程、北平铁道管理联合学院，结果引发部分师生不满和抗议。1942年1月，教育部下令，将学校改组为国立交通大学贵州分校，下设唐山工程学院（有土木、矿冶两系）和北平铁道管理学院（有铁道管理一系）。

平越，在清朝是州府所在地，遗有很多旧官舍与考棚，还有规模宏大的州孔庙，这些建筑正好可以为办学所利用。学校于1939年2月20日正式上课。

1944级学生邵子芬如此回忆——

学校的办公室与教室完全借用孔庙建筑群。大成殿作为大礼堂，可容纳六七百人，成为一个布局的主体。男生宿舍利用一个大棚，分设天佑斋（以中国著名工程师詹天佑命名）与鸿哲斋（以唐院院长孙鸿哲命名）。其实这两个斋是前后相连的一个整体，前门是天佑斋，后门是鸿哲斋。我们从孔庙下课出来，从前门进来，直通后门出去。中间有一排一排的小房间，便是男生宿舍，每室住六至八人。出后门经过木兰斋（以女民族英雄花木兰命名），便有一条小道通中山场，便是学校的体育场，有足球场，四周有四百米的跑道。男生食堂设在鸿哲斋内，靠近后门。

木兰斋是一个小院，独门出入，但它有的房子与鸿哲斋连在一起。它有两间寝室是共用一个屋顶，中间用墙隔了半截，分为两间，一间是男生宿舍，一间是女生宿舍。因为墙只隔了大半截，上面是空的，空气可以流通。有一个住在男生宿舍一边的男生，十分形象地写了一首诗，记得其中有两句是："我们是鸡犬相闻；我们是呼吸相通"。传诵一时。

学校在平越安定下来之后，每年都招收新生。每年四个班（土木系两个班，矿冶系一个班，管理系一个班）。学校发展了，男生的宿舍不够用了，于是在中山场漆树林旁边盖了一个院落，内有几排平房，院落门口有一扇大门。

因为木兰斋女生宿舍，门禁森严，不允许男生随便入内。所以调皮的男生在大门上贴了一张大布告，上面写着"Girls and Donkies are not allowed"，意思是女生与驴不准入内，以此报复。这是同学们在生活单调中的一个小小的花絮。

学校在福泉山麓修筑了图书馆，在孔庙院内建了几间教室，大成庙去福康山的小道上盖了几间机电房，不时发出嗒、嗒、嗒的声音来，替学校添了一层生机。

经过学校筚路蓝缕、煞费苦心的布置，也颇显得完整。

学校为避免男生宿舍过分拥挤，也允许学生在校外租用民房，作为调剂。其中最著名的是北门的"越居"，为十余个浙江同乡集体租用，利用民房布置得井井有条。[①]

学校的办公室、教室完全借用孔庙的建筑群。大成殿用作大礼堂，可容纳六七百人。男生宿舍利用一个大棚，分为两部分，分别命名为"天佑斋"和"鸿哲斋"。"两斋"前后联为一体。下课从孔庙出来，进入"两斋"前门，直通后门出去，中间一排排小房间是男生宿舍，每室住六至八人。走出后门便是女生住宿的"木兰斋"。"木兰斋"是一个独门出入的小院，但有的房间与"鸿哲斋"连在一起，两个寝室共用一个屋顶，中间用墙隔为两部分。后学生逐年增加，又加盖了一些平房，并允许学生在校外租用民房，以补校舍之不足。

平越地处偏僻，师生们的生活条件十分艰苦。学生们没有经济来源，仅靠每人每月六元的贷金维持。伙食上，第一年菜多肉少，第二年除月底加菜外平日只见油渣，到后来每人一菜，只是几片青菜和豆腐，油水都很难见到。土木系1944届学生陈兰荪回忆："当时政府穷，不可能贷给你多少钱，这笔钱仅可维持最低限度的生活。伙食只能维持你刚刚不饿死，菜只有一种，这种饭大家

① 邵子芬：《艰难历程——抗战时期的北方交大》，《永恒的信念——写给志愿献身中华民族伟大复兴的交大人》，第132—133页。

交通大学贵州分校（平越）的教室

称为'八宝饭'，因为里面'翡翠''宝石''金刚钻'什么都有，也无人计较。"① 林秉芛也回忆："刚入学第一个月伙食很好，八人一桌，两荤两素一汤，伙食费是国家津贴，名为贷金，每人六元。第二月起贷金升为八元，但伙食却下降了，少肉多菜。二年级以后，除月底加菜外只见油渣；到毕业时，每人一菜，便只是几片带毛的青菜和豆腐，油水都很难见到。"② 学生们的衣服只有一套，冬天是棉衣，夏天将棉絮拆掉变成单衣。足蹬草鞋，土蓝长衫，这是当时平越学人的一道风景。

到了晚间自习之时，几人合用一盏桐油灯，小火苗闪闪烁烁，亮度很低。记笔记没有像样的本子，用土纸钉册，毛边纸就算高级的了。墨水缺乏，用墨水粉，甚至用土墨水。课本紧张，大部分靠笔记，有的课本高年级同学用完转售给低年级同学用。

陈兰荪，与胡立猷、王钧豪两位教授"带了些亲戚关系"，"胡先生是我表姐夫的姐夫。王先生则牵丝攀藤，这么一叙，他比我高一辈，那么一叙，我比他高一辈，关系怎么来的，我始终没有搞清楚过"③。陈兰荪日后回忆起一则有关"荷包蛋"的故事，可印证当时艰苦的情况。当时，陈兰荪与他正在平越读中学的妹妹再芳，与两位教授一家

交通大学贵州分校（平越）校门

一起吃包饭。"有一天菜里每人有一个荷包蛋，我的小妹妹舍不得吃，留着最后吃，而别人都吃完了。王博士就去修她那只鸡蛋的边，胡教授看了说：'小再，你快吃呀，不然王博士要吃掉了。'王博士笑着说：'小再，王伯伯吃你一

① 陈兰荪：《怀念平越》，贾志良主编：《流金岁月》，西南交通大学出版社，2006年，第173页。

② 林秉芛：《平越怀旧》，《永恒的信念——写给志愿献身中华民族伟大复兴的交大人》，第143页。

③ 陈兰荪：《平越二三事》，贵州省文史研究馆编：《民国贵州文献大系》第7辑（中），贵州人民出版社，2015年，第340页。

点边，你总不在乎罢。'"① 不过，尽管条件艰苦，但师生之间有时也充满了友爱、欢乐之情。还是陈兰荪的回忆："一个时期，亲戚、亲戚的亲戚、亲戚的朋友，来了一大批。中心人物，是胡教授的内姨笪太太和她在管理系读书的女儿笪明。胡、王两位老师就出主意'为啥不组织个饭团'，让三姐（笪太太）及她女儿笪明出力，其他人出钱，就在教授宿舍楼上开饭。有好饭吃，大家兴高采烈，立刻就搞成了，组成分子是胡、王两位教授，笪太太和笪明，笪明的表弟杨延埧，笪明的香港培道中学同学李沅蕙，我和跟着我在平越上中学的小妹再芳，正好八个人。后来，人去人来，王博士的女儿志洪学姐也参加过。那个年景，就算小饭团，吃的东西仍没法和现在的水准来比。但比起'八宝饭''菜祖宗'，当然胜过一筹，大家吃得很高兴。尤其是两位老师，年龄和我们差上一大段，在饭桌上也没大没小，言笑不禁。他们互相揶揄起来，更笑话百出，胡先生尤其把王先生那一转弯比我们小了一辈的事当作'王牌武器'。那时，再芳才十多岁，一桌上数她最小，于是'小再，你还不管管，看你这老侄没规没矩'，这老侄子不问可知就是矿冶系同学望而生畏的王钧豪博士。"②

学校教学设备简陋，除教科书、讲义外，只有若干架经纬仪与平板仪，全是黔桂铁路局所捐赠的，其余就是每个教室一块大黑板了。上下课打点，总算有一段旧钢轨，作为铁道学院象征。③ 尽管校舍如此简陋，生活如此艰苦，但教学上丝毫不放松。教师倾心而教，学生尽力而学。由于课程繁重，宿舍里终夜灯光不熄。在战火连天的年代，治学依然严谨。

学校对新生的招录十分严格。林秉芎在香港考区1500多名考生中，以第六名录取，但是分配榜上在唐院管理

交通大学贵州分校管理系同学合影

---

① 陈兰荪：《怀念平越》，《流金岁月》，第173—174页。

② 陈兰荪：《平越二三事》，《民国贵州文献大系》第7辑（中），第340页。

③ 邵子芎：《艰难历程——抗战时期的北方交大》，《永恒的信念——写给志愿献身中华民族伟大复兴的交大人》，第133页。

系 28 人中只列第七。① 教授们根据个人的业务水平与经历，居然也开出了一门门的课程，经过若干年来的熏陶，也居然培养出了经得起考验的杰出的人才。管理系所学的课程分为两大系统：车务与财务。车务以铁道行车、货运业务、站务管理为主，财务以会计学原理、铁道会计、审计学为主。1940 年上半年，有三位水平较高的教授离校，造成教授空缺，其所遗留下来的课程全部落到在校教授的身上。按教育部规定，教授每周任课 6—8 小时左右，但当时财务方面的课程只有胡立猷教授一人任教，他要负担会计学、高等会计、铁道会计估值学与审计学等课程，每周至少在 15 小时左右。这是在一般大学中所罕见的。② 学生林秉芗说："胡立猷、许炳汉两位老师的教学是杰出的，给我们打下了深厚的基本功。"③ 老师对考试判分之严，学生代代传闻，新入学的同学无不为之凛然而惧。要合格过关得下苦功，更不用说得高分了。李士珍回忆："当时考试是严肃的，平时说不定什么时候来一个小测验，让你非常紧张。期末考试考了 59分，高兴得请客。因为还有一次补考的机会，如得 40 分，连补考的机会都没有了。……胡立猷教授讲的'会计学原理'，通常用英语提问，要学生用英语回答。由于指定的参考书有时不止一种，自然免不了紧张。"④

关于胡立猷在平越期间的教学，学生邵子芬写有《忆胡立猷教授》回忆长文，对此多有描述。不妨摘录如下——

胡教授的讲课是很受同学们欢迎的。不论是 30 年代与 40 年代的老校友，都众口一词交相称誉。我们离校后有机会碰到一起时，往往谈起他的上课情况，都认为他的教学效果是很高的。他善于抓住问题的核心，旁征博引，深入浅出，通俗易懂。同学们听了他的课之后，都有深刻的印象，能独立思考，举一反三，对他没有讲过的东西，也可迎刃而解。

会计学是一门实践性很强的课程，所以他每堂课必布置作业。在抗战的后方，边远小城，没有会计表册可买，他便要同学自己划线编制，所以每做完一套练习，印象特别深刻。

他在教的时候也力求务实，特别注重讲解借贷方的基本原理举例剖析，不厌其烦，讲深讲透。因为借贷方原理的正确掌握是会计学的核心问题，这

① 林秉芗：《平越怀旧》，《永恒的信念——写给志愿献身中华民族伟大复兴的交大人》，第 142 页。

② 邵子芬：《忆胡立猷教授》，张其坤、高学民主编：《我与交大》，北京交通大学出版社，2006 年，第 234 页。

③ 中国教育报刊社组编：《北京交通大学》，重庆大学出版社，2008 年，第 28 页。

④ 中国教育报刊社组编：《北京交通大学》，第 29 页。

对于日后会计科目的处理，就"目无全牛，迎刃而解"。

其次他对会计方面的英语术语，也十分重视。这在某些人看来，英语术语读得正确不正确，不过是一件小事，但胡教授认为是非常重要的。会计术语如 Liability, Proprietyship, Credit, Debit, Depreciation, Devaluation, Trial Balance, Profitand Loss Statement 等，他在讲课第一次遇到时，要求必须读若干遍，发音要正确清楚，不能含混其词，还要求一一拼背，像教小学生那样教。他说若不这样要求，即使读完一本会计教科书，读到术语，还是含糊其音，令人耻笑，人家对你的会计水平作怎样的估计呢？

胡教授上课是非常严肃的。如发现同学听课思想不集中，马上来一个提问，使得人下不了台。所以同学听他的课时，无不聚精会神，不敢稍有懈怠。

他在教的过程中，有时也很诙谐，如 Trial Balance 简称为 TB，他马上就说这与医生所说的 TB 是两回事，不能混为一谈，而是会计师的 TB。引得满堂大笑调节了一下课堂的气氛。

其次，他是实事求是地来采用合适的教材，这也是他的一种务实精神。当时一般大学所采用的是芬尼（H.A.Finney）的《会计学原理》。这是本内容丰富的巨著。各校好高骛远，仅求虚名。但胡教授说："芬尼的书可以作为参考用的工具，并不适宜选作教材。他在管一所采用的是一本书名为 Twentieth Century Book-keepingand Accounting 的书。这本书初读时好像不登大雅，书内理论少而练习多。胡教授题题布置，从不跳越，因此给初学者打下了坚实的基础。这在以后学习高等会计、铁道会计时，绰有余刃。

胡教授在管三讲授铁道会计时，因为同学已经有了会计学的基础知识，他使用另一套教学方法。铁道会计是实用性很强的一门学科。他首先要求同学背记铁路会计则例中的科目编号。因为编号掌握了，对全部铁路会计就了解了一个大概，使得同学在学校就事先为将来的工作做好准备。他更进一步对每一个科目入账时进行详细分析，特别对铁路用煤讲得非常仔细。他说铁路用煤运输成本的四分之一，管好这一本账就抓到了关键。他对过去旧铁路财务方面的种种弊端，亦作了适当的介绍，使同学们日后步入社会不致受人愚弄。

他教铁道会计不按传统的输入法，分章分节，不论巨细，一一介绍。他别出心裁地采用问答法，挑选出重要的部分，提纲挈领，作成一百多个问题编号提出，依次排列如 Question No.1 等。经同学独立思考后，作出回答。

这样的教法大大引起了同学的兴趣。这在大学课堂上也不能不认为是一种独创。

他的教学很符合解放后所提倡的"少而精""精讲多练""理论联系实际""启发式教学"等的原则。

当时国民党教育部对财经系统的学生,每年都有一次学科竞赛,每校一人由学校推选参加。我校43级的金声、44级的殷宗鄂在会计学方面都摘取了第一名的桂冠,42级的孙德祖考取了庚款公费留英,进入伦敦政治经济学院。这些不能不说是胡教授的教学效果,也是对学校的贡献。

胡教授体躯伟硕,患有高血压及关节炎,平时行动不便。每见他上课提个小藤篮(内装教材及练习本)摇摇摆摆而来,站在讲台后,把挂表取下来,发条转了几下,放在桌上,开始讲课。他的这种习惯性的动作,至今犹历历在目。[①]

在回忆文章的最后,邵子芬深情写道:"所以我忆教授,我尤其是回忆胡立猷教授,追忆他的言行,追忆他的风范,缅怀他的诲人不倦、传道授业的精神。"[②]

不同的教室,同样的心,有教室讲台之处,尽管不是都市,尽管再无象牙塔,学生不改求学志,老师也不改教学心。

在平越的一众老师之中,有一位年轻的讲师,与村前胡氏有着密切的关系。他就是罗河。

在诸多有关罗河的传记和纪念文章中,都有一则共同的描述:聪明好学,性格刚毅,富有正义感,这与他自幼所受的家庭环境的影响是分不开的。他的父亲罗鸿慈为清代拔贡生,曾任中学校长,在日本侵略军占领期间,因拒任伪县长,在狱中绝食身亡。父亲的义举给了他强烈的震撼和深刻的影响。

"卢沟桥事变"爆发之时,正值妻子怀孕。罗河只能将妻子交托给岳父胡壮猷,只身辗转数千里奔赴内地,与其他教职工一起,坚守教育岗位。

有学生回忆:"罗河教授,他上课时十分认真,言语不多,而且,测量实习严格是出名的。有一次在实习时,一位土木系的同学,用经纬仪测量。仪器在使用时是不能碰一下的,否则会影响精确度。但这个同学在用眼接近目镜看仪器时,却用手扶着三脚架。他的动作被罗教授发现。罗教授认为一个学土土的人连

---

① 邵子芬:《忆胡立猷教授》,《我与交大》,第235—237页。

② 邵子芬:《忆胡立猷教授》,《我与交大》,第238页。

这点常识都不具备，根本没有学土木的细胞，便走过去，轻轻地对那学生说："你不用测了，赶快去转系。"这位同学不以为然，照念不误，一年一年地念下来，自认对测量好像已完全精通，但罗教授就是不给他及格，于是他也只好黯然转系了。罗教授的做法，当时学生认为太不近人情了，但细想测量的精确度对工程的影响，又觉这位不近人情的罗教授固执得有理了。"①

1940年8月，为了协助地方发展教育事业，满足平越初中毕业生就近升读高中，学院应当地群众的要求，经报请教育部同意，又挤出师资、设备，开办了"国立交通大学唐山工程学院兼办平越中山中学班"，班主任由唐院李斐英教授兼任，罗河在中学班教授数学。这样，平越形成从大学到中学、小学的教育体系，各级学校的师生约占平越县城人口的三分之一。中学的教学质量较高，前三届毕业生大多考入交大及其他大学。

交通大学贵州分校全体教职工合影

罗河岳父胡壮猷，因为年岁与照顾家庭的缘故没有随校南迁，而回到北京宅居。罗河长子罗冀生晚年回忆："那时正是日本帝国主义全面侵略中国，唐山交大校舍被日寇占领的危急时刻，我父亲和大部分师生员工一起内迁贵州平越（现福泉）复校上课。我外祖父搬到北平西单报子胡同（现北京民族文化宫对门）工程师联谊会大院居住，我母亲当时正怀着我，和外祖父住在一起。我在北平出生时得了先天性耳聋，成为聋哑人，这是我一生中最大的不幸"，"我的幼年是在外祖父家度过的。我记得在居住的院子里，大殿是工程师联谊会聚会的会议厅，东大门竖立着著名铁路工程师詹天佑的铜像。有一次，老保姆带我上街玩时，我亲眼看见日寇军官用拐杖凶狠地抽打人力车夫，又踢翻了车子。当时的情景深深

---

① 李万青主编：《侯实扬华，自强不息——从山海关北洋铁路官学堂到西南交通大学》上，西南交通大学出版社，2007年，第233页。

刻在我幼小的心中,至今这一场面仍难忘记"。①

到了1943年,罗冀生五岁。"我五岁时,母亲在唐山交大派的一位姓许的大学生陪同下,带着我经过近半个月的长途跋涉,辗转到达贵州平越与父亲相见。这是我第一次看到父亲。交大租借了民房安置我们居住。"②在平越的生活十分艰苦。罗冀生回忆:"我在平越民房大院玩耍时,经常看到很多老鼠,还有蛇出现。有一次,我看到一条长达两米、和胳膊一样粗的毒蛇钻进厨房里的老鼠洞。幸好父亲发现,招呼邻居的三个年轻人过来,抓住这条毒蛇的尾巴拉出来打死了。"③

又过了两年,1944年11月,日寇向桂北发动进攻,侵占桂林、柳州,又攻占黔南独山。平越离独山仅百余里,隆隆炮声时时可闻。学校不得不于11月16日宣布停课,准备再次迁移。从1939年2月至此,学校在平越办学六年时间,在校学生600人以上,共毕业学生874人。④

1944年12月4日,全体师生离开惨淡经营了六年的平越校舍,自行结伴,三五成群,昼行夜宿,徒步先到贵阳。师生到达贵阳之后,再欲继续前进已困难重重。从贵阳到重庆的西南公路是曲折的碎石路面,约1000里,随山峦起伏而修建,一面是悬崖深谷,一面是陡峭的峻岭,汽车盘旋而上,稍一不慎便会粉身碎骨,行人视为畏途。汽车夹杂在逃难人流中缓缓爬行,秩序异常混乱,人群的叫喊声,汽车的喇叭声,混成一片,震耳欲聋。此情此景犹如一幅悲壮的流民图。

1945年2月上旬,大部分师生经过长途跋涉陆续到达重庆,在璧山县丁家

坳复课。"学校给教师家属盖了六幢简易土房,房顶是稻草的","父亲这时被公派去英国进修"⑤。6月6日,教育部令学校于暑期迁往甘肃天水,改称国立交通大学甘肃分校。1945年8月15日,日本宣布无条件投降,八年抗日战争胜利结束,迁往甘肃之议乃作罢论。

四川璧山丁家坳校舍

① 罗冀生:《对唐山交大的回忆》,侯西岭、张秀山、殷建国主编:《寻访交大之星》,西南交通大学出版社,2016年,第309页。

② 罗冀生:《对唐山交大的回忆》,《寻访交大之星》,第308页。

③ 罗冀生:《对唐山交大的回忆》,《寻访交大之星》,第309页。

④ 史继忠:《文化西迁到贵州——滚滚的文化潮》,贵州人民出版社,2017年,第38页。

⑤ 罗冀生:《对唐山交大的回忆》,《寻访交大之星》,第309页。

自 1937 年抗战爆发到 1945 年 8 月日本投降，八年来，学校一迁湘潭、二转湘乡、三栖平越、四移璧山，在战火中经历四次搬迁，途经湘、桂、黔、川，行程八千余里，历尽艰辛。"八千里路云和月"，师生们历尽千辛万苦，团结互助，共渡难关，护校爱校，求知报国，克服了难以想象的种种困难，终于保存了杏坛星火，坚持了办学。这是学校历史上的一次壮举和创举，同时也显示了爱国师生令人叹服的胆识和毅力。

1938 年 3 月，湖南常德，正在田间劳作的农民，忽然发现从不远处走来了一支一两百人的年轻人队伍。只见他们一律穿土黄色制服，扎绑腿，外罩黑色棉大衣，背着干粮袋、水壶及一把长沙油纸伞，有的还拄着竹杖、木棍。或许是长途跋涉的缘故，这些年轻人看起来有些憔悴，但他们的步伐却依然有力。

这批学生，正是长沙临时大学的年轻学生。他们从湖南长沙一路南下，目的地是千里之外的云南昆明。

1937 年"卢沟桥事变"后，中华大地硝烟弥漫。根据国民政府指令，北大、清华、南开三所大学在战火中组织南迁。三校在媒体上发布公告称，将在长沙成立临时大学，通知全国各地的三校师生校友迅速向长沙集中。10 月 25 日，国立长沙临时大学正式开学。长沙临时大学综合了清华、北大、南开原有的院系设置，设 17 个学系。学校本部租用了长沙韭菜园的湖南圣经学院校舍，文学院则借址于南岳衡山。

时年 25 岁的清华大学历史系三年级学生胡佳生，辗转赶到了衡山。唐宋以来，韩愈、李泌、李白、杜甫、柳宗元、刘禹锡、白居易、朱熹、黄庭坚、范成大、魏源、王夫之等人游览衡山，留下了不少的赞美之词。活泼的胡佳生或与同学结队同游，或一人独游，遍览了衡山胜景。尽管身处战火之中，但学生们对未来仍然充满着希望。"只要是临时大学的一分子，谁都抱着一个希望：趁那敌人的炮火还刚迫近首都时，安心在这儿多做一些学术工作。渐渐地，困居在北方的一部分教授也都陆续到校了，设备简陋的仪器和图书，也在想法征集或添购，努力克服当时的困难"，"这个时候后方一般人的心理：以我方在上海抗战的成绩推测，战线要进展到湖南，不是三年五年可以实现的"[①]。

可是，开课仅两个月，南京失守，武汉吃紧。1937 年 12 月，教育部通知长沙临大准备西迁云南昆明。转过年来的 1938 年 2 月，长沙临大的师生们不得不走上了再次内迁之路。内迁的师生们被分为三部分，其中 200 多名师生组成湘黔

---

① 胡嘉：《记国立西南联合大学》，《宇宙风》（乙刊）第五期，1939 年 5 月 1 日，第 205 页。

滇旅行团，由长沙步行至昆明。当时胡佳生已经是四年级的学生，只剩半年的学期，"事实上无须去滇，但是学校仍不准变通办法，以为就是当作一次毕业旅行，也是顶有意义的"[①]。

2月19日，湘黔滇旅行团出发上路，由长沙搭船到益阳县，再从益阳步行经湘西到达沅陵，在沅陵乘卡车到晃县，进入贵州玉屏，再经过镇远、贵阳、镇宁，又进入云南曲靖，最后于4月28日抵达昆明。旅行团的师生几乎是用双脚横跨了三省，历时68天，实际步行超过40天，总计步行1300多公里。师生们一路调查、考察，采集标本，收集民歌、民谣，访问少数民族村寨，受到沿途各地方政府和当地人民的热情接待。学生们不仅经受了体力和意志的锻炼，还学到了许多从课堂里、书本上学不到的知识。这是中国教育史上的一次壮举。胡适在美国听到师生徒步壮举时，深为感动，于是他自费把师生徒步照片放大，散布全美，说联大这段光荣历史在世界教育史上也是值得纪念的。胡佳生回忆："学生全副武装：黄色的制服，外面披一件黑色的棉外套，背上都挂一把雨伞，腰间小皮带上系着碗筷，此外每人还挂一个黄布袋，里面放些替换衣服和袜子之类。生活完全军事化，随身铺盖至多只可带十五公斤，由学校雇汽车沿途运送。"[②]

1938年4月2日，教育部发电命令国立长沙临时大学改称为"国立西南联合大学"（简称西南联大），设文、理、工、法商、师范五个学院26个系。5月4日，西南联大正式开课，此时距离4月28日三路师生胜利会合仅隔六天。因昆明校舍紧张，文学院和法学院设于云南蒙自县城，是为蒙自分校。

蒙自是云南一个小县，人口不到二万，在昆明之南约300公里处，靠近红河。蒙自本是云南商业重镇，清光绪十三年（1887），根据《中法续议商务专条》辟为商埠，设有海关、法国领事馆，后设有法国银行、医院等。清朝末年，法国人修滇越铁路，取道碧色寨，蒙自经济大受影响，商业一蹶不振，海关、领事馆移到昆明，银行、洋行等相继停业，房屋闲置。文、法学院设于蒙自，正好可以利用这些闲置的房屋。胡佳生在《记国立西南联合大学》一文中对此有详细记载："据蒋梦麟先生说：因为在昆明一时找不到可以容纳上千人的适当房屋，碰巧遇到一位教授的朋友，是在个碧石铁路办事的，他以为昆明想不出法子，蒙自倒是空屋很多，可以去看一看。到了蒙自，先看海关，房子的确很大，有花园，有平房，自从蒙自海关搬去昆明后，房子空着也没有用，但是最好要租到别处房屋，他们才肯附租；于是就看接连海关的东方汇理银行，房子没有海关大，

---

① 胡嘉：《记国立西南联合大学》，《宇宙风》（乙刊）第五期，第206页。
② 胡嘉：《记国立西南联合大学》，《宇宙风》（乙刊）第五期，第206页。

租金每月要五百元，可是租了还是不够。就再看歌胪士洋行，起初听说每月只要租金二十元，不料是错误的，二十元只好租一间，全部房租要三四百元，没有法子，只得租了。至于海关方面，每年只出租金一元，是做个手续的。海关的隔壁是法国领事馆，也有花园，有厅堂，有厢房，索性去借，曾经三次打电报给上海的法国大使，结果得到巴黎来电，虽不能租，仍可以借，用途限于公共宴会，只是不能改作教室或宿舍。后

蒙自东门歌胪士洋行（载胡嘉《滇越游记》）

来连法国医院，也允许修葺辟作足以容纳五百人的新生宿舍。海关北门一座滇越铁路方面筑就的破楼，也正计划改作文科图书馆。"①

在昆明，西南联大的学习生活条件十分艰苦。"在昆明，一时候买不到许多木材和竹头，包工的匠人又不守信约，讲好日子交货，往往临时延期，说是没有法子；所以教职员和学生刚到昆明时都利用汽油箱，床铺是汽油箱拼起来的，桌子是汽油箱搭起来的，把汽油箱横摆可以当凳子，直放可以做书箱，教育部参事陈石珍先生参观后很受感动，他说这种拼七巧板式的家具看起来颇觉有趣，见到你们的生活，不禁使我体味到都德的'最后一课'的精神"，"蒙自方面呢？学校就在南湖之滨，'南湖夜月'是被认为蒙自十二景之一的，住的木制双层床，课桌不是用汽油箱搭成的，比较昆明那边要强一些。可是这里是向来著名的荒地，生活费用要比昆明高了四分之一，七块钱一月的包饭反不如昆明六块钱一月的，吃不着多少肉，鱼是贵得可观，海味也难板上口。云南食盐缺少碘质，容易患大头颈病，于是大家都想吃海带，那是要上中国药店里去买的，时常断货，亏得云南大学的教授发明了一种'含碘精盐'，真会做生意，因为谁都怕自己的颈项大起来，自然利市三倍，把食盐当作味精用，什么菜汤都加一些"。不过，对年轻学生来说，追求的是精神生活。"从精神方面说来，在昆明读书真不能算苦，气候是四季如春，环境富于江南风趣，本地人又是顶老实的，因为有滇越铁

①　胡嘉：《记国立西南联合大学》，《宇宙风》（乙刊）第五期，第206—207页。

路接通海口，这里早已逐步近代化，只要有钱也能获得物质方面的享受，有人说昆明像成都，又像北平"①。

虽则如此，但蒙自的开化程度尚比不上沿海地区。当地女子平时出门，往往要撑把挡住头面的伞；所以联大女生们裙裾飘飘的装束，引起了当地群众的好奇和不满。胡佳生回忆，有一次，主持西南联大校务的清华校长梅贻琦在学生大会上提醒大家注意，联大女生的穿着打扮可能会冒犯当地人的感受，男女学生手牵着手散步会违反传统习俗，很可能会引发摩擦。因此他宣布，以后男生以黄布军

西南联大校门

装，女生以蓝布长衫为制服。学生们还为此成立了"正风团"的组织，负责时刻监督着同学之间的亲密举动。不过，西南联大还是给当地带来了潜移默化的变化。在联大两性平等模式的影响下，当地男女关系逐渐走向开放，后来蒙自的姑娘已不再打着雨伞出门了。②

西南联大史学系大家云集，其中在历史系讲授通史的钱穆与胡佳生有着极深的渊源。两人是无锡老乡，胡佳生就读苏州中学之时曾听过钱穆的课。在学生眼中，"钱先生身躯不高，常穿布大褂，戴金丝眼镜，头发偏分，面露笑容，口才很好。讲解符文，巧譬善导，旁征博引。他的国语尽皆吴音，但吐音明白，娓娓动人。有时高声朗诵，抑扬顿挫，余音绕梁"。1930 年，钱穆因发表《刘向歆父子年谱》成名，被顾颉刚推荐，聘为燕京大学国文讲师，次年又转入北京大学任历史系副教授，并在清华、北师大兼课。1935 年，胡佳生转入清华大学历史学系二年级就读③，两人由此再续师生之缘。胡佳生在就读清华期间，因为家境不佳常有断炊之虞，钱穆每有机会就推荐他写稿。有一次吴晗主编某报副刊，钱穆就叫胡佳生写书评，并把他介绍给吴晗。但钱穆特别强调此等事只是糊口，若要做学

西南联大校舍

① 胡嘉：《记国立西南联合大学》，《宇宙风》（乙刊）第五期，第 207 页。
② 胡嘉：《记国立西南联合大学》，《宇宙风》（乙刊）第五期，第 207 页。
③ 清华大学校史研究室编：《清华大学史料选编第 2 卷：国立清华大学时期 1928—1937》，清华大学出版社，1991 年，第 872 页。

问，必须选择专题，做精深的研究。

在昆明时，师生两人仍然保持着亲密的关系。据胡佳生回忆，"在云南蒙自一个宴会席上，北大教授姚从吾（士鳌）先生说起他欲从宋李心传著《建炎以来系年要录》例，做一部编年体的《抗战日录》，当时在座如陈寅恪、钱宾四、刘寿民诸先生，都表示非常赞成，而且怂恿他从速实现"①。到了后来，胡佳生将他在昆明及回程的所见所闻撰述成书《滇越游记》，在序言中还充满感激地写道："没有钱宾四穆先生的鼓励，记者也许去不成昆明。"

在昆明时的胡佳生，因为与家里断了联系，经济依然困苦。清华大学档案馆，保留着一份 1938 年"准许领受救济金学生名单"，胡佳生的大名赫然在列。②

很快，就到了学年终了的时候，胡佳生从西南联大顺利毕业。③他打点行装，告别恩师，踏上了回乡之路。因为战火肆虐，他不得不乘上火车经过滇越铁路先从昆明来到越南海防，然后从河内乘海轮抵达上海。路途漫漫，但"这种自由的旅行生活在记者说来，是非常有回味的意味的"。他一路行，一路记，沿途体察地理风俗民情。回沪后，他将在昆明和沿途所见撰成《滇越游记》一书，由上海商务印书馆 1939 年 8 月出版，1940 年 5 月再版。全书分上下两编。上编为云南游记，分昆明初旅、西山景色、寺观古迹、滇池风光、南蒙盆地、个旧锡矿、苗夷见闻、滇越道中八个部分；下编为越南游记，分海防杂记、河内文物、老街过关三个部分；附录《滇行散记》《越南海关检查情形》。

《滇越游记》封面

胡佳生从西南联大毕业之时，因为昆明的校舍问题得以解决，西南联大文学院师生迁返昆明。正在撰写《国史大纲》的钱穆，认为到昆明交际频繁，没有闲暇落笔，于是通过友人相助，在宜良借得西郊北山

---

①　胡嘉：《记国立西南联合大学》，《宇宙风》（乙刊）第五期，第 204 页。

②　《西南联大关于战区学生救济办法暨名单的公函》，陈心坦主编：《国立西南联合大学史料 5 学生卷》，云南教育出版社，1998 年，第 613 页。

③　清华大学校史研究室编：《清华大学史料选编第 3 卷下：西南联合大学与清华大学 1937—1946》，清华大学出版社，1994 年，第 460 页。

的岩泉寺一栋别墅小楼。一周七天，钱穆"半星期去昆明任课，尚得半星期清闲"，蛰伏岩泉寺埋首著述。

到了 1939 年 6 月，钱穆的皇皇巨著《国史大纲》在历时 13 个月的潜心著述之后初稿告成。钱穆在当地报纸上发表了该书的《引论》，呼吁国民对历史要抱有"温情与敬意"。《引论》发表后，引起轰动，呈现"洛阳纸贵"的景象。

《国史大纲》是一部中国通史，是钱穆用大学教科书体例写成。据钱穆《书成自记》所载，《国史大纲》一书发轫于在北京大学讲授中国通史课程时，该课每周四小时，一年而毕。钱穆每两小时为一讲，以一讲毕一题，一年共 40 余讲，共毕 40 余题。为此钱穆花费了大量心血，编写过纲要及《参政资料》，后又另编《国史读本》，凡此种种，皆未能满意。"卢沟桥事变"起，学校南迁，钱穆因藏平日讲通史笔记底稿数册于衣箱内，挟以俱行。取道香港，转长沙，至南岳，又随校迁滇。路出广西，假道越南，至昆明。而文学院暂设蒙自，乃稍得停踪。经过一番万里逃亡，再为学生讲授通史，感慨倍增。又苦于学生课外无书可读，仅凭口耳，为憾滋深，因慨然重续数年前之《中国通史纲要》，聊助课堂讲述之需。从 1938 年 5 月开始，陆续起稿。秋后，学校迁回昆明，钱穆转移到宜良，居城西云岩泉下寺，续完其业。

钱穆致胡嘉信札

胡佳生在《记国立西南联合大学》中对此也有叙述："钱宾四先生最近卜居宜良城外岩泉寺，已经整理好一部三十万字的《中国通史》稿；这是他五六年来在北平讲学的笔记，前年离平出走，在 X 人严密的检查下，很幸运地带出了这部稿子，正为如此，弥觉可贵。"[①]

在钱穆潜心撰述之时，回到上海的胡佳生与其师依然保持着"鸿雁往来"。今天坊间就保留着一份 1939 年 4 月老师写给学生的信函。函曰：

> 佳生弟如面。迭接来信，悉赴沪后生活未能安定，甚以为念。达刚先生处，自初得弟书即去信，并嘱弟就近面晤。不谓彼迟过两月（刻已忘，大约如此）始覆，谓学校中人多事少，惟抱有饭大家吃主义，苟可想法必为想法云云。又谓因病故未即覆。惟弟来函谓去两次未见，又不说有病，则恐彼处态度未必诚恳，恐不见有何希望也。此间师范学院于开学时需一助教，已由丁则良为之，下学期恐不致再添。穆在此往返宜良，与校中同事甚少见面。

---

① 胡嘉：《记国立西南联合大学》，《宇宙风》（乙刊）第五期，第 208 页。

弟不妨往作一信与刘寿民先生，不知彼有否机缘。惟恐人不在此，谋事更较难耳。庚款考察团均由事先报名，目下方核出，已经数月之久，有无事枯待数月者。总之谋事之难，实到处一律也。吕先生乃史学界前辈，弟能常获请益，甚惬所望。穆在此一切如常。在蒙自曾草《国史大纲》，今已脱稿，乃嘱人录正，再谋付印。亦时时有挽作小文者，既已披露，为人传刻，此亦权不在我，只有听之而已。顾先生足疾久已愈。余不一一。专此，复颂祺。

钱穆启 四月廿九

信中所提及的丁则良，时在西南联大师院史地系任教；刘崇铉字寿民，时任西南联大师院史地系主任；"吕先生"即吕思勉，钱穆早年在省立常州中学求学时受其教益；"顾先生"即顾颉刚。信中所及，归纳为三事：一是钱穆曾托人为胡佳生找工作，但未果；二是告知胡西南联大师院亦不缺师资，并推荐胡致信刘崇铉试一试；三是简要谈及完成《国史大纲》情况。

1939 年暑假，钱穆携稿去往香港，交商务印书馆付印，随后回到苏州与家人团聚，隐居于耦园。到了秋季开学之时，钱穆没有返回昆明，而是驻留苏州，一则侍奉母亲，二则应顾颉刚之约为其所主持的齐鲁国学研究所编订《齐鲁学报》。

此时，吕思勉正在上海租界内的光华大学任教，钱穆多次前往法租界霞飞路（今淮海路）兰村 16 号老师的寓所拜访。为了减少《国史大纲》书稿的错误，钱穆"盼师作最后一校"，并告师如遇疏误处，直接在书稿上改正。

胡嘉（胡佳生）

吕思勉则邀请钱穆到光华大学做学术讲演，身在上海的胡嘉（大致从此时起，胡佳生以胡嘉之名行世）有一次尽了地主之谊。据他回忆，光华大学"正迁在汉口路证券大楼上课，吕先生曾请钱先生来校讲学。有一次讲学后，我请吕、钱二先生和童丕绳（书业）、杨宽正（宽）等，在四马路会宾楼晚餐，继续畅谈，在座的恰好都是顾颉刚先生发起的禹贡学会会员"[1]。

1942 年 12 月，太平洋战争爆发，日本进占租界。吕思勉远避常州乡下隐居，钱穆也早已去往四川。恩师们远去，胡嘉栖身于北新书店当起了编辑。到了1944 年，应北新开明书店总编辑赵景深之约，胡嘉与几位同道一起西行，任教于大别山中的安徽学院。

---

① 胡嘉：《钱师音容如在》，《钱穆纪念文集》，上海人民出版社，1992 年，第 84 页。

　　这所学校与创办于 1928 年的省立安徽大学有一定渊源。1937 年，日寇侵占南京后，安徽省府所在地安庆常遭轰炸，省政府办公机关迁至大别山腹地立煌县（今金寨县）。6 月，安庆沦陷，省立安徽大学部分师生和图书、仪器等迁至湖北沙市，拟在那里复学，后因教育部考虑内迁大西南的学校过多，无足够生源就学，决定停办安徽大学，现有学生并入武汉大学。但又考虑到尚有大量高中学生亟需就学，于是省政府在立煌县古碑冲黄家集设立省立临时政治学院，于 1941 年春开始招生。到 1942 年下半年，学校改名为安徽省师范专科学校，第二年秋又改组扩大为安徽学院。学院设中文、史地、外语、数学、政治、经济六系并及银行、艺术专修科。赵景深到校后，担任中文系主任之职，胡嘉则讲授历史专业课程。[①]同在安徽学院任教的詹云青对当时师资情况有这样的回忆："当时学院里的教师有的是从安大瓦解后到大别山任教的，如李则纲、吴遁生、叶仲襄、汪开模等；有的是从大后方回安徽家乡来的，如刘适敬、朱清华、张宗元、刘天予等；有的是从上海通过敌人的封锁线来的，如赵景深、黄荫来、文启昌、胡嘉等。他们在抗战中艰苦备尝，既恨日寇，又看不惯桂系大小官员鱼肉人民。他们要求学术自由，但理想与现实矛盾，于是，只好标榜'只管教书，不问政治'以掩盖内心的痛苦。"[②]

1944 年安徽学院教职工在立煌县古碑冲合影

　　抗战胜利后，一众老师离开安徽学院回到上海，"教授赵景深、黄荫来、文启昌、胡嘉等都回上海去工作了"[③]。其时，吕思勉已经重回上海光华大学，邀请胡嘉任教。胡嘉回忆："吕先生邀请我任光华大学历史系教授，并在其他大学

　　① 张珊：《安徽大学校史溯源》，安徽大学出版社，2005 年，第 24 页。

　　② 詹云青：《安徽学院的片断回忆》，《安徽文史资料》第 15 辑，第 105 页。

　　③ 詹云青：《安徽学院的片断回忆》，《安徽文史资料》第 15 辑，第 107 页。

代他讲课。我在光华大学担任的中国通史课程，采用的教本就是吕先生所著《吕著中国通史》。"胡嘉还回忆："在解放前一段时期，吕先生迁居欧阳路光华大学的单身宿舍，只住一间不到二十平方米的房子，非常简单。吕先生住在那里写作。我每逢上下午都有课的时候，午休时间，就去看望他。"①

1939年10月，一场简朴的婚礼在昆明举行，新郎是刚从欧洲归来的联大副教授楼邦彦，新娘是来自无锡村前的胡宝玉。

楼邦彦，1912年出生于上海。1931年，楼邦彦考入上海沪江大学商科专业，不过，他的兴趣在于政治学，同年他在《新华周刊》发表《知识分子的路》。一年后的1932年，楼邦彦插班考入清华大学政治学系。转学背后的原因，当时同为沪江同学、后来同样转入清华的龚祥瑞在回忆录《盲人奥里翁》中提供了一些线索，按照龚先生的说法，曾任清华政治学系主任的余日宣当时正在沪江大学任教，向他介绍过清华的情况，促成他转考清华，这种来自老师的影响很可能也发生在楼邦彦身上。②

依据史学家何炳棣的说法，20世纪30年代乃清华校史上的"黄金时代"。"三十年代的清华文法两院表现出空前的活力。除各系师资普遍加强外，教授研究空气较前大盛，研究成果已非《清华学报》所能容纳，于是不得不另创一个新的学术季刊：《社会科学》。冯友兰师的《中国哲学史》和萧公权师的《中国政治思想史》两部皇皇综合巨著，更足反映文法教学研究方面清华俨然已居全国学府前列"③。当时的政治学系可谓名师云集，阵容鼎盛，浦薛凤先生执掌系务，教授有王化成、沈乃正、张奚若、陈之迈、赵凤喈、燕树棠、钱端升、萧公权等人。在这些老师之中，张奚若与钱端升是对楼邦彦有重要影响的授业恩师。张奚若是他的研究生导师，他负责做张先生课的课堂笔记。楼邦彦长子秉哲回忆说，他父亲一生对张奚若极为尊重。由于专业方向之故，楼邦彦与钱端升先生的交往更为密切。④

美丽的校园、一流的师资、先进的理念、完备的课程，弱冠之年的楼邦

---

① 胡嘉：《吕诚之先生的史学著作》，俞振基：《嵩庐问学记——吕思勉生平与学术》，生活·读书·新知三联书店，1996年，第35页。

② 《何处相思明月楼：楼邦彦的清华往事》，陈新宇：《寻找法律史上的失踪者》，商务印书馆，2019年，第218页。

③ 何炳棣：《读史阅世六十年》，广西师范大学出版社，2009年，第99页。

④ 谢喆平：《旧书新出忆故人——政治学家楼邦彦》，楼邦彦：《各国地方政治制度法兰西篇》，商务印书馆，2012年，第104页。

彦，就这么躬逢其盛地与清华结缘了。在这里，楼邦彦很快展现了自己的学术才华。1934 年，楼邦彦从清华大学政治学系毕业，并考入清华研究院，成为张奚若的研究生。他的本科学位论文是 *The British Cabinet（1922—1931）*（《1922—1931 年的英国内阁》）。论文共 90 页，翻译成中文共 34865 字，分"导论""1922—1931 年英国内阁的历史概览""两党制的没落""宪法问题""1922—1931 年英国内阁成员"五章。从选题上，楼邦彦选择了第一次世界大战以后到 1931 年经济危机前这一貌似常规的时期，从英国内阁的视角，探讨期间重要的宪法性变化。这种从平常处着手挖掘背后隐含的不平常之处的做法，正是其博学覃思的体现。从写作风格上，楼邦彦采用如史直书的方式，通过资料与数据来分析说理，不做价值评价，体现了严谨客观的文风。关于这篇论文，教授冯象的评价："楼先生的英文写文章是没有问题的。当然，偶有小错，谈不上文采，比起钱锺书先生他们来，还是很普通的实用的英文。但论文的水准、文献梳理的功夫和问题意识，不亚于现在的硕士论文；甚至许多马马虎虎、粗制滥造的博士论文也赶不上他呢。"[1]

在这一年暑假，楼邦彦还与同学龚祥瑞合著《欧美员吏制度》，作为"世界政治学丛书"的一种由上海世界书局出版。龚祥瑞后来曾回忆："我就能利用一个暑假，在钱端升老师的悉心指导下，和楼邦彦同学合写一本《欧美员吏制度》的书，倾注了'吏治救国'的幻想。"[2] 此书是国内第一本系统介绍西方员吏制度的著作，以英法德美四国相关制度为考察对象。关于 CivilService 一词，当时有"吏治""文官""公务员"多种译法，校阅的教授钱端升认为皆有不妥，主张翻译为"员吏"。该词翻译的精准性暂且不论，钱端升专门为两位本科生的著作撰写序文，提出修订意见，可以反映出当年师生关系的亲密无间。

楼邦彦本科学位论文 *The British Cabinet(1922—1931)*

楼邦彦在清华的本科时光中，已经在学术上崭露头角，发出黄莺初啼，奠

---

① 《何处相思明月楼：楼邦彦的清华往事》，《寻找法律史上的失踪者》，第 220—221 页。

② 《龚祥瑞自述》，高增德、丁东编：《世纪学人自述》第 4 卷，北京十月文艺出版社，2000 年，第 217 页。

定"以学术为业"的基础。在研究生阶段，他同样笔耕不辍，在《清华学报》《清华周刊》《建国月刊》《时事月刊》《独立评论》上发表书评、论文与时评，贝里代尔·基思（A.Berriedale Keith）的《英国宪法》（*Constitutional Law of England*）、詹姆斯·贝克（James M.Beck）的《布洛克拉西的奇境》（*Our Wonderland of Bureaucracy*）、米德尔顿（W.L.Middleton）的《法国政治制度》（*The French Political System*）等西方学者的最新著述，都是在甫一面世或者出版不久，即被他引介到中国。《美国联邦公务员的退休制度》《苏俄的公务员制度》是他对员吏制度研究的持续探讨。《宪法草案中国民大会之组织问题》《政制问题的讨论》反映了他对中国问题的关注，尤其是后者，乃与本科论文指导教授陈之迈进行商榷的文章，体现了"吾爱吾师，吾更爱真理"的精神与勇气。[①]

楼邦彦并没有完成他在清华的硕士学业。1936 年他考取了第四届中英庚款考试的行政法门，赴伦敦经济政治学院（London School of Economics and Political Science）留学。这类庚款考试，全国每门往往只录取一人，每届录取总人数不过十几或二十余人，是当时竞争最激烈、难度最高的考试。依据统计，楼邦彦那年的录取率，仅为 5.24%。[②]在龙门之试中脱颖而出，正是他实力最好的证明。

1936 年夏天，他和许宝𬳁、李浩培、张宗燧、费孝通等人一起，乘船前往英国。[③]同学龚祥瑞原本在上一年考取"第三届庚款留美公费生"，结果在这一年也被送往伦敦经济政治学院专攻"公务员任用制度"。[④]还有一位同学王铁崖1936 年获硕士学位，留学美国，1937 年转伦敦经济政治学院，研习国际法。三位同学日后回国后屡次同事，都成为一代有名的法律人。

伦敦经济政治学院具有很高的国际声望，集合了世界上第一流的经济、政治学的学者、专家。楼邦彦和龚祥瑞同在拉斯基（Harold Joseph Laski）教授门下受业。刚到英国那段时间，他每周与导师见一次面。会面时，学生提交阅读报告，导师布置新的阅读书目。按照当时的惯例，在三个月后，学生应当提交一份研究报告。[⑤]一年后，拉斯基又推荐楼邦彦到法国巴黎大学学习。在巴黎，他就住在拉基斯教授妹妹的家里。再一年后，楼邦彦离开法国前往德国。在德国柏林，学习了半年时间的德语，办好了到柏林大学听课的各种手续。恰在这个当口，有一

① 《何处相思明月楼：楼邦彦的清华往事》，《寻找法律史上的失踪者》，第 221—222 页。

② 郑刚：《中英庚款与民国时期的教育》，《教育与经济》2011 年第 3 期。

③ 楼秉哲口述：《回忆父亲楼邦彦》，谢喆平访问整理：《浮云远志——口述老清华的政法学人》，商务印书馆，2014 年，第 150 页。

④ 《龚祥瑞自述》，《世纪学人自述》第 4 卷，第 217 页。

⑤ 楼秉哲口述：《回忆父亲楼邦彦》，《浮云远志——口述老清华的政法学人》，第 151 页。

天去上课之前，他收到了钱端升的信，说西南联大政治学系要开比较行政法课，希望他回国就职。接到信后，楼邦彦立刻收拾行李，匆匆踏上了回国的征程。

1939 年初夏，楼邦彦从柏林赶到意大利，与在巴黎大学研修的龚祥瑞一起乘船回国。其子楼秉哲回忆："后来才知道，这是第二次世界大战前从意大利开往亚洲的最后一班邮船。错过了这班船，二战期间他多半要滞留欧洲了，就跟季羡林、钱三强一样了。"楼邦彦一行乘轮船先到了上海，再辗转到越南，最后经滇越铁路前往云南昆明。两位同学在西南联大政治学系同时任副教授。"在抵达昆明前不久，火车脱轨翻车，大火把他的行李几乎全部烧光。所幸的是，人总算安然无恙"①。当楼邦彦抵达昆明之时，未婚妻胡宝玉已经先期到达。

正是在就读清华期间，楼邦彦结识了来自无锡的姑娘胡宝玉。胡宝玉毕业于宁波的华美护士学校，毕业后到上海和北平的教会医院当护士。当时，其堂兄胡正祥在北平协和医院病理系任教授，于是她没有选择到离家乡无锡不远的上海，而是来到北平协和医院工作。其子楼秉哲回忆："到北平后，她经过一位通信多年的上海笔友介绍，认识了在清华读研究生的父亲，开始交往。在那段时间里，每到周末，多半是父亲乘车进城，在协和医院哲公楼下的会客室同母亲会面，两人经常一起漫步王府井，然后在东安市场的饭馆里吃顿饭，傍晚父亲再坐车返回西郊清华。"②

在西南联大，楼邦彦讲授比较行政法等课程。北京大学校史资料记载："当时西南联大法商学院也有一批留学英美归国的教授，他们讲授战前和战时发展起来的现代资产阶级的经济学和社会学理论，颇受学生欢迎。如经济学系伍启元、徐毓楠开设的国际经济政策、高级经济学、货币银行、国际贸易与金融等课程，反映了凯恩斯学派的理论观点；政治学系留英归国的龚祥端和楼邦彦讲授英国工党理论家拉斯基的理论。这在当时均是紧跟国际学术最新思潮的。"③除了日常教学工作之外，楼邦彦一直在寻找机会，想研究当时国内的政治状况。"这种愿望对他来说，是对离开了五年、还处于抗日战火的祖国的一种责任感"④。这时，他收到了清华政治学系同学俞国华的信函，邀请他到蒋介石的侍从室担任秘书。1940 年 6 月，楼邦彦带着已经怀孕的妻子去往重庆。他在重庆滞留了几个月后，又转往内迁四川乐山的国立武汉大学政治学系任教。

---

① 楼秉哲口述：《回忆父亲楼邦彦》，《浮云远志——口述老清华的政法学人》，第 152 页。
② 楼秉哲口述：《回忆父亲楼邦彦》，《浮云远志——口述老清华的政法学人》，第 153 页。
③ 肖超然等编：《北京大学校史 (1898—1949)》，上海教育出版社，1981 年，第 401—403 页。
④ 楼秉哲口述：《回忆父亲楼邦彦》，《浮云远志——口述老清华的政法学人》，第 153 页。

　　与他同时应邀前往武汉大学任教的，还有他的同学王铁崖。据王铁崖回忆，"与我同时被邀请到武汉大学政治系任教的是楼邦彦，前一年已经在法律系任教的有李浩培。他们都是我在伦敦政经学院的同学，在乐山经常往来"，"我和楼邦彦是当时最年轻的教授，我只有27岁，被称为青年教授"。他还回忆："当时生活条件很差。第一年，我和楼邦彦一家三口同住在一家旧当铺的库房里。第二年我和费鉴照住了两间小房，我住后房。住房环境恶劣。光线不足，白天往往要点灯。灯是菜油灯，别人点几盏，我为了省钱，只点一盏。"1942年7月，王铁崖在乐山结婚。"本来定在7月7日抗战纪念日在乐山举行婚礼，后来因路上遇洪水，婚期延至7月10日。婚礼很简单，但是，楼邦彦夫妇帮我们做了筹备工作，不少武汉大学同事和朋友都来参加了"①。

　　关于楼邦彦在乐山时的教学情况，学生黄镒有这样的回忆："学校当年聘请了一些有名的学者来校讲课，例如钱穆为历史系讲秦汉史，熊十力为哲学系讲唯识论，王铁崖、楼邦彦两位刚从英国学成回国的青年教授分别讲西洋史及宪法，都很受同学的欢迎。"②著名记者张高峰在武汉大学就读时受过楼邦彦的传授。他在回忆录中引用清华大学教授曾秉钧的感慨：就教师质量而言，清华不如武大。③楼邦彦还负责指导行政门研究生王名扬开展研修。按照研修步骤，研究生定期向指导教授交纳读书报告。1940年12月底，王名扬交纳了第一次读书报告 *On Administrative Law*，英文稿，约三万字，楼邦彦进行了评阅；1941年3月底，王名扬提交第二次读书报告 *Agaian On Administrative Law*，约三万字，由楼彦邦生评阅；1941年6月底，王名扬上交第三次读书报告 *On French Constitutional Law*，英文稿，约二万字，由楼邦彦评阅。④在此期间，楼邦彦依然笔耕不辍，编著了《各国地方政治制度·法兰西篇》，由正中书局出版；并在《世界政治》《当代评论》发表了多篇论文。

　　就这样，楼邦彦在乐山度过两年平静的教学岁月。1942年7月，他受邀计划返回昆明西南联大。但是就在他从乐山前往昆明、途经重庆的时候，中央大学的朋友"戏剧性"地将他强行挽留在中央大学教书。为此，重庆中央大学出面正式向西南联大提出，要求借聘楼邦彦。

　　① 王铁崖：《我的乐山师友》，韩进主编：《乐山的回望》，武汉大学出版社，2018年，第58—60页。

　　② 黄镒：《乐山学习生活杂忆》，骆郁廷主编：《乐山的回响：武汉大学西迁乐山七十周年纪念文集》，武汉大学出版社，2008年，第261页。

　　③ 张高峰：《高峰自述·抗战生涯第1部》，北岳文艺出版社，2018年，第102页。

　　④ 涂上飙主编：《乐山时期的武汉大学1938—1946》，长江文艺出版社，2009年，第219页。

楼邦彦在中央大学任教大约一年，忽然之间决定去往西安。楼秉哲回忆："有一天，他回家突然说要去西安，母亲大吃一惊。他回国两年多换三个地方，母亲确实有些吃不消。但是，父亲决心已定。当时，各个大学校园内派系斗争激烈。在中央大学，清华派的影响力不具优势，一些教授想方设法拉近与中央政府和地方势力的关系，寻求支持。在一些同事的策划和鼓动下，他一时冲动，接受了派他去投奔胡宗南的安排，目的是争取胡宗南对清华派的支持。"[1]

1944 年初，楼邦彦带着一家人到达西安，担任黄埔军校第七分校的政治总教官和边语班主任，上校军衔。黄埔军校第七分校的总部设在西安的王曲镇，胡宗南兼任校长，在王曲镇设有一个办公室，于是楼邦彦还兼任了王曲镇办公室的秘书。边语班开办于 1941 年，是军校培养外语（英、俄、德、日）和少数民族（蒙、藏、回等）语言人才的场所。"1943 年至 1946 年班主任是楼邦彦，英国留学生"[2]。"七分校人才颇多，凡精谙外语者，均在罗致之列。外语班特约讲师有张广勋、居伯强（留德）、吴启诚（留美，任经理处长）；固定讲师有鲁易斯（德国人，为周传儒教官夫人）、楼邦彦、张素我（留英，张治中之女，周嘉彬之夫人）。这几位不但教学能力强，且循循善诱"[3]。

楼邦彦与共产党特工、胡宗南秘书熊向晖有过一定的接触。楼秉哲回忆："北平解放以后，熊向晖曾到我们家来过一次，表示他正在李克农的领导下研究有关英国问题，李克农希望找一些了解英国情况的专家来谈谈，但是那件事后来没了下文。此后他们两个人也再没有见过面。'文革'期间，熊向晖很早就站出来工作了，在清理阶级队伍阶段，北大的造反派和红卫兵曾向他调查过父亲在西安的情况，从当时办案人员流露出的口风看，熊向晖在回应造反派的外调时，对父亲有不少正面评价，这个外调结果使他少受了不少精神折磨和皮肉之苦。父亲后来曾经多次提到这一点，他对熊向晖也一直怀有很深的敬意。父亲去世后的追悼会上，我意外地看见熊向晖先生来了，他当时已是部级干部了，但是他怎么知道我父亲去世的消息？我直到现在也不知道！"[4]

西南联大地处云南昆明，学习、生活条件十分艰苦，但同时给师生们针对西南彝区的野外调查提供了得天独厚的条件。

---

① 楼秉哲口述：《回忆父亲楼邦彦》，《浮云远志——口述老清华的政法学人》，第 154 页。
② 张德广：《边（外）语班拾零》，《西安文史资料》第 8 辑，1985 年，第 62 页。
③ 单补生：《中央军校七分校之政治教官》，《黄埔》2020 年第 3 期。
④ 楼秉哲口述：《回忆父亲楼邦彦》，《浮云远志——口述老清华的政法学人》，第 155 页。

1941 年 7 月 2 日，由西南联大师生组成的"川康科学考察团"启程，赴大凉山彝区考察。这个地区长期与外界隔绝，国际上称为"独立倮倮地区"（Independent Lolos）。带团的是化学系教授曾昭抡，成员有来自历史系的柯化龙，地质地理气象系的黎国彬、马杏垣，化学系的李士谔、戴广茂、陈泽汉，算学系的裘立群，物理系的周光地，生物系的钟品仁，政治学系的康晋侯等 10 名学生。"川康科学考察团"极为特殊，是一个完全自费、也无任何机构担保的考察队伍，"考察团的经费由团员自筹，不依靠学校或社会上的赞助"。这些青年学生完全没有在彝区旅行的经验，领队曾昭抡也只是个文弱学者，所以从出发开始人们不禁为他们捏了把汗。

师生们以西昌为起点，东经昭觉、美姑到雷波，横越大凉山。一路前行，"全过程步行"，无人借力于马匹、滑竿或车辆，同甘共苦。当时曾昭抡已经 40 岁出头，是考察团中唯一的中年人。学生回忆："旅途中，他既要照顾、教育学生，又要不停地考察记录，口袋里一直放着小笔记本和铅笔，一旦歇脚，便随时随地记录、书写，到达宿营地后，在蜡黄如豆的油灯下，还要整理修改及补充当天的记录直至深夜，从不间断。"

这次考察在民族调查史上具有里程碑意义：这既是一次对大凉山彝族的全面人文考察，又在地理地质和矿产资源方面有新发现。师生们向当地人询问、了解矿产资源方面的情况，记录了极有价值的金属矿，并预见会理县小关河附近有钴矿、镍矿，在尖山发现了锰铁矿，在会理攀运街发现了含铬的铁矿；考察团还实地踏访了彝区的两个矿区。参与者裘立群在回忆文章中说，通过实地调查与前人文献资料结合，师生们初步得出矿藏分布的结论："从地质角度讲，西昌沿边的安宁河，由南向北，在水成岩中继续地镶嵌了一条花岗岩石层，以西昌为中心向北延伸到大渡河边，向南经会理几乎达到金沙江边缘，就中以会理城以西花岗岩分布最广，宁属宝贵的矿床，大部分就在这些有花岗岩侵入的地方，尤其是火成岩与水成岩接触之处成为金属嵌层（Metallic Dike）。"考察结束后，曾昭抡写出了《大凉山夷区考察记》一书，1945 年 4 月在重庆求真社出版，1947 年 8 月在上海再版。这部著作采用的是传统游记体裁，被称为"观察角度之多样，记述内容之广泛，细节描写之真实，思考问题之深刻"的纪实文学精品。其他的考察团成员也收获很大，他们的成果通过 1942 年 2 月印行的《国立西南联合大学川康科学考察团展览会特刊》得以展现。

师生们调查的目的地固然重要，而他们的出发地——昆明，却似乎更加耀眼，引人注目。他们每到一个地方，即使到了他们考察的最后一站，人们最关心的问题依然还是"你们从哪里来""来这里干什么"。每一次遇到诸如此类的问题，师生们都会做一次比较详细的讲述和耐心的解释。那时，他们更加热爱昆明，热爱这个抗战大后方的"文化之都"；他们也更加依恋自己的母校——西南联大，这所在战火纷飞中依然弦歌不断的大学。

考察团中的周光地，1920年12月生于四川成都，1943年7月于昆明西南联大物理系毕业，1943年9月至1945年11月在成都金陵大学物理系任助教。后来，他与胡刚复次女胡珊结为夫妻。

南开大学内迁之时，恰值夫人胡芷华分娩期近，姜立夫没有随校内迁，而是暂时停留在天津等待夫人生产。1937年9月，儿子出生，半百得子，让姜立夫非常高兴，给儿子取名伯驹。1938年8月，北方局势恶化，姜立夫带着全家迁到上海。11月，次子出生，取名仲騄。当时，北大、清华、南开三校已经在昆明组建西南联合大学。姜立夫把妻子和尚在襁褓中的两个儿子留在上海，义无反顾地前往联大。夫人胡芷华则在上海大同大学任教。[1]

此一别，八年不能相见，直到抗战胜利后，姜立夫一家才在上海团聚。[2]

姜立夫只身去往昆明，"与饶树人、孙铁先二位教授分赁一所大房"[3]。1939年春，其侄女姜淑雁、侄女婿叶楷带着新生儿前来团聚。此时的叶楷已经应清华之聘，在西南联大任电机系教授、系主任。"叔父抱了三个月的外孙叶寅，非常高兴"。1940年，姜淑雁在昆明诞下次子叶辰。"龙虎一家，有时手忙脚乱，全靠叔父帮忙，时时抱着寅儿绕宅行走，好辛苦"。1943年，西南联大数学系缺数学教师，姜淑雁到数学系任教。"同时与叔父轮流看小孩，安排家务事。那时通货膨胀，生活艰苦，多一份公米和孩子的奶粉钱，不无小补"[4]。

姜立夫、胡芷华夫妇和长子姜伯驹在一起

---

① 刘宜庆：《绝代风流——西南联大生活录》，辽宁人民出版社，2020年，第91页。

② 刘宜庆：《绝代风流——西南联大生活录》，第91页。

③ 姜淑雁：《回忆慈爱的先叔父姜立夫教授》，《天津文史资料选辑》第28辑，天津人民出版社，1984年，第57页。

④ 姜淑雁：《回忆慈爱的先叔父姜立夫教授》，《天津文史资料选辑》第28辑，第57页。

这里，姜淑雁提到了"公米"。因为物价飞涨，为维持最低限度的生活，政府发给联大教授一种价格低平的"公米"票，凭票可领取一种极粗的糙米。可是，管这种"公米"的人，也往往凭借这点小小的权力刁难人，给领米的人不必要的难处。领米之人得花费许多时间、气力才能把米领到手。因为米质粗糙，难以下咽。姜立夫患胃溃疡、十二指肠出血症，更不宜食用糙米。于是，必须将糙米送往碾米厂加工。从米仓到碾米厂，还有一段路程，所以不能肩负，就得雇马车。这已够难的了，尤甚碾米的人很多，总是排着长长的队，一个接一个地把米袋提上碾机，机器唰唰地开动，就得张开米袋，等着碾过的米从斗中倾入。这样一份工作，必须眼疾手快。姜立夫和叶楷都不是这方面的"能手"，经常把米撒了一地，还没来得及拾捧，后面等着的人们就上来了，撒落的米就只好白白地丢掉。为了每月能领到这点"公米"，要花费一整天的时间，还有大量的精力。可是，费了这番工夫，最后往往只剩半袋米。①

此时，曾经的学生陈省身、江泽涵也在西南联合大学，与老师同在数学系任教授。对于在昆明的岁月，陈省身回忆："1939—1940 年我们曾同住一段时期。那年 7 月我同士宁结婚，我们的家就在昆明大西门内大富春街。那是一座中式的楼房，中有天井。楼上住了饶毓泰先生及北大地质系孙云铸先生两家，楼下正房住了姜先生及淑雁一家，楼下厢房则住房主人陈西屏先生。陈先生曾任云南的地方官，房子建得坚固，当时也相当新。饶先生去了上海，把他的厢房让我们住。"②"大西门离联大步行约 20 分钟，可以经过翠湖公园，风景幽美。我们有时同去学校或同归，无话不谈。姜先生知识广博，见事清楚，律己严格，足为后学者的模范。"他还说："记得胡适曾有一文说姜先生是当代的圣人（他列举的人中还有一位是张元济先生）。我十分同意。"③

此时的姜立夫，已经年届五旬，仍跟他的学生以及学生的学生教同样分量的课程，主要教几何课。江泽涵回忆："虽然抗战时期生活极端艰苦，但因为三校联合，教师人数大为增加，学术空气浓厚。特别是比我年轻的教授，例如华罗庚、陈省身、闵嗣鹤、许宝騄、程航准等教研工作都异常活跃。随之而兴起的是组织各种讨论班，扩大招收研究生。南开所收藏的数学文献及书籍大部分已搬到昆明，陈列在昆明郊区西山华亭寺的海会塔的楼上，对当时联大数学系开展教研有很大的帮助。姜老夫子虽然没有领导一个讨论班，但他鼓励各种讨论班，而自

---

① 刘宜庆：《绝代风流——西南联大生活录》，第 93 页。

② 陈省身：《立夫师在昆明》，《陈省身文集》，华东师范大学出版社，2002 年，第 77 页。

③ 陈省身：《立夫师在昆明》，《陈省身文集》，第 77 页。

己仍从事科研工作。"① 在任教西南联大期间，姜立夫还曾借聘到云南大学任几何学讲师，"担任微分几何学三小时"②。

在昆明，除了教学工作，姜立夫主要从事两项重要的活动。

一是成立新中国数学会。1935 年中国数学会在上海成立之时，时在德国的姜立夫被推为评议会成员。抗战开始后，由于学会多数领导人留在上海，开展会务困难。1940 年，在昆明的数学工作者发起成立了新中国数学会，推举姜立夫为会长，理事有熊庆来、陈建功、苏步青、孙光远、杨武之、江泽涵、华罗庚、陈省身等人，陈省身为文书，华罗庚为会计。③ 新中国数学会成立后，于 1942 年在贵州湄潭举行过年会，1944 年在昆明举行数学等八团体联合年会。抗日战争胜利以后的 1948 年 10 月，各团体联合在南京召开年会，新中国数学会会长姜立夫、原中国数学会董事会主席胡敦复到会，陈省身请两位会长讨论恢复中国数学会的事，结果是去掉"新"字，仍用"中国数学会"原名，由姜立夫任会长。对此，陈省身回忆："这次会胡敦复也来了，大家讨论的事，是恢复中国数学会，而不是合并。我请胡敦复、姜立夫到我家吃饭，吃过饭后，大家在一块拟定数学会会员的名单……那时我的主导思想就是如何把'新'字去掉，恢复中国数学会，就是一个数学会。"④ 在陈省身看来，"胡敦复先生也很高兴，大家相处很融洽"⑤。苏步青有着同样的感受，"没有什么问题。他们两人的关系十分融洽"⑥。不过，"此时的南京已经相当乱了，乱得很，开完年会之后，时局就不行了"⑦。

二是受命筹备中央研究院数学研究所。中央研究院成立于 1928 年，因国内现代数学研究基础薄弱，当时未能成立数学研究所。1935 年，身处德国的姜立夫受聘为中央研究院评议会成员。1941 年，中央研究院评议会决定增设数学研

① 江泽涵：《回忆姜立夫老夫子》，党德信总主编：《文史资料存稿选编 24 教育》，中国文史出版社，2002 年，第 988 页。

② 刘兴育、王晓珠主编：《云南大学史料丛书·教职员卷》，云南大学出版社，2013 年，第 318 页。

③ 《中国现代数学的拓荒者姜立夫》，《中华骄子》编委会编：《中华英杰谱卷 15 数学大师》，延边大学出版社，2006 年，第 54 页。

④ 陈省身：《关于"恢复中国数学会"的回忆》，《陈省身文集》，华东师范大学出版社，2002 年，第 141 页。

⑤ 《独步遥登百丈台——数学大师陈省身访谈录》，张奠宙：《中国现代数学史略》，广西教育出版社，1993 年，第 228 页。

⑥ 《苏步青教授访谈录》，张奠宙：《中国近现代数学的发展》，河北科学技术出版社，2000 年，第 457 页。

⑦ 陈省身：《关于"恢复中国数学会"的回忆》，《陈省身文集》，第 141 页。

究所，并拟由姜立夫任所长。中央研究院总干事傅斯年在致姜立夫的信中写道："此学为一切科学之本，本院成立15年，尚于此无所尽力，以难得其人故也。全蒙先生不弃，实本院之荣幸，欣喜无极。将来此所成立，自非先生主持无以成丰长之进步，此节请万勿谦抑，今即作为定论也。"据《中央研究院第二届评议会第一次年会纪录》（1941年3月13日—15日）载："本院增设数学研究所，请姜立夫先生任所长。"此时，姜立夫身患肠胃之病已久。在1940年12月25日致傅斯年的信中，他写道："十二指肠内有疮，年来时发时愈，医生谆嘱节食静养，教课之外，不许旁骛。"在傅斯年的再三要求下，姜立夫答应任筹备处主任，同时申明，"至于筹备处主任一节，则系临时性质，既承雅命，义不容辞，自当竭蹶从事，勉襄盛举"，至于"所长之职，于立（按：自称）实不相宜"。在那个年代要从零开始创办数学研究所，简直是"巧妇难为无米之炊"。人才、经费、图书、房屋等一切都难以筹措。他认为："算所（数学所）工作之目标，在求学术上有价值之贡献，冀可提高我国之国际地位，余事均属次要。"为此，他周密地考虑了该所研究人员的延聘，研究工作的内容及开展，图书、杂志、资料的搜寻和集聚，经费的筹划，所内机构的设置以及所址的选择等一切有关事宜。陈省身说："立夫师任筹备处主任。他洞鉴了当时中国数学界的情形，只求切实工作，未尝躁进，树立了模范。"[1]1941年，中央研究院聘姜立夫和苏步青、陈建功、江泽涵、陈省身、华罗庚共六人为兼职研究员。到1943年，这六人已完成研究论文41篇，大半发表在英美等国外刊物上。姜立夫以筹备处名义向中央研究院报告说："本院数学所虽未成立，已有成熟之作品与国际学术界相周旋。遭时多艰，有此表现，前途未可限量。"报告还希望数学"此极端抽象之基本学科，得以孕育滋长，发扬光大于国中，则学术幸甚，国家幸甚"[2]。1944年，中央研究院增聘许宝騄、李华宗为兼职研究员。一年间，研究员共完成30篇论文，姜立夫再次报告说，这些论文"对于所研究之问题，俱能创立崭新之方法，探得珍贵的结果"[3]。1945年他们又发表了21篇论文。这就是说，数学研究所还没有正式成立，就已发表了50多篇论文。姜立夫的论文《圆素和球素几何的矩阵理论》（英文）发表在1945年的《科学记录》，用一种特殊的复数元素二阶矩阵代表圆，通过这种办法，整理了圆的几何中的许多结果。

① 陈省身：《立夫师在昆明》，《陈省身文集》，第77页。
② 《中国现代数学的拓荒者姜立夫》，《中华英杰谱卷15数学大师》，第55页。
③ 《中国现代数学的拓荒者姜立夫》，《中华英杰谱卷15数学大师》，第55页。

第十二章 硝烟中的温情

战争年代，对于普通民众来说，除了伤痛和困苦，以及不懈的抗争以外，还有美妙的爱情和真挚的亲情。

1943年重庆歌乐山上海医学院校舍（李约瑟摄）

1942年，胡鸿慈与竺梅相遇了，两人一见钟情。竺梅，正是竺可桢之女，生于1922年，比胡鸿慈小五岁。竺可桢在1943年2月14日的日记中记载："晨六点半起。梅儿日来未发气喘，但卧时甚多，有时起作函。渠于去年在歌乐山中央医院割喉鼻时，曾遇上海医学院毕业生胡鸿慈，交往一阅月，年来通信，常寄气喘之药与梅。余在渝时，又托寄钢笔一支。毕业后曾至昆明，近在恩施服务。校中现缺乏医生，曾有人介绍胡来校，为避嫌计，以不出此为妙。"①

全面抗战爆发前的1935年，胡鸿慈从浙江嘉兴秀州中学毕业后，考入了国立上海医学院。1937年8月，淞沪会战爆发。在中国军队持续战斗的三个月中，胡鸿慈与计苏华、王士良、池芝盛等许多同学在课余参加了接收和救治伤兵的工作。1939年，国立上海医学院先后内迁昆明和重庆歌乐山办学，胡鸿慈也随学校内迁。1942年，胡鸿慈在国立上海医学院第十二届医科毕业②，在重庆的四川黔江卫生人员训练第四所当医生，并奉命到后方战地担负医护工作。

虽则为了避嫌没能允诺胡鸿慈到浙大任职，但爱女心切的竺可桢还是在1943年5月17日托蒋梦麟为其介绍工作。"余介绍胡鸿慈入红十字医院"③。年轻人的心思，不是父亲一辈人所能轻易理解的。6月13日，竺可桢无意中见

---

① 《竺可桢全集》第8卷，上海科技教育出版社，2006年，第506页。

② 《上海医科大学纪事》编纂委员会编：《上海医科大学纪事 1927—2000》，复旦大学出版社，2005年，第71页。

③ 《竺可桢全集》第8卷，第565页。

到了女儿写给胡鸿慈的信，两位年轻人不知何故在闹别扭。他在日记中写道："余见梅致胡鸿慈一函，知二人相知只三个月即告别。信中语气似近来不甚相契。浙大请渠为校医，渠不愿来，可知其不愿作甚大之牺牲也。"①不过，两位年轻人很快就又和好如初。到了10月25日，竺可桢"接江问渔寄胡鸿慈为梅购药洋一千五百元"。②

1938年1月上旬，竺梅等在江西玉山大东旅社楼前。前排左起：许懋勋、胡璞、张哲民；后排左起：胡珊、竺梅

转过年来的1944年1月2日，竺可桢在重庆北碚出公差，与胡鸿慈有了初次见面。"九点胡鸿慈来，据云特自歌乐山看予者。谓渠原在新桥卫生所，后其母校上海医学院院长朱恒璧嘱其至母校作助教。未一月，渠思入中央医院，朱不欲，遂解约云。不知是否另有他情节也。余劝其考公费出洋，渠若尚乏预备，不愿考。现拟入红十字会办重庆医院，因中央医院非朱恒璧介绍，则渠不能往也。十点偕胡鸿慈至北碚公园参观动物院，其中动物多空，惟剩一虎一豹一熊。此类动物大规模饲养亦费钱不少也。十一点到兼善公寓，胡鸿慈即去歌乐山。"③3月15日，竺可桢又收到了胡鸿慈托人带来的药品。"上午，刘贻荪自歌乐山宽仁医院胡鸿慈处带来麻黄素80粒，系送与竺梅"④。4月2日，竺可桢给胡鸿慈去函，并附洋二千元，用以购麻黄素。⑤10月5日，身在遵义的竺可桢记录："八点至校。作函与梅儿。近得杜宗光报告，知梅肺不佳，恐有 T.B. 肺结核，上下扶梯甚至穿着衣服无力，故必须设法医治。前胡鸿慈寄梅二千元，以一千五百元购了一具打针器，只余五百元定了半个（月）羊奶。"⑥到了这一年年底，胡鸿慈与竺梅相识已经整整两年时间了，到了谈婚论嫁的时候。1944年

① 《竺可桢全集》第8卷，第583页。

② 《竺可桢全集》第8卷，第661页。

③ 《竺可桢全集》第9卷，上海科技教育出版社，2006年，第3—4页。

④ 《竺可桢全集》第9卷，第53页。

⑤ 《竺可桢全集》第9卷，第69页。

⑥ 《竺可桢全集》第9卷，第195页。

12 月 31 日，竺可桢收到竺梅的信函，"谓将与胡鸿慈订婚"①。

竺梅一直体弱，1945 年 5 月再次发病，反反复复延宕了几个月。竺可桢在 5 月 25 日日记中记："接梅儿函，知渠近身体又不佳，接连病三次，自四月底起，五月初病了一周，由感冒变气喘，十五号吹风又病，十八又发气喘一次。信是十九写的。梅病两年前亦是春天发的，以后就老发丁，大抵因春天早晚寒暑相差较大的缘故。"② 8 月 15 日，日本宣布无条件投降。竺可桢筹划浙江大学回迁之事。

10 月 10 日，竺可桢从重庆北碚去往歌乐山。"胡鸿慈来，知渠随沈克非今日将开一病人之胃，系险症。胡在院须服务五年，明年即可毕事云"。中午时分，竺可桢见到竺梅姨母张默君。"默君颇以梅应早结婚，余亦以为然。但胡鸿慈服务期未满，只三万元一月，不能维持一家庭。据式烈云，胡人甚忠实云"③。10 月 13 日，"午后至英庚款委员会晤李润章，托在英国购买 Riddo-Bron 为梅儿治气喘之用，不值，留一名刺而回"④。12 月 7 日，竺可桢"寄梅函并汇去二万元，由胡鸿慈转"⑤。12 月 27 日，竺可桢"接梅儿函，知她于廿一出院……。要过了新年才去青木关。又谓胡鸿慈已调至重庆城内市民医院，做外科，到三月底再回上海医院"⑥。

1946 年，胡鸿慈与竺梅频频出现在竺可桢的日记之中。1 月 10 日，身在遵义的竺可桢接到竺梅来信，"知在渝过新年，现在市民医院，胡鸿慈于一月一日亦暂调市民医院三个月云"⑦。1 月 28 日，竺可桢又接到胡鸿慈来信。可能是胡鸿慈在信中提及想带竺梅离开重庆之事，爱女心切的竺可桢随即回信，劝阻前行。"靠以梅之病自以易地为良，惟目前去京、杭，因二地天气反不如重庆之温和。若往广州、香港，则苦无容身之地。故主张梅儿去歌乐山考选委员会阅卷大楼住于默君处。渠虽不在歌乐山，但房屋想仍保留，式烈住内，则梅去后一有病即可住上海医学院附属医院，较之他处较为方便。但如不能住，则只入上海医院耳"⑧。2 月 24 日，赶赴重庆的竺可桢，特地徒步至市民医院（领事街）看望女

---

① 《竺可桢全集》第 9 卷，第 255 页。
② 《竺可桢全集》第 9 卷，第 410 页。
③ 《竺可桢全集》第 9 卷，第 537 页。
④ 《竺可桢全集》第 9 卷，第 540 页。
⑤ 《竺可桢全集》第 9 卷，第 580 页。
⑥ 《竺可桢全集》第 9 卷，第 596 页。
⑦ 《竺可桢全集》第 10 卷，上海科技教育出版社，2006 年，第 10 页。
⑧ 《竺可桢全集》第 10 卷，第 28 页。

儿。"先遇到胡鸿慈，知梅于月初发病后，睡两星期，于昨始起身，面色苍白。谈及将来计划，现梅住职员宿舍，与女看护同住。副院长顾君新到任，欲扩充市民医院，故梅恐不能久住。余以回遵义不久又将出来回渝，不如至歌乐山上海医学院，拟与上海医学院代院长谷镜汧商之"①。三天后的 2 月 27 日，竺可桢早起，"五点至市民医院晤梅，渠以昨天天气骤冷，又卧倒，余交与两万元。晤胡鸿慈"②。3 月 8 日，竺可桢"寄梅儿函"，3 月 9 日"接胡鸿慈函"。③3 月 11 日，竺可桢从遵义致函胡鸿慈、竺梅，"为梅儿进上海医学院附属医院事，因胡鸿慈将于月中离市民医院，二十边赴上海也"④。竺梅从

胡鸿慈

上月月底发气喘后，到这一天方才起身下床。当时，内迁的政府机构、大专院校和科研院所都开始复员，胡鸿慈在当月 22 日乘车由宝鸡经陇海线回赴上海，竺梅暂时安顿于歌乐山上海医学院。4 月 16 日，身在重庆北碚的竺可桢早上六时起身，在交待有关事宜后乘车赶赴歌乐山，下车至上海医学院附属医院，看望竺梅。"渠与练习女医生陈忠年同房。陈系宁波人，上海医学院毕业。梅近二星期尚佳，未发气喘病，惟人瘦而已。中膳，胡鸿慈之同事石大夫、戚大夫等邀中膳，得知胡已抵上海医学院"⑤。

此时的竺可桢急于赶回杭州。5 月 19 日，"飞机票已定中国航空公司，余之登记号数为 g389，梅之号数 g390"，"中午，萨本栋夫妇约至国民外交协会中膳……。即向萨氏夫妇借用其二公子所用医气喘病之药 Riddobron 或称 Bronchovidrin，及喷气瓶，至宽仁医院交与梅儿试用。梅儿呼吸仍有困难，但今日未打针。Riddobron 系德国药，英人仿制，其中有 Atropine、Pituitary gland 等 Extract，以喷雾器打入鼻中。……梅儿告余，谓胡鸿慈抵沪后，曾寄十五万元，后又寄二十万元，嘱购皮鞋等等云。余为梅儿以二万五千元购一皮箱"⑥。5 月 21 日下午，竺可桢再到医院看望女儿，"带去巧克力一块、广柑五个"。刚刚

① 《竺可桢全集》第 10 卷，第 52 页。
② 《竺可桢全集》第 10 卷，第 55 页。
③ 《竺可桢全集》第 10 卷，第 62—63 页。
④ 《竺可桢全集》第 10 卷，第 65 页。
⑤ 《竺可桢全集》第 10 卷，第 97—98 页。
⑥ 《竺可桢全集》第 10 卷，第 119 页。

分开未多久的小情侣之间不知又有了什么矛盾。"梅交余阅胡鸿慈来函二通,殊矛盾,一方则承认渠二人性情不合,一方要结婚。如此婚姻,甚难望美满也。今日梅气喘较好,但咳嗽未已"①。5月23日,竺可桢"四点至城内宽仁医院晤梅,知咳嗽仍未全愈,人更消瘦"②。5月25日,"将院中费用算清,计住院十一天一万一千元,医药注射检验三万一千元,合四万二千元。梅今日咳嗽较好,但昨晚仍打针,以时机不可失"③。5月27日,"往看梅儿,知气喘不复发"④。5月29日,竺可桢"中偕梅儿在重庆牛奶场中膳"⑤。5月30日,"九点晤梅儿"⑥。6月4日,"午后梅往观影戏,余劝阻不听,盖恐渠再发气喘即不能偕往飞京,余亦不能再等也"⑦。6月5日,"余告梅儿明日可飞京,六点半汽车赴九龙坡"⑧。6月6日,父女俩同机飞抵南京。结果,飞机刚落地,竺梅旧病复发,住进了中央医院。"梅住楼下余之书房内,又大发气喘"⑨。6月8日,竺可桢寄胡鸿慈函,告知情况⑩。6月9日,竺可桢"至大平路中央医院晤梅儿,值大雨,衣裤湿。梅尚安静,但云已打六七针"⑪。6月11日,竺可桢由南京赴杭州,处理浙江大学复员后续事宜。胡鸿慈于14日到南京探望,16日就去了上海。18日,竺梅出院。6月23日,竺可桢从上海赶到南京参加中央研究院会议,"遇邵传志(翼如侄)及三嫂与梅"⑫。7月20日,身在杭州浙江大学的竺可桢,"接梅儿函,知于十二到上海,谓胡鸿慈已将调至上海红十字会医院为外科医生"⑬。8月26日,长子竺津(希文)乘火车赴上海转南京,竺可桢"托其寄交默君书二本,又胡鸿慈 Brush & Comb 各一事,梅儿款五万元"⑭。

　　1946年9月11日,身在上海的竺可桢专门到红十字会医院看望准女婿,结

---

① 《竺可桢全集》第10卷,第121页。
② 《竺可桢全集》第10卷,第122页。
③ 《竺可桢全集》第10卷,第123页。
④ 《竺可桢全集》第10卷,第125页。
⑤ 《竺可桢全集》第10卷,第126页。
⑥ 《竺可桢全集》第10卷,第127页。
⑦ 《竺可桢全集》第10卷,第131页。
⑧ 《竺可桢全集》第10卷,第131页。
⑨ 《竺可桢全集》第10卷,第133页。
⑩ 《竺可桢全集》第10卷,第134页。
⑪ 《竺可桢全集》第10卷,第135页。
⑫ 《竺可桢全集》第10卷,第145页。
⑬ 《竺可桢全集》第10卷,第165页。
⑭ 《竺可桢全集》第10卷,第191页。

果胡鸿慈不在医院，"据其友人云，于上月底偕竺梅他往"。身为父亲的竺可桢有些恼怒："二人既未结婚，如此行踪，实于梅之名誉极坏。"那么，这对情侣去了哪里呢？晚上，上海医学院计苏华送来了女儿临行之时留给父亲的一封信，谜团解开了。"知梅与鸿慈于卅一号竟不辞而别而往山东。梅留函，颇以不能一面父兄弟妹为苦。以梅之身体，又未曾经历艰难，不带寒衣，骤往北地，余实非常担忧。"竺可桢不禁自责："胡早欲结婚，但上海无住宅可租，故荏苒至今。余又无屋，又乏款以促姻事之早成，实亦不幸事也。"①到了 9 月 20 日，身在南京的竺可桢又收到女儿的照片，"宝堃交阅梅与胡鸿慈合影照片（八月份拍）"②。

身为父亲的竺可桢，此时才知道，他的女儿和准女婿此时已经不再是从前的懵懂少年了，而是追求先进的革命青年。早在上海医学院读书时，胡鸿慈就受到了革命思想的熏陶。"饶斌，1935 年入学。1933 年在同济医学院加入共产主义青年团，因遭反动政府通缉离校去青岛然后来沪，与党组织失掉联系。进入上医读书后，一面寻找党的关系，一面在同学中进行革命活动。当时住在中国红十字会第一医院学生宿舍，与计苏华、聂崇铭、胡鸿慈同寝室，他们都受到饶的思想影响，先后走上革命道路"③。1946 年 7 月，上海医学院复员回沪。据史料，两个月后的 9 月，"由章央芬（上医同学，1938 年参加新四军）陪同，新四军军部卫生部长沈其震来沪，找到王士良，提出急需一批医生去培养解放区的医务人员。地下党员曹达也和计苏华面谈，告之可安排去解放区的医务人员及家属以中国福利基金会名义乘联合国救济总署的航轮。计苏华请示党组织后，决定聂崇铭、王士良二同志和外科医师胡鸿慈，带上家属等共 7 人，去山东临沂的白求恩医学院工作"④。胡鸿慈之子胡庆平在追忆父亲时这样写道："1946 年 7 月，新四军卫生部沈其震部长要求上医地下党支部动员一批医师去解放区参加创办医学院。经党组织批准和安排，父亲（改名为陶煦）与同学聂崇铭（改名为方春望）、王士良（改名为黄志尚）赴苏北解放区，之后转到山东临沂的华东白求恩医学院工作。"上海医科大学校史资料记载："经党组织批准，聂崇铭（改名方春望）、王士良（改名黄志尚）、胡鸿慈（改名陶煦）经苏北到达山东临沂白求

---

① 《竺可桢全集》第 10 卷，第 204 页。

② 《竺可桢全集》第 10 卷，第 210 页。

③ 姚泰主编：《上海医科大学七十年》，上海医科大学出版社，1997 年，第 177 页。

④ 吴合等：《记上医的地下党员计苏华》，刁承湘主编：《上医情怀》，复旦大学出版社，2007 年，第 362—363 页。

恩医学院（山东医学院前身）工作，这是我校支援兄弟院校最早的一批。"①

奔赴解放区的路程，充满着危险。黄志尚回忆："方春望（聂崇铭）、陶煦（胡鸿慈）及我，三人应召，于9月3日，由沈部长伴同先到苏北淮阴受到当地齐仲桓卫生部长的接待。几天后经军卫生部派来的张树芹同志接我们去山东。我们从淮阴出发去山东的一行人，有章央芬及她两个儿子盾盾、代代（2—3岁），大戴（戴辉即沙济英）、小戴、大王（王禾奇）、小王（王禾升）四个女青年，方春望与爱人徐碧梧、儿子尉林、女儿惠娟（10余岁），陶煦及其未婚妻竺梅，及我共十个大人四个孩子，经过步行、人力车、小船、独轮车、马车以及其他交通工具向山东进发。在苏北步行时遇大雨，泥路极滑难行，一路上大王、小王歌声一直伴着我们行进，给我们增添了活跃与无穷的联想！陶煦与竺梅在苏北与山东交界处曾坐过一段小轿车，被国民党飞机盯上，受到扫射幸免于难。大约走了一个月，在10月上旬到达军卫生部所在地临沂郊区亭子头，才算到了家。"②

也正是从此时起，胡鸿慈改名陶煦，并一直沿用。

当陶煦一行人抵达解放区之时，正值国共内战全面爆发。陶煦在新四军军医学校任教，同时在医院担任外科工作。1946年7月，国民党政府撕毁了停战协议，发动全面内战，向解放区大举进攻，经常派飞机到临沂上空骚扰。军区机关开始疏散，新四军军医学校随军卫生部转移到临沂城北的亭子头村继续上课。"此时上海医学院毕业的医师方春望（聂崇铭）、陶煦（胡鸿慈）、黄志尚（王志良）由上海来校任教，并分别任教学医院的内、外、皮花科主任"③。1947年1月，为纪念参加中国抗日战争光荣殉职的加拿大著名外科专家、优秀共产党员诺尔曼·白求恩，军医学校改名为华东白求恩医学院。同年3月，学校随军卫生部向胶东乳山县转移，经过半月的行军到达目的地。同时华东国际和平医院也随卫生部到达滕甲庄，"华东国际和平医院到达滕甲庄驻进大地主的庭院内，开设病房及门诊，随即收到联合国救济总署从烟台运来的一套完整的美国海军医院的全部设备。国际和平医院虽然不是华东白求恩医学院附属医院，但医院各科的主任如内科主任方春望、外科主任陶煦、战伤外科主任宫乃泉、妇产科主任戴辉、儿科主任章央芬、皮花科主任黄志尚、牙科主任张亚民，均兼任医学院的教学工作"④。

① 姚泰主编：《上海医科大学七十年》，第12页。
② 黄志尚：《缅怀崔义田部长》，《崔义田纪念文集》，人民卫生出版社，1996年，第191页。
③ 《山东大学百年史1901—2001》，山东大学出版社，2001年，第452页。
④ 《山东大学百年史1901—2001》，第452页。

至此，竺可桢与竺梅父女之间音讯相隔，但父亲对女儿仍然心心念念，十分担心女儿的安危。1946年10月1日，胡鸿慈与竺梅在上海《文汇报》登报结婚。[①]2日，竺可桢在日记中记道："阅报（二日《东南日报》）。共军退淮阴时将联总医生掳去，计有凯麦、纳齐医师等七人。当共军退出被强迫随军撤出。故梅儿与胡鸿慈极为可虑，可知此次赴鲁受UNRRA之约为不妙也。据九月七日梅自陈家港来函，谓：'儿于九月五日启程乘联总登陆舰，今日（七日）可抵陈家港，以后由公路经淮阴去临沂国际和平医院。然确址尚不定，不知究竟何处为目的地。'按淮阴于十七日即为国军克服，此时真不知梅之往何处也。信中又谓：'八月卅一日上船，船上住了几天，身体较差，但气喘未发。'登陆后又要逃难，真不知如何是好，但此时亦无从设法耳。……"[②]11日，"今日又接红十字会医院计苏华来函，知苏北之联总医生中外籍者皆已随当地政府转移，一切皆安全。又谓十月一日在沪《文汇报》上已登广告，宣布梅与鸿慈结婚。又谓胡鸿仪（鸿慈之兄）曾来沪访问，知"鸿慈之妹"于数年前亦曾不别而去苏北云云"[③]。这里提及的"鸿慈之妹"，正是前文提及的参加新四军的胡瑞瑛。14日，"接梅儿自淮阴来函，知南京至淮阴与山东临沂之邮政已通，信件可寄临沂和平医院章映芬医生转。余即寄梅一函"[④]。此后的11月9日、12月18日，竺可桢两度给女儿写信。[⑤]

对于年幼的胡伟立来说，战火纷飞的年代，在桂林的生活不只有混乱和痛苦，还有迷人的艺术。这一段时光，他在成年后时时提起，言语中不只有痛苦，而是充满了欢乐。

他的父亲正是胡瑞祥。胡瑞祥1926年被派往美国著名的电工设备制造企业西屋电气公司实习。[⑥]期间他在麻省理工学院深造，获博士学位后回国。1932年3月，胡瑞祥被任命为首都（南京）电话局主任工程师兼代司长[⑦]，1934年5月任首都电话局局长[⑧]。

---

① 《竺可桢全集》第10卷，第217页。

② 《竺可桢全集》第10卷，第218页。

③ 《竺可桢全集》第10卷，第225页。

④ 《竺可桢全集》第10卷，第227页。

⑤ 《竺可桢全集》第10卷，第247、278页。

⑥ 《申报》1926年3月18日。

⑦ 《交通公报》第340号，1932年4月13日。

⑧ 南京市地方志编纂委员会：《南京电信志》，海天出版社，1994年，第179页。

我国 20 世纪 30 年代的电信事业，尚处在新兴阶段，且内地与沿海地区相比，差距颇大，机械陈旧，技术落后，管理欠善。1933 年，朱家骅任交通部部长，兼中英庚款董事会董事长。他通过关系向该会借得巨额庚款，在英国购买大批长途电话器材（包括新式载波机），兴建江、浙、皖、冀、鲁、豫、湘、鄂、赣九省长途电话网。1934 年 7 月，胡瑞祥接任九省长途电话工程处处长，主管其事。1937 年上半年，这一工程基本竣工，下半年即爆发抗日战争，刚竣工的国内长途电话，在抗战中发挥很大的作用。

胡瑞祥还参与了上海公共租界电信资费案的调处。1935 年，鉴于上海各界反对电话加价和按次收费取代以往的按统一收费率收费，上海公共租界工部局与公董局董事会经过商议，决定设立特别电话委员会研究此问题。"决定除勃朗宁少校外，再任用其他专家三人，即美中日各一人"①。中方专家即为九省长途电话工程处处长胡瑞祥。该委员会针对电话公司的营运盈亏，电线电缆铺设、装机、用户等状况，并且比较英、美、日各国电话收费情况，提出了按通话次数收费的建议。

1932 年，胡瑞祥与杨丽君结婚。杨丽君，浙江宁波人，1911 生于山东济南。杨家家境殷实，杨丽君的父亲杨才清（字存美）曾居清政府工部侍郎高位，主持修筑济南泺口黄河大桥工程。民国成立后，杨才清弃政从商，利用精通英文又有广泛人脉的优势，转行当了美孚石油公司买办。杨才清的岳丈，也就是杨丽君的外公，名叫袁长坤（字静生），是和詹天佑一起的留美幼童，任全国电信总局局长。在长子胡伟立眼中，"妈妈出身世家，聪慧能干，受过良好的教育，在家中又是长女，弟弟妹妹众多，外婆平时什么都不管，更让她历练得里里外外一把手，从我记事以来，家里总是打理得井井有条，温馨幸福"。

1936 年，胡瑞祥调任广州电信局局长，因时局动荡在香港九龙尖沙咀与朋友合租了一栋楼房安置家人。长子胡伟立回忆："父亲胡瑞祥，和他的好朋友广东发电厂厂长鲍国宝伯伯（名钢琴家鲍蕙荞的父亲），一起把家安置到尚没有被战争波及的香港，合租下位于九龙尖沙咀火车站附近的山林道 17 号，我家住在楼下，鲍家住楼上。平时父亲和鲍伯伯在广州上班，周末才结伴搭乘两小时左右的火车回到九龙的家里。"

1937 年 9 月，长子胡伟立在这里出生。胡伟立回忆："我出生在自己的家里，我是家中的长子，在我的上面有一个大我两岁的姐姐。"

其时，战事已起，广州的形势岌岌可危。胡伟立回忆："曾经听母亲说，有

---

① 《上海公共租界工部局年报》第 6 期，1935 年，第 76 页。

次去广州探望父亲时遭遇到一场空袭，她搂着我们姐弟俩伏在沙发后面，家的四周落了二十几颗炸弹，响声震天，一片火海，强烈的气浪把窗上贴着米字形纸条的玻璃全部震碎，让年幼的我经受了一次战争的洗礼，好在我们幸运地躲过了这次灾难！"

胡瑞祥

1938 年，妹妹胡伟敏出身于香港养和医院。"第二年家里又添了个女孩，我多了个妹妹，由于时局的不安定，过了不久就把她送去了无锡老家交我奶奶抚养了。"不久，广州沦陷，胡瑞祥带着妻小撤往重庆。1939 年秋，重庆璧山交通技术人员训练所成立，主要为战时培养急需的实用型交通技术人才，设立有公路和电信两系，胡瑞祥任副所长兼电信系主任，主持工作。一年后，胡瑞祥调到广西桂林任电政特派员。这样，一家人又举家迁往桂林。

在桂林期间，胡瑞祥加入了中国工程师学会。1941 年 5 月，中国工程师学会柳州分会成立，推举茅以升为会长，胡瑞祥成为最初的 50 多名会员之一。[1]1943 年 10 月，中国工程师学会在桂林举行年会，并举办桂林展览会，由胡瑞祥负责筹备。[2]

今天的西安交通大学网站有学生黄召生的《三地交大读书回忆》一文，其中对胡瑞祥有所涉及。黄召生于 1941 年考进交通大学，当时由于校址为日本同文书院霸占，一、二年级在震旦大学四层楼上课。听课不足四个月，日军偷袭珍珠港，并向英、美宣战。黄召生与其他两位同学相约同行前往后方求学。他们在 1942 年 3 月 14 日离开上海，徒步 250 多公里到达浙江桐庐，而后改乘木舟由富春江上到兰溪，换坐火车安抵金华，投宿于上海流亡学生招待所，并免费供餐。虽然吃住不发愁，但接下去怎么办？"未满三天，交大校友会委托三位老校友赵曾钰、胡瑞祥电信特派员及浙赣铁路局局长金士宣，约见到达金华的交大师生，对我们表示慰勉。以后，宣告由交通、教育两部商定，交大正式迁校重庆，校址设在九龙坡，已开始新建校舍。继而再称：已拨出经费，资助现到金华的交大师生车旅费，直赴重庆交大继续任教或续学，但也可以转学贵州平越唐山交大。

① 陈铁生整理：《1935 年中国工程师学会广西考察团在柳州》，《柳州文史资料第 6 辑》，1989 年，第 89 页。

② 茅以升：《中国工程师学会简史》，《中华文史资料文库》第 16 辑，中国文史出版社，1996 年，第 735 页。

请同学们考虑择一定向，然后结伴成行。这对我们当时处境来说，无疑是雪中送炭。"黄召生与其他两位同学计划前往平越，另有六位师生计划直赴重庆。师生共九人伴行，离开金华。火车、汽车换乘，一行人终于由湘桂线到达桂林。"胡瑞祥老校友专来住处促膝谈心，再度关怀我们"。九人继续同行，中途师生分手。黄召生等三人抵达平越，进入交大贵州分校继续自己的学业。

1939 年，胡伟立与母亲、姐姐于香港

胡伟立的母亲早年求学圣玛利亚女校，闲暇之时在家里经常弹钢琴唱歌，唱 *Old Black Joe*（中文名《老黑奴》）、*Home Sweet Home*（中文名《可爱的家》）等等，胡伟立从小就听她唱 *One Hundred And One Best Songs*（中文名《西洋名曲 101 首》）中的歌曲。在桂林的时候，母亲学唱京戏，每次练习小小的伟立就陪在边上跟着咿咿呀呀地一块儿唱。胡伟立感喟："这种情况下，从我一出世音乐就没有离开过我。"[①]

中国工程师学会柳州分会成立不久，胡瑞祥带着家人去漓江阳朔参加一个活动。活动结束后，有一个露天的文艺晚会。直至今天，胡伟立还清晰记得那个夜晚的情景。那一晚，在桂林漓江沙滩的戴爱莲的舞蹈，马思聪的小提琴，那个神秘月夜带来的印象深深镌刻在他的脑海之中，挥之不去。

后来，胡瑞祥又带着家人北上，到四川省巴县屏都镇杨家林，任交通材料供应总处处长一职。[②]抗战前曾任浙赣铁路局副局长的吴兢清回忆："彼时之铁道部已改组为交通部，为照顾各路退下之员工，一再命至重庆部中任职，累辞不可，不得已至重庆，交通部即任为简任技正，随即令兼材料司长，实无事可做。因一切材料事宜，已由部设材料供应总处，以胡瑞祥为处长办理一切矣。"[③]1943年第一卷第六期和 1944 年第二卷第六期的《交通建设》就刊登由胡瑞祥署名的

---

① 《胡伟立访谈》，姚国强编著：《银幕写意——与中国当代电影作曲家对话》，中国电影出版社，2009 年，第 189 页。

② 《巴县文史资料》第 10 辑，1994 年，第 3 页。

③ 吴兢清：《我参与修筑浙赣铁路》，吴京华主编：《民国轶事摭拾》（《浙江文史资料》第 70 辑），浙江人民出版社，2002 年，第 180 页。

《材料供应总处工作概述》。

没有经历过危难，是很大的幸福。其实，日常生活中所表现出来的宽阔胸怀和高尚情操同样很伟大。

当胡瑞祥一家人在桂林欣赏艺术之时，相隔900公里的重庆璧山，一位年轻人正在昏黄的灯光下认真做着教学笔记。

这位年轻人名叫张煦，1913年生于无锡，1934年从上海交大电机系毕业。1935年，已经在中央研究院上海物理所工作一年的张煦，前往清华大学参加公费留美学生考试。张煦报考的是"长途电话门"专业。而这一专业的出题人和评卷人正是时任交通部（南京）九省长途电话工程处处长胡瑞祥。按照名额配置，"长途电话门"只录取一名学生，张煦成了这名"幸运儿"。胡瑞祥对于这位"小老乡"另眼相看。同一时期，胡瑞祥奉命在上海参与调查电信资费案，其中有一位名叫雷（J.G.Wray）的美国电信专家，正是他在美国留学时认识的朋友。胡瑞祥介绍张煦与雷相识，并给张煦写介绍信，建议他到美国后去找雷帮忙联系实习及暑期实验等事宜。

1936年，张煦启程赴美，在哈佛大学、麻省理工学院学习通信工程学科，专攻长途电话通信。1937年夏，张煦拿着胡瑞祥的介绍信去芝加哥，见到了在国内时有过一面之缘的雷，雷又把张煦推荐给了贝尔电话研究院院长和麻省理工学院院长。1937年秋，张煦获得硕士学位，前往贝尔电话公司实习一年。

此外，当年胡瑞祥曾在美国纽归赛电话公司实习过，认识该公司人事处的负责人瓦斯（S.M.Vass）。张煦又通过胡瑞祥的介绍找到瓦斯，得以准许在纽瓦克的该公司实习三个月。这段时期，该公司正好开办一个短期训练班，学习敷设电缆的各项计算，张煦得以加入学习。后来，张煦在该公司工程部实习，还遇到了胡瑞祥的好朋友纽波特（Newport），得到不少技术资料。

张煦出国前曾在上海美商的电话公司实习一个月，通过胡瑞祥介绍，认识那里的副经理弗里奇曼（Fritchman）。在弗里奇曼的介绍下，张煦在纽约国际电话电报公司技术部实习了一个月，看了他们的工程设计资料。[①]

1940年6月，张煦获得哈佛大学科学博士学位，随即决定回国。厦门大学、资源委员会都向他发出了邀请，但他是一个知恩图报的人，答应了胡瑞祥的邀请，到抗战大后方的重庆璧山交通技术人员训练所任教。胡瑞祥曾经两度去信美国，邀请张煦回国后到该所电信系的二等技术员班任特约教授。不过，张煦到任

---

① 王延锋等：《中国通信元勋——张煦传》，上海交通大学出版社，2018年，第38—40页。

时胡瑞祥已经离开该所，到桂林任电政特派员。一年后，张煦写信给在桂林的胡瑞祥，希望调换工作，胡瑞祥便给张煦申请改派担任广西电政管理局总工程师的委派信。不过，张煦最终还是留在璧山坚持教学，直至 1942 年 8 月。[①]

张煦不负众望，充分展现了他的专业能力，受到学员的普遍欢迎和尊重。他也以此为起点，最终成为一代著名的通信工程学家。到了晚年，张煦回忆起青年时期的求学、工作生涯，对胡瑞祥充满着感激之情。

葛敬中、胡咏絮夫妻来到了后方。

1937 年 11 月，沪、苏、常、锡等地相继沦陷，葛敬中从上海中国合众蚕桑改良会总会向镇江去电，解散镇江女子蚕业学校，凡能设法回家者各自回去。蚕种制造场少数技术人员和女子蚕业学校毕业生、在校生，携带 10 万余张蚕种和显微镜等部分贵重仪器搭乘江轮到汉口，后撤至重庆。

虽然身处异乡，但葛敬中始终没有放弃对蚕桑改良事业的追求。1938 年，重庆国民政府特命葛敬中等专家组成代表团出席在法国巴黎召开的国际蚕丝会议。1939 年，葛敬中转往云南，看到云南气候温和，土质肥沃，对发展蚕桑十分有利，遂向云南经济委员会负责人缪云台建议，在蒙自草坝建一个中国式的农庄——蚕业新村。缪氏对他的建议非常赞同，即聘其为云南蚕业新村股份有限公司总经理。

蚕业新村房屋

云南蚕业新村股份有限公司于 1939 年 2 月开始筹备，至同年 4 月就绪运行。公司资本筹备初时额定股本为 1500 万元，后因物价上涨追加续增为国币 2500 万元，由中国、交通、农民与富滇新银行共四家银行合资筹集。规划所需地亩面积约六万亩，分期四年垦竣。由于草坝地区地处开远、蒙自两县之间，偏僻人少，公司创办伊始，就着手建设蚕业新村、缫丝厂以及配套设施。从 1940 年起至 1941 年 8 月止，共计建成新村两个，缫丝厂一所，住宅六幢，以及礼堂、办公室、医院、仓库、招待所、疗养室等。

---

① 王延锋等：《中国通信元勋——张煦传》，第 51—52 页。

工程费用约占公司资本总额的一半强。[1]同时，云南省垦殖局也投资建设了两个蚕业新村。

在兴建蚕业新村的同时，公司着手大面积栽桑。桑苗从江浙地区采购，经过越南辗转长途运输，途中常遭敌机轰炸，艰辛可想而知。1940年春，如期垦地8000亩，种植3600亩。到1943年春，共计植桑一万亩，如期完成预期计划。公司最为重要的业务是养蚕。草坝地区乡民向来不育蚕，推广育蚕工作相当艰难。公司迎难而上，开办蚕户训练班，招揽育蚕农户，育蚕农户逐年增多。到1944年，育蚕量增至450余两，适合一万亩桑园的产叶量及一家丝厂所需的原料。[2]

公司在创办之初，即向上海订购丝车240部、烘茧机一部及原动力机，但由于滇越交通中断，设备未能全部到位。无奈之下，公司只能委托云南省蚕丝公司代缫。但此终非长远之策，公司在1942年着手自制木车。该项工作由胡寅新负责。胡寅新，1914年出生，村前胡氏第三十二世孙，其时刚从日本京都高等蚕丝学校就读制丝专业回国。[3]到1942年底，所需制丝设备即已装制完竣，计做缫丝木车100台、扬纺车56窗、煮茧机2台，合48釜。以上设备，每日能产丝120余市斤，于12月1日开始缫丝。同时从上海运来的烘茧机也装置完竣。其烘茧能力在合理烘茧的原则下，能使200市担鲜茧在24小时内烘成全干茧。1942年春秋两季，公司共收鲜茧16.9万市斤，计出生丝1.93万市斤，其下脚及制种部交来蛾口共制成丝绵18015包；1943年春秋两季共收鲜茧15.35万市斤，制成生丝1.61万市斤，其下脚茧及制种部蛾口共制成丝绵1623包；1944年春秋两季共收鲜茧14.54万市斤，制成生丝1.43万市斤，其下脚茧及制种部蛾口共制丝绵1412包；1945年公司停止丝茧饲育，由各蚕户自育春蚕，共收鲜茧3.93万市斤，制成生丝2509市斤，其下脚茧及制种部蛾口共制成丝绵3892包。[4]至此，公司的蚕业事业形成了栽桑、养蚕、制丝的一个比较完整的体系。

① 山樵：《远景的事业——云南蒙自草坝·云南蚕业新村股份有限公司创业史》，政协云南省蒙自县委员会文史资料委员会：《蒙自文史资料选辑》第2辑，1997年，第66页。

② 山樵：《远景的事业——云南蒙自草坝·云南蚕业新村股份有限公司创业史》，《蒙自文史资料选辑》第2辑，第70—71页。

③ 日华学会：《中华民国留日学生名簿》，虞和平主编：《中国抗日战争史料丛刊834文教教育》，大象出版社，2016年，第70页。

④ 山樵：《远景的事业——云南蒙自草坝·云南蚕业新村股份有限公司创业史》，《蒙自文史资料选辑》第2辑，第73页。

公司以栽桑养蚕为主，还因地制宜发展了园艺、农场、畜牧、制造及其他手工业，开办了酒精、蔗糖、榨油、制冰等小型工厂，种植了美国樱桃、西班牙柠檬、美国梨等名贵果树，还推广水稻生产，实现食米自给。

对于云南蚕业新村股份有限公司的历史功绩，当时的高级管理人员日后撰文作出评价："公司的创立、经营，为云南的蚕种生产、蚕桑事业打下了坚实的基础，大批固定资产的设备增加；土地的拓垦、桑园的栽培等等。同时先驱者们创业、守业和敬业精神，在困境中不屈不挠地为蚕桑事业拼搏的气魄和作风、求实进取的态度，将永远激励后人。"[①]

云南蚕业新村股份有限公司，迅速引起中外业界的关注。1946年8月，中、美两国的农技专家组成农技团前往草坝观光考察。

在蚕业新村，农技专家见到，"十三村分建于公路的两旁，共64间楼房，每边各半，非常整齐划一。原来建筑时，是有一定的计划的，管理的人住在两边，中间一排的楼下饲蚕，楼上上簇"，"目前，十三村养蚕的员工大约有百余人。现在正是养育秋蚕的时候，当我们走进蚕室，即觉得温度很高，竹制的簇箕一样大小，整齐地摆放在木架上。蚕儿很小，细碎的蚕叶掩住它们的躯体。工人们极端敏捷地把桑叶用手均匀地放下，换了一架，又来一架，蚕儿就在这样精细的抚育中慢慢地长大。制种的工作，更是艰苦。譬如分别雌雄性、帮助交配，均需用人工一个个地检视。而交配以及分辨雌雄性，是有一定时间的，千千万万的蚕儿都需要在一个时间内做完，工作的繁难可想而知了"，"顺道走向打簇的房里去，稻草一大堆，手工做成了整齐的草簇，女工或童工不停的把稻草向木质的模型里缚捆。在簇房口一个十二三岁的小孩，动作极为迅速，看着她灵活的手法，胡勃先生也伸出了大拇指，连叫'顶好'。公司的一个负责人说，每个工人限制一天最少做三个，即可供给伙食，超过一个即付工资200元。那个敏捷的孩子是全室里工作效率的最高者，每天几乎都可超过五六个。胡勃先生凭一时的感动，禁不住称赞了"。[②]车子一路向前，"公路两边是一片桑田，每畦种两行，一样的行株距。秋蚕刚开始饲育，这作为蚕食料的桑树刚修剪，正发着鲜嫩的绿叶，每株高约两尺余，就这么一律平整地伸向远远的山脚下。从车上展开视野简直是一片漫无边际的绿的海。没有风浪，平静得像一个温馨的处女"，"全场有

---

① 山樵：《远景的事业——云南蒙自草坝·云南蚕业新村股份有限公司创业史》，《蒙自文史资料选辑》第2辑，第87页。

② 冯叶：《沧海变桑田——随中美农技团草坝观光记》，政协云南省蒙自县委员会文史资料委员会：《蒙自文史资料选辑》第2辑，1997年，第95—96页。

长工 170 人，经常轮回在壅土、剪枝、挑叶的工作上。遇到农忙的时候，便只好雇短工了，有时一天竟需要近千人的短工。雇来的大多数都是彝胞，不论男女，性情都极纯善勤劳。就在公路旁边的一块桑田里，有四五个彝族妇女，正藏身于桑园中，埋头工作。车子经过时，她们都抬起头来，莫名的看着车中人；等到人们把眼睛集中在她们壮健的身上时，却又羞答答地低下了头"[①]。

中美农技团考察的最后一站是丝厂。"丝厂范围很宽，职员宿舍、办公地点，连同工作的厂间都在一起。我上次来参观时，马达隆隆，机器正在开动，里边是一片忙碌景象"，"烤茧房的烘茧机，据说是很时新的，花了很大的力才从海防抢运过来，烤茧房也是按机器的大小修建的"，"丝厂旁边是酒精厂。规模很大，过去产酒精的数量是很可观的"[②]。一路考察下来，美籍专家胡勃"赞扬垦殖区域辽阔，希望这只是一个示范，并盼速予推及全国各地"[③]。

关于葛敬中、胡咏絮夫妻在后方的生活情况，清华大学教授潘光旦之子曾有一段回忆。1939 年，潘光旦举家随学校内迁昆明，先住翠湖边青莲街学士巷，后来因日机频繁空袭，疏散下乡。潘光旦之后回忆："我家和舅父家一起搬到西郊大河埂居住，距城七八公里"。"当时葛敬中先生（其夫人胡咏絮是我母亲的同学）在我家住处路对面的小院里拨了一间新盖的屋子给父亲作书房。因为向西可以望见螺蛳山，东面则有铁峰坳，所以父亲把它叫作'铁螺山房'。"[④] 1941年 6 月，潘光旦写过一篇《铁螺山房记》。

葛敬中、胡咏絮夫妇来到了云南，常宗会、胡蕴华夫妇也来到了云南。他们的目的都是为了推广蚕桑事业。

1937 年，抗战爆发。在南京即将沦陷之际，常宗会安排船只，冒着炮火将蚕种安全运到重庆，分发给四川各蚕场。当时四川全省共有蚕场 10 个，其中九个场的场长是常宗会的学生。不久，常宗会想到留学法国时的老师朗贝尔曾说过"云南气候适宜，是养蚕的天堂"，从而萌发到云南开发蚕桑的念头。1938 年7 月，常宗会应邀到昆明，担任云南蚕桑改进所副所长兼长坡生产农场场长。同时在云南大学农学院任教，与葛敬中一起增设蚕桑专修科；该科后改成蚕桑系，

---

① 冯叶：《沧海变桑田——随中美农技团草坝观光记》，《蒙自文史资料选辑》第 2 辑，第 97—98 页。

② 冯叶：《沧海变桑田——随中美农技团草坝观光记》，《蒙自文史资料选辑》第 2 辑，第 98 页。

③ 冯叶：《沧海变桑田——随中美农技团草坝观光记》，《蒙自文史资料选辑》第 2 辑，第 98 页。

④ 潘乃穆：《父亲的书斋》，鄂义太、黄泰岩主编：《先生还在身边——民大名师纪念文集》，中央民族大学出版社，2015 年，第 42 页。

由常担任系主任。此外，他还担任中法友谊会秘书。① 在任职云南蚕桑改进所期间，常宗会还在楚雄设立推广部，招收培训蚕桑技术人员，后又在保山设立分场，在芒市设蚕桑指导所，在草坝设苗圃培养桑苗供各县种植。在短短的两三年间，生产蚕种万张之多。蚕茧发展了，为解决茧子的出路，在昆明干沟圩又办起了缫丝厂。②

不过，与葛敬中专注于蚕桑事业不同，常宗会在云南的事业很快就实现了"转向"。

1939 年，抗战已经进行了整整两年。由于日军占领了河南、山东、安徽等集中种植美烟区域，且封锁了中国沿海，国内最大的使用美烟为生产原料的南洋兄弟烟草公司，因原料受阻濒临破产。南洋兄弟烟草公司 1905 年成立于香港，是当时国内最大的烟草生产厂家，拥有 2000 多万元资产，一万多名员工，以生产"双喜""飞马"等牌号香烟闻名于世。而且，南洋兄弟烟草公司当时是国家纳税大户，国民政府自然容不得它破产。当时，财政部部长宋子文兼任南洋兄弟烟草公司董事长之职。他找到"云南王"龙云，要求在云南试种美烟。③ 美烟，是一种新式的机制烤烟，因烟叶原产于美洲而得名。云南历来是我国的烟草大省，但当时多为草烟、旱烟、黄烟、刀烟等晒晾烟（俗称土烟）。20 世纪 30 年代，云南开始引种美烟的试验，但效果并不明显。对于宋子文的试种要求，龙云自然一口答应。那么，由谁来支持试种呢？有资料这样写道："宋在香港询问葛敬中先生，葛说他的同事常宗会也许能办此事。经葛的推荐，宋即邀请常到港共同商讨引种之事。经过磋商，常认为可先搞小型试验，视结果而定。其种子供应及经费来源等方面，由南洋烟草公司昆明办事处负责。"④ 随后，常宗会以"农业部技正"身份携带美烟品种"金元"种子回到云南，在自任场长的昆明长坡试验场内进行小规模试种。种下的"金元"长得十分健壮，产量又高，其烟叶的色泽、香味、厚薄度的等级质量都特别好。为争取时间，将当年播种收获的新叶及时寄回远在香港的南洋兄弟烟草公司总部进行分析。经专家品评鉴定，质量完全达到制造卷烟的要求。1939 年 12 月底，南洋兄弟烟草公司召开董事会会议，总经理报告："公司为补救计，于 1939 年在滇以美种初步小量试种，认为其产品

① 刘兴育：《旧闻新编——民国时期云南高校记忆》上，云南大学出版社，2017 年，第 307 页。

② 盛乃健、靳军：《铭记中山先生教诲，毕生爱国兴农桑——记农牧科学家常宗会教授》，安徽省滁州市政协文史资料委员会编：《皖东文史》第 11 辑，2011 年，第 200 页。

③ 冉隆中、段平：《重九重九》，云南人民出版社，2012 年，第 147 页。

④ 盛乃健、靳军：《铭记中山先生教诲，毕生爱国兴农桑——记农牧科学家常宗会教授》，第 201 页。

勉可满意。"①宋子文对云南种植美烟信心倍增，对云南试验种植美烟作了进一步详细交代。他认为，"在滇试种烟叶，成绩尚佳"，并认为此事关系到"农民生计"和"替代鲁豫产品"以及"换回进口漏厄"，因此要求云南"本年再扩大试种三到四千亩，其地点假定为昆明、蒙自、开远、弥勒、宜良五处"，并要求"以行政力量推动协助"，由常宗会协同各县认真办理。②

常宗会、胡蕴华夫妻与子女
合影（1946 年）

1940 年，烤烟种植开始大规模推广。当年种植烤烟 500 亩，收购烟叶 17.5 吨。③这一年，云南省政府成立改良烟草推广处，常宗会被任命为处长，葛敬中被聘为顾问。④1941 年 3 月，专门成立云南烟草改进所，负责技术研究，推广美烟种植，常宗会担任副所长。省政府专门举办了烤烟技术人员培训班，进行人员培训，然后以这些人为骨干，对农民进行宣传和指导。政府免费提供烟种，并按种植面积和烤房数向农户支持无息贷款。当年种植 2000 亩，烟叶收购量达 77 吨。此后，美烟在昆明、玉溪、江川、晋宁、富民、武定、禄劝、罗茨等地推广成功，1942 年种植面积达到 2727 亩。在这些区域中，以玉溪、江川两地的品质最好。

"金元"的大规模种植，解了南洋兄弟烟草公司"无米下锅"之急。同时，云南省政府见机制美烟有利可图，遂在统管云南烟草生产的基础上，先后办起烟草熏烤厂、制烟厂；在建厂过程中，常宗会亲自奔波于云南、重庆、贵州等地寻觅人才，最终找到了烤烟以及卷烟专家。由于自身既有原料，又有熏烤、制烟等有利条件，故在很短的时间内就试制出三个品牌的香烟，普通的叫"七七"牌，高级的叫"重九"牌，最好的叫"双十"牌，其中"重九"保持名牌声誉逾半个世纪之久，在国内外也有较高的声誉。⑤1943 年 3 月，云南烟草改进所、云南纸

①　中国科学院上海经济研究所、上海社会科学院经济研究所编：《南洋兄弟烟草公司史料》，第588 页。

②　冉隆中、段平：《重九重九》，第 147 页。

③　冉隆中、段平：《重九重九》，2012 年，第 148 页。

④　中国科学院上海经济研究所、上海社会科学院经济研究所编：《南洋兄弟烟草公司史料》，第588 页。

⑤　盛乃健、靳军：《铭记中山先生教诲，毕生爱国兴农桑——记农牧科学家常宗会教授》，《皖东文史》第 11 辑，第 201 页。

烟厂、云南烟草熏烤厂合并为云南烟草事业总管理处，常宗会任协理直至 1945 年。

此后，云南的烟草引种事业不断向前推进。从 1946 年开始，以"大金元""特字 400 号""特字 401 号"等优良品种取代了原来的"金元"，完成了烤烟品种的更新换代，并使其逐渐定型。特别是"大金元"（又称"红花大金元"）成为云南烤烟的主要品种。至此，云南烤烟的产业优势开始形成。

烤烟开发的成功，对云南经济的发展起到了积极的促进作用。在农业上，烤烟成为省内主要的经济作物之一，它的发展加速了云南农村农产品商品化的进程，推动着农村经济的发展。玉溪、通海、江川等地，被称为"云烟之乡"。在工业方面，到 1947 年时全省共有烟厂 40 多家，年产卷烟在万箱以上，烟草工业一跃成为云南工业的一个重要部门，卷烟也因此成为云南工业的一项重要产品。随着烤烟在全省的普遍发展，云南很快成为全国烤烟的主要产区之一。到 1948 年，云南全省已有 72 个县种植烤烟，面积两万余公顷，产量 7500 吨，卷烟生产也开始居于全国领先地位，不仅占领了省内市场，而且打向了省外。[①]

正是经过无数先驱者的不懈努力、一棒又一棒的接力，才有了后来"云南烟叶甲天下"的成果，奠定了云南"烟草王国"的基础。

战争制造了各种灾难，也创造了各种奇迹。美国优质烟草品种能在云南大地迅速生长蔓延，也算其中的奇迹之一吧。

五通桥，是四川省的一座水乡古镇，在乐山市以南 24 公里处。两条河溪将五通桥分为三大部分。抗战期间，朱庭祺执掌的财政部盐务总局就驻此办公，这里俨然成为战时全国盐业行政中心。

"卢沟桥事变"爆发后，长芦、松江盐场沦于敌手，山东、两淮、浙江、福建、广东等沿海产盐区面临战火威胁。盐务总局总办朱庭祺敏锐地认识到，食盐作为战时的一种特殊物资，关系国计民生甚大，现下急需将滞留盐场的大批存盐内运。但传统的引岸制度在战时已无法维持，单凭盐商无法保证后方食盐供应，必须迅速调整食盐运销体制，组织抢运沿海存盐。他在 7 月 28 日密呈国民政府财政部，建议立即调运沿海存盐囤储内地。他把江西、湖北、湖南、安徽、河南以及河北南部列为"最要区"，由盐务总局组织力量调运；江苏、浙江、福建、两广及山东盐区，则被列为"次要区"，按照"常平盐"办法责成盐商免税领运，"至指定离产区较远地区存储"，"平时不能发售，须俟战时缺盐时再由公

---

① 施之厚主编：《云南辞典》，云南人民出版社，1993 年，第 338 页。

家秤放"。8 月 23 日，朱庭祺又向财政郡上报《紧急处置盐运办法》，提出战时盐政的处置原则。①9 月 25 日，朱庭祺再次上呈财政部，把抢运沿海存盐上升到"实侧重于国课民食、后方治安又维持战时财政"的高度，再次指出战时运盐"全视交通情形为转移，不拘限于旧时章则"，建议由盐务总局代表国家全面负责食盐调运，征发交通工具，并在重点地区派专员，设运输办事处，督促海盐内运。在肯定盐务机关对内运海盐负有组织、督促之责的同时，朱庭祺也强调个体盐商的作用，"运盐之人应先责商承办，商力不足则以官运济之"。②

朱庭祺的建议得到了财政部的正面响应。财政部出面担保，筹集运盐资金，盐务总局出面筹集车船，为海盐内运提供种种便利，同时还购置车辆一千多辆，增添大小车船万余艘，以增加运力。盐务总局还派出官员分赴各盐区，指挥、督促海盐内运。其间，盐务总局在香港成立运输处，调原会计室主任胡鸿猷当处长，专与香港、广州盐商联系海盐内运越南西贡、海防，再转运后方事宜。③

就这样，在盐务总局领导、各地盐务机关组织协调下，沿海各场食盐源源内运。据统计，1937 年至 1938 年，共运出鲁、淮盐 400 余万担，1938 年至 1941 年，运出浙、粤、闽盐 2500 万担，合计近 3000 万担。其中，浙、粤、闽盐官运除满足三省本身食盐供应，还满足赣、桂、皖南全部，湖南 86%，贵州 25% 的食盐需求，在鲁、淮盐南来中断，内地食盐告急，井盐区一时无法大量增产的情况下，成为接治大后方食盐的重要来源。④

整个抗战期间，大后方食盐供应形势严峻，产销存在较大缺口，但"各地食盐尚能敷供给"。其原因就在于抗战初期沿海大批存盐分批内运，并以常平盐的形式在大后方各主要城市储备，在一定程度上弥补了食盐生产的严重不足。同时，沿海食盐大量内运，还有利于增强国民政府的经济实力，充实财政，从而有利于坚持长期抗战。盐税向来是我国历代中央政府的重要收入，20 世纪 30 年代盐税和关税、统税并列为国民政府三大税源。抗战初期，沿海沦丧，海关落入敌手，工矿企业受创，关税、统税大大下降。而盐税则不同，只要有盐可卖，有人吃盐，盐税就可实现，前提是要拥有充足的食盐，而内运沿海存盐提供了物资保证。以 1937 年国内食盐均税每担 5.98 元计，内运的近 3000 万担食盐仅场税

---

① 《中国近代盐务史资料选辑》第四卷，南开大学出版社，1991 年，第 10—11、12 页。

② 《中国近代盐务史资料选辑》第四卷，第 13—15 页。

③ 徐吉敏：《解放前的盐务工作》，中国人民政治协商会议上海市委员会文史资料委员会：《上海文史资料选辑》第 69 辑，1992 年，第 138 页。

④ 《中国近代盐务史资料选辑》第四卷，第 28、261 页。

就可获税 17940 万元。战争状态下物价飞涨，出售时还会赢得价格差价，这对国民政府不啻为一大财源。事实上，盐税在国民政府税收中都一直占有较高的比例，1937 年至 1939 年三年间盐税占国民政府税收总额的比例分别居 29.89%、29.54% 和 21.58%。[①] 因此，抗战初期抢运沿海存盐，已不同于抢运一般物资，而是抢救税源、维持税源，这在外敌入侵的情况下，不仅是正当的，也是合理的。

内迁的国民政府为应付战时紧急情况，颁布了一系列经济统制法令。1938 年 3 月，国民党临时全国代表大会正式提出施行银行业统制、外汇管制、进出品管理、物品平价制度等战时经济统制政策。1939 年 1 月，国民党在重庆召开五届五中全会，提出将经济建设视为"抗战胜负所系"的头等大事，正式宣布要"依于战时人民生活之需要，分别轻重，斟酌缓急"，实行"统制经济"。盐业自然被纳入统制经济的范畴。1940 年 1 月 2 日，盐务总局向财政部汇报了拟定的筹办食盐官专卖办法，对盐的产、运、销、税、组织各方面分别作了规定。关于产盐方法，以民制官收为原则，实行尽产尽收；关于运盐方法，以官运为原则，但可以允许商运，以补充官运，同时逐渐增加官运、减少商运，最后达到完全官运；关于销盐方面，以官销为原则，但开始时可以允许官商并销；关于税收方面，废除税制，寓税于价；关于组织方面，可在产地设场务局，在销地设运销

局，在各县乡镇设分局所及官盐店。盐务总局认为，由于各区具体情况有所不同，因此官专卖办法宜分别逐渐推行，不求划一。孔祥熙同意盐务总局所拟办法："目下各地食盐告荒，影响匪浅，仰该总办迅即遵照屡次面告各节妥筹办理，勿得再误，致于未便。所拟办法，准予试办可也。"[②] 不过，

1939 年秋盐务官员合影，后排左二为朱庭祺，后排左三为时任税警总团团长的孙立人将军

以上办法未及实施，朱庭祺在三个月后的 1940 年 4 月卸任盐务总局总办之职。原因就在于盐务系统内部根深蒂固的派系林立。"以朱庭祺为首的英美派老盐务"，"朱庭祺被人攻击，脱离

---

① 《中国近代盐务史资料选辑》第四卷，第 212 页。
② 《中国近代盐务史资料选辑》第四卷，第 39 页。

盐务"。[1]

朱庭祺从盐务总局离职后，"盐专卖"制度开始进入实质推行阶段。1941年4月，国民党召开五届八中全会通过《关于筹办盐、糖、烟、酒、茶叶、火柴六种消费品专卖的提案》，由此拉于了抗战时期专卖的序幕。盐务总局要求各省盐务处处拟定订实施计划。

其时，胡宪生就在贵州盐务办事处处长任上。1929年，胡宪生离开大同大学，前往南京，在财政部任职。第二年，财政部任命胡宪生等四人为整理委员会秘书、科长。[2]1936年，胡宪生到朱庭祺执掌的盐务稽核所任帮办。抗战爆发后的1939年，胡宪生调任为松江盐务管理局局长，第二年调任为贵州盐务办事处处长。胡宪生在其《贵州区筹备实施食盐专卖书》里，历述贵州盐运艰远、官力薄弱，运销商的营运实力未可骤然取代，建议利用商资，稳步推进。"本处已往五年，统制运销并核价，已为专卖奠基，故无须急剧更张，即进入革新阶段"。盐务总局于12月作出批示，准许"暂维商运，以为过渡之津梁"。[3]1942年1月1日，财政部公开宣告实行盐专卖，同年8月10日正式公布《盐专卖暂行条例》，明确提出民制、官收、官运、商销为盐专卖的四大原则，并准许贵州在做出部分改革举措之同时仍然保持官商并运并销的模式。虽则如此，但贵州省仍有效废除了大盐商的专岸垄断，制止了小盐贩的投机捣乱，促进了盐业的统制。实行官专卖的当年，贵州全省运进川、滇盐达102万余担，第一次突破了百万担的大关，销售量增加到90万余担，也为前所未有的新纪录，有效保证了抗战的需要。 1942年1月1日，财政部公布自即日起施行盐专卖的法令。同日，贵州盐务办事处改组为贵州盐务管理局，属甲等局，其隶属关系、业务管理范围仍旧，胡宪生续任局长，至1943年去往重庆。

在大同大学任职的胡汉学，与胡宪生"同进退"，同样在1929年离职，去往南京国民政府大学院任职。此后，胡汉学也进入财政部盐务系统任职，先在盐务稽核总所当科员，后辗转淮北、南昌、南京、四川等地盐务机关任审核员、调查员、保管员等职。胡宪生任贵州盐务办事处处长之时，胡汉学在该办事处任会

---

① 徐吉敏：《解放前的盐务工作》，《上海文史资料选辑》第69辑，第137、138页。

② 《财政公报》1931年第41期。

③ 贵州省档案馆编：《贵州省档案馆指南》，中国档案出版社，1996年，第146页。又见黄健：《抗战初期贵州食盐运销体制的变革》，程龙刚、周劲主编：《抗战时期的中国盐业》，巴蜀书社，2011年，第369页。

计员。

  胡宪生在贵州，他的儿子胡旭光也在贵州。

  胡旭光 1938 年从交通大学毕业后去美国进修，1940 年获得密歇根大学航空工程硕士学位，后即在航空委员会发动机厂筹备处驻美办事处工作。回国后曾在腊戍、畹町等地办理美购器材转运贵州大定发动机厂事宜，后任大定发动机厂工务处长。"当时我们的父亲在贵州工作，常有机会和他见面"①。

  这里提到的"大定发动机厂"，是指抗战期间设于贵州省大定县（今大方县）的天然山洞里的一家秘密工厂——航空发动机制造厂。为了在抗日战争中抵

御日军的空中优势，国民政府秘密在这里建设了这家工厂。该厂自战争初期就筹划启动，但仅购买机器、材料就耗费了两年时间，等工厂主体厂房建成时，已届 1942 年底，至 1944 年才开始试制。直到战争结束时，该厂亦只造出两台样机，未能实现量产，也未能支援战争。实际上，连同两台样机在内，大定发动机厂在中华人民共和国成立前一共只造出 32 台航空发动机。然而，对于萌芽阶段的中国航空发动机工业来说，有此成绩已属不易。更为重要的是，航空发动机制造厂积累了一定的技术能力，尤其是训练了一批工程人才，为中国航空工业日后的发展奠定了基础。②

胡旭光

  胡敦复长子胡新南也在后方。1935 年 8 月，胡新南启程去美国，在密西根大学念化学工程研究所，两年后毕业得到化工硕士；1937 年之后，他再进入奥克拉荷马大学的石油工程研究所攻读，两年后获得石油工程专业硕士学位。俄克拉荷马州是美国生产石油的主要地区，俄克拉荷马大学一直以地质学与石油工程闻名。该校石油工程的课程包括地质、探勘、生产、炼制、运销，学习炼制的课程较多，还有小型的炼油工场供学生们实习。胡新南是当时中国第一位学习石油工程的留美学生。至于选择石油这一专业，据他自述，"说来有趣，我所选修专研的课程都是我父亲不懂的，如大学的化学系和留美研究所的化学工程和石油工

  ① 胡仲光：《怀念大哥胡旭光》，《六十年回顾——纪念上海交通大学 1938 级级友入校六十周年》，1994 年，第 360 页。

  ② 严鹏：《战略性工业化的曲折展开——中国机械工业的演化 1900—1957》，上海人民出版社，2015 年，第 220—222 页。

程。除了潜意识中有着想要超越突破父亲的领域，不愿意什么都被他管教指导，而想自我突破以外，另一方面，在当时中国这几门都算是新兴的学科，尤其是石油工业刚起步"①。

1935 年 8 月，胡新南搭乘轮船赴美留学

他在美国的室友回忆起留学的情景时说："胡新南是 1935 年去美的（比我稍晚），结果是曹友诚与同往，而胡新南与我则合租一对老年夫妇住宅的一间客堂（也是曹友德给安排的）。客堂面积相当大，前面供我们学习工作、休息，后面小半间作卧室；房东夫妇住在后面。在学习之余，胡新南喜欢唱歌，我爱拉小提琴，他常唱电影插曲，声音洪亮，很动听。我有时还为他伴奏。玩得高兴，忘乎所以，常遭房东太太敲门制止。胡新南性格直爽，且又急躁，我们相处得很好，直到一年后他转学他去为止。"②

1939 年 6 月，胡新南回国，来到大后方的重庆，到盐务总局的自贡副产品厂筹备处工作。该厂主要业务在于开采自流井的井盐。川盐是岩盐，必须先灌热水进去，等热水溶化盐后再将盐水泵出来，工作原理与石油的打油井很类似。这一年，国民政府开始在甘肃省玉门县的老君庙开采油矿，炼制石油。第二年，胡新南转而加入在重庆的甘肃油矿局筹备处工作，任副工程师，自此成为石油界的一员。1941 年 3 月，甘肃油矿局正式成立，胡新南改任炼场工程师。但由于受到慢性盲肠炎开刀的耽搁，胡新南未能真正去往甘肃，而改赴交通部的汽车燃料试验所工作，负责研究用植物油炼成汽油的代替品。

当胡旭光在贵州深山山洞里为研制航空发动机而殚精竭虑之时，中国的空军正在蓝天上与日机殊死搏斗。

中国空军，是中国抗战最年轻、最热血，也是学历最高、出身最好的英雄部队。由于实力悬殊，中国空军面对强大的日本空军，打得无比艰难，而又英勇顽强。

从 1938 年 10 月开始，我国的抗日战争进入了战略对峙的第二阶段。当时，

① 胡新南口述、程玉凤访问整理、张美钰记录：《胡新南先生访谈录》，台北"国史馆"，2005 年，第 30 页。

② 雷垣：《记几位大同英杰》，《大同世界》（大同建校八十周年纪念刊），1992 年，第 12 页。

兰州空战中被击落的日机

新疆哈密、甘肃、兰州等地，是西北唯一补给线，尤以飞机器材、作战物资多赖此线补给。中国空军一支驱逐教导总队驻轧西古城，负责保卫这条补给线，其中有一位名叫陈崇文的飞行战斗员。[①]

1939 年 2 月 20 日，是我国传统新春佳节的大年初二。这一天，天气晴朗。日军 29 架轰炸机从运城起飞，袭击兰州以西 25 公里的西古城机场。中国空军与苏联志愿队的飞机起飞迎战，击落来犯的九架敌机。遭此惨败之后，日军改变策略，将目标从机场改为兰州市内我军的军事设施。2 月 23 日下午，日军 20 架轰炸机飞临兰州上空，与中国空军之间发生了激烈的空战。《陇原抗战烽火》对这场空战如此描述：“早已严阵以待的中国空军第 15 中队的三架苏制 H-15 战斗机，在余平想副队长和李德标、陈崇文的驾驶下，首先冲向敌机群。接着，中国空军第 17 中队和苏联志愿队的另外 28 架飞机从四面八方向敌机群展开攻击。敌机群见势不妙，立即丢下炸弹返航。第 60 战队的 97 式重轰炸机凭灵活的转弯与高速度的优势，遍体鳞伤地从被围攻的空域向外逃去。而第 12 战队的意大利非亚特 BR-20 型轰炸机，却遭到中国空军和苏联志愿队的沉重打击，我空军击落敌机六架，其余敌机全被击伤，最多的架被击中 153 发子弹。”[②]

这两次的兰州空战，我国空军击落敌机 18 架，击伤敌机 14 架，击毙敌人 63 人，伤七人。逃逸的敌机也全部中弹。我方人机均无损失，取得 18 : 0 的光辉战绩。这是自武汉、广州失守后，中国军队在战场上所取得的最大一次胜利，极大地鼓舞了中国人民的抗战意志。2 月 27 日，《新华日报》发表短评《给敌空军更大的打击》。全文如下：“昨我空军发言人说，敌大本营于 1 月 20 日公布，自侵华战争以来，敌空军损失惨重，截至去年年底，已达 1008 架，平均每月损失 56 架以上。或者说，平均每天损失两架。这证明我空军的英勇，正像苏联《红星报》所说：‘由中国空军的例子可以看出，空军数量虽小，但机型最为完善，在空战中亦能制胜。’最近兰州空战，我空军一再告捷，更说明了我数量较少而英勇的空军，战斗力在日益增强中。我们对英勇善战的空军，予最崇高的

---

① 陈晋等：《回忆广东空军》，《广州文史资料选辑》第 26 辑，广东人民出版社，1982 年，第 84 页。

② 黄选平主编：《陇原抗战烽火》（甘肃抗战史料选编），甘肃文化出版社，2015 年，第 188 页。

敬礼，并希望政府能实现参政会第三次大会所通过的加紧扩大空军建设案，尽速地增强空军，给敌寇以致命的打击！"①《中国航空掌故》中称："兰州这两天空战，在我国空军八年抗战历次空战中，创立了歼敌最多的辉煌战果。"②敌人非但没有收到预期的"消灭中国空军"的效果，反而不得不承认"经过这次战斗，航空兵团痛感因无战斗机掩护而造成的重轰炸机单独攻击的困难性"③。

兰州空战大捷之后，参战有功人员都得到了嘉奖，陈崇文因击落一架敌机被授予一星星序勋章。④

10个月后，敌人又重整锣鼓，在1939年12月26日、27日、28日连续三天再袭兰州，日本陆海军航空队联合行动，先后共出动90多架次，又被我国空军击落10架，是为第二次兰州空战大捷。由于日本轰炸机部队在兰州地区连连失利，损失惨重，日军不得不宣布："日本大本营决定'停止对兰州得不偿失的轰炸'。"⑤

陈崇文，1910年出生，海南文昌人。1933年毕业于广东航空学校第六期，任少尉飞行员，1936年7月晋升中尉飞行员。1937年全面抗日战争爆发后，随队驻防南京待命。后进驻杭州、南昌等地，曾多次奉命轰炸敌军阵地和参加轰炸马当要塞敌舰，屡创敌军。武汉弃守后，奉调四川，曾多次击退来袭敌机。陈崇文的妻子名叫胡同英，村前胡氏人氏。1938年，在国立中央医院工作的胡同英与陈崇文结婚。婚后，她带着年幼的孩子住在四川双流机场简易房屋里。作为飞行员的妻子，丈夫每次出征，心总是悬着的。同是飞行员的夫弟陈家灼战死沙场，而陈崇文最终在战场上幸存了下来。

1938年11月8日，成都街头。突然，一声凄厉的防空警报响起，撕裂了城市的上空，紧接着又是一声更加悠长的警报响起，如哀伤的哭泣般，在市中心明皇城后载门上空久久回旋，惊恐的人们尖叫着四散逃避。

一位戴着眼镜、年过三十的中山装男子，却没有跟随大众逃避，而是坚定地向着前方而去。他是一位教师，也是一位校长，名叫胡颜立，不远处正是他的学校——成都实验小学。

---

① 黄选平主编：《陇原抗战烽火》（甘肃抗战史料选编），第190页。

② 韩明阳主编：《志在冲天——蓝天飞将风采录》，航空工业出版社，1993年，第81页。

③ 韩明阳主编：《志在冲天——蓝天飞将风采录》，第81页。

④ 韩明阳主编：《志在冲天——蓝天飞将风采录》，第82页。

⑤ 韩明阳主编：《志在冲天——蓝天飞将风采录》，第82页。

清末时的成都皇城

为了照顾学生，胡颜立把家安在西御河沿街街口，距学校五分钟步程。那时，学校要求教师住校，每位教师还得带五六个住校生同吃同住。胡颜立以身作则，近在咫尺，仍和其他教师一样周末返家，周日晚即回。李鹏同志回忆："有一次我在睡梦中不慎翻下床来，还是巡夜的胡校长把自己又抱回到床上，那份温暖与慈爱让我永生难忘。"

胡颜立平易近人、个性活跃、多才多艺，学生们总喜欢驮在他背上，摸摸他的脸，和他说笑。他喜欢音乐，会多种乐器，同时又是体育运动爱好者和积极倡导者，学校师生文体活动十分活跃。他与学生之间的亲密故事，常常见于其他学生的回忆中——

前全总文工团团长、国家一级作曲家茅地回忆："一次上音乐课，胡校长来到我们教室，他告诉我们：'赵老师病了，今天由我代课，我给你们拉拉琴吧。'他让我到他卧室取来一把紫檀木二胡，给我们演奏了刘天华的《病中吟》。同学们静悄悄地睁大圆眼睛倾听着，那琴声婉转悠扬，如泣如诉，使我第一次感到音乐是那样的富有魅力……"

抗战小说《白马飞飞》的作者王星泉，曾被诊断为"弱智"，几乎全部小学都拒收其入学。后来，他母亲打听到胡颜立在省立实验小学主持工作，便上门拜访，流着泪苦苦哀求。胡校长大为感动，让学校破例收取了王星泉，还为他编写了一本相对简单的教材，使他得到了来之不易的上学机会。

被誉为"一代国医"的刘敏如回忆："我读书的时候，校长是胡颜立先生。刚才进校门时我看到老照片，第一眼就认出他了。当年我进入实验小学的第一天，是一个人来入学报道的，胡校长很奇怪，在得知我没有母亲后，就把我抱起来，用胡子蹭蹭我的脸。当时，我觉得这位校长就跟父亲一样。实小就从这一天开始教会了我'爱'。后来，我当了老师，我也很爱我的家人、学生、朋友、事业。"在随后的几十年时间里，正是因为这份爱的教育伴随着刘敏如，让她成为一个充满仁爱之心德高望重的中医。

抗战时期，学校迁至温江办学。当时的东街另外有一所小学名叫鱼凫一小，学生大多是有钱人家的子女，而在实验小学读书的则是平民的子女居多，鱼凫一小的学生一贯瞧不起实验小学，甚至还编了一个顺口溜："实验小学乱糟糟，老师出来担粪挑，学生出来卖油糕。"成都实验小学的学生们听了，十分气愤，决心找他们算账。这件事不知怎么传到胡颜立的耳朵里去了。黄远翔如此回忆，他在礼拜一的纪念周上笑着对我们说："这个顺口溜其实是对我们实验小学的表彰，'乱糟糟'是说我们的学校办得生气蓬勃，而不是死气沉沉。'老师担粪挑''学生卖油糕'说明我们学校的师生都是自食其力的劳动者，而不是衣来伸手、饭来张口的寄生虫。"校长的几句话，就把学生们的一肚子气说得烟消云散，"劳动光荣"的观点就此深深地铭刻在学生们幼小的心灵里。[①]

1938 年，成都实验小学进入第四个年头。随着抗日战争的深入，成都开始受到日本的侵扰。11 月 8 日，成都遭受日本军机的第一次轰炸，此后又多次受到空袭。为了避开日军空袭对教学秩序的影响，学校在 1939 年春迁温江县文庙，1941 年 2 月转迁成都东郊净居寺。[②]

尽管环境险恶，但学校并没有停止对教学实验的研究。在温江办学时期，学生黄远翔回忆："她（王静宜）教我们的常识课，记得有一次教'食盐的制造'，她把一碟雪白的精盐倒进一杯清水里，经过搅拌，让食盐完全溶化。这时，我们看见玻璃杯里仍是一杯清水，然后她把玻璃杯放到酒精灯上去烧煮，使杯里的水沸腾。煮了十几分钟后，她拿下玻璃杯，让它冷却，这时，我们看见杯里浮着一层亮晶晶的盐粒。这堂课，我不但知道了食盐的制造过程，而且对'溶解''结晶'这两种物理现象有了深刻的认识。""学校的音乐室在泮池左边的钟楼里，教音乐的是蒋鼎威先生，戴一副深度的近视眼镜。每堂音乐课，他总是先让我们跟着他的琴声练音阶，再给我们讲一点音乐知识，然后才教唱歌。所教的歌，大都是些抗战歌曲。印象最深的，是他教我们演唱《保卫黄河》的四部轮唱，"风在吼，马在叫，黄河在咆哮……"慷慨激昂的歌声，节奏鲜明，重音此起彼伏，在恳亲会上演唱时，博得了家长们热烈的掌声。""学校每学期都要举办一次恳亲会，邀请所有的学生家长参加。除了观看师生们共同排练的文娱节目外，还要参观学生图画课和劳作课的成绩展览。铅笔画、水彩画、木刻画、泥塑的水牛、竹雕笔筒、用染色灯草粘贴的人物花卉，还有高年级同学制作的航模、水车等，真叫人目不暇接。最令人难忘的是当时全国 28 个行省的立体地图，我们在地理老师的指导下，用黄泥、石块、煤渣、小草、树枝和各色颜料，在教室里依照各省的地形，垒起了山脉，划出了河流，筑起了湖泊，造起了森林，修起

---

① 黄远翔：《城南旧事》，《温江文史资料选辑》第 7 辑，1997 年，第 115 页。

② 实验小学校史编写组：《成都市实验小学简介》，《少城文史资料》第 1 辑，1988 年，第 57 页。

了铁路，真像是把整个中国都搬到教室里来了。家长们看了都赞不绝口。""学校还有自己的工厂。我们用的铅笔、练习本，吃的面包、豆浆都是学校工厂生产的，相当便宜。"①

1945年，胡颜立写下《十年实验小学》一书，总结在蓉办学历程。他自豪地宣称："为便于各校采用。没有朝秦暮楚，多翻花样，一贯地注重自动学习、自始训练，尤其重视民主精神的培养，希望能适应每一个学生的个性，充分发展他们的才能，成为健全的民主社会的公民。"

十年里，校内创办了动物园、植物园、游戏场、工场、小四川馆，以开阔儿童的视野，培养儿童动手动脑的能力。十年里，学校先后进行了"充实全川国民教育设备的实验""四川地方性教材""改进教学方法、提高教学效率""劳作、自然联络数学""抗敌教育实验""中心学校体育、唱游、音乐的教材教法""儿童疾病调查""儿童营养问题""问题儿童与心理卫生""家庭教育的实验"等30项实验研究工作，写就五万余字的实验报告出版发行。十年里，学校编写了抗敌教材13种，四川地方性教材17种，教师参考资料32种，出品教学仪器、标本共18种。十年里，学校举办全省性教师假期讲习会四届，培训本省各县暨云、贵、陕、甘、湘五省托训的部分教师，以辅导地方小学。创校十年，学校图书馆藏书达12450册，仪器室有理化、生物、矿物、工艺仪器及模型666件（套），劳动室有竹、木、纸、泥、盒工及农工、缝纫、烹饪等工具642种，工场有小型车、铣、刨、钻机床等机具101件，钳、铸、锻工具共1206件。学校通过工场、出版等自筹经费达194508元……。

胡颜立治校，倡导"从做上学"，主张解放学生的头脑、双手、眼睛、嘴巴，使他们能想、能干、能看、能谈；主张解放学生的空间，解放学生的时间，使教学做合一。即便从今天的眼光看，成都实验小学的教育理念和教育方法，仍然有许多借鉴之处——

比如课外作业。学校会按时举行有计划的校外教学，如远足、参观等，予儿童以写作、绘画、采集的机会，回来后再从事研究、整理，举办成绩展览。

比如学艺竞赛。学校不仅每学期按计划举行阅读、速算、写字、作文、讲演、图画、劳作、时事讨论、时事测验及音乐、体育竞赛，还由各年级轮流编辑新闻、美术、科学三种半月刊，鼓励学生踊跃投稿，期中评比。

比如儿童自治。低年级设立"小朋友会"，设会长一人，各调干事数名，均民主推举产生，下分图书馆、卫生局等七部；中、高年级设"儿童会"，下设图

---

① 黄远翔：《城南旧事》，《温江文史资料选辑》第7辑，第115页。

书馆、演讲部、新闻部等 13 个工作机构，各
部均有活动目的及职责大要，须定期考核或在
周会上报告工作。

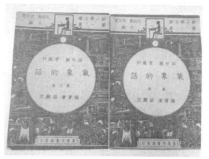

《气象的话》书影

比如地方性教材。胡颜立从小学生的视角
出发，撷取生活场景，编订了通俗易懂、寓教
于乐的地方性教材。成都实验小学在他的支持
下编印了《儿童新闻》旬刊。学校编印的《国
民学校中心学校补充读物——低级幼稚园儿
歌》，收录了 102 首儿歌。据说，这是成都第一本也是唯一一本记录本土儿歌的
书籍。许多儿歌，直到现在还在流传，并成了老成都的谚语。比如："排排坐，
吃果果，多吃滋味少，少吃滋味多。""张打铁，李打铁，叮叮当当快打铁。打
成镰刀好割麦，打成刀枪好杀敌。"……小学四年级常识科教材《气象的话》居
然就是用一对表兄弟的对话展开知识的介绍，百分百还原生活场景。其中如此
介绍了纸风车的制作："拿出一张图画纸，剪下三条纸条，每条六分宽、六寸
长，把每条纸合起来，折成三寸长的双层。再把三条双层的纸套起来，就成一个
三角形的风车。再用一支铅笔头顶住风车，向前跑去，风车就很快地转动起来
了……"，通过亲手制作风车、风筝等，让学生了解什么是"风"。他还编订了
《四川的盐》《四川的糖》等辅助教材，让学生们了解家乡特产，培育学生的爱
国爱乡情怀。

成都实验小学的办学特色吸引了国内、国际上的关注，成为中国当时小学教
育一道亮丽的风景。1941 年，国民党中央国际宣传部将实验小学学生的课内、
课外情况摄成了名为《明日的主人翁》的彩色影片，分送各友邦做文化交流。
1942 年 5 月，印度政府教育司司长沙金脱到校参观。1943 年 9 月，英国议员华
德女士也到校访问。其间，苏联友人亦曾来校参观访问，并应邀向全校师生作了
名为《十月革命后的苏联儿童》的讲演。1944 年 5 月，美国新闻处还派出摄影
人员来校拍摄儿童生活影片。实验小学的学生们展现了他们良好的风貌，让国际
友人更好地了解了中国，赢得了广泛的赞誉。[①]

胡颜立成就了成都实验小学，成都实验小学也成就了胡颜立。

抗日战争爆发后，王志莘率领部分人员到达汉口，再转重庆，先后设立了汉
口、重庆、桂林、昆明分行（随着战局演变，汉口和桂林分行先后撤销），并在

重庆设立总管理处，领导后方各分行业务；同时保留上海总行，由副总经理孙瑞璜主持，管理沦陷区的上海、北平、天津、广州、厦门等分行业务。当时上海各主要商业银行的负责人大部分撤离，主持乏人，业务停滞，新华银行乘机大力与工商业往来，不断增设市内办事处，积极开展代理业务，吸收社会资金，存款总额一度居全市商业银行之首。

抗战爆发前的1936年，实业部成立农本局，王志莘应邀兼任农本局常务理事及协理。这实际上是一个农业信贷管理机构，主要任务是促进农村信用的流通和促进农产运销，取"农为邦本"之意，故名为农本局。抗战期间，农本局内迁重庆。此时，后来被誉为"中国拼音字母之父"的周有光（时名周耀平，有光为其别号）进入农本局任职，担任四川专员办事处的副主任。到了1941年，通过农本局副局长蔡承新的介绍，周有光进入新华银行总行，任"总经理室"经理之一。周有光对王志莘早有耳闻，"他（按：黄炎培）有两位高级秘书，一位是王志莘先生，一位是邹韬奋先生"①。同时，周有光对新华银行的情况也很熟悉。战前周有光曾任职于江苏银行。"抗日战争之前，新华银行和江苏银行的规模差不多，两家银行的总行都在上海江西路，距离不远，经常往来"。在他眼中，"总经理王志莘温文尔雅，平易近人。他出身贫寒，很小在上海钱庄学徒，是靠自修和去国外进修一步步奋斗出来的。他虽非科班出身，但志存高远，聪明、勤奋，思想开明，接受新事物快"②。

当时，陶行知的育才学校就曾得到新华银行的贷款支持。1940年12月17日，陶行知在日记中记："推荐李组绅为育才学校向新华银行借款做担保。"③

时间很快就到了1943年。这一年，对于所有从战争中度过的人来说，都是永远难忘的。2月2日，苏联取得了斯大林格勒战役的最后胜利，第二次世界大战迎来了重大转折点。几乎与此同时，美军在瓜达尔卡纳尔岛战役中重创日军，在太平洋战场的反攻战中取得了第一个胜利。这两大战役与此前盟军在北非战场取得的阿拉曼战役的胜利，大大鼓励了世界反法西斯阵营的所有国家。9月初，意大利政府向同盟国投降。11月底，美、英、苏三国首脑罗斯福、丘吉尔、斯大林在伊朗首都德黑兰举行会议，讨论加速对日本和德国作战，以及战后世界的安排等问题。大战的最终结局已见端倪，人们已急切地想象与战后建设有关的

---

① 周有光：《怀念邹韬奋先生》，《我与三联：生活·读书·新知三联书店成立六十周年纪念集·1948—2008》，生活·读书·新知三联书店，2008年，第4页。

② 金玉良：《老藤椅慢慢摇——周有光和他的时代》，人民文学出版社，2012年，第91页。

③ 王文岭：《陶行知年谱长编》，四川教育出版社，2012年，第552页。

计划。

1943 年三四月间，新华银行等四家银行组织"西北经济调查团"，主要调查陕西、甘肃当地的经济情况。这个调查团名义上是民间代表团，实际是应政府要求组织的，政府给调查团提供吉普车等交通工具，目的在于筹划战后西北地区经济的开发。调查团由重庆出发，一路调查西安、兰州、武威、张掖、酒泉发展金融经济的现实条件。到酒泉，有部分调查人员返回，剩下的人员继续向嘉峪关、玉门、安西行进。到了安西，调查结束。周有光兴致高，继续向前，到敦煌踏勘千佛洞。途中，一位用纱巾蒙着头和脸的摩登女郎带着孩子搭车，讲一口流利的法语，原来是常书鸿夫人，去探望正在那里几间破破烂烂的房子里筹建敦煌艺术研究所的夫君。到敦煌，画家张大千和考古学家向达也在那里。西北落后的经济，尚不具备实现现代金融的条件，新华银行的计划被搁置，但西北广阔的土地，落后、复杂的社会经济现状，使得周有光感触良多。[①]

王志莘来到了后方，他在中华职业教育社的同事邹韬奋也来到了后方。邹韬奋一家在重庆之时，与他同住一处也是一家邹姓的人家。男主人名叫邹东湖，女主人名叫胡葵，正是胡鸿猷、立猷兄弟的妹妹。在邹韬奋一家看来，"邹太太（胡葵女士）为人敦厚，邹先生经商，也是个热心人，两家相处甚好。他们的女儿邹承颐活泼可爱，沈粹缜（邹韬奋夫人）很喜欢她，就认承颐为干女儿；儿子邹承鲁又与大宝是重庆南开中学的同窗好友"[②]。

1941 年 2 月，邹韬奋因不满当局对生活书店的压迫，愤而秘密离开重庆，辗转抵达香港。邹韬奋走后，留在重庆的沈粹缜随即受到监视。经过再三考虑，沈粹缜决定离开重庆。但是，要带着三个孩子脱离虎口，真是难上加难。沈粹缜悄悄地和胡葵商量，如何逃脱虎口。当时，重庆三天两头遭敌机轰炸，平时，每次逃警报两家都是避在一个防空洞里，她们合计着乘逃警报的机会，把必要带走的东西，由胡葵帮助，一批批转到生活书店集中。经过几番周折，她们终于把东西陆续运出了家门。母子四人聚集到一起，由生活书店派人护送脱离险境，于1941 年 6 月抵达香港，一家人终于团聚。[③]

邹东湖、胡葵夫妻之子邹承鲁，获英国剑桥大学生物化学博士学位，1980

① 金玉良：《老藤椅慢慢摇——周有光和他的时代》，第 93—97 页。

② 史慰慈：《一位妻子、母亲的默默奉献——韬奋夫人沈粹缜追叙往事》，张桂琴主编：《女人自己的歌——中外巾帼风采》，青岛出版社，1995 年，第 81 页。

③ 史慰慈：《一位妻子、母亲的默默奉献——韬奋夫人沈粹缜追叙往事》，《女人自己的歌——中外巾帼风采》，第 81 页。

年当选为中国科学院院士。他建立的蛋白质必需基因的化学修饰和活性丧失的定量关系公式和作图法，分别被称为邹氏公式和邹氏作图法。

"何处合成愁？离人心上秋。"日军所到之处，无数家庭、学校毁于炮火，无辜儿童遭受空前的劫难。在敌人屠刀下幸存的儿童，饥寒交迫，无家可归，到处流浪，有的甚至被抓到日本去接受奴化教育。后方城市的街头，有大批难童沿街乞讨，有的甚至倒毙在沿街墙角……

战争难童

孩子是国家的未来呀！中国妇女界发出"欲救中国，先救儿童"的呼声。1938年"三八"妇女节过后，中共南方局妇委代表中国共产党向国民党提出建立全国妇女抗日统一战线的倡议。经国共两党的协商，决定沿用"新生活运动促进总会妇女指导委员会"（简称"新运妇指会"或"妇指会"）作为全国妇女抗日统一战线组织的名称。妇指会成立于1936年2月，负责联络国民党的党政军各界要员的夫人、亲属及动员妇女参加新生活运动，由宋美龄任指导长。5月20日至25日，来自全国各地、各党、各派的50多名妇女代表云集庐山，共商抗日救国妇女联合大事，共产党方面派出邓颖超、孟庆树与会。会议通过了《动员妇女参加抗战建国工作大纲》，作为全国妇女团结抗战的共同纲领。《大纲》提出了妇女在抗战建国中的具体任务是宣传、救护、征募、慰劳、救济、儿童保育、战地服务、侦察汉奸以及从事工农业生产与合作事业等。据此精神，妇指会成立了总务组、儿童保育组、训练组、慰劳组、生活指导组、文化事业组、生产事业组和联络委员会等下属组织。[1]

在稍前的3月，中国妇女界在汉口成立了"中国妇女慰劳自卫抗战将士总会战时儿童保育会"（通常称"中国战时儿童保育会"，后来各地成立保育会分会，此时成立的战时儿童保育会又称"战时儿童保育会总会"）[2]，宋美龄、李德全（冯玉祥夫人）、邓颖超等17人为常务理事，宋美龄、李德全被推选为正、

---

① 韩贺南、王向梅、李慧波：《中国妇女与抗日战争》，团结出版社，2015年，第131页。

② 李文宜：《战时儿童保育会的片断回忆》，吴修平主编：《李文宜纪念文集》，群言出版社，2000年，第248—249页。又见邓颖超：《继承和发扬抗日烽火中育才的光荣传统》，全国妇联编：《抗日烽火中的摇篮——纪念中国战时儿童保育会文选》，中国妇女出版社，1991年，第4页。

副理事长。保育会的主要工作包括：到战地抢救难童，建保育院收容难童，督促各地成立分会，筹集经费，开展募捐活动。为争取多方支持赞助，扩大影响，保育会还聘请了包括国共双方领导人、各界知名人士、国际友人在内的286位名誉理事，如蒋介石、林森、冯玉祥、毛泽东、周恩来、朱德、沈钧儒、邹韬奋、郭沫若、斯诺、史沫特莱、司徒雷登等。保育会下设秘书处及组织、设计、宣传、保育、输送、经济六个委员会。妇指会扩大改组后，保育会与妇指会实行工作上的合并，对外保留独立名义。①

抢救战区难童是妇指会和保育会的一项重要工作。她们在武汉街头和难民收容所进行宣传，收容无人或无力抚养的难童；开办保育人员训练班，屡涉险境，忘我地抢救难童。1938年5月1日，汉口临时保育院在原日本同仁医院举行开幕典礼，当时就有主要来自黄河北部战区的550个难童，还不包括零星送来而后离开的难童。这些难童一般在2—12岁之间，没有独立生活的能力，衣不遮体，食不果腹，面黄肌瘦，有的还身患疾病。在"中国战时抢救保育战灾难童职员名录"中，就有来自村前的胡惇五。②胡惇五还曾担任过妇指会儿童保育组组长。③

胡惇五，生于1898年，胡壹修之女，在兄弟姐妹中排行老七。1925年，胡惇五从上海圣玛利亚女校毕业。④同届毕业14名学生中的俞大缜，系曾国藩的外曾孙女，后来成为北京大学著名教授。1930年，胡惇五又在燕京大学、北京协和医学院合办的护士科毕业。在燕京大学编订的《私立燕京大学一览（民国十九年至二十年度）》所列毕业学生名单中，胡惇五为本科理学士学历。⑤1930年，胡惇五毕业之时以优秀成绩成为中国斐陶斐（又译菲托菲）荣誉学会（Phi Tau Phi Scholastic Honour Society）会员。⑥Phi Tau Phi 是 Philosophy（哲学）、Technology（技术）、Physiology（生理学）的简称。该会宗旨在鼓励会员继续

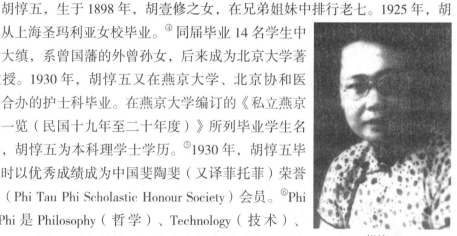

胡惇五

① 韩贺南、王向梅、李慧波：《中国妇女与抗日战争》，团结出版社，2015年，第111页。

② 翟明战等主编：《民族之魂：中国战时儿童保育会抢救抗日战争三万难童纪实》，珠海出版社，2004年，第355页。

③ 宋青红：《抗日战争与女性动员——新运妇女指导委员会研究》，上海大学出版社，2018年，第40页。

④ 徐永初、陈瑾瑜主编：《圣玛利亚女校 1881—1952》，同济大学出版社，2014年，第275页。

⑤ 燕京大学：《私立燕京大学一览（民国十九年至二十年度）》，1931年，第362页。

⑥ 张玮瑛等主编：《燕京大学史稿 1919—1952》，人民中国出版社，1999年，第452页。

努力研究学术并忠诚服务社会。会员除领得一纸证书外，还可以购取一枚会徽证章，此证章系金质并铸成钥匙形，俗称金钥匙（Golden Key）。其取义象征用以开启学术之门，与我国儒家所称登堂入室的意思相类似。应选者即号称金钥匙生（Golden Key Student）。燕大每届毕业生，凡品行优良，学业总成绩在 6.7 以上，而又热心服务人群者才能当选，每年当选的新会员不过十余人。

1931 年，胡惇五留学美国①，入西奈大学（Case Western Reserve University）学习护理专业。她是这所大学的第二位中国留学生。上海著名医生沈克非在 1919—1924 年间在该校学医，并获博士学位。②1933 年，胡惇五获护士科硕士学位后回国，先后任北京协和医学院护士科讲师、南京国民政府卫生署护士训练班教务主任。

1935 年 2 月，胡惇五还在南京发起成立以"联合公共卫生护士，共谋公共卫生之发展并得学术之研讨"为宗旨的中华公共卫生护士学会，自任理事长。③1936 年，胡惇五任教育部医学教育委员会专任委员兼护士教育组主任。在任上，她曾对全国 40 所护校的 945 名学生入学资格进行过一次调查，所撰论文《提高护士教育程度之我见》发表于当年《医育》杂志第一卷第七期。④

就在汉口临时保育院正式开幕的同一个月，日军对武汉轰炸加剧，战事推进到武汉。战时儿童保育会常务理事会决定，在继续进行抢救的同时，加紧将难童分散撤离武汉，大部分难童经长江转送入川。6 月，保育总会在湖北宜昌设置了接运站，接送入川儿童。经过千辛万苦和跋山涉水，在 10 月武汉失守之前终于将全部难童安全转移到大后方重庆。随即在重庆设立临时保育院，并于年底前将难童陆续分送到分设于四川各地的保育院。各地分会也都就地建立保育院，计有重庆、四川、江西、湖南、香港、广东、福建、贵州以及陕甘宁边区等 50 余家。

大迁徙的难童们

1939 年初，第六保育院（简称川六院）在四川自贡建立。该院系总会与自流井盐务局协商创办，经费主要由盐务局负担，故而有"盐巴保育院"的别称。该院第一

---

① 《二十年度留美学生》，寰球中国学生会：《出洋学生调查录》，1934 年，第 9 页。

② 何学良等：《美国名牌大学介绍》，中国科学技术大学出版社，2003 年，第 166 页。

③ 蔡鸿源、徐友春编：《民国会社党派大辞典》，黄山书社，2012 年，第 55 页。

④ 苏精：《仁济济人》，上海交通大学出版社，2019 年，第 220 页。

任院长正是胡惇五。①1940 年 3 月总会创建二周年之际，经统计，当时川六院有儿童 912 人，人数在 50 余家保育院中居于前列。②

当年的难童谭先福回忆："我们同乡的部分儿童，于十二月二十八日被送到四川自贡市战时儿童第六保育院，先后送到川六院的儿童有一千多名。年龄大的儿童编入高班住井神庙一分院，小龄儿童编入低班住天后宫二分院，工场和农场在天池寺三分院，医院任天池山下为四分院。"③难童罗时富回忆："我是 1939 年由重庆保育总会分配到自贡市保育院的。自贡市保育院就是川六院，下设五个分院：井神庙一分院，天后宫二分院，天池寺三分院，垲子坝四分院，天池寺脚下设五分院。保育总会给川六院分了 1000 多名难童，年龄大、文化高的编入高班，住井神庙一分院，我和一些小龄儿童编入低班，住天后宫二分院。"④难童杨少之也回忆："自贡市保育院设在贡井的井神庙、天后宫、天池寺。天后宫是一、二年级学生及学前幼儿的住处和教室，井神庙是小学中、高年级学生及初中学生的宿舍，小学中、高年级教室设在天池寺。从井神庙到天池寺约三华里，我们每天风雨无阻地整队步行上学。"⑤难童初必衡的回忆更为详尽："自贡市保育院是保育院中规模最大的一个，学生有一千几百人，我的院号是 926 号。此院有三个分院，井神庙称为一分院，四年级以上学生住此；天后宫称二分院，低年级学生住之；天池山山顶宽敞平坦，有良田千亩，是学工学农的场所，称三分院。院里在该地新建了教室和教师宿舍、工厂等，全是草屋。后来又将附近的谢家祠加以整修，作为女学生宿舍。1940 年还新建了一所医院。师生们修了一条大道，把三个分院连接起来，使之成为一个统一的整体。"⑥

保育院对收纳的难童在基本保障生活的同时，还教授他们基本的知识和生存技能。据杨少之回忆，"保育院采取二部制，即上半天学，做半天工，一个教室供两个班上课"，"保育院有木工、竹工（不同于一般的篾匠，可以做很高级的竹器工艺品）、刺绣、缝纫（这两项不光女生学习，男生也学习）、针织、织毛巾、印刷等劳作项目，还办了个农场，种菜、养羊、养奶牛。此外，开了洗衣房、小澡堂。这些作坊、农场、服务业，不但有老师带领学生参加劳动，而且每

① 翟明战等主编：《民族之魂：中国战时儿童保育会抢救抗日战争三万难童纪实》，第 118 页。

② 翟明战等主编：《民族之魂：中国战时儿童保育会抢救抗日战争三万难童纪实》，第 123 页。

③ 谭先福：《历史告诉我们的——战时儿童保育院五十周年回忆》，任真主编：《我们在抗日烽火中成长——中国战时儿童保育会成立五十周年纪念文集》，1988 年，第 174 页。

④ 罗时富：《冯将军"卖水"》，《烽火奇葩》（《潜江文史资料》第 7 辑），1995 年，第 130 页。

⑤ 杨少之：《关于"战时儿童保育院"的回忆》，《广水文史资料》第 3 辑，1988 年，第 63 页。

⑥ 初必衡：《半工半读有声有色》，《烽火奇葩》（《潜江文史资料》第 7 辑），第 127 页。

个工种都有熟练的师傅作指导，有的还是很高级的手工艺人。自贡市保育院的保育生劳作有很好的产品，参加在重庆举办的保育生劳作产品展览大会，得到中外参观者的好评。"①初必衡回忆："院长和老师，从保育院的实际情况出发，实行二部制，即半工半读，学生半天学习，半天劳动。为了保证学完小学课程，达到既定标准，保育院采取了许多行之有效的措施：国文、算术、历史、地理、常识等科实行课堂授课，保证必要教学时间；其余的几门副科，在学工学农时结合学习；成绩好的可以随时升级、甚至跳级，成绩差的，老师加强辅导；鼓励学生在课堂上认真听讲，课后积极完成作业，并预习新课。经过师生的共同努力，很多同学在两年内学完了三年至四年的课程。老师对课外活动也是很重视的。我们的钟老师多才多艺，经常指导同学们唱歌、编剧、排演文艺节目，上街作宣传。各班国文教师指导同学们进行课外写作，辅导各班办壁报，每半月一期。这些都巩固和提高了学习成绩。在一次作文时，我写了一篇描述学习和劳动情景的文章：'东方晓，旭日升，我们整队上山行，齐齐整整，整整齐齐。日西坠，月东升。我们整队下山行，齐齐整整，整整齐齐。'这篇文章曾在成绩展览会上展出。几年的实践证明，川六院学生的成绩是不错的。每届毕业生全都升入初中，有的还考入了录取标准很高的东北中学和东北中山中学。""学工学农的项目很多，有纺纱、织布、织袜、编草鞋、做竹器、打豆腐、烹饪、种粮食蔬菜、养猪、养兔、养奶牛等。各个学生，不分男女大小，各有所学。其结果是学到了生产本领，增进了身体健康，在思想上和物资上都有收获。例如，同学们织的毛巾、袜子，种的蔬菜都能自给有余，丰收后的苞谷还煮熟了出售。学校办展览时，展品也包括工、农产品和食品。在一次展览会上，当地社会各界人士参观后赞不绝口，有的看了女同学的烹饪展品，在留言簿上说其色香俱佳，故'垂涎三尺'。"②罗时富回忆："我们川六院有工厂、农场。但这都是一些适合儿童操作的简单生产场地，比如工厂就是纺纱、织布、打铁、编椅、织袜、编草鞋等；农场里主要是养猪、养兔、养鸡、种菜等。我学的是织袜和编蒾鞋。编草鞋缺稻草，我们就用从山坡上扯来的山草代替。山草草鞋和稻草草鞋一样，穿在脚上也挺舒服的。学校开设劳动课主要是为了养成我们的劳动习惯，培养我们的劳动本领，当然也可以解决我们生活上的一些困难，但更多的经费还是要靠保育总会通过各种渠道和各种形式筹集。"③谭先福也回忆："我从进汉口临时保育院起，

---

① 杨少之：《关于"战时儿童保育院"的回忆》，《广水文史资料》第3辑，第63—64页。
② 初必衡：《半工半读有声有色》，《烽火奇葩》（《潜江文史资料》第7辑），第128—129页。
③ 罗时富：《冯将军"卖水"》，《烽火奇葩》（《潜江文史资料》第7辑），第130页。

直到四川第六保育院的头两年，也同许多儿童一样，对保育院的生活与学习环境，由不习惯产生烦躁情绪，后在老师的亲切关怀与耐心教育中，逐渐安静下来，不断克服想家思想，并学到了一些新知识，也培养了好的习惯和品德。"①

战时儿童保育院的难童

保育院还十分注重对难童爱国主义精神的教育。初必衡回忆，"我们坐在船上或高唱《大刀进行曲》《义勇军进行曲》，或歌唱《保育院院歌》，为他们热情地鼓劲，唤起他们发自内心的共鸣"②，"我们除了会唱统一的《保育院院歌》外，还会唱本院院歌"③。川六院的院歌歌词是："莫伤别父母，莫悲离家多，把握着现在图自强。贡井西北脚，巍巍天池寺，是我们的教练场。广大的井神庙，雄伟的天后宫，是我们的第二家乡。这里有农田近千亩，工厂数十间，操场广大教室敞。求学业，勤生产，练刀枪，准备杀敌的力量。……"④"歌词明确地把院训'准备杀敌的力量'标榜出来，突出了办院的宗旨"⑤。谭先福也回忆："记得冯玉祥将军的夫人李德全等几位妇女界名人，曾到川六院视察访问，并作抗日救国演说'前方将士英勇杀敌，后方有钱出钱有力出力，全国团结起来，共同打倒敌人日本帝国主义，早日回到自己家乡和亲人团聚'，给儿童们留下深刻印象，培养了儿童的爱国情操，也养成了寻求真理和正义的性格。"⑥

当时对保育生实行"保教合一"，保育院既是学校，又是家庭。保教工作者既是老师，又是家长。在杨少之眼中，"院长胡女士思想比较'新派'：她崇尚美国教育家杜威的教育思想，主张少年儿童除学习文化、讲究品德修养外，还应重视体育劳作，每个人都要学会一门谋生的生产劳动技术，自贡市保育院就是按她的想法办的"⑦。罗时富回忆："川六院第一任院长胡惇五（女），还有总

① 谭先福：《历史告诉我们的——战时儿童保育院五十周年回忆》，《我们在抗日烽火中成长——中国战时儿童保育会成立五十周年纪念文集》，第 175 页。

② 初必衡：《半工半读有声有色》，《烽火奇葩》（《潜江文史资料》第 7 辑），第 127 页。

③ 初必衡：《半工半读有声有色》，《烽火奇葩》（《潜江文史资料》第 7 辑），第 128 页。

④ 罗时富：《冯将军"卖水"》，《烽火奇葩》（《潜江文史资料》第 7 辑），第 130 页。

⑤ 初必衡：《半工半读有声有色》，《烽火奇葩》（《潜江文史资料》第 7 辑），第 128 页。

⑥ 谭先福：《历史告诉我们的——战时儿童保育院五十周年回忆》，《我们在抗日烽火中成长——中国战时儿童保育会成立五十周年纪念文集》，第 175 页。

⑦ 杨少之：《关于"战时儿童保育院"的回忆》，《广水文史资料》第 3 辑，第 64 页。

务主任王皋声，教务主任方育庚和我们二分院主任吴子英（女）。他们对我们非常关心，在全国人民艰苦抗战的条件下，保证了我们吃饱肚子，不害大病。生活上，一日三餐，早餐稀饭，两盘蔬菜；中晚餐干饭，两荤两素。保育院的领导和教师同我们一起吃饭，六人一桌，不开小灶。"① 初必衡也有同样的感觉："院长胡惇五、保育主任闵华英是留过学的，王皋声老师是东吴大学毕业生，教务主任方育庚是多年从事教育工作的老校长。总之院里的领导和老师们多是水平很高，热情肯干，教学有方的爱国青年，他们将自己的全部心血贯注在我们这些难童身上了……"② 他回忆："院长和老师对同学们的健康也是非常关心的。初来乍到之时，因长途跋涉，没有条件讲究卫生，差不多每个难童身上都长有成堆的虱子，有些还生有疥疮或其他病。院长和老师们及时地抓清洁卫生，抓防病治病，很快地消灭了虱子，治愈了疥疮。1942年，自贡市流行脑膜炎，疫情猖獗。院里采取果断措施，包括谢绝外界参观，禁止师生外出，关门避疫，师生停课，素食，公共饮食器具皆用沸水消毒等。凡是可能采用的防疫手段都采用了，结果千余名难童全部安然无恙。"③ 谭先福也回忆："川六院初期的院长和老师，都很关心爱护儿童，如每天为儿童穿衣和盖被，尿床时换洗衣被，甚至给幼小儿童喂饭，以及护理患病儿童等等；儿童亲切地叫妈妈，都不知妈妈姓名，后来长大了，只听传说有些院长和老师是共产党员。"④

保育院的经费，大多由募捐而来。在自贡市川六院几乎人人都知道冯玉祥将军"卖水"救难童的故事。那是在1941年春天，抗日战争正处在艰苦的相持阶段。"保育生的经费也就更紧张一些了。这首先表现在我们生活上，每餐饭只能有几颗蚕豆为菜。听说我们的经费主要是靠自贡市盐务局提供的，而盐商们都叫苦，一度断绝了对我们的经费支付"，"冯玉祥将军到自贡视察保育院的工作，看到孩子们的生活确实艰苦，便把盐商们找来商量，希望他们发点善心，救救孩子。可盐商们阳奉阴违，大道理讲得唾沫飞溅，就是在'钱'字上不明确表态。见此情况，冯将军知道话说得再多也没有用，便叫警卫员从当地的小溪里挑来两桶水，对盐商们说：'我这一担水卖给你们，要5万块钱，你们买吗？'盐商们没有一个敢说不的，答应5万块钱照付。就这样，在冯将军的关怀下，我们的生

① 罗时富：《冯将军"卖水"》，《烽火奇葩》（《潜江文史资料》第7辑），第131页。
② 初必衡：《半工半读有声有色》，《烽火奇葩》（《潜江文史资料》第7辑），第128页。
③ 初必衡：《半工半读有声有色》，《烽火奇葩》（《潜江文史资料》第7辑），第129页。
④ 谭先福：《历史告诉我们的——战时儿童保育院五十周年回忆》，《我们在抗日烽火中成长——中国战时儿童保育会成立五十周年纪念文集》，第174—175页。

活又得到了改善"①。

　　1939年，陶行知在重庆北碚创办育才学校，这所学校专为接收难童而办。在陶行知的日记中，1940年12月17日"访胡敦五（胡氏时任教育部医学教育委员会专任委员兼护士教育组主任）"②。到了1941年，学校经费困难，陶行知立志"当以武训的真精神多找几位育才之友，来帮助我们渡过这个难关"。胡惇五正是"育才之友"之一。陶行知在写给朋友的信中说："你前次写信说起保育会补助之书费及另用费，他们预算尚未通过。胡惇五先生说，十天之内，可望通过，当一律增加决不致使我们偏枯。"③

　　在胡惇五就任川六院院长期间，有"杭州第一美人"之称的王映霞在1940年冬曾经来院担任过保育员。王映霞与郁达夫离婚后，到香港时在表姐处住一月后乘机去重庆，在老同学周怀瑜处闲住3个月，后由同学通过胡惇五推荐去保育院工作。④

　　1940年春，保育会常务理事钱用和、吕晓道辗转四川各地视察保育院。"由自贡市乘滑竿，行山谷丛林中，经过匪窟，住宿在'未晓先投宿，鸡鸣早看天'的旅馆，三天到达五通桥，视察五通桥保育院，由盐务局创办。经费充足，院长胡惇五女士颇具干才，对儿童注重生活教育"⑤。不久，宋美龄让钱用和推荐保育会总干事人选，"保育会总干事陈纪彝女士，在教会学校卒业，曾任女青年会工作，对教育行政与儿童保育，生疏隔阂，各地保育院长都表不满，她也感到困难，向理事长蒋夫人辞职"，"夫人嘱我代为物色人选，我知情形复杂，不愿多事，未即进行，盖具才能、经验、学识人士各有工作，闲空者不能胜任，因说最好请冯玉祥夫人、吴贻芳院长、张蔼真总干事共同留意"。结果，"夫人责我：'你不负责任推荐，反请别人留意，别人亦推，怎么办？'不得已，报告夫人：'我同吕晓道常委到自流井，视察盐务局所办五通桥保育院，院长胡惇五女士系抗战开始时在遗族女校，伤兵医院曾任护士长，现任该院院长，是美国留学生，具有干才，英语流利，盐务局对她很信任，推进难童生活教育、健康教育颇有成绩，院中经费充足，设备完善，恐她未必肯离开岗位。'夫人谓：'你速去信，为我邀请，嘱她即来。'我立刻遵命函约，果然她未能即来。夫人急催我再去函

　　① 罗时富：《冯将军"卖水"》，《烽火奇葩》（《潜江文史资料》第7辑），第131—132页。

　　② 王文岭：《陶行知年谱长编》，四川教育出版社，2012年，第552页。

　　③ 陶行知：《我要找十五位冯先生——致马侣贤》，《行知书信集》，安徽人民出版社，1981年，第275页。

　　④ 《王映霞自传》，岳麓书社，2017年，第188页。

　　⑤ 钱用和：《钱用和回忆录》，东方出版社，2011年，第45页。

请她，无论如何，来渝晋谒再说，她无法拖延，即到重庆。我陪她去见夫人，夫人表示诚意请她来帮忙，嘱她回去，即向盐务局辞职，到渝就任保育会总干事。"①

就这样，胡惇五离开自贡前往重庆，就任儿童保育总会总干事。因为初接事，对情形不熟悉，钱用和不得不从中帮忙。钱回忆："我本很超然，现在指导会、保育会、慰劳会同人对我有夺权之感，蜚短流长，有时难堪，胡惇五女士也觉工作推进为难，向我表示愿离去。当时夫人又赴香港，不易转达及请示。敌机轰炸频繁，求精中学内未有防空洞，但胡总干事无证可入，逃警报时只得自想办法，向熟人机构设法取得学田湾防空洞入洞证。学田湾与求精中学内保育会距离相当远，紧急时未必赶得入洞。"就这样，胡惇五勉力坚持到1942年提出了辞呈。②"我奉命推荐，想不到惹得许多麻烦，如精神负担，良心深觉不安。待夫人返渝。胡总干事坚决辞职，夫人慰留，我亦不使相强，她仍请辞，夫人最后照准。但我累她失业，对她应该尽安排工作的道义，幸赈济委员会办有直属难童教养院，经费虽不及盐务局丰裕，初办尚无人事复杂关系。处长南映庚是我在美国欧柏林大学同学，我有困难她肯帮忙，就请胡女士任院长。"③

胡惇五在重庆直属难童教养院长任上一直坚持到抗战胜利。1944年12月4日《大公报》刊登一则有关妇女志愿从军促进会成立的报道，胡惇五被推选为该会监事。④

1946年3月10日，战时儿童保育会举行了成立八周年纪念大会。从1938年3月至此时，战时儿童保育会先后收养教育了29486名难童。⑤其中，有6389人陆续升入中学、职业学校、专科学校、师范及大学；有2382人学得一技之长⑥。1946年9月15日，战时儿童保育总会连续六天在重庆《新华日报》上刊登《战时儿童保育会结束，战时儿童保育会救助了难童，支援了全民族抗战。"为了进行长期抗战，为了建设新中国，就必须爱护、保养、教养、救济抗战

---

① 钱用和：《钱用和回忆录》，第46页。

② 翟明战等主编：《民族之魂：中国战时儿童保育会抢救抗日战争三万难童纪实》，第131页。

③ 钱用和：《钱用和回忆录》，第47页。

④ 郑洪泉、黄立人主编：《战时动员》下，重庆出版社，2014年，第984页。

⑤ 李学通：《战时儿童保育会的历史与作用》，中国社会科学院近代史研究所：《青年学术论坛2000年卷》，社会科学文献出版社，2001年版，第254页。

⑥ 梁惠锦：《战时儿童保育会》，《中华民国史专题论文集：第一届讨论会》，台湾"国史馆"，1992年，第683、685页。

建国的后备军——我们的子女。所以儿童保育问题是整个抗战建国的一环"[①]。

"虽然由于主观力量的薄弱及客观环境的困难，在各方面还没有做到合理完善的地步。但是，这一新的尝试——集体保育的工作，曾引起了中外教育家的注意与研究，并且促使各方人士肩负起保存民族幼苗的责任"。战时儿童保育会"开创了中国历史上第一次把战争灾难儿童集中起来教养培养的先例"[②]。战时儿童保育会特别注重启发儿童的爱国意识、民族自尊，强调通过劳动来培养具有奉献精神、勇于探索、不畏艰难的抗战建国人才。保育会摸索出的"保教合一"的儿童集体保教模式对当今仍有启发意义。

　　一个人有"大爱"，也有"小爱"。爱家庭，爱父母，爱孩子，这些是"小爱"；在战乱时代，爱自己的事业，爱更多的孩子，爱受苦受难的祖国，这才是"大爱"。胡惇五，用胸怀、精神、激情和毅力，生动地诠释了"大爱"。

　　1940年9月，因交通大学沪校"由徐家汇暂迁法租界上课，维持残局，数年来备受日伪凌夷，形势恶劣，几至朝不保夕"，教育部决定在重庆设立分校。借重庆小龙坎无线电制造厂宿舍两幢，设置重庆分校之电机与机械两系，于11月初正式上课。[③]1942年8月，沪校被汪伪政权接收，校名由"私立南洋大学"改为"国立交通大学"。有鉴于此，教育部于同月下令："交通

交通大学重庆九龙坡校舍

大学即行由沪迁渝，该分校并入办理，迁渝后设土木、电机、机械、航空、管理五系，改为交通大学本部。"[④]10月中旬，交大本部（渝校）由小龙坎迁入九龙坡新校舍，并任命吴保丰为国立交通大学（重庆总校）代理校长。[⑤]

　　交大本部成立后，远在平越的贵州分校部分师生随即转入就学，胡立猷也来到这里任教，一直到1945年抗战胜利。[⑥]

①　孟庆树：《祝边区儿童保育院成立》，《新中华报》1938年9月25日。

②　梁惠锦：《战时儿童保育会》，《中华民国史专题论文集：第一届讨论会》，第683、685页。

③　霍有光、顾利民编著：《南洋公学—交通大学年谱》，陕西人民出版社，2002年，第474、475页。

④　霍有光、顾利民编著：《南洋公学—交通大学年谱》，第480页。

⑤　霍有光、顾利民编著：《南洋公学—交通大学年谱》，第481页。

⑥　邵子芬：《忆胡立猷教授》，张其坤、高学民主编：《我与交大》，北京交通大学出版社，2006年，第237页。

在此期间，交大本部又陆续增加了土木和航空等十几个系科，已经粗具规模。抗战胜利，交通大学着手复员。胡立猷被学校委以协调复员的重任。复员事宜千头万绪，不容有稍许差错，胡立猷不辞辛劳，事无巨细地担当起这一重任。翻检校史资料，可以一窥胡立猷在当时的付出：1946年1月20日，交大渝校召开第一次复员会议，议决学校复员有关事宜，并议决五名交大委员，胡立猷为其中之一。3月8日，交大渝校因复员委员会委员多已离（渝）校，校长吴保丰聘定包括胡立猷在内的26人为委员，重组复员委员会。3月10日，交大本部召开第八次复员会议，讨论并议决复员有关事宜，并议决包括胡立猷在内的七人组成复员委员会常务委员会。3月20日，召开常务委员会第一次会议，就有关复员进行中的一些具体事宜进行商讨。4月13日，召开复员委员会第二次常务委员会会议，议决在校长离渝返沪期间，即以复员委员会常务委员为校务委员办理校务，公推胡立猷负责，对外用代理校长名义，对内用复员委员会主任名义，并报部备案。4月22日，校长吴保丰由渝飞沪。5月2日、3日，连续召开两次复员委员会常务委员会会议，讨论有关事宜。5月7日，召开复员会议，议决由胡立猷负责向招商公司接洽复员所需轮船。5月11日，胡立猷派谭德生留守渝校办理最后一批复员及公物运输、房屋交代等事宜。5月16日，学校召开第十次复员会议，讨论议决组织总务部、装运部、船位支配部、纠察部、卫生部等部门，其中船位支配部由胡立猷兼任。5月28日，胡立猷函开渝校九龙坡所售房地及校车所得价款清单报呈吴保丰；同日，国立女子师范学院致函交大渝校，称交大九龙坡旧址已由教育部令拨予该校，并复经交通部俞部长应允，要求学校全部移交。此事学校早有决议：电器材料非教育部增添，应拆卸运沪，如女子师院需要，可作价出售。结果，此事引发交大与教育部和女子师范学院之间的矛盾。6月10日，学校通知国立女子师范学院整理委员会，其所借电器材料，将于15日拆卸装箱运沪；如需要，可折价为2300万元出售。6月14日，教育部代电学校，称九龙坡交大校产应报部处理，不准价售，并要把所有电灯器材一并拨让。6月24日，吴保丰在上海电令胡立猷将渝校电器拆运到沪。然女子师院向教育部要求交大无偿出让。6月30日，女子师院又电告吴保丰要求全部接收。7月10日，教育部又代电致交大，重令电器设备不能拆除，应全部移交女子师院。当日校长吴保丰函复女子师范学院，陈述不能全部拨让的原因，要求对方向教育部请款价购。18日，交大再电教育部，申述有关理由。8月3日，交大渝校最后一批师生复员在即，渝校致函交通部国际电台重庆支台，请求借用卡车两辆，并当即派员洽商。5日，复员船只国庆轮驶至九龙坡。学校将所有公物运抵九龙坡江，开始装船。为安全起见，又致函九龙坡警察分驻所，请求派警士予以警卫。到月底，最后一批复员师生员工 150 余人及大批图书、教学设备仪器、文件、账册等物搭乘国庆轮，在历尽艰辛之后终于抵达上海。

至此，渝校 2040 余人都回到上海，复员工作全部结束。[①]

---

① 上海交通大学校史编纂委员会编：《上海交通大学纪事 1896—2005》上，上海交通大学出版社，2006 年，第 361—369 页。

第十三章 迎接光明

1948 年 8 月 8 日，日本天皇发表《告国民书》，宣布无条件投降。

8 月 21 日晨，经过大雨的芷江城阳光普照，万里无云，空气特别新鲜。芷江军民在晨曦中群聚街头，欢庆抗日战争的胜利和世界和平的到来，都想亲眼看一看日本侵略者战败投降的下场。下午，中国战区日军洽降会议正式举行。至23 日，中国谈判代表将中国战区陆军总司令部备忘录第一至第五号交给日本乞降代表，详细规定了中国受降的事项。

中国战区受降代表团以中国战区陆军总司令何应钦为首，还有中央各部委的代表等共 30 余人，其中就有行政院参事、署中将衔的徐象枢。"剑外忽闻收蓟北，初闻涕泗满衣裳，却看妻子愁何在，漫卷诗书喜欲狂。"这是他一生中最为荣耀、也最为兴奋的一天。抗战八年，三千个日日夜夜的惊心胆跳，2100 多万中国军民的鲜血，终于换来日本军国主义的投降。这一天，他与四万万同胞一起，怎么不高兴，怎么不自豪呢？

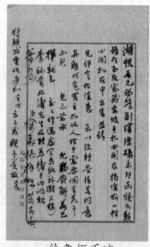
徐象枢手迹

徐象枢，别号景薇，1897 年生于江苏吴县。1922年 6 月，徐象枢从震旦大学法政科毕业，同年 9 月入震旦大学法政博学科，1924 年获得震旦大学法学博士学位，博士论文《唐太宗之功绩》。在复旦就读期间，徐象枢学业十分优秀。据查，《震旦大学院文学法政杂志》就连载了他的论文《中国古代法律略论》，分人民、财产、债权、继承、诉讼权五编，系统叙述了我国自先秦至清末之法典。这篇论文在 1927 年由土山湾印书馆印行。此外，《震旦杂志》也有他以法文写就的文章，对新文化运动表达了支持的态度。

1928 年，徐象枢留学法国巴黎攻读法律。1930 年

7月，徐象枢学成回国。时值复旦大学创建法律学系，徐象枢被聘为教授。① 同时，徐象枢在上海、苏州两地开设律师事务所。1932年徐象枢的《非战公约与世界和平》由上海黎明书局出版。

关于"转入"政界，徐象枢晚年撰文《从政杂记》做过回忆。当时，因为案件诉讼的缘由，加上留法同学张道藩的介绍，他与南方政界的关系逐渐稔熟。据他回忆，"我和道藩乃是留法同学，彼此熟悉，所以他常常来中央饭店访谈，同时他也要从报馆记者们得些消息"。"有一次，中央党部忽然请我去办理此有关法律的案件。当时中央党部有两个秘书处。其一是中央执行委员会的秘书处，其中有秘书长一人总成，另有秘书四位；其二是中央政治会议（后称政治委员会）的秘书处，也有秘书长一人，秘书四人。……中执会就事务性质，分为组织部、宣传部等，各以一位委员为部长。中政会亦因事务性质不同而设有法制组、外交组、财务组、经济组等，其作用在审查各方面的提案和决定原则。每组有委员五六位。那里叶楚伧与唐有壬先后担任中政会议秘书长，他俩和狄君武咸认为秘书人选应当充实，遂请我去做法制组的专任秘书。"不过，虽然是专任秘书，但徐象枢的主要职业仍是律师。因为党务工作员不算是'官'，所以我仍可做律师，于是我便常常来往于苏、京或京、沪之间"。②

这是1932年的事，到了第二年，行政院改制，徐象枢担任政务处参事。徐象枢回忆："我确曾考虑甚久：放弃律师不做，而就月薪五百六十元的职位是否值得？最后，觉得政治也需人才，更属重要。遂答应而就。"对于此次任职，用他自己的话说，由"客串"变为"下海"了。③

1933年，徐象枢进入政界，试署行政院政务处参事，次年正式就任，到1936年调任内政部参事，次年6月正式辞任行政院政务处参事。④ 期间的1935年2月，行政院改革行政效率委员会，徐象枢被任命为主任。⑤ 行政效率委员会是国民政府为提高行政效率而专设，其职责在于考核各行政机关的组织与职权分配并调整其相互关系、考核各行政机关的财务收支，并促进其合理化与经济化、考核各行政机关的官吏任用奖惩，办公及办事效率，并督促其改进等。徐象枢上任伊始，在《行政效率》1935年第3卷第6期上发表《今后研究行政效率的方

① 《复旦大学百年纪事1905—2005》，复旦大学出版社，2005年，第66页。

② 徐象枢：《从政杂记》，《历史研究》第6辑，书目文献出版社，1987年，第49页。

③ 徐象枢：《从政杂记》，《历史研究》第6辑，第50页。

④ 陈红民、吴永明、周海燕等：《南京国民政府五院制度研究》，浙江人民出版社，2016年，第91页。

⑤ 《申报》1935年2月22日。

针》，提出优化考绩计分标准、公报集中编印、物料之集中购办等改革举措。

抗战爆发后，徐象枢随国民政府内迁重庆，在 1944 至 1945 年间担任战时国防最高委员会参事。[①] 此时的他，得到了高层的赏识。1944 年初，国民党举办中央训练团党政高级班，社会学家陈达应约担任了教官。据他回忆，"学员 149 人大多数由党政班毕业生挑选出来，少数由蒋团长圈定（如昆明交通银行经理徐象枢及邮政总局联邮处长谷春帆、华阳县长彭善承等）"[②]。

1945 年，对于徐象枢来说是一个"双喜临门"的年份。一则抗战胜利，颠沛流离的日子从此结束；二则娶得娇妻归，新娘正是胡敦复的次女胡福南。这一年，他已经 48 岁了。"原配因喜看小说，积入成迷，必要离婚"[③]。当年 9 月 18 日，徐蔚南在重庆乘机飞上海。在机场上偶遇徐象枢夫妻。"苏州徐象枢先生伴着他的新夫人到昆明去"[④]。

抗战取得胜利后，交通大学、大夏大学、光华大学、暨南大学等纷纷复校。此时的大同大学，已经卓然而立于大上海。

大同的"春天"又到来了。但胡敦复却遇到了一生之中的又一个来自政治上的挫折。

在一片讨伐"伪学生""伪工人""伪教师"的声浪中，有人想给胡敦复加上"汉奸"罪名，要求加以审判。

在上海市档案馆就藏有这样一封匿名信，收信人是高等法院分院首席检察官。信中直指胡敦复为"文化汉奸"。信中如此写道："文化汉奸、大同大学校长胡敦复，在抗战时期历任敌伪要职，与前圣约翰大学校长沈嗣良，同为伪政府文化功臣。乃沈嗣良由贵院判处徒刑八年，而胡敦复，则贵检察官装聋作痴，置之不问，任其逍遥法外，剥括学生教员，且在社会大出风头。一彼一此，相去天壤，试问何以折服沈嗣良之心？试问何以平社会忠义人心之愤？更何以见法律之平允？望速将胡敦复检举侦讯，提起公诉，以保令誉，是为至要。"[⑤]

即使是竺可桢，也认为胡敦复"已在不可赦之例"。他在 1946 年 7 月 13 日的日记中有如下文字："张贡九（按：张廷金，曾在抗战期间代理交大沪校校

---

① 陈雁：《抗日战争时期中国外交制度研究》，复旦大学出版社，2002 年，第 61—62 页。

② 陈达：《现代中国人口·联大琐记》，云南大学出版社，2018 年，第 446 页。

③ 浦薛凤：《相见时难别亦难》，黄山书社，2009 年，第 153 页。

④ 徐蔚南著、熊飞宇编校：《从上海到重庆》，上海书店，2016 年，第 206 页。

⑤ 《信》，档号 Q188-2-325，上海市档案馆藏。

长）现不出头，伪组织时代曾由范会国、胡敦复之敦促，偕同晋京谒汪精卫后，贡九长校之命令乃发表……贡九与敦复均好货，故时人均不满之。但敦复行为不如（圣）约翰沈嗣良之附逆。……余谓读科学之人做汉奸者不多，如文元模、王谟皆因留学关系，敦复、贡九已在不可赦之例。"①

胡敦复

蔡元培的女儿蔡睟盎在抗战胜利后曾短暂借读于大同大学，她对这段"甄审"与"反甄审"的历史有着深刻的记忆。有文章如此记录蔡睟盎当时的经历和心态："继狂欢的鞭炮声之后而来的却是一声晴天霹雳：以胜利者自居的国民党当局一方面把不少汉奸称为'曲线救国'的功臣，给予封官晋爵，连沦陷时期宣扬汉奸理论、最受同学们鄙视的原公民教员，也以国民党官员的身份出现在校园里；另一方面把交大、上医、音专等六所高等院校留沪的部分定为'伪学校'，把广大同学视为'伪学生'，宣布要'解散伪学校，甄审伪学生'，这些学校的教师被无辜停职，学生的学籍也不被承认。蔡睟盎和同学们一样，为自己无端受歧视而愤愤不平。许多同学奋起游行、请愿，高喊出'人民无伪，学生无伪'的口号，表达了广大市民的心声。蔡睟盎本想去参加游行，但内心十分同意母亲的判定：上街游行，甚至直接向蒋介石请愿，都不会有任何结果；不如在交大停学期间，到私立学校去听课，以免荒废学业。因此，蔡睟盎就没有参加这次'反甄审'的学生运动，而是听从母亲的安排，到私立大同大学物理系去做了一段时间的旁听生，但是，事情的结果出乎母亲的预料。由于广大同学的坚决斗争和市民群众的广泛支持，国民党当局终于被迫停止甄审学生，同意留沪的学生与从重庆返沪的学生同班上课。蔡睟盎第一次体会到同学们团结斗争的力量；同时，本着当女科学工作者的志愿，她更加勤奋地学习功课，以弥补交大停学造成的损失。"②

的确，在日据时期，胡敦复还接受日伪任命，担任"中日文化协会名誉理事""中央研究院委员"和"新国民运动促进会委员"等职务。③1943年9月，

---

① 《竺可桢全集》第10卷，上海科技教育出版社，2006年，第160页。

② 《走上学运第一线》，丁群：《扛起地狱的闸门——第二条战线英豪传》，江苏人民出版社，2004年，第131页。

③ 《私立大同大学历史事实考证书》，档号 Q241-1-1，上海市档案馆藏。

伪上海市政府组织市教育会，胡敦复等30人为委员。[1]

对于胡敦复来说，教育是他的"生命"。他与日伪周旋，多为虚与委蛇之举，他的一切只是为了保全学校，发展学校。据学校老职员回忆：对于伪教育部的来文来函，胡敦复就指示"不要答复他们，以免噜嗦"[2]。

相较于租界交通大学校长张廷金，胡敦复还算比较"幸运"。张廷金以"汉奸"罪被起诉。知晓原委的交大当事人和社会名流，如立法院院长、前交大校长孙科，前董事长唐文治，前校长黎照寰，抗战胜利后前来接收租界内交通大学的校长吴保丰等，纷纷出面为其证明清白。迫于民意，上海高等法院最终宣判张廷金"无罪"。

胡敦复没有被论以"汉奸罪"，不过，沪上人士的反对却着实一度使胡敦复陷入困境。在压力面前，1945年11月，胡敦复向董事会提出了辞职请求，由胡刚复接任大同校长一职。

不过，此时的胡刚复，正受浙江大学之委托，率学生前往英国学习雷达技术。胡敦复继续代理校务。

浙大复员回杭后的开学典礼（1945年11月）

据胡琦南《先父小传》记载，在英国期间，胡刚复每周均到剑桥听课，听微波原理和听他以前没有正规学过的量子力学、电动力学和统计力学等课程。他的伤寒病后遗症（耳朵失聪）在战后冬季无取暖条件的英国更为加重，以致每次听

① 《陈公博关于组织教育委员会电及教育委员会呈（1942年1月—3月）》，《日伪上海市政府》，第911—912页。

② 《私立大同大学历史事实考证书》，档号Q241-1-1，上海市档案馆藏。

课坐在第一排方能勉强听见。[①]

1946 年初，楼邦彦出差重庆时，在机场偶遇北大法学院院长周炳琳。周在征求楼邦彦的意见后，当即邀请他到北大任教。楼邦彦回到西安不久，就收到了北大的正式聘书。[②]

楼邦彦

这一年冬，楼邦彦全家借道上海来到北平，开始了在北京大学政治学系的任教生涯。与他几乎同时到北大政治学系任教的还有同学王铁崖，另一位同学龚祥瑞也在 1948 年 6 月入系任教。高放在 1946 年考入北京大学，"当时给我们上政治学的是楼邦彦教授，他采用的是美国加纳教授英文版的政治学著作"[③]。北大学生肖铃在 1948 年秘密去往延安。"在北大的最后几天，我听了楼邦彦和费青教授讲的法律课，听了樊弘、许德珩教授讲的经济学、社会学"[④]。据北大校史资料，1946 年的法学院是当时北大各学院中学生人数最多的学院，学生人数 834 名，其中政治学系有 201 人。任课教授亦皆一时之选，法学院院长及政治学系主任本为钱端升，然而钱于 1947 年 10 月受费正清之邀出国，任哈佛大学客座教授一年，故法学院院长及政治学系主任暂由周炳琳代摄，旋王铁崖继任系主任。专任教授凡有七位：钱端升、吴之椿、吴恩裕、许德珩、崔书琴、楼邦彦和张佛泉，另有两位年轻的助教。课程设置，有钱端升的"政治制度""中国政府"，吴之椿的"英国宪法史""近代政治思想"，吴恩裕的"西洋政治思想史"，许德珩的"社会学""社会制度"，楼邦彦的"地方政府""行政法"，崔书琴的"国际关系""国际公法"，和张佛泉的"英文政治名著选读"。"政治概论"一门课，则由钱端升、吴之椿、吴恩裕、楼邦彦和张佛泉五位教授分任。[⑤]当时政治学系虽未分组成教研室，但研究方向迥然分

①　胡南琦：《先父小传》，《物理实验》（纪念胡刚复教授诞辰百周年特辑），1992 年。

②　楼秉哲口述：《回忆父亲楼邦彦》，谢喆平访问整理：《浮云远志——口述老清华的政法学人》，商务印书馆，2014 年，第 156 页。

③　高放：《一本值得细心研读的研究马克思主义的力作》，吴恩裕：《马克思的政治思想》，商务印书馆，2017 年，第 179 页。

④　肖铃：《向北方·向太阳》，中国文联出版社，2006 年，第 16 页。

⑤　金承涛、孟繁之主编：《一枝一叶总关情——后金杜度家族人物史略及其直承后裔谱志》，山西人民出版社，2019 年，第 58 页。

明，有政治制度、政治思想、国际公法与外交三个方面，学生可根据自己的兴趣所在，于必修课之外，选修自己感兴趣的课程。

抗战胜利没几年，国民党在抗战中所累积的声望，就在政治、经济治理的失策失据中慢慢被消耗。"到了胜利以后的第二年，国家政治仍然混乱不堪，教育各方面深受影响。这几天，汹涌澎湃的学潮蔓延全国各地，而政府当局业已决定断然处置办法，使我们深深忧虑此后的发展将更险恶，而至无法收拾"①。刚从体制内脱身而出的楼邦彦，成为学生运动的坚定支持者。

1946 年 12 月 24 日晚，驻华美军在北平东单操场强奸了北大女学生沈崇。"沈崇事件"发生后，一场声势浩大的抗议美军暴行的群众运动在全国爆发。12 月 30 日，包括楼邦彦在内的 48 名北大教授联名向美国驻华大使司徒雷登递交抗议信，强烈谴责美军这一暴行，要求惩办犯罪美军。抗议信中写道："吾等闻悉此暴行尤深悲愤，特以叁点提请注意。一、对于被害人望嘱有关方面迅作处置，以补偿被害人之损失；二、对于犯罪之士兵，迅绳之以法；三、保证以后决不再有类似事件在中国任何地方发生。"②

转过年来的 1947 年，在上海、南京的大学率先发起了"反饥饿、反内战"运动，北平各大学也随后行动，并举行了罢课。5 月 20 日，北平举行了声势浩大的游行示威，是为"五二〇"运动。"反饥饿、反内战"运动，得到了社会上广泛的同情和响应。5 月 22 日，包括楼邦彦在内的 31 名北大教授发表《宣言》，指出："青年学生所呐喊的反内战、反饥饿，正是代表全国人民一致的呼声，我们应该同情"，"青年学生运动的起因是不满现实，唯有改变现实，才能平息他们的不满。推诿与压制则结果适得其反"。③5 月 28 日，清华、北大、燕京等平津八校教授 580 余人发表对时局的《宣言》。《宣言》指出，抢救教育危机的唯一出路，就是依照政协路线，成立民主联合政府。

1947 年 10 月，国民党政府宣布民盟为"非法团体"，民盟总部被迫解散。民盟成立于 1941 年 3 月，由主张"团结、民主、抗日"的政团组成，当时的名称是中国民主政团同盟，1944 年 9 月改组为中国民主同盟。民盟在民主宪政运动、政治协商会议、国共两党和谈、反对国民党召开"国民大会"的斗争中，与中国共产党密切配合、共同战斗，被国民党视为"眼中钉"。蒋介石强制解散民

---

① 《北京大学教授宣言（1947 年 5 月 22 日）》，陈民、青莱藻编：《九三学社》，文史资料出版社，1981 年，第 13 页。

② 《为沈崇事件致司徒大使抗议书（1946 年 12 月 30 日）》，《九三学社》，第 18 页。

③ 《北京大学教授宣言（1947 年 5 月 22 日）》，《九三学社》，第 12—14 页。

盟，大失人心，国内外反映都很强烈。11月4日，北平《新民报》发表了包括楼邦彦在内的47位教授的抗议声明《我们对于政府压迫民盟的看法》。直言："政府此举，旨在消灭民盟，且不论其直接效果如何，实对民主宪政的前途留下极恶劣的影响。……今政府压迫民盟之举，实难免于'顺我者生，逆我者死'之诟病"，"中共是和民盟风雨同舟的亲密战友，当然要及时声援遭受迫害处境危难的民盟"，"我们愿以自由国民的立场，向政府严正陈言：（一）对于宣布民主同盟为非法团体一事，应重新作决定；（二）倘民盟竟被解散，其善后各事之处理，必依照公平合理之原则，不得稍有蹂躏人权之举；（三）恢宏气度，责己客人，才是贤明执政的作风，政府于此尚须多加留意，义之所在，不容缄默，愿与全国人士共勉之。"抗议声明还把斗争的矛头直指蒋介石："但是病入膏肓的蒋介石，今天害怕这样一个组织，他宁可向这个组织露出法西斯野兽的牙齿……蒋介石常常小心隐藏自己的病状，但是解散民盟这件事却一下子就向全中国全世界泄露了他已经何等衰弱不堪……蒋介石解散民盟和在各大城市中大施迫害民主分子，其实际意义只是暴露和加重南京统治的异常紧迫的危机，而决不能丝毫减轻这个危机。"①

1948年3月29日，国民党"行宪国大"开幕。国民党北平当局害怕这个时候北平学生"闹事"，北平警备司令部奉令查禁学生的最高自治组织——华北学联。同日，北大教授许德珩、袁翰青、樊弘在北大民主广场纪念黄花岗先烈大会上依次演讲，反对"行宪国大"的召开。4月3日，平、津两市的清华、北大、燕京、中法、院师、北洋、南开七大学，联合举行反压迫运动，罢课三天；北大、清华两大学教授罢教，教工罢工，支持学生。4月19日，国民党北平市党部主任委员吴铸人发表谈话，恐吓广大师生员工"不要玩火，更不要掏出'罢'字武器来"，并"忠告"三位教授，以"万一五十万人中出了一个激烈分子，其结果是演一幕害己、害人、害国家的惨剧"等恫吓之词为威胁。4月23日，包括楼邦彦在内的北大、清华、师院、燕京四大学的90名教授，公开谴责吴铸人的谈话不但是故意歪曲事实，存心威胁，而且是进一步破坏的先声，是预谋制造第二次"闻一多事件"。"高唱还政于民的现在党政当局，竟在我国文化旧都的北平，不准'假藉民主、集会结社言论自由等等名词'，公然对于忠贞纯正的科学工作者加以无理诬蔑，威胁其安全，意图挑拨感情和转嫁责任，这是对于民主的一大讽刺"②。

---

① 《我们对于政府压迫民盟的看法（1948年11月4日）》，《九三学社》，第15—16页。

② 《中国科学工作者协会抗议书（1948年5月29日）》，《九三学社》，第28—31页。

这一年是"五四运动"29 周年。在纪念日前夕，北京大学学生自治会发行的《北大》半月刊，出版了"五四"特大号。在"回忆感想——展望"栏内，集纳了十几位教授的短文。楼邦彦写道："今天的情况比当年好不了多少，或许更坏，我们要拿出当年的年轻人的精神态度与毅力，团结起所有的同志，去求得收获。"5 月 5 日，北大两千余名学生在民主广场举行民主与科学晚会，包括楼邦彦、王铁崖在内的六位教授又登台演讲。①

5 月 19 日，美国公布了"特莱伯计划"。这个计划实质是通过减少日本的战争赔偿，把日本培育成为反苏反共的基地。这自然激起饱受日本侵略蹂躏八年之久的中国人民的愤怒，一场声势浩大的反对美帝扶植日本侵略势力复活（简称"反美扶日"）的集会和示威游行在全国迅速兴起。6 月 9 日，北平各院校学生，分东、中、西三路大军共 5000 多人举行"反美扶日"大游行，北平当局派出警察阻截，并开枪恫吓，五名学生头部被击伤。"楼邦彦教授从我们出发到返校一直随着"②。下午三时半，游行队伍返回北大民主广场集合，召开反对美国扶植日本，挽救民族危亡大会。费青、楼邦彦两位教授做了演讲，谴责美国扶植日本，谴责国民党政府的媚美外交政策。楼邦彦在演讲中说："政府既然有计划的造成紊乱、恐怖状态，希望各同学在此时期中保持着我们伟大的力量，渡过难关，不可轻易牺牲，老实说，将来的中国，是正需要我们来支持的啊！"③长子楼秉哲现场聆听了演讲，发现父亲的口才当真是好。④国共内战正炽，1948 年 6 月，国民党冒天下之大不韪，悍然轰炸开封古城。6 月 29 日，包括楼邦彦在内的北平各院校教授 104 人发表宣言，呼吁停战。⑤

1948 年 8 月 18 日，国民党政府下令实行币制改革，以金圆券取代法币，以遏制一日千里的物价飞涨之势。然而，由于货币滥发而造成了更为严重的恶性通货膨胀，致使老百姓的生活陷入困境。"楼邦彦教授更愤慨于教授一百几十元薪水，每日欲吃二两肉而不可得"⑥。包括楼邦彦在内的清华大学和北京大学的 10

---

① 张刃：《北平电话》，中国工人出版社，2019 年，第 250—251 页。

② 中央华北局城工部编：《华北学生反对美国扶植日本运动（1948 年 9 月）》，共青团中央青运史工作指导委员会等编：《中国青年运动历史资料》第 18 集，中国青年出版社，2002 年，第 357 页。

③ 北平燕京大学反迫害反饥饿行动委员会编：《生与死的搏斗：华北院校反迫害反饥饿运动纪实》，1948 年，第 40 页。

④ 谢喆平：《旧书新出忆故人——政治学家楼邦彦》，楼邦彦：《各国地方政治制度法兰西篇》，商务印书馆，2012 年，第 103 页。

⑤ 《抗议轰炸开封（1948 年 6 月 29 日）》，《九三学社》，第 14—15 页。

⑥ 郭根：《北平三年》，知识与生活社，1949 年，第 59 页。

名著名教授在 10 月 18 日公开发表《我们对于改善公教人员待遇的意见》，悲愤地指出："以今日物价之昂，七十万仅抵战前之十元左右，项目如此之多，显将顾此失彼。故公教人员之奉公守法者，都不能维持最低限度的生活，更遑论合理的生活。"①11 月 4 日，北大教授以罢教的形式以示抗议。楼邦彦在接受记者的采访时，不无愤懑且略带几分戏谑地说："要了解教授生活的困难，最好去访问教授们的太太。"②像这些过去一向清高并且闻名海内外的教授们，竟会一笔一笔地算起日常柴米油盐的开支账来，毫不掩饰地公开他们穷困的窘境，可见现实生活已经把

1949 年，北京大学政治系部分教授与助教合影。左起王铁崖、龚祥瑞、钱端升、许德珩、吴之椿、楼邦彦，中蹲坐者赵宝煦

他们折磨到何等程度，而且看不到未来的任何希望。

　　1948 年 10 月，国民党政府看到华北大势不妙，策划将大专院校特别是一些著名大学迁往南方，大多数院校都开展了反对斗争。在北京大学，各系学生成立了联防小组，拒绝南迁；秘密印制了有关党的城市政策、知识分子政策和工商业政策等文件，广为散发，以安定全校师生员工的情绪。樊弘、楼邦彦等教授还公开作了反对南迁的讲演，申述北大一定要留在北平的理由，全校响起了普遍反对南迁的呼声。11 月 22 日下午，校长胡适主持召开行政会议，经过两个小时的激烈争辩，最后做出不迁校的决定。24 日，举行教授会，125 位教授出席会议，讨论通过北京大学不迁校的决议。③之后，其他学校也纷纷效仿，国民党南迁大专院校的计划彻底破产。之后，国民党又抛出"抢救平津学术教育界知名人士"的计划。国民党当局所谓的"抢救"对象，也是中共的文化统战和挽留对象。1948 年 10 月，曾在民盟华北总支部和北平市支部工作过的刘清扬到达华北解放区后给中共中央华北局城市工作委员会写信，反映需要做好有关文化人士的统战和挽留工作，并提出了北平方面应该注意联系人士名单，其中就包括了楼邦彦。④

①　曹伯言整理：《胡适日记全编》（7），安徽教育出版社，2001 年，第 682 页。

②　《北平多数教授全家吃窝窝头》，《南京日报》1948 年 11 月 5 日。

③　王学珍主编：《北京高等教育史》上，中国广播电视出版社，2010 年，第 703 页。

④　《刘清扬平津解放前夕给萧明德信》，《北京档案史料》1998 年第 6 期。

楼秉哲对这一时期的父亲这样回忆："当时，北大民主广场是学生民主运动的一个重要活动场所，经常有集会和群众性活动，许多有识之士常常发表政见演说，父亲就是比较活跃的'进步教授'之一。那段时间，地下党在校园里非常活跃，我们家里也不断有学生来访，虽然父亲同地下党没有组织联系，这些学生也没有正式亮明过身份。不过父亲很清楚，他们中不乏地下党员，地下党也正是通过这些'进步学生'来影响和引导这些教授的。解放前夕，父亲和住在府学胡同的许德珩、袁翰青先生三人被列入当局'黑名单'的消息，应该就是来源于地下党的情报了。"①

在积极参与学生运动的同时，楼邦彦并没有放弃对中国命运和前途的思考。1947年5月，胡适邀请北大、清华、南开等校教授学者成立了"独立时论社"，意图以独立的公道的立场抒发己论。参加该社的有40余人，楼邦彦列名其中。②1948年3月，楼邦彦又参与成立了"中国社会经济研究会"，打算"寻求一条中国现代化的新路"。研究会成立的同时，创办《新路》周刊，由吴景超任主编，"由于钱先生当时在国外讲学，政治编辑由我父亲楼邦彦代理"，"在《新路》的创刊号上，父亲发表了《当前中国的行宪问题》，针对的是国民党声称要实施'宪政'的表态，指出行宪的关键不在于政府的决心，而在于是否存在行宪的客观环境。他认为，宪政有两个基本的假定：一是'民主'的假定，假定人民为国家政体的主体；一是'法制'的假定，假定政府的权利为一种有限制的权利"。③

1947年的"反饥饿、反内战"运动，也波及了上海的大同大学。那是在5月14日，学生在经济食堂用餐时放音乐唱片，训导主任前来阻止，激起学生的愤怒。下午，学生发布公开宣言，并与校方交涉，要求"校政革新"。④5月15日下午，学生自治会召开全体代表大会，列席者包括全校所有社团。会上报告校政腐败、收费高且不合理，各项费用超出一般私立大学，请校方经济公开。会议决议请代理校长胡敦复16日来校磋商。

对于学生提出的要求，校方拒绝答复。16日，大同大学学生罢课，500余

① 楼秉哲口述：《回忆父亲楼邦彦》，《浮云远志——口述老清华的政法学人》，第156页。
② 章清：《思想之旅——殷海光的生平与志业》，河南人民出版社，2006年，第99页。
③ 楼秉哲口述：《回忆父亲楼邦彦》，《浮云远志——口述老清华的政法学人》，第157页。
④ 毛民贤：《从迎接抗战胜利到反内战要和平——大同大学学生运动的回顾》，《上海大同大学学生运动史料集（解放战争时期）》（增订本），1996年，第30—31页。

名学生到胡宅请愿，胡敦复避而不见，学生一拥入室，用红油漆在墙上涂写标语。[1]17日下午，学生自治会再次召开全体代表大会，要求校方于两日之内圆满答复，否则将赴南京请愿。22日，学生自治会召开全体会议，到会1000余人。上海市长吴国桢到校，出席大会并讲话，不否认革新校政的合理性，称"其意甚善"，但要求学生应发扬"守法"精神。并令学生在规定时间内撤退，否则将拘办为首者。[2]学生自治会没有理会，坚持罢课到底，并派代表赴南京。

5月26日，学校发生学生斗殴事件，11名学生被拘捕。27日下午，卢湾警察局派警察驻守大同大学。29日，爱生心切的胡敦复与被捕学生家长一起去市政府谒见吴国桢，要求释放被捕学生。[3]6月3日，大同大学学生自治会代表和教授代表达成协议，三日后大同大学复课。[4]

在停课几近一个月之后，大同大学终于复课了，但胡敦复此时的心情却并没有平复。他记得，20多年前"东大易长风潮"和"女师大事件"两场学潮，以及随之而来的由国民党炮制的"学阀"案，更让他"遍体鳞伤"，陷入了人生低谷。如今，"反饥饿、反内战"的学生运动，又一次让他处于风口浪尖。一个疑问在折磨着他——现在的大同不再平静，今后的大同该往何处去？

西南边陲的云南省，也不是一方平静的土地，学生运动同样此起彼伏。

1948年6月17日，云南昆明40余所大中学校的近万名学生聚集到云南大学，召开"反美扶日"大会，接着学生们走向街头，行进到美国领事馆示威。在分散回校途中，29名师生被逮捕。

事件发生后，学联立即向当局交涉无条件释放被捕师生，但无结果。于是发起罢课抗议，学生运动更大规模地开展。在当局与学生的激烈对抗中，学生们逐渐集中到云南大学和南菁中学。昆明师院学生丁耀祖回忆："我们白天分组学习讨论，准备宣传材料，排演宣传节目，夜间则集中住于楼上，楼口堵住障碍物并轮班巡守，以防敌人突然袭击。反动派调动军警昼夜包围南菁、云大两个据点，他们切断电源、水源，封锁交通，企图在生活上卡住我们，我们就组织四十余人

① 《大同大学校长寓所，学生写标语，要求取消活动限制》，《申报》1947年5月17日。

② 《大同学生继续罢课，将请教授领导复习，吴市长昨对学生发表谈话》，《申报》1947年5月23日。

③ 《大同被捕学生家长昨谒见吴市长》，《申报》1947年5月30日。

④ 徐明等整理：《1946—1949年大同大学学生运动大事记》，《爱国办学的范例》，第323—326页。又见《上海市警察局关于镇压1947年度工运学运的综合报告》，档号Q131-6-520，上海市档案馆藏。

的'护航队'乘敌人换岗警戒松弛的时间来往于云大与学联取得联系，并经过云大到文林街一带采购粮食和蔬菜，没有钱，同学们解囊捐助，电源被切断，就用蜡烛照明，没有自来水就直接到井中提水。"[1]7月15日凌晨四时左右，2000多名军、警、宪、特翻墙越壁，进攻学生。学生们从睡梦中惊醒，用石块棍棒展开斗争。经过数小时的抵抗，南菁中学当天中午被攻下，400余名学生全部被抓捕。16日下午，云南大学400多名学生也被抓捕。

9月初，当局将关押在各处的76名师生全部集中到云南省特种刑事法庭监狱关押。当时，"师院被捕关押在宪兵十三团秘密监狱的同学有杨畅东、王绍禹、杨履然、王友欧、姜士雄、王茂、胡旭东、李元炳、杨光宇、窦维均、丁宗昌、何德全、丁耀祖、吴以群、冯惠侠、叶本固、黄有福等，在这里受尽种种严刑拷打，敌人用电刑等各种残酷的刑具对同学们进行'审讯'，又给杨畅东同学背上'斩条'搞假枪毙逼供，并有意在狱中示众，企图恫吓其他同学，但是敌人枉费心机，他们虽然使尽种种残酷的绝招，同学们仍理直气壮地重申反美扶日运动的爱国性、正义性，没有任何人暴露组织和组织成员。8月中旬，我们被关押在宪兵十三团的同学又被敌人分两批押送到翠湖边伪警备部陆军监狱内拘留。在这里敌人除了继续'审讯'外，又用了软的一套，企图欺骗同学们写'悔过书''自白书'，结果得到的只是一张白纸，或者只是写有姓名、年龄、籍贯，为反对美国扶持日本军国主义复活再来侵略我们国家而参加反美扶日运动等内容的所谓'自白书'"[2]。"地下党昆明西区片的负责人之一的陈柏松，随师院学生移往南菁，由师院英语系学生黄有福掩护，冒名顶替该系已请假回大理的同学杨光武，得到师院学生胡旭东、叶本固等与黄的合作掩护，直到南菁被攻破，陈都未被特务、宪兵发觉，仍按杨光武的名字送到警备部。以后，又因查无罪证，送往'夏令营'"[3]。最后，"敌人以种种借口强加给这部分同学一些莫须有的罪名，分别判处4—7个月的有期徒刑，至1949年2月15日全部出狱"[4]。军统局昆明保密站站长沈醉后来回忆："学生们团结相当紧密，很不容易达到进一步破获中共组织的目的。"[5]

① 胡钊：《第二次国内革命战争时期中共石屏地下党的概况》，政协云南省石屏县委员会文史资料委员会：《石屏文史资料选辑》第2辑，1989年，第80—81页。

② 丁耀祖：《记"七·一五"反美扶日学生运动》，《石屏文史资料选辑》第2辑，第84页。

③ 郑伯克：《"七·一五"反美扶日运动的回顾》，中共云南省委党史研究室编：《黎明前的学运大潮——纪念昆明"七·一五"爱国民主运动五十周年》下，中共党史出版社，1999年，第33页。

④ 丁耀祖：《记"七·一五"反美扶日学生运动》，《石屏文史资料选辑》第2辑，第84页。

⑤ 沈醉：《昆明"七·一五"镇压学生爱国运动》，沈美娟主编：《沈醉回忆作品全集》，九州图书出版社，1998年，第244页。

在被关押的学生之中，有一位名叫胡旭东的昆明师院学生正是村前人氏，被关押之年正值 19 岁。他的父亲正是胡鸿鼐。抗日战争期间，胡鸿鼐在云南楚雄从事蚕桑推广，后调云南蚕业新村公司冷藏部任事务员、主任等职。在云南昆明期间，胡鸿鼐还曾到西南联大担任过图书馆馆员。[①] 抗战胜利后，胡鸿鼐并未回迁，而是举家定居于昆明。

在学生被关押期间，由于"家长等既无法请求保释，亦无法进监探望"，包括胡鸿鼐在内的 25 名家长联名于 11 月 24 日呈文昆明特种刑事法庭，提出了"迅予结束侦讯、速判、速结"等五点要求。这时，解放战争的形势有了很大的进展，代总统李宗仁不得不于 1949 年 1 月底来电："饬令昆明特种刑事法庭，自奉令之日起即日撤销，前因闹学潮被讯办之学生及政治犯亦准予请保开释。"[②]

抗战胜利后，曾经并肩抗击外来侵略的国共两党，再一次兵戎相见。

1948 年，国共两党的军队在东北、华北展开了激烈的决战。12 月中旬，人民解放军以 20 万兵力实施对北平城的最后包围。围城之中的民众都怀着焦灼不安的心情。这座文化古城的命运，尤为一般文化教育界知名人士所关注。北平市市长何思源由南京回来，"故宫博物院院长马衡，北大教授许德珩、杨振声、周炳麟、楼邦彦，以及华北各省、市参议会等各界人士都纷纷来访，都想从他这里得到点有关大局的消息，想听一听他对大局的看法和意见"[③]。

1949 年 1 月 26 日，北平文化界民主人士和北大、师大等校教授 30 人，发表《对全面和平书面意见》，拥护毛泽东 1 月 14 日所提出的和平条件，"主张经由民主的党派及民主人士所组成的政治协商会议之召开，严格以八条件为基础，以求达到推翻反动统治，解放全国人民及创造民主进步中国之最后目的"[④]。1 月 31 日，北平和平解放。2 月 3 日，人民解放军举行隆重的入城式。北平大街小巷挂满了标语，彩旗迎风飘扬。宣传车上奏起了解放军进行曲，满载士兵的卡车上悬挂着毛泽东主席和朱德总司令的画像。欢呼和口号声不绝于耳。这天，北平各界列队迎接解放军入城。袁翰青、费青、楼邦彦、闻家驷、冯至等教授走在

---

① 《国立西南联合大学教职员名录》，刘兴育：《旧闻新编——民国时期云南高校记忆》下，云南大学出版社，2017 年，第 383 页。

② 《昆明学生家长给特种刑事法庭的呈文》，政协云南省文史资料研究委员会、云南大学编：《云南文史资料选辑》第 33 辑（"七·一五"爱国民主运动四十周年纪念专辑），云南人民出版社，1988 年，第 375—377 页。

③ 丁岚生：《回忆何思源先生》，《北京文史资料》第 49 辑，北京出版社，1994 年，第 76 页。

④ 《九三学社》，第 37 页。

北大队伍的前列，兴高采烈地参加游行。北大师生同北平的市民一样，沉浸在狂欢之中。他们对北平和平解放所带来的每一个变化都感到兴奋不已。①

楼邦彦对新生政权寄予了莫大的期望，他与老师钱端升一起积极参与了呼吁和平、建设新世界的热潮之中。3月24日，北平各大学114名教授集会呼应世界和平大会。②4月4日，燕京大学、北京大学、清华大学三校政治系师生举行联欢会，针对"南京血案"，钱端升、楼邦彦等13名教授和同学，一致通过除对南京同学表示支援和慰问外，誓以行动来支援，粉碎假和平的看法。③4月8日，北平300余名文化界人士发表宣言，响应召开世界拥护和平大会。④5月5日，200余人士参加关于新民主主义建设的座谈会。⑤5月17日，参加由钱端升主持的法学院教育方针座谈会。⑥……

1948年9月,新学期开学,校长李宗恩、教务长胡正祥(前排穿白褂者)与学生们合影

胡正祥和协和医学院，随着北平的解放和人民的当家作主，也迎来了"新生"。

1948年5月，协和医学院复院，并成立了由李宗恩、李克鸿、胡正祥、聂毓禅等人组成的董事会。随后，他们便分头去邀请原在协和工作的一些"老人"回院工作。很快，热带医学专家钟惠澜、放射学专家谢志光、细菌学专家谢少文、内科学专家张孝骞等都相继地回到了协和医学院。可是，妇产科专家林巧稚对于重回协和，却犹豫再三。她在1942年被"赶"出协和医学院后，开办了私人诊所，还兼任了中和医院和北大医学院两家医院的妇产科系主任。胡正祥两次去看望林巧稚，最终以诚意打动了这位"万婴之母"。⑦

① 吕林编著：《北京大学》，湖南教育出版社，1989年，第85页。
② 陈夏红编撰：《钱端升先生年谱长编》上，中国政法大学出版社，2017年，第494页。
③ 陈夏红编撰：《钱端升先生年谱长编》上，第495页。
④ 陈夏红编撰：《钱端升先生年谱长编》上，第496—500页。
⑤ 陈夏红编撰：《钱端升先生年谱长编》上，第501页。
⑥ 陈夏红编撰：《钱端升先生年谱长编》上，第505页。
⑦ 吴崇其、邓加荣：《林巧稚》，中国青年出版社，1985年，第223页。

不过，国民党政府在政治、经济政策上的左右失据和日益严重的腐败，让胡正祥萌生了不满情结。"北京解放前夕，张锡钧和当时协和医院的胡正祥教授、微生物学家谢少文教授等，经常在一起谈论国家大事。他们对国民党政府的腐败统治不满，认为中国的前途在于中国共产党领导的反帝、反封建、反官僚主义的革命运动，坚信共产党比国民党好"①。

1951 年 1 月，协和医学院被收归国有，更名为中国协和医学院，胡正祥担任病理科主任。同年，他与秦光煜、刘永合作将几十年中收集的千余件有价值的病理标本和数千幅珍贵的标本照片，整理出版了中国第一部以国内病理资料为主的《病理学》。②学生刘彦仿说："《病理学》内容丰富不说，还有印在新闻报纸上的大量照片，非常清晰又说明问题。照片中的形态结构细致，反差适度，层次分明，而且丝毫没有人为现象。"这部专著的出版发行，在培养中国病理工作者方面起了很大作用。在这一阶段，胡正祥还负责筹备召开中华病理学会第一届全国病理学术会议，交流科研成果，探讨学科的发展方向，并创办《中华病理学杂志》，兼任总编辑。

胡梦玉，同样坐等解放大军的到来。她出生于 1912 年，1928 年初中毕业后考入了北京燕京大学预科班，翌年经考试进入燕大本科。"她才 15 岁，没上高中，看别人报考，她也考着玩，没想到居然考取了。"③当时，冰心正在燕京大学任教。在第一堂课上，"冰心是满口流利而地道的北京话，她在学生自报姓名时，纠正学生们的南方口音，引发出满堂笑语纷纷。当轮到胡梦玉时，她是无锡人，操着一口轻柔的吴侬软语报了姓名。冰心在纠正她的语音时，清楚地看到这位 15 岁的大学生长得特别俊俏，一身灵气"④。在讲台上，冰心清晰地阐述了国文为什么要作为必修科，学习这门课的基本要求和学习方法。讲完这些主要内容后，身为基督教徒的冰心又给学生讲了一段话："《圣经》的《创世纪》里面有一段很好的故事，不知道你们注意到没有。神创造天地时，地是空虚混沌，渊面黑暗，神第一天创造光，分开了光和暗，称光为昼，称暗为夜，有了晚上和早晨，神看看是好的，觉得很满意。第二天，神又造出空气来……"不管学生们怎

① 吴崇其主编：《中国协和医科大学人物荟萃》第 1 集，北京医科大学、中国协和医科大学联合出版社，1992 年，第 24 页。

② 矗之编著：《协和医脉》，中国协和医科大学出版社，2014 年，第 168 页。

③ 朱犁：《伟大的爱——冰心与孩子们》，湖南少年儿童出版社，1994 年，第 82 页。

④ 朱犁：《伟大的爱——冰心与孩子们》，第 83 页。

么议论，她的这段话却深深地印在学生们的脑海里。直到半个多世纪以后，胡梦玉还念念不忘："我是把'创造的快乐，是最大的快乐'这句话作为自己的生活准则，我大半生的追求就是要进行创造，我在北师大教数学，我的宗旨，就是要培养创造型、开拓型的人才，这都是按照冰心老师的教诲去做的。"[①]

1933年，胡梦玉毕业于燕京大学生物系，因学业优异，毕业时被选为 Befa Befa Befa 生物学荣誉学会会员，获金钥匙一枚；第二年她又获中山文化教育馆举办的全国自然科学考试竞赛甲等第一名。在燕京大学就读期间，胡梦玉被同学们誉为"校花"。接着，胡梦玉入苏州东吴大学生物系研究院，1935年获硕士学位。据文乃史著《东吴大学》记载，胡梦玉（Hu Mengyu）为昆虫学硕士。[②]

从东吴大学毕业后，胡梦玉到华中大学（武昌）生物系任教担任普通生物学、植物学、遗传学、解剖学和昆虫学等学科的教学。1946年，胡梦玉转往燕京大学教育系任教。学生梁思萃回忆："我记得高中毕业的时候，燕大有一对夫妇，男的叫赵占元，是体育教授，女的叫胡梦玉，曾是燕大的校花，新中国成立后还在师大当教授。赵占元家是华侨，有很多美国的关系。他曾经到我们家，想把我介绍给一个美国的华侨，说这人可以供我读书，等我毕业后再结婚。我爸妈说对我的婚事不管，我是在旁边听见的。"[③]赵占元、胡梦玉夫妇与燕京大学校长司徒雷登交好。据司徒雷登日记，1945年9月12日，他从成都燕京大学飞往重庆，"承 Robb 和胡梦玉邀请款待"[④]。Robb 即赵占元。

国共两党的决战，深刻地影响着每一个人的命运，也影响着每一所学校的命运。

1945年，罗河以官费赴英国剑桥大学进修及从事学术研究，又赴荷兰进行学术访问。1946年4月，唐、平两院各自复员回迁唐山、北平，分别定名为国立唐山工学院、国立北平铁道管理学院。至此，交通大学再次成为三所独立的大学。

1947年，罗河回国，继续任教于唐山工学院。1948年11月初，辽沈战役结束，东北解放大军即将入关，唐山解放在即。学校做出南迁上海决定之时，罗河

---

① 朱犁：《伟大的爱——冰心与孩子们》，第84—85页。

② 文乃史著，王国平、杨木武译：《东吴大学》，珠海出版社，1999年，第48页。

③ 《有责匹夫——梁思萃访谈录》，张李玺主编：《追寻她们的人生》第4卷，中国妇女出版社，2014年，第25页。

④ [美]司徒雷登：《司徒雷登日记——美国调停国共争持期间》，黄山书社，2009年，第7页。

登台疾呼："唐山交大是中国人办的大学，属于全国的，国民党是中国人，共产党也是中国人……共产党来了，我们为什么要跑呢？我们学校培养出的人才，是属于全中国的，迁校毫无道理！"[①] 罗河暂时任教于北京大学工学院，等待解放。罗冀生回忆："交大当局再次决定南迁上海，我父亲坚决反对南迁，毅然留下等待解放。我们先搬到北平外祖父家暂住。"[②]

1948 年 12 月 12 日，唐山市宣告解放。罗冀生回忆："唐山解放后，全家回到唐山交大北新三舍居住。父亲主持组成复校委员会，开始接触军代表顾稀同志，军委铁道部正式接管交大唐山工学院后，任命我父亲罗河为学院教务主任。"[③] 罗河对学校以后的发展提出了很多积极的建议，如从速延聘知名教授、增设新专业等，都为领导所采纳。当时延聘了一大批知名教授，师资队伍迅速扩大。学校除了原有的土木、建筑、采矿、冶金专业外，又新增了电机、机械、化工等专业，使学校在当时的工科院校中位居全国前列。

在 1949 年《交院导报》（当时的校报）的创刊号上，曾有罗河的题词："惟一切在进步中，独满足者滞留于其所满足之状态……今后时代巨轮加速前进……适者存，不适者亡之铁律万难幸免，则吾人宜如何自处应无可疑。"[④] 由此可以看到，他不但自己在谋求学校的发展上积极进取，而且激励全校同仁牢记交大唐院的辉煌历史、与时俱进。

1949 年 7 月 8 日，中国人民革命军事委员会铁道部决定唐山工学院、北平铁道管理学院和成立于解放区的华北交通学院合并组成中国交通大学，分设唐山工学院和北京铁道管理学院。1950 年 6 月中国交通大学更名为北方交通大学。1952 年，全国高等学校院系调整，北方交通大学撤销，所辖两院分别更名为唐山铁道学院、北京铁道学院。

在改天换地之际，罗河的岳丈胡壮猷，也选择了留下。1945 年，内迁的大专院校纷纷复员，北京、天津、南京、上海等地在沦陷时期办的大学被解散。为收容这些学校尚未毕业的学生，教育部在北平办起了临时大学补习班，共有六个分班。胡壮猷再度"出山"，任北平临时大学补习班第五分班主任（相当院长职务）。1946 年北京大学复校，接收补习班第一、二、三、四、六分班，第五分

① 《罗河：师者风范传千古》，侯西岭、张秀山、殷建国主编：《寻访交大之星》，西南交通大学出版社，2016 年，第 234 页。

② 罗冀生：《对唐山交大的回忆》，《寻访交大之星》，第 309 页。

③ 罗冀生：《对唐山交大的回忆》，《寻访交大之星》，第 309 页。

④ 《罗河：师者风范传千古》，《寻访交大之星》，第 236 页。

班改为国立北洋大学北平部，至1947年也并入北京大学。1948年4月24日，故宫博物院院长马衡在中山公园遇见了胡壮猷。马衡在日记中记："继至中山公园，丁香盛开。遇胡愚若、俞丹榴等。"[①]

1949年1月20日一早，心力交瘁的胡敦复又收到了一个坏消息：当时在中国纺织建设公司（简称中纺公司）任总工程师，兼交通大学纺织系主任的女婿陈维稷，被上海淞沪警备司令部逮捕，同时被逮捕的还有中纺公司工程师兼交通大学教授苏延宾。

陈维稷1902年10月诞生于安徽省青阳县，1917年到上海沪滨英文学校、大同学院求学，成为胡敦复的学生。第二年秋，陈维稷转入复旦大学附中，毕业后升入复旦大学化学系。1925年春，陈维稷去英国留学，就读于里兹大学染化系，1928年毕业后到德国大德染料厂实习。1929年秋，陈维稷回国，与未婚妻成婚，并在上海暨南大学任化学教授。1932年春，他到北平，在北平大学工学院纺织系任教。第二年秋，陈维稷回上海，仍在暨南大学任教，同时兼任复旦大学化学系教授，不久辞去两校教职，任南通学院纺织科染化系教授并兼纺织科教务主任。全面抗战爆发后，陈维稷遣送家眷回青阳老家后去往香港。1938年3月，因原配妻子病重，陈维稷回青阳探望。后来，陈维稷去往重庆，在中国工业合作协会国际委员会担任委员一职，任国民政府合作事业管理局合作物品供销处协理，后又任重庆民治毛纺织厂总工程师。

抗战胜利后，陈维稷回到上海，任上海第一印染厂厂长。这家工厂是国民政府接管日资内外棉第二加工厂而改制成立的，占地40多亩，全部设备开动后能日产印染布近30万米，是当时中国规模最大的棉布印染厂。上海第一印染厂的母公司是中国纺织建设公司。这是一家巨无霸型的企业，是由在抗战胜利后接收日本在中国经营的棉、毛、麻、印染工厂组织而成的，下辖85家企业，是当时世界上最大的棉纺企业。全公司拥有棉纺纱锭170万枚，占当时全国棉纺纱锭的34%，线锭33万枚，毛、麻、绢锭47000枚；此外，全公司还拥有大量的棉、麻、毛、绢纺织机，以及

胡宜南

---

① 马衡：《马衡日记1948—1955》，生活·读书·新知三联书店，2018年，第78页。

印染、针织、制带、纺织机械生产能力。公司所属各厂每年生产的纺织品，1947 年生产棉纱 745689 件，占全国棉纱产量的 36%，棉布 1600 万匹，占全国棉布产量的 70%。麻织品、毛织品和漂白布 80 万匹，各种色布、花布的生产量也非常大。

1946 年 7 月，44 岁的陈维稷与胡宜南在上海成婚，成为胡敦复的乘龙快婿。婚后的第二个月，陈维稷调任中纺公司总工程师。1947 年 7 月，陈维稷又接受上海交通大学校长王之卓的聘请，兼任该校纺织系主任，同时兼任苏州工业专科学校纺织科教授。

胡敦复不知道的是，此时的陈维稷已是一位中共秘密党员。1938 年夏天，陈维

陈维稷、胡宜南夫妇与母亲、子女合影

稷在家乡照顾病重妻子期间，在中共青阳工委书记方向明的陪同下去新四军军部，和新四军政治部主任袁国平、中共皖南特委书记李步新商定在青阳开展抗日救亡运动和统战工作的方针。第二年春，陈维稷被正式批准加入中国共产党。就在全面抗战胜利后不久，中共上海工委就宣告成立。党组织明确：陈维稷继续从事党的秘密工作和统战工作，不公开党员身份，与中共上海工委委员兼经济组组长许涤新单线联系。1945 年 12 月 16 日，在上海的民族工商业界和他们所联系的知识分子成立了自己的政党——民主建国会，主要召集人物有黄炎培、胡厥文、章乃器、施复亮等。从民主建国会筹建之初，陈维稷就参与其间。民主建国会开始时曾宣称"不右倾，不左袒"，强调中间路线，黄炎培也长期以中间派自居。在国共谈判期间，国共双方都努力争取民主党派的支持。由于中国共产党正确政策的感召，再加上陈维稷等人多年坚持不懈地做团结、争取的工作，终于使民主建国会从原来持中立的立场，转到了共产党一边，公开反对国民党政府片面召开"国大"和"国大"通过的"宪法"。1947 年 11 月，民主同盟被国民党宣布为"非法团体"，被迫停止公开活动，而民主建国会仍继续坚持开展合法的斗争。

在参加民主建国会的同时，陈维稷还在上海纺织系统组建中国共产党的秘密外围组织——中国纺织事业协进会。在中共上海工委筹设之初，许涤新就找到陈

维稷等人多次商谈怎样把中纺系统的技职人员组织起来，团结在党的周围发挥作用的问题。1946年7月，内战已在全国大规模展开；到9月，国共和谈已经完全没有希望，中共代表团开始做撤离南京的准备，一些民主人士、文艺界人士和党的干部陆续转移去香港，并且为此成立了中共香港工委。许涤新也在向香港转移之列。在去港之前，他专门找了陈维稷等人，再次商讨成立这个组织的问题。1947年2月1日，中共中央政治局举行扩大会议，讨论目前时局与任务，通过了毛泽东为中共中央起草的关于迎接中国革命的新高潮的指示。在会上，周恩来分析了国统区的人民民主运动，指出这是"第二战场"，第一次把国统区人民对国民党反动政府的斗争，提高到同第一战场——解放战争相配合的战略地位。5月23日，中央发出关于国统区党的斗争方针的指示，进一步强调要"使一切群众斗争都为着开辟国统区的第二战场，把人民的爱国和平民主运动大大地向前推进"。这一指示精神，为陈维稷等人正在筹建的组织提出了明确的指导方针。7月，"中国纺织事业协进会"正式成立，其成员一般是中国纺织学会的积极分子和骨干，但在组织上要比前者精干得多，因此常被简称为"小纺协"。陈维稷被推举为主要负责人。"小纺协"从成立到上海解放，先后发展会员115人，分布在35个单位，因组织严密从未遭到敌人破坏。"小纺协"成员通过交朋友、办刊物、秘密印发共产党的宣传材料、组织文艺演出、举行时事座谈等方式，在上海纺织界人员中宣传党的政策，传播解放战争的胜利消息，消除疑虑，稳定人心。

1948年下半年，国民党眼见败局已定，于是加紧策划搬迁工厂、学校和各种物资到台湾。"小纺协"在上海地下党的领导下，开展护厂斗争，同时加紧搜集资料，把中纺公司的机构设置、股票上市、人事任免和负责人名单，以及各厂的发展沿革、组织人事、设备生产、职工、工会以及反动组织等方面的情况，编印成册，转送到解放区，为迎接解放、接管上海做好各种准备。经过努力，中纺公司朱仙舫、顾毓琇、吾葆真、王子宿、张方佐、诸楚卿等上层人物都对护厂斗争表达了支持。这些上层人物的支持，不仅阻止了对工厂的搬迁和破坏，还使一批原来对共产党的政策有疑虑、准备去香港等地的企业家和高级技职人员安心留了下来，保证了上海纺织工业在解放以后很能快恢复正常生产。

在开辟"第二战场"的过程中，中共中央华东局成立了华东局国民党统治区工作部（简称"国区部"）。陈维稷的老战友方向明被任命为上海工作组组长。1947年5月，方向明秘密抵达上海，设法和陈维稷取得联系。陈维稷邀方到自己家里去住，不久又将他转移到他五弟陈次泽家去居住。陈氏兄弟的家都安于澳门路中纺公司家舍之内。为了使方向明能够有一个公开身份做掩护，陈维稷和许涤新商量后，给了他一个"现代经济通讯社采访记者"的头衔，并且化名"施志方"。陈维稷主动协助方向明工作，包括接待和护送地下干部、筹划活动经费、传递信件和联络等。陈维稷还多次帮方向明为解放区采购军需物资和生活用品。薛庆时等著《陈维稷传》写道："那时物价飞涨，原先准备的钱常常不够，陈维稷就添上自己的钱，再不够，就到夫人胡宜南家找岳父、岳母要。"① "岳父、岳母"当然就是胡敦复夫妇。

1947年下半年，蒋介石接受美国建议，建立了一个名为中央情报组（Central Intelligence Croup，简称 CIC）的机构。方向明物色了一个名叫张力化的进步青年，设法打进了这个组织，并且搞到了"京沪杭警备总司令部南京区代理中将视察组长"的职位，领取了最高统帅部颁发的红壳金字的"国防部侦察证"，即所谓的"红派司"。一次，张力化为了执行方向明布置的搜集军事情报的任务，在淞沪警备司令部找到了老同学王之师，王当时任上校作战科长，后又兼任少将代理参谋处长。张、王互相配合，为方向明提供了不少重要情报。张、王遇事常向方向明请示汇报，方不在时就由陈维稷代为答复。因此，陈维稷和张、王两人也很熟悉。

关于陈维稷、苏延宾被上海淞沪警备司令部逮捕的情状，《陈维稷传》对此有详尽的记载，在此不妨简要整理于下——

1949年初，国民党军队退守江南，派海军封锁长江，切断了南北两岸的通讯联系。为了及时沟通瞬息万变的斗争情况，皖南游击队派人到上海，带去一斤左右黄金首饰交给方向明，要方在上海购买两部小型电台。方向明把金首饰全部交给陈维稷夫人胡宜南，托她找银行里的熟人兑换成钞票，用以购买电台。电台是军用物资，在市场上根本买不到。方向明和陈维稷商量后，由陈通过他人转托英国人唐生在联合国善后救济总署驻沪办事处的美国兵那里买到了两部袖珍式小电台。1月19日上午，这两部小电台由陈维稷的弟弟陈次泽乘中纺公司的吉普车运回，并送到陈维稷家中。随即由陈维稷夫妇和方向明装入皮箱，藏于陈家客厅沙发的背后，准备在第二天一早让张力化来取，再设法转运到皖南游击队。可是，就在这天深夜，不幸的事情发生了。陈维稷被上海淞沪警备司令部抓去，幸运的是电台未被发现。

事情发生后，胡宜南让儿子克辽赶紧把装有电台的皮箱藏到了鸡棚里，让女儿玮若迅速奔告方向明。方向明让玮若转告胡宜南注意几个问题：一是敌人未做

---

① 薛庆时等：《陈维稷传》，中国纺织出版社，1997年，第64页。

认真搜查，可能还要回来搜，也可能在附近安上"钉子"，要提高警惕，不要见生人，防止上当受骗；二是现在电台来不及转移，要设法藏好，埋在米里或煤堆中，万一不行就销毁；三是派人到澳门路三岔路口等候张力化；四是打听陈、苏被捕的原因，找胡敦复及其他亲友想办法，通过各种渠道营救。

1月20日，陈玮若在澳门路路口遇到了张力化，告知了这一夜发生的情况。张力化急忙找到王之师，一起对情况做了具体分析，认为必须尽量利用陈维稷是交通大学纺织系主任的身份，发动学生配合营救。于是打电话给交通大学学生会，告诉他们陈维稷已被无理逮捕，很危险，要他们赶快设法营救，迅速通知报馆。打完电话就驾驶王之师专用的贴有"特别通行证"的吉普车去陈家取走电台，直奔上海北火车站。由于张力化有"红派司"，吉普车又有"特别通行证"，电台被平安送上了火车运到南京，紧接着运到芜湖。

陈、苏两人被捕后的第二天，湖南长沙的报纸率先披露了消息。接着，上海的报纸也作了报道。交通大学学生自治会发动学生，组织队伍游行，向淞沪警备司令部"请愿"。同时，陈、苏两人的夫人，也以家属名义要求交通大学校长王之卓前去保释。中纺公司总经理、无锡人氏顾毓琇闻讯后，也向国民党上海市政府、上海淞沪警备司令部有关方面据理交涉，要求释放。

那时，淮海战役已经以解放军获得全面胜利而告结束。国民党方面人心涣散，兵败如山倒。就在陈维稷被捕的第二天，即1月21日，蒋介石宣布"下野"，由李宗仁代行总统职权。22日，李宗仁发表文告，表示愿意在中共方面所提八项条件的基础上，开始和平谈判。李宗仁想拉拢第三方面势力，急忙委派心腹到上海，找黄炎培、张澜、罗隆基等人商谈。黄炎培当即要求首先释放政治犯陈维稷等。1月24日下午，即陈维稷、苏延宾被关押的第五天，由交通大学校长王之卓和中纺公司总经理顾毓琇联合用书面具保释放。①

1949年，国民党的统治到了总崩溃的时间。4月20日，南京国民党政府最后决定拒绝在《国内和平协定》（最后修正案）上签字，国共和谈破裂，人民解放军"百万雄师"立即发起渡江战役。

在长江南岸的国统区，我党领导的地下武装也迅速行动起来，收缴国民党所管乡镇自卫队的武装，迎接人民解放军的到来。4月22日，在长江下游的江阴，人民解放军胜利突破国民党军队的江防阵地，登上南岸。解放军一部与当地的地下武装胜利会师，领导这支地下武装的正是沈鲁钊。

---

① 薛庆时等：《陈维稷传》，第65—69页。

沈鲁钊

数年前的 1945 年 8 月，日本无条件投降。当时，沈鲁钊正在苏中党校学习。一天，钱敏把沈鲁钊叫去谈话宣布：为了迎接抗战，做好接收江阴县城的准备工作，中共华中六地委决定成立中共江阴特区工委，由沈鲁钊担任书记兼组织委员。[①] 到了 9 月底，党组织又改任沈鲁钊为锡北县特派员，工作重心转到锡北地区。1947 年 10 月，沈鲁钊又担任中共澄锡虞工委委员、组织部副部长。时间很快就到了 1949 年初，解放军相继取得了辽沈、淮海、平津三大战役，渡江南下、解放全中国指日可待。中共澄锡虞工委开了一次会议，根据大军渡江的形势，按照地区进行了新的分工，统一对地下党、武工队的领导，沈鲁钊分工负责江阴、沙洲、虞西这一带。[②]3 月 2 日，华中一地委江南工委给江南地下党组织发信，部署迎接解放的任务，其中"沈鲁钊同志直接配合沙州，澄虞与武锡澄，并与武南、锡南"；信的最后说："你们在江南已辛苦的艰巨的坚持并和敌人搏斗了三年，取得了相当的成就，现在已是将成就拿出来检阅和运用的时候了。时不我待，希加强努力，迅速充分地做好一切准备，以迎接大军瞬即南下的新局面。"[③]

沈鲁钊随即与同志们一起投身到迎接大军渡江的准备工作。了解掌握国民党沿江兵力的分布、武器装备、防御工事、调换变动等情况，及时送往苏北；对沿江敌军开展联络工作，以争取、分化、瓦解敌军；做好大军渡江时的粮食、向导、担架等准备工作；大力开展对伪乡、保长，伪自卫队的宣传工作和联络工作。[④]

黎明之前往往是最黑暗的，敌人越接近灭亡越是残酷无情。有一次，国民党部队侦知武工队宿营地的消息后，派兵包围。沈鲁钊回忆："当我睡到天蒙蒙

---

① 沈鲁钊：《"清乡"后恢复澄东和解放前夕坚持沙洲的斗争》，中共江阴县委党史资料征集办公室编：《江阴人民革命史资料》第 1 辑，1984 年，第 148 页。又见沈鲁钊：《党的好干部陆富全》，无锡市新四军历史研究会、无锡市史志办公室编：《陆富全纪念文集》，高等教育出版社，2003 年，第 17 页。

② 沈鲁钊：《"清乡"后恢复澄东和解放前夕坚持沙洲的斗争》，《江阴人民革命史资料》第 1 辑，第 148—149 页。

③ 《华中一地委江南工委给江南地下党组织的信——目前的工作任务（1949 年 3 月 2 日）》，江苏省档案馆、安徽省档案馆编：《渡江战役》，档案出版社，1989 年，第 274—277 页。

④ 沈鲁钊：《迎接雄师过大江》，政协无锡市南长区委员会：《南长文史资料》第 6 辑，1999 年，第 132—134 页。又见沈鲁钊：《"清乡"后恢复澄东和解放前夕坚持沙洲的斗争》，《江阴人民革命史资料》第 1 辑，第 149—150 页。

亮的时候，突然听到一声枪声，我想自卫队没有'三八枪'，可能是国民党军队来了，便立即把大家叫起来，出了后门跨过竹篱笆往西走去，抬头一看，前边田岸上都站了敌人的步哨。我立即把九人分成三个小组，从这个缺口向西南方向突围出去。……敌人撤走，我们又回到了东村。"还有一次，国民党部队设下了假投降的诱捕奸计，被沈鲁钊识破。沈鲁钊回忆："东莱镇地下党员向何洛同志（按：武工队长）汇报了东莱镇的敌人愿意投降，要何洛同志带领武工队前去收缴。在何洛同志向我汇报后，反复思考，预感到可能有诈，决定不能前去。隔天，当地的地下党员被敌人逮捕了。"①

1949 年 4 月 21 日凌晨，大炮隆隆震长空，人民解放军横渡大江，沈鲁钊他们立即要求各武工小组收缴各乡镇自卫队的武装，一天共收缴了 900 多支步枪和两挺机枪，建立起 200 多人的武工队伍。特别是东村地区的武工小组七人，早晨出发收缴自卫队枪支，到晚上回来已形成枪支齐全并拥有两挺机枪的武工队伍。②当日，沈鲁钊带领几位同志，从后塍向江边走去，与解放军会师。"我怀着无限欣喜的心情，作了自我介绍，解放军首长与我热烈握手，赞扬我们出色地完成了配合大军渡江的战斗任务"③。4 月 23 日，沈鲁钊带领武工队员乘从汽艇进入了江阴城，受到当地人民的热烈欢迎，军民一起欢庆江阴的解放，欢庆渡江战斗的伟大胜利。④

解放后，沈鲁钊先后担任了中共无锡县委组织部长、无锡县纪委书记、无锡县总工会主席之职，1952 年 7 月调戚墅堰机车车辆厂工作，1955 年 1 月调北京铁道部工厂总局人事科，1960 年 4 月任北京二七机车厂安技科长、劳资科长、副厂长，至 1988 年 12 月离休。1989 年回无锡。

沈鲁钊早年在家乡学练武术，1938 年在上海学练杨式太极拳，在革命年代习练不辍。而且，在任教马镇竹溪小学期间，他还利用太极拳团结了一批年轻同志。他回忆："我和爱人胡慕淑利用在学生家里吃供饭的机会接近群众，发起成立了一个青年武术队，请了一个粗通武术的老师来传授武术。这样，我们常和周围的青年一起学习武术，向他们宣传革命道理，鼓励他们走上革命道路。"⑤在北京工作期间，他先后从师李经梧、陈照奎、雷慕尼、冯志强等，学练陈氏太极

① 沈鲁钊：《迎接雄师过大江》，《南长文史资料》第 6 辑，第 135 页。

② 沈鲁钊：《迎接雄师过大江》，《南长文史资料》第 6 辑，第 135 页。

③ 沈鲁钊：《迎接雄师过大江》，《南长文史资料》第 6 辑，第 136 页。

④ 沈鲁钊：《迎接雄师过大江》，《南长文史资料》第 6 辑，第 137 页。

⑤ 沈鲁钊：《"清乡"后恢复澄东和解放前夕坚持沙洲的斗争》，《江阴人民革命史资料》第 1 辑，第 147 页。

拳套路和器械，终得太极真谛。[①]

1949 年 4 月 23 日，人民解放军占领了南京。

南京城里到处欢歌笑语，市民们高擎着亲手制作的红五角星灯、政协会徽灯走在熙熙攘攘的街道上。胡颜立走在游行队伍前列，火红的灯笼映照着他火红的面庞，更映照着他投身新中国建设的火热心情。

抗战胜利后，成都实验小学在 1946 年 1 月迁回后子门原址。[②] 1947 年初，因不满国民党当局在政治上的猜忌并进而在办学经费上的刁难，胡颜立多次与当局发生冲突，愤然离川，挂冠而去。后来，在实小家长们的盛邀和挽留下，他回川短暂执掌，因难以解决问题，再次告别四川。从此，他再没有回到曾经抛洒心血和智慧的这片土地。

从 1935 年至 1948 年，胡颜立在川时间加起来共 12 年。从 30 岁走到 40 多岁的大好时光，换来的是一所中华名校。

离开成都的胡颜立，回到南京，先后担任南京国民教育实验区主任、上海国民教育实验区副主任等职。不久，胡颜立进入陶行知所办晓庄学院任教，担任了教导主任。此时，国民党的统治已然岌岌可危，学生运动风起云涌。在晓庄，胡颜立因支持、保护爱国学生而被国民党以"匪谍嫌疑"拘捕关押。[③] 有人回忆："1949 年春，这时的晓庄已被国民党特务严密监视和控制，教导主任胡颜立又被蒋介石手谕逮捕。"[④]

1949 年秋天，中央大学附属小学改为南京大学附属小学，胡颜立受新生人民政权的指派担任校长。斯霞也就是在此时结识了胡颜立，两人由此结成了维系一生的友谊。斯霞回忆："他平易近人，没有架子，喜欢小孩，经常听课。他对提高教师的业务水平很有帮助。他多才多艺，会拉胡琴、吹笙。在他带动下，附属小学文娱活动很活跃。每逢纪念节日，全校师生都有演出。"[⑤]

当时，钱理群正在南京师大附属小学读书。1948 年，钱理群转到大石桥中

---

① 范震远：《无锡近现代武林名人小考》，江苏省无锡市政协南长区文史资料工作委员会编：《南长文史资料选编》第 2 辑，1994 年，第 116 页。

② 实验小学校史编写组：《成都市实验小学简介》，成都市西城区政协文史资料工作委员会：《少城文史资料》第 1 辑，1988 年，第 57 页。

③ 四川省地方志编纂委员会编：《四川省志·教育志上》，方志出版社，2000 年，第 601 页。

④ 穆绍武：《心系国家民族的知识分子徐开敭》，方兆本主编：《安徽文史资料全书·宿州卷》，安徽人民出版社，2007 年，第 854 页。

⑤ 斯霞：《我的教学生涯》，上海教育出版社，1982 年，第 12 页。

央大学附属小学读书，直到 1950 年毕业，这段不长的小学生涯给他留下了深刻的印象。他说，"我的人生之路是从附小所受的教育开始的"，"它给我留下的记忆与影响是真正刻骨铭心、融入血液的"。他在一次演讲中说："最后要说的，也是我今天要着重讲的，是附小的校长、老师对我们进行的'爱的教育'。当时的校长是胡颜立先生，教务主任是徐允昭先生（后来他成了校长），我因为是学生中的'小干部'，因此和他们接触较多，也深受影响。"①

无锡，与南京在同一天解放。胡通祥的化新中学迎来了"春天"。

1945 年暑假，化新中学扩招一班新生，因校舍无着，初中一、二两个年级不得不在一个教室内合并上课，进行复式教学。1946 年秋季，初中三个年级齐全，增加教室刻不容缓。经胡通祥与地方人士多次协商，始在小学右邻借得蒋氏大厅做教室，初一分出，初二、初三仍合并上课，如此延续一年。1947 年暑假，第一届学生毕业 11 人，人数虽少，但都是在艰苦卓绝的逆境中培养出来的。②

1947 年秋季招生后，胡通祥为解决校舍问题，到处奔走，又借得蒋氏私宅两开间楼房给学校使用，于是中学部分从小学迁至隔壁蒋氏老宅，开始有了独立校舍，初中三个年级分开上课。以往中学图书、仪器等设备，大多依靠小学，现在显然不敷应用，于是胡通祥及老师竞相捐赠，购买教学设备，添置书橱和学生读物百余册，成立图书室。教师不辞辛劳，自己动手制作教具、仪器，建立小实验室。1948 年开始，师生又把学校东侧荒地平整做操场，使学生有了活动场地。至此，化新中学已初具规模。③

晚年胡通祥

1948 年 3 月中旬，荣巷公益小学地下党的负责人荣容之会同胡通祥，以西区教育界名义，在徐巷小学内召开西区教师会议，出席教师 80 余人。会上成立"西区教师联谊会"，作为联系进步教师的一个进步组织，胡通祥被推选为会长。④

1949 年 7 月，胡通祥参加了教师暑期讲习会，在学习了《中国革命与中国共产党》以后，深有感触地说："我

① 钱理群：《附小教育的三大特点》，蒋保华主编：《小学学什么——英才是这样炼成的》，教育科学出版社，2010 年，第 20—21 页。

② 强锡昌：《毕生从事教育工作的胡通祥》，《无锡文史资料》第 21 辑，1989 年，第 28 页。

③ 强锡昌：《毕生从事教育工作的胡通祥》，《无锡文史资料》第 21 辑，第 28 页。

④ 强锡昌：《毕生从事教育工作的胡通祥》，《无锡文史资料》第 21 辑，第 29 页。

彻底粉碎了改良主义幻想，对前途充满信心。"

在无锡，胡立猷同样坐等解放大军的到来。

上海交通大学复员回沪后，由于多年辗转奔波，加上复员事宜的烦扰，让胡立猷旧病复发，不得不在家养病。此时，在他的家乡无锡，一所新兴的大学开始创办。

1947 年，实业家荣德生以发展工农业、培育高级人才为宗旨，创办私立江南大学。学校起初设址于荣巷，同时勘定在太湖边后湾山建筑新校舍。荣家遍邀名家到校任教，一时间，章渊若、钱穆、顾惟精、韩雁门、朱东润等名家云集。胡立猷年老思乡，加之与荣家本有眷亲关系，接到邀请后于 1948 年 8 月来到江大任教，底薪 600 元。私立江南大学设立文学院、农学院和理工学院，胡立猷在理工学院工业管理系任教，教授经济学、会计学、普通会计、银行货币等课程。江南大学的校史资料将胡立猷列为"名师"，并说"胡喜欢订杂志，知识面广"。为了交流教学经验，江南大学组织了会计教学小组及生产管理教学小组，由担任会计及生产有关课程的教师们组成。[1]

胡立猷全家福照片（约 1947 年摄于无锡荣巷荣德生住宅西花园）

解放军南下已成破竹之势，上海解放只是时间问题。

在上海的胡敦复，此时已经心力俱疲。"改朝换代"以后，前路到底如何？去还是留？胡敦复最终选择了前者。1949 年 4 月初，他去了台湾。距离胡敦复离开上海没几天，4 月 27 日，上海警备司令部开始部署在沪各校"疏散"。[2]

情况已然十分危急。同一日，校方召开会议，决议请"胡刚复火速回校，如他不能来则暂派代表一人"[3]。

---

① 薛汉民主编：《五年历程，业绩辉煌：江南大学 1947—1952 校史资料》，2012 年，第 32 页。

② 《警备部规定六点，紧急疏散各学校》，《申报》1949 年 4 月 28 日。

③ 《大同大学校务会议记录》，档号 Q241-1-12，上海市档案馆藏。

1948 年大同大学商文学院毕业纪念合影

此时的胡刚复，仍然在浙江大学。抗战胜利后，他先是带领学生前往英国学习雷达技术，1948 年又借道美国，考察了美国的战后科学研究，特别是核物理、高能物理的进展，直至 11 月才回到杭州。此时，解放军的炮声已经清晰可闻。

学校不能"一日无主"。胡刚复迅即从杭州赶回，主持大同大学校务。与大哥不同的是，他没有离开上海，也没有把大同疏散，而是坐等解放大军的到来。

那一时期，胡刚复的心情也许是非常复杂和微妙的。他不知道接下来的命运将是如何，但既然选择了留下，那么就必须面对一个他所不熟悉的政权及其教育政策、教育理念等等。

1949 年 5 月 14 日，大同大学教职员工召开了一次茶话会，校长胡刚复致辞，倡言大同大学是"以研究学术为最高原则，对于政治方面不愿牵涉"，想必"诸同仁亦多有此种理想"，虽然现在"局势动荡"，但是"将来仍愿本此理想与诸同仁共谋本校之发展"，"并引导学生保持原有精神"，"发挥教育效能"。[①]

胡刚复不会想到，处于新旧政权交替之际，脱离于政治之外是不可能的，一切从"旧社会"过来的人和事，皆须进行一番"改造"。

5 月 27 日，解放大军挺进上海。

经过多年的发展，"领风气之先"的上海，学校云集，门类齐全。尽管上海解放后，部分院校或合并或迁移，但到 1949 年 12 月份，公立院校仍有 10

---

① 《教职员工茶话会记录》，档号 Q241-1-36，上海市档案馆藏。

所，私立院校 24 所，教会设立大学 6 所。① 在校学生数 21549 人，其中公立院校 8413 人，私立院校 13136 人。② 此时的大同大学，有文、理、商、工四个学院，下设文学、哲学教育、政治史地、数学、物理、化学、经济、会计、银行、工商管理、电机工程、化学工程、土木工程、机械工程 14 个学系，及英文、数理两个专修科。统计历年学生人数，大同大学部在校学生最多达 2700 人，中学部达 2500 人，在上海公、私立大学中占第一位。③

1949 年 6 月 6 日、7 日，刚刚成立的上海市人民政府高教处分别召开公立大专院校座谈会和私立大专院校座谈会，向高校宣布新政权的教育政策："维持原状，逐步改造"，实行新民主主义教育。"维持原状"并非承认原状，只是暂时"稳定大家的心"，"逐步改造"才是真正的目的。④ 在新政权看来，大同、大夏、光华等大学规模虽大，但校方却"一向反动"，与"最反动"的教会大学，是重点改造对象。⑤6 月 26 日，《文汇报》就教育问题发表社论，社论指出：虽然政府的政策是"宽大极了"，但是上海地区的高校——无论是公立还是私立，则不可以"原封不动"，不思进取，这不仅是因为这些学校"本来就存在着许多病态"，诸如学校管理与设备不合标准、"学店"思想浓厚、行政腐败等，而且即使是办得好的学校，也应该"在课程方面力求改造"，这样才能"符合新民主主义的总方向"。⑥

9 月 29 日，中国人民政治协商会议第一届全体会议通过的《共同纲领》，对"文化教育政策"作出明确且最具权威性的规定："中华人民共和国的文化教育为新民主主义的，即民族的、科学的、大众的文化教育"，以"肃清封建的、买办的、法西斯主义的思想，发展为人民服务的思想为主要任务"，为此，中国的教育应采取"理论与实际一致"的办法，"有计划有步骤地改革旧的教育制度、教育内容和教学方法"。⑦公、私立高校的改造上升为一项国策，成为新政

---

① 《国立专科以上学校概况》，1949 年 12 月，档号 B1-1-2160。又见《上海市私立大专院校概况》，1949 年 12 月，档号 B1-1-2160，上海市档案馆藏。

② 《上海市国立各院校之学生数》，1949 年 11 月，档号 B1-1-2160。又见《上海市私立专科以上学校之学生数》，1949 年 11 月，档号 B1-1-2160，上海市档案馆藏。

③ 《大同大学简史》，《大同世界》（大同建校八十周年纪念刊），大同大学校友会编，1992 年。

④ 《高等教育处三个月工作综合报告及今后四个月工作计划》，约 1949 年 9 月，档号 B1-2-782，上海市档案馆藏。

⑤ 《高等教育处三个月工作综合报告及今后四个月工作计划》，约 1949 年 9 月，档号 B1-2-782，上海市档案馆藏。

⑥ 《上海的教育问题》，《文汇报》1949 年 6 月 26 日。

⑦ 《中国人民政治协商会议共同纲领》，中共中央文献研究室编：《建国以来重要文献选编》第一册，中央文献出版社，1992 年，第 10—11 页。

权努力的方向。

高校改造的关键，在于掌控学校的领导权。上海解放之初，市长陈毅强调："我们接管各大学，校长不要马上换人，换了左派民主人士不一定比原来的高明，更不要换我们的人，否则搞乱了，陷于被动，削弱威信。"① 在不更换校长的条件下掌控校政，新政权的办法是，组建一个全新的最高权力决策机构——校务委员会（简称校委会），"争取群众在校政上的领导权"，"经过群众从内部里来反对它的各种反动落后措施"。②

作为一所新政权下的私立大学，大同大学在校委会成立问题上，以校长胡刚复为首的原有行政势力与以学生会为首的新兴势力之间展开了一场博弈。

关于校委会的性质，胡刚复认为，"学校不是天上掉下来的，私校非由国家直接产生"，虽然成立校委会是新政权的要求，但是它只能是一个"最高审议机构"，并"负推动校务及监督学校行政之责"；而学生会则力主其应为"本校最高决策、监督与推动的机构"，"对'审议'二字暂予保留"。双方争执不下，华东军政委员会教育部高教处③召开私立大专院校校长会议，裁定校委会是"决策机构"。高教处还"约谈"了胡刚复，胡刚复只得暂时做出妥协，收回了"审议、推动、监督"的要求，承认校委会的"决策、推动、监督"性质。④

以学生会为首的新兴势力，得到了华东军政委员会教育部高教处的支持。正是仰仗着新政权的支持，新兴势力随后在校委会成员名单的争夺上也占据了上风。8月30日，校长胡刚复以同[38]字第149号公函呈报校委会成员名单和组织章程。⑤ 早前，他依自己意愿拟定的校委会成员名单曾经被高教处明确拒绝。9月17日，高教处正式批准了大同校委会的成立，并同意"校长及教务长为当然

① 周林：《接管上海大事纪实》，上海市政协文史资料委员会编：《接管上海亲历记》，内部刊行，1997年，第36—37页。

② 《高等教育处三个月工作综合报告及今后四个月工作计划》，约1949年9月，上海市档号 B1-2-782，上海市档案馆藏。

③ 在解放军进军大上海之前，中国共产党华东局军政方面在江苏丹阳召开了会议，研讨接收上海事宜，其中临时成立文化教育委员会负责对文化教育事业的接收。在完成接收事务后，该机构业务于1949年7月中旬转移给中共中央华东局宣传部和上海市人民政府。下设有高等教育处，后为上海市人民政府下属机构。大约在1950年3月份，高教处并入新成立不久的华东军政委员会教育部。华东军政委员会教育部为上海及整个华东区高校的领导部门。

④ 《开大同有史第一章，教授、讲师、助教、学生、工友共同参与校务讨论》，《新大同》第五期，1949年7月19日，档号 Q241-1-598；《校委会工作告一段落，组织名单未解决》，《新大同》第七期，1949年8月2日，档号 Q241-1-598，上海市档案馆藏。

⑤ 《私立大同大学公函同（38）字第149号》，档号 Q241-1-17，上海市档案馆藏。

委员"，"以校长为主任委员"。①校务委员会成立之时，《文汇报》的新闻报道中提到："虽然大同大学有顽固的胡刚复校长，但大同民主的校务委员会终于正式成立了。"②可见高等教育处对胡刚复并不满意，虽然当时他仍然担任大同大学校长与校务委员会主任委员之职。

9月，学校开学，胡刚复迫于形势，前往北京暂避。在出发之前，他致函大同大学校董会，提到自己"因数月来操劳过度，精神身体两感不支，且自解放以还，北平为全国首善之区，文化教育堪资借镜，兹拟于短期内赴北平观光"，在他请假期间，"所有本校校长职务请本校秘书长平海澜先生代行"③。而胡刚复所担任的校务委员会主任委员一职，则由关实之担任。

校务委员会成立了，胡刚复暂避了，对校董会的改造也就水到渠成。

1950年1月28日，大同大学校董会召开会议，因"董事吴稚晖、宋汉章、胡敦复三位先生均不在沪，又关实之先生叠请辞职，经常务校董会另聘吴学蔺、吴蕴初、徐善祥、张志让四先生为董事请予通过"。结果，这一提议获"一致通过"。而原有的侯德榜、叶上之、曹惠群、平海澜、张澹如、竺可桢、王志华、胡宪生、胡刚复、郁少华、叶元龙11位董事留任。新上任的四位校董，也确属当时社会名流，多数人具有政府背景。其中吴学蔺为大同首创元老吴在渊之子，时任华东工业部钢铁工业处副处长，在同次会议上被公推接替侯德榜任董事长。④马寅初也曾受邀担任大同校董，因为听"友人说私立学校校董理应以能负筹款之责任者充之"，以自己"不是一个适当人物"而婉言相拒。⑤

这次董事会，还表决通过了新的校董会章程。在新的章程中，校董会"负经营大同大学之责"修正为"负办理大同大学之责"，"任免大同大学校长"修正为"选任大同大学校长"。⑥与以前相比，校董会的权力受到了很大削弱，校董会已经不再具备之前的决策与行政管理权力，包括最为核心的学校人事任免权也基本上被取消，大同大学聘任的校长、教务长、秘书长及各学科教授，甚至包括校董人选等也必须报经高教处批准，校董会的"选任"大同大学校长的权力基本

---

① 《上海市人民政府高等教育处公函高大字第○○六八号》，档号Q241-1-17，上海市档案馆藏。

② 《大同校委会名单，高教处业已批准》，《文汇报》1949年9月18日。

③ 《校长胡刚复致大同大学校董会函》，1949年9月20日，档号Q241-1-6，上海市档案馆藏。

④ 《私立大同大学校董会会议记录》，档号Q241-1-5-12，上海市档案馆藏。又见《爱国办学的范例》，第220页。

⑤ 《马寅初致叶元龙函》，1949年10月6日，档号Q241-1-4，上海市档案馆藏。

⑥ 《私立大同大学校董会会议记录》，档号Q241-1-5-12，上海市档案馆藏。又见《爱国办学的范例》，第221页。

上形同虚设，重要的人事权已经转移到新成立的校务委员会及其上级高等教育处那里。

大同大学董事会的改造，完全符合当时新政权的政策要求。上海市人民政府高等教育处在成立之初就指出："校内必须实行民主。一般私立学校都有董事会，旧董事会的名单必须呈报备案，新董事会的人选要经我们审查同意，董事会可推选校长及决定学校的兴建事项，但校长必须经高教处同意。校内反革命活动的自由是没有的，不容许校内任用作恶有据的反动分子。"⑦2月初，胡刚复从北京回到上海。在2月13日召开的校董会议上，胡刚复表示："本欲解除校董会困难，但因校务委员会已先开会有所建议，默察今日校局，似乎益增纠缠，本人但知以学校前途为重处，校长地位实未便有所表示，一切个人进退请校董会决定。"⑧

2月25日，大同校董会与校委会召开联席会议，董事长吴学蔺讲话，称"查胡校长悉心规划勋劳卓著，但目前实际上有种种困难，自毋庸讳言，兹为体念胡校长起见，准其现时摆脱实际行政职务，专事考察研究教育全局如何切合实际需要，配合各方培植人才，以资本会研审采施"⑨。胡刚复以校董身份参会并发言：私立学校的发展不仅要"依靠政府，更重要的是依靠社会，社会有公评，才容易促进私校的发展"；本校从当初成立之日起，"完全是学术的立场，注重敦品励学"，所以虽然当时"国家政治不良"，私校却仍可"比较自由发展"，与"政治极少发生关系"。⑩此番言语除表示对大同前途的关心之外，所蕴含的言外之意亦颇值得玩味。

这一天，正是农历大年初九，整个上海市还沉浸在新春佳节的欢乐气氛中，但胡刚复的心情是灰暗的，从此他将完全脱离他和他的兄弟曾经倾注了几乎全部心血、融入了几乎全部希望的大同大学。

在这次联席会议上，平海澜被正式推选为校长。

平海澜，江苏松江人，出生于1885年，年长胡敦复一岁，早年留学日本，曾登门拜访孙中山，提出普及英语振兴中华的主张。回国后，平海澜任教于清华学堂，成为立达学社的最早社员之一，也是大同大学的创校功臣之一，任教务长

---

⑦ 《高教处昨邀集私立大专校长座谈》，《文汇报》1949年7月27日。

⑧ 《私立大同大学校董会会议记录》，档号 Q241-1-5-12，上海市档案馆藏。

⑨ 《私立大同大学校董会会议记录》，档号 Q241-1-15-2，上海市档案馆藏。又见《爱国办学的范例》，第222—223页。

⑩ 《私立大同大学校董会及校务委员会联席会议记录》，档号 Q241-1-5-38，上海市档案馆藏。

并教授英文、外国史等课程。

平海澜担任校长看起来是众望所归，实则可能另有情由：一方面是缘于他在立达学社和大同大学的资历，另一方面更可能与其无为而治、疏于问政的性情有关，其思想相比胡氏兄弟较为温和。有教授就如此评价这位新任校长："平先生气度宽大，民主作风。"①

1949 年 6 月 9 日，竺可桢正在上海，有人突然造访。据竺氏日记："未四点有人叩门，开视见一军人，服解放军装，细视知为鸿慈，一别三年余矣。坐定，余询梅在何处，鸿慈云已物故矣。惊骇莫名。余最后接梅信在去年四月间寄平儿照片，函中（约）和平后再相见，不料竟成永诀。余为泪涔涔者久之，鸿慈亦泣不成声。"②原来，胡鸿慈与竺梅在奔赴解放区后，又转移到大连，安家生子。1948 年 9 月 6 日，只有 26 岁的竺梅却因气喘病发作，不治身亡，遗下一双儿女。

竺可桢 1946 年赴欧美考察，为他钟爱的竺梅带回一只瑞士产的手表，期待父女相逢时作为礼物面赠。此时此刻，痛则痛矣，竺可桢把这只手表送给了胡鸿慈，作为送给他新夫人的纪念品。

随第三野战军进入上海的胡鸿慈，回到上海医学院担任附属中山医院军事接管小组组长，后转业担任上海第一医学院的副教务长。

穿着解放军服出现在家人面前的，还有陈维稷。早前的 1949 年 2 月，获释后的陈维稷独自从上海出发到青岛，再设法转道到当时已经解放的济南后前往北平。同年 4 月下旬，陈维稷随大批新四军干部南下，先在丹阳停留一段时间，学习入城政策和接收政策，然后于 5 月 27 日晨随军进入解放了的上海。

刚到上海，工作千头万绪。陈维稷顾不得回家，一心扑在革命事业上。到了第四天，才抽空给胡宜南打了个电话，让全家都到南京路和平饭店九楼去见他。胡宜南和孩子们都去了。当时陈维稷身穿军装，臂戴军管会袖章，神采奕奕，给了全家一个意外的惊喜。

到上海后，陈维稷参加了对中国纺织建设公司的接管，随后担任上海市军事管制委员会轻工业处顾问，兼任交通大学纺织系主任和校务委员会常委，参加到热火朝天的中华人民共和国建设事业中。

---

① 《私立大同大学全体教职员工暨学生代表大会记录》，档号 Q241-1-36-124，上海市档案馆藏。

② 《竺可桢全集》第 11 卷，上海科学教育出版社，2006 年，第 452 页。

上海解放在即，是走是留，成为摆在许多知名人士面前，且不得不做出抉择的难题。身为"国大代表"的王志莘，原本在国民党政府"转移"的名单之内。但是，新华银行的事业在内地，去往香港、台湾，抑或国外，就意味着必须放弃为之奋斗了半生的新华银行。王志莘没有犹豫，选择了留下，并同孙瑞璜电令各地分行经理坚守岗位，对存户绝对负责。正是在他的感召下，新华银行的主要负责人无一人去往台湾或香港。[①]

抗战胜利在即的1944年，王志莘就已经为新华银行的发展做出了新的规划设想。当年，国际商业会议在美国召开，王志莘被选任为中国代表团顾问，赴美出席会议。会后，王志莘再次遍访欧美各国，考察业务，汲取信息。[②]1946年初，王志莘回到国内。此时，新华银行重庆总管理处的人员已经回迁上海。王志莘再次调整银行管理体制，撤销重庆总管理处，各地分行仍由上海总行领导。南京、汉口、广州等分行相继复业，先后增设香港、长沙、苏州、无锡等地分行；同时利用在国际商业会议后所建立的关系，与伦敦、纽约、巴黎等世界各大城市建立了通汇关系。1947年1月至5月，短短四个月内新华银行存款总额从100多亿元猛增到400多亿元，其中虽有通货膨胀的因素，但增长幅度之大为同业所罕见。为借鉴美国银行新的经营理念和新的经营方法，王志莘派遣周有光前往美国。1947年1月，周有光携带夫人张允和乘上了去往美国纽约的海轮，直至1949年回国。

此时，日伪在抗战期间建立的上海证券交易所已经解体，上海股票交易处于无组织状态，黑市混乱，期货对敲，交易如同赌博。1946年5月，上海证券市场开始筹建。由于王志莘在银行界的威望和地位，国民政府财、经两部联合聘请王志莘、杜月笙等九人为上海证券交易市场筹备委员会委员，并指定杜月笙为主任委员，王志莘为副主任副委员。王志莘等人上任后，旋即分设各小组委员会，由各委员分别参与指导，并延聘专家为顾问，规定经纪人的资格审查，审核了上海各种证券，厘定了证券交易所的各项章则。新的证券交易所，参照美国的制度设计，将沿用已久的黑板制度改为柜台制度。上海证券交易所于9月9日开幕，同月16日正式开拍，上海滩大佬杜月笙任理事长，王志莘任总经理。就任伊始，王志莘坦诚地说："我对证券交易所是外行，但有决心和毅力办好。"[③]然而，

---

① 黄忆：《王志莘》，孔令仁、李德征主编：《中国近代企业的开拓者》上，山东人民出版社，1991年，第64页。

② 黄忆：《王志莘》，《中国近代企业的开拓者》上，第60页。

③ 陈忠主编：《中外股市风云录》，上海交通大学出版社，1993年，第57—58页。

很快，他的愿望就破灭了。

证券交易所的组织系统，总经理由理事会聘请，总经理下设协理二人，由总经理提名任命；下设秘书室、业务处、财务处、调查研究处、事务处四处一室，四处各设经理一人，室设主任一人，也均由总经理提名任命。杜月笙越级插手人事安排，与王志莘发生了矛盾。经过博弈，双方"平分"了上述人选。王志莘"拉"来了杨荫溥、汪治、华文煜，分任协理兼调查研究处经理、财务处经理和秘书室主任。杨荫溥，无锡人氏，著有《交易所论》。接下来，又是杜、王两人对经纪人名额的争夺。按王志莘意见，经纪人总名额定为150名，中坚分子应该是从事多年证券业务，有实力、有影响的人物；而杜月笙的意见是，不管分配给哪个层次，他属下的恒社社员必须占20%。结果，几经斡旋，经纪人名额扩大到236名，虽则各方皆大欢喜，但杜、王之间的裂缝也愈来愈深。上海证券交易所开幕之时，王志莘已是意兴阑珊，萌生去意。加之国民党热衷于内战，军费浩大，全赖发行钞票弥补财政赤字，币制信用扫地，通货膨胀不可收拾，给王志莘的经营措施造成种种困难和压力。历来稳妥求实的王志莘认为已无法实现本人的初衷，主动提出辞职，专心经营新华银行。

1949年6月5日，解放上海的炮火早已停歇，大街上恢复了往日的平静。在外滩五号招商局办公大楼里，总经理胡时渊静静地坐在那里。他在等待人民解放军军事代表的到来。

招商局是中国民族工商业的先驱，创立于晚清洋务运动时期的1872年。经过几十年的曲折发展，到此时已然成为全国规模最大的垄断型的运输企业。据胡时渊自述，到1948年时，招商局"沿长江各埠如镇江、南京、芜湖、安庆、九江、汉口、长沙、沙市、宜昌、重庆设有分公司，沿海在连云港、青岛、天津、葫芦岛、营口、烟台、汕头、广州、福州、温州、宁波、台湾、香港等埠也有分公司。国外在新加坡、仰光、加尔各答、日本则有办事处或代理人，拥有船员职工一万七千多人。轮船的总吨位近五十万吨，其中有海轮五十只，长江大轮十多只，拖轮、铁驳约一百五十只，各港埠内使用的小火轮约五十只"[1]。另有资料表明，轮船股份有限公司成立的1948年10月，招商局拥有大小船舶除拨交其他单位外，尚有466艘，404144总吨，各地码头68座，总长9668米，趸船13艘，各地房地产基地514588亩，仓库233座，容量806000余吨，以上资产价值

---

① 胡时渊：《我参加招商局护产起义的经过》，政协全国委员会文史资料研究委员会编：《文史资料选辑》第98辑，文史资料出版社，1985年，第118页。

14660 万美元，加上车辆、机器、器具等估值 52 万美元，电信设备估值 9 万美元，对外投资约 240 万美元，其他设备及材料等估值 39 万美元，统计共值 15 亿美元。①

胡时渊站起身，看着窗外奔流不息的黄浦江，历历往事浮现眼前——

1945 年，日本无条件投降。10 月，招商局复员迁回上海，胡时渊升任副总经理，并兼业务部经理。当时，恢复长江沿海各埠分局及办事处，并恢复各线营运，成为胡时渊以及招商局面临的最大任务。12 月 1 日，交通部成立全国船舶调配委员会，刘鸿生任主任委员，卢作孚任副主任委员，徐学禹任秘书长，主要负责统一调配全国国营与私营船舶，办理复员运输及接收敌伪船舶事宜。

接下来，就是日本赔偿物资的运输问题。按照《波茨坦公告》的规定，日本作为第二次世界大战中的侵略国，以本国的军事和军需工业作为赔偿物资，对包括中国在内的受害国的损失进行实物赔偿。1947 年 4 月，赔偿问题实际步入执行的阶段。日本政府负责赔偿机器的保管、拆卸、装箱和运港等工作和费用，受偿国政府负责海运、储卸、内运和重装等工作和费用。因为技术问题及各港口吃水、起重设备等条件，国民政府决定第一批及第二批赔偿物资从日本都先运到上海，在上海集中后再转运。交通部决议由民航海轮联营处招商局合组日本赔偿及交换物资承运小组，胡时渊作为成员之一主持负责承运。每周三在上海招商局六楼招待室定期开会，用以协调工作。《申报》的报道将胡时渊称为日本赔偿运输在上海的"总负责人"。②

抗战胜利后最初两年，招商局进入了一个难得的发展高潮。作为国营企业，它顺利地接收了敌伪轮船 332 艘，另外购买外国轮船 106 艘，修复和新造码头仓库，恢复和新辟航线，新增油轮、运输船舶救捞等业务，合组经营远洋运输，在资产、规模和利润上达到了开局以来的顶峰。一个"黄金时代"似乎已在眼前。然而，招商局的美梦被国共内战的炮声惊醒，超越常规的发展不过是一个美丽的泡影。招商局被迫参与繁重的军事运输任务，正常的经营被打断，结束了短暂的辉煌。1948 年，国民党的统治面临总崩溃的前夕，南京政府开始策划撤退工作。7 月，招商局总经理徐学禹召开处级以上人员会议，拟订了一份撤往台湾的计划。8 月，国民政府为挽救其统治，在实施金圆券新币制改革同时，对国营工业也实施改制，招商局改组为招商局轮船股份有限公司，以一半股本出售招商股。

也正是在这一时期，胡时渊与中共地下党有了接触。1948 年 10 月，胡时渊

---

① 中国航海学会编：《中国航海史（近代航海史）》，人民交通出版社，1989 年，第 349 页。

② 周武主编：《战时上海——二战中的上海》，上海远东出版社，2015 年，第 524 页。

出差香港。经人牵线，中共地下党员、香港《文汇报》总经理张楔琴与他见了面。两人谈了两个多小时。胡时渊将招商局的人事编制、员工总数、经济收支等情况，以及拟订的疏散计划，都毫无隐瞒地全盘托出。张楔琴则向他介绍了解放战争进展情况和中国共产党的政策，并敦劝他坚守岗位，留沪做招商局的护产和反疏散的起义工作。①

转过年来的 1949 年，国民政府又着手改组招商局管理机构。3 月，董事长刘鸿生辞职，交通部改聘徐学禹为董事长。3 月 12 日，交通部任命 45 岁的胡时渊为招商局轮船股份有限公司总经理，徐学禹就任董事长。3 月 16 日，总经理胡时渊正式就职。

短短数年时间，招商局从巅峰陡然跌落，胡时渊接手的已经是一个"烂摊子"。当时，国民党政府不仅军事上节节败退，经济上也完全陷入绝境，金圆券新币制宣告破产，社会经济一片混乱。招商局承命担负所有军公物资及 80% 以上人员撤运去台任务，业务收支因此完全失控。为了政治、军事的需要，国民党政府进一步加强对招商局的直接控制。3 月 26 日，根据国民党京沪总司令部的命令，招商局实行军管，各类船只一律听从上海港口司令部指挥调度。

4 月 21 日晨，中国人民解放军百万雄师横渡长江，4 月 23 日解放南京，宣告了国民党政权的覆灭。招商局总公司开始随国民党军队、机关一起分批迁往台湾。5 月 12 日，徐学禹在主持最后一次局务会议后去往台湾，胡时渊则继续留在上海主持公司事务。

此时，中国共产党对招商局上层人员做了大量工作。1949 年 3 月，设在河南新乡的人民广播电台号召胡时渊等人坚守岗位，迎接解放。中路上海地下党航运总支也开展政治攻势，派人到招商局等航业机关做工作，同时以官僚资产清查委员会的名义，要求上海航运界资本家不要为国民党反动派装运物资，而要为国家民族利益着想，及时起来拒运。在党的教育下，胡时渊和副总经理黄慕宗、总船长马家骏等人决心留在上海，做好招商局的护产工作，以实际行动迎接解放。胡时渊回忆："后来，我经常收听解放区的广播。有一次，河南新乡中共人民电台午夜广播说：'中纺公司总经理顾毓璓、招商局总经理胡时渊，你们要坚守岗位，迎接解放。'我听了，十分兴奋，更坚定了我做好护产工作的决心。"②1949年 1 月至 3 月，胡时渊两次密电各地分公司负责人，要求全体船员严守工作岗位，做好船舶、码头、仓库等财产的保护工作。3 月，胡时渊等人经过努力，将

---

① 胡时渊：《我参加招商局护产起义的经过》，《文史资料选辑》第 98 辑，第 117—119 页。

② 胡时渊：《我参加招商局护产起义的经过》，《文史资料选辑》第 98 辑，第 121 页。

"江顺""江安""江泰""江建""江华""江新"等江轮和一批拖轮、铁驳、修理船、仓库船、修理厂等截留下来。同时将国民政府中国善后救济总署准备撤往台湾的 40 多艘、价值 500 多万元的船只全部买下，保留到解放。5 月，又将 4000 吨铜元和一万吨棉布截留下来。

身在台湾的徐学禹继续对留在上海的招商局有关人员施加压力。5 月 19 日，徐学禹两次从台湾致电胡时渊，要求把"伯先"轮与修理船拖往台湾，把几艘江轮驶往台湾作为宿舍用，并要求总船长马家骏等赴台主持船只调动等有关事宜。5 月 20 日，徐学禹通过上海招商局电台致电汤恩伯，要求把胡时渊弄到台湾。5 月 24 日，徐学禹再次致电胡时渊，要求将各种统计资料与照片资料运往台湾。由于当时形势发展极快，招商局上海分公司有关人员对徐学禹的要求采取软拖硬抗的对策，徐的打算未能全部实现。①

在此期间，还发生了上海市警察局局长毛森企图逮捕胡时渊的事情。胡时渊回忆："当天（5 月 24 日）上午，有个中年人在我的办公室窗口探头探脑地向里张望，我有点认识他，是招商局警务室的人，便大声说：'你们不是已经到台湾去了么？'他回答说：'我马上就要走了。'对他鬼鬼祟祟的行动，我产生了怀疑，就离开招商局，到南京路上去闲逛，在马赛饭店吃了中饭。"②

上海解放的 5 月 27 日，一群穿着绿色军装的人走进招商局上海总公司办公处。胡时渊立即发布《总经理通知》，号召各部门、各单位和全体留守上海的员工积极行动起来，配合接管工作。6 月 5 日，上海市军管会正式举行了接管招商局交接仪式，由胡时渊办理总移交，共移交大小各类船舶 406 艘，161203 总吨；其中海轮 21 艘，57810 总吨。③"（军代表）于眉向招商局总经理胡时渊、副总经理黄慕宗等高级职员宣布了党的政策，让大家安心工作。当于眉宣布所有人员保持原职原薪，一切业务工作仍由胡时渊全权负责时，胡时渊和所有职员都被共产党的这种宽宏气魄和真诚态度感动了，疑惧化成敬佩。胡时渊马上表示，把蒋介石送给徐学禹的四头从美国运来的奶牛作为见面礼，请于眉转交给人民政府"。胡时渊、黄慕宗共同起草了一份通电，发给各海轮。电文如下："上海解放后，军纪严明，人心安定，市面稳定，你们的家人均告平安，盼望你们迅速驾船回上海，与家人团聚，并盼将到沪的船期先行电告。"④

---

① 张后铨主编：《招商局史近代部分》，人民交通出版社，1988 年，第 588 页。

② 胡时渊：《我参加招商局护产起义的经过》，《文史资料选辑》第 98 辑，第 122 页。

③ 中国航海学会编：《中国航海史（现代航海史）》，第 407 页。

④ 《招商局海员起义》，人民交通出版社，1995 年，第 27 页。

解放初期，新中国急需海船运输。当时，招商局船舶云集于香港，多时达到20余艘，出入频繁。策动香港招商分局和在港船舶起义，具有十分重要的意义。

1949年8月21日，胡时渊和黄慕宗共同署名写下两封亲笔信，派遣船长陈邦达潜入香港，策动起义。一封信是写香港招商总局经理汤传篯的，写道："……弟等留沪，迎接解放，深知一部分寅友，不予谅解。但为国事业、个人前途计，亦不能再犹豫矣！弟等及眷属在沪一切，均甚安好；工作进行，因各人均原职原薪级，亦颇顺利。……此次特请邦达兄代表弟等来港，一面详告此间情形，一面事先与兄商洽，如何能使优秀船只多多留在香港港内。待广州解放时，港公司即受上海方面领导指挥，使船早日返沪，参加运输。如不能开沪，则先开广州解放区或华北区亦可。如有船在日本方面，能使先开华北尤佳。其工作技术问题，当由邦达兄面洽办理。其最重要者，如何事前劝说徐（学禹）、俞（大钢）、陈（冠澄）早日离开香港，免生工作阻力。如冠去，拟由天骏兄任港经理，兄副之（广州解放次日，上海当有电报到港加委）……其余同仁均不变。如能使在穗船只留在穗港内等候解放，亦属佳事。将来港方经济，船员开支，均由此间接济，在港拨付，决不使兄等为难，万请放心。此事一切进行，务请妥密，万勿打草惊蛇。希望兄等发挥最高正义，克服任何困难，办妥此事。如江宁、江静等轮，请建议开港穗班或港澳班，可使该轮脱离台湾，来到香港等之。"另一封信是写给副经理陈天骏的，信中曰："……岁月如矢，时易势迁。弟等生活焕然一新，由纷乱而常轨，由乏味而愉快。兄虽处异地，谅能知其底蕴。举首望明月，低头思故乡，谅必时萦于怀。兄一生言行，为国为民，劳怨不辞，数十年如一日。深祈发挥既往之合作精神，继续合作；瞻望进展之浩大前程，共图进展。兹请邦达兄面倾一切。务希鼎力筹缪，保留工具，愈多愈妙。弟等经营于沪，吾兄主持于南，遥遥相应，前途无量。至于经济方面，与邦达兄洽办为荷。羊城自由在即，良机请勿坐失。云霓在望，至祈缜密以行……"[①]

汤、陈两人接到密信，又与陈邦达密议一切，愿积极行动，并商定行动代号为"吉甫行动"。9月19日晚8时，招商局"海辽"轮离开香港，转靠太平洋巴林海峡，宣布起义。这是第一艘在海外宣告起义的招商局轮船。10月24日，毛泽东以电报嘉勉方枕流船长及全体起义船员。

1950年1月11日，香港招商局拟订《起义宣言》、商议换旗事宜、起义日期。1月15日早晨8点，香港招商局办公大楼楼顶、仓库、码头上升起五星红旗，留港轮船甲板上各轮船长率领全体船员举行升旗仪式，汽笛齐鸣，宣告香

① 吴长荣：《上海船长》，上海交通大学出版社，2016年，第80页。

"海辽"轮和第二版人民币"五分"上的
"海辽"轮

港招商局起义。这次宣告起义的共有"海康""海汉""海厦"等13艘轮船，总吨位2.5万余吨，船员及职工539人，所保护的财产占招商局全部资产的五分之一。[①] 当日，汤、陈召集全体员工开会，发表《告被劫持在蒋党区的招商局兄弟书》及《香港招商局起义启事》，表示听候接收。7月至10月，留港轮船陆续驶抵广州。

招商局已经不是第一次经历政权鼎新革故了。当时这家由李鸿章一手创办的中国首家官督商办企业已经存在了38年。作为洋务运动的产物，招商局和洋务运动一样命运起伏跌宕。在清王朝即将结束前，它也进行了改革，成立董事会，改为商办。只是董事会几经改组，经营却无起色。第一次世界大战期间为招商局带来了机会，可是也仅仅数年而已，而后再次走上了艰难的发展之路，即使1930年招商局收归国营，也没有改变其曲折的命运。新政权成立了，胡时渊和他的9000多名员工站在五星红旗下，期待着招商局获得新生。

1949年7月，地处广州的岭南大学，迎来了一位闻名的教授——姜立夫。

抗战胜利后的1946年，姜立夫赴美国普林斯顿高等研究所进修。临行前，他推举由美国访问回归不久的陈省身代理数学研究所筹备处工作，并拟聘请其为专任研究员，得到了院方的批准。1947年2月，筹备工作基本就绪，姜立夫致函朱家骅，建议在当年7月宣告数学研究所成立，并力荐陈省身为首任所长。函曰："请任命陈省身先生为第一任所长。忆立受命之始，早经声明不为所长。代理主任陈省身志趣纯洁，干练有为，与全院新旧同人相处融洽，其学业成就尤为超卓，所发表之论文能以少许胜人多许，所研究之问题极为重要，所得之结果饶有价值，不但美国数学家一致推重，所见欧陆当世大师亦复交口称许。本院数学所长之选，宜推省身第一。况研究所初告成立，需要创造之精神，需要推动之力量，是皆立之所短，而为省身所长，故请毅然加以任命，以利所务之进行。"朱家骅最后想出了一个折中的办法，姜立夫任所长，陈省身为代理所长。他在复函中称："所长一席，非兄莫属，万祈切勿谦让。成立时决发表先生为所长，并同

① 中国航海学会编：《中国航海史（现代航海史）》，第408页。

时发表陈省身先生为代理所长，在台端未返国以前，即由彼代理。"①

1948 年 1 月，数学研究所由上海迁往南京。当时有专职研究员四人，副研究员两人，兼职研究员六人，助理员 10 多人。②到 1949 年解放前夕，数学研究所以专职或兼职的身份几乎网罗了国内最优秀的数学家。他们在数论、群论、级数论、自守函数、多元空间、矩阵几何、曲线论、微分几何、拓扑学和数理统计等领域内都开展了研究，共发表了近 200 篇论文，其中有些领域已达到世界先进水平。

1948 年 6 月，姜立夫回国，坚辞数学研究所所长职务，表示愿回南开大学，并于秋季到南开讲授圆（球）素几何学。9 月，姜立夫当选为中央研究院首届院士。

此时，国民党的统治已是日暮西山。"该年底中央研究院决定迁往台北，陈省身又须赴美讲学，姜老夫子遂被迫返南京主持所务，并于 1949 年 2 月初全家迁往台北"③。1949 年 6 月初，在瑞士苏黎世国立高等工业学院进修的江泽涵，于返回北平的路中抵达香港。那时候国民党政府在大陆上只剩下广州一隅，而台湾当局又宣布用海军封锁渤海湾以切断香港与天津、北京的海上交通。江泽涵被迫在香港滞留约两个月。"先是姜老夫子来信说要来港看我，后经函商，还是我买了一张往返（限期五天）飞机票飞往台北"，江泽涵在老师家中住了一晚。"他认为他搬家去台北是一个大错误。他认为他是搞数学的，不应该涉入政治。他认为共产党能统一大陆，他就应该在大陆上。但他那时在台北有职务有家属，不能像我从香港来的单身人，他只得耐着性子等候机会"④。江泽涵还见到老师晚间紧闭门窗，窃听北京广播，听扭秧歌。⑤在天津的吴大任也给姜立夫写信，并附上他的两个孩子给姜的两个孩子一幅画，画面上一艘海轮正在靠岸，船上有两个孩子翘首以望，岸上也有两个孩子招手欢迎。⑥

此时，国民政府尚在广州。7 月，姜立夫以汇报工作为借口，只身先到广州，随即称病，电告台北要求夫人和两子速到广州照料。全家到广州后，他应

① 张奠宙：《中国近现代数学的发展》，河北科学技术出版社，2000 年，第 161 页。

② 《中国现代数学的拓荒者姜立夫》，《中华英杰谱卷 15 数学大师》，延边大学出版社，2006年，第 55 页。

③ 江泽涵：《回忆姜立夫老夫子》，党德信总主编：《文史资料存稿选编 24 教育》，中国文史出版社，2002 年，第 989 页。

④ 江泽涵：《回忆姜立夫老夫子》，《文史资料存稿选编 24 教育》，第 989 页。

⑤ 夏和顺：《全盘西化台前幕后——陈序经传》，广东人民出版社，2010 年，第 182 页。

⑥ 吴大任：《怀念姜立夫先生》，《中国科技史料》第 3 辑，科学普及出版社，1981 年，第 81 页。

陈序经之邀在岭南大学数学系任教。[①] 此时，江泽涵已经回到北平，由于北平和广州之间的邮递不通，只能由香港大学数学系主任黄用谂教授居中传递音讯。10月13日，黄用谂函告江泽涵："双十节假期（姜立夫）曾来港一行，以时局突紧，匆匆回去。据云弟（按：江泽涵）转寄之函均收到，他原有北上意，但以岭南开课未久，不便即离。近日局势又发展迅速，故决在广州待变。"[②] 第二天，广州解放。

姜立夫（右）与陈寅恪（中）、陈序经（左）合影

关于姜立夫从台北回广州的细节，目前由于材料所限无法详述。陈其津在《我的父亲陈序经》一书中说："著名数学家姜立夫先生，已经去了台湾，父亲得知他在那里不安心，即去信把他请了回来。"姜立夫回大陆前后，陈序经做了一系列精心安排。吴大任说："姜立夫由台北到广州，路经香港时，曾和陈序经相会。"[③] 由此可见，陈序经很可能亲自前往香港迎接姜。虽然自己的专业与数学相隔甚远，但陈序经是姜立夫在南开大学的多年老同事，深知姜立夫的价值。岭南大学理学院原有规模很小的数学系，未获教育部批准。郭查理（Charles Hodge Corbett）在《岭南大学简史》说中："教育部批准陈校长的建议，在理学院设立数学系，但没批准他在文学院建立哲学系的建议。根据教育部的规定，一个完整编制的系应该提供广泛的课程和聘用足够的人员。因此让教育部批准新设系或恢复原有的系都很难。在岭南大学向教育部注册前，它曾有很小的数学系和哲学系。"陈序经聘姜立夫，就是让他来主持或曰"创办"岭南大学数学系。姜立夫来到岭南之时，正是新旧政权交替之际，此前受聘于岭南大学的张纯明、吴大业等人，及一批外籍学者纷纷离开岭南。"那些人离去的损失由于姜立夫自愿来岭南而得到弥补，他曾培养了中国所有的优秀数学家。"虽年近花甲，对于执教岭南大学，姜立夫雄心未减。他说："美国人在中国办教会大学，非常难得办数学系。我看这是他们存心不要我们搞基础学科。我决心在教会大学里办起一个出色的数学系来。"[④]

① 江泽涵：《回忆姜立夫老夫子》，《文史资料存稿选编24 教育》，第989页。

② 江泽涵：《回忆姜立夫老夫子》，《文史资料存稿选编24 教育》，第989页。

③ 夏和顺：《全盘西化台前幕后——陈序经传》，第183页。

④ 唐明等主编：《亚洲数学精英传》，远方出版社，2005年，第130页。

当然，陈序经待姜立夫也不薄。1952 年，姜立夫在思想改造运动中被迫交代自己的"问题"：他自从到岭南大学之日起，便每月领取特别津贴港币 100 元，一直领了两年多。在当时经济困难环境中，这是一笔不菲的收入。

在广州解放不到两个月时间的 1949 年 12 月 9 日，云南省主席卢汉宣布起义。

当时在广通县任县长的苏健民发出通电，宣布广通县和平解放，同时设法与中共地下组织联系。中共地下党员王炜奉命率队接管政权。王炜，就是在昆明学生运动中被捕的胡旭东，出狱后转移下乡到游击地区开展武装斗争和地方工作。①苏健民回忆："当时王炜（原名胡旭东）同志是中共滇北区地方工作团第十一工作队队长。得知工作队已由武罡到一平浪准备接管广通县，我主动派县政府财政科长文凤鸣到一平浪和他们取得联系，欢迎工作队前来接管广通县政权。1950 年 1 月初，王炜同志当即和王朝阳、宋滋（女）等三同志，先到广通县城，与我同住县军政委员会。当晚约我一人参加他们开会，商谈有关交接县政权事宜，此会开到深夜。经谈妥后，他通知工作队武装人员一百五十余人次日由一平浪进驻县城，我与文凤鸣同志到城外郊区迎接工作队的同志，县城人民夹道欢迎。王炜同志在县临时军政委员会会议上，以其革命者的胆识和虚怀若谷的风格，在肯定了全县人民起义立功的光荣行动之后，传达了毛主席、朱总司令约法八章及二野邓小平政委、刘伯承司令员对滇、川、黔、康的四项办法，对所有原军政人员勉励有加，要求各安职守，积极工作，在党的领导下，为建立新的人民政权，巩固革命秩序，发展革命大好形势，再立新功。"②

胡旭东率领工作队顺利接收了广通县政权，作为父亲的胡鸿翥则参加了对草坝蚕种场的护场工作。地下党员许浩文回忆："蚕种场在昆明还有一个办事处，有房屋、有器材、有冷库，还有一部分职工。党支部派杨镛同志上昆明组织职工，吴方格、杨世珍、杨伯宗、姚国英、孔照绵、曹建初、李晓元、王幼泉、李开选、马文宗、胡鸿翥、张春堂等同志保护在昆财产。由这些同志组成在昆职工联合会，进驻了昆明办事处冷藏库昼夜巡逻。由于卢汉起义，国民党第八军、第二十六军，一面在蒙自成立伪云南省政府，一面派重兵重炮包围昆明。在中共云南省工委的领导下，组织工人、学生、市民、职员配合卢汉的部队，展开了轰轰

---

① 丁耀祖：《记"七·一五"反美扶日学生运动》，《石屏文史资料选辑》第 2 辑，1989 年，第 84 页。

② 苏健民：《广通起义前后的王炜同志》，《五华文史资料》第 1 辑，1988 年，第 31—32 页。

烈烈的昆明保卫战。蚕种场在昆职工也参加了声势浩大的游行示威。昆明保卫战取得了胜利，蚕种场在昆的财产也得到很好的保护。"①

1949年10月1日，是一个伟大的日子。这一天下午三时，北京30万军民在天安门广场举行集会。毛泽东主席宣布："中华人民共和国中央人民政府于本日成立了。"在国歌声中，毛泽东亲自按动电钮，升起了第一面五星红旗，54门礼炮齐鸣28响。

在现场观礼的人群中，就有陈维稷。1949年9月中旬，身在上海的陈维稷接到通知，要他作为民主建国会的代表之一，到北平出席中国人民政治协商会议第一届全体会议。这是一次在中国历史上具有划时代意义的重要会议。会议制定《共同纲领》《中华人民共和国中央人民政府组织法》等政治制度，选举中央人民政府委员会，最终审定国号、国旗、国歌、国徽、纪年和国都，庄严宣告中华人民共和国的成立。

9月21日，陈维稷和其他600多名代表一起，出席了在中南海怀仁堂召开的中国人民政治协商会议第一届全体会议。开幕式上，54响礼炮和军乐齐鸣，气氛热烈而隆重。当毛泽东主席以洪钟般的声音在会上庄严宣告"我们的工作将写在人类的历史上，它将表明，占人类总数四分之一的中国人从此站立起来了"时，陈维稷心潮澎湃，不能自已。政协会议结束后的第二天，也就是10月1日，陈维稷又以政协代表的身份，出席了开国大典。

10天的北京之行，陈维稷的视野更加开阔了，对自己毕生为之奋斗的事业的认识也进一步加深了。

1949年，在"走"与"留"之间，胡氏子弟更多的选择了后者。胡鸿猷的三个儿子都留下了。

长子胡汇泉，1913年出生，1930年进入上海交通大学土木工程学院结构专业学习。同学俞调梅对他当年的学习方法和学习干劲，一直难以忘怀。他说："记得我们在四年级时，来了一位美国人巴烈教授讲桥梁工程，我们的级友胡汇泉兄（1934级土木）和我一起整理了笔记。"②1934年，毕业后的胡汇泉，赴美

---

① 许浩文：《蒙自县草坝蚕种场党的地下斗争》，方仲伯等著：《滇南武装斗争云南革命斗争回忆录之三》，云南人民出版社，1984，第228—229页。

② 俞调梅：《岁月像首歌，吟唱永不绝》，朱隆泉主编：《思源湖：上海交通大学故事撷英》，上海交通大学出版社，2006年，第122页。

国密歇根大学（University of Mihigan）深造。第二年，他获得硕士学位后回国，进入上海市公用局工作。

抗战胜利后，胡汇泉曾被邀请到台湾接收公路，但差一步未能成行。当时陈仪受命筹备接管台湾，徐学禹、包可永分别被委派为交通处处长、工矿处处长。此两人都曾在交通部任职，其中包可永还曾在交通大学兼任教授。他们网罗了一批交通大学毕业生准备前往台湾接收企业。其中胡汇泉接收公路，张煦接收邮电企业，费华、刘永林准备参加接收铁路，徐人寿准备接收港务，辛一心准备接收航运。就在一切准备就绪，快要成行之际，上级主管部门突然改变主意，这些学生的台湾之行由此告停。①

1946年，国民政府交通部为谋求今后中国民航之合理发展，并为其他地方机场管理权统一规范起见，于5月在南京召集上海市政府、航委会、军政部海军处及中国航空公司和中央航空公司等有关部门开会商讨对龙华机场的管理办法。商讨会上，代表上海市政府出席会议的上海市公用局第三处处长胡汇泉及该处航务科科长宋耐行提出建议，可将龙华飞行港另组公司经营，使龙华机场成为一个具有法人资格的企业单位，实行对内对外的统一经营，并由上海市政府监督，或由各有关机构组成委员会予以监督，所有各机构在该机场之地亩及设备作为新公司的投资，如要增添技术设施，必须先商得交通部和航空委员会同意后才能实施。该建议经商讨后成为决议，并决定由上海市公用局承办。胡汇泉撰写的《筹组龙华飞行港公司意见书》，就发表于《公用月刊》1947年第15、16期合辑。但是，鉴于各种因素，筹组龙华飞行港公司的方案成为纸上谈兵，最终未能得以实现。至翌年1月，交通部成立民航局后，龙华机场的管理权实际归交通部所有。②

抗战胜利后，内地的企业纷纷东迁，上海又重新成为全国经济中心。为了满足上海经济发展的需要，"大上海都市计划"开始筹备实施，其中一项重要工程就是"越江工程"。1946年5月10日，市政府第三十次市政会议讨论通过《筹建越江交通工程进行办法》，决议设立上海市越江工程委员会，全权负责方案遴选、勘测选址及后续相关工作，茅以升受聘担任委员会越江工程设计处处长。越江工程委员会还组成技术顾问小组委员会协助开展施工方案的论证研究。这个顾问小组可谓"群贤毕至"，胡汇泉也参与其中。委员会成立后以很高效率完成了《上海越江工程研究报告》，提出了越江工程的四种方案：（一）建筑隧道穿过

① 王延锋等：《中国通信元勋——张煦传》，上海交通大学出版社，2018年，第67—68页。
② 林千、邓有池主编：《中国民航大博览》上，京华出版社，2000年，第182页。

黄浦江底；（二）建筑高架固定桥梁，高桅船只可在桥下通过；（三）建筑低架活动桥梁，在规定时间启闭、通过船只；（四）在黄浦江上游建筑固定式桥梁，仅使中型船只通过，高桅船只限定在桥位下游地段停泊。但是由于国共内战的爆发，经费难以到位，这些方案尽管一再调整缩减，最终只是停留在纸面之上。[①]

胡汇泉是上海交通大学 1934 级学生。这一级学生星光熠熠，英才迭出，其中钱学森、张光斗堪称大师级人物。胡汇泉与张光斗同为土木工程学院学生，过往甚密。据《张光斗传》载："（张光斗）大学毕业前，同学胡汇泉介绍其大妹胡竟先做张光斗的女朋友，常请张到他家去。张光斗和胡竟先也会去听音乐和看电影。她和她父母很主动，看来都是有意的。张也感觉她人很好，但是她家太富有，父亲在上海海关任高级官员，她本人非常能干，觉得自己与她不相配，所以不积极。"[②]张煦同样是交通大学 1934 级电机工程学院学生。1945 年 6 月，在重庆的张煦经由胡汇泉介绍，于茅以升家中结识李梅。李梅，1915 年生于上海，毕业于上海圣约翰大学英文系，任重庆《新民报》馆记者，其父亲李谦若曾任交通大学土木工程学院院长。第二年，张煦和李梅在上海喜结连理。[③]喜为人作媒，可见胡汇泉为人之热情。

1918 年出生的胡汉泉，是胡鸿猷的次子，1936 年考入上海交通大学电机系电讯专业学习，获工学士学位。1940 年他远渡重洋，进入美国密歇根大学电机系学习，第二年获硕士学位，先后在美国斯巴登无线厂、美国 RCA 电子管厂担任工程师。1946 年 9 月他进入美国依利诺大学电机系电子管试验室，半工半读研究助教进修博士。1949 年 9 月，胡汉泉获博士学位后旋即回国，进入唐山铁道研究所任研究员，并在唐山交通大学兼课。

当胡汉泉在 1936 年进入上海交通大学就读之时，小两岁的弟弟胡沛泉在同一年"跳级"考入上海圣约翰大学，四年后获土木工程学士学位，旋即赴美国密歇根大学深造，1941 年获土木工程硕士学位，1944 年获工程力学博士学位。谈起自己在美国的求学经历，胡沛泉自豪地说："在美国我没有花过家里的钱，都是自己一边读书，一边打工挣钱。"他在密歇根大学担任过讲师，还在建筑师事务所打过零工。毕业后，胡沛泉受聘于著名的美国航空咨询委员会（NACA）兰利航空研究所从事研究工作。三年时间，胡沛泉完成了从副工程师，到工程师，再到高级工程师的"三级跳"，不到 27 岁成为当时 NACA 中最年轻的高级工程

① 谢国平：《中国传奇：浦东开发史》，上海人民出版社，2017 年，第 119—122 页。

② 张美怡编著：《张光斗传》，航空工业出版社，2016 年，第 20 页。

③ 王延锋等：《中国通信元勋——张煦传》，第 213 页。

师。在此期间，胡沛泉曾与美国的布狄安斯基等人共同发表《获得固支板临界应力上限及下限的拉格朗日因子法》等五篇论文。1948年，胡沛泉回国，到母校上海圣约翰大学任教。

在上海医学院，胡鸿仪和胡旭初、胡茂生同样留下来了。

胡旭初，生于1921年12月，1946年毕业于国立上海医学院本科。"他（按：朱恒璧）在主持上医工作期间，千方百计利用各种机会创造教学和科研条件，但更重视有真才实学和道德高尚的教师。如著名生理学家冯德培，抗战期间全家逃难到重庆，无人照顾，朱院长说他是国宝，请到上医，为他一家提供住房。朱院长自己一直住在一间小屋内。冯教授来上医后，带出刘育民、胡旭初等人"[①]。1946年，胡旭初进入国防医学院，在该院卫生研究院血液静脉液系及血库工作。这一年，上海霍乱大流行，他被指定为血库的各种无热原静脉液大规模生产及质量检验技术负责人，产品全面地满足了上海各大医院为救治霍乱对无热原静脉液的要求。1947年11月，胡旭初进入中央研究院医学研究所工作。1948年初，他跟随新回国的生化学家王应睐教授初入研究之门，参加维生素代谢生化研究，证明了色氨酸在肝内可以转变为烟碱酸。而在此以前的生物化学理论认为氨基酸与维生素两类是在代谢上迥然不同的和不能转换沟通的。胡旭初的这一研究，被认为是打破此种观念的有力证据。

比胡旭初小一岁的胡茂生，1948年6月从上海医学院第十八届六年制医科毕业，进入上海医学院中山医院任住院医师。[②]

1949年，对于任何一个人来说，都面临着命运的抉择。胡敦复走了，葛敬中与胡咏絮夫妻也走了。

抗日战争胜利后，国民政府派员以"苏浙皖蚕丝复兴委员会名义"接收敌伪中华蚕丝公司上海总公司及其在苏州、无锡、嘉兴、杭州的四个支店和公大实业公司、伪农业部日华兴业丝织厂、华新纺织厂、华兴株式会社、日华洋行染绸厂、三和洋行绢纺厂以及江南洋行、阿布市洋行、岩尾洋行、九三洋行等16个单位所属丝绸工业、仓库等敌伪丝业资产，并以此为基础于1946年1月成立了以统制蚕丝业务为目的的国家垄断资本企业——中国蚕丝公司（简称中蚕公

---

① 王士良编著：《朱恒璧传》，复旦大学出版社，2005年，第71页。

② 《上海医科大学纪事》编纂委员会编：《上海医科大学纪事1927—2000》，复旦大学出版社，2005年，第95页。

司）。中蚕公司接收敌伪蚕丝业资产，在 1947 年底估价，值 4983 亿余元法币，约合黄金 57770 两。

葛敬中

中蚕公司总公司设在上海中山东一路 17 号，由农林部部长兼任董事长，董事葛敬中兼任总经理。"该公司开业时表示要负复兴我国蚕丝业之重任……以政治及经济之力量，辅导桑苗、养蚕、制种、缫丝等民营事业，增进生产，奖励输出。但是，实际上只是运用官僚资本的政治经济权力操纵从桑苗生产到丝绸购销为止的各个环节，垄断整个蚕丝行业"[①]。这具体表现在操纵贷款和茧价、丝价上。1946 年 7 月 1 日上海的《文汇报》就曾报道过中蚕公司操纵茧价、压迫厂商的丑闻。迫于舆论的压力，中蚕公司拟订了《蚕丝产销计划纲要》，规定由蚕丝产销协导委员会出面管理丝业贷款，控制丝茧购销，中蚕公司则退居幕后。中蚕公司成立两年后，浙江蚕丝建设促进会及浙江省茧业联合会曾列数其十大罪状，要求国民政府撤销该机构，但国民政府强调"事业需要"一再延期，直至上海解放。

当然，中蚕公司也还是做了不少有益的工作。胡鸿均在《为发展我国蚕桑事业作出重要贡献的葛敬中》一文中记述：鉴于沦陷期间苏浙等省蚕丝业遭到敌伪严重摧残，桑园荒芜，丝厂倒闭，工人失业，蚕农无以为生，葛敬中提出以辅导民营和实验示范为主的业务方针。在辅导民营方面，首先向云南蚕业新村预订大批改良蚕种航运到苏浙，为推广饲养春蚕提供蚕种。同时又设立培育桑苗指导所，辅导农民大量增产嫁接桑苗，以满足补植新桑所需。策动丝厂绸厂积极恢复生产，帮助解决各厂恢复生产中存在的困难。在实验示范方面，中国蚕丝公司筹办了示范桑苗圃、示范桑园、实验养蚕指导所、实验蚕种场、实验缫丝厂、实验丝绸厂、绢纺厂，以及蚕桑研究所等单位，并资助有关学校和科研单位开展蚕桑研究。这些措施，推动了战后蚕丝生产的复苏。

1948 年，葛敬中脱离中蚕公司，举家迁居香港。从 1919 年被任命为中国合众蚕桑改良会监理开始，到这一年，葛敬中先后参与、主持中国蚕丝事业 30 年。回溯历史，中国合众蚕桑改良会和中国蚕丝公司是葛敬中亦官亦技亦商的两个重要平台。这两个机构，分别在民国时期的蚕桑改良和抗战胜利后蚕丝业的复兴方

① 《上海丝绸志》，上海社会科学院出版社，1998 年，第 89 页。

面曾起到重要作用，而葛敬中正好是这两个机构的核心人物。

虽然有"是非功过，一任后人评说"之俗语，但葛敬中所投身的那段历史却也是从事蚕丝这项传统产业的后人们应该了解和记住的。

胡敦复长子胡新南去了台湾。1941年11月，胡新南从重庆回到上海。年底，太平洋战争爆发，上海租界沦陷。胡新南在大同大学、交通大学教书两年半，课程是化工单元操作和化工计算。他回忆："八一三淞沪战役后，在租界外的大学都迁入租界内借地方上课，因陋就简，大同大学因认为抗战是长期的，短时间内无法迁回原址，就在新闻路小沙渡口建造校舍，所以当我去任教时，校舍已经建造完成，设备相当齐全。"[1]1946年4月，胡新南搭乘美军的军机从上海直飞到台湾，进入高雄炼油厂任工程师。

胡新南走了，他的大妹夫陈维稷一家留下了，二妹夫徐象枢一家也走了。

抗战胜利后，徐象枢再次"转身"，由政界转入商界，在交通银行任职。其实在1939年他就在交通银行兼职。这一年，交通银行为推进西南业务起见，特于总管理处增设设计处，王志莘为该处处长，徐象枢被任命为总处专员兼设计处副处长[2]，后升任设计处处长。1943年6月，徐象枢任交通银行昆明分行经理。[3]徐象枢在昆明交通银行经理期间，与王志莘多有交往。"其时王志莘是新华银行总经理，不时到昆明，王和吴（按：吴鼎昌，时任贵州省政府主席兼滇黔绥靖公署副主任）本来很熟悉，所以我们三人常往庸道街吃云南饭菜"[4]。1946年，徐象枢携眷北上长春，就任交通银行长春分行经理。[5]1948年，徐象枢南归上海，改任交行总处人事室主任。[6]上海解放前；包括徐象枢在内的交通银行高管分赴港、粤两地。后来，徐象枢改名徐莱盦，和家人一起定居美国密歇根州底特律市。

① 胡新南口述、程玉凤访问整理、张美钰记录：《胡新南先生访谈录》，台北"国史馆"，2005年，第46页。

② 章义和、杨德钧编：《交通银行史料续编1907–1949上》，复旦大学出版社，2018年，第25页。

③ 云南省地方志编纂委员会总纂：《云南省志卷13金融志》，云南人民出版社，1994年，第155页。

④ 徐象枢：《从政杂记》，《历史研究》第6辑，书目文献出版社，1987年，第54页。

⑤ 金广凤：《交通银行长春分行简史》，长春《金融志》编辑室：《长春金融史料》（《长春市志资料选编》第5辑），1989年，第25页。

⑥ 王自慎、葛一飞、严孝修：《解放前上海交通银行的职工运动》，中共上海市委党史研究室编：《上海党史资料汇编第3编·全民族抗日战争时期（中）》，上海书店出版社，2018年，第727页。

常宗会归国途中留影（1949年）

葛敬中夫妻走了，而常宗会夫妻却从国外回来了。

抗战胜利后，常宗会于1946年被选为"国大"代表，并先后担任河北国营农场及湖北金水农场场长等职务。1948年自费到澳大利亚考察畜牧事业。中华人民共和国成立后，远在海外年逾半百的他，毅然拒绝"友人"劝其去台湾的邀请，1949年11月返回祖国，并随身带回两组澳州的良种猪"巴克夏"和"约克夏"赠送南京农场作为繁殖推广用。

常宗会回国后，受到党和人民政府的欢迎。从1950年起，他先后担任哈尔滨农学院教授、南京农业专科学校教授、南京畜牧兽医站顾问、江苏省畜牧兽医协会理事等职。20世纪50年代后期，他虽病休在家，不仅未间断科研工作，还在自己的住宅园内建立小规模的猪、鸡试验场，为改良品种、提高产量积累资料。为了结合生产实际，充实"养猪学"讲课内容，他曾冒着秋凉，沿着浦口的江滩，访问江边放牧的饲养员，考察"江淮放猪"的实际情况。1961年初，他和学生一道去南京仙林鸡场实习，参加分层笼饲养育雏试验。虽身患糖尿病，他仍坚持与同学们同吃、同住，并进行现场教学。退休后他在家养鸟雀，也在摸索禽（鸟）类的配种、产卵与饲料的关系。根据积累的资料，他撰写了《中国养猪法》，又与学生合著了30万字的《中国养鸡法》。在《中国养鸡法》中，他提倡利用地热孵化禽蛋、育雏的方法，既节约能源又有利于畜牧业的发展。

常宗会在住宅园内建立实验牧场
（1952年）

为了引进良种，常宗会还利用长子常党生博士在澳大利亚任华裔学者协会会长之有利条件，嘱其在回国探亲时携带四百支改良的肉牛"冷冻精液"赠送农业部，作为改良我国肉牛试验之用。1980年，常宗会又通过亲友关系从港澳引进150只"巴布可克"雏鸡，赠送南京家禽研究所研究繁殖。他的女儿常肖梅毕业于上海音乐学院，先后在中央人民广播电台和哈尔滨师范大学艺术系工作，1979年赴澳大利亚学习。一年后，常肖梅在父亲影响下，婉言谢绝澳大利亚友人聘请，返回祖国。[①]

胡宪生的几个儿子，有的留下，有的走了。

长子胡旭光抗日战争胜利后，奉派去台湾办理日军航空器材的接收和整理工作，在台中第三飞机制造厂担任总工程师。

次子胡仲光留在了上海。

三子胡法光在1940年进入交通大学工学院机械系就读，四年后毕业。1947年，上海怡和洋行招聘机械人才前往英国受训，为期三年，胡法光报名投考并获录取，于1949年启程负笈英伦。

四子胡同光1948年于交通大学电机系毕业，即赴香港国华电力公司实习，准备去英国留学。中华人民共和国成立后，祖国建设急需大批科技专业人才的形势，使他毅然放弃出国，于1950年5月返回上海。

五子胡政光1949年时尚在上海大同大学会计系就读。

这样，兄弟几人从此分隔两岸三地，直至改革开放后才得以团聚。

① 盛乃健、靳军：《铭记中山先生教诲，毕生爱国兴农桑——记农牧科学家常宗会教授》，安徽省滁州市政协文史资料委员会编：《皖东文史》第11辑，2011年，第201—203页。

第十四章 沐浴在新时代的阳光里

新的时代到来了。

中华人民共和国成立后，迅速发展的各项事业迫切需要大量的专门人才，而当时的高等院校无论在数量上还是在质量上都远远不能满足国家建设的需要。因此，从根本上改革教育制度势在必行。

1950年6月，第一次全国高等教育会议在北京召开，讨论了新中国高等教育的方针、任务，分析了高等教育的现状及存在的严重缺陷，明确指出，必须迅速调整和改进高等教育，以理论与实际相结合的教育方法，培养具有高度文化水平的、掌握现代科学和技术成就的、全心全意为人民服务的、高级的国家建设人才，准备和开始吸收工农干部和工农青年进入高等院校，以培养工农出身的新型知识分子。从1951年开始，中央教育部根据中央人民政府政务院"关于改革学制的决定"，对全国高等院校的院系设置进行大规模的调整。1952年，调整工作进入实质性阶段。院系调整的第一步骤是专业和系科的设置与教学计划的制订。各校充分学习了当时苏联的经验，基本上采用苏联各种专业的教学计划和教材。专业和系科的设置确定后，教育部根据各校专业教学计划的需要，进行统一的师资调配。高等学校的院系调整工作到1953年基本结束。

大同大学的学科调整，其实从1950年就已经展开。这次调整主要集中在文学院各系。大同大学文学院原先下设有史地政治系、文学系、哲学教育系。1950年春，哲学教育系呈报批准后改称教育系，而史地政治系除保留四年级外，其余各年级学生转入文学院其他系，是年秋被取消建制；英文、数学专修科同时停办。1951年下半年，文学、教育两系停止招生，文学系归并入圣约翰大学。与此同时，诚明学院和新中国法商学院教育系则并入了大同大学教育系。①

---

① 《私立大同大学历年院系变迁情况表》，档号Q241-1-1-13，上海市档案馆藏。又见《大同大学概况、校史、沿革》，档号Q241-1-26，上海市档案馆藏。

令人意想不到的是，大同文学系归并入圣约翰大学，是由学生主动提出请求，并得到了华东军政委员会教育部的同意。

上海解放以来，新政权对大学院系的一系列调整，在大同大学内引起了连锁反应。多数学生对私立学校的前途产生怀疑，"特别是文、理、商三院同学，除几个技术性质的系，觉

解放初期的大同大学

得还有出路，一般的都很恐慌，都很着急，想转系又怕学校不许，又怕自己学力不够，这些混乱思想，反映成情绪低落，教学困难"①。同时，随着一些公立学校的逐步建立，更引发了学生的顾虑。他们自然渴望通过院系调整的方式调整到办学条件更为优越的公立大学去。

正是在这一大背景下，1951年7月20日，大同大学文学系的全体同学开会决定希望并入国立复旦大学，并呈文华东委员会教育部高教处。但华东委员会教育部鉴于复旦大学一时无法容纳过多的教师和学生，没有接受他们的请求，但建议他们与其他私立大学洽商，以集中师资合并起来办理。于是大同大学文学系的全体同学与多方协商后，向校长平海澜提出："自经人民政府教育部号召各大学集中重点办理而且本校文学系（英文组）又奉令暂停招生之后，我们同学都深深地感到有争取更好的学习环境与条件之必要"，"赴圣约翰大学与该校文学院院长黄嘉德先生作初步非正式会谈，他们对此提议甚表欢迎，并希望我校行政当局随即前去与其作正式之商谈，待一切细节问题解决后，即可向教育部呈报请求核准，用特备函呈请"。当时的大同大学英文系主任施蛰存也表示"对此计划，自当赞成，并希望能够实现"②。8月24日，华东军政委员会教育部也最终同意了这项请求，大同大学文学系由此合并进入圣约翰大学，并于1952年院系大调整时又被调整进入国立复旦大学。

同时，教育系的学生也向平海澜校长提出请求，希望并入成立不久的华东师范大学。华东师范大学是以上海的光华、大夏大学为基础，同时调入复旦大学、同济大学、浙江大学的一些院系而新成立的一所大学。对于学生的转校请求，平

① 《私立大同大学校委会今后工作方针与任务的补充》，档号 Q241-1-34-26，上海市档案馆藏。

② 《华东教育部关于院系调整的通知和大同大学关于院系调整问题与该部及关学校函件》，档号 Q241-1-11，上海市档案馆藏。

海澜予以支持，并致函华东军政委员会教育部。但得到的回复却是否定的。华东军政委员会教育部解释说：“华东师范大学系由光华、大夏二校为基础而于最近成立者，一切尚待整理，因此目前除容纳光华、大夏二校文理学院学生及一年级新生外，不可能再吸收更多单位，故你校教育系并入师范大学事实上有困难，希能告该系同学，仍安心在校学习为要。”①

作为大同大学创办主体的立达学社，在1951年5月6日也召开了最后一次会议。这一次会议从下午两时半一直开到五时。因世事波澜，参加会议的社员仅平海澜、叶上文、胡宪生、胡范若四人。具体商议的事项，今天已经无从知晓。会议记录最后是寥寥数语：“座谈结束，本社社员星散各地，无从齐集，今后本社无期休。”②

1952年，全国高等学校开始了院系大调整。对于这一轮的院系调整，大同大学的师生纷纷在报刊发表文章，表示支持和欢迎。电机系主任朱麟五认为，“大同大学解放前完全是学店作风，生意兴隆，吸引了许多资产阶级的子弟来读书，又因为所收学费和其他私校差不多，教授和设备还算不错，让资产阶级的子弟出钱读书，可以为国家造就人才还可以节省经费。大同大学的小系合并出去后，保留的大系更可以集中发展”，而在“听了饶主席思想改造的动员报告后，才认识到院系调整的必要性”。③土木系教授吴之翰说，解放初他就听说院系调整，以为只会调整公立学校，私立学校可以不调整，因此他辞去同济的教职，改受大同之聘，“当时我顾虑到我的家庭包袱，怕因调整而离开上海”。并且，对于同济各院系的调出，他成为公开反对者之一，“其时我不过在同济兼任三小时课，但同济是我母校，似乎‘爱校’岂甘后人”。他“认为一开始就把文、法两院并入复旦，继而把医学院迁汉，早迟必并入武汉大学。最后又叫理、工两院迁大连。这显然是使同济四分五裂，终于走向消灭的一途。是可忍孰不可忍”。之后，他在实际行动中才深刻体会到院系调整对高校发展的好处，如“大同内部经费日益困难，教学改革无法实施”④。物理系主任姚启钧则说：“关于高等学校的院系调整，我起初是有顾虑的。我有严重的眼病，身体也不好，且家有老母，不愿离开上海。如果一个人调到很陌生的学校去，那更是不愿意。但，另一

① 《华东教育部关于院系调整的通知和大同大学关于院系调整问题与该部及关学校函件》，档号Q241-1-11，上海市档案馆藏。
② 赵玉成：《大同与立达——一所民间学社兴办大学之路》，《东方早报》2013年5月22日。
③ 朱麟五：《坚决拥护院系调整，无条件服从统一调配》，《文汇报》1952年8月3日。
④ 吴之翰：《我认识了院系调整的必要性》，《文汇报》1952年8月5日。

方面，我在私立大学教书，经费来源，主要是靠学费的收入，愈下去愈渺茫，政府把私立大学原封不动的改为公立的希望，也很少可能，所以我倒又希望院系调整。"①

校长平海澜在做过"检讨"②之后，此刻也明确表态："坚决保证，抛弃个人主义、本位主义、宗派主义，服从政府统一调配"，"就是大同名义取消，归并他校，我决无丝毫留恋"③。

10 月，全国高校院系正式调整，大同大学建制被取消，其中教育系并入华东师范大学；数学、物理、化学三系并入复旦大学；电机、机械两系并入交通大学；土木系并入同济大学；化学系并入新成立的华东化工学院；经济、会计、银行、工商管理四系并入新成立的上海财政经济学院。④

与此同时，大同附中一院改为上海市大同中学，大同附中二院与私立圣约翰大学附属中学合并，定名为上海市五四中学。

无限风流尽吹散。"大同大学"终于成为一个历史名词，但是那段辉煌却铭刻于史册。

"大学之道，在明明德，在新民，在止于至善"，这是古代圣贤的遗训，也是大同的校铭。短短十六个字，涵盖了认识世界与认识自己、改造客体与提升主体两个方面，涵盖了修德与进业两个方面，这也是古今中外教育的全部真谛所在。大同在这方面，给世人留下了光辉的榜样。"星汉灿烂曾几何时"。在 40 年的办学历程中，从大同学校走出来了一批又一批的人才，其中"两院"院士就有钱临照、顾功叙、吴学蔺、黄文熙、徐芝纶、高鼎三、孙俊人等 34 位。还有，经济学家于光远、北京大学校长丁石孙、文学翻译家施蛰存、翻译巨匠傅雷、漫画家华君武等都曾就读于大同大学。

高等学校的院系调整，给众多胡氏子弟的命运带来了新的变化。

1949 年，胡刚复卸任大同大学校长之后，携眷北上，在北洋大学和唐山交通大学任教，1951 年任教于天津大学，1952 年院系调整后转任南开大学物理系

---

① 姚启钧：《无条件服从统一调配》，上海《大公报》1952 年 8 月 23 日。

② 平海澜：《检讨我好逸怕劳的错误思想》，《学习报》第十三期，1952 年 7 月 19 日，档案号 Q241-1-599，上海市档案馆藏。

③ 平海澜：《大同大学的院系非彻底调整不可》，《文汇报》1952 年 8 月 5 日。

④ 华东学习委员会办公室编印：《华东高等学校情况汇编（第一分册）·华东高等学校历史情况》，1954 年刊印，第 300—306 页。又见《平海澜致大同校董会函》，1952 年 9 月 15 日，档案号 Q241-1-6，上海市档案馆藏。

教授，1962 年当选为中国物理学会名誉理事。在任教北洋大学和南开大学期间，他讲授过光学、近代物理学和 X 射线金属学等多门课程。

据他的学生记载，虽然年近六旬，但胡刚复非常关注物理学发展的新动态，经常到系资料室翻阅文献，也经常去北京听专家报告。在校外学者来南开讲学时，更是每次必到，虽然需要将手置于耳后助听，却是一位最专心的听众。"有一次钱三强先生来校演讲。他作为听众中的长者，入场时钱先生即走下讲台亲自扶胡老入座，胡先生坐在前排很认真地听讲。他们之间深厚的师生情谊，给在场的学生留下了深刻印象"①。学生朱自强回忆说："我当他学生时先生已是六十高龄了，他给我们讲了许多课。我的光学、现代物理、X 光学和毕业论文都是跟先生学的。先生尽管年已花甲，讲起课来仍然是神采奕奕，声如洪钟，而且一讲就是四小时，一丝不苟，从不休息，讲到妙处真可谓到了忘我的境地。其感人之深，不仅是先生当时的音容笑貌至今历历在目，记忆犹新；先生的奉献精神更始终是激励、鞭策我的动力。……记得先生在课堂上经常重复一句话：'要归纳多于演绎。'他在课堂上很少推导公式，要我们在课下补上。一再告诫说公式的原型都是归纳出来的，连理论模型多数也是归纳的结果。要学会在大量实验现象、结果中去发现世界。理科的主要工作是发现世界、认识世界，归纳法则是最重要的手段。如此，在当时资料尚不充分的情况下，每次上课前我都得到先生家中去帮他搬书。他自己捧了一摞，我则抱了一堆，讲桌上堆满了书。每讲一个课题，总是先讲背景由来、左邻右舍、来龙去脉、前因后果。用先生的话说是：'不但要知其然，而且要知其所以然'。他讲课中的每一个概念、每一种提法都力争有事实依据，这就是书上有的就查书，书上没有的就在黑板上写和画，他把自己置身学生之间引导我们在课堂上完成一个个课题的重新发现过程。……但是现在回想大学时代念的众多课程，不管尽了多大努力，得了多好成绩，至今也只留下一些模糊的痕迹了。唯有先生的这些题外话，却深深印入脑海。而且下意识地成为我们思考问题、理解问题、处理问题的依据。我想这应该就是先生所指的要知道天高地厚的又一种内涵了吧！"朱自强还写到了胡刚复的住房："也许是出身于书香门第吧，先生的两间住屋中除了书架上琳琅满目外，别无长物。家具既属凑合，更谈不上什么陈设了。然而就是这两间陋室，却是我们最愿意拜访的地方。这里有浓厚的学术空气，有融洽的师生感情；有严肃认真的探讨和辩论，也有海阔天空的闲谈和神聊；不过说话最多的总是先生。他热爱他的事业，爱每一个

---

① 杨福征、李子元：《胡刚复先生在南开》，《物理实验》（纪念胡刚复教授诞辰百周年特辑），1992 年。

学生；毫不保留地用他的严谨治学态度、深刻学术思想、渊博科技知识培育我们。"①胡南琦还写了一件事："他在北洋大学、南开大学期间，教授过光学、现代物理学、X—射线金属学等多门课程。为了开设好不甚熟悉的金属学，有一段时期他每周乘火车从天津来到北京，听国内金属学课程。"②

解放以后，"老校长"竺可桢担任中国科学院的副院长，两人时常见面，保持着延续了半生的友谊。学生回忆："胡老师的儿子和女儿都在北京工作，而且与竺师住址相近（胡珊住中关村），因此胡老师每次假期去北京，总是抽空去探望竺师。他们两人常常相会，鱼雁不绝，这是他们晚年的最大愉快。50多年的同窗、共事，使他们紧密地连在一起。他们二人在年青时期的追求、理想，在不断相互勉励、合作和支持下，一样一样地都实现了。所以说他们的友谊是莫逆的，是伟大的。"③

大致在1965年，病重的胡刚复拖着病体专程去往杭州，一则为兄长胡明复扫墓，二则到自己心血浇灌过的浙江大学转了一圈。他那时不想惊动别人，对在浙江大学任教的学生朱福炘说："我只是看看就是了。"待到老浙大诸友门生们知道后，想去拜访他时，他已悄然地离开了。④

1966年3月，胡刚复因阑尾炎开刀，手术后又受感冒而引起肾盂肾炎，后又在病房中受交叉感染，迅速恶化，于3月26日永别人世，享年64岁。据胡琦南记载，胡刚复在患病期间，写了"一身傲骨"四个大字的一张纸保存在书桌抽屉里，直到他去世之后才被发现。⑤

春秋时，楚人卞和被三刖其足，仍忠贞不贰献玉。作为现代科学在中国最早的播火者和拓荒者之一，胡刚复正是抱着卞和献玉的挚诚和执着，抱着崇高的自我牺牲精神，竭其一生践行当初负笈海外时的"科学救国"理想，先后在11所高校物理学系或理学院任教，从事着科学知识和科学精神的传播和宣扬，在中国物理学研究及教育领域有"开启山林"之功，为我国物理学事业和物理科学教育的发展奠定了基础。

胡刚复的学生共有五代，第一代有吴有训、张绍忠等著名学者，第二代有

① 朱自强：《要知道天高地厚》《物理实验》（纪念胡刚复教授诞辰百周年特辑），1992年。
② 胡南琦：《先父小传》，《物理实验》（纪念胡刚复教授诞辰百周年特辑），1992年。
③ 杨竹亭：《莫逆两师尊，后生堪楷模——忆故校长竺可桢与理学院院长胡刚复》，《竺可桢诞辰百周年纪念文集》，浙江大学出版社，1990年，第324页。
④ 杨竹亭：《莫逆两师尊，后生堪楷模——忆故校长竺可桢与理学院院长胡刚复》，《竺可桢诞辰百周年纪念文集》，第325页。
⑤ 胡南琦：《先父小传》，《物理实验》（纪念胡刚复教授诞辰百周年特辑），1992年。

严济慈、朱正元、赵忠尧、吴学周、何增禄、施汝为等，第三代有王淦昌、吴健雄，第四代有程开甲、胡济民等，第五代有李政道、汪容等等，胡刚复从事大学教育三十余年，五代同堂的门生弟子又不知培养了多少新兴的物理学门生弟子，所以人们称胡刚复是我国核物理科学的一代宗师。[①] 中国物理学会为纪念胡刚复和饶毓泰、叶企孙、吴有训在发展我国物理科学、培养物理人才方面的重大贡献，在 1987 年决定设立纪念四位前辈的奖励基金，以奖励有突出成就的物理学工作者。

在全国高等学校院系调整中，广州的岭南大学被撤并，多数系并入中山大学，校址改为中山大学校址，姜立夫也随之到中山大学数学系工作。广州解放后的 1950 年 8 月，姜立夫赴北京参加"中华全国自然科学工作者代表大会"，向科学院汇报前中央研究院数学所情况，并移交该所从欧洲购置图书资料的外汇余款。[②] 这笔数目不小的余款鲜为人知，此事可见姜立夫为人光明磊落。陆健东在《陈寅恪的最后二十年》中说："姜立夫从台湾返回大陆，影响很大，留在大陆的中央研究院全体同仁联名发来慰问电。五十年代初，国家筹建新的数研所，所长一职首先考虑姜立夫。时姜立夫已经 60 岁，他在 1950 年赴京时以年老力衰亲自向郭沫若面辞。"转任中山大学之后的 1955 年冬，姜立夫在讲授高等几何专门课时，因心肌梗死晕倒在讲台上。此后，学校不再安排他担任课堂教学，但他

晚年姜立夫

却在家里竖起黑板，组织起读书小组边翻译边研究，继续培养青年教师、研究生和进修教师，直至 1966 年才中断。在中山大学，他组织并参与翻译出版了苏联和法国专家的《解析几何学教程》《罗巴切夫斯基几何学基础》《黎曼几何学·正交标架法》。在此前后，南开大学曾尽力请调姜立夫回校，都未成功。就这样，曾自述"一不懂广东话，二不信基督教，和岭南环境不相宜"的姜立夫将自己的晚年交给岭南，交给了广东。[③]

1954 年，姜立夫当选为广东省第一届人民代表，

①　杨竹亭：《纪念一代宗师胡刚复先生百岁诞辰》，《物理实验》（纪念胡刚复教授诞辰百周年特辑），1992 年。

②　刘秀芳：《中国现代数学先驱姜立夫》，《近代天津十二大自然科学家》，天津人民出版社，2011 年，第 17 页。

③　夏和顺：《全盘西化台前幕后——陈序经传》，广东人民出版社，2010 年，第 183 页。

1955 年以后历任全国政协二、三、四届委员。1955 年上京开会时，周恩来总理同他亲切握手，并且说自己也是"南开"的学生。[①]1978 年春，姜立夫病逝于广州，终年 88 岁。从 1920 年起，姜立夫的一生都在为创建我国高水平的数学系持续奋斗，泽及我国南北六所大学，分别是南开大学、北京大学、西南联大、厦门大学、岭南大学和中山大学，学生更是遍布中国南北各地。为了纪念他，南开大学从 1982 年起设立姜立夫奖学金，以鼓励更多的青年学子从事数学的学习和研究。

胡先骕在《中国科学发达之展望》一文中论及大师对近代中国科学所作贡献之时，把姜立夫与胡刚复并列，说："至于近年科学所以发达之故。半由于少数科学家之努力，半由于科学研究机关之设立。……中国之物理学家多出胡刚复先生门下，而杰出之数学家则多推姜立夫先生之门徒，三四大师之影响有如此者"。[②]

在北京，教会大学燕京大学也被撤销，胡梦玉转入北京师范大学教育系任教，任小学教材教法教研室主任、教授。此后，她一直致力于小学教育的研究，著有《小学数学教学过程研究》《小学数学教学法》等书。

胡梦玉

在无锡，江南大学被撤并。时年 58 岁的胡立猷，与沈立人、夏宗辉等五位同系教师被调入上海财政经济学院任教。9 月 27 日，胡立猷等这批教师陆续离校，到新单位报到。[③]顺便提一句，上海财政经济学院第一任负责人是无锡籍一代经济学家孙冶方（原名薛萼果）。孙冶方出生于无锡县玉祁镇，与村前相距十公里。

在山东，胡惇五也有了新的使命。1952 年，齐鲁医院高级护士学校随医院由人民政府接办，1953 年更名为山东省立二院护校，招收初中毕业生，学制二年，胡惇五担任副校长。当年毕业一年中专护士班后，学校并入山东省济南护士学校，胡惇五继续担任副校长。1957 年，胡惇五当选为山东省红十字会委员会

① 姜强：《姜立夫》，殷惠中主编：《温州历史人物》，作家出版社，1998 年，第 190 页。

② 范铁权：《体制与观念的现代转型——中国科学社与中国的科学文化》，人民出版社，2005 年，第 236 页。

③ 《私立江南大学学生名册、教职员工调整名册，院系调整方案》，档号：SLJD-9，江南大学档案馆藏。

常务委员。1965 年 12 月 27 日在山东省政协三届三次全委会上，胡惇五当选为省政协常委。

燕京大学撤并之时，胡刚复之子南琦在物理系攻读研究生已经进入第三个年头。燕京大学撤并之后，他随之转入北京大学。两年后的 1954 年，胡南琦从北京大学物理系研究生毕业，服从分配到东北人民大学（现吉林大学）物理系工作，从事光学教学与研究。

在高等学校院系调整中，上海医学院更名为上海第一医学院。到了 1955 年 10 月，中央卫生部决定抽调上海第一医学院部分力量支援四川，筹建重庆医学院。按照规划，重庆医学院三分之二的师资、三分之一的行政人员由上海第一医学院配备。

重庆医学院

1956 年 3 月，上海第一医学院第一批教师和教辅人员 40 人赴重庆，其中就有陶煦夫妇。9 月 1 日，重庆医学院正式开学上课。重庆医学院院长一职由上海第一医学院院长陈同生兼任，并由一名副院长具体负责。1957 年 1 月 16 日，经卫生部同意，四川省委常委批准刘海旺、陶煦任院长助理。

陶煦一家内迁重庆之后，安家于渝中区的儿科医院，而陶煦为处理繁忙的创院事务则住在袁家岗校本部的宿舍，平时只能在周末回家来住一天。在儿子胡庆平的印象里，"父亲是很爱家的，尽管工作繁忙，他还是尽量在星期天带着全家到附近公园里休闲游览，从留下的老照片中可以看到当时一家人在公园中度过的愉快的时光"，"父亲不是一个刻板的人，相反却是一个爱好广泛、优雅风趣而又待人和善的人，他喜爱古典音乐，经常在休息时间里聆听古典音乐唱片，我后来对古典音乐的爱好，大概就是小时候在父亲的影响下培养起来的"。

1963 年 4 月 7 日，陶煦见到了一位久违的亲人——竺可桢。竺可桢在当天的日记中记道："先是我于前日晚在昆明打一电报给胡鸿慈，约其于今晨挈小孩至重庆机场晤面，但电中将重庆医学院误为重庆医院，又把陶煦误为陶澍。今晨到达重庆后在机场打电话，在电话簿中始知重庆有四个重庆市立医院。因悟胡在医学院，打电话给医学院，则今日系星期天不在院，所以无法接通。适在机场有一彭开昌君，其人系上海一带人，在重庆医学院附属医院养病，闻我们打电话觅重庆医学院人，愿带信通知对方。我即交与一条，彭君果然于下午七点交与鸿慈。鸿慈与其爱人张锦及渴平、思梅、小虎与两弟共七人乘院车自城内行三十多公里，于九点到达机场招待所。渴平和思梅我已十三四年不见。渴平和小虎现均在重庆（四十一中）初二级，思梅在初中一年级。思梅容貌颇似梅儿。张锦现任儿科医院副院长。全家住院，在重庆中山二路

1959 年 11 月，陶煦与张锦合影

20 号，电话 3240。鸿慈在重庆医学院办公，改名陶煦，地点重庆市杨家坪附近袁家岗重庆医学院，电话九一·五三一。谈至十点告别。"①

陶煦的继室夫人张锦，1945 年毕业于满洲医科大学，然后参加革命工作。她与胡鸿慈结婚后赴山东军区总医院任儿科医生，解放上海时随军南下转业至上海医学院附属儿科医院。1956 年，张锦随丈夫一起携全家西迁，参与重医附属儿科医院（现儿童医院）的建院工作。在儿子眼中，"母亲是一位漂亮而安静的人，很少见她有大喜大悲、怒颜厉色

晚年陶煦

的情形。母亲也不像父亲那样爱好广泛，好像除了工作之外没有什么业余爱好。她一生专注于医疗教学和科研工作，而且卓有成效"。

上海第一医学院向重庆医学院派遣人员的工作历时六年。到 1960 年 7 月，历尽艰辛，总计调出 402 人，其中教师、医师 260 人，教辅医技 60 人，护理 52 人，党政后勤 30 人。时为副教授的胡鸿仪也在调派支援的人员行列。胡鸿仪在 1948 年出版了《普通生物学实验指导》。1950 年，北京龙门联合书局出版了他编译的 Hoskins 等著的《组织学提要》。

胡茂生则留在了上海，成为一代眼科名医。1952 年，胡茂生任上海第一医学院眼耳鼻喉科医院主治医师，1966 年任上海华东医院眼科

1956 年 3 月，上医生物学教研组欢送陈世骧教授、胡鸿仪副教授等赴渝教师留影。

---

① 《竺可桢全集》第 16 卷，上海科技教育出版社，2009 年，第 490 页。

副主任医师，1982 年参与编写《常见老年病的诊断和防治》。

晚年胡颜立

在全国高等学校院系调整中，一批新的学校开始组建，南京师范学院就是其中的一所。南京师范学院是以南京大学师范学院、金陵大学教育系和儿童福利系为基础，将上海震旦大学托儿专修科、广州岭南大学社会福利系儿童福利组、南京师范专科学校数理班合并组建而成，院址设在原金陵女子文理学院。陈鹤琴被任命为首任院长，胡颜立为总务长。①

胡颜立的教育事业翻开了新的篇章。1953 年 9 月，胡颜立加入中国民主促进会，任民进第四至第六届中央委员，民进江苏省筹委会副主任委员，民进江苏省委第一、二届副主任委员。1956 年，胡颜立加入中国共产党，任南京师范学院党委委员。1964 年，胡颜立任江苏省政协常委、全国政协委员。

胡颜立为新中国成立以来的建设成就而欣喜。1968 年 12 月 29 日，南京长江大桥全面建成通车。女儿胡蜀诞下儿子，他为外孙取名"江一桥"。胡蜀回忆，自己的预产期是 1968 年 12 月 20 日，谁知到了预产期孩子迟迟不肯出来，一直拖到了 1969 年 1 月 2 日。孩子出来慢吞吞，名字却是一早想好的。"父亲是南师大教育系副主任，喜欢诗词，名字就来自毛泽东的《水调歌头·游泳》"。"一桥"和姓氏"江"合在一起，用来纪念刚刚建成通车的南京长江大桥。

同样，由交通大学、南京大学、浙江大学三校的航空工程系合并成立华东航空学院，设址于南京。胡沛泉入校，任教授、材料力学教研室主任。当时，国内材料力学教学采用苏联教材的中译本，内容庞杂、文字欠畅。胡沛泉发起并主持编写了《材料力学简明教材》。后来全国有 30 多所院校都采用了这部教材。后来他又主编了《材料力学》教材。20 世纪 50 年代中期，华东航空学院内迁西安，后改名西北工业大学。胡沛泉和全校师生员工约 5000 人放弃了南京相对优越舒适的生活，义无反顾地奔向条件艰苦的大西北。

西北工业大学初创，师资力量缺乏。胡沛泉与他人共同倡议创办工程力学师资班，以后又正式组建了工程力学专业。这是当时全国最早创建的几个力学专业

---

① 《南京师范大学大事记 1902—1990》，南京大学出版社，1992 年，第 101 页。

之一。胡沛泉以其渊博的力学知识，亲自制订力学班的教学计划和组织各主要教学环节，并讲授工程数学、高等材料力学、弹性稳定理论、板与壳、柔韧板与柔韧壳等课程，同时编写了两门课程的讲义。胡沛泉在西北工业大学曾任学校基本理论研究委员会副主任、科研工作委员会副主任、教务部副部长、学术委员会副主任、《西北工业大学学报》主编等职。

胡沛泉

从教七十余载，他一直甘为人梯和铺路石子，发现和培养了一大批杰出的青年人才。中国工程院院士徐德民曾深情地追溯道："我写的第一篇科技论文就是胡老师亲自修改的，从英文摘要的凝练提升到论文内容的字斟句酌，其情其景至今记忆犹新，令我终生感铭！胡老师诲人不倦、严谨治学、无私奉献、生活俭朴，永远是我们最敬重的师长和学习的楷模。"

一个多甲子，胡沛泉与亲人一直两地分居，妻子离世他都未赶得上告别。胡沛泉说他有一个愿望，要把埋在无锡的妻子和几年前离开人世的女儿迁到西安。胡沛泉曾说："我们一家三口，生前在一起的时间很短。我死后，希望我们一家能相聚在西安，这是我一生不曾后悔来到的地方。"2019年，胡沛泉去世，享年100岁。

1956年，唐山铁道学院也有内迁兰州的计划，但最终还是留在了唐山。这其中，罗河起到了关键的作用。他认为唐山铁道学院应在唐山另选地址重建，"在今天人力、物力有限时，把一个有历史、有成绩，而且在原地点也需要的高等学校，刨根迁移，在名义上取消其存在，并人为地降低其质量是不必要的，而且将为国家造成更大的损失"。他为此专门给周恩来总理写信，明确地表示不同意学校迁往兰州并阐述了理由，力主"在唐山建校"。1958年5月，铁道部决定学校不再迁往兰州，改为在兰州新校址成立兰州铁道学院。应该说，这次学校没有全部迁往兰州而是得以在唐山另选校址继续发展，罗河的这封信起了决定性的作用。①

罗河作为"进步教授"，得到了人民政府的信任和重用。在1955年，罗河当选为唐山市副市长，第二年加入中国共产党。1956年，唐山市工夜大学（次

① 《罗河：师者风范传千古》，侯西岭、张秀山，殷建国主编：《寻访交大之星》，西南交通大学出版社，2016年，第235页。

唐山市政府领导罗河(右一)在主席台检阅游行队伍

年改名唐山市业余工学院）成立，罗河被任命为副院长。

在从事教务行政的同时，罗河并没有放弃图算的研究。罗河在英国进修期间，即开始了航测解析法的研究，以期用简单的坐标量测设备，辅以计算，以解决航测制图问题。1948年，罗河在美国富兰克林学院学报上发表了《用实验数据做共线图》（*Construction of Alignment Nomogram from Empircal Data*）的论文。1950年，受美国土木工程师协会学报112卷上由P.H.安德伍德撰写的《摄影测量中的空间后方交会问题》一文的启发，罗河在美国土木工程年刊上发表了《航空测量的数学分析》（*Mathematical Analysis of an Aerial Survey*）。在这篇文章中，罗河阐述了一种以空间几何的方向余弦原理为基础的航空摄影测量解析方法。此后，他一直从事这方面的研究。苏联学者对他的研究颇为赞许，曾一度将其作为中苏合作的科研课题。[①]1953年中国科学仪器公司出版了他的《图算原理》，这是我国唯一的一本全面阐述图算的原理、设计与应用的专门著作。1954年他又在《数学学报》上先后发表了《算式根值的简易逼近法》和《一个多元函数的差值公式》，阐述了共线图解计算方法的理论，对图算原理做了进一步的完善，为我国图算学科的奠基和发展做出了重要贡献。现在，由于电子计算机的广泛应用，图算已经退出了历史舞台，但罗河的研究成果当时在促进生产的发展方面曾经发挥很大的作用。

晚年罗河

在北京，同样作为"进步教授"的楼邦彦，党组织也给予了他有意的栽培。"1949年后，他先后参加了革大、中央政法干校等，显然是党组织有意栽培的进步人士。土改时，他参加了教授土改团，还是华东

---

① 《罗河：师者风范传千古》，《寻访交大之星》，第231页。

团的团长，回来后还在北大红楼做了讲话，很明显是教授的'先进代表'"，"1952年院系调整的时候，他正在中央政法干校学习，结束后他选择去了北京政法学院，也就是后来的中国政法大学——钱端升先生在做院长，当时正满怀抱负，打算将政法学院建成中国的伦敦政治经济学院"[①]。

1952年，中央成立了宪法起草委员会，针对中央提出的宪法"草案"初稿，进行讨论和修改，为提交第一届全国人民代表大会审议做准备，楼邦彦参加了这个过程的一些具体工作。在修改工作的后期，起草委员会还组织专家从文字和法律两个层面进行斟酌推敲，文字组由吕叔湘负责，法律组的负责人是周鲠生和钱端升，楼邦彦参加了法律组的工作。[②]1954年，《中华人民共和国宪法》正式公布。1955年，楼邦彦出版了《中华人民共和国宪法基本知识》，这是一本群众学习宪法的参考材料；第二年他和钱端升合作出版了《资产阶级宪法的反动本质》。[③]

1954年批判红学家俞平伯时，楼邦彦口才好，当然更因为他的"进步教授"身份，被派去做俞的工作。儿子楼秉哲当时感觉这样的安排令人费解："我记得他常常骑着自行车去俞平伯家，但是我也想不明白，他一个政治学家，怎么去做红学家的思想工作？"[④]

为了工作方便，组织上安排他加入了九三学社，并当选为第二届全国政协委员。1955年，他被提名担任了北京市司法局副局长。

在北京的协和医学院，1950年暑假，卫生部建议由胡正祥主持每周举行一次的"临床病理讨论会"。讨论会一共举行了11次，每次参加的人数都不下于500人，协和礼堂坐得满满的。卫生部对之十分重视，提出要求，把会议记录印成册子公开发行。[⑤]在北京的协和医学院，1950年暑假，卫生部建议由胡正祥主持每周举行一次的"临床病理讨论会"。讨论会一共举行了11次，每次参加的人数都不下于500人，协和礼堂坐得满满的。卫生部对此十分重视，提出要求，

① 谢喆平：《旧书新出忆故人——政治学家楼邦彦》，楼邦彦：《各国地方政治制度法兰西篇》，商务印书馆，2012年，第105页。

② 楼秉哲口述：《回忆父亲楼邦彦》，谢喆平访问整理：《浮云远志——口述老清华的政法学人》，商务印书馆，2014年，第159页。

③ 楼秉哲口述：《回忆父亲楼邦彦》，《浮云远志——口述老清华的政法学人》，第159页。

④ 楼秉哲口述：《回忆父亲楼邦彦》，《浮云远志——口述老清华的政法学人》，第159页。

⑤ 《回忆李宗恩》，《贵州文史资料选辑》第29辑，贵州人民出版社，1988年，第88页。

1954年7月北京协和医学院病理高级师资训练班毕业合影（中排右三为胡正祥）

把会议纪录印成册子公开发行。[1]在主持讨论会期间，胡正祥依然秉承了严肃的治学态度。在一次死亡病例讨论中，有一位医师根据病人病情、病史、体检及实验室检查，提出临床诊断意见：慢性肺结核、结核性脑膜炎。与会许多专家都同意他的这一诊断意见。结果，在病理讨论时，胡正祥一举推翻了以前的意见。因为胡正祥从该死者的尸体解剖中，发现"其肺部除肺尖痂部之结核病变外，其他各部之病变并非结核，而是肿瘤，肿瘤部位之肺气泡含有癌细胞。此种癌细胞广泛迁移至脑、肾、肾上腺、胰、肺门淋巴结及肝"。胡正祥的病理诊断意见是：肺气泡性细胞癌、两肺尖慢性结核及多数肺窝形成。这种肺癌十分罕见，而且临床很难诊断，胡正祥在病理讨论中写道："文献上此种癌瘤至1943年止，共报导四十三例"，"此种病例不仅临床很难发现，即在尸体检查中，亦极难诊断为癌"。[2]

1951年1月，协和医学院被收归国有，更名为中国协和医学院，胡正祥担任病理科主任。同年，他与秦光煜、刘永合作将几十年中收集的千余件有价值的病理标本和数千幅珍贵的标本照片，整理出版了中国第一部以国内病理资料为主的《病理学》。[3]学生刘彦仿说："《病理学》内容丰富不说，还有印在新闻报纸上的大量照片，非常清晰又说明问题。照片中的形态结构细致，反差适度，层次分明，而且丝毫没有人为现象。"这部专著的出版发行，在培养中国病理工作者方面起了很大作用。

1952年，美国在侵略朝鲜的战争中进行细菌战，胡正祥与其他专家一起到东北地区进行调查研究，搜集和制作了大量的细菌病理标本，向全世界公布调查报告，揭露美军的罪行。他领导的病理系教工把15亿元（今合15万元）人民币的病理切片费、稿费等捐献给抗美援朝事业。

1957年末，中国协和医学院改制成为中国医学科学院的一部分，胡正祥任中国医学科学院实验研究所教授和病理系主任。20世纪50年代后期，他对传

---

① 《回忆李宗恩》，《贵州文史资料选辑》第29辑，贵州人民出版社，1988年，第88页。

② 缪宜琴：《钟惠澜传》，北京出版社，1990年，第148—150页。

③ 矗之编著：《协和医脉》，中国协和医科大学出版社，2014年，第168页。

染性肝炎的病理做深入研究，提出了传染性肝炎的病理指标，分析了肝功能不全和门静脉高压的关系以及引起病人死亡的原因，做出了肝硬变形态分类等。这项科研成果，对传染性肝炎的临床治疗具有重要意义。60 年代初期，他通过对不同形态淋巴细胞的观察和分析研究，发现不同形态的淋巴瘤所组成的恶性淋巴瘤愈后有所不同。报告发表后，国内外医学界十分重视。1961 年，他出席了在苏联莫斯科召开的第八届国际肿瘤会议。

胡正祥

1962 年，胡正祥任中国医学科学院副院长。1964 年，他被推选为中国人民政治协商会议第四届全国委员会委员。

随着中国中国医学科学院的成立，又一位胡氏子弟开始走上了济世救人的从医之路。他就是胡正祥同一祖父的同门之弟胡真。

胡真，生于 1923 年，1949 年毕业于南京中央大学医学院，又在北京协和医学院继续修满八年。从 1950 年 7 月开始，他在北京协和医学院公共卫生学系流行病学教研室担任助教，于 1956 年升为讲师。次年，胡真转到中国医学科学院流行病学微生物学研究所任痢疾研究室主任，后兼流行病科副主任，研究了痢疾流行病学及防治方面有关课题，并在实验地区内明显降低了托幼机构的痢疾发病率。1961 年，胡真担任全国痢疾专题研究委员会主任委员，负责组织和协调全国痢疾的科研及防治工作。1963 年至 1967 年，他先后在汕头和天津塘沽参加了副霍乱越冬同题的研究，在两地自然水体和实验室观察中证明了副霍乱菌能在水体中长期存活，并大最繁殖，首次提出了本病可造成地方性流行的可能性。

1967 年是流行性脑脊髓膜炎在我国的流行高峰年，全国流脑发病率超过 400 / 10 万，成为有史以来最为严重的一次流行，死亡近 17 万人。胡真等人受卫生部委派组成调查组奔赴疫区进行调查。在疫区一次抢救病人的过程中，他不幸被流脑感染。经当地治疗六个星期仍未见好转，后经全市专家会诊，采用中西医结合疗法，历时数月才使他转危为安。这一经历无疑对他是一个沉重打击，但他并未因此而气馁，反而更坚定了他一定要征服流脑的决心。此后，他和北京生物制品研究所的同行们一起研究了应用菌苗预防流脑的可能性，认识到了只有菌苗预防才能最终控制流脑的流行。从 1973 年 起，他参与领导了流脑 A 群多糖菌苗

1983年，《实用流行病学》编写筹备会议
在山东淄博召开。一排右三为胡真

的研制及试用工作。经过多年改进和现场观察，预防效果逐步提高。随后，为了更合理地使用菌苗，在他的领导下，在全国范围内开展了流脑的监测、预测以及免疫程序的研究，用新建立的杀菌力试验、酶联免疫吸附试验和固相放射免疫分析等流脑抗体检测方法，常规使用在流脑监测和预测工作。他还进行了各年龄组接种菌苗后免疫反应性及持久性的研究，为菌苗预防的设计提供了理论根据，并研究了流脑综合预测法，以指导在最适接种时间内接种菌苗。他还研究了流脑 A 群多糖菌苗的最适接种剂量为 30ug，比国际标准 50ug 减少 20ug，实验证明此两种剂量具有同等的免疫效果及免疫持久性，不但可减少菌苗反应，而且能提高经济效益。在流脑病原学监测中，他应用多位点酶电泳法（ET）对国内三次大流行中的菌株进行了 Clone 型分析及外膜蛋白的抗原分析，阐明了优势 Clone 型与二次世界性大流行的关系。胡真所主持的"合理使用 A 群多糖菌苗的研究"项目达到国际先进水平，在 1992 年度获卫生部医药卫生科技进步二等奖。

同在医疗条线的胡旭初，也迎来了新的任务。他所在的中央研究院医学研究所在新中国成立后改制为中国科学院生理生化／生理研究所。1952 年初，由于全所研究学科配置布局的需要，胡旭初告别已经开展了四年的生化研究，开始接触他陌生的生理学。他在北京接受短期培训之后，回所组成三至四人的研究团队，在消化生理领域内围绕"痛觉刺激引起的胃分泌抑制"进行探究。20 世纪五六十年代，在生理学研究领域，先后有"巴甫洛夫学说""祖国医学""经络""联系实际"等几次的研究浪潮。1962 年，卫生部组织中国医学代表团应邀访问朝鲜，胡旭初受中国科学院派遣作为团员及代表团秘书随行访问。在出访期间，他曾就研究东方传统医学问题提出了甄别性意见。竺可桢在日记中对此有记载。他在 1964 年 1 月 14 日的日记中记："下午三点至民族饭店。近从朝鲜回国的生理所研究员胡旭初，报告前去观瞻朝鲜平壤金凤汉教授的经络学的发现。此次前往，生理方面有张鋆约、徐丰彦和他三人，另有形态组织方面人，以钱信忠为队长，12 月 10（日）前往，29 日回。说金凤汉是平壤医科大学生理学副教授，年 50 左右。于 1954 年开始搞此工作，始于表皮的电变化，以后才研究到形态组织。现在经络所已有 460 人。苏联医学科学院曾写抗议书，以为违反 Pavlov 学说，说东方医学不科学。（经过）在朝鲜也经一番斗争，许多人不相信。胡个人意见，认为三层组织并不相同。表层凤汉小体与凤汉管，他们在朝统看一只兔子的大胎，里边只有七个凤汉小体，所以寻常不见觅到是无色透明东西。当初疑心是否寄生，但大概不是，这是最肯定的次深层的凤汉小体，如两条凤汉小管相交处之交叉点。而问题最大在于血管和淋巴腺中的小管，现正在重复试验云。"①

胡旭初

1963 年，成为胡旭初及其研究集体的一个转折点。在这一年，他们确定了固定的研究领域——高原（山）地区低氧生理问题。1964 年，中国科学院实施珠穆朗玛峰地区考察项目，胡旭初被任命为西藏科考队副队长，考察"青藏高原对人类活动的影响"。次年，他率领几十名队员赴大本营。该年度计划执行后，此后因政治原因中止，直至 1975 年才又集合，恢复执行。为了全面检阅西藏科考成绩，中国科学院于 1980 年 5 月在北京召开了空前规模的"青藏高原国际科学讨论会"，胡旭初任筹备委员会委员和会议高山生理分组主持人。他们的研究得到了国家有关部门和中国科学院的嘉奖。②

姐夫葛敬中携带家小离开了大陆，妻弟胡鸿均留了下来，继续在蚕桑领域默默耕耘。抗战胜利后，胡鸿均从云南回到了事业"发迹地"镇江。1947 年 1 月，胡鸿均任中国丝绸公司镇江蚕丝研究所副主任。1949 年 4 月 23 日，镇江解放，5 月胡鸿均任镇江蚕桑实验场场长。1953 年 4 月任扬州原蚕育种场技师，1957 年 1 月任江苏省农科所蚕桑系技师，1961 年 1 月任中国农业科学院蚕研所春种研究室主任。他一生笔耕不辍，编著《中国家蚕遗传育种学》（与人合编）、《中国养蚕学》、《中国大百科全书·农业卷》、《中国农业百科全书·蚕业卷》，发表论文《蚕品种复壮问题商榷》《日本家蚕遗传育种技术研究综述》

① 《竺可桢全集》第 17 卷，上海科技教育出版社，2009 年，第 16 页。

② 陈惠玲、陈钟芳：《胡旭初先生传略》，陈孟勤主编：《中国生理学史》第 2 版，北京医科大学、中国协和医科大学联合出版社，2001 年第 433—437 页。

胡鸿均

《日本家蚕育种技术经验综述》等20余篇。翻译有《蚕种制造》。

比他小一岁的胡元恺,在抗战胜利后也从云南回到家乡,新中国成立后在苏州吴县浒关原种场和江苏省蚕种公司技师。他参与编写了《家蚕遗传育种学》、《蚕种学》(高校教科书)、《家蚕良种繁育》(中专教科书)和《中国农业百科全书》部分条目。

1955年2月,胡汉泉从唐山铁道研究所调至二机部十局,筹备北京电真空器件研究所(12所)。12所于1957年3月正式成立,胡汉泉任副所长兼总工程师,全面负责12所的科研和技术发展工作。1977至1984年,他任12所所长兼总工程师。

当时的中国,没有微波管制造业。12所一边进行基本建设,一边开展微波管研究。胡汉泉参与了早期2001磁控管的研制工作,进行技术指导,制造了炭块焊接机、开口钟罩氢气钎焊机等基本设备。当时因为国内根本不生产无氧铜材料,胡汉泉不得不自己试验土法冶炼无氧铜。整管冷测、热测、阳极加工、4J29管的反设计等都是从无到有,依靠自己的力量进行探索。3001行波管的螺旋线石英夹持杆要求的平行度、外径公差很紧,是当时的一个技术瓶颈。胡汉泉查阅了大量行波管英文文献,注意到国外用无心磨床加工的报道,立即与磨工师傅一起试验,经过不断的改进,成功地使石英杆立足于国内自给。4001闸流管的热测设备按25KV高压、1000A大电流设计,在当时的条件下根本不可能制造出那样的大功率电源,胡汉泉科学地提出用两个小功率电源来替代,这个等效测试电源提供了相当于大功率电源的热测条件,及时地完成了制管任务。2008B在热测中曾出现过一系列技术问题,胡汉泉直接深入课题组,提出了科学有效的建议,制出了合格管,解决了当时的技术难题。

大功率微波管是雷达、通信等军事电子装备的心脏。我国在较长时间内基础技术发展不足,影响了大功率微波管的研制与开发。胡汉泉数十年如一载,发扬自力更生、艰苦奋斗的精神,组织各研究室、制造车间努力克服弱势和障碍,推动了捷变频

晚年胡汉泉

磁控管、冷阴极前向波放大管和弹载陶瓷三极管等关键真空电子器件的研制。他完成"两弹"以及110、154、718、331等大工程所需先进微波管研制任务；倡议并组织领导研制改造磁控管雷达的捷变频磁控管，以提高雷达性能；倡议用腔体测试监控设管抑制干扰模的衰减瓷质量，提高了331工程需用同轴磁控管制管成品率。1984年，胡汉泉获电子工业部331工程表彰大会二等功奖励。

上海刚刚解放，在圣芳济中学，一场庆祝解放的学校文艺晚会正在举行，有位年轻的学生表现得十分活跃。他就是胡伟立，担任独唱、领唱和京剧演唱。据他回忆，"我念初中的时候正好赶上上海解放，那时有很多的庆祝演出活动，我就跟高年级的学生一块儿去演出。小时候我的嗓子好，唱歌唱戏都唱得好，又有感觉，表现欲又强，所以每次出场都博得满堂彩，人家就给了我一个'小神童'的外号"，"以后在圣约翰中学念书的时候，我还和爱好音乐的高年级学生一起玩，毕竟自己是太喜欢音乐了"[①]。

按常理，胡伟立应该承袭父辈的事业，可偏偏少年兴趣的天平倾向了艺术。从出生开始，胡伟立一直随着家人东奔西跑，从香港，到桂林，再到重庆，不经意间却培养了他的音乐爱好。他回忆："在这期间，我走了很多的地方，听了很多的抗战歌曲、民歌、民谣、小调、号子，还有各种各样的戏曲。除了刚才讲到的京剧以外，在四川听川剧，到了上海又听评弹、越剧、沪剧、扬剧，由于自小对声音敏感，而且音乐记忆又特别好，是学什么像什么，所以得到了很多的鼓励，这样就更激发起了我学习音乐的兴趣。"[②]

一心不能两用，胡伟立把排练、演出当成了主课，学业自然也就跟不上了，被父母训斥是经常的事。他说："由于在幼年的漂泊中我没有养好良好的学习习惯，再加上上海学校的教育水平又比内地其他地方高出好多，我又热衷于演出活动，所以无心向学，在初一时一连蹲了两次班！"在13岁的时候，胡伟立开始学小提琴。启蒙老师是一个俄国老头，由于语言听不太懂，加上练习过程又很枯燥，胡伟立就没了兴趣。不过，父母对他的音乐爱好此时给予了最大的支持，给他换到了音乐名家司徒华城那里去学拉小提琴。胡伟立回忆："那时候我不懂事，成天贪玩不练琴，华城先生对我很不满意。"不久中央交响乐团成立，司徒华城奉命北调担任小提琴首席，于是胡伟立转投他的哥哥司徒海城门下。"海

① 《胡伟立访谈》，姚国强编著：《银幕写意——与中国当代电影作曲家对话》，中国电影出版社，2009年，第190页。

② 《胡伟立访谈》，《银幕写意——与中国当代电影作曲家对话》，第190页。

晚年胡伟立

城先生是上海交响乐团的第二小提琴首席，教学很有耐心，看我不爱拉音阶练习曲那些枯燥的东西，就经常给我留很多旋律好听的乐曲作为功课来培养我的兴趣，慢慢引导我，让我知道了要想拉得美、拉得好听，就需要用熟练技巧去完成它。到这时我才开始认真练琴"①。

在海城的谆谆教导下，胡伟立的音乐成绩有了突飞猛进。"当时家里姐姐妹妹都学钢琴，我没学，但我成天在钢琴上乱弹，我的音乐记忆好，听到什么歌弹什么歌，在琴上摸索怎么可以弹得好听，慢慢就对和声有了一定的认识。当时在50年代还有美国的流行歌能听到，像 *You belong to me*（中文歌曲名为《你属于我》）、*Tennessee Waltz*（中文歌曲名为《田纳西圆舞曲》）这类歌"。后来，胡伟立转入圣约翰中学初中部。"有一帮比我大的高中同学组织了一个乐队，外面一有新歌出来，我马上就把曲调记下来，Bass 弹这个，Guitar 是这部分，旋律的小提琴是这部分，把谱子写好，大家一起排练，这时我成了领队"。当时，家里有一台父母从意大利带回的手风琴，放暑假的时候，胡伟立就在家里拉着玩。"那时，除了小提琴有老师教以外，像我这个学手风琴啊、唱歌啊、配器作曲啊，都是自学的"②。

后来，父亲胡瑞祥因病去世，母亲要经营打理庞大的产业，还要照顾四个子女，于是借着胡正祥来上海开会的机会，母亲将他托付给了大伯。胡伟立就这样跟着大伯来到了北京。

1955年，虽然带着"资本家"出身的这顶帽子，胡伟立还是以备取第三名的资格被北京师范大学音乐系录取，侥幸挤进了大学之门。"虽然文化课、音乐我都考得不错，但结果只得了个备取第三名。正好前面有三个考上了的学生没来，我就侥幸地在开学两个星期后接到了上学的通知"③。

从此，胡伟立在音乐创作的道路上越走越远，最终成为一代音乐大师。

1949年10月，身在上海的陈维稷在广播里听到了对自己的任命消息。10月

---

① 《胡伟立访谈》，《银幕写意——与中国当代电影作曲家对话》，第190页。
② 《胡伟立访谈》，《银幕写意——与中国当代电影作曲家对话》，第190页。
③ 《胡伟立访谈》，《银幕写意——与中国当代电影作曲家对话》，第190页。

19 日下午，毛泽东主持召开中央人民政府委员会第三次会议，正式任命政务院副总理和各委、部、会、院、署、行的负责人。其中包括任命曾山为政务委员兼纺织工业部部长，钱之光、陈维稷、张琴秋为副部长。纺织工业部是新中国成立后最初设立的五个工业部之一，当时的职能是管理全国国营和中央公私合营纺织工业，并对全国纺织工业统筹规划，进行方针政策和业务技术的具体领导。

1979 年 11 月，陈维稷夫妇（右）与钱昌照夫妇合影

听到消息后，陈维稷带了随身替换的衣服，独自一人前往北京履职。几个月后，他才把家属接到北京。从那时起，到 1982 年 4 月离任（1970 年 7 月至 1977 年 12 月，纺织部和一轻部、二轻部合并为轻工业部期间，任轻工业部副部长），他担任部的领导工作长达 33 年。

1953 年 10 月，中华全国工商业联合会宣告成立，陈维稷当选为该会常委。1954 年 4 月，民主建国会改名为中国民主建国会，并在北京召开了第一次全国代表大会，陈维稷当选为常务委员。以后，陈维稷在中国民主建国会和中华全国工商业联合会中长期担任常务委员。

20 世纪 50 年代中期，对资本主义工商业的社会主义改造全面展开。为了做好这方面的工作，陈维稷和罗叔章（时任全国人大常委会副秘书长，民建、工商联副主任委员）、沙千里（时任粮食部部长、民建、工商联副主任委员）、王新元（时任轻工业部副部长，民建、工商联常委）、孙起孟（时任全国政协副秘书长，民建、工商联副主任委员）组成一个五人小组，一起分析工商界的情况，讨论统战政策。当时，中央明确由统战部部长李维汉、副部长许涤新协助周恩来、陈云主持这方面的工作，五人小组就和许涤新保持日常工作联系。在陈维稷看来，纺织部的工作和民建、工商联（当时称为"两会"）的工作，是同等重要的，而且是相辅相成的。用他自己的话来说，"做好部的工作正是为有配合地做好两会工作的有力支柱；同时也只有做好两会的工作，部的工作才有更深的意义"。

解放初期，王志莘（右一）与荣毅仁（左二）等工商人士在一起

1950年，王志莘一直在为新华银行的公私合营奔走。9月，张元济赠送他一棵盆景松树，并作七绝《以小松赠王君志莘夫妇并系以诗，伏乞鉴览》："幽居梁孟饶清兴，小小庭园部置佳。最羡四时花不断，聊将凡卉助安排。"王志莘夫妇回赠一盆雪客莲。张元济写下《王志莘世嫂惠我雪客莲一盆，赋诗为谢》二绝。诗云："兔耳翘翘花样新，红英翠叶绿苔盆。廿年不见此花面，丰致嫣然逢故人。初花看到渐开残，准待来春再度看。留得根苗好培养，定教明岁胜今年。"诗前小序云："昔年居梵王渡路时，园中盛植此花。余为命名曰兔耳花，义取象形。有一盆开至百朵者。自移居后不复睹矣。今蒙赐觌，为之开颜。新花渐谢，送还原根。如培养得宜，明年定可盛开，仍乞赐我一观。先此预谢。拙句并呈志莘世兄教正。"①

"定教明岁胜今年"的，不仅有盆中的雪客莲，更有王志莘和新华银行。

上海解放后，新华银行因系"官商合办"（官股即官僚资本，占58.54%，商股即民族资本，占41.46%）率先实行公私合营，王志莘继续担任总经理。新华银行先后增设青岛和南通两地分行，上海总行的存款总额跃居全市合营银行之首，与当时私营行庄日见萎缩、纷纷倒闭的情景形成了鲜明的对比。1950年8月，全国金融业联席会议肯定了新华等合营银行在改造企业和开展业务方面的成绩。会后，通过王志莘的奔走联络，新华、中国实业、四明、通商、建业五家合营银行成立公私合营银行联合总管理处，半年以后又扩大为有11家全国性大银行参加的公私合营银行联合总管理处，王志莘就任联合董事会常务董事和总管理处第一副主任。当时，浙江第一商业银行董事长李馥荪已去香港，该行孔绶衡意欲去港做李的工作。王志莘欣然支持，还以总管理处名义盛宴欢送孔。经过孔的耐心解释，李对浙江第一商业银行参与联合表示理解。1952年，全国金融业建立了统一的公私合营银行，王志莘担任了公私合营银行联合董事会副董事长和总管理处第一副主任（后改称副总经理）。②王志莘还积极参加各种社会活动，先

① 张人凤、柳和城编著：《张元济年谱长编》下，上海交通大学出版社，2011年，第1348页。

② 黄忆：《王志莘》，孔令仁、李德征主编：《中国近代企业的开拓者》上，山东人民出版社，1991年，第64页。

后担任全国人民代表大会代表、中国民主建国会中央委员、全国工商业联合会常委、中国银行常务董事和财经出版社副社长等职。

在上海，为中华新中国建设贡献力量的还有胡汇泉。上海解放后，胡汇泉在上海规划建筑设计院工作，1962 年起任规划总工程师，参与和主持多项城市规划。1968 年 3 月，胡汇泉在总工程师任上因病去世。

在无锡家乡， 1952 年 9 月，胡氏公学小学部改为公办，称村前小学。初中部仍然私立，改称私立无锡堰桥初级中学，1956 年转为公办，定名为无锡县堰桥初级中学。1959 年 2 月，堰桥初中移址堰桥镇区重建，占地 40 亩；9 月新校上课。1962 年，堰桥初中定为无锡县重点初中。至 1968 年增设高中，成为一所完全中学，学校因此更名为无锡县堰桥中学。

20 世纪 50 年代，堰桥初中迎来了一位"先生"，他就是在外闯荡了半生的胡汉学。在学校，他教授英语和地理。有学生如此深情回忆："先生温文尔雅，个子不高，中等偏下，但身材匀称精干，精矍风霜的脸上，皮肤白皙红润，额头宽阔饱满，鼻子方正，鼻梁坚挺；一副玳瑁边眼镜，镜框里嵌镶着一双睿智深邃的眼睛，与人交谈时总是笑眯眯的，目光很专注。平常喜欢穿着一身中山装，永远那么的干净、整洁、得体，衬托出整个人精神、清正、儒雅风度有气质。""先生平时虽言语不多，但言简意赅，当他娓娓道来之时，却如春风化雨，润物无声，沁人心田。""先生对英语的教授相当认真负责。他总是对学生讲，不要只想我们是中国人，只要学好中文就不错了。殊不知，我们还生活在地球之上，地球上有很多国家，社会的发展早晚会让你们走出国门，与外国人打交道的。英语是世界通用语，现在有机会，切不可放弃不学。如果错过机会，将来是要懊悔的。"[①]

1954 年 4 月，周光地从英国回到祖国。在此前的 1943 年，周光地从西南联大物理系毕业后，在成都金陵大学物理系任助教。1946 年 4 月，周光地去往英国，先后在英国伦敦飞利浦电讯厂和汤姆生电机电器厂任助理研究员和研究员，期间就读于英国伦敦大学，获博士学位。回国后的周光地在北京一机部电器研究院任工程师；1960 年 10 月起在常州一机部磁性研究所任主任工程师；1964 年 1 月起在天津一机部电工合金厂任主任工程师；1966 年 3 月起在中国科学院长春物理所任主任工程师，曾任第二研究室副主任；1974 年 4 月调入中国科学院力

---

① 堰桥中学原学生胡志钊回忆，2022 年 5 月 15 日记录。

晚年周光地、胡珊夫妇

学所，历任副总工程师、研究员，激光研究室副主任。周光地主要研究固体物理及光学，对临界散射、荧光体、金属化合半导体、铁电体及电工合金的研究论文曾在国内外发表，他的铁氧体项目有英国专利。

1948年，胡同光从交通大学电机工程系毕业，即赴香港国华电力公司实习，准备去英国留学。中华人民共和国成立后，祖国建设急需大批科技专业人才的形势，使他毅然放弃出国，于1950年5月返回上海，同年8月来到唐山铁道研究所（北京铁道科学研究院前身）。解放初期，恢复铁路运输实为当务之急。胡同光与导师奔赴衡阳现场实地测试，在短期内就提出整套设计电路，既提高了运输效率，又保证了行车安全。此后，他在铁路轨道电路问题上不断取得新的成果。在一次轨道电路自动闭塞的研究中，他否定了苏联方案，提出了新的方案，使列车运输能力成倍提高。他撰写的《如何提高运输效率》一文被日本《铁道技术》刊载。1961年，胡同光至西安铁路信号工厂工作。40多年中，胡同光一直在铁路建设事业上默默耕耘。1953年他担任轨道电路的专题负责人，1959年又出任"驼峰自动化"研究专题负责人。1961年以后，他解决了热力继电器的技术难题，成功研制送变器，使奔驰的列车用上了日光灯，并主持设计了自动倒换及自动报警装置，使津浦复线北段的移频自动闭塞能如期全套开通。1972年，胡同光接受为援助朝鲜而设计和制作地铁机车信号的任务。1984年，铁道部决定进口西德的计轴设备。在胡同光的建议下，改由齐齐哈尔铁路研究所和西安铁路信号工厂联合成功研制相关设备，为国家节约了大量的外汇。

1951年，胡同光之弟胡政光从上海大同大学会计系毕业，分配到中央燃料工业部，以后下放到下花园发电厂，特殊年代又在五七农场劳动改造了五年。在漫漫30年的生涯中，他总是兢兢业业地工作，先后积极参与制订燃料工业五年计划的财务部分及制定全国电力价格等工作。1980年，胡政光被调到南京电力学校经济管理科任教，提升为副科长。1984年，胡政光从南京调到深圳，在新成立的广东核电投资有限公司任副总经理，分管财务。公司的主要任务就是把从中国银行贷款得到的三亿美元，分期出资投入到大亚湾核电站。胡政光通过利用政策有利条件，合理调动使用资金，若干年后不仅完成了对大亚湾核电站的出资任务，而且为公司积累了一亿多美元，使公司成为当时深圳最大的美元存款户，为以后广东核电的"以核养核，滚动发展"做出了重大贡献。胡政光在 1982 年加入中国民主同盟，1984 年担任了民盟南京市委副主委。在深圳，他又参与筹建民盟深圳市委，并当选为民盟深圳市委主委。在身为高级会计师的胡政光的主持下，民盟深圳市委于 1992 年成立了民主党派自办的第一家会计师事务所——光明会计师事务所，还创办了为社会服务的光明系列机构——

胡政光

光明建筑设计公司、光明信息咨询公司、光明幼儿园。1992 年，深圳民盟发起"一人一议"活动，得到广大盟员的热烈响应，由此把上层的、个别的参政议政行为转化为参政党的群体行为，发挥了参政党的群体意识和集体智慧。

当胡同光、政光兄弟在各自领域为新中国的建设事业贡献力量之时，三兄法光在香港也闯出了一番天地。

1952 年，胡法光从英国曼彻斯特实习结束后，来到人生地疏的香港。他的第一份工作是在天星小轮公司当工程师，负责维修渡轮。九个月后，胡法光转投怡和洋行工程部。又过数月，经信昌洋行极力相邀，胡法光转到信昌发展升降机业务。胡法光回忆："1953 年加入信昌洋行之后，为它发展升降机生意，代理瑞士 Schliren 牌升降机生意很好，与怡和代理的另一牌子的 Schliren 竞争得很厉害。1958 年，瑞士 Schindler（迅达）收购了 Schliren，要取消我们的代理权，我们惟有另谋发展，那时我们的升降机部门已有相当基础，有推销部、服务部。当时日本商人正想打入香港市场，我们便与三菱及日立洽商，在 1959 年做了三菱的代理。"20 世纪 60 年代的香港正处于经济起飞的前夕。1966 年，信昌与日本三菱电梯株式会社合资组建香港菱电工程有限公司。1970 年，信昌改组，把菱电股份售给了胡法光，自此他成为菱电的大股东。1978 年，菱电公司创办香港第一所电梯技术人员训练中心，在引进先进电梯设备的同时，为香港造就了一批技术人才。1988 年，胡法光为适应海内外市场的变化，调整公司内部的结构，将菱电工程有限公司改组成菱电（集团）有限公司。公司员工从创建时的 70 余名发展到 1100 余名，统辖菱电升降机有限公司、菱电工程有限公司、菱电国际有限公司、菱电物业发展有限公司和菱电（中国）有限公司五大专业公司。香港菱电（集团）有限公司以香港为基地，努力向外拓展，在新加坡、马来西亚及加拿大设立子公司。菱电参与了香港的许多重大建设项目，最具代表性的有汇丰银行总部、中国银行大厦、江南亚最大屋村——美学新村、沙田香港赛马总会、城市理工学院、地铁车站、香格里拉酒店、丽晶花园和瑞安中心等。1988 年公司营业总额高达 19 亿港元。改革开放后，菱电公司积极参与内地的建设事业，是香港最早进入内地投资的公司之一。十几年中，它先后承包或参与广州白天鹅宾馆、南京金陵饭店、上海虹桥机场、广州花园酒店、汕头龙湖饭店、上海新锦江宾馆、南通大饭店、北京奥林匹克饭店、亮马河大厦、青岛海天大酒店、苏州竹辉饭店、西安大酒店等高档项目的建设。

胡法光在香港政界也颇有知名度，在 1973 年至 1984 年任香港市政局议员，1979 年至 1988 年任立法局议员，还任过湾仔区议会议员，是较少数的几个"三料"议员之一。1989 年，他成为香港基本法咨询委员会委员，1992 年又获北京方面邀请成为首批港事顾问之一。胡法光还是以香港工商界中人为主组成的政治团体——自由民主联会（自民联）的主席。该会从事鼓励港人积极了解政治及参政的工作，为确保香港高度自治和港人治港精神得以施行。①

在改天换地的 1949 年，有一批胡氏子弟离开大陆，散布于世界各地。他们虽然远离故土，但赤子之心不变，仍然为新中国的建设和发展贡献着自己的智慧与力量。

1952 年，葛敬中接受联合国粮农组织（FAO）的聘请前往阿富汗担任农业顾问，指导蚕丝生产。胡咏絮随同前往，从蚕种繁育到指导农民养蚕，她无不亲临其事，深得该国政府和农民的尊重。胡咏絮于 1956 年因病逝世，阿富汗政府和养蚕农民为她举办了隆重的葬礼。1964 至 1976 年，葛敬中又去巴西协助发展蚕桑生产。他虽然身在异邦，却仍十分关心祖国蚕丝事业，曾多次从国外寄回不少优良蚕品种。1964 年，他从巴西寄来的两个品种，被命名为"华合""东肥"，试养成绩特佳，成为此后十多年间全国春蚕种的通用品种。

胡旭光去往台湾后，转入政界。其夫人杨锦钟在台中一中任教，李敖曾受她教导。李敖回忆："杨锦钟老师三十一岁，教我英文。她是江苏宝山人，金陵女子文理学院毕业，美国密歇根硕士，因为留美，外号'USA'，当时她已嫁给空

---

① 《商界巨子——胡法光》，《中华骄子》编委会编：《港台名人》，延边大学出版社，2006年，第 62—65 页。又见《胡法光：拥有美满人生》，钟蕴晴：《华人实业家》，湖北人民出版社、大公报出版有限公司，1997 年，第 276—277 页。

军军官胡旭光……。杨锦钟当时锋头甚健，在老师中甚为出色。当时她家境比一般外省流亡台湾者要好，用得起佣人——下女。"[1]齐邦媛也有回忆："我刚去的时候，由于林同庚老师（台大讲师）由美国写信介绍，认识曾任教台中一中的杨锦钟（她不久随夫胡旭光到驻美大使馆任公使）。"[2]胡旭光去世后，其友人在新竹交通大学设立旭光体育奖学金。[3]

离开大陆的胡敦复，1950 年去往美国，在华盛顿州立大学客座教授。1978 年 12 月，胡敦复在美国西雅图与世长辞，享年 94 岁。有文章写道："晚年的胡敦复，力图在中国台湾和美国恢复大同大学，但始终未果。……在生命最后的日子里，曾有人看见，他独自坐在正午的窗前，拿着一张学校创办初期教工合影的黑白照片，用手指摩挲了一遍又一遍。"[4]

胡敦复塑像（藏上海大同中学博物馆）

胡新南数十年间在石油领域深耕，最终成为"石油巨子"。1946 年 4 月，胡新南来到台湾，任高雄炼油厂协理兼厂长，1961 年任总经理。1966 年起他先后兼任"中国海湾公司""中美和石油化学公司"董事长，"中国石油化学开发公司""福聚公司"董事。1976 年，胡新南任"中国石油公司"董事长。

远隔重洋的牙买加，也有胡氏子弟的身影，那就是陈英豪、胡竟先一家。陈英豪，原籍广东东莞，其家庭世代务农，家境贫苦，父亲被"卖猪仔"至牙买加，艰苦半生方自立经营一盐头小铺。陈英豪就出生于牙买加，少年时期跟随父母回国读书，于上海复旦大学毕业后，赴美国斯坦福大学深造，获硕士学位。抗日战争时期，陈英豪回国，先后任职于重庆、南乐。战后，他返回牙买加继承父业。从 1950 年起，陈英豪四度出任牙买加中华会馆主席，从 1962 年牙买加获得

① 李敖：《李敖回忆录》，中国友谊出版公司，2004 年，第 54 页。

② 齐邦媛编：《巨流河》，生活·读书·新知三联书店，2012 年，第 219 页。

③ 胡仲光：《怀念大哥胡旭光》，《六十年回顾——纪念上海交通大学 1938 级级友入校六十周年》，1994 年，第 360 页。

④ 林天宏：《胡敦复破碎的"大同"梦》，《起点》，西苑出版社，2012 年，第 113 页。

独立后又出任国会参议员先后两任一共十年。

　　陈英豪的夫人胡竟先，系胡鸿猷长女，1939 年在美国芝加哥大学获得硕士学位。正是留学美国期间，她与陈英豪由意趣相投而结为夫妻。1955 年，年过四旬的胡竟先为了学习制造业知识，决定去俄亥俄州的安提克大学学习。可是，她的申请被拒绝了，她又向安提克大学写了一封长达十页的请求信。在学校名誉校长亚瑟·摩根的支持下，她的请求被学校接受。华人报纸《中山报》为此发表了一篇特别社论《勉励胡竟先女士》以赞美她的勇气。陈英豪与胡竟先一起创办了喜立铝制器皿厂、酱油厂和统一纸厂。时任牙买加总理的曼富对他们的成就表示祝贺，媒体也称赞他们"已经改变了古老的北部沿海城市法尔茅斯的职业面貌"。

　　在新时代温煦的阳光里，一批又一批胡氏子弟从无锡村前走出，走向全国，走向世界；无锡村前，这个江南普通小村因此熠熠生辉，永存史册。

第十五章 古村新韵

解放初期，村前有 581 户 1751 人，每人平均占地 0.8 亩。村前是一块神奇而又充满灵气的土地，这里走出了一批又一批科教人才，发生了无数轰轰烈烈、刻骨铭心的历史事件，无不印证着时代的足迹，凝结着人间的沧桑，散发着独特的韵味。村前众多的历史文化遗产，不论是民居建筑还是深巷古街，情景交融间似乎让人回到了那个遥远的时代，在想象与现实的交替变换中，领略其古老的韵味。

路网水系

村前道路贯穿东西，户户相通。村前处在堰桥街西南角，距离堰桥不过一里之遥。东段居民出村，多从马坟旁边的小块石路，出村往北，过马坟，沿长坟，再经倪家宕、水龙间，就与人字砖铺就的孝愉路相接，再穿过锡澄公路，即到堰桥西街。这条石路约有 1.5 米宽，十分平整，解放以前一直是村前人的骄傲，原因有两个：一是所用块石与锡澄公路上相同；二是路面平整，雨行水干，上街不走泥路。该路当初定名"堰村路"，由于路段不长，时间一长就湮没于历史之中。而中段、夹石下居民均习惯于从安弄、坛弄，穿过孝愉路上街，胡壹修近邻都从壹修祖居备弄中穿过孝愉路，西段、旺房居民均是从村落往北走上长沟路，直接到堰桥街。

孝愉路遗存

村前是一个东西狭长的扇形村落。在村前老村南边约半里之许的位置，横亘着一条几乎与村落平行的横河。它东接贯通南北的堰桥港，西接京杭大运河与锡澄运河的入口交接段。随着季节的变更交替，河道规律性地改变着流向，是一条标准的活水河。在经过

洗碗池

村前的这段河道上，又几乎均匀地由南向北延伸出五条河浜，直通村口，形成"五爪抱村"的格局，对整个古村落的农耕灌溉、休养生息起到了不可估量的作用。

除了这条村前河，村前两端还有二个较大的池塘，东端叫作小河池头，西端叫作西河池头，中间又有二个连接走向的东洗碗池及西洗碗池。这些池塘不仅供村人洗涤浇园，而且为农田提供灌溉用水。

庙宇祠堂

村前分布着众多庵堂庙宇，从村东往西有猛将庙、土地堂、观音堂、胡氏宗祠、斋坛、关王庙、遇风庵、瑞礼堂。

村前祠堂旧址

猛将庙，位于村前东首。据传其为明朝胡濙所建，门面三间，前后二进，龙脊飞檐，雕栋画梁，主祀猛将老爷。每年正月十三，猛将生日，善男信女隔夜前来坐夜，殿内殿外香烟缭绕，拜佛诵经十分虔诚。农历三月初三，堰桥西高山庙会，村前猛将老爷出会巡游，由村中壮汉肩扛"冲上山"，把庙会推向高潮。新中国成立后，该处曾为仓库，后于 20 世纪 60 年代拆除。

土地堂，位于东段大住基洗碗池东面，二间二进，供奉土地神，有专人看管。新中国成立后被拆除。

斋位，位于中段予石里，年年祭祀天地明先农社稷，这是附近农村所独有。20 世纪六七十年代改建成千头养兔场，后又一度成为仓库，1977 年改建居民点被拆除。

关帝庙（关王庙）、遇风庵、瑞礼堂，位于村前西段浜口，三位一体，规模宏大。新中国成立后改作村级大队部和碾米加工厂、村办五金厂，改革开放后仍作村办工厂厂房之用。

旺房也建有观音堂，但规模不大。

村前宗支藩衍，有世祖安定先生祠在惠山。村前也建有乡祠。清末光绪年间的1889年，胡和梅夫妇五十寿庆，其子胡壹修、雨人捐旧祠房屋为积谷仓之用，移地于村前中段重建新祠。新祠三间三进，新中国成立后曾作堰桥粮管所仓库，后改作生产队仓库。至今尚存前造，后二进拆除后建作民居。

村前中浜口还有胡氏三房森公家祠，三间一进，规模不大，但也有专人掌管。

旧居老宅

村前，旧居老宅星罗棋布，堪称江南乡村民居建筑的"露天博物馆"。现存七处市文物遗迹控制保护单位：胡壹修、胡雨人故居，胡云渠旧居，胡汉学旧居，胡仁培旧居，胡凤来旧居和孝愉路。并有14处一般不可移动文物：胡文昭公祠、胡冠彝旧居、夹石下13号、村前祠堂场42—44号、夹石下59号、夹石下35—38号、夹石下47号、夹石下14号、夹石下3号、夹石下26号、街弄里22号、祠堂场42号东、予石里、胡凤来旧居东。这些建筑建于不同时期，呈现不同风格，散落在村子的东西南北，讲述着过往。

胡壹修、胡雨人旧居

胡云渠旧居

胡壹修、胡雨人故居，坐落在村前村街弄里。东面是予石里巷子；西面隔墙为胡氏义庄，1902年胡氏兄弟在此创办了胡氏蒙学堂；南面为村前街的街路；北面经备弄出后门可直通孝愉路到堰桥街。胡壹修、胡雨人故居共有五造四进，胡氏蒙学堂教室后面的院子是他们的蔬菜园。2016年9月，胡壹修、胡雨人故居由无锡市人民政府公布为文物遗迹控制保护单位。

胡云渠旧居，建于清朝同治年间，原为五间门面三造一院，前造转盘楼，后造生活间，建筑面积380平方米。日军侵占无锡时焚烧前造转盘楼，如今屋

胡汉学旧居

基尚存，现存后造五间，仍有晚清风貌。小天井内100多年的桂花树，枝繁叶茂。该旧居曾为胡氏中学学生宿舍。2016年9月，胡云渠旧居由无锡市人民政府公布为文物遗迹控制保护单位。

胡汉学旧居，也建于清朝同治年间，砖木结构，属清代风格的"合院式民居"。该旧居东为胡云渠旧居，西为村前积谷仓，南面原是胡氏公学初中部，北接村前主村道。旧居有三间二井三造，南门面三间，后造为二间，前造西间为正门，有六扇木质平门，为正厅，供家族议事。正厅结构牢固，柱脚、横梁粗大，方砖地。正厅后面为小房间，房间内铺设木质地板。二天井内均有花坛。后造又是房间，天井内靠西为走廊。前造后门为墙门。东间为贮藏室，后半间是灶间。前造后面天井东侧是一条走廊，每幢住屋前皆有宽大的屋檐，以便雨天时串通行走，不受影响。建筑面积370平方米。1935年，旧居中就装有电灯，并有门牌号，原电源线、门牌号至今清晰可见。2016年9月，胡汉学旧居由无锡市人民政府公布为文物遗迹控制保护单位。

胡仁培旧居，建于1930年，砖木结构，三间门面，上下两层，楼房面积约320平方米，是民国风格的代表性建筑。旧居主人在选址上十分注重与自然环境的结合，体现出中国传统建筑中以人为本、尊重自然、注重风水的择居观。巧妙地将住宅建筑布局嵌入到优美的环境中，使得住宅空间开敞流通，既通风采光，保持一定的干燥度，又

胡仁培旧居

使排水性良好。如今，80 多年的木质楼板，依然保持如新。2016 年 9 月，胡仁培旧居由无锡市人民政府公布为文物遗迹控制保护单位。

胡凤来旧居，建于抗战胜利后，是一座两开间两层独立小楼，具有典型的民国晚期民居建筑风格。旧居坐南朝北，其结构中西合璧，融入了西式洋房的造型。屋面为黛色小瓦，前后包檐，两侧山墙为灰青色，山墙两侧上方有女儿墙，顶部又酷似马头墙。旧居在建造时采用传统"石灰纸筋"里混合

胡凤来旧居

水泥洋灰的粉刷工艺，墙壁线脚显得平直明快，给整幢房屋增加了立体感。窗户采用了西式的长方窗和圆头窗。大门为对开的两扇木门，装有弹子门锁，这在当时农村是很少见到的防盗装置。它的后院后门部分又采用了上海、苏州等地的石库门风格，使房屋在新潮气派中又凸显出古朴典雅。2016 年 9 月，胡凤来旧居由无锡市人民政府公布为文物遗迹控制保护单位。

胡氏公学旧址，位于村前村中央，毗邻街弄里、夹石下自然村。1902 年，留学日本、受维新思想影响的胡雨人和胞兄胡壹修，利用胡氏义庄和明御史胡莲渠故居创办胡氏公学。学堂采用南洋公学所编的《蒙学读本》，设修身、国文、算学、历史、地理等新课程，开无锡乡区新学先河。1928 年，学校借用胡氏"敦睦堂"，开办蚕种制种场，让初中部的老师和学生边学习、边进场实践。1937 年 11 月下旬，无锡沦陷，校舍大部被日军焚毁，停课一年多，至 1939 年初恢复

上课。1949 年，胡氏公学分设私立胡氏初中和村前小学，初中部设在"敦睦堂"蚕种制种场。1959 年，随着教育体制的改革，初中部搬迁至堰桥镇。2011 年，村前小学合并至堰桥实验中心小学。原有胡氏公学的晴雨操场、教室都为砖木结构，现存的钟楼为当时原物，见证了学校 120 年的发展历史。村前村民为纪念先辈，在原胡氏公学南面

修复后的胡氏公学内景

小广场中央、钟楼西侧为胡雨人蠹立铜像，以志不忘。

积谷仓

积谷仓，坐南朝北，石库门门楼。其前身是村前胡氏乡祠，1889年胡壹修、胡雨人另选新址改建新祠后，这里就成为胡氏义庄积谷仓。积谷仓为七间二井三造建筑，三米宽、10米进深，面积800多平方米。东面紧靠胡觉培住宅，西面相连救熄会，南对面是一座青瓦白墙、飞檐拱壁、气魄雄伟的晚清风格建筑，南近横河，北通堰桥街。

1920年，胡氏公学租赁积谷仓增设初中部，为无锡第一所乡村初中。中华人民共和国成立后，积谷仓为堰桥粮管所的一部分，专储粮食。20世纪60年代中期，积谷仓粮站撤销，堰桥公社便在这里开办一所"农业中学"，历时11年，后下放归村前大队管理。1994年，村前村委把积谷仓卖给村前西段夹石下村民小组作为"队办厂"用房。2012年夏天，胡雨人研究会为保护百年文物，投资200多万元对积谷仓进行保护、修缮。2016年9月，积谷仓由无锡市人民政府公布为文物保护单位。

村前救熄会旧址，紧邻积谷仓。旧时，民间救火用木制水龙配套设施。1946年，村前救熄会买下价值1.1亿元法币的洋龙（当时折白米10多担）。救熄会配有值锣员、抬龙手、照明手、水枪手、指挥员等，并配有整套救火设施。2016年9月，村前救熄会旧址由无锡市人民政府公布为文物遗迹控制保护单位。

救熄会旧址

文化遗产

悠久的历史，为村前带来诸多文化遗产。无论是过去还是现在，这些文化遗产无形之中总与人们发生着千丝万缕的联系，也许人们不曾注意到它们，但对后人而言，这些文化遗产将随着时间的推移而越发光芒四射。

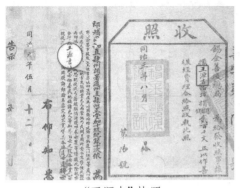
"王源吉"执照

村前的非物质文化遗产，首推"王源吉"铁锅制作技艺。无锡的冶坊行业起源很早，又是苏帮铁锅的发源地。"王源吉"冶坊最早起源于清初的顺治年间，到了清道光十七年（1837），清政府为"王源吉"冶坊正式颁发执照。冶坊铸造的双吉（吉吉）铁锅以光滑、耐强火不保裂、经久耐用而著称。太平天国时期，冶坊全部厂房毁于战火，部分设备物资被抢运迁到南通县北刘桥开炉生产。其后又迁回江南，在堰桥镇租用胡氏基地，开炉两只进行生产。南通刘桥厂址改为王源吉北栈，负责北方的销售业务。清光绪十年（1904）又受盘常州陈元叙冶坊，取牌号为"同源吉"冶坊。自此，业务范围独霸江苏，"王源吉"三字享誉民间。1964年版、1981年版江苏省铁锅企业标准，均以"王源吉"的标准为蓝本。随着时代的进步，铁锅行业慢慢淡出市场主流，但"王源吉"品牌的铁锅制作技艺继续得到了传承，被评为无锡市第五批非物质文化遗产项目。

"王源吉"铁锅盛销，依靠的核心就是其在制模、烘干、脱模、成器等环节的独特技艺。模具，用料讲究。模具构造为两层：第一层，用不到一毫米的焦子加地下有黏性的生泥打成的泥浆搅拌而成；第二层，用品质优良的稻壳闷成的白灰及用品质优良的稻壳烧成的黑灰，按比例拌上有黏性的生泥打成的泥浆搅拌而成。烘干，拿捏精准。模具烘干时间大约五至六小时，火候全凭经验拿捏。脱模，品质关键。"王源吉"铁锅用的脱模剂以高山松树于山洞焚烧，取山洞壁上附着的松树烟灰为原料。这是"王源吉"铁锅制作过程中最关键的环节，也是最具特色的技艺，从清朝一直延续至今。成器，高温浇铸。"王源吉"铁锅浇铸时铁水温度高达1500度以上，比一般品牌的高300—400度，如此高温的铁水使

村前王源吉冶坊公司厂房

工人在手工制作铁锅

铁锅材质中没有一点杂质，做出的锅子光亮，经久耐用。

太平龙

说起村前的非物质文化遗产，还必须提到"太平龙"。

村前的祠堂里，一直供奉着一条龙灯。据村里人传说，明代万历年间村前出了个御史胡莲渠，为人正直，深受皇太后器重。后来奸臣密谋欲置莲渠于死地。皇太后得知后，赐他枣子两粒、筷子一双、酒一壶。莲渠回家后思来想去，终于悟出其中暗语："早早快走。"胡莲渠当时在京请名匠替宫中扎有两条龙灯，返乡避难时带回了其中一条。村前从此有了舞龙灯的习俗，以求风调雨顺，五谷丰登。因此村前龙灯俗称"太平龙"。

在村前村，"太平龙"就是保一方平安的吉祥物。龙灯的"龙衣"不知道已经换过多少回，但龙骨一直只是修补，其中可能还留有明清时期的竹篾。过去舞龙灯时，龙身里还点上蜡烛，现在蜡烛换成了灯泡。现今当地还保留着敬龙的习俗，逢年过节都有村民前来祭拜，每年舞龙灯前也要香烛祭请。

风景风情

村前东邻西高山。西高山是邑中名山，相传因东汉名士高岱遁居此山而得名。该山又因与县东之胶山遥遥相对且乡音声同，故以"西高山"别之。山不在高，有"仙"则名，此山古迹颇多，传说繁盛。相传北麓之崇庆庵（诵经堂）原名崇福庵，《锡金考乘》载："西高山崇福庵载于明志……志为崇庆庵，避庙讳也。"传说孙权之母吴国太早年丧夫（孙坚）失子（孙策），于是看破红尘，笃志礼佛，在西高山之北麓建四座庙庵，诵经堂（崇福庵）即其荦荦大者。

1984年起，邑人高燮初在西高山以农民集资的方式创建吴文化公园。到2000年，逐步建成了"十八展馆""十六胜景"，建成面积3.7万多平方米。"十八展馆"分别是吴地人文馆、无锡名人厅、360行、教师山、爱国碑廊、将军碑廊、无锡院士馆、稻丰圩、农耕文化展示馆、船桥史馆、江南风情苑、福寿山庄、百龄堂、和合堂、财神阁、崇福寺、吴地佛教文化馆；"十六胜景"分别是孕吴朝晖、古井藏剑、红烛照天、九桥十美、犀挑日月、仙石瑞雪、五龙呈祥、红霞晚钟、承露双桃、缘合三生、降福灵泉、发财路头、玉蟹生珠、霞客遗踪、灵鹊情深、莲泉生慧。这些"展馆"和"胜景"以丰富的资料，以实物、图片、电化形象为手段，展现吴地五千年的发展史，呈现吴地稻作文化、船桥文化、蚕桑文化以及民俗文化的精神内涵。2018 年 12 月，吴文化公园新增景点"堰桥一包三改纪念馆"，成为无锡市党建教育基地、"四千四万"精神现场教育点。

吴文化公园牌坊

吴文化公园是我国第一座完全民办的大型文化园林，被中央六部委批准为全国百家爱国主义教育基地，被中国农业博物馆定为吴文化分馆，被日本中国传统技术研究会定为吴文化基地等。公园的总大门是一座气势宏大的牌坊，飞檐斗拱，精工雕镂，正中门额镌刻着"吴文化公园"五个遒劲的金字，为著名数学家苏步青题写。著名书法家启功书写"孕吴门"。110 岁的诗人、书法家苏局仙书写了"福寿山"门匾及"胜地既名，福寿无须别觅；万民到此，身心自尔康宁"的楹联，盛称"江南第一坊"。走进公园，粉墙黛瓦，小桥流水，一派迷人的江南风情。

每年农历三月初三，西高山举行盛大的庙会。这一天相传是真武大帝诞辰，四乡的居民和信徒为求子、求财、求福寿，空巷以出，到西高山真武庙进香，天长日久就形成了西高山庙会。明清以来，庙会的传承形式除烧香许愿、集市交易、游艺竞技等民俗事象以外，还趋向于踏青游山的郊游活动，亲友故旧在农历三月初三前后走亲访友，联络情谊，畅叙契阔之怀。无锡城区居民登惠山，东乡上鸿山，北乡上斗山、西高山，南乡上军嶂山去踏青，故而无锡农村有"三月三，西高山；三月三，军嶂山；三月三，上鸿山；三月三，爬惠山"的民谚。还

西高山一景

有，"三月三"庙会初期只是群体的祭祀、进香活动，逐渐地商贾走贩云集，"百货云集，谓之庙会"。人们乘着农忙前难得的空闲时机，赶集进行物资交流，采购农具及日用品。于是，在这一天，人们或赶集买货，上庙祈吉纳福，祝祷丰登，愿求福寿；

或登山踏青赏景，登高一览，抒发襟怀；抑或携亲偕友，欣赏精彩纷呈的传统游艺竞技。此情此景，洵可乐也。

西高山庙会有着悠久的历史，始于北宋，盛于明、清。《无锡风俗志》记载："初三日，西高山游人最盛。谚云：'三月三，蚂蚁上高山。'或遂以此语书红纸，倒贴灶上，曰可避蚁也，而以是日戴荠花，则谓能已睡云。""……男妇填塞无隙地，居者皆烹焘待客。"《锡山风土竹枝词》对庙会如此描述："锣声镗镗互招邀，空巷朝山意气豪，香汛三月喧堰里，年年上巳赛西高。"

2012年，西高山庙会作为著名的节庆活动被记入《中华节庆辞典》。

新韵将现

2021年，凸显"科教文化"特色的"书香故里　天上村前"保护项目启动实施。

"天上村前"核心区规划范围6.5公顷，以"乡貌、乡趣、乡学、乡情"为基础，紧扣"书香"主题，打造江南文化街区标杆。"与现有的古镇古街不同，'天上村前'将不完全是'烟火气'，要更多'书香气'。"在完成核心区规划的基础上，将建设布局与周边城市城市规划、老城镇优化提升相结合，把村前城市更新区打造成高品质的宜居生活服务单元；向东辐射堰桥老街以及吴文化公园周边，使历史街区与周边板块能更为紧密地融合辉映，建设全新的城市形象界面。2021年8月，该项目入库江苏"十四五"时期文化保护传承利用工程——大运河国家文化公园；12月上旬，《无锡市村前历史地段保护规划（2021—2035年）》正式获得无锡市政府批复。

核心区古建筑保护修缮工程，分为地上和地下建筑，总投资约6.8亿元，一期项目"天上村前"历史地段保护修复工程（文保古建修缮），包含21个文保建筑的修复，修复面积约5396平方米；二期项目为新建建筑部分，主要包括书香公园、滨水创意街区、幼儿园、邻里中心、文创SOHO、产业中心、青少年活动中心等功能区。新老建筑加起来一共88个。总用地面积约65800平方米，其中文保建筑5500平方米，文化配套设施用房26000平方米，地下建筑10000平方米。

目前，各项修复与保护工程正在分类分策、科学有序的紧张实施过程中，将于2022年10月全面建成并对外开放。

村前历史街区修复效果图

村前历史街区修复效果图

村前历史地段保护规划图

附录：

天上村前："中国近代科教第一村"

位于无锡惠山区堰桥街道的村前村，有着 600 多年历史。清末、民国年间，无锡设十七市、乡，村前地处天上市，故而称为"天上村前"。今天，这里吸引人们的，除了村里的粉墙黛瓦、小园香径，更是因为这座小小村落在中国近代教育史上的特殊地位。近代以来，这里的胡氏子弟积极投身新学，发展科学教育事业，涌现出了一大批近代科教人才，为中国的近代科技教育事业起到了"以启山林"的影响。

一、创办胡氏公学，开无锡新学之先河

清末，随着西学的传播和洋务运动的发展，以近代科学知识为主要内容的新学逐步在中国兴起。村前胡氏家族的先知先觉者敏锐地感知到了这种变化，率先积极投身于新学。这其间的代表人物就是胡雨人。

胡雨人（1867—1928），早年考入南洋公学师范院，继又东渡日本进东京高等师范学校学习。他在科举制废除后向朝廷上奏《拟上学部条陈》，积极呼吁发展乡村教育："吾国官无大小，所居者城市也。今日大声疾呼争权力以兴学者，皆城市之民也。……偶有一二富乡，搜集种种捐款，建设一二学堂，所教者绅族也、富室也；林林万众，裹足不入，……长此不改，一二年后，城市大乡，贵族学校林立，官可以报绩，绅且据以为豪……除百一绅富家外，大多数学龄童子皆将不识一丁……读书种子既绝，而市民、非市民之阶级，由此永分；市民之学堂日益多，非市民之负担日益增重；市民有权利而无义务，非市民有义务而无权利。"。光绪二十八年（1902），胡雨人从日本留学回到家乡，与其兄胡壹修及族人相商，创办胡氏公立蒙学堂，义庄义塾拨一百余亩义田作为办学经费。一年后，胡雨人又在尤家坦设师范传习所，为"无锡师范教育之始"[①]。

胡雨人办学不仅仅局限于村前一隅，除胡氏公学外，放眼西漳、张村等附

---

① 《无锡县志》，上海社会科学院出版社，1994 年，第 804 页。

近地区，先后创办或主持学校十余所。到 1916 年，天上市的国民小学扩充至 30 所；1919 年更扩充到 40 所，始开办第一高等小学，翌年又开办第二高等小学，分设他处。辛亥革命前夕，天上市村村都办起新式学堂，为全县十七市乡树立了榜样。

值得注意的是，无锡的"女学"也在村前起步。起初，由胡雨人继配夫人周辉"专任全家女子教育之事"，"为诸子侄自幼订婚之女，均悉力教之"。① 胡氏公学成立后，以家塾扩充为公学女子部。"胡氏公学，男女无歧视，分室教之而已；不限于宗族，以学费免否示区别而已"。② 时风气未开，女子入学，尚被封建卫道士视为"洪水猛兽"。未几，江苏巡抚"通饬各属严行厉禁"③，无奈乃仍托名家塾，三年后始正式并入胡氏公学。这个女学，虽于后世影响不大，却为整个无锡"女学之始"。④

民国以来，胡氏公学基础设施不断增加，学科也渐臻完善。1914 年时有三年制的高小，后添设四年制的初小，共七个年级。后来学制发生变化，高小由原有的三年制变为两年制。到了 1923 年，胡氏公学增设初级中学，借义庄的"义兼教养"大厅上课，定名私立胡氏初级中学，为"无锡乡区第一所私立中学"⑤。中学建有古式钟楼，有膳厅、师生宿舍、公义商店、理发室等完备的附属设施，大操场有沙坑、双杠、滑梯、浪船等体育器械，并有篮球场，还建有晴雨操场，雨天体育课不停；校内各处有走廊相连，雨天不用走湿路。其校舍宽敞，设备充实，环境宜人，为当时一般乡校所不及。1929 年，学校再添建两教室，但仍不敷用，而校内已无空地，胡壹修将自己家中屋舍租让一部分给学校，且就余地添造房屋。1930 年，学校又添办蚕科，改造老屋为育蚕制种之用。至此，学校已颇具规模。经过胡氏兄弟呕心沥血的惨淡经营，学校终于建起来了，但胡壹修却已"家不成家"。据其子胡敦复所记，"回忆吾家祖产，本可自给而有余。自先严兴学举债，历年亏累，祖产荡然无存。今所赖者，亦此中昔日不毛之地百数亩耳。田间固有破屋数椽，为守望之用，先严略加修葺，吾母因以居焉。"而以"故居地宅备学校扩充之用"⑥。

胡氏公学的发展历程，正如胡敦复所记，"（民国）八年，置敦睦堂仓房一

---

① 胡雨人：《继配周夫人行略》，《胡氏家谱（村前版）》，1998 年，第 169 页。

② 裘廷梁：《胡府君家传》，《胡氏家谱（村前版）》，第 167 页。

③ 胡敦复：《胡壹修先生行述》，《胡氏家谱（村前版）》，第 176 页。

④ 胡敦复：《胡壹修先生行述》，《胡氏家谱（村前版）》，第 174 页。

⑤ 无锡县教育局编：《无锡县教育志》，上海科学技术文献出版社，1992 年，第 74 页。

⑥ 胡敦复：《胡壹修先生行述》，《胡氏宗谱（村前版）》，第 175 页。

所，十年，购入御史墙门四间一进，辟校园及方操场。……十一年，又筑校舍后围操场。十二年增设初级中学，租赁积谷仓新建仓房为校舍，……十六年，加拨庄田四百五十亩充学校经费。至是胡氏公学共有学田七百七十七亩。十八年，校舍又生问题，又添建两教室仍不敷用，而校内更无隙地，乃以吾家屋宇租让余地一部给校中，且就余地添造房屋以益之。……十九年，中学部添办蚕科，改造敦睦堂老屋为育蚕制种之用"[①]。

胡氏公学几经发展和演变，即为今天的无锡市堰桥高级中学和堰桥初级中学。目前，胡氏公学旧址现存 7000 平方米，建筑面积 6000 平方米，白墙斑驳，石墩犹存。当年的钟楼依然矗立。钟楼建于 1910 年，欧氏砖木结构，高约六米，呈正四棱柱形，内挂铜钟。

胡雨人一生从事新学教育，还曾受聘出任江阴南菁中学、北京女子师范学校、无锡公益工商中学、宜兴中学等校校长。对于胡雨人的一生，其侄胡敦复曾这样追述："治国学，为一代名师，且夙留意经世之务。至是，复东游扶桑，考察教育，研究师范。"[②]对于胡雨人的办学历程，时人如此总结："初设学校于家，课其子侄……。又与兄壹修创设胡氏公学，以教育同族及其邑人，亦颇著成绩，一邑从风，其所手创之学校，即清季之上海中等商业学堂、北京女子师范学堂（民国升格为女子高等师范、女子师范大学、国立女子大学）皆为空前之举。又如民国时代之江阴南菁学校、宜兴宜兴中学皆有特殊之建设。"[③]"清末民初，曾在江南京沪铁路沿线县市城镇，先后手创中学十余所，学风纯良，誉满全省，家乡父老，每一提及，莫不屈指推崇称道。"[④]

胡氏公学历史沿革（1902—1949）

时间	校名		
1902—1908	胡氏公立蒙学堂	以胡氏义塾经费创办	开无锡乡区新学先河
1908—1917	胡氏初等小学堂	1908 年，学制五年	
		1913 年改三年制高等小学	

① 胡敦复：《胡壹修先生行述》，《胡氏宗谱（村前版）》，第 175 页。

② 胡敦复：《胡壹修先生行述》，《胡氏宗谱（村前版）》，第 174 页。

③ 《胡雨人先生传略》，《人报》1935 年 9 月 29 日。

④ 任友三：《追念乡贤教育先进胡雨人先生》，《宜兴通讯》1990 年第 404 期。

（续表）

1917—1923	胡氏小学校	1917 年添设国民科，组织校董会	
		1920 年附设一个初中班	
		1921 年，校内建设已成规模，建有古式钟楼、膳厅、师生宿舍、藏书楼、商店、理发店、晴雨操场	
1923—1949	私立无锡胡氏初级中学	1923 年增设初级中学，学制三年，附设小学	无锡乡区第一所私立初中
		1937 年无锡沦陷，学校停课	
		1939 年组织临时校董会，恢复小学部和初中班	
		1946 年添办两个高中班，至 1949 年 2 月停办	

民国时期，乡村自治事业兴起。村前对此也做了努力，最为显著的是村前公园及村前图书馆的建设。

1914 年，胡壹修、雨人兄弟利用村前东段大住基后面 30 余亩荒地，捐资辟建乡村公园，命名为"天上市村前公园"，简称"天上市公园"或"村前公园"。此后，胡氏兄弟在公园内增建"天上市村前图书馆"。胡敦复记载："吾乡之有公园，胚胎于民国元年。先严方从事筹备，而先祖不幸谢世。爰就园中地形，与先仲叔协力捐建天上市图书馆以为纪念。并以旧有家藏图籍及历年先仲叔所增置之新书，悉数赠入。三年九月图书馆落成，五年双十节后行开幕礼。"天上市图书馆的建设经费，主要来源于胡雨人继配夫人周辉在"京师女子师范学校执教时历年薪金"，胡雨人在《继配周夫人辉行略》中也有这样的记载："乃决然归治田园，尽弃其历年行薪金以充无锡县天上市图书馆建筑费。诮家有祖遗粮田，经之营之足以自给，教育非财之道，吾于学校所取薪金半为老母求一椽之庇，今以所余之半，尽数捐之，纵未见有益于人，亦聊贻清白于后人耳。"图书馆从建设到开馆，历时两年，于 1916 年 10 月 15 日正式开放。整个图书馆建楼三幢，费银二万余元，每幢都是上下二层的西式楼房，四面圆窗，上层为藏书楼、巡回文书库室，下层为普通阅览室、儿童阅览室、阅报处以及读书会、展览会场所，均备有足够的座椅。胡雨人向图书馆捐献了自己家藏的所有图书，还动员其子侄，把家藏图书也全部捐献出来，如"万有文库""古今图书集成"等。村前图书馆藏书之多，规模之大，在当时无锡县是首屈一指的。图书馆每逢星期一休息，其余全日开放，借书阅览者甚多，星期日读者更多。我国著名图书馆学家李小缘在 1928 年拟订的《全国图书馆计划书》中论及："至于今日，上海之东方图书馆，锡之天上市图书馆，北京之北京图书馆等，已一变而为参考与开放式之图书馆，为多数人之采用便利计者矣。"[①] 将当时天上市图书馆与东方图书馆、北京图书馆相提并论，颇具盛赞之意。

二、投身新式教育，接受近代科学熏陶

20 世纪初，清廷"废科举，兴学校"，一批新式高等学校开始兴办。胡氏子弟在家乡接受启蒙教育之后，领时代风气之先，纷纷走进这些新式学校接受近代科学知识的教育和训练。其中，尤以进入上海南洋公学（交通大学前身）的为多。

南洋公学，创办于 1897 年，是中国第二所真正意义上的近代大学，可谓是中国今天科技教育的滥觞。按照规划，学校分立师范院、外院、中院、上院四院，其中外、中、上院为逐级递进，分别相当于今天的小学教育、中学教育和大学教育。上院毕业，择优异者咨送出洋，就学于各国大学。师范院于当年二月先行设立，目的在于必要的师资力量；外院于半年后的十月招生。

年仅 11 岁的胡敦复，成为外院首批学生。第二年，31 岁的叔父胡雨人也断然放弃科举之途，进入该校师范院求学。正是在胡雨人、敦复叔侄的带动下，胡氏子弟陆续进入南洋求学。

胡敦复的学业十分优秀，屡获奖励。到了 1898 年 4 月，中院设立，从外院生中选拔中文较好，略懂西学、算学的 20 名学生升入。胡敦复在外院度过半年时光就升入了中院。此一阶段，中院、外院教习皆由师范生兼充，胡雨人担任外院文课教习。1899 年，又有一批外院生选拔升入中院学习。同年秋因大部分外院生升入中院，外院随即撤销。到了 1901 年 3 月，南洋附属高等小学堂正式开学。

中院设立之时，除由外院优秀学生直接升入外，还对外招收了部分学生。胡敦复的同门兄弟壮猷、克猷和振平就是投考进入外院的。胡氏一门，四位俊彦，同聚公学中院。

中院早期的学生较少，毕业时间不定。1901 年 7 月，包括胡振平在内的六名学生毕业，是为南洋公学中院首届毕业生。

---

① 马先阵、倪波：《李小缘纪念文集》，南京大学出版社，1988 年，第 15 页。

第二年，也就是 1902 年夏，包括胡敦复在内的 20 名学生从中院第二届毕业。其时开办上院的条件仍未具备，南洋公学先后开办了特班、政治班和东文学堂。胡敦复升入了政治班。从日本回国的蔡元培担任了特班总教习。在课余，胡敦复等一众学生跟随蔡元培向马相伯学习拉丁文。日后，马相伯先后创办震旦、复旦公学，胡敦复因此也被视为早期学生。

在胡敦复从中院毕业之同时，1902 年 8 月南洋附属小学对外补招六名新生，他的两位胞弟胡明复、胡刚复同时被录取。两人均聪明过人，深得教员欣赏，被誉为神童。一年后的 1903 年 7 月，附属小学首届 16 名学生毕业，升入中院。胡明复、刚复稚气未脱，喜欢打闹，不久后因打架被学校双双开除。之后胡刚复去震旦学院预科学习。而胡明复先在宜兴当学徒，后进入上海中等商业学堂、南京高等商业学堂就读。

胡敦复在政治班就读尚不足半年，南洋公学爆发了著名的"墨水瓶事件"。11 月 5 日（十月初六），中院五班郭姓教习到教室上课，见座位上摆着一个空墨水瓶，认定是学生有意捉弄嘲讽他，勃然大怒，疾言厉色地追究肇事者。学校当局以侮辱师长、不守校规为由，下令开除怀疑涉事的三名学生，继而又开除五班全体学生，结果引发全校学生的反弹。蔡元培居中斡旋未成，全体学生乃于 11 月 16 日退学。当时，南洋公学退学学生约 200 人，后经校方和家长的劝诱，返回一部分，但仍有 145 人坚不返校，其中就有政治班的胡敦复、头班的胡壮猷、四班的胡鸿猷三位胡氏子弟。

蔡元培领导的中国教育会成立爱国学社，帮助这些学生继续接受教育，完成学业。一年后的 1903 年，国内爆发了"拒俄运动"，爱国学社的学生群情激愤，百余名学生组织义勇队，计划开赴东北与沙俄侵略军决战。爱国学社"隐然成为东南各省学界之革命大本营"[1]，"几为国内唯一之革命机关矣"[2]。此后，"苏报案"发，爱国学社被查封，胡敦复只身去了广州任教，胡壮猷、胡鸿猷仍然回到南洋公学，并在那里完成了学业。

1903 年，胡壮猷从中院毕业，第二年夏他与其他五位学生被学校派往美国留学。1905 年，学校改归商部管辖，改名"商部上海高等实业学堂"（此后，又改归邮传部管理，改名为"邮传部上海高等实业学堂"）。

1906 年冬天，胡鸿猷从高等预科（即由中院改设）第三届毕业，升入新开

---

① 上官锦屏：《革命画僧乌目》，上海《中央日报》1948 年 6 月。转引自冯自由《记上海志士与革命运动》，《革命逸史》第二集，中华书局，1981 年，第 80 页。

② 蔡元培：《传略》（上），高平叔编：《蔡元培全集》第三卷，中华书局，1984 年，第 323 页。

办的商务专科。一年后的 1907 年夏，商务专科停办，包括胡鸿猷在内的六位学生被学校派往美国留学。

有资料表明，此阶段，胡雨人之子胡宪生也曾就读于南洋公学。

1911 年，辛亥革命爆发。胡正祥从附属小学第八届毕业，升入附属中学就读，四年后从中学第七届毕业，进入上海中国哈佛医学院学习。

1912 年，中华民国成立，上海高等实业学堂改名上海工业专门学校。胡鸿勋（纪常）从附属小学第九届毕业，四年后从中学第八届毕业。

1916 年，胡瑞祥从小学第十三届毕业，四年后从中学第十二届毕业，随即升入大学电机工程系就读。

1918 年，胡雨人次子胡健生从附属小学第十五届毕业，随即升入中学，四年后从中学毕业，升入大学工科就读。

1920 年冬，交通总长叶恭绰计划改组交通部部属学校。至次年 7 月，交通大学完成改组工作。分为北京、上海、唐山三校，上海工业学校更名为交通大学上海学校。1922 年学校再次改制，改名交通部南洋大学。

1924 年，胡瑞祥从第十四届电机工程系毕业。

在 20 世纪三四十年代，胡鸿猷之子汇泉、汉泉，胡宪生之子旭光、仲光、法光、同光等都曾在交通大学就读。

在南洋公学的数十年的发展历程中，其校园内始终有村前胡氏子弟的身影。据不完全统计，从胡雨人开始，村前胡氏有近 20 位子弟在这所学校求学。一个五六百人的江南小村，有如此多的子弟进入同一所学校求学，这在中国教育史上比较罕见。这些学子如饥似渴，汲取来自西方的近代科学知识。但是，他们的学业并没有就此停步，他们又一个个远渡重洋，继续自己的学业，接受"欧风美雨"的洗礼。

三、踊跃出国留学，经受"欧风美雨"洗礼

19 世纪中叶以后，我国开始出现大规模出国留学潮。由于近代中国文化中心地位的逆转，"睁眼看世界"的国人开始走上了留学求知的道路。胡氏子弟顺应时代潮流，踊跃出国留学。探究他们早期的留学途径，主要有三条：一是自费留学，二是通过南洋公学选派留学，三是通过招考官费留学。

村前胡氏，第一个出国留学的是胡雨人。1901 年夏，胡雨人离开南洋公学，前往日本，自费进入弘文学院就读一年制师范速成科。在留学日本期间，发现日本女子教育十分发达，提议家族女子赴日留学。于是，第二年夏，胞兄胡壹修带

领女儿胡彬夏与华桂馨（胡敦复聘妻）前往日本，进入著名的实践女子学校求学。对此，胡敦复如此回忆："时先叔游学东瀛，观彼邦女教之发达，因有令吾家女子赴东京就学之议。先严遂于壬寅五月，亲送彬夏及吾聘妻华桂馨女士入东京实践女学校肄业。"[①]1902 年夏，胡雨人从日本学成归国，开始了在家乡兴办胡氏公学的历程。

1903 年 4 月，胡彬夏在东京发起成立了共爱会。共爱会，"以拯救二万万之女子，复其固有之特权，使之各具国家之思想，以得自尽女国民之天职为宗旨"[②]。当时在日本的女留学生有名可考的有 17 人，她们可能都是共爱会的会员。共爱会甫一成立，"拒俄运动"兴起。500 余名留日学生在东京神田锦辉馆集会，决定成立拒俄义勇队，共爱会成员也都签名加入。在集会之上，胡彬夏含泪演说，慷慨陈词：抗俄救亡乃"四万万国民人人所当负之责任，当尽之义务"，号召女学生"以螳臂之微，为国尽力。愿从义勇队北行。事虽无济，即至捐躯殒命，誓无所惜"[③]。不久，义勇队改为学生军，男女学生"逐日习练兵操"[④]。

胡氏子弟通过南洋公学选派留学的，主要有胡振平、胡壮猷、胡鸿猷等。就在胡雨人去往日本留学的同时，1901 年 7 月，胡振平从南洋公学中院首届毕业。依照《南洋公学章程》，中院毕业生应"递升上院"，但当时上院开办条件尚未成熟，于是学校从中择优选择包括胡振平在内的四位优秀学生资送出洋留学。当年底，胡振平等学生从上海出发，踏上了留学英国的旅程。到达伦敦后，胡振平在伦敦大学财政科学习，四年后回国。

1903 年，胡壮猷从中院毕业，赴江西萍乡勘验铁矿实习，于第二年夏赴美国加州大学学习矿学，在 1909 年获学士学位后回国。

1907 年夏，胡鸿猷又被学校选派至美国宾夕法尼亚大学修管理学，1909 年获硕士学位。交通大学将这一批学生视为学校首批高等教育毕业学生，也是第一批选拔出国留学的大学生。"本校高等教育有学生毕业，自此始"，"本校选派大学生出国留学，自此始"[⑤]。

就在胡鸿猷束装去往美国之同一年，胡敦复和胡彬夏也登上了去往美国留

① 胡敦复：《胡壹修先生行述》，《胡氏宗谱（村前版）》，第 176 页。

② 张莲波：《辛亥革命时期的妇女社团》，河南大学出版社，2016 年，第 13 页。

③ 《共爱会集议拒俄》，杨天石、王学庄编：《拒俄运动 1901—1905》，中国社会科学出版社，1979 年第 136 页。

④ 《女学生编成义勇队》，《苏报》1903 年 5 月 9 日。

⑤ 霍有光、顾利民编著：《南洋公学—交通大学年谱》，陕西人民出版社，2002 年，第 30 页。

学的轮船。他们是通过清廷招考而取得官费留学资格的。当年，两江总督端方在江南挑选优秀学生出国留学。这是继容闳选拔幼童留美之后第二次招考官费留美学生。最后，经过考试和"传见"，选定 11 名男生和 4 名女生，胡敦复与胡彬夏同时入选。这批学生于 1907 年 9 月顺利抵达美国，胡敦复入学康奈尔大学主修数学，胡彬夏暂入预备学堂胡桃山女塾补习，再进入威尔斯利女子学院专习文学、史学，直至 1917 年毕业。

1909 年夏，胡敦复从康奈尔大学毕业，未及继续攻读博士学位就乘上了回国的海轮。同一年，经过中美双方有关人士的斡旋，美国退还多余的"庚子赔款"，用以每年选拔一定数量的学生赴美留学。清廷当时成立了专司考选和甄别留美学生的游美学务处和肄业馆。当年，首批庚款留学生正式录取 47 人。这批学生中有后来成为清华校长的梅贻琦、金邦正，化学家张子高、王琎，生物学家秉志，中国工程学会会长徐佩璜。胡刚复榜上有名，名列第 13。到达美国后，胡刚复进入哈佛大学专习物理。1910 年 7 月，第二次留美学生选拔考试如期举行。这次考选方面的事务，正是由胡敦复具体主持，共考取 70 名学生。这批学生可谓星光熠熠，日后成为著名学者的胡适、赵元任、竺可桢、周仁、张彭春、钱崇澍、凌启鸿、过探先等人皆在其列。胡明复、胡宪生也在名单之列。不久，胡敦复陪同这批学生前往美国。赵元任、胡适、胡明复、胡宪生等 14 人去康奈尔大学。

1911 年 1 月，清廷下旨将游美肄业馆定名为"清华学堂"。4 月 29 日，清华学堂正式开学，胡敦复受聘为教务长。这一天，后来成了清华大学的校庆日。6 月，清华学堂举行高等科期末考试，同时进行第三次留美学生选拔考试。有 134 名高等科学生参加，选定 63 人赴美留学，其中姜立夫、吴宪、孙学悟、杨孝述、章元善、梅光迪等日后在各自领域卓然成家。

此后清华学校的设立，通过招考成为胡氏子弟出国留学的主要途径。

学习生活是平静的，但这些深怀忧国忧民情怀的留学生，经过"欧风美雨"的洗礼，知识结构和思想观念得到了改变，开始探寻强国之路。1914 年 6 月 10 日晚上，康奈尔大学的大考已过，赵元任、胡明复等毕业在即。留学生们晚餐后聚集一起，纵论天下大事，希望寻找到一条能为国家和民族振兴贡献个人绵薄之力的实际途径。很快，大家的意见趋向一致，认为中国所缺的莫过于科学，既然如此，何不成立一个组织、刊行一种杂志，向中国的大众介绍科学呢？这个提议立刻得到谈话诸人的赞同。6 月 29 日，胡明复、杨铨、任鸿隽等草拟了《科学月刊缘起》和《科学社招股章程》，寄送给在美国的中国留学生以及一些已经回国的留学生。《科学月刊缘起》明确表示："令试执途人而问以欧、美各邦声名文物之盛何由致？答者不待再思，必曰此实科学之赐也。……同人等负笈此邦，于今世所谓科学者庶几日知所亡，不敢自谓有获。愿尝退而自思，吾人所朝夕育习以为庸常而无奇者，有为吾国学子所未尝习见者乎？其科学发明之效用于寻常事物而影响于国计民生者，有为吾父老昆季所欲闻之者乎？……试不知其力之不副，则相约为科学杂志之作，月刊一册以飨国人。专以阐发科学精义及其效用为主，而一切政治玄谈之作勿得阑入内焉……"[①]

1915 年 1 月，中国最早的综合性科学杂志《科学》月刊第一卷第一期由上海商务印书馆在国内出版发行，迅速引起了广泛的关注。到 1915 年 10 月，中国科学社人数即已达到 115 人，其中在美国的中国留学生有 85 人，在国内的社员共 26 人。此后，中国科学社在为科学播火、拓荒的道路上，走过了一段奋斗和抗争的艰难历程。《科学》月刊一直坚持到 1951 年才停刊，为传播科学知识、启发民众思想做出了不可磨灭的贡献。

1914 年秋天，胡明复与赵元任由康奈尔大学毕业，入哈佛大学研究院。1917 年，胡明复以数学获博士学位，博士论文《具有边界条件的线性积分——微分方程》"是中国人在美国发表最早的算学论文"，也是中国数学家在国际数学界的第一次发言。[②]

他的弟弟胡刚复 1913 年从哈佛大学毕业，旋入哈佛研究院，1914 年获硕士学位，1918 年以《X 射线的研究》的论文获博士学位。胡刚复是我国留学史上取得物理学博士学位的第三人。

1917 年夏，胡明复获得博士学位后随即回国，而同一年胡正祥被选送美国深造，入美国哈佛大学医学院学习，专修病理学，至 1921 年获医学博士学位。

此后，村前胡氏子弟在出国留学的道路上可谓络绎不绝。据不完全统计，在中华人民共和国成立之前，共有 30 名子弟出国留学。

村前胡氏子弟 1949 年前出国留学一览表

姓名	留学年限	留学学校	专业和学位
胡雨人	1901—1902	日本弘文学院	师范一年制速成科
胡振平	1901—1905	英国伦敦财经学校	理财专科
胡彬夏	1902—1903	日本实践女子学校	师范一年制速成科
	1907—1913	美国威尔斯利女子学院	文学学士

---

① 任鸿隽：《中国科学社社史简述》，《科学救国之梦——任鸿隽文存》，第 723 页。
② 张祖贵：《胡明复》，《中国现代科学家传记》第四集，科学出版社，1993 年，第 5 页。

姓名	留学年限	留学学校	专业和学位
华桂馨(敦复妻)	1902—1903	日本实践女子学校	师范一年制速成科
胡克猷	1902—?	日本早稻田大学	不详
胡壮猷	1905—1909	美国加州大学	矿学学士
胡鸿猷	1907—1909	美国宾夕法尼亚大学	管理学硕士
胡敦复	1907—1909	美国康奈尔大学	数学学士
胡刚复	1909—1918	美国哈佛大学	物理学博士
胡明复	1910—1914	美国康奈尔大学	数学硕士
	1914—1917	美国哈佛大学	数学博士
胡宪生	1910—1916	美国康奈尔大学	森林学硕士
胡正祥	1917—1921	美国哈佛大学	医学博士
胡卓	1918—1922	美国威尔斯利女子学院	文学学士
	1922—1923	美国哥伦比亚大学	教育学硕士
胡立猷	不详	美国密歇根大学	经济学硕士
胡瑞祥	1926—1930	美国麻省理工学院	电讯专业博士
胡鸿勋	1926—1929	法国巴黎大学	经济学博士
胡鸿均	1929—1933	日本京都高等蚕丝学校	蚕种学科
胡惇五	1931—1933	美国西奈大学	护士科硕士
胡元恺	1933—1937	日本京都高等蚕丝学校	蚕种学科
胡汇泉	1934-1935	美国密歇根大学	桥梁工程硕士
胡新南	1935—1937	美国密歇根大学	化工硕士
	1937—1938	美国俄克拉荷马大学	炼油工程硕士
胡竟先	? —1939	美国芝加哥大学	不详
胡逸先	不详	美国留学	不详
胡旭光	1938—1940	美国密歇根大学	航空工程硕士
胡寅新	1940—1941	日本京都蚕丝学校	一年制制丝专业
胡汉泉	1940—1941	美国密歇根大学	电机硕士
	1946—1949	美国依利诺大学	电机博士
胡沛泉	1940—1946	美国密歇根大学	工程力学博士
胡福南	不详	美国德州州立大学	医学博士
胡璞	1947—1951	美国密歇根大学	建筑工程博士
胡应辰	1949—?	美国	不详

四、创办大同大学，缔造民国大学奇迹

在民国时期，大同大学、南开大学两所私立大学，一南一北，"双峰并峙"，时人称誉为"北有南开，南有大同"。

大同大学是一群跻身"立达学社"的知识分子创立的，其中的核心人物无疑是胡敦复。"立达成立时，公推敦复为社长；以贤劳独最，累次连任，后以敦复提议'办事久而后见真善恶'，每岁一公举殊近虚文。愿除此缛节，敦复连任至

今"①。

清华学堂建立后，胡敦复担任了第一任教务长。他联合校内的其他 10 位教师成立了立达学社，"在共同研究学术、而以编译书籍及办理学校为事业"②。不久，由于与校内美国教师在课程设置上出现矛盾，胡敦复辞职南下上海。很快，辛亥革命爆发，立达学社的其他 10 位教师也纷纷南下上海，聚集在胡敦复身边，商议创办一所"不附庸于洋人，在学术上独立，真正属于中国人"的学校，不但承担着传道授业解惑的重任，更要培养学生们健全的人格。

1912 年的 3 月 19 日，是胡敦复 26 岁的生日，大同学院在这一天依托租赁的校舍正式创办。校名取《礼记·礼运》中"大道之行也，天下为公……是谓大同"之意。

大同学院是一所纯粹的私立学校，没有政府的补助，也没有资本家的资助。"大同经费，向持不募捐款，不取官中津贴之旨，故全恃立达之补助，立达则仰给于社员"③。他们约定，人人为大同出力，一年内即冻馁亦不可离，教员不请外人，不取分文报酬，大家的生活费用则靠在外面兼课来维持。不仅如此，他们还自愿按一定比例捐出外面兼课所得报酬，以补贴学院的各种经费开支。对胡敦复来说，"二三知友，夙以精研学术相期许"，"至责以舍己而芸人"④是最大的抱负。

正是在这群知识分子勠力经营之下，大同学院很快就声名渐起，负笈来校者甚多。在开办一年后的 1913 年，大同在沪杭铁路南车站之北首，购地自建校舍。此后，校舍逐年有所扩建。

随着校舍、校具的日益齐备，大同学院的办学学科编制也日趋完善。1916年增设英文专修科及数理专修科，1921 年增设大学文科和理科，1922 年春，大同学院增设大学商科和教育科，附设中学部。1922 年，正值大同学院创办十周年。这一年，大同学院按照私立大学规程，呈请北洋政府教育部立案，改称大同大学。内设文科、理科、商科和教育科，本科学制皆为四年，在此之前设预科一至两年。此时的大同大学，兼具大学、中学与专修科这三大功能于一身，形成了鲜明的办学特色和明确的办学方向。是年秋，学生人数达到 563 人。

---

① 吴在渊：《大同大学创办记》，《爱国办学的范例——立达学社与大同大学》，上海古籍出版社，2002 年，第 129 页。

② 《立达学社记》，档号 Q241-1-1-13，上海市档案馆藏。

③ 吴在渊：《大同大学创办记》，《爱国办学的范例》，第 100 页。

④ 胡敦复：《近世初等代数学》序一，上海商务印书馆，1922 年，第 6、12 页。

到了 1928 年，大同大学依据学制要求，成立校董事会，并再次向国民政府申请立案。这次立案后，大同大学对学校内的院系设置进行了一系列的调整与改革。学校大学部共分为三院九系：文学院，设文学、教育、政治三系；理学院，设数学、物理、化学三系；商学院，设经济、会计、商学三系。中学部也改为高中、初中二部各三年的学制。其时，学校占地 90 亩，共有大的建筑物 15 座，图书、仪器总值约 10 余万元，学生有 800 余人。[①]

到了 1932 年，大同大学又一次改制，中学部"独立"向南京国民政府教育部正式立案，改称（私立）大同大学附属中学。

1933 年，国民政府教育部曾对沪上的复旦、沪江、大同、大夏、光华、暨南六所大学进行了视察。视察报告总结了大同大学的办学特点：1. 教职员刻苦耐劳，和衷共济，精神颇为贯注；2. 处处经济，决不浪费；3. 理学院设备比较完全，办理颇著成绩；4. 学生朴素好学，教师辅导学生自修精神尤佳；5. 各院学生均须必修数理化科目，理学院学生须必修社会科学数种，使学生于主修科外，对于其他有关系科学知识亦具相当基础；6. 考试严格。此时，大同大学已成为上海地区声誉日隆的私立完全大学，"规模大具，校誉蒸蒸日上"[②]，其规模和教学质量均可列入国内第一流高等学府。

1937 年 8 月，大同大学正式成立工学院，由电机工程及化学工程两系组成，第二年增办土木工程系，强化了大同注重"理工"的办学特色。新中国成立前夕，又增设了机械工程系。

1937 年，全面抗战爆发，上海沦陷，大同大学及附中迁入法租界借址继续办学。由于办学地址四散，教学开展多有不便。有鉴于此，1939 年学校在新闸路西摩路口新建校舍，并新设附中二院（原中学称附中一院）。当时中学 944 人，大学 729 人，共计 1673 人，已大大超过战前水平。[③]此后，由于入学学生日多，新闸路校舍又进行了扩建。

1941 年 12 月，太平洋战争爆发，日军进占上海租界。在内迁之路断绝的情况下，大同大学坚持办学。对于伪教育部的来文来函，学校坚持"不要答复他们，以免噜嗦"[④]。很快，大同迎来了继立案之后的第二次发展高潮。抗战爆

---

①　《大同大学年刊》，1951 年，档号 Q241-1-351，上海市档案馆藏。

②　杨恺龄：《胡敦复先生行述》，《胡氏宗谱（村前版）》，第 179 页。

③　王槐昌：《大同学院、大同大学附中、附中一院大事记（1912 年 3 月—1949 年 10 月）》，《爱国办学的范例》，第 197 页。

④　《私立大同大学历史事实考证书》，档号 Q241-1-1，上海市档案馆藏。

发前的 1937 年 4 月，大同有大中学生近 1000 人。从 1939 年起，大同大学的全体学生数开始突破两千，并逐年一路飙升。到 1945 年 5 月，大中学生共计 3825 人，其中大学部 1381 人，附中一院 1124 人，附中二院 1320 人。教师 153 人。[①]

到解放前夕，大同大学有文、理、商、工四个学院，下设文学、哲学教育、政治史地、数学、物理、化学、经济、会计、银行、工商管理、电机工程、化学工程、土木工程、机械工程 14 个学系，及英文、数理两个专修科。统计历年学生人数，大同大学部在校学生最多达 2700 人，中学部达 2500 人，在上海公、私立大学中占第一位。[②]

在大同大学发展历程中，除了胡敦复外，胡明复、胡刚复、胡宪生、胡范若、胡芷华、胡卓、胡宜南等村前胡氏成员都曾执掌教鞭，而更多的胡氏子弟就读于大同，在这里走上了从事科学、研究和教育事业的道路。从这一点而言，大同大学的创办，是胡氏继家乡胡氏公学之后在教育事业上的延续和扩展。

五、紧跟时代形势，多路投身科学教育

梳理村前胡氏在科学教育方面所走过的历程，以家族性、群体性面貌出现的有四条主线。在这四条主线中，首推大同大学的创办和发展。除此以外，还有三条：一是交通大学学科的发展，二是近代医学的探索，三是蚕桑业的改良。

20 世纪二三十年代，胡敦复、明复、刚复兄弟从美国学成归国后，在勠力创办大同大学的同时，都先后兼教于上海交通大学。胡刚复针对当时物理教学与实验脱节的情况，大力倡导实验。物理学本是以实验为基础的，从这一层意义来讲，胡刚复和颜任光可谓"真正把物理学引进中国的第一人"[③]。1930 年，交通大学创设数学系，胡敦复担任系主任。他精心擘画课程设置，悉心指导学生，让数学系很快声名鹊起。上海交通大学在历史上曾经与北京铁道学院、唐山工学院几度分合。1921 年，交通大学首次合组，下设京、沪、唐三校，胡鸿猷被聘为北京学校主任，同时胡壮猷在京校任教。后来，因学潮而三校分立，胡壮猷在辗转数校任教后，于 1936 年到唐山工学院教授化学。抗战期间，唐山工程、北平铁道管理学院内迁贵州平越合组交通大学贵州分校，胡克猷担任了铁道管理系主

---

① 王槐昌：《大同学院、大同大学附中、附中一院大事记（1912 年 3 月—1949 年 11 月）》，《爱国办学的范例》，第 195、201 页。

② 《大同大学简史》，大同大学校友会编：《大同世界》（大同建校八十周年纪念刊），1992 年。

③ 钱临照：《怀念胡刚复先生》，《钱临照文集》，安徽教育出版社，2001 年，第 583 页。

任。不久，他又去往重庆，在交通大学重庆总校任教，抗战胜利后又受托主持学校复员事宜，不辞辛劳，居功至伟。

胡氏子弟探索近代医学首推胡正祥。胡正祥自 1924 年回国后，一直在北京协和医学院执医，历任协和医学院助教、讲师、副教授、教授、病理学系主任、教务长，新中国成立后又任中国医学科学院副院长。他在淋巴细胞形态学、黑热病、动脉粥样硬化、肝脏病及临床肿瘤病理形态学等方面颇有研究，是我国近代病理学的奠基人之一。胡鸿仪、胡鸿慈兄弟和胡茂生出自上海医学院。胡鸿慈在解放战争期间参加革命工作，20 世纪 60 年代与胡鸿仪一同内迁，支援建设重庆医学院；胡茂生后来成为一代眼科名医。还有，胡真在预防流脑方面做出不凡贡献。

我国近代蚕桑业的改良，也必须提到村前胡氏家族。胡咏絮是苏州蚕桑专科学校的早期毕业生，曾在苏州开弦弓村指导育蚕改进实践，是中国最早送蚕桑技术下乡的先行者。此后二三十年间，她与丈夫葛敬中一起在镇江建立和经营镇江蚕种场，培育新型改良蚕种，对蚕农实行技术指导，发展蚕农合作组织。胡咏絮的兄弟鸿勋、鸿耇、鸿均也都投身其中。20 世纪 30 年代中期，镇江蚕种场每年春秋两期蚕种产量达到 120 万张，销售遍及全国各大蚕桑区，成为全国最大的蚕种场。胡咏絮之妹蕴华，与其丈夫常宗会在南京从事蚕桑改良事业，成效显著，同时把改良事业推广到安徽地区。抗战期间，葛敬中、胡咏絮夫妻又在云南指导发展蚕桑业，促进大西南地区经济的发展。常宗会则"转向"从事烟草生产事业，为今天云南省"烟草王国"的建立奠定了基础。

"兄弟爬山，各自努力。"除此以外，胡颜立在成都主持四川实验小学，胡通祥在家乡创办育红小学，胡瑞祥"拓荒"近代电讯事业，胡旭光参与航空发动机的研发，等等，都是胡氏子弟投身近代科教事业的鲜活事例。

胡氏数代子弟、投身近代科技教育数十年，对于促进区域经济社会发展产生了积极的影响。具体表现在以下几个方面：

一、唤醒乡村义务教育，促进了乡村思想的启蒙

胡雨人看到当时的教育特别是乡村教育瘫痪的状况，在《拟上学部条陈》中大声疾呼："读书种子既绝，而市民、非市民之阶级，由此永分；市民之学堂日益增多，非市民之负担日益增重；市民有权利而无义务，非市民有义务而无权利。"[①]他和兄长胡壹修"毁家"创办胡氏公学，正是出于培育"读书种子"的

---

① 胡尔霖：《拟上学部条陈》，朱有瓛主编：《中国近代学制史料》第 2 辑上，华东师范大学出版社，1987 年，第 277 页。

考虑，为当时的乡间学生求学提供了机会，让乡村学生也能学习先进的文化知识。胡氏兄弟创办天上市图书馆，作为社会教育的举措，可以视作是学校教育的延伸，是他们欲以教育达人的必然结果。正如图书馆专家马宗荣所说的那样，"盖以其对于社会，既可为民众进德、修业、慰安、娱乐之所，复能辅助家庭教育、学校教育及社会教育，而增长其效能"。后来，许多胡氏子弟日后在各自领域卓然成家，最初的"基因"就来自胡氏公学的启蒙。

二、秉承"科学救国"理念，促进了近代科技的进步

胡雨人早年就认识到近代科技对于国家图强的影响和作用，"其时清政不纲，外侮日急，仲叔（胡雨人）以御外莫如自强，首先注重新学，躬自研究以为之倡"[①]，"遂益专攻经世实用之学，更致力于算学及自然科学，并提倡外国文以为研究欧西文化之权舆"[②]。在他看来，抵御强国侵略，就是要先学习国外先进的知识和技术，强调实用的知识。胡刚复在 1920 年的自述中也提到："当时正值欧战方酣，我深感循实业科研路线报效祖国之责任。而我师杜安教授也希望我留校帮助他从事物理实验工作。但我终于决定离开我愉快逗留过八年多的美国回到自己的祖国担任教师一职。我国十分贫困，物资缺乏，生产落后，急需振兴实业。由于经费和物资短缺，致使教育事业也难以有效推动。我未曾学过工程，对此一无所知，如今不免后悔。今后我的一生将面临艰苦的斗争了。"[③]胡明复也有所感慨，"即风俗道德与宗教亦因之日进纯粹，而愈趋于真境"。这"真"就是科学的精髓，只有"提倡科学，以养'求真'之精神，则事理明，是非彰，而廉耻生"，而"民智民德发育以后自然之结果"就是所欲达到的富国强兵之效，"科学救国非以物质救国，而在求真，真理既明，实用自随"[④]。正是基于这样的认识，胡氏兄弟从小就接受了西方先进科技的教育，回国后以教授先进知识、科学文化为追求目标，为教育发展及科学进步做出了贡献。他们还积极参与中国科学社的创建和运作，以西方近代科学社团为模本，宣扬科学，实践民主，切合了当时国内新文化运动的需要，为"德先生"和"赛先生"的吁求提供了坚实的基础。胡正祥对近代病理学的探究、胡瑞祥对近代电讯事业的拓展，也是"科学救国"思想的具体体现。

---

① 胡敦复：《胡壹修先生行述》，《胡氏宗谱（村前版）》，第 173 页。

② 《胡雨人先生传略》，《人报》1935 年 9 月 29 日。

③ 解俊民：《胡刚复》，卢嘉锡主编：《中国现代科学家传记》第二集，科学出版社，1991 年，第 144 页。

④ 胡明复：《科学方法论一》，《科学》第二卷第七期（1916 年）；《科学方法论二》，《科学》第二卷第九期（1916 年）。

三、实践中外教育思想，促进了近代教育的发展

近代以来，一批又一批的教育家及革命者，为了救国救民而不断学习西方先进文化和思想。胡氏家族坚持新学，倡导科技救国，不遗余力实践着对传统旧思想的批判，通过办学、教学的形式，引进西方先进的科学技术思想。但他们又不是一味地"全盘西化"，而是把学习西方知识与中国的实际结合起来，汲取西方教育之长外，补中国教育之短板。胡敦复创办大同学院，目的就在于创办一所"不附庸于洋人，在学术上独立，真正属于中国人"的学校，不但要承担传道授业解惑的重任，更要培养学生们健全的人格，使他们具备崇高的道德修养。"时当清季末叶，教育尚未发达，同人之目的，在共同研究学术、而以编译书籍及办理学校为事业"[①]。胡敦复、明复、刚复兄弟和胡颜立参与"本土化"教科书的编订，更是这种思想又一生动实践范例。在与吴在渊合著的《近世初等代数学》一书的序言中，胡敦复剖明心迹："自立之道奈何？第一宜讲演，第二宜翻译，第三宜编纂，第四宜著述。务使初学科学之人，可尽脱外国文之束缚，而多得参考之材。学者研究既多，自能群趋于发明之一途。不如是，则吾国之学术，终为他国之附庸而已。""鄙意今尚宜从中学之教科书入手，渐及参考之书，层累而上，以至高深之学。材料不妨浅近而说理务宜精详，结构不必宏大而见地须有独到。务使中学之士，先得观摩之益；至盈科而进，而后引之入百宝之林。此则诸先觉者之天职也。"大同大学存世 40 年，走出来了一批又一批的人才，其中"两院"院士就有 34 位。胡敦复、胡明复、胡刚复兄弟还辗转任教于国内多所著名高校，桃李满天下，今天的"两弹一星"功勋人员或远或近都能找到与他们在学术上的渊源。与他们一样，胡鸿猷、壮猷、立猷兄弟也都有任教高校的经历。正因为孜孜不倦于近代教育以及所取得的成绩，胡氏子弟卓然有声、有名于当时和今天。在苏步青眼中，胡敦复是"很好的教育家"，时人也称其为"中国第一流教育家"[②]。胡明复的一生虽然短暂，但他对中国科学社及近代教育所作的贡献，令时人称誉不已，马相伯就评价他为"近今世纪科学大家有大功于世人者"[③]。胡刚复对近代物理学的发展更是起到了"铺路石"式的作用，1987 年中国物理学会特设立"胡刚复、饶毓泰、叶企孙、吴有训物理学奖励基金"，以奖励在物理学做出贡献的中青年人才。

---

① 《立达学社记》，档号 Q241-1-1-13，上海市档案馆藏。

② 俞可：《海上教育家》，文汇出版社，2010 年，第 146 页。

③ 马相伯：《胡明复先生遗稿序》，《马相伯集》卷三，复旦大学出版社，1993 年，第 491 页。

四、推动社会风气转变，促进了近代社会转型。

社会变革是指整个社会系统由一种结构状态向另一种结构状态过渡，它不是社会某个成分和层面的局部发展，而是社会系统的全面、结构性的变化。胡氏家族创办新学，从事高等教育，推广改良蚕桑，对近代社会转型无疑起到了积极的推动作用。在此，特别需要指出的是，胡氏家族对于妇女解放所作的贡献。中国传统社会讲究"男尊女卑"，"女子无才便是德"的思想根深蒂固。胡氏公学在创办之初就设立女学，发展女子教育。女学部的设立，成为目前可考的无锡乃至江苏近代最早的新式女学，使无锡地区成为江苏地区乃至全国较早兴办女学的领先者。1919 年，时人在纪念胡雨人岳母王运新时曾评论："教育之盛，中国推江苏。"[①] 可见当时的影响之大。近代思想家严复曾经严厉谴责传统社会对妇女身体禁锢、思想禁锢和道德禁锢，对妇女的身体禁锢首推缠足。胡氏在妇女解放上觉醒较早，胡雨人之妻周辉成立了"天足会"，在家族内部放足。胡彬夏在日本留学期间创建了共爱会，呼吁女性解放，回国后主编的《妇女杂志》是民国初年影响最大的女性期刊之一。胡敦复创建的大同学院，在国内首倡男女同校同班，胡敦复的堂妹胡卓是大同的第一个女学生。以上种种，都是对女性解放事业的支持，促进了妇女解放事业的发展，带来当地思想的进步。

时光荏苒，风流总被雨打风吹去。但历史忠实地记录了一个家族为了国家的强盛、民族的崛起而孜孜以求、全心付出的篇章。千秋功过，村前无愧于"中国近代科教第一村"！

---

① 张轶欧：《谋文》，《锡山二母遗范录》，1919 年铅印本，第 9 页。

村前胡氏近现代名人录

胡汉学（1897—1980），文昭公第二十九世孙。早年就读于胡氏公学，后在大同学院"半工半读"。1929年在国民政府大学院、教育部任职，后转入财政部盐务机关任职，先后在盐务稽核总所和淮北、南昌、南京、四川、贵州和浙江等地盐务局任职。中华人民共和国成立后，回到无锡县堰桥中学任教。

胡壹修（1865—1931），名尔平，字洁修，号逸修、壹修，以号行世。文昭公第三十世孙。与弟胡雨人同以兴学为职志，1902年借胡氏义庄创办天授公学，以旧有义塾改办胡氏公学，并设女子部。民国时期，担任胡氏公学校董会主席，"毁家"支持胡氏公学发展。热心慈善事业，设立积谷仓，水旱灾荒时办理平粜，又致力于水利事业，先后开凿、疏浚姑亭庙、胡巷、西漳寺头等河道，建筑水闸，在横排圩一带垦荒造田，又创建村前公园，并在公园内建天上市图书馆，以启蒙乡民。

胡雨人（1867—1928），名尔霖，以字行世，胡壹修之弟。早年就读于南洋公学师范院，1901至1902年留学日本弘文学院师范科。回国后一生从事教育，与父兄创办胡氏公学，引进日本近代教育思想和方法。1908年前后，主持创建上海中等商业学堂和京师女子师范学堂（北京女子高等师范学校的前身）。民国初年，历任江阴南菁学校、无锡公益工商中学、宜兴宜兴中学校长。办学之外，对于水利也有钻研，致力于导淮事业，并亲自调查，所写笔记翔实准确。提出太湖水利工程实施计划，并倡议推动成立无锡水利工程局和水利研究会，对无锡农田水利事业贡献甚大。著有《江淮水利调查记》《淮沂泗实测蓝图》《治湖策议》等。逝世后，门生故旧及里人在村前公园为其竖立铜像以志纪念。

胡振平（生卒年不详），谱名宝先，名钟英，文昭公第三十世孙。1898 年进入南洋公学学习，1901 年秋毕业后留学英国，在伦敦财经学校习理财专科，1904 年毕业。1905 年春天随驻英公使张德彝回国，被盛宣怀派往上海通商银行任副总经理，并调往商部佐理商标事务。1905 年参加留学生考试，被授予法政科举人。曾任外交部条约司帮办，墨西哥公使随员，中国驻墨西哥使馆代办。

胡壮猷（1886—1964），字愚若，胡再福（字捷三）长子，文昭公第三十世孙。早年就读于南洋公学，1905 年起就读于加州大学，1909 年获矿学学士学位。回国后任武汉造币厂厂长。1913 年至 1914 年任浙江高等学校（浙江大学前身）校长。1920 年交通大学成立之时，在京校任教。1929 年在北京大学化学系任教，曾担任系主任。1936 年在交通大学唐山工程学院任教。抗战时期，隐居北京，以家庭教师为生。抗战胜利后任北平临时大学补习班五分班主任。

胡鸿猷（1888—？），字徵若、徽若，胡合坤（再福之弟）次子，文昭公第三十世孙。早年就读于南洋公学。1907 年被学校选派至美国宾夕法尼亚大学，1909 年获管理学硕士学位，旋赴德国柏林大学研修，同年回国，任上海工业专门学校（即南洋公学）教员。1915 年去往北京在交通部任金事，1919 年任巴黎和会中国代表团专门委员。1920 年，上海工业专门学校、北京邮电学校、北京铁路管理学校、唐山工业专门学校合组交通大学，下设上海、北京、唐山三所学校，胡鸿猷任北京学校主任，一年后去职，继续回到交通部任职，先后担任路政司计核科科长、营业科科长等职。1925 年任胶济铁路局副局长，不久因工潮去职，仍回交通部任职。

胡立猷（1895—1977），字毅若，胡合坤三子。1918 年毕业于燕京大学经济系，之后赴美留学获密歇根大学经济学硕士学位。回国后曾任京汉铁路会计课长，后任教于北平盐务专门学校、北京大学，主讲会计学。1933 年受聘为交通大学北平铁路管理学院首席教授。抗日战争爆发后，学校内迁与唐山工学院合组交通大学贵州分校，任铁道管理系主任。1942 年前往重庆，任交通大学总校教授，1946 年主持学校复员上海事宜。1948 年任教于江南大学，1952 年起任教于上海财经学院、上海社会科学院。

胡元恺（1911—？），文昭公第三十世孙，1933 年肄业于江苏省立教育学院农事教育系，旋去日本京都高等蚕丝学校学习蚕桑。回国后任江苏省立女子蚕业学校蚕业教员、江苏省立蚕丝专科学校讲师、云南蚕业新村公司兼蚕种场场长。建国后先后担任江苏吴县浒关原种场和蚕种公司技师、江苏省蚕种公司高级农艺师。

胡通祥（1896—1975），女，文昭公第三十世女孙。1916年毕业于无锡县立女子师范，历任振秀女校、崇正女校教职。1918年任竞化女校校长，1927年任化新小学校长，1944年任化新中学校长。从事教育工作59年。

胡敦复（1886—1978），胡壹修长子，文昭公第三十一世孙。1897至1902年就读于南洋公学；1907至1909年由江宁学务公所考送官费留学美国康奈尔大学，获理学学士学位。回国后，任北京游美学务处教学提调，负责考选第二届庚款留美学生，旋任清华学堂第一任教务长；1911年南下上海，任复旦公学教务长；1912年会同其他10位中国知识分子创办大同学院（后发展为大同大学），任校长；1925至1927年任东南大学校长（未到任）、国立女子大学校长；1928年在美国获得名誉博士学位；1930至1945年任上海交通大学科学院数学系主任，长达16年之久，其间在1935年创办中国数学会，并任董事会主席；1941至1945年，复任大同大学校长；1949年4月前往台湾；1950至1961年任美国华盛顿州立大学客座教授；1978年在美国西雅图病逝。

胡彬夏（1888—1931），胡壹修长女。1902至1903年在日本东京实践女子学校肄业，在此期间组织成立留日女学生团体—共爱会，呼吁女性解放。1907年与兄胡敦复一同考取江宁学务公所官费留学美国，1913年在威尔斯利女子学院获文学学士学位。回国后任商务印书馆《妇女杂志》编辑主任，并担任上海全国青年协会会长，儿童教育研究会会长，上海社会福利会会长，上海妇女俱乐部主任，上海妇女参政会董事、部长等社会职务。1925年起任国立女子大学副校长、北京中国大学研究部主任、清华大学董事会董事等。

胡明复（1891—1927），胡壹修次子。早年就读于南洋公学、上海中等商业学堂、南京高等商业学堂，1910年考取第二届庚款生赴美留学，1914年从康奈尔大学毕业，继入哈佛大学研究生院，1917年获数学博士学位，是中国第一个数学专业博士。在留学美国期间，与任鸿隽、杨杏佛、赵元任、章元善、胡适等成立中国科学社，创办《科学》杂志。1918 年归国，在大同大学、交通大学、东南大学商科分校任教。1927 年回乡为婶母奔丧，不幸在村前河中溺死。中国科学社将其遗体葬于杭州烟霞洞，并建立"明复图书馆"以示纪念。

胡刚复（1892—1966），胡壹修三子。早年就读于上海南洋公学、震旦公学，1909 年考取第一届庚款生留学美国哈佛大学，1918 年获该校物理学博士学位，对早期 X 射线光谱和物质波概念的创建有重要贡献。1918 年回国，在大同大学任教，并任南京高等师范学校物理系教授兼主任；1925 年任教于上海交通大学、同济大学、光华大学、大夏大学，次年任厦门大学教授兼理学院院长；1927 年任第四中山大学高等教育处处长、理学院院长，中央大学教授；1928 年任中央研究院研究员，参与创办物理研究所，兼任北平研究院镭学研究所特约研究员；1931 年至 1936 年任上海交通大学教授；1936 年任浙江大学教授兼理学院院长，抗战爆发后协助学校西迁；1945 年 11 月至 1949 年 10 月任大同大学校长；中华人民共和国成立后，先后在唐山交通大学、天津大学、南开大学任教。一生任教，桃李满天下，培养了一大批现代物理学人才。1988 年，中国物理学会为纪念胡刚复等四位物理学界前辈，设立了"胡刚复、饶毓泰、叶企孙、吴有训物理学奖"。

胡惇五（1898—1974），胡壹修四女。1930 年毕业于燕京大学协和医学院，次年赴美国西奈大学留学，1933 年获护士科硕士学位。回国后历任北京协和医学院护士科讲师、南京卫生署护士训练班教务主任、教育部医学教育委员会护士教育组主任；抗战期间在重庆任保育院院长、战时儿童保育总会总干事。中华人民共和国成立后，任齐鲁大学医学院护士专修科主任、山东省济南护士学校副校长、山东护理学会理事长、山东省红十字会委员会常务委员、中华全国护理学会山东分会理事长等职，1965 年 12 月当选为山东省政协常委。

胡宪生（1890—1957），胡雨人长子。早年就读于京师译学馆，1910 年考取第二届庚款生赴美留学，1916 年获森林学硕士学位。归国后历任中法工学院教授，大同大学教授、文学院院长兼哲学教育系主任。1929 年在财政部任秘书，1936 年任财政部盐务稽核所帮办，1939 年调任松江盐务管理局局长，第二年调任贵州盐务办事处处长，1943 年调任重庆国家总动员会议成员，1945 年因病辞职回上海，1947 至 1955 年任英商怡和洋行顾问。

胡卓（生卒年不详），胡雨人之女。早年就读于大同大学英语专修科，1918年由清华学校考送至美国留学，1922年在威尔斯利女子学院文学学士本科毕业，次年在哥伦比亚大学获教育学硕士。归国后在大同大学任教，曾任外国文学系主任和文学院院长，期间还兼任图书馆主任。

胡咏絮（1899—1966），胡云渠长女，文昭公第三十一世女孙。1917年毕业于江苏省立女子蚕业学校，历任安徽省立女子蚕业学校、山东省立女子蚕业学校教师。1925年担任母校推广部主任，选定震泽开弦弓村设立蚕桑指导所，组织乡村养蚕合作社，在农村普及科学养蚕。1927年随其夫葛敬中前往镇江，任中国合众蚕桑改良会镇江桑种场场务助理，曾去日本考察养蚕制种新技术。1929年任镇江明明蚕种场经理、技术总管。1952年随丈夫葛敬中受聘于联合国派驻阿富汗国任农业顾问，指导农民养蚕。

胡鸿勋（1898—1979），字纪常，号天行，后以字行世，胡云渠长子。早年毕业于上海南洋公学及北京税务专科学校，曾在海关工作。1926年留学巴黎大学获经济学博士。1929年回国，先后任国立中央研究院社会科学研究所研究员兼蔡元培秘书，国立上海商学院教务长兼国际贸易系主任，交通大学管理学院、大同大学、东吴大学等学院专职或兼职教授。1948年侨居加拿大，1961年归国，任上海市侨联副秘书长、市政协委员。著有《鸦片战争以来中国关税史》《国际商会论》《国际贸易商品分类理论》等。

胡鸿焘（1899—1960），胡云渠次子。早年毕业于江阴南菁中学，后又转入暨南学校。1920年任南京暨南学校高中部教务处注册科科员。1923年学校迁移上海西郊真如并改名为暨南大学，继续任事务员。1930年改任镇江明明蚕种场事务员。1940年在云南楚雄蚕桑推广委员会工作，后调云南蚕业新村公司冷藏部任事务员、主任等职。1950年调往总公司草坝站工作。

胡鸿均（1910—2004），胡云渠三子。1933年毕业于日本国京都高等蚕丝学校蚕种学科。回国后曾任职于浙江省农业改良总场、中国合众蚕桑改良会镇江蚕种制造场、四川省蚕丝试验场、云南省蚕桑改进所、云南大学农学院蚕桑专修科、云南蚕业新村公司、中国蚕丝公司镇江蚕丝研究所。新中国成立后，他曾任镇江蚕丝研究所所长、镇江蚕桑实验场场长、江苏省扬州原蚕育种场技师、江苏省蚕业研究所高级农艺师。1963 年调入中国农业科学院蚕业研究所，先后任蚕种研究室副主任、蚕品种选育研究室主任、所学术委员会副主任委员。长期从事蚕种繁育工作。曾被选为镇江市第五届人大代表，镇江市第三、四届政协委员、常务委员，第五届镇江市政协常委、副主席。

胡鸿仪（1911—2003），胡笃平（云渠之弟）长子，文昭公第三十一世孙。上海东吴大学肄业，北京清华大学毕业。曾在蚕丝专科学校任职，此后历任上海医学院、大夏大学、同济医学院助教、讲师、副教授等职。1949 年上海解放，一直任职于上海医学院。1958 年奉命支援建设重庆医学院，任生物教研组主任等职。

胡鸿慈（1918—1981），又名陶熙，胡笃平次子。1942 年毕业于上海医学院，1946 年去往山东解放区，曾任华东白求恩医学院教师、华东国际和平医院外科医生、华东野战军卫生部直属医院医务主任兼外科主任。1950 年后历任上海医学院附属中山医院秘书主任、上海第一医学院副教务长。1956 年内迁支援建设重庆医学院，曾任基础部主任、教务部主任、院长助理等职。1978 年至1980 年担任重庆医学院副院长。译著有《战伤总论》《外科手术学》等。

胡瑞瑛（1919—1987），又名林琴，胡笃平次女。南通学院毕业，1938 年入新四军参加抗日斗争。

胡正祥（1896—1968），文昭公第三十一世孙。早年留学美国哈佛大学医学院，1921 年获博士学位后，在波士顿麻省理工总医院病理科从事病理研究。1924 年回国后长期在北京协和医学院任教，历任病理系助教、讲师、副教授、教授、系主任、教务长，直至解放。新中国成立后历任协和医学院病理系主任、中国医学科学院实验医学研究所一级教授、医学科学院副院长。抗美援朝时期的 1952 年，他和其他专家至东北地区收集美军进行细菌战的确凿罪证，向世界公布。他是我国病理学的奠基者之一，对严重贫血动脉粥样硬化、病毒性肝炎、肝硬化变、网织淋巴系统恶心肿瘤等病症的病理形态研究都取得了公认的学术成果。

胡瑞祥（生卒年不详），胡正祥之弟。1924年毕业于上海交通大学，去往美国麻省理工学院留学，获博士学位后回国。1932年任首都（南京）电话局主任工程师兼代司长，两年后任首都电话局局长。1934年任九省长途电话工程处处长，兴建江、浙、皖、冀、鲁、豫、湘、鄂、赣九省长途电话网。1936年调任广州电信局局长，1939年任重庆璧山交通技术人员训练所副所长兼电信系主任，一年后调广西桂林任电政特派员，后又到四川巴东任交通材料供应总处处长职。

胡真（1923—？），文昭公第三十一世孙。1949年毕业于南京中央大学医学院，又在北京协和医院继续修满八年。从1960年起在北京协和医学院公共卫生学系流行病学教研室担任助教，于1956年升为讲师。次年，胡真转到中国医学科学院流行病学微生物学研究所任痢疾研究室主任，后兼流行病科副主任。一生在痢疾流行病学研究及防治方面做出突出贡献。

胡汇泉（1913—1968），胡鸿猷长子。1934年上海交通大学土木系结构专业毕业，1935年从美国密歇根大学毕业，获硕士学位，同年回国在上海市公用局工作。新中国成立后，历任上海市人民政府公用局计划室副主任、上海市市政建设委员会工程师、上海市规划建筑管理局区划管理处副处长、上海市规划勘测设计院总工程师兼工程综合规划室主任、上海城市建设局城市规划设计院总工程师，参与和主持了多项城市规划，探讨工业布局调整及上海市现代化问题。

胡汉泉（1918—2005），胡鸿猷次子。1940年毕业于上海交通大学机电系电讯专业，随即赴美国密歇根大学电机系学习，次年获硕士学位。1942年10月至1946年先后任美国斯巴登无线电米波车载无线发射机、接收机、定向机测试工程师，RCA电子管磁控研究工程师。1946年起任美国依利诺大学电机系电子管试验讲师，并进修博士，1949年获博士学位后回国。1950年至1955年任铁道部研究所电工组研究员，1955年调入二机部十局技术处任三级工程师，筹备电真空研究所。1956年至1984年任北京真空电子研究所（12所）总工程师、副所长、所长。1978年任全国人民代表大会代表。

胡沛泉（1920—2019），胡鸿猷三子。1940年毕业于上海圣约翰大学土木系，随即留学美国密歇根大学，1941年获土木工程理学硕士学位，1944年获工程力学博士学位。1944年至1947年先后任美国航空咨询委员会兰雷航空研究所副工程师、高级工程师。1948年回国后任上海圣约翰大学土木工程系教授。1955年至1957年任华东航空学院、西安航空学院教授，材料力学教研室主任。1960年起参与组建西北大学。其间，1964年至1978年两次出任西北工业大学教务部副部长，1979年至1989年两次出任西北工业大学学术委员会副主任。

胡时渊（1904—1994），文昭公第三十一世孙。1924年毕业于天津秋轮中学商科。历任中国旅行总社上海总社部主任襄理，江浙公路业务长，西北公路局车务商务科科长，福建省运输公司常务董事兼总经理，国民政府交通部材料运输处处长。抗日战争胜利后任国营招商局业务处处长。1946年10月提任为招商局副总经理。1948年10月招商局改为股份有限公司后继续担任副总经理。1949年3月被任命为招商局轮船股份有限公司总经理。上海解放前夕，他响应中共坚守岗位，迎接解放的号召，决意留在上海，并进行了对招商局的护产工作，保存了招商局的部分运输船舶和物资，为全国解放后的运输畅通做出了贡献。1950年他辞去招商局总经理职务，后出任长江轮船公司筹备处主任等职。曾任上海市第五、第六届政协委员。

胡颜立（1900—1980），文昭公第三十一世孙。1922年毕业于中央大学教育学院，至中央大学实验小学任教。1929年任教育部编审处编审，1933年任国立编译馆编译，编辑多部教科书。1932年至1933年赴广西省立师范专科学校任教。1935年起任四川省立成都实验小学校长，成绩卓越。1948年担任南京国民教育实验区主任、上海国民教育实验区副主任等职。1949年秋任南京大学附属小学校长。1952年，南京师范学院组建，历任副教授、教育系副主任、总务长，兼任师院附属小学校长等职。曾任江苏省政协常委、全国政协委员。

胡斗南（1891—1959），文昭公第三十一世孙，谱名润侃，字拱极。民国成立为总统府卫士，至孙中山辞去大总统职即解甲归乡，从事乡村教育。1938年受胡氏公学校董会邀请，修复被日军烧毁的校舍并任校长，实行六不主义：不向敌伪登记立案，不悬挂敌伪国旗，不设日语课本，不设日语课程，不订阅伪新锡日报，不进行奴化教育等。

胡梦玉（1912—1987），女，文昭公第三十一世女孙。1933年毕业于燕京大学生物系，1935 年在东吴大学获理学硕士学位。1946 年在燕京大学教育系任教。1952 年院系调整时入北京师范大学教育系，任小学教材教法教研室主任、教授。她一生致力于小学教育的研究，1984 年获美国教育改革基金会一万美元的研究费。著有《小学数学教学过程研究》《小学数学教学法》等书。她生前将自己获得的奖金全部捐献了教育事业，在北师大设"胡梦玉基金"。

胡新南（1914—2011），胡敦复长子，文昭公第三十二世孙。1935 年毕业于大同大学化学系，后留学美国，先后获密歇根大学化学工程硕士、俄克拉荷马大学石油工程硕士学位。1939 年回国，先后任盐务总局自贡副产品工厂、甘肃油矿局筹备处、国民政府交通汽车燃料试验所工程师。1946 年 4 月去台湾，任高雄炼油厂协理兼厂长，1961 年任总经理，1966 年起先后兼任台湾"中国海湾公司""中美和石油化学公司"董事长，"中国石油化学开发公司"及"福聚公司"董事。1976 年任"中国石油公司"董事长。

胡南琦（1926—？　），胡刚复之子。1949 年从浙江大学物理系毕业，1950 年考入燕京大学物理系研究生，1952 年随院校调整转入北京大学，1954 年从北京大学物理系研究生毕业，服从分配到东北人民大学（现吉林大学）物理系工作，从事光学教学与研究，曾任助教、讲师、副教授，并担任光学教研室副主任、主任、校务委员会委员等职。1977 年调入教育部属高等教育出版社物理编辑室。1980 年 8 月至 1983 年 8 月曾先后被美国密执安大学和加利福尼亚大学聘任为访问教授。1986 年 10 月调入河南大学物理系任教授。先后担任过中国科学院长春分院学术委员会委员、中国光学学会第一届常务理事和《光学学报》第一届副主编、中国光学学会第二届常务理事和《光学学报》第二届编委、《物理通报》常务编委、《科学》杂志名誉编委等社会职务。

胡旭光（1918—1985），胡宪生长子，文昭公第三十二世孙。早年就读于大同大学附中，1938 年从交通大学毕业后留学美国密歇根大学，1940 年获得航空工程硕士学位，即在航空委员会发动机厂筹备处驻美办事处工作。回国后任职于国民政府空军总司令部。曾任空军航空发电机制造厂工程师、支配课长、工务处副处长，空军驻印度办事处工程师，空军飞机制造厂工务处长、副总工程师等职。1949 年去往台湾。

胡法光（1924—2022），胡宪生三子。早年毕业于交通大学电机工程系，获学士学位。毕业后通过上海怡和洋行推荐，1949年去英国曼彻斯特工场实习，1952年至香港，先在天星小轮公司当工程师，后转投怡和洋行工程部。1953年又转到信昌发展升降机业务，先是代理瑞士产品，1966年与日本三菱重工及三菱商事组成菱电集团，进行长期合作。1970年信昌改组，他成了菱电的大股东，并任菱电集团董事长。菱电业务包括安装、维修升降机及手扶电梯、地产、电脑、电子、冷气、机电金属及重电工业等，其资产估值逾10亿港元。1973年起连任市政局议员11年，1979年任立法局议员，连任三届。曾获英廷颁授OBE及CBE勋衔，被委为太平绅士，还曾任香港基本法咨委会执行委员。1990年工商界参政团体自由民主联会成立，他出任主席。1992年被聘为香港事务顾问，1993年被选为第八届全国政协委员。

胡同光（1927—1993），胡宪生四子。1948年从交通大学电机工程系毕业后，即赴香港国华电力公司实习。1950年8月任职于唐山铁道研究所（北京铁道科学研究院前身），1961年至西安铁路信号工厂从事交通信号与控制专业，1982年晋升为高级工程师，1989年被批准为研究员级高级工程师，后任西安信号厂总工程师。他长期从事轨道电路及电冲自动闭塞研究工作，并致力于铁路电务器材设备的研究开发工作。曾任陕西省政协第四、五、六届委员会常务委员。

胡政光（1931— ），胡宪生五子。1951年从大同大学会计专业毕业，先后在中央燃料工业部、电力工业部、水利电力部、张家口供电局、下花园发电厂从事财务工作，1980年任南京电力学校经济管理科主任。1984年起任广东核电投资有限公司副总经理、高级会计师。曾任深圳市人民代表大会常务委员会副主任，中国民主同盟广东省委员会常务委员、深圳市委员会主任委员，第八、九届全国政协常委。

胡旭初（1921—？ ），胡鸿勋长子，文昭公第三十二世孙。1940年毕业于上海南洋模范中学，1946年毕业于上海医科大学。历任中央研究院医学院研究所研究实习员，中国科学院生理、生化研究所助理研究员、副研究员、研究员，兼副所长，研究室主任，英文《中国生理科》杂志主编等职。他是我国高空、高山环境低氧生理研究的先驱之一，多次前往高原研究低氧生理，曾作为科学院考察队副队长率先带队前往珠穆朗玛峰，对登山队选拔、医务监护、高原劳动及适应等进行研究。由其参与的中国科学院青藏高原综合研究项目于 1987 年获该院科技进步特等奖。

胡旭东（1929—1985），又名王玮，胡鸿燾长子。1940 年至 1943 年在昆明南菁中学和西南联大附中读书，1948 年在昆明师范读书时参加反帝爱国学生运动被捕入狱。1949 年起历任中共禄罗特区区委书记，广通县委宣传部部长、县长、县委书记，省委党校教员、教研室主任，昆明市委党校党委副书记、副校长，昆明市常委、宣传部部长，云南省文化厅厅长等职。

胡嘉（1912—？），原名胡佳生，有丕绩、贾深、梁溪等笔名，文昭公第三十二世孙。早年就读于苏州中学，1938 年毕业于西南联大（清华大学）历史系。曾任光华大学、安徽大学、无锡国专沪校教授，上海北新书店、开明书店、北京中国青年社、中国大百科全书上海分社编委，编审。曾在中国科学院历史研究所、北京天文台等处工作。主要著作有《北京的昨天和今天》（有英、俄、法、德、印尼、西班牙、朝鲜文本）和《北京》《外国史教本》《高级中学外国历史》《中国古代印刷术史》《中国图书编辑工作的历史考察》《中国古代天文书目》《滇越游记》《新知识辞典》（续编）等。

胡伟立（1937—　　），胡瑞祥长子，文昭公第三十二世孙。。1955 年在北京师范学院读书，1958 年开始创作并出版音乐作品，1960 年毕业后留校任教，1960 年至 1986 年任教于中国音乐学院和北京电影学院。1986 年至香港广播电视有限公司、香港无线电视台任职，为近百部电影作曲配乐。

胡茂生（1922—？），世系不明。1948 年毕业于上海第一医学院，分配至上海中山医院眼耳鼻喉科工作，后转入华东医院眼科工作。1951 年参加第两批抗美援朝医疗队，1964 年被评定为眼科主任医师，对眼科研究颇有造诣。

过探先（1886—1929），原名宪先，江苏无锡人，胡竟英（胡壹修、雨人侄女）丈夫。早年就读于上海中等商业学堂、南洋公学、苏州英文专修馆。1910 年考取第二届庚款留学美国，先入威斯康星大学，后入康奈尔大学，1915 年获农学硕士学位。同年回国后事任江苏省立第一农业学校校长，发起组织中华农学会，创办《中华农学会报》。1921 年任国立东南大学农科教授，先后兼农艺系主任、农科副主任、推广系主任。1925 年任金陵大学教授、农林科主任，曾当选校务委员会主席。期间，他倡导农学教学、研究、推广相结合；从上海纺织界募得经费，资助两校农林学科发展；主持购置实习工地和农场。曾兼任江苏农民银行总经理、教育部大学委员会委员、农矿部审计委员、中国科学社理事、中国农学会干事等职。

朱庭祺（1887—1979），字体仁，江苏川沙（今上海市浦东新区）人，胡彬夏（胡壹修长女）丈夫。早年就读于南洋公学和天津北洋西学学堂。1909 年去美国留学，1915 年获美国哈佛大学商业管理科硕士学位，并被选为中国留美学生联合会主席。回国后，先后任国民政府交通部参事、津浦胶济铁路局局长、财政部参事、会计司司长、盐务稽核所总办兼盐务署署长、盐务总局总办。1949 年赴美国定居。早年主持编纂《中国盐政实录》四大册，晚年著有《道德与精神修身法》。

姜立夫（1890—1978），学名蒋佐，浙江平阳人，胡芷华（胡壹修六女）丈夫。1911 年赴美留学，1915 年获美国加州大学理学学士学位，1919 年获哈佛大学博士学位。1920 年受聘为南开大学教授，创办算学系并任系主任，为把现代数学移植于中国做了大量开拓性和奠基性工作。抗战期间，任教于西南联合大学，诺贝尔物理学奖获得者杨振宁教授就修过他的课。重建新中国数学会，筹建中央研究院数学研究所。1949 年 8 月创办岭南大学数学系，1952 年高等院系调整时随校转入中山大学任教。曾任第二、三、四届全国政协委员。其子姜伯驹也是著名的数学家。

葛敬中（1891—1980），字运城，浙江嘉兴人，胡咏絮丈夫。中学毕业后入北京大学，继入法国伯斯大学攻读园艺学，并学习养蚕学。1916 年，葛敬中回国，在北京农业专门学校执教园艺学。1919 年任南京高等师范学校园艺系；同年兼任中国合众蚕桑改良会监理、总技师。1924 年被东南大学聘为蚕桑学教授、系主任。1926 年，葛敬中选定镇江四摆渡为场址创办镇江蚕种场；经过数年努力，镇江蚕种场成为全国重要的蚕种生产基地。1928 年兼任国立第三中山大学（后为浙江大学）教授、蚕桑系主任。1934 年，兼任全国经济委员会蚕丝改良委员会常委和技术室主任。全面抗战爆发后，协助云南省建设厅在云南大学增设蚕桑系；并在草坝地区开垦荒地，建立蚕业公司，推广蚕桑事业。1945 年抗战胜利后，任中国蚕业公司总经理。1948 年迁居香港，先后前往阿富汗、巴西讲学和帮助当地发展蚕桑生产，曾多次寄回优良新蚕种供国内培育。

王志莘（1896—1957），原名允令，江苏川沙（今上海市浦东新区）人，胡六英（胡壹修五女）丈夫。1909 年入钱庄当学徒，后入南洋公学学习。1921 年入国立东南大学。后赴美国留学，1925 年获美国哥伦比亚大学银行学硕士学位。回国后在上海中华职业学校任教，并任中华职业教育社创办的《生活周刊》主编。1926 年后投身银行业，先后任江苏农民银行总经理、新华信托储蓄银行总经理。1936 年任国民党政府经济部农本局常务理事。抗日战争期间到重庆，设立新华信托储蓄银行总管理处。1946 年发起成立上海证券交易所，任总经理。建国后，先后任华东财经委员会委员、上海市财经委员会委员、公私合营银行联合董事会副董事长等职。

徐象枢（1897—? ），别号景薇，江苏吴县人，胡福南（胡敦复次女）丈夫。1924 年在震旦大学获得法学博士学位。1928 年，留学法国巴黎攻读法律，1930 年回国后被复旦大学聘为法律学系教授。 1933 年进入政界，试署行政院政务处参事，次年正式就任，到 1936 年调任内政部参事，次年 6 月正式辞任行政院政务处参事。 抗战爆发后的 1944 至 1945 年间，担任战时国防最高委员会参事。抗战胜利后，在交通银行任职，1948 年去往美国。

常宗会（1898—1985），原名常万元，安徽全椒人，胡蕴华丈夫。早年就读于安庆省立第一师范学校，1919 年参加五四运动，同年赴法国勤工俭学，获南锡大学理科博士；1925 年回国后执教于国立东南大学、中央大学等，并建立南京蚕桑试验场。1928 年，被南京特别市委员会任命为公园管理处主任。抗日战争爆发后，在云南昆明任蚕桑改进所副所长兼农场场长，成功引进美国烟草良种，发展烤烟事业。抗战结束后前往澳大利亚考察，中华人民共和国成立后回国，先后担任哈尔滨农学院教授、南京农业专科学校教授等职。著有《云南之蚕桑》《中国养猪法》《中国养鸡法》等。

陈维稷（1902—1984），字自濂，安徽青阳人，胡宜南（胡敦复长女）丈夫。1925 年留学英国利兹大学，主修纺织工程，1928 年去德国实习。1929 年回国，任上海国立暨南大学教授，后在复旦大学、国立北平大学工学院任教。1935

年任南通学院教授，兼纺织科染化系主任、教务主任。讲授工业化学、染色学等课程。抗战爆发后，任重庆民治纺织厂工程师。抗战胜利后，任中国纺织建设公司厂长、总工程师等职，并兼任上海交通大学纺织工程系教授、主任。中华人民共和国成立后，任纺织工业部副部长。主持筹建华东纺织工学院。著有《中国纺织科学技术史（古代部分）》等。

叶钦和（1903—1986），又名叶一鹏，广东惠阳人，叶挺之侄，胡瑞瑛丈夫。抗战初期，在新四军担任军职，在皖南事变中与叶挺一同被国民党军队扣押，后从上饶集中营脱逃归队，继续在新四军任职。解放战争时期，在苏中军区、华东军区、第三野战军任职。中华人民共和国成立后，历任广东省粮食局副局长、局长，省粮食厅副厅长，省社会主义教育学院教务处主任等职。

罗河（1904—1988），又名润九，江苏安东人，胡壮猷之婿。1922年就读于国立北洋大学，不久转学唐山大学，1930年毕业。次年任京沪铁路工务处工务员。1934年在唐山工学院任讲师，1940年任副教授，1943年任教授。1945年赴英国剑桥大学进修。1947年回国，任唐山工学院教授。1948年任国立北京大学工学院教授，次年4月任唐山工学院复校委员会主任，兼教务主任、教务长等。后任唐山市副市长。

陈英豪（1906—1983），原籍广东深圳，出生于牙买加，胡竟英（胡鸿猷之女）丈夫。少年时期跟随父母回国，于上海复旦大学毕业后，赴美国斯坦福大学深造，获硕士学位。抗日战争时期回国，先后任职于重庆、南乐。1950年偕同妻儿到牙买加定居，四次出任中华会馆主席，对于推动侨务不遗余力，且又积极组建中华文化中心，增进了当地人民对华人的了解。1962年至1972年两度出任牙买加国会参议员。晚年在牙买加创办喜立铝制器皿厂、酱油厂和统一纸厂。

陈崇文（1910—1984），海南文昌人，胡同英丈夫。1933年毕业于广东航空学校第六期，任少尉飞行员，1936年7月晋升中尉飞行员。1937年全面抗日战争爆发后，随队驻防南京待命。后进驻杭州、南昌等地，曾多次奉命轰炸敌军阵地和参加轰炸马当要塞敌舰，屡创敌军。武汉弃守后，奉调四川，曾多次击退来袭敌机。1937年冬移驻兰州，次年2月参加兰州空战，击落敌军轰炸机一架。此后一直在空军服役。

楼邦彦（1912—1979），浙江鄞县人，胡宝先丈夫。早年就读于沪江大学，再转学考入清华大学政治学系，本科毕业后考入清华研究院，未毕业于1936年考取第四届中英庚子赔款公费生，赴英国伦敦政经学院留学。1939年回国，先后在西南联大、武汉大学、重庆中央大学和北京大学任教，积极参加爱国民主运动。1952年院系调整后任教于中国政法大学，后担任北京司法局副局长，1962年又任教于北京大学。

沈鲁钊（1919—2006），江苏无锡人，胡慕淑丈夫。1939年3月加入中国共产党，8月到中共苏常太工委领导下的苏州县委做民运工作。1941年7月从事地下工作，曾任中共澄东县委特派员、江阴特区工委书记、中共澄锡虞工委委员、组织部副部长等职。建国后担任中共无锡县委组织部长、无锡县纪委书记、无锡县总工会主席。1952年7月调戚墅堰机车车辆厂工作。1955年1月调北京铁道部工厂总局人事科，1960年4月任北京二七机车厂安技科长、劳资科长、副厂长，至1988年12月离休。1989年回无锡。

周光地（1920—2016），四川成都人，胡璞（胡刚复次女）丈夫。1939年至1943年就读于昆明西南联大物理系。1943年至1945年在成都金陵大学物理系任助教。1946年至1949年在英国伦敦飞利浦电讯厂任助理研究员。1948年9月至1950年7月就读于英国伦敦大学，获博士学位。1950年9月至1953年9月在英国汤姆生电机电器厂任研究员。1954年4月回国，至1960年9月在北京一机部电器研究院任工程师。1960年10月至1963年12月在常州一机部磁性研究所任主任工程师。1964年1月至1966年3月在天津一机部电工合金厂任主任工程师。1966年3月至1973年9月在科学院长春物理所任主任工程师，曾任第二研究室副主任。1974年4月调入力学所，历任副总工程师、研究员、激光研究室副主任。

村前胡氏人物世系简表（部分）

绘制：胡新健

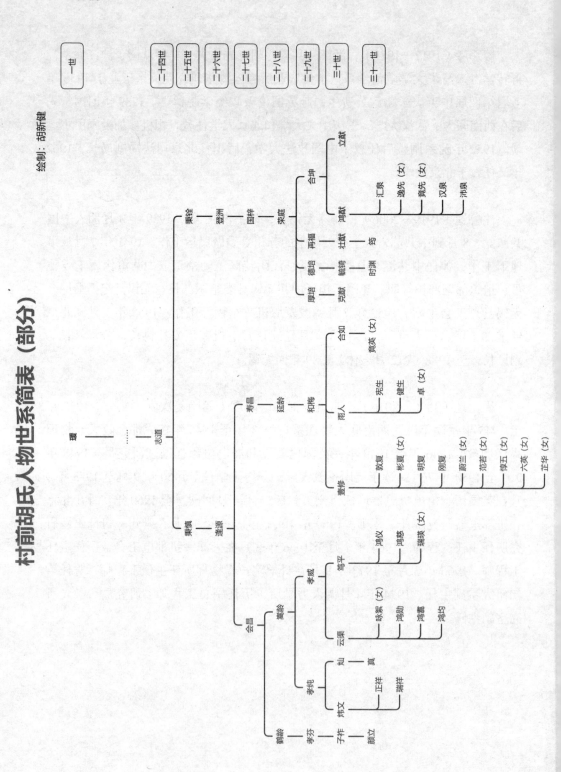

后记

我对于天上村前的关注，已经有十年时间了。2013 年，我创作了《胡氏三杰：一个家族与现代中国科学教育》，由上海三联书店正式出版。该书主要叙述胡敦复、明复、刚复三兄弟矢志近代科学教育的事迹。2014 年，我又与胡杰一同合编了《胡雨人水利文集》《胡敦复胡明复胡刚复文集》《胡彬夏文集》《胡敦复胡明复胡刚复文集》，将胡雨人叔侄存世的文章以及有关纪念文章辑录成集，由线装书局正式出版。

一方山水育一方人。无锡山清水秀，丰饶富足，培育了一代又一代的英才贤士。无锡人文荟萃，俊彦辈出。这些英才往往以家族的群体形象出现，村前胡氏就是这方面的典型代表，除了上述的胡雨人叔侄，"鸿"字辈、"猷"字辈等胡氏子弟也都在各自领域卓然成家。近代中国，这些胡氏子弟勇敢地走在时代前列，致力于普及科学思想和科学知识，以此推动现代化的启蒙。在经过几年的资料积累之后，去年底我开始撰写这本《天上村前：中国科教之乡》，意图全面、系统地反映胡氏子弟在科学、教育领域的事迹，以及对近代中国近代化进程所做出的贡献。

几个月来，我的思绪和笔尖始终追随着胡氏子弟的"脚步"：追随他们在无锡长大，在南洋公学求学；追随他们一起远渡重洋，汲取先进科学知识；追随他们一起创办中国科学社、大同大学；又追随他们一起北上和南下，执着于中国的科学教育事业……。在想象中，我似乎隔了漫长的时空，在与他们做一次精神的对话；对他们的努力，对他们的苦难，对他们的磨砺，感同身受。我撰写这部传记，只是尝试着把胡氏子弟的生平用文字的丝线穿起来，像一个虔诚的裁缝在缝制她心目中的圣服，尽管缝制的手法尚不熟练，但它见证了我这半年的业余写作生涯。

终于，这部书稿完工了，文字无论好坏，我都非常满足，终于完成了对"一个家族""一个时代"的纪念。

　　胡氏英才众多，且横跨多个领域，写作的头绪繁杂。在写作中，我以时间为经、事件为纬，采取了一种分段式的叙事方式，力求还原胡氏子弟在漫长历史风云里的心路历程。本书重点叙述胡氏子弟在科学、教育方面的功绩，但对他们在经济、政治方面的内容也有所涉猎。此外，附录的名人录及世系表，都只是村前胡氏的部分。以上三点，望读者识之。

　　这本书的创作，得到了许多师友的帮助和支持。在此，表示衷心感谢——

　　感谢胡杰先生。作为胡氏后裔，也作为民营企业家，他深爱村前这片他从小长大的地方，也深知这片热土里埋藏着深厚的历史传统文化。多年来，他主持成立了研究会，编撰研究刊物，编纂胡氏家谱，深入挖掘村前的历史文化底蕴和胡氏家族的历史贡献；邀请作家、艺术家进行新闻专题报道和文学艺术采风，宣传胡氏风采；邀请中央电视台纪录片频道摄制组，来村前实地拍摄纪录片《中国近代教育第一家——胡雨人》，并在央视十套《人物》栏目播出，提高了村前和胡氏家族的影响力和美誉度。更为重要的是，他先后出资1000多万元修复了积谷仓、蒙学堂、胡雨人墓等明清建筑。在他的努力下，村前村一批有价值的历史文化遗存得到了有效保护。他用实际行动践行了一名"文化义工"的责任担当，为乡土文化保护传承作出了贡献。

　　感谢陈尧明先生。他通读了整个书稿，并且不吝赐序，让书稿增色不少。感谢王才兴先生。他是我多年好友，正是在他的鼓励下，我才动笔写下这本书稿。感谢李广平、符志刚先生。我与他们在地方文史的创作方面多有合作，从中获益匪浅。

　　感谢惠山区堰桥街道的郑德友和张晓表、马靖宇、杨晓露等领导，他们对本书的写作和出版给予了支持。感谢堰桥街道文化站李军君、冯淳熙，吴文化公园李戴红和胡雨人研究会叶敏莉四位女士。

　　感谢沈建清和胡建秋、汪定用三位堰桥中学的新老校长。正是在他们的领导下，堰桥中学已经发展成为一所省内闻名的名校。堰桥中学的前身正是胡氏公学，到今年已经走过了120个年头。相信堰桥高级中学、堰桥初级中学这两所从胡氏公学"脱胎"而来的学校，能以此为新的起点，百尺竿头再进一步。

　　感谢村前胡新健、胡学钊两位老先生。他们虽年届七旬，近几年来孜孜于村前文化的研究，寒暑不辍，精神令人敬佩。我在写作过程中，与他们时时联系，在资料方面得到了莫大的帮助。本书第十五章的部分内容由胡学钊撰写，所附的胡氏世系表由胡新健编绘。感谢胡家渡的胡郁周、胡文超、胡坤良三位老先生。他们提供了《胡氏宗谱》（思贻堂），让我省却了不少时间。

还要感谢江苏省作协的薛冰、邰科先生。多年前我在撰写《胡氏三杰：一个家族与现代中国科学教育》之时，他们给予了支持。

感谢江苏省书法协会副主席仇高驰先生为本书题签。

感觉合肥的佐佑女士对书稿进行了悉心的校对。

传记写作自然不是小说创作，资料来源都需要有根据。本书参考了大量的资料。在此感谢此前对胡氏家族做出各种叙述的作者们。

如果拙著能为读者提供某种有益的启示，如果拙著能为有志于研究村前胡氏家族杰出人物提供有关家族史背景的参考，如果拙著能为无锡望族家教家风研究提供某种参考的视角，我为此付出的心血也就不白费了。限于本人的学识水平和研究能力，拙著很难完全传达出村前胡氏家族巨大的历史容量、学术容量及精神品位。为便于读者阅读，本书附录了村前胡氏代表性人物的生平简介，以及部分人物世系表。好在这一研究课题本身是开放的，可以持续性地研究。其家族中的相当一部分人物，足可以独立写成专著。因此，从这个角度讲，拙著的问世，仅仅是涉及了这个领域，起到抛砖引玉的作用，许多后续的研究仍待进行。拙著必定存在疏漏、甚至谬误之处，望博雅君子不吝赐教。

我的邮箱：jsxsly@163.com。

陆阳

2022 年 5 月 4 日于半俗斋